W9-ARN-025

AMÉRICA DEL SUR

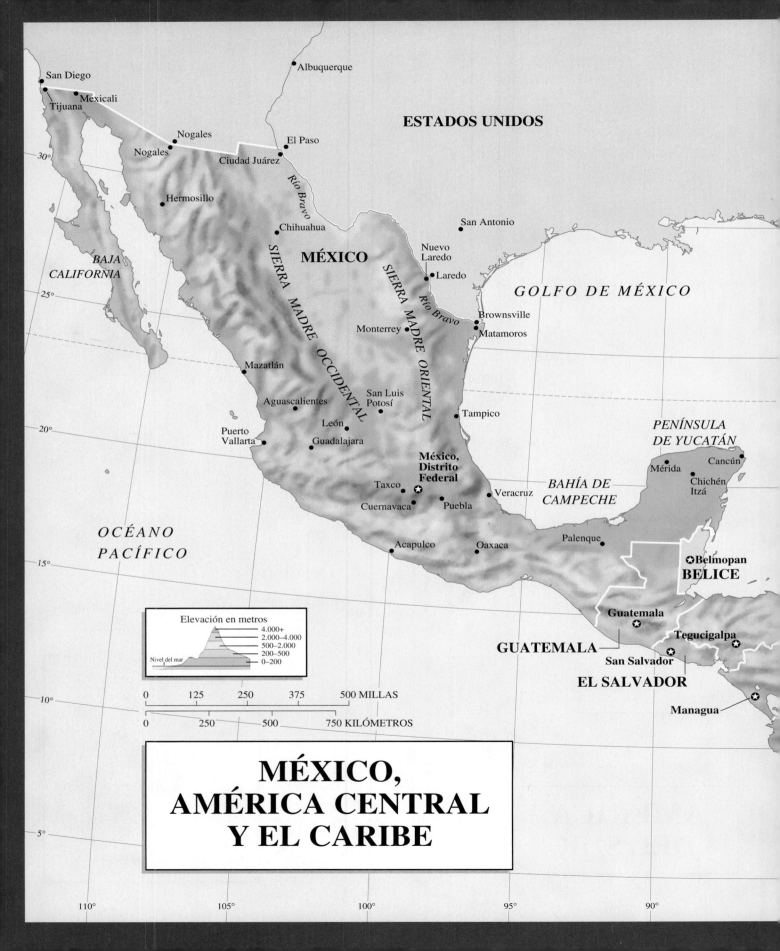

Albuquerque

San Diego
Mexicali
Tijuana

ESTADOS UNIDOS

Nogales
Nogales
El Paso
Ciudad Juárez

30°

Río Bravo

Hermosillo

San Antonio

Chihuahua

*BAJA
CALIFORNIA*

MÉXICO

Nuevo
Laredo
Laredo

GOLFO DE MÉXICO

25°

SIERRA MADRE OCCIDENTAL

SIERRA MADRE ORIENTAL

Río Bravo

Monterrey

Brownsville
Matamoros

Mazatlán

Aguascalientes

San Luis
Potosí

20°

Puerto
Vallarta

León

Guadalajara

Tampico

*PENÍNSULA
DE YUCATÁN*

**México,
Distrito
Federal**

Cancún
Mérida
Chichén
Itzá

Taxco

Veracruz

*BAHÍA DE
CAMPECHE*

Cuernavaca

Puebla

*OCÉANO
PACÍFICO*

Acapulco

Oaxaca

Palenque

15°

❂**Belmopan**
BELICE

Guatemala
❂

GUATEMALA

Tegucigalpa
❂

Elevación en metros

4.000+
2.000–4.000
500–2.000
200–500
0–200

Nivel del mar

San Salvador
❂

EL SALVADOR

10°

| 0 | 125 | 250 | 375 | 500 MILLAS |

| 0 | 250 | 500 | 750 KILÓMETROS |

Managua
❂

5°

MÉXICO,
AMÉRICA CENTRAL
Y EL CARIBE

110°   105°   100°   95°   90°

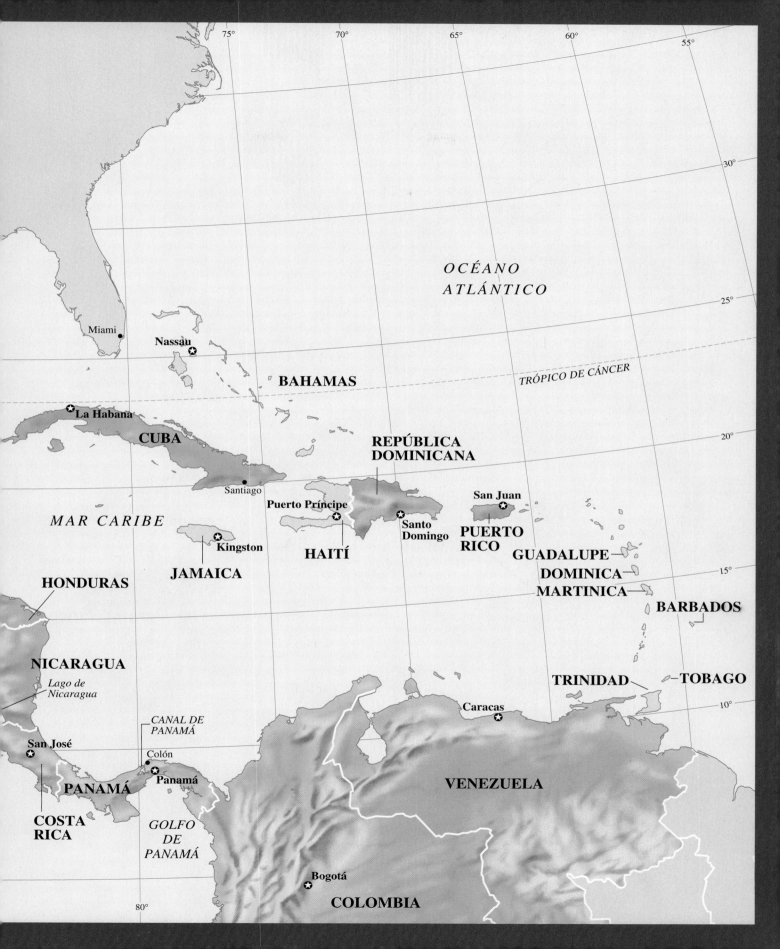

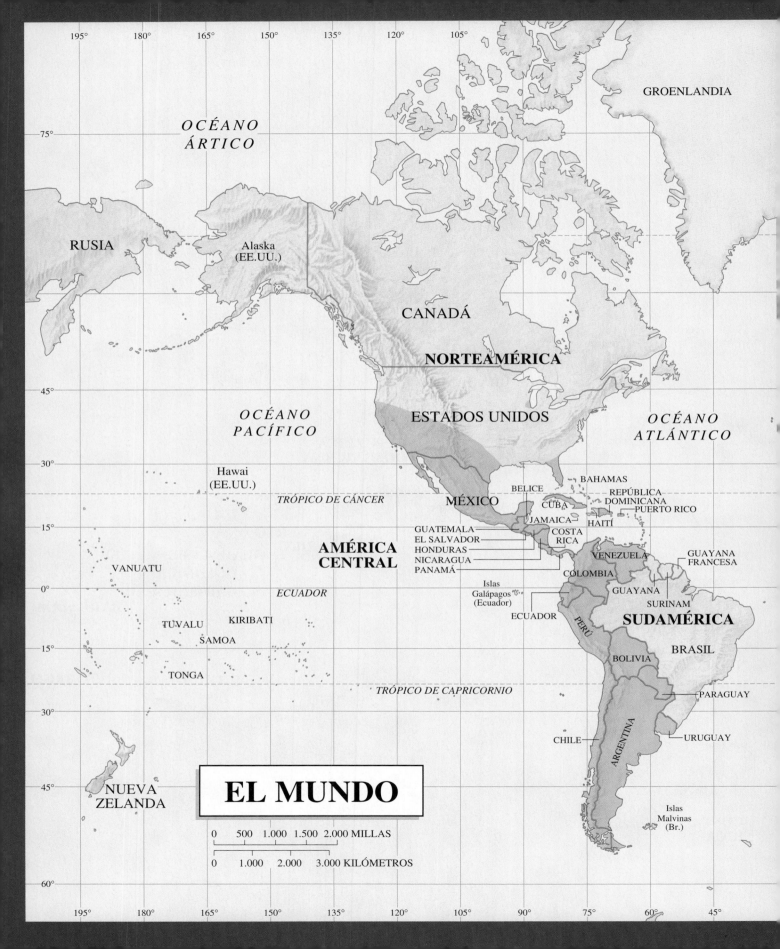

EL MUNDO

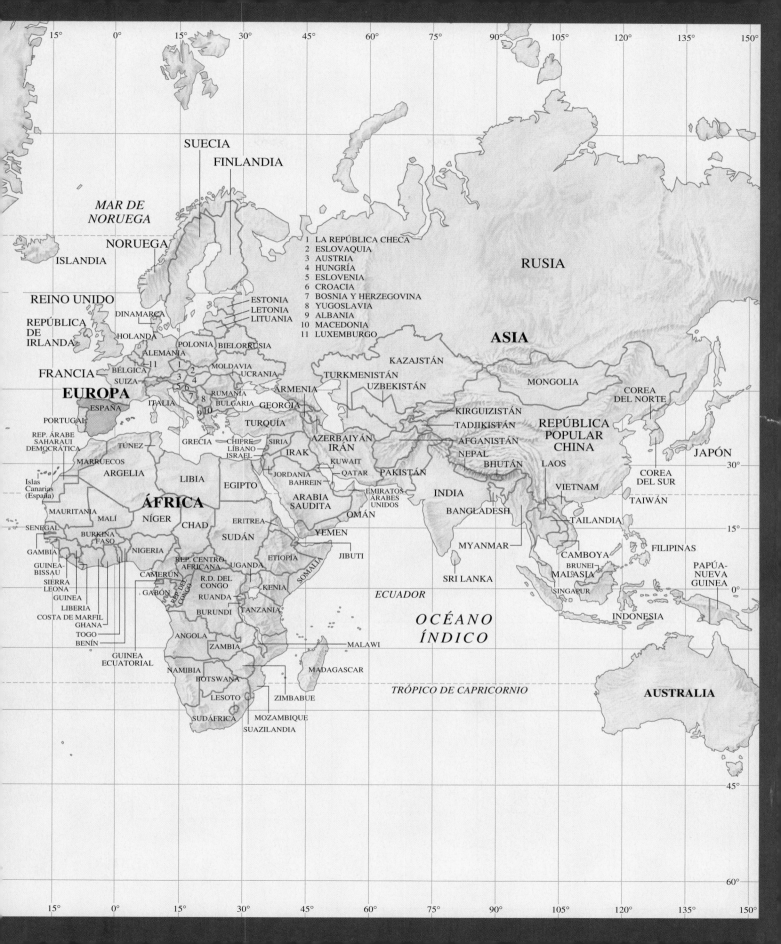

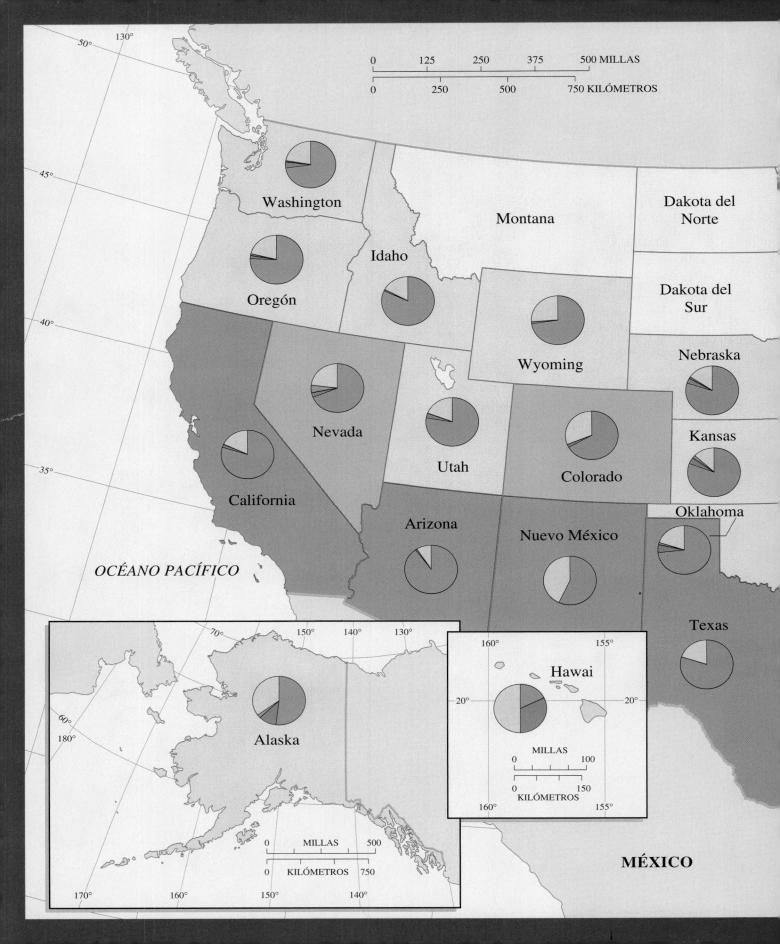

OCÉANO PACÍFICO

MÉXICO

Washington

Oregón

Idaho

Montana

Dakota del Norte

Dakota del Sur

Wyoming

Nebraska

Nevada

Kansas

Utah

Colorado

California

Arizona

Nuevo México

Oklahoma

Texas

Alaska

Hawai

0   125   250   375   500 MILLAS

0   250   500   750 KILÓMETROS

MILLAS

KILÓMETROS

0   100

0   150

MILLAS   500

KILÓMETROS   750

LOS HISPANOHABLANTES EN LOS ESTADOS UNIDOS

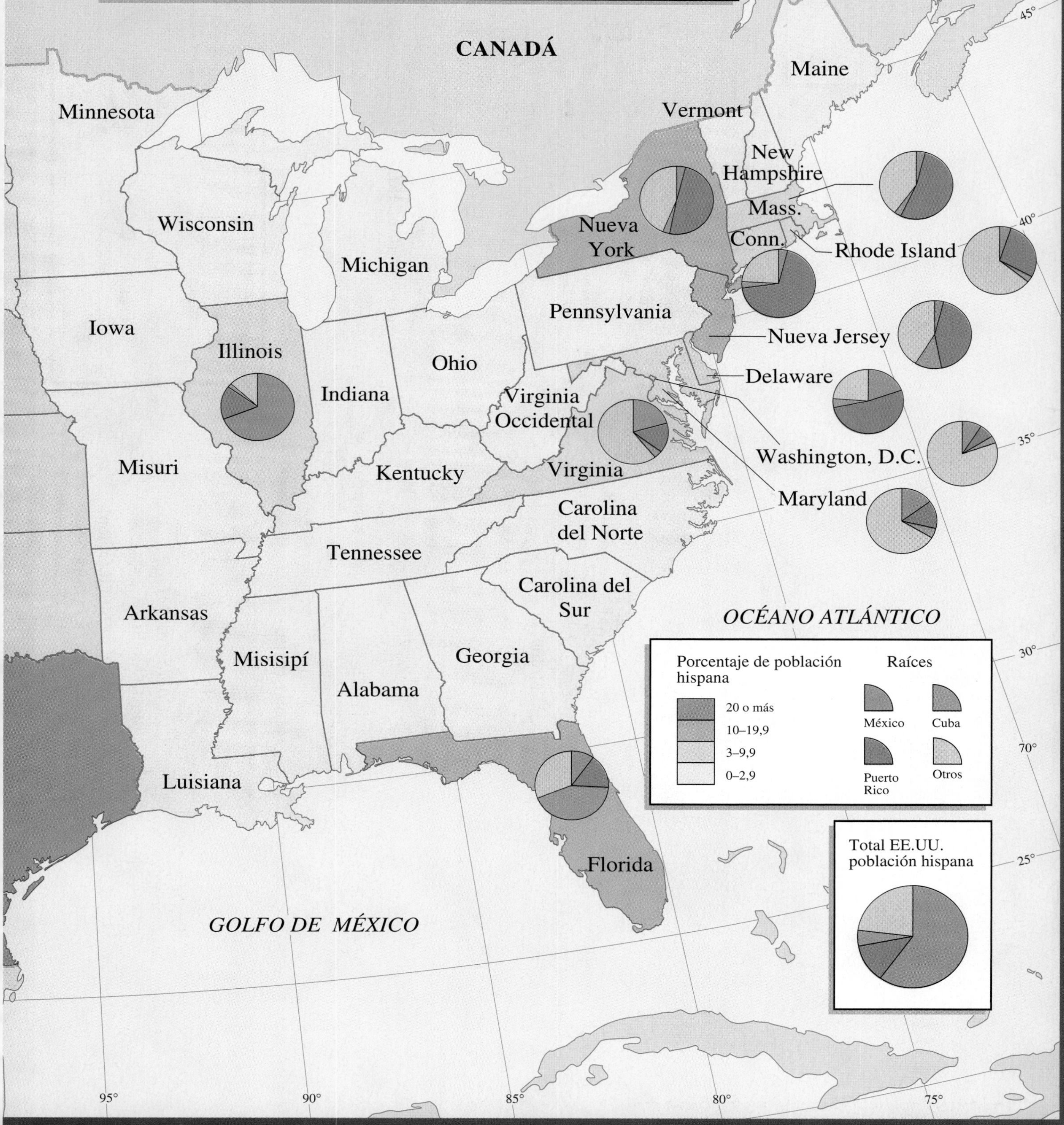

CANADÁ
Minnesota
Wisconsin
Michigan
Iowa
Illinois
Indiana
Ohio
Misuri
Kentucky
Vermont
Maine
New Hampshire
Mass.
Conn.
Rhode Island
Nueva York
Pennsylvania
Nueva Jersey
Delaware
Virginia Occidental
Virginia
Washington, D.C.
Maryland
Carolina del Norte
Tennessee
Arkansas
Carolina del Sur
Misisipí
Alabama
Georgia
Luisiana
Florida
OCÉANO ATLÁNTICO
GOLFO DE MÉXICO
Porcentaje de población hispana
20 o más
10–19,9
3–9,9
0–2,9
Raíces
México
Cuba
Puerto Rico
Otros
Total EE.UU. población hispana
45°
40°
35°
30°
70°
25°
95°
90°
85°
80°
75°

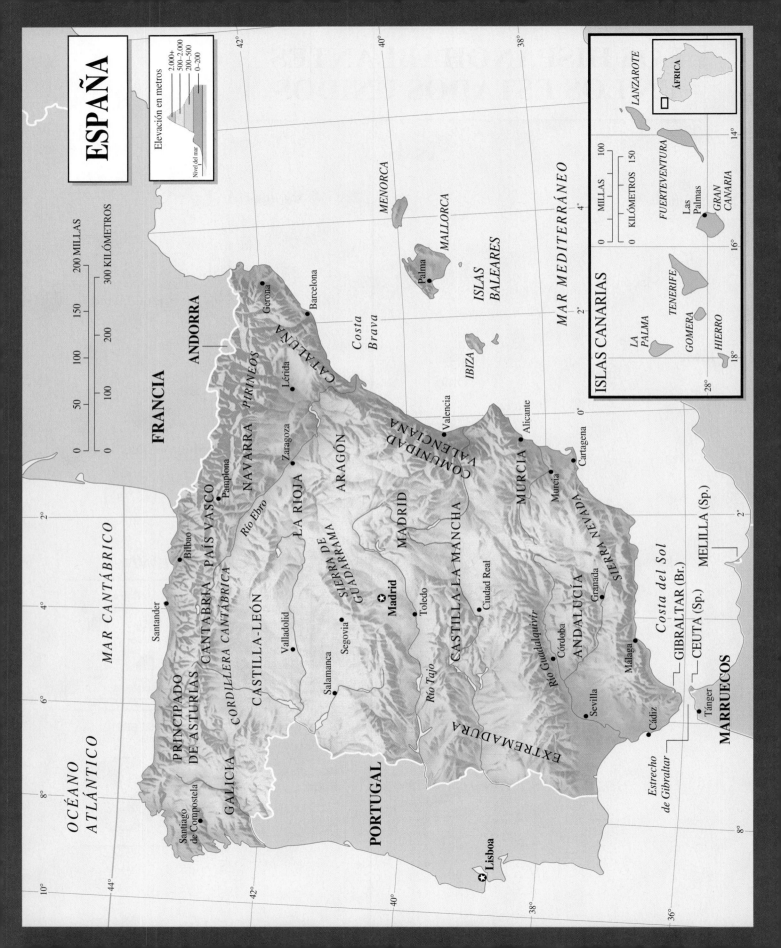

¡Dímelo tú!

A Complete Course

Fourth Edition

Fabián A. Samaniego
Emeritus, University of California—Davis

Thomas J Blommers
California State University—Bakersfield

Magaly Lagunas-Solar
California State University—Sacramento

Viviane Ritzi-Marouf
Cosumnes River College—Folsom Lake

Francisco Rodríguez
Santa Barbara City College

THOMSON

HEINLE

Australia Canada Mexico Singapore Spain United Kingdom United States

¡Dímelo tú!, Fourth Edition
Samaniego, Bloomers, Lagunas-Solar, Ritzi-Marouf, Rodríguez

Publisher: *Phyllis Dobbins*
Acquisitions Editor: *Kenneth S. Kasee*
Project Editor: *Jon Davies*
Art Directors: *David A. Day; April Eubanks*
Production Manager: *Suzie Wurzer*

Copyright © 2002, 1998, 1994, 1989 Heinle, a division of Thomson Learning, Inc.
Thomson Learning™ is a trademark used herein under license.

Printed in the United States of America
3 4 5 6 7 8 9 10   06 05 04 03

For more information contact Heinle, 25 Thomson Place, Boston, MA 02210 USA,
or you can visit our internet site at http://www.heinle.com

All rights reserved. No part of this work covered by the copyright hereon may be reproduced or
used in any form or by any means—graphic, electronic, or mechanical, including photocopying,
recording, taping, Web distribution or information storage and retrieval systems—without the
written permission of the publisher.

For permission to use material from this text or product contact us:
Tel   1-800-730-2214
Fax   1-800-730-2215
Web   www.thomsonrights.com

ISBN: 0-8384-4547-0

Library of Congress Catalog Card Number: 00-111764

Preface to the Student's Edition

Teaching for Competency

To develop fluency in Spanish, you must learn to perform a wide variety of communicative language tasks (e.g., asking and answering questions, describing, narrating, making comparisons, expressing opinions, hypothesizing). You must learn to perform these tasks in a multiplicity of contexts that include, for example, at home, at school, in a department store, at a restaurant, at a travel agency, while traveling abroad, at a hotel, at a concert, at a lecture, in a movie theater, or at a night club. Finally, you must learn to perform these tasks within an appropriate range of accuracy. In *¡Dímelo tú!,* you will accomplish this by *interacting* in Spanish with your classmates and with your instructor on a daily basis.

Organization of *¡Dímelo tú!,* Fourth Edition

¡Dímelo tú!, Fourth Edition, consists of a model lesson called **Para empezar** and fourteen regular chapters.

Para empezar

In this short model lesson, you will learn how to greet people, make introductions, and say good-bye. You will also read about the global importance of the Spanish language and culture and learn to use the major components of the *¡Dímelo tú!,* Fourth Edition, lessons.

Chapters 1–14

The fourteen chapters of *¡Dímelo tú!,* Fourth Edition, are each divided into three **Pasos** with the following components:

Lo que ya sabes.   This two-page photo spread opens every chapter of the text. The photos have been selected to introduce the chapter theme and the country of focus, while the questions that accompany the photos are designed to elicit what you already know about the theme and the country being studied.

Tarea box.   This green homework assignment box appears at the beginning of each **Paso.** You will be instructed to study the lesson's grammatical structures in **En preparación** and write out the answers to the corresponding exercises in **¡A practicar!** In addition, you will be instructed to listen to the first part of the **Paso** dialogue or narrative and to answer specific questions before beginning the **Paso** in class. Handy check-off boxes allow you to keep track of how much of the homework you have done.

¿Eres buen observador?   This section introduces the theme of the **Paso** by having you look at a specific photo or drawing, or at a variety of advertisements from all over the Spanish-speaking world, and answer questions. These questions require you to make cross-cultural comparisons and intelligent guesses about some aspect of the lesson's theme.

¿Qué se dice...?   Built into the illustrated narratives and dialogues in this section are the new lesson vocabulary and structures. The first narrative in every **Paso** is recorded on your student audio CD. You are expected to listen to it and answer the questions in the text at home, *before* beginning the **Paso** in class. Your instructor will use the drawings to help you understand as he or she narrates the remaining parts of the story or dialogue. In class, you are expected to listen carefully to the narration; you are not expected to understand every word, but you should be able to grasp the main points.

Ahora, ¡a hablar!   In this section, you will be guided through your first productive efforts with the structures and vocabulary that you learned to understand in the previous section, **¿Qué se dice...?**

Y ahora, ¡a conversar!   In this section, you will do a variety of pair and group cooperative activities designed to encourage creativity with the language and to develop fluency in speaking. Here, you are expected to fully participate in a variety of interactive activities, which can include such items as look-alike pictures, interview grids, or cooperative activities.

¡Luz! ¡Cámara! ¡Acción!   In this section, you will be asked to perform two role-plays, which will allow you to see for yourself if you have mastered the communicative language tasks of the lesson.

¿Comprendes lo que se dice?   The first two **Pasos** in each chapter include this listening section. In **Paso 1,** you will listen to brief dialogues, short radio and television news reports, weather reports, and the like. In **Paso 2,** you will view a cultural video on the Spanish-speaking country presented in the chapter. These sections always introduce specific listening strategies that are practiced in prelistening activities.

Noticiero cultural.   The first two **Pasos** of each chapter include short cultural readings. The reading in **Paso 1: Lugar** focuses on a specific Hispanic country or a specific location within that country. The reading in **Paso 2** focuses either on **Gente,** which highlights a noteworthy Hispanic figure from the country of focus, or on **Costumbres,** which uses a short dialogue to present a common cross-cultural misunderstanding that you will be asked to identify and explain.

Viajemos por el ciberespacio a...   In each **Paso** there is a section that encourages you to travel through cyberspace to every Spanish-speaking country featured in this book. You will end up in sites where you can read the headlines in some of the world's most prestigious newspapers; where you can find out what is happening in the Hispanic world of sports or what's playing in theaters or movie houses in Mexico City, Buenos Aires, Lima, or Madrid; and where, through the World Wide Web, you can communicate directly with the people in Hispanic cities around the globe.

¿Te gusta escribir?   This section, which occurs at the end of **Paso 2,** allows you to develop your writing skills in Spanish in much the same way that you would develop your writing skills in English. Each writing task begins with initial planning and brainstorming. Then you write a first draft, which is shared, reviewed, and edited by your peers. Ultimately, you prepare a final draft incorporating your peers' suggestions and corrections, which is turned in for grading.

¿Te gusta leer?   This section, which occurs in **Paso 3,** contains a reading selection preceded by specific reading strategies and prereading activities in a section called **Estrategias para leer.** The reading selections are taken from Hispanic magazines and newspapers, as well as from literary works and cultural essays authored by contributing writers.

En preparación.   All major grammatical explanations appear in this section, which is shaded in green, at the end of each chapter. For easy reference, grammatical points numerically correspond to each chapter of the text. In addition, the numerically coded exercises in the sections titled **Ahora, ¡a hablar!** also coincide with these numbers. Finally, this same numbering system is used in the homework assignments that appear in the **Tarea** boxes that introduce each **Paso.** Before beginning each **Paso,** you need to study the corresponding grammatical sections at home and come to class prepared to ask questions about anything you did not understand.

¿Sabías que...?   These sections provide specific cultural information on many aspects of contemporary life in Latin America and Spain.

A propósito...   These sections have several functions: They present grammatical structures, as needed, to perform specific communicative tasks; they preview major grammatical structures explained in later chapters; and they present vocabulary clusters related to the **Paso** topic.

Reference section

Appendices.   Appendix A contains answers to selected activities in the **Noticiero cultural** sections. It also contains information that a second student needs in order to complete the pair-work activities in the **Y ahora, ¡a conversar!** sections that require such materials as look-alike pictures or data for information-gap tasks. Appendix B includes information on accentuation; Appendices C–E provide extensive charts of regular, stem-changing, and irregular verbs; and Appendix F has brief explanations of supplemental grammar points not formally presented in *¡Dímelo tú!*

Vocabularies.   Both the Spanish-English and English-Spanish end vocabularies include the words and expressions used actively in the text. Entries in the Spanish-English vocabulary are followed by the number of the chapter and **Paso** where they are first introduced.

Index.   This textbook contains two indexes, one for grammar and one for culture and functions.

Visual icons used throughout the text

 The pair-work icon is used throughout each **Paso,** in particular in the **Ahora, ¡a hablar!, Y ahora, ¡a conversar!,** and **¡Luz! ¡Cámara! ¡Acción!** sections, to help students and the instructor readily identify activities designed for paired work.

 The group-work icon is used throughout each **Paso,** in particular in the **Y ahora, ¡a conversar!,** and **¡Luz! ¡Cámara! ¡Acción!** sections, to help students and the instructor readily identify activities designed for work in groups of three or more.

 The listening icon is used in the **¿Qué se dice...?** sections to indicate that students must listen to the Student Audio CD before coming to class. This icon is also used in the **¿Comprendes lo que se dice?** section in **Paso 1** to indicate that students will be listening to an audio CD or cassette in class.

 The video icon is used in the **¿Comprendes lo que se dice?** section in **Paso 2** to indicate that students will be viewing and listening to a videotape in class.

 The writing icon is used in the **Ahora, ¡a hablar!, Y ahora, ¡a conversar!,** and **¡Luz! ¡Cámara! ¡Acción!** sections whenever the activities require that students write extensively. This icon is also used in the **¿Te gusta escribir?** section to indicate that this is the major writing section of the chapter.

 The reading icon is used in the **Noticiero cultural** and **¿Te gusta leer?** sections to inform students that these are reading activities.

 The CD-ROM icon is used on the chapter opener to direct students to the activities for that chapter.

The Web icon occurs in each **Paso** to direct the students to the *¡Dímelo tú!* Web site where they can do the **Viajemos por el ciberespacio a...** activities.

Student Activities Manual: *Cuaderno de actividades y manual de laboratorio*

The Student Activities Manual: *Cuaderno de actividades y manual de laboratorio* is an integral part of the *¡Dímelo tú!,* Fourth Edition, program. It provides you with the additional reading, writing, and listening comprehension practice necessary to attain competency in Spanish. The activities workbook provides numerous vocabulary-building exercises, writing activities, and cultural readings, all focusing on the specific structures and vocabulary being presented in each chapter.

In the audio program, you will listen to radio broadcasts and advertisements, public address announcements, phone conversations, and the like, and participate actively by doing such things as checking off the correct responses, taking notes, or drawing the person or thing being described. These listening activities are specially designed to incorporate the structures and vocabulary presented in each chapter.

¡Dímelo tú! World Wide Web Site (http://dimelotu.heinle.com)

The *¡Dímelo tú!* home page on the Heinle Web site has a student section where students can access activities and information correlated to specific **Pasos.** Students can travel throughout the Spanish-speaking world via cyberspace. The activities at this site allow students to participate in Spanish-speaking chat rooms; check what movies are showing this week in Buenos Aires, Guatemala City, or Mexico City; read today's headlines in newspapers in Madrid, Havana, or Lima; or visit Lake Titicaca in Bolivia, the Museo del Oro in Bogota, or the rain forests of Costa Rica. The instructor's section of the *¡Dímelo tú!* Web site provides instructional tips and resources.

¡Dímelo tú! Interactive Multimedia CD-ROM

The dual platform (Mac and Windows) interactive CD-ROM component has a four-skills and culture-based approach. This multimedia-based component features video and audio activities, as well as games, all of which enable students to further develop their listening and speaking skills along with their cultural awareness.

Acknowledgments

A revision of this magnitude cannot be completed without the help and participation of many individuals. The authors wish to express their sincere appreciation to all who supported us in preparing the fourth edition, in particular to the many users of the first, second, and third editions. Without their continued support and input, this fourth edition would not be possible.

We wish to express a very special thank you to our developmental editor, Harriet C. Dishman, for her guidance in helping us prepare this edition.

We also appreciate the support throughout the project of both Phyllis Dobbins, publisher, and Ken Kasee, acquisitions editor.

A special word of thanks goes to David A. Day and April Eubanks, the art directors who so efficiently handled the extensive art program of this edition; to artist Anna Veltfort, who provided the new line art throughout this edition; and to Jon Davies, project editor, and Susie Wurzer, production manager, both of whom ever so patiently made sure we met all our production deadlines.

For her role in helping us find suitable magazines and realia from all over the Spanish-speaking world, we thank our colleague at the University of Iowa, Judith Liskin-Gasparro; her Chilean colleague at Chicago State University, María Teresa Garreton; her former graduate student from Venezuela, José Villalobos; and her current graduate students, many of whom so willingly provided us with current magazines and realia from their respective countries.

We gratefully acknowledge the active participation of the following instructors in our focus group held in November 1999. Their valuable insights guided much of the development of the fourth edition.

Eliud Chuffe
University of Arizona

María Cooks
Purdue University

José Feliciano-Butler
University of South Florida

Zheyla Henriksen
Sacramento City College

Jeff Longwell
New Mexico State University

Yolanda Rivera-Castillo
University of Alabama—Tuscaloosa

José A. Sandoval
Des Moines Area Community College

Barbara Ware
University of Delaware

Helga Winkler
Moorpark College, California

We also gratefully acknowledge the instructors who reviewed the fourth edition manuscript. Their insightful comments and constructive criticism were indispensable in the development of this edition. In particular, we thank:

Eliud Chuffe
University of Arizona

María Cooks
Purdue University

Mari Carmen García
Modesto Junior College

Jeff Longwell
New Mexico State University

Kimberley Sallee
University of Missouri—Columbia

José A. Sandoval
Des Moines Area Community College

Emily E. Scida
University of Virginia

Teresa Smotherman
University of Georgia

Finally, once more we wish to express heartfelt thanks to Tom Wetterstrom, Jorge Yviricu, Omar Carvacho, Said Marouf, and Janet B. Rodríguez, who through their patience and encouragement have supported us throughout this project.

How Should I Study Spanish?

Learning Spanish, like learning to play the piano or tennis, requires daily practice. Your ability to understand and to communicate in Spanish will increase each day if you are willing to use the language. Take advantage of every minute you are in the classroom. Don't be afraid to make mistakes when speaking, as this is a normal part of the learning process.

Here is a list of recommendations for how to study Spanish.

1. **Practice every day.** In class, make every effort to use what you already know. Outside of class, practice what you are learning with classmates or find a student who speaks the language to practice with you. Repeated use of Spanish will help you internalize the language.

2. **Learn to make intelligent guesses.** This will be especially important when doing the Internet activities. Spanish has hundreds of cognates, words that look or sound the same as their English equivalents. Learn to recognize and use them. For example, what do the following words mean in English?

   clase
   conversación
   grupo
   información
   repite
   universidad

3. **Find what works for you!** Experiment to find your own learning style and use what works best for you! Some possibilities are: Make vocabulary cards with Spanish on one side and the English equivalent or a picture on the other; write the answers to all textbook exercises; say words aloud as you study them; use the audio CD that goes with the text at home; look at pictures in magazines or newspapers and try to describe them in Spanish.

4. **Organize your study time.** When planning your schedule, decide on a certain time each day to study Spanish and stick to it. If you miss a day, make it up! It's much easier to learn a foreign language in small segments each day, rather than trying to study an entire chapter in a few hours.

5. **Participate!** Create learning opportunities for yourself. Don't wait to be called on or for someone else in class to take the initiative. Be aggressive.

6. **Don't be afraid.** Don't panic because you don't know a particular word. Listen to what you do understand and guess at the unknown.

7. **Draw on your own life experience.** Listen to the context and try to anticipate what you will hear each day. For example, if talking about McDonald's, what would you expect the following to mean?

   hamburguesa
   lechuga
   cebolla
   mayonesa
   mostaza
   patatas fritas
   salsa de tomate
   tomate

8. **Listen to Spanish-language radio and TV programs.** Learn the lyrics to songs in Spanish you like, and be daring—get involved with one of the many soap operas, called **telenovelas,** currently being transmitted on TV in the United States.

9. **Take advantage of the many Web sites in Spanish.** Try to read what they print. Use visual images and cognates to help you understand. If they have an audio component available, listen to it several times if necessary and try to get the gist of what is being said.

10. **When reading, don't expect to understand every word you see.** You will often be asked to work with authentic materials that clearly have some language that you understand and some that you are not expected to know. Always focus on what you *do know* and use that information to make intelligent guesses about the words and expressions you do not know. All other information probably is not within reach for you at this time. That is perfectly OK. In the questions about a reading, you might be asked to consider the information that is within reach and try to guess at the rest. The questions are likely to guide you towards correct answers.

Ahora, ¡manos a la obra! ¡Buena suerte! *(Now, let's get to work! Good luck!)*

Contenido

Preface to the Student's Edition   xi

How Should I Study Spanish?   xvii

PARA EMPEZAR
Saludos, presentaciones y despedidas   2

PASO MODELO **¡Hola! ¡Mucho gusto! ¡Adiós!   4**

¿Qué se dice...? Al saludar/presentarse/despedirse
de una persona   5

NOTICIERO CULTURAL *Costumbres: Saludos*   9

¿Te gusta leer? Why study a foreign language?   10

¿Te gusta escribir? Diálogo   12
Estrategias para escribir: La puntuación en
español   12

Antes de continuar   13
Working with *¡Dímelo tú!*   13
Useful classroom expressions   13

Y ahora, ¡a empezar!   14

VOCABULARIO   15

En preparación   16

PASO MODELO

P.1 ***Tú*** **and** *usted* **and titles of address   16**
Tú and *usted*   16
Formal and informal language   16
Titles of address   16

P.2 **The Spanish alphabet and pronunciation   17**
Spelling and forming vowel sounds   17
Pronunciation: Vowels   18
Pronunciation: Diphthongs   18

CAPÍTULO 1
¡Bienvenidos a la universidad!   20

PASO 1 **¿Mis compañeros de clase?   22**

¿Qué se dice...? Al describir a nuevos amigos   23
NOTICIERO CULTURAL *Lugar: Las Américas*   27
Viajemos por el ciberespacio a... Las Américas   29

PASO 2 **¡Son estupendos!   30**

¿Qué se dice...? Al hablar de las clases y los
profesores   31

Video: Latinoamérica, ¡al ritmo del siglo XXI!   35

NOTICIERO CULTURAL *Costumbres: ¿Peruano,
venezolano o guatemalteco?*   36

Viajemos por el ciberespacio a... Las
Américas   37

¿Te gusta escribir? Características de un(a) amigo(a)
ideal   37
Estrategias para escribir: Sacar listas   37

PASO 3 **¡La clave es la organización!   38**

¿Qué se dice...? Al describir actividades   39

¿Te gusta leer? Seis letras que están
sonando... UNITEC   44
Estrategias para leer: Palabras afines   44

Viajemos por el ciberespacio a... Las
Américas   46

VOCABULARIO   47

En preparación 1   48

PASO 1   48

1.1 **Subject pronouns and the verb** *ser:* **Singular
forms   48**
Clarifying, emphasizing, contrasting, and stating
origin   48

1.2 **Gender and number: Articles and nouns   50**
Indicating specific and nonspecific people and
things   50

1.3 **Adjectives: Singular forms   52**
Describing people, places, and things

PASO 2   53

1.4 **Infinitives   53**
Naming activities   53

1.5 **Subject pronouns and the verb** *ser:* **Plural forms
54**
Stating origin of several people   54

1.6 **Gender and number: Adjectives   55**
Describing people   55

PASO 3   57

1.7   **Present tense of -ar verbs   57**
Stating what people do   57

1.8   **The verb ir   58**
Stating destination and what you are going to do   58
Contractions in Spanish: *al, del*   59
Ir a + infinitive   59

CAPÍTULO 2
¡Ahora hay tanto que hacer!   60

PASO 1   ¿Dónde trabajas?   62

¿Qué se dice...?   Al hablar del trabajo   63

Viajemos por el ciberespacio a... Puerto Rico   67

NOTICIERO CULTURAL *Lugar: El Estado Libre Asociado de Puerto Rico*   68

PASO 2   Y tú, ¿dónde vives?   70

¿Qué se dice...?   Al hablar de donde viven los estudiantes   71

Vídeo: Puerto Rico, ¡destino de turistas!   75

NOTICIERO CULTURAL *Costumbres: Chinas y la guagua*   77

Viajemos por el ciberespacio a... Puerto Rico   79

¿Te gusta escribir? Descripción de vivienda en una carta   79
Estrategias para escribir: Concebir ideas   79

PASO 3   ... y en verano, ¡vacaciones!   81

¿Qué se dice...?   Al hablar de las próximas vacaciones   82

¿Te gusta leer? La salsa se viste de mundo   85
Estrategias para leer: Anticipar mirando el título y las imágenes visuales   85

Viajemos por el ciberespacio a... Puerto Rico   87

VOCABULARIO   88

En preparación 2   89

PASO 1   89

2.1   **Present tense of -er and -ir verbs   89**
Stating what people do   89

PASO 2   90

2.2   **Numbers 0–199   90**
Counting, solving math problems, and expressing cost   90

2.3   **Possessive adjectives   91**
Indicating ownership   91

2.4   **Three irregular verbs: *Tener, salir, venir*   93**
Expressing obligations, departures, and arrivals   93

PASO 3   94

2.5   **Telling time   94**
Stating at what time things occur   94

2.6   **Days of the week, months, and seasons   95**
Giving dates and stating when events take place   95

2.7   **Verbs of motion   96**
Telling where people are going   96

CAPÍTULO 3
¿Y cuándo es la fiesta?   98

PASO 1   ¡En casa de Natalia, el sábado!   100

¿Qué se dice...?   Al describir una fiesta   101

Viajemos por el ciberespacio a... España   105

NOTICIERO CULTURAL *Lugar: España: Barcelona*   106

PASO 2   ¿Con quién está bailando Nicolás?   108

¿Qué se dice...?   Al describir lo que está pasando   109

Vídeo: Enrique Iglesias *and* Andalucía, ¡región fascinante!   112

Viajemos por el ciberespacio a ... España   113

NOTICIERO CULTURAL *Gente: Joan Miró*   114

¿Te gusta escribir? Descripción de un cantante favorito   116
Estrategias para escribir: Agrupar ideas   116

PASO 3   ¿Te gusta bailar?   118

¿Qué se dice...?   Al iniciar una conversación   119

¿Te gusta leer? La tradición oral: Trabalenguas   122
Estrategias para leer: Usar imágenes visuales para interpretar el contenido   122

Viajemos por el ciberespacio a... España   125

VOCABULARIO   126

En preparación 3   127

PASO 1   127

3.1   **The verb *estar*   127**
Giving location and indicating change   127

3.2   **Interrogative words   128**
Asking questions   128

PASO 2   129

3.3   Present progressive tense   129
Describing what is happening now   129

3.4   Superlatives   131
Stating exceptional qualities   131

PASO 3   133

3.5   *Ser* and *estar* with adjectives   133
Describing attributes and indicating changes   133

3.6   The verb *gustar*   134
Talking about something you like or dislike   134

CAPÍTULO 4
¿Qué hacemos hoy?   136

PASO 1   ¡Al Museo de Antropología!   138

¿Qué se dice...?   Al describir a personas y expresar
preferencias   139

Viajemos por el ciberespacio a... México   143

NOTICIERO CULTURAL   *Lugar: México: El Zócalo*   **144**

PASO 2   ¡Son estupendos!   146

¿Qué se dice...?   Al hablar de precios y hacer
comparaciones   147

Video: México, ¡centro del mundo cultural!   151

Viajemos por el ciberespacio a... México   152

NOTICIERO CULTURAL   *Gente: Diego Rivera*   **153**

¿Te gusta escribir?   Anuncio sobre las atracciones
de un lugar   155
Estrategias para escribir: Palabras y frases clave
155

PASO 3   ¿Dónde prefieres comer?   156

¿Qué se dice...?   Al pedir algo en un café   157

¿Te gusta leer? Laura Esquivel: *Como agua para
chocolate*   161
Estrategias para leer: Al leer diálogo   161

Viajemos por el ciberespacio a... México   163

VOCABULARIO   164

En preparación 4   165

PASO 1   165

4.1   Demonstrative adjectives   165
Pointing out specific people, places, events, or
things   165

**4.2   Present tense of *e > ie* and *o > ue* stem-changing
verbs   166**
Describing activities   166

PASO 2   168

4.3   Numbers above 200   168
Counting and writing checks   168

4.4   Comparisons of equality   169
Stating equivalence   169

PASO 3   170

4.5   Idioms with *tener*   170
Expressing feelings, obligations, and age   170

4.6   Preterite of *ir, ser, poder,* and *tener*   172
Narrating in past time   172

CAPÍTULO 5
¡Hogar, dulce hogar!   174

PASO 1   ¡Por fin en la «U»!   176

¿Qué se dice...?   Al buscar un departamento   177

Viajemos por el ciberespacio a... Argentina   183

NOTICIERO CULTURAL   *Lugar: Argentina*   **184**

PASO 2   ¡Tu cuarto es un desastre!   186

¿Qué se dice...?   Al describir la habitación   187

Video: Buenos Aires, ¡al ritmo de un tango!   190

NOTICIERO CULTURAL   *Gente: Eva Perón*   **192**

Viajemos por el ciberespacio a... Argentina   194

¿Te gusta escribir? Anuncio clasificado para alquilar
una vivienda   194
Estrategias para escribir: Precisar   194

PASO 3   ¡Qué delgada estás, hija!   196

¿Qué se dice...?   Al hablar de cambios físicos o de
personalidad   197

¿Te gusta leer? Alfonsina Storni: «Voy a dormir»   200
Estrategias para leer: Interpretación de la puntuación en poesía   200

Viajemos por el ciberespacio a... Argentina   202

VOCABULARIO   203

En preparación 5   204

PASO 1   204

5.1   Adverbs of time   204

Expressing time and frequency   204

5.2   Prepositions   205
Describing the position of things   205

PASO 2   206

5.3   *Ser* and *estar:* A second look   206
Describing people and things and telling
time   206

PASO 3   207

5.4   Comparisons of inequality   207
Comparing and contrasting   207

5.5   *Por* and *para:* A first look   208
Expressing direction and means   208

CAPÍTULO 6
Un comunicado especial   210

PASO 1   Aquí en su *Tele*Guía*   212

¿Qué se dice...?   Al hablar de las noticias del día
213

Viajemos por el ciberespacio a... Guatemala   217

**NOTICIERO CULTURAL   *Lugar: Guatemala:
La cultura maya*   218**

PASO 2   ¡Co-o-ompre *Prensa Libre*!   220

¿Qué se dice...?   Al leer el periódico del día   221

Video: Guatemala, ¡el corazón de la cultura maya!
223

Viajemos por el ciberespacio a... Guatemala   224

**NOTICIERO CULTURAL   *Gente: Rigoberta Menchú
Tum*   225**

¿Te gusta escribir?   Autobiografía   227
Estrategias para escribir: Establecer el orden
cronológico   227

PASO 3   ¿Qué pasó ayer?   228

¿Qué se dice...?   Al hablar de tu telenovela favorita
229

¿Te gusta leer? *Me llamo Rigoberta Menchú y así me
nació la conciencia*   232
Estrategias para leer: Reconocer las pistas del
contexto   232

Viajemos por el ciberespacio a... Guatemala   234

VOCABULARIO   235

En preparación 6   236

PASO 1   236

6.1   Preterite of regular verbs   236
Providing and requesting information about past
events   236

PASO 2   237

6.2   Preterite of verbs with spelling changes   237
Describing in past time   237

PASO 3   238

6.3   Preterite of *estar, decir,* and *hacer*   238
Narrating about the past   238

6.4   The pronoun *se*: Special use   239
Making announcements   239

CAPÍTULO 7
¡Te invito a cenar!   240

PASO 1   ¿A qué hora te paso a buscar?   242

¿Qué se dice...?   Al invitar a una persona a salir   243

Viajemos por el ciberespacio a... Colombia   248

**NOTICIERO CULTURAL   *Lugar: Colombia: La esme-
ralda de Sudamérica*   249**

PASO 2   ¿Qué quieres hacer, mi amor?   251

¿Qué se dice...?   Al salir con tu novio(a)   252

Video: Colombia, ¡puerta a Sudamérica! *and*
Fernando Botero, ¡reconocido
internacionalmente!   255

Viajemos por el ciberespacio a... Colombia   256

**NOTICIERO CULTURAL   *Gente: Fernando Botero*
257**

¿Te gusta escribir?   Dar consejos en una carta   259
Estrategias para escribir: Dar consejos por escrito
259

PASO 3   ¡Estoy loco por ti!   260

¿Qué se dice...?   Al expresar emociones   261

¿Te gusta leer? Gabriel García Márquez: «Un día de
estos»   265
Estrategias para leer: Pistas del contexto   265

Viajemos por el ciberespacio a... Colombia   267

VOCABULARIO   268

En preparación 7 269

PASO 1 269

7.1 Direct-object nouns and pronouns 269
Agreeing and disagreeing, accepting and refusing 269

7.2 Irregular -go verbs 271
Telling what people do, say, or hear 271

PASO 2 272

7.3 Present tense of e > i stem-changing verbs 272
Stating what people do 272

PASO 3 273

7.4 Review of direct-object nouns and pronouns 273
Referring to people and things indirectly 273

7.5 The verbs saber and conocer 274
Stating what you know and who or what you are acquainted with 274

CAPÍTULO 8
¡A comer! 276

PASO 1 ¿Tienen una mesa reservada? 278

¿Qué se dice...? Al llegar a un restaurante 279

Viajemos por el ciberespacio a... Chile 284

NOTICIERO CULTURAL *Lugar: Chile: Retorno a la democracia* 285

PASO 2 ¿Qué se les ofrece? 287

¿Qué se dice...? Al pedir la comida 288

Video: Isabel Allende: Contadora de cuentos 291

Viajemos por el ciberespacio a... Chile 293

NOTICIERO CULTURAL *Gente: Isabel Allende* 294

¿Te gusta escribir? Descripción de una visita a un restaurante 296
Estrategias para escribir: Descripción de un evento 296

PASO 3 ¡Para chuparse los dedos! 298

¿Qué se dice...? Al hablar de la comida 299

¿Te gusta leer? Pablo Neruda: «Oda al tomate» 303
Estrategias para leer: Uso de la puntuación para interpretar la poesía 303

Viajemos por el ciberespacio a... Chile 305

VOCABULARIO 306

En preparación 8 307

PASO 1 307

8.1 Indirect-object nouns and pronouns 307
Stating to whom and for whom people do things 307

8.2 Review of gustar 309
Talking about likes and dislikes 309

PASO 2 309

8.3 Double object pronouns 309
Referring indirectly to people and things 309

PASO 3 311

8.4 Review of ser and estar 311
Describing, identifying, expressing origin, giving location, and indicating change 311

8.5 The verb dar 313
Telling what people give 313

CAPÍTULO 9
Un día común y corriente 314

PASO 1 Huy, ¡qué frío hace! 316

¿Qué se dice...? Al hablar del clima 317

Viajemos por el ciberespacio a... Estados Unidos 321

NOTICIERO CULTURAL *Lugar: Estados Unidos: Los hispanos... ¿quiénes son?* 322

PASO 2 ¡El sábado duermo hasta tarde! 324

¿Qué se dice...? Al describir la rutina diaria 325

Video: San Diego, ¡intensamente artístico y cultural! *and* Texas, ¡el segundo estado más grande! 329

Viajemos por el ciberespacio a... Estados Unidos 330

NOTICIERO CULTURAL *Gente: Gloria y Emilio Estefan, Sandra Cisneros y Ricky Martin* 331

Te gusta escribir? Biografía 333
Estrategias para escribir: Organización de una biografía 333

PASO 3 ¿Y cómo llego? 334

¿Qué se dice...? Si deseas saber cómo llegar a... 335

¿Te gusta leer? Francisco X. Alarcón: «Una pequeña gran victoria» 339

Estrategias para leer: Ponerle punctuación a la poesía cuando le falte 339

Viajemos por el ciberespacio a... Estados Unidos 341

VOCABULARIO 342

En preparación 9 343

PASO 1 343

9.1 Weather expressions 343
Talking about the weather 343

9.2 *Mucho* and *poco* 344
Expressing indefinite quantity 344

PASO 2 345

9.3 Reflexive verbs 345
Talking about what people do for themselves 345

PASO 3 347

9.4 *Por* and *para*: A second look 347
Explaining how, when, why, and for whom things are done 347

9.5 Affirmative *tú* commands 348
Giving orders and directions 348

CAPÍTULO 10
¡Socorro! ¡Llamen a la policía! 350

PASO 1 ¡Por favor, vengan pronto! 352

¿Qué se dice...? En caso de emergencia 353

Viajemos por el ciberespacio a... Nicaragua 357

NOTICIERO CULTURAL *Lugar: Nicaragua: Managua y sus volcanes, ¡una ciudad que no se deja vencer!* 358

PASO 2 ¡Yo no tuve la culpa! 360

¿Qué se dice...? Cuando ocurre un accidente automovilístico 361

Video: Nicaragua, ¡en la búsqueda de un futuro mejor! 364

Viajemos por el ciberespacio a... Nicaragua 365

NOTICIERO CULTURAL *Gente: Violeta Chamorro* 366

¿Te gusta escribir? Composición 368

Estrategias para escribir: Conseguir información 368

PASO 3 ¡Pánico! 369

¿Qué se dice...? Al describir un robo 370

¿Te gusta leer? Pablo Antonio Cuadra: «Urna con perfil político» 374

Estrategias para leer: Versos y estrofas 374

Viajemos por el ciberespacio a... Nicaragua 375

VOCABULARIO 376

En preparación 10 377

PASO 1 377

10.1 Adverbs derived from adjectives 377
Expressing how an event happened 377

PASO 2 378

10.2 Irregular verbs in the preterite 378
Describing what already occurred 378

10.3 Negative and indefinite expressions 380
Denying information and referring to nonspecific people and things 380

PASO 3 381

10.4 Preterite of stem-changing *-ir* verbs 381
Talking about past events 381

10.5 *Hacer* in time expressions 382
Describing what has been happening 382
Expressing time relationships with *ago* 383

CAPÍTULO 11
Y tú, ¿qué hacías? 384

PASO 1 Jugaba mucho y estudiaba poco 386

¿Qué se dice...? Al hablar del pasado 387

Viajemos por el ciberespacio a... Costa Rica 390

NOTICIERO CULTURAL *Lugar: Costa Rica: Una país que vive la democracia* 391

PASO 2 ¡No te vi! ¿Dónde estabas? 393

¿Qué se dice...? Al hablar de lo que pasó 394

Video: Costa Rica, ¡tierra de bosques y selvas, paz y armonía! 398

Viajemos por el ciberespacio a... Costa Rica 399

NOTICIERO CULTURAL *Costumbres: Los «ticos»* 400

¿Te gusta escribir? Reportaje 401
Estrategias para escribir: Especificar los hechos 401

PASO 3 ¡No he hecho nada! 402

¿Qué se dice...? Al hablar de lo que (no) has hecho 403

¿Te gusta leer? La leyenda de Iztarú 406
Estrategias para leer: Encontrar la idea principal 406

Viajemos por el ciberespacio a... Costa Rica 407

VOCABULARIO 408

En preparación 11 409

PASO 1 409

11.1 Imperfect of regular verbs 409
Talking about past events 409

11.2 Uses of the imperfect 409
Talking about what we used to do 409

11.3 Imperfect of *ser, ir,* and *ver* 410
Describing how you used to be, where you used to go, what you used to see 410

PASO 2 411

11.4 Preterite and imperfect: Completed and continuous actions 411
Describing completed actions and actions in progress in the past 411

11.5 Preterite and imperfect: Beginning/end and habitual/customary actions 413
Describing the beginning or end of actions and habitual past actions 413

PASO 3 414

11.6 Present perfect 414
Talking about what people have or haven't done 414

CAPÍTULO 12
¡Qué vacaciones! 416

PASO 1 ¿Adónde iremos mañana? 418

¿Qué se dice...? Al hablar de lo que harás en las vacaciones 419

Viajemos por el ciberespacio a... Perú 423

NOTICIERO CULTURAL *Lugar: Perú: Cuzco, ¡el corazón del imperio inca!* 424

PASO 2 ¡Imagínate... nosotros en Lima! 426

¿Qué se dice...? Al hablar de lo que harías 427

Video: Los Andes, ¡donde lo nuevo y lo antiguo se entrelazan! 430

Viajemos por el ciberespacio a... Perú 431

NOTICIERO CULTURAL *Gente: Mario Vargas Llosa* 432

¿Te gusta escribir? Descripción de distintos puntos de vista 434
Estrategias para escribir: Punto de vista 434

PASO 3 ¡No olvides nada! 436

¿Qué se dice...? Al hablar de lo que otras personas deben hacer 437

¿Te gusta leer? Machu Picchu: La ciudad escondida de los incas 440
Estrategias para leer: Usar las pistas del contexto 440

Viajemos por el ciberespacio a... Perú 442

VOCABULARIO 443

En preparación 12 444

PASO 1 444

12.1 Future tense of regular verbs 444
Talking about the future 444

12.2 Future tense of verbs with irregular stems 445
Talking about the future 445

PASO 2 446

12.3 Conditional of regular and irregular verbs 446
Stating what you would do 446

PASO 3 448

12.4 *Tú* commands: A second look 448
Requesting, advising, and giving orders to people 448

CAPÍTULO 13
Mente sana, cuerpo sano 450

PASO 1 ¡El exceso es malo para la salud! 452

¿Qué se dice...? Al dar consejos 453

Viajemos por el ciberespacio a... Panamá   457

NOTICIERO CULTURAL *Lugar: Panamá, ¡puente del Atlántico al Pacífico!*   **458**

PASO 2   Salten uno, dos, tres...   460

¿Qué se dice...?   Al hablar de tonificar el cuerpo   461

Video: Panamá, ¡moderno país que no olvida sus tradiciones!   465

Viajemos por el ciberespacio a... Panamá   **467**

NOTICIERO CULTURAL *Gente: Rubén Blades: Salsero, político y panameño «de corazón»*   **468**

¿Te gusta escribir? Expresar y defender opiniones   470
Estrategias para escribir: Persuadir   470

PASO 3   El lunes empiezo... ¡Lo juro!   472

¿Qué se dice...?   Al sugerir y recomendar   473

¿Te gusta leer? Panamá: Historia de un canal y una nación   477
Estrategias para leer: Esquemas   477

Viajemos por el ciberespacio a... Panamá   **479**

VOCABULARIO   480

En preparación 13   481

PASO 1   481

13.1   Present subjunctive: Theory and forms   481
Giving advice and making recommendations   481

13.2   Subjunctive with expressions of persuasion   482
Persuading   482

PASO 2   483

13.3   *Usted* and *ustedes* commands   483
Telling people what to do or not to do   483

13.4   *Ojalá* and present subjunctive of irregular verbs   484
Expressing hope   484

PASO 3   485

13.5   Subjunctive with expressions of emotion   485
Expressing emotion   485

13.6   Subjunctive with impersonal expressions   486
Expressing opinions   486

CAPÍTULO 14
¡Qué partido!   488

PASO 1   ¡Dudo que ganen!   490

¿Qué se dice...?   Al expresar opiniones   491

Viajemos por el ciberespacio a... Cuba   495

NOTICIERO CULTURAL *Lugar: Cuba, nuestro vecino cercano más alejado*   **496**

PASO 2   ¡Jonrón!   498

¿Qué se dice...?   Al referirse a alguien o algo desconocido   499

Video: Miami, ¡donde la cultura cubana se ve, se oye y se siente!   502

NOTICIERO CULTURAL *Gente: ¡Lo mejor venido de Cuba!*   **504**

Viajemos por el ciberespacio a... Cuba   506

¿Te gusta escribir? Ensayo histórico   506
Estrategias para escribir: Orden cronológico   506

PASO 3   Cuando tenga dinero...   508

¿Qué se dice...?   Al hablar de hechos ciertos o inciertos   509

¿Te gusta leer? La tradición oral: Los refranes   512
Estrategias para leer: Interpretación de refranes   512

Viajemos por el ciberespacio a... Cuba   515

VOCABULARIO   516

En preparación 14   517

PASO 1   517

14.1   Subjunctive with expressions of doubt, denial, and uncertainty   517
Expressing doubt, denial, and uncertainty   517

PASO 2   518

14.2   Subjunctive in adjective clauses   518
Referring to unfamiliar persons, places, and things   518

PASO 3   520

14.3   Subjunctive in adverb clauses   520
Stating conditions   520

Appendices   A-1
A   **Y ahora, ¡a conversar!/ Noticiero cultural   A-1**
B   **Accentuation   A-9**
C   **Regular verbs   A-10**
D   **Stem-changing verbs   A-12**
E   **Irregular verbs   A-14**
F   **Supplemental structures   A-26**

Spanish-English Vocabulary   V-1

English Spanish Vocabulary   V-19

Index of Grammar   I-1

Index of Culture and Functions   I-4

Credits and Acknowledgments   C-1

Para empezar: Saludos, presentaciones y despedidas

Cultural Topics

- **¿Sabías que...?**
  Hispanic greetings: Handshake and kiss
- **Noticiero cultural**
  Costumbres: *Saludos*
- **Lectura:** *Why study a foreign language?*

Writing Strategies

- Identifying differences in Spanish punctuation

En preparación

- P.1 **Tú** and **usted** and titles of address
- P.2 The Spanish alphabet and pronunciation: Vowels and diphthongs

CD-ROM:
Capítulo preliminar actividades

3

1

5

- greet people at different times of the day.
- introduce yourself and others.
- address people formally and informally.
- say good-bye in formal and informal situations.
- answer the question, "Why study a foreign language?"
- recognize career opportunities that will make use of your Spanish.

Lo que ya sabes...

1. How many of these places do you recognize? In what countries do you think they are located?

2. Can you describe the importance of each of these places?

3. Have you traveled to any well-known sites in the Spanish-speaking world? If so, what are they?

Tarea

Before beginning this *Paso,* study *En preparación*

☐ **P.1:** *Tú* and *usted* and titles of address

☐ **P.2:** The Spanish alphabet and pronunciation

☐ Do the *¡A practicar!* exercises.

☐ Listen to the *Paso modelo: ¿Qué se dice...?* section on your audio CD.

¿Eres buen observador?

Un beso al saludarse en México, D.F.

Dos jóvenes se dan la mano en Cuzco, Perú.

Ahora, ¡a analizar! ■ ▲ ●

1. How do people in the United States greet each other in formal and informal situations? How do the Spanish-speaking people in the photos greet each other? What similarities and differences do you observe?

2. The men in the photo above are shaking hands. Why do you think that they do not extend their arms out as men in the United States do when shaking hands?

3. What are some gestures you use to say good-bye to your parents, relatives, friends, and instructors?

¿Qué se dice...?

Al saludar/presentarse/despedirse de una persona

Students' names: _____
                   _____
"Hello"   _____
"What's your name?" _____

ELVIRA	Hola, Carlos. ¿Cómo estás?	**GABRIEL**	Profesor Gómez, le presento a mi amiga Teresa.
CARLOS	Bastante bien, ¿y tú?		
ELVIRA	¡Excelente! Carlos, te presento a mi amigo Andrés.	**TERESA**	Encantada, profesor.
		PROFESOR	El gusto es mío, Teresa.
CARLOS	Mucho gusto, Andrés.		
ANDRÉS	Igualmente, Carlos.		

PROFESORA	Buenas tardes.		**RAÚL**	¿Qué tal, Mario?
MATÍAS	Buenas tardes, profesora.		**MARIO**	Bien, Raúl, ¿y tú?
PROFESORA	¿Cómo se llama usted?		**RAÚL**	No muy bien. No... ¡terrible!
MATÍAS	Matías Suárez. Y usted es la profesora Torres, ¿no?			
PROFESORA	Sí, soy Angélica Torres. Mucho gusto, Matías.			
MATÍAS	El gusto es mío, profesora Torres.			

SUSANA	Hasta luego, Pepe.
PEPE	Hasta pronto, Susana. Adiós, Lisa.
LISA	Adiós. Hasta mañana.

A propósito...

Notice that when greeting a person in the morning you say, **Buenos días;** in the afternoon, **Buenas tardes;** and in the evening, **Buenas noches.** When introducing a person to a friend or family member, you use **Te presento a...,** but when introducing someone to a person who is outside your circle of friends or family, such as your teacher, boss, or manager, you use **Le presento a....**

¿Sabías que...?

When shaking hands, Hispanic men tend to bend their arms at the elbow, creating a more intimate distance between them. American men usually extend their arms way out, creating a greater distance between them. Also, when Hispanics kiss while greeting, it is always a light peck on the cheek.

Ahora, ¡a hablar! ■ ▲ ●

A. Saludos, despedidas y respuestas. Con un(a) compañero(a), selecciona una respuesta apropiada para cada saludo y despedida.

> **Modelo**
>
> TÚ   **¡Hola!**
> TU AMIGO(A)   **Buenos días.**

Saludos	Respuestas	Despedidas	Respuestas
¿Qué tal?	¡Terrible!	Hasta la vista.	Hasta luego.
¿Cómo te llamas?	Me llamo Antonia.	Adiós.	Hasta pronto.
¿Cómo estás?	Buenas tardes.	Hasta pronto.	Adiós.
¡Hola!	Buenos días.	Hasta luego.	Hasta mañana.
Buenas tardes.	Bastante bien.	Hasta mañana.	Hasta la vista.
Buenos días.	Bien, gracias.		
	Muy bien, gracias.		
	Excelente.		

B. Un estudiante muy popular. ¿Cómo saludas a estas personas en la universidad? *(Role-play greeting these people with a classmate.)*

> **Modelo**   una amiga a las nueve (9:00) de la mañana
>
> TÚ   **¡Buenos días, Irene! ¿Cómo estás?**
> AMIGA   **Bien, ¿y tú?**
> TÚ   **Bastante bien.**

1. el profesor de español a las ocho (8:00) de la mañana
2. un amigo a las dos (2:00) de la tarde
3. una amiga a la una (1:00) de la tarde
4. un amigo en la clase de español
5. una amiga en la cafetería a las nueve (9:00) de la mañana
6. una profesora a las tres (3:00) de la tarde

C. Nuevos amigos. Pregúntales a tres (3) nuevos amigos cómo se escriben sus nombres.

> **Modelo**
>
> TÚ   **¿Cómo se escribe tu nombre?**
> AMIGO   **S-C-O-T-T R-A-Y (ese, ce, o, te, te; ere, a, i griega)**

D. Presentaciones. Presenta a estas personas.

> **Modelo**   papá / profesora Luna
> **Papá, te presento a la profesora Luna.**

1. profesor Durán / amigo John	4. papá / señora Guzmán
2. (amiga) Carmen / amigo Matt	5. profesor Trujillo / amigo José Antonio
3. mamá / amiga Rosita	6. mamá / profesora Franco

E. ¿Presentaciones o respuestas? Selecciona una respuesta apropiada para cada presentación. *(Then explain when you would use the remaining **respuestas**.)*

Presentaciones	Respuestas	
Te presento a...	Igualmente.	Mucho gusto.
Le presento a...	¡Encantada!	El gusto es mío.

EP P.1

EP P.1

EP P.2

EP P.1

EP P.1

Y ahora, ¡a conversar! ■ ▲ ●

A. ¡Hola! Identifica a cuatro (4) personas que no conoces en la clase y preséntate. Escribe los nombres de las cuatro personas.

Modelo

TÚ	**¡Hola! Soy... ¿Cómo te llamas?**
COMPAÑERO(A)	**Me llamo Andrea Chávez.**
TÚ	**¿Cómo se escribe tu nombre?**
COMPAÑERO(A)	**A-N-D-R-E-A C-H-A-V-E-Z**
	(a, ene, de, ere, e, a; ce, hache, a, ve, e, zeta)[1]

B. ¡Encantado(a)! Presenta a dos personas de la clase.

Modelo

TÚ	**Carlos, te presento a mi amiga Susana.**
CARLOS	**Mucho gusto, Susana.**
SUSANA	**Encantada.**

C. ¡Hasta mañana! Practica los saludos y las despedidas en español con tu profesor(a) y tus compañeros de clase todos los días. Usa varios saludos y despedidas.

¡Luz! ¡Cámara! ¡Acción! ■ ▲ ●

A. Te presento a mi familia. Un amigo mexicano te presenta a su familia. Con un(a) compañero(a), escribe el diálogo que resulta. *(Afterward, read the dialogue to the class: One plays the role of the Mexican friend, the other the roles of his parents.)*

B. ¡Mi profesor(a)! Tú, tu papá y tu mamá están en la cafetería de la universidad. Tu profesor(a) de español también está allí. Tú decides presentarles tu profesor a tus padres. Dramatiza la situación con tres (3) compañeros de clase. *(Let your partners play the roles of your parents and professor first. Then alternate roles.)*

¿Comprendes lo que se dice?

Estrategias para escuchar

When listening to people speak, you don't need to understand every word spoken in order to comprehend the gist of what is being said. As you listen to these dialogues, don't worry if you do not understand every word. Simply try to understand enough to answer the following questions.

¿Formal o informal? Escucha estos dos diálogos y luego selecciona la respuesta correcta a las preguntas que siguen.

1. ¿Cuál de las conversaciones es más formal? ¿más informal?
   a. La conversación número 1.   b. La conversación número 2.

2. ¿Cómo se llama la amiga de Julio y Rubén?

3. En la conversación número 1, ¿son las personas estudiantes o profesores? ¿y en la conversación número 2?

---

[1] Since **ch** and **ll** were recently dropped from the Spanish alphabet (in 1994), many Spanish speakers still say **che** and **elle** or **doble ele** instead of **ce hache** and **ele ele**.

NOTICIERO

CULTURAL

COSTUMBRES... Saludos formales e informales

Antes de empezar, dime...

1. ¿Qué saludos usas con tus amigos en inglés? ¿con tus profesores?
2. ¿Son idénticos o diferentes los saludos?
3. Si son diferentes, explica la diferencia, en inglés, por supuesto.

Saludos

Julio Hurtado, un cubanoestadounidense, y Rick Henderson son estudiantes en la Universidad del Estado de Florida en Tallahassee. Rick está en la clase de Español 101 y practica español con su amigo Julio. Ellos conversan cuando el rector (presidente) de la universidad los saluda.

JULIO	Buenas tardes, Rick. ¿Cómo estás?
RICK	Muy bien, gracias. ¿Y tú?
JULIO	Bastante bien. Ah, mira, el rector de la universidad.
RECTOR	Buenas tardes, señores.
JULIO	Buenas tardes, rector.
RICK	Buenas tardes. Ahh,... ¿Cómo estás?
RECTOR	¿Qué? ¡Hmmm! ¡Adiós!

Y ahora, dime...

¿Por qué reacciona el rector negativamente al saludo de Rick?

1. Porque el saludo de Rick fue muy informal.
2. Porque el rector no tiene tiempo para hablar con Rick y Julio.
3. Porque Rick no habla español muy bien.

Lee el número que corresponde a la respuesta que seleccionaste en el Apéndice A.

¿Te gusta leer?

Lectura

Why study a foreign language?

Students often ask themselves why they should study a foreign language, but many have difficulty responding. To help you understand the importance of foreign language study, let's explore the many reasons for learning Spanish.

Spanish as a global language

Spanish is one of the official languages of the United Nations and the fourth most widely spoken language in the world. As advances in world communications bring us in closer contact with other countries, Spanish is destined to assume a major role.

To gain a more global perspective on the importance of Spanish, work in groups of four and respond to the following.

1. Spanish is the official language in
   a. five countries.
   b. eleven countries.
   c. fifteen countries.
   d. twenty countries.
2. List as many Spanish-speaking countries as you can.
3. Spanish is spoken by approximately
   a. 130 million people.
   b. 230 million people.
   c. 330 million people.
   d. 430 million people.

Spanish in the United States

The influence of Spanish culture and language in the United States is most evident in the Southwest and Florida because these regions were first settled by the Spaniards. The first permanent European settlement in the continental United States was founded in 1565 at St. Augustine, Florida, by the Spaniards. (The Mayflower did not arrive at Plymouth Rock until 1620.) In Santa Fe, New Mexico, the Palace of the Governors, the oldest government building still in use in the continental United States, was built in 1610. In Texas, the first Spanish mission was established in 1690. By 1776, when the thirteen colonies declared their independence, the Spaniards had established seven missions along the California coast.

Until recently, when one spoke of "Spanish" culture, food, or traditions in the United States, what was usually meant was "Mexican" culture, food, or traditions, since that was by far the most prevalent culture. However, with current immigration flows into this country, the Spanish culture we are exposed to may well be Mexican, but it may also be Cuban, Nicaraguan, Puerto Rican, Salvadorean, Argentine, Venezuelan, and so on. The Spanish-speaking world is extremely varied and it is no longer valid to speak of Spanish culture, unless, of course, one is referring to Spain in particular. Otherwise, it is best to speak of Mexican culture, Cuban culture, Nicaraguan culture, and so forth. There is no such thing as a "Spanish culture" that encompasses all Spanish-speaking countries. Every one of the twenty Spanish-speaking countries has its own culture, and it should be respected as such.

The Spanish language, on the other hand, with its many variations from country to country, continues to be the unifying thread in all Spanish-speaking countries. Today, one does not need to look far to see the influence of the Spanish language in the United States.

Again, working in groups of four, see how much you know about this influence in the United States by responding to the following.

1. Name eight states that have Spanish names. Do you know what each name means?

2. How many major cities in the United States with Spanish names can you list?

3. The population of the United States is approximately 280 million. The number of Spanish speakers in the United States is approximately
   a. 10 million.   c. 50 million.
   b. 30 million.   d. 70 million.

4. Which of the following words have been borrowed from the Spanish language?

How can learning Spanish help me?

Obviously, learning Spanish can help you when traveling. Learning to speak Spanish will open the doors to twenty different countries for you. It will also help you appreciate the valuable contributions made by Hispanic people in the fields of art, music, literature, and Western civilization in general.

Knowing the Spanish language can also help you in the business world. Working in groups of four, decide how knowing Spanish could help a person in the following professions. Explain your answers.

government	journalism or publishing	politics
hotel management	law or law enforcement	real estate
international business	library science	social or health services
international communications	photography	teaching

Learning Spanish will also make you more aware of your native language and will help you realize that when you speak or write, you do so to communicate ideas, not words alone. As you learn Spanish you will learn that ideas are communicated in different ways in different languages, and that there are few exact word-for-word relationships between languages.

¿Te gusta escribir?

Estrategias para escribir: La puntuación en español

¡Pobre Rick! Estudia la puntuación en este diálogo. ¿Es idéntica a la puntuación en inglés? Explica las diferencias.

> NATALIA   ¡Hola, Rick! ¿Cómo estás?
> RICK   ¿Qué tal, Natalia? No estoy muy bien.
> NATALIA   ¿No? ¿Por qué? ¿Qué te pasa?
> RICK   ¡El rector está furioso conmigo!

Ahora, ¡a escribir! ■ ▲ ●

A. Al empezar. Prepárate para escribir un diálogo donde Julio le presenta el rector de la universidad a Rick en una recepción para nuevos estudiantes. Haz *(Make)* una lista del vocabulario que necesitas para escribir el diálogo.

B. El primer borrador. Prepara un primer borrador *(first draft)* de tu diálogo.

C. Ahora, a compartir. Comparte *(Share)* tu diálogo con dos o tres compañeros. Estos estudiantes deben hacer comentarios sobre el estilo y la estructura. ¿Es lógico el diálogo? ¿Es formal o informal la presentación? ¿Y cómo contesta Rick, formal o informalmente? ¿Hay errores de puntuación o de ortografía *(spelling)*?

D. Ahora, a revisar. Lee tu diálogo una vez más. Si necesitas hacer cambios basados en los comentarios de tus compañeros, hazlos *(make them)* ahora.

E. La versión final. Prepara una versión final de tu diálogo y entrégalo *(turn it in)*.

F. Publicación. En grupos de cuatro o cinco lean los diálogos corregidos que su profesor(a) les va a dar *(is going to give you)* y decidan cuál es el mejor *(best)*. Prepárense para hacer una lectura dramatizada del mejor diálogo en su grupo.

Antes de continuar

Working with *¡Dímelo tú!* ■ ▲ ●

Now that you have completed the preliminary lesson, discover for yourself how *¡Dímelo tú!* is organized and what the purpose of each section of the text is. Working in groups of four, look for the section titles in the pages indicated for each set and match them with their descriptions. Be prepared to explain to the class, with examples, the purpose of each section.

Set 1: Pages 21–24

1. Lo que ya sabes
2. Paso 1
3. Tarea
4. ¿Eres buen observador?
5. ¿Qué se dice...?

   a. Samples of authentic language
   b. Visual introduction to lesson theme
   c. Challenges your critical thinking skills
   d. The first of three lessons that makeup each chapter
   e. Specifies homework assignments

Set 2: Pages 24–26

6. ¿Sabías que...?
7. A propósito...
8. Ahora, ¡a hablar!
9. Y ahora, ¡a conversar!
10. ¡Luz! ¡Cámara! ¡Acción!

   f. More creative, open-ended speaking activities
   g. Controlled speaking activities for early production
   h. Previews structures that will be taught later
   i. Role plays
   j. Cross-cultural information

Set 3: Pages 26–28 and 37

11. ¿Comprendes lo que se dice?
12. Noticiero cultural
13. Estrategias para escribir
14. ¿Te gusta escribir?

   k. Short cultural reading
   l. Writing
   m. Writing strategies
   n. Listening activities

Set 4: Pages 44–49

15. ¿Te gusta leer?
16. Viajemos por el ciberespacio a...
17. En preparación
18. ¡A practicar!

   o. Provides grammar explanations
   p. Internet activities
   q. Practice grammar exercises for homework
   r. Chapter reading selection

Useful Classroom Expressions ■ ▲ ●

Here are three separate lists of useful classroom expressions that you should learn to recognize. The first list consists primarily of cognates, words that look very similar to their English counterparts and have the same meaning in both languages. Guess the meaning of these expressions.

1. Dramatiza esta situación.
2. En tu opinión, ¿quién...?
3. No comprendo.
4. Prepara una lista por escrito.
5. Selecciona una respuesta apropiada.
6. En grupos pequeños...

The meaning of this set of expressions is less obvious, although there are three cognates. What are they? What do they mean? In groups of three or four, match each expression with its translation.

1. Comparte la información.
2. Contesta la(s) pregunta(s).
3. Escucha la conversación.
4. Lee este anuncio.
5. Describe el dibujo.
6. ¿Qué haces...?
7. En parejas

a. *Read this advertisement.*
b. *Describe the drawing.*
c. *What do you do . . . ?*
d. *In pairs*
e. *Answer the question(s).*
f. *Listen to the conversation.*
g. *Share the information.*

The following three expressions all have the same cognate, **compañero**. What do you think it means? Why do you suppose there is an **(a)** after the word? The verbs in these expressions mean *Interview, Ask,* and *Tell,* respectively. Can you guess what the complete expressions mean?

1. Entrevista a un(a) compañero(a)...
2. Pregúntale a un(a) compañero(a)...
3. Dile a un(a) compañero(a)...

Y ahora, ¡a empezar!

Yes, now you are ready to begin the first chapter of *¡Dímelo tú!* If you haven't noticed already, there are some excellent suggestions on how to study a foreign language on page xix in the front of your textbook. If you follow that advice, you should truly enjoy taking these first steps into the fascinating Spanish-speaking world.

Vocabulario ■▲●■▲●■▲

Saludos y respuestas

Buenos días.	*Good morning.*
Buenas tardes.	*Good afternoon.*
Buenas noches.	*Good evening.*
	Good night.
¿Cómo está (usted)?	*How are you? (form.)*
¿Cómo estás?	*How are you? (fam.)*
¡Hola!	*Hello!*
¿Qué tal?	*How are you?*
Bastante bien.	*Quite well.*
Bien, gracias.	*Fine, thank you.*
¡Excelente!	*Excellent!*
Muy bien, gracias.	*Very well, thank you.*
No muy bien.	*Not very well.*
¡Terrible!	*Terrible!*

Presentaciones y respuestas

¿Cómo se llama usted?	*What's your name? (form.)*
¿Cómo te llamas?	*What's your name? (fam.)*
Me llamo…	*My name is . . .*
Mi nombre es…	*My name is . . .*
Te presento a…	*I'd like you to meet . . . (fam.)*
Le presento a…	*I'd like you to meet . . . (form.)*
El gusto es mío.	*The pleasure is mine.*
Encantado(a).	*Delighted.*
Igualmente.	*Likewise.*
Mucho gusto.	*Pleased to meet you.*

Despedidas y respuestas

Adiós.	*Good-bye.*
Hasta la vista.	*Good-bye. See you.*
Hasta luego.	*See you later.*
Hasta mañana.	*See you tomorrow.*
Hasta pronto.	*See you soon.*

Universitarios

amigo(a)	*friend*
compañero(a) de cuarto	*roommate*
estudiante	*student*
profesor(a)	*professor*
rector(a)	*president (of a university)*

Palabras y expresiones útiles

clase	*class*
conversación	*conversation*
mi	*my*
no	*no*
soy	*I am*
tú	*you (fam.)*
universidad	*university*
¿Y tú?	*And you?*
¿Yo?	*Me? (in all other instances yo = I)*

En preparación

P.1 *Tú* and *usted* and titles of address

Tú and *usted*

Spanish has two ways of expressing *you:* **tú** and **usted. Tú** is a familiar form generally used among peers, acquaintances, or friends. **Usted** is a more polite, formal form used to show respect and to address anyone with a title such as *Mr., Mrs., Ms.,* or *Miss, Dr., Prof.,* or *Rev.* It is also used to address individuals you do not know well. Students generally use **tú** when speaking to each other and **usted** when addressing their teachers. Note that in the **¿Qué se dice…?** section, **te llamas** and **estás** are in the familiar **tú** form and **se llama** and **está** are in the more polite, formal **usted** form.

Formal and informal language

Besides the use of **tú** and **usted,** Spanish, like English, can be used formally, as often occurs in textbooks or professional journals, or informally, as is the case when people are talking casually. In *¡Dímelo tú!* both formal and informal Spanish are used throughout. More often than not, the formal Spanish will be used in the reading selection in the **Noticiero cultural** and **¿Te gusta leer?** A more informal Spanish is used in the **¿Qué se dice…?** dialogues and many of the **¿Comprendes lo que se dice?** dialogues. The direction lines for the activities address the student informally but use mostly a formal Spanish, whereas the activities themselves may elicit formal or informal language depending on the situation being addressed.

Titles of address

The most frequently used titles in Spanish are the following:

señor	*Mr.*	profesor(a)	*professor*
señora	*Mrs.*	doctor(a)	*doctor*
señorita	*Miss*		

The definite article, **el** or **la,** must precede a title when talking about someone.

Es **la** doctora Sánchez.   *She is Dr. Sánchez.*
El profesor Díaz es bueno.   *Professor Díaz is good.*

¡A practicar! ■ ▲ ●

A. ¿Tú o usted? Indicate whether you should use **tú** or **usted** to address the following people.

1. your professor
2. your brother or sister
3. a stranger
4. your dog
5. a member of the clergy
6. your roommate
7. your doctor
8. your girlfriend/boyfriend
9. a bank clerk
10. a waitress

B. ¿El o la o...? Complete the following introductions by indicating if a definite article should be used with each person's name as you introduce these people to your mother.

>   **Modelo**   Mamá, _____ señor Pérez y mi amigo _____ José.
>   **Mamá, el señor Pérez y mi amigo José.**

1. Mamá, mi amiga, _____ Rosa María.
2. Mamá, _____ profesor González.
3. Mamá, _____ señorita Perea, la directora del laboratorio.
4. Mamá, _____ mi mejor *(best)* amigo(a).
5. Mamá, _____ señor Padilla.
6. Mamá, _____ José Aguilar.

P.2 The Spanish alphabet and pronunciation

Spelling and forming vowel sounds

The Spanish alphabet

a	a	k	ka	rr	erre
b	be, be larga	l	ele	s	ese
c	ce	m	eme	t	te
d	de	n	ene	u	u
e	e	ñ	eñe	v	ve, ve corta, uve
f	efe	o	o	w	doble ve, uve doble
g	ge	p	pe	x	equis
h	hache	q	cu	y	i griega, ye
i	i	r	ere	z	zeta
j	jota				

The Spanish alphabet includes two letters that are not part of the English alphabet: **ñ** and **rr.** The **ch (che)** and **ll (elle** or **doble ele)** were considered single letters in the alphabet until 1994 when the **Real Academia** decided to eliminate them to accommodate the computer age. The letters **k** and **w** appear only in words borrowed from other languages. Learn the Spanish alphabet so that you can spell words in Spanish.

¡A practicar! ■ ▲ ●

A. ¡Ahora el examen de la vista! You are getting your driver's license renewed. Take the eye test for your license. What do you say?

B. Su nombre completo, por favor. You are on the phone with your local bank and want to know the current balance in your checking account. The bank teller asks you to spell out your name, as it appears on your account, and your mother's maiden name. First, write them out. Then spell them in Spanish.

Modelo You write: J-O-E S-M-I-T-H J-O-N-E-S
You say: **jota, o, e; ese, eme, i, te, hache; jota, o, ene, e, ese**

Pronunciation: Vowels

The Spanish vowels—**a, e, i, o, u**—are pronounced in a short, clear, and tense manner. Unlike English vowels, their sound is hardly influenced by their position in a word or sentence, nor by the stress they receive. English speakers must avoid the tendency to lengthen and change the sound of Spanish vowels. Note the difference in length and sound as you recite the vowels in English first and then repeat them in Spanish after your instructor.

¡A practicar! ■ ▲ ●

A. Las vocales. Repeat the following sounds after your instructor, being careful to keep the vowels short and tense.

a = hop	e = hep	i = heap	o = hope	u = hoop
ma	me	mi	mo	mu
na	ne	ni	no	nu
sa	se	si	so	su
fa	fe	fi	fo	fu

Very few sounds are identical in Spanish and English. Therefore, the comparisons given here between English and Spanish vowels are to be used merely as a point of reference. To develop "native" pronunciation, you should listen carefully and imitate your instructor's pronunciation and that of the native speakers on the recordings.

B. Vocales en palabras. Escucha y repite. *(Listen and repeat.)*

Ana	él	ir	otro	uno
llama	mente	así, así	como	gusto
mañana	excelente	dividir	ojo	Uruguay

C. Vocales en oraciones. Lee en voz alta. *(Read aloud.)*

1. Ana llama a la mamá de Carmen mañana.
2. Elena es de Venezuela.
3. Gullón es otro crítico literario famoso.
4. La profesora Uribe es uruguaya.

Pronunciation: Diphthongs

A diphthong is the union of two vowel sounds pronounced as one in a single syllable. In Spanish, diphthongs occur in syllables containing two weak vowels (**i, u**) or a combination of a strong vowel (**a, e, o**) with a weak vowel.

¡A practicar! ■ ▲ ●

A. Diptongos. In diphthongs consisting of a strong vowel and a weak vowel, the strong vowels are more fully enunciated.

Escucha y repite.

ai	ei	oi	ia	ie
baile	ley	soy	gracias	bien
airoso	afeitar	oigo	especial	viejo
gaita	veinte	Goytisolo	Colombia	miedoso

io	ua	ue	au	eu
Mario	Paraguay	buenas	auto	Eugenia
diosa	Ecuador	cuentista	Paula	Europa
miope	lengua	abuelo	pausar	deuda

B. Dos vocales débiles. When two weak vowels occur together in a word, the second vowel is more fully enunciated.

Escucha y repite.

ui	iu
ruido	veintiuno
Luisa	viuda
cuidar	ciudad

C. Diptongos en oraciones. Lee en voz alta.

1. Luisa baila muy bien.
2. Eugenio y Mario viajan a la ciudad.
3. Mi abuelo siempre viene a las cuatro.
4. Hay nueve estudiantes nuevos.

D. Dos vocales fuertes. When two strong vowels occur together, or when there is a written accent over the weak vowel in a syllable containing both a strong and a weak vowel, the vowels are pronounced as two separate syllables.

Escucha y repite.

caos	idea	día	baúl
leal	crear	lío	paraíso
cacao	Rafael	comían	continúa

E. Separación de vocales. Lee en voz alta.

1. La idea de Rafaela es puro caos.
2. Mi perra es fea pero leal.
3. Mi tía salía de día.
4. Raúl no conocía a tu tío.

CAPÍTULO 1

¡Bienvenidos a la universidad!

Cultural Topics

- **¿Sabías que…?**
  Informal greetings
  Comparison of U.S. and Hispanic
  universities
  Student activities: *La semana
  universitaria*
- **Noticiero cultural**
  Lugar: *Las Américas*
  Costumbres: *¿Peruano, venezolano o
  guatemalteco?*
- **Lectura:** *UNITEC: Seis letras que están
  sonando*

 Video: *Latinoamérica, ¡al ritmo del
siglo XXI!*

 Viajemos por el ciberespacio a…
Las Américas

Listening Strategies

- Getting the gist of a conversation
- Getting the gist using cognates

Reading Strategies

- Recognizing cognates

Writing Strategies

- Creating lists

En preparación

- 1.1 Subject pronouns and the verb **ser:**
  Singular forms
- 1.2 Gender and number: Articles and nouns
- 1.3 Adjectives: Singular forms

- 1.4 Infinitives
- 1.5 Subject pronouns and the verb **ser:**
  Plural forms
- 1.6 Gender and number: Adjectives

- 1.7 Present tense of **-ar** verbs
- 1.8 The verb **ir**

 CD-ROM:
Capítulo 1 actividades

Las Américas

In this chapter, you will learn how to . . .

- describe yourself, your friends, and your professors.
- tell where people are from.
- name your favorite classes and activities.
- describe your classes.
- talk about your activities during the first week of the semester.
- describe future plans.

1 La Universidad Mayor de San Marcos, Lima, Perú, fundada en 1551

2 La Universidad Nacional Autónoma de México (UNAM), México, D.F., fundada en 1553

3 La Universidad de Santo Domingo, República Dominicana, fundada en 1538

Lo que ya sabes... ■ ▲ ●

1. How many years after the arrival of Christopher Columbus was the first university in the New World established? Where is it located?

2. Why do you think a university was founded in Peru before one was founded in Mexico?

3. Can you name the oldest English-speaking university still in use? The oldest Spanish-speaking university still in use?

4. When was the first university in the continental United States established?

5. When was your university established?

6. How does your campus compare with the ones pictured here?

Paso 1   ¿Mis compañeros de clase?

¿Eres buen observador?

Tarea

Before beginning this *Paso*, study *En preparación*

- ☐ 1.1 Subject pronouns and the verb *ser*: Singular forms
- ☐ 1.2 Gender and number: Articles and nouns
- ☐ 1.3 Adjectives: Singular forms
- ☐ Do the corresponding *¡A practicar!* exercises.
- ☐ Listen to the *Capítulo 1, Paso 1: ¿Qué se dice...?* section on your audio CD.

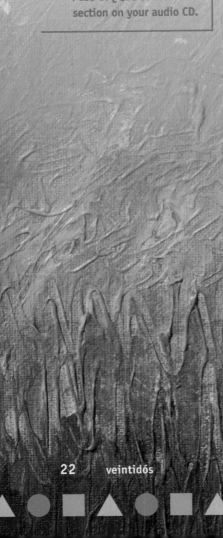

NOMBRE:	Yolanda Ramírez
PAÍS DE ORIGEN:	Costa Rica
DEPORTES FAVORITOS:	béisbol y voleibol
PERSONALIDAD:	simpática, atlética, inteligente, sociable
CIUDAD NATAL:	San José

NOMBRE:	Mónica Fernández
PAÍS DE ORIGEN:	Chile
DEPORTES FAVORITOS:	tenis y baloncesto
PERSONALIDAD:	estudiosa, seria, paciente
CIUDAD NATAL:	Santiago

NOMBRE:	Carlos Enrique Rodríguez
PAÍS DE ORIGEN:	México
DEPORTES FAVORITOS:	fútbol, béisbol, tenis
PERSONALIDAD:	inteligente, paciente, sincero, popular, sociable
CIUDAD NATAL:	Guadalajara

Ahora, ¡a analizar! ■ ▲ ●

1. ¿De dónde son estos estudiantes?
2. ¿Cuáles son los deportes favoritos de Yolanda? ¿de Mónica? ¿de Carlos?
3. ¿Cómo es Carlos? ¿Mónica? ¿Yolanda?
4. ¿Es estadounidense Carlos? ¿Mónica? ¿Yolanda?

¿Qué se dice...?

Al describir a nuevos amigos

Origen: _____

Universidad: _____

Personalidad de Julio: _____

Personalidad de Matón: _____

Te quiero presentar a mi amigo Paco. Es de Bolivia, de La Paz. Es estudiante de la Universidad Mayor de San Andrés. Es interesante y muy simpático... y algo liberal. También es atlético.

Te quiero presentar a Elena. Ella es una amiga de Venezuela, de Caracas. Ella es estudiosa, seria y muy paciente. Es también un poco conservadora.

ELENA Allí, mira. Es el libro de español, ¿no?	¿Y tú? ¿Cómo te llamas?
	¿De dónde eres? ¿Eres estadounidense?
JULIO Sí, y aquí también hay cuadernos, papel, lápices y bolígrafos... y lo más importante, mochilas.	¿Eres estudiante? ¿De qué universidad?
	¿Eres inteligente y estudioso(a)?
	¿Eres conservador(a) o liberal? ¿paciente o impaciente?
	¿Eres muy popular?

A propósito...   **Hay,** which means *there is* and *there are,* is the impersonal form of the verb **haber** in the present tense. When used in a question, **¿Hay...?** means *Is there . . . ?* or *Are there . . . ?* Be careful not to confuse it with **ser** which, when conjugated, can mean *is* or *are.*

¿Sabías que...?

There are many ways to greet someone informally in Spanish. For example, one often hears **Buenos** or **Buenas** instead of **Buenos días** or **Buenas noches.** In many regions of Latin America and in the southwestern United States **¡Qué hubo!** pronounced (**¡Quíhubo!**) and **¡Qué hubole!** pronounced (**¡Quíhubole!**) are used as informal greetings to mean *"How's it going?"* or *"What's new?"*

Ahora, ¡a hablar! ■ ▲ ●

EP 1.1   **A. ¿Quién es y de dónde es?** ¿Quiénes son estos estudiantes y de dónde son?

Modelo   Antonio Pino Quintana, Caracas
Él es Antonio Pino Quintana. Es de Venezuela.

1. Carlos Menéndez Suárez, Buenos Aires
2. Patricio Carrillo Sánchez, Bogotá
3. Ramona Téllez Baca, Montevideo
4. Jorge Castillo Díaz, Santiago
5. Emma Luna Linares, Managua
6. Andrés Salazar Trujillo, San Juan
7. Lupita López Chávez, Quito

EP 1.2   **B. ¿Muchos?** Nombra todos los objetos en...

1. tu escritorio.
2. tu mochila.
3. el escritorio del (de la) profesor(a).
4. el escritorio de un(a) amigo(a).

C. Mi mejor amigo(a). Describe a tu mejor amigo(a). EP 1.2, 1,3

Mi mejor amigo(a) se llama (nombre). Él (Ella) es (inteligente / atlético[a]). También es (liberal / conservador[a]). Es (paciente / impaciente) y muy (popular / tímido[a]). Ah, también es un poco (serio[a] / divertido[a]).

D. ¡Qué popular! Pablo Ramírez es muy popular y tiene muchas amigas. ¿Cómo son sus amigas? Selecciona las palabras *(words)* que las describen.

1. Ramona es (estudiosa, tímido, serio).
2. María es (romántico, simpática, serio).
3. Gloria es (tímido, paciente, atlética).
4. Ángela es (elegante, estupendo, conservador).
5. Carmen es (inteligente, atlético, serio).
6. Cecilia es (simpática, interesante, trabajador).

E. Diversidad. Pregúntale a tu compañero(a) cómo son estos estudiantes.

> **Modelo**   Lupita López / inteligente / conservador
>
> Compañero(a)   **¿Cómo es Lupita López?**
>   Tú   **¿Ella? Es muy inteligente y conservadora.**

1. Jorge / impaciente / activo
2. Yolanda / serio / estudioso
3. Paco / inteligente / trabajador
4. Ramona / inteligente / simpático
5. Andrés / tímido / serio
6. Eva / activo / divertido
7. Yo / ¿... y...?
8. Tú / ¿... y...?

Y ahora, ¡a conversar! ■ ▲ ●

A. ¿Quién es? Identifica a personas famosas (políticos, actores, artistas, deportistas, cómicos, etc.) con las características indicadas.

> **Modelo**   **Jim Carrey es muy divertido.**

1. muy divertido
2. elegante y conservador
3. tímido
4. muy serio
5. muy atlético
6. muy divertida
7. elegante y conservadora
8. tímida
9. muy seria
10. muy atlética

B. ¿Qué hay? Pregunta lo que hay en la mochila (o en el escritorio en casa) de tu compañero(a).

> **Modelo**
>   Tú   **¿Hay un lápiz?**
> Compañero(a)   **Sí, hay un lápiz.** [o]
>   **No, no hay un lápiz. Hay un bolígrafo.**

C. ¿Son los mismos? Alicia, Carmen, José y Daniel son estudiantes de la clase de español de tu compañero(a) de cuarto. Tú también tienes unos amigos que se llaman Alicia, Carmen, José y Daniel. La descripción de tus amigos aparece *(appears)* en la página siguiente. La descripción de los amigos de tu compañero(a) aparece en el Apéndice A en la página A-1. ¿Son los mismos? *(To decide if they are the same, ask your partner questions. Do not look at each other's descriptions until you have finished this activity.)*

Modelo   **¿Es Alicia de Venezuela?**

ALICIA   Es una amiga de Venezuela. Es de Caracas. Es estudiosa, tímida y muy seria. También es muy paciente.

CARMEN   Es muy seria. También es tímida, inteligente y muy estudiosa. Es de Caracas. Es sociable pero algo conservadora.

JOSÉ   Es de Quito. Es muy activo y muy simpático. Es sociable y chistoso. No es muy serio.

DANIEL   Es de Ecuador, de la capital. Es muy atlético, pero es un poco tímido. Es activo y estudioso. También es algo serio.

D. ¡Anuario! ¿Cómo eres tú? Prepara una descripción de tu persona por escrito. Usa el modelo de **¿Eres buen observador?** al principio de este paso.

¡Luz! ¡Cámara! ¡Acción! ■ ▲ ●

A. ¿Cómo es? Hay un estudiante latinoamericano en la clase de historia de tu compañero(a) de cuarto. Tú quieres saber más sobre el estudiante. Prepara varias preguntas por escrito para tu compañero(a). *(Then ask your partner the questions you prepared.)* Específicamente, quieres saber...

- el nombre del estudiante.
- el país y la ciudad de origen del estudiante.

- algunas características del estudiante.
- qué opina tu compañero(a) del estudiante.

Vocabulario útil

¿Cómo...?   ¿De dónde...?   ¿Es...?   ¿Qué...?

B. Mejor amigo(a). ¿Cómo es el (la) mejor amigo(a) de tu compañero(a): nombre, origen, universidad y características? Pregúntale. Usa el vocabulario útil de la actividad A.

¿Comprendes lo que se dice?

Estrategias para escuchar: Sacar la idea principal

A frequent first reaction when listening to spoken Spanish is to assume it is spoken "too fast" and that you "don't understand anything." In fact, it is probably being spoken at a normal rate of speech and you probably understand much more than you think. Most likely, you won't understand every word you hear, but you are not expected to do so. Simply listen for the words that you do understand and don't worry about the others. In this section, you should understand enough to get the gist of what is being said.

Ahora, ¡a escuchar! *Now listen as your instructor plays a dialogue in which Gloria and Rita talk about Alberto Lozano, a new student in their chemistry class. Then answer the questions that follow.*

¿Cómo es Alberto Lozano según Rita? ¿según Gloria?

Según Rita:	**Según Gloria:**
1.	1.
2.	2.

NOTICIERO
CULTURAL

LUGAR... Las Américas

Antes de empezar, dime... ■ ▲ ●

1. ¿Cuáles son los países de Norteamérica?
2. En tu opinión, ¿cuál es el sitio natural más impresionante de Norteamérica?
3. En tu opinión, ¿quiénes fueron los indígenas más importantes en toda la historia de Norteamérica?

Las Américas

Los continentes de América se dividen en Norteamérica, Centroamérica y Sudamérica. Los continentes ofrecen muchos contrastes naturales como, por ejemplo...

hermosas costas y playas como en Cancún,...

una gran variedad de aves, por ejemplo el quetzal...

e impresionantes lagos y volcanes.

También hay ruinas del glorioso pasado indígena, como...

las ruinas mayas en el sur de México y Centroamérica y...

las ruinas de los incas en Perú, como las de Machu Picchu.

Observamos muchos contrastes en la gente de las Américas, como...

los africanos

los indígenas: aztecas, toltecas, mayas, taínos, quechuas, araucanos y muchos más;

los de ascendencia europea: los españoles, italianos, alemanes, portugueses;

y la nueva raza, los mestizos: la combinación de indígena y europeo.

Y ahora, dime... ■ ▲ ●

1. Con España y Guinea Ecuatorial, hay 20 países donde el español es la lengua oficial del país. Nómbralos.
2. Hay muchos contrastes en las Américas. ¿Cuáles son los más impresionantes, en tu opinión?
3. Hay varias Américas —Norteamérica, Centroamérica y el Caribe y Sudamérica. Para estudiar y apreciar las Américas, es importante saber su geografía. Estudia los mapas de las Américas en las páginas i–iii y memoriza los nombres de todos los países y sus capitales. El examen del Capítulo 1 incluye un mapa en blanco donde tú vas a tener que localizar los países y sus capitales.

Viajemos por el ciberespacio a... LAS AMÉRICAS

If you are a cyberspace surfer, try entering the name of any of the twenty Spanish-speaking countries or one of the following key words to get to many fascinating sites in **las Américas:**

Islas Galápagos   Cataratas de Iguazú   Aconcagua

Or, better yet, simply go to the *¡Dímelo tú!* Web site using the following address:

http://dimelotu.heinle.com

There, with a simple click, you can

- follow Darwin's footsteps through the **Islas Galápagos.**
- marvel at the majestic **Cataratas** *(Falls)* **de Iguazú.**
- vacation at **el Aconcagua,** one of the Andes' most famous mountains for skiing.

Tarea

Before beginning this *Paso*, study *En preparación*

☐ 1.4 Infinitives

☐ 1.5 Subject pronouns and the verb *ser*: Plural forms

☐ 1.6 Gender and number: Adjectives

☐ Do the corresponding *¡A practicar!* exercises.

☐ Listen to the *Capítulo 1, Paso 2: ¿Qué se dice…?* section on your audio CD.

¿Eres buen observador?

Ahora, ¡a analizar! ■ ▲ ●

You are not expected to understand every word you see on this advertisement. Simply focus on cognates, words that look alike in both Spanish and English. By doing this, you should be able to get the gist of the message and answer the questions that follow. After this, pat yourself on the back! You are already reading authentic documents after just a couple of weeks of studying Spanish!

1. ¿Cómo se llama la universidad?
2. ¿En qué idioma significa *arriba* «UP»? ¿Qué significa «UP» en este anuncio *(advertisement)*?
3. ¿Cuántos de los programas que ofrece esta universidad puedes *(can you)* nombrar en inglés?
4. ¿Cómo puedes conseguir *(get)* más información sobre la Universidad de Palermo?

¿Qué se dice...?

Al hablar de las clases y los profesores

Personalidad del
profesor González:_____

Mis pasatiempos
favoritos: _____   _____   _____

              _____   _____   _____

La clase de física no es fácil; es muy difícil.

Los estudiantes de la clase de ciencias políticas son trabajadores y muy estudiosos. No son perezosos.

A propósito...	Note that in Spanish, when one noun is used to modify another noun, as in "physics class" or "political science class," the definite article is used before the first noun and **de** before the second: **la clase de física** or **la clase de ciencias políticas.**

¿Sabías que...?

In Spanish, universities are headed by a **rector,** not a **presidente.** The various schools, such as the School of Engineering, are called **facultades.** The faculty of a university is referred to as **el profesorado.** Finally, **colegio** does not mean *college* but *school,* as in *elementary* or *secondary school.* When talking about their professors, college students often refer to **el profe** or **la profe,** but it would not be appropriate to address them as such. They would be addressed as **profesor** or **profesora.**

Ahora, ¡a hablar! ■ ▲ ●

EP 1.4, 1.6   **A. ¡Somos muy activos!** ¿Cuál es el pasatiempo (la actividad) favorito(a) de estas personas?

Modelo   Silvia y Andrés
El pasatiempo favorito de Silvia y Andrés es bailar.

1. Roberto

2. Lupe y Alfredo

3. Patricia

4. Cristina

5. José Antonio

6. mis amigos y yo

7. Jaime y Héctor   8. Óscar

B. Amigos. Describe a tus amigos de la universidad.

 EP 1.1, 1.5, 1.6

> **Modelo**   Mi amigo…
> **Mi amigo Tomás es divertido y perezoso.**

1. Mi amiga...   4. Mis amigas... y...
2. Mi amigo...   5. Mis compañeros de la clase de español...
3. Mis amigos... y...   6. Mis compañeros de la clase de...

C. Mis clases. ¿Cómo son las clases de tu compañero(a)? Pregúntale cuál es su clase...

EP 1.1, 1.3

> **Modelo**   más divertida
>
> TÚ   **¿Cuál es tu clase más divertida?**
> COMPAÑERO(A)   **La clase de economía es mi clase más divertida.**

Vocabulario útil

arte	economía	historia	inglés	matemáticas
biología	educación física	informática	latín	química
ciencias políticas	física	ingeniería	literatura	teatro

1. favorita   3. más fácil   5. más aburrida
2. más interesante   4. más difícil   6. más divertida

D. ¿Cómo son? Describe tus clases, profesores y amigos.

EP 1.5, 1.6

> **Modelo**   mis clases (divertido / aburrido)
> **Mis clases son divertidas.**

1. mis clases (difícil / fácil)
2. los estudiantes (interesante / aburrido)
3. los profesores (paciente / impaciente)
4. unos profesores (divertido / aburrido)
5. mis amigos y yo (trabajador / perezoso)
6. mis amigos (inteligente / tonto)

Y ahora, ¡a conversar! ■ ▲ ●

A. ¡Son estupendos! Describe a estas personas y estas clases. Menciona tres o cuatro características.

1. mi clase de español   4. mi novio(a)
2. mi compañero(a) de cuarto y yo   5. mis profesores
3. mis amigos   6. la clase de historia

B. Pasatiempos favoritos. ¿Cuáles son los pasatiempos favoritos de tu compañero(a)? Pregúntale y contesta sus preguntas.

> **Modelo**
>
> TÚ   **¿Cuáles son tus pasatiempos favoritos?**
> COMPAÑERO(A)   **Mis pasatiempos favoritos son…**

Vocabulario útil

bailar	escuchar música	leer
comer	estudiar	nadar
escribir cartas	hablar por teléfono	ver la tele

C. Mis clases y yo. ¿Cómo eres? ¿Cuáles son dos adjetivos que describen tu personalidad? ¿Cuáles son tus clases favoritas? Escríbelos *(Write them down)*.

D. ¡A escribir! Completa este formulario con tus datos (información) personales. Si prefieres, usa datos ficticios.

Nombre: _____

Dirección: _____

Edad: _____

Características: _____

_____

Pasatiempos: _____

_____

Clase favorita: _____

¡Luz! ¡Cámara! ¡Acción! ■ ▲ ●

A. Nuevos amigos. Con un(a) compañero(a), escriban el diálogo que tienen el primer día de clases cuando se presentan *(you introduce each other)*. Luego, lee el diálogo con tu compañero(a) frente a la clase. Usa la guía que aparece a continuación.

Tú	**Nuevo(a) amigo(a)**
■ Saluda a tu nuevo(a) amigo(a) y preséntate.	■ Responde y preséntate también. Pregúntale de dónde es.
■ Contesta y pregúntale de dónde es.	■ Menciona de dónde eres.
■ Pregunta sobre sus pasatiempos favoritos.	■ Describe tus pasatiempos favoritos y pregúntale sobre sus pasatiempos.
■ Responde y pregúntale cuál es su clase favorita.	■ Responde y pregúntale cuál es su clase favorita.

B. Mi universidad. Tú y un(a) amigo(a) describen sus respectivas clases: profesores, amigos y actividades. Dramatiza esta situación.

¿Comprendes lo que se dice?

Estrategias para ver y escuchar: Reconocer «cognados»

In the previous **Paso** *you learned that, when listening to spoken Spanish, students often assume it is being spoken "too fast" and claim they "don't understand anything," when, in fact, they understand much more than they think. The same reactions occur with video. Frequently students just stop listening when they hear the first word they don't understand. It is very important for you not to develop that bad habit; you should continue to listen for the words that you do understand and not worry about the others.*

Comprensión oral a base de palabras afines. *Remember also that listening comprehension is greatly enhanced by recognizing cognates—words that are written or sound very similar in both languages and have the same meaning. What do you think the following Spanish cognates, taken from this video selection, mean in English?*

biodiversidad	elevación	océano
civilización	europeo	ritmo
costumbre	música	situado
cultura	naturaleza	tradición
diversidad	número	zona

Latinoamérica, ¡al ritmo del siglo XXI!

Después de ver el video. Ahora mira la selección del video sobre Latinoamérica y selecciona la palabra o frase que mejor completa cada oración.

1. La mayoría de países latinoamericanos están situados en...
   a. zonas tropicales
   b. impresionantes elevaciones

2. La biodiversidad de Latinoamérica es muy...
   a. constante
   b. variada

3. El encuentro de europeos, africanos e indígenas en Latinoamérica crea...
   a. una nueva cultura
   b. esclavos en las colonias

4. Mucho de las civilizaciones de los mayas, aztecas e incas se preserva en...
   a. las grandes metrópolis
   b. los países latinoamericanos

NOTICIERO
CULTURAL

COSTUMBRES... Las Américas
Antes de empezar, dime... ■ ▲ ●

1. ¿Cuál es la diferencia entre el inglés de Texas o el inglés de Boston y el inglés de otras partes de los Estados Unidos?
2. ¿Cuál es más correcto, el inglés de Texas o el inglés de Boston? Explica tu respuesta.
3. ¿Qué problemas de comunicación hay entre personas que hablan el inglés de Texas y el de Boston? Explica.

¿Peruano, venezolano o guatemalteco?

Dos estudiantes de una clase de español en Dallas, Texas, conversan sobre sus futuras vacaciones en tres diferentes países de Sudamérica y Centroamérica.

PATRICIA   ¿Qué tipo de español hablan en Perú? ¿y en Venezuela? ¿y en Guatemala?

CAROL   Probablemente hablan peruano, venezolano y guatemalteco.

PATRICIA   ¡Ay! En la clase no hablamos ni peruano, ni venezolano ni guatemalteco. ¿Cómo vamos a hablar con la gente?

Y ahora, dime... ■ ▲ ●

¿Cómo van a hablar Patricia y Carol con la gente de Perú, Venezuela y Guatemala?

1. En inglés porque todo el mundo (everyone) habla inglés.
2. Es imposible porque el español de la clase no es como el español de Perú, ni como el de Venezuela o el de Guatemala.
3. Fácilmente porque el español de la clase es como el español de Perú, de Venezuela y de Guatemala.

Verifica (Check) si seleccionaste la respuesta correcta en el Apéndice A, página A-2.

@ Viajemos por el ciberespacio a... LAS AMÉRICAS

If you are a cyberspace surfer, try one of the following key words to get to many engaging sites in **las Américas:**

> CNN en español   Periódicos en español   Prensa latina

Or, better yet, simply go to the *¡Dímelo tú!* Web site using the following address:

http://dimelotu.heinle.com

There, with a simple click, you can

- compare CNN news reporting in English with **CNN en español.**
- read today's news in a U.S. Spanish newspaper, *La Prensa de San Diego*.
- see what is happening in Mexico and with Mexican Americans in Chicago by reading **Diario La Raza de Chicago.**

¿Te gusta escribir?

Estrategias para escribir: Sacar listas

Prepárate para escribir. Prepara una lista de las características de un estudiante perfecto.

Vocabulario útil

aburrido	divertido	liberal	simpático
activo	estudioso	paciente	tímido
atlético	impaciente	popular	trabajador
conservador	inteligente	romántico	
difícil	interesante	serio	

Ahora, ¡a escribir! ■ ▲ ●

A. El primer borrador. Prepara una lista de todas las características del (de la) «amigo(a) ideal». ¿Eres tú un(a) amigo(a) ideal? Indica con una marca (✔) todas las características que ya tienes *(already have)*. Indica con un signo interrogativo (?) las características que no deseas tener *(you do not wish to have)*. Indica con un asterisco (*) todas las características que deseas desarrollar *(to develop)*.

B. Ahora, a compartir. Compara tu lista con las listas de dos o tres compañeros.

C. Ahora, a revisar. Lee tu lista una vez más. *(Make any changes you wish to make based on what you saw on your classmates' lists. Also, correct any spelling errors you may have noticed.)*

D. La versión final. Prepara una versión final de tu lista y entrégala *(turn it in)*.

E. Publicación. En grupos de cinco, comparen sus listas y decidan cuáles son las características más importantes de un(a) amigo(a) ideal. ¿Aparecen esas características en las cinco listas? Informen a la clase sobre su decisión.

Tarea

Antes de empezar este *Paso*, estudia *En preparación*

☐ 1.7 Present tense of *-ar* verbs

☐ 1.8 The verb *ir*

☐ Haz por escrito los ejercicios de *¡A practicar!*

☐ Escucha la sección *¿Qué se dice...?* del Capítulo 1, Paso 3 en el CD.

¿Eres buen observador?

UNIVERSIDAD AUTONOMA DE COLOMBIA

PERSONERIA JURIDICA Nº 264 DE 1972

PROGRAMAS DE PREGRADO

DERECHO D/N /10/12
Reg. ICFES 172543480001100111400
TITULO: ABOGADO

DISEÑO INDUSTRIAL D/10
Reg. ICFES 172547450201100111100
TITULO: DISEÑADOR INDUSTRIAL

ECONOMIA N/ 10
Reg. ICFES 172543280001100111200
TITULO: ECONOMISTA

RELACIONES ECONOMICAS INTERNACIONALES D/N/10
Reg. ICFES 172543820001100111400
TITULO: PROFES. EN RELACIONES ECONOMICAS INTERNALES

CONTADURIA PUBLICA D/N 10
Reg. ICFES 172546570031100111400
TITULO: CONTADOR PUBLICO

INGENIERIA INDUSTRIAL D/N/10/11
Reg. ICFES 172546780042100000400
TITULO: INGENIERO INDUSTRIAL

INGENIERIA ELECTRONICA D/10
Reg. ICFES 172546210381100111100
TITULO: INGENIERO ELECTRONICO

INGENIERIA DE SISTEMAS D/N 10/11
Reg. ICFES 172540020001100111400
TITULO: INGENIERO DE SISTEMAS

ADMINISTRACION DE EMPRESAS D/N 10
Reg. ICFES 172546580001100111400
TITULO: ADMINISTRADOR DE EMPRESAS

INGENIERIA AMBIENTAL Y SANITARIA D/10
Reg. ICFES 172546211631100111100
TITULO: INGENIERO AMBIENTAL Y SANITARIO

INGENIERIA ELECTROMECANICA D/10
Reg. ICFES 172546213371100111M
TITULO: INGENIERO ELECTROMECANICO

OFICINA DE ADMISIONES: CALLE 12 Nº 4-30 TEL.: 3414628 CONMUTADOR: 2430352 2435972-2435904 HORARIO DE ATENCION 10:00 A.M. - 1:00 P.M. Y 2:00 P.M. - 7:00 P.M.
http://www.fuac.edu.co
LLAME SIN COSTO DESDE FUERA DE BOGOTA AL TEL.: 9800- 910352

Financiamiento Directo

Ahora, ¡a analizar! ■ ▲ ●

1. ¿Cómo se llama la universidad?
2. ¿Cuántos programas de pregrado ofrece esta universidad?
3. ¿Qué significa «título» y qué significa «ingeniería»?
4. ¿Puedes nombrar todos los programas en inglés? ¿Cuáles no?
5. ¿Dónde está la universidad?
6. ¿Es posible comunicarse por correo electrónico con la universidad? Explica.

¿Qué se dice...?

Al describir actividades

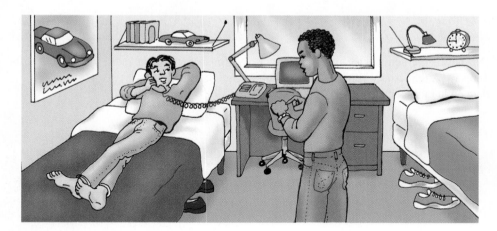

Residencia estudiantil: _____

Nombres: _____   _____

Actividad: _____

Ricardo y Hugo miran su programa favorito en la tele. Hugo toma un refresco. Ricardo prepara la cena: unos tacos muy buenos. ¡Mmm!

Mari Carmen escucha unos discos nuevos mientras Cristina y Bárbara bailan al son de la música.

¡No hay nadie aquí! ¿Qué pasa con Ana y Teresa? ¡Ahhh! Ana y Teresa siempre estudian en la biblioteca.

Alfonso escucha la radio y Daniel estudia para un examen.

A propósito...   Note that *radio* is a feminine noun, **la radio,** when it refers to the transmission, or what you listen to. It is **el radio** when referring to the box or apparatus itself.

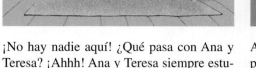

¿Sabías que...?

Muchas universidades latinoamericanas celebran la semana universitaria —la última semana del primer mes de clases. Durante esta semana hay distintas actividades para los estudiantes todos los días. Un día se dedica a practicar deportes, otro a asistir al teatro o a un concierto, otro día se dedica a hacer actividades de beneficencia, como visitar a personas en hospitales y asilos de ancianos *(rest homes),* otro a participar en actividades juveniles y el último día hay un baile en honor de la estudiante nombrada reina *(queen)* de la semana universitaria. El propósito (la razón) de todas estas actividades es recibir a los estudiantes nuevos e iniciarlos en la vida universitaria.

Ahora, ¡a hablar! ■ ▲ ●

EP 1.7

A. ¡Qué ocupado estoy! ¿Qué haces la primera semana de clases?

> **Modelo**   hablar / con mis amigos por teléfono
> **Hablo con mis amigos por teléfono.**

1. buscar / mis clases
2. escuchar / a los profesores
3. comprar / los materiales
4. llamar / a mis padres
5. estudiar / las lecciones
6. hablar / con los profesores
7. tomar café / en la cafetería
8. preparar / la cena

EP 1.7

B. ¡Tanto que hacer! Al final del primer día de clases, ¿qué hacen tú y tus nuevos amigos?

> **Modelo**   yo / llamar a mis padres
> **Llamo a mis padres.**

1. mis amigos(as) y yo / hablar
2. nosotros / escuchar la radio
3. un(a) compañero(a) de cuarto / mirar la tele
4. una amiga / estudiar
5. yo / bailar
6. mis compañeros(as) de cuarto / preparar la cena
7. ellos(as) / tomar café con mis amigos(as)
8. ellos(as) / tomar refrescos

C. ¿Adónde vas? Pregúntale a tu compañero(a) adónde va si necesita hacer estas cosas. EP 1.8

> **Modelo**   comprar cuadernos
>
>   TÚ   **¿Adónde vas si necesitas comprar cuadernos?**
>   COMPAÑERO(A)   **Si necesito comprar cuadernos, voy a la librería.**

1. tomar café	4. comer
2. estudiar	5. comprar lápices
3. escuchar cintas en español	6. escribir cartas

D. ¿Con qué frecuencia? Pregúntale a tu compañero(a) con qué frecuencia va a hacer estas cosas ahora que está en la universidad. EP 1.8

> **Modelo**   llamar a tus padres
>
>   TÚ   **¿Con qué frecuencia vas a llamar a tus padres por teléfono?**
>   COMPAÑERO(A)   **Voy a llamar a mis padres a veces.** [o]
>   **Voy a llamar a mis padres todos los días.** [o]
>   **Nunca voy a llamar a mis padres.**

todos los días   a veces   nunca
(every day)   *(sometimes)*   *(never)*

1. estudiar
2. escuchar la radio
3. comprar libros
4. ir a la biblioteca
5. hablar por teléfono con amigos
6. mirar la tele
7. ir a clase

Y ahora, ¡a conversar! ■ ▲ ●

A. ¡Fin de semana! Mañana empieza *(begins)* el fin de semana y tú y un(a) amigo(a) hablan de sus planes. ¿Qué dicen?

> **Modelo**   **Por la mañana yo voy a tomar café con mis amigos. Luego *(later)* voy a la librería para comprar…**

B. ¿Cierto o falso? Prepara diez oraciones, unas ciertas y otras falsas, sobre estos dos dibujos. Luego pregúntale a tu compañero(a) si son ciertas o falsas. Si son falsas, debe corregir las *(correct them).*

Modelo

TÚ	**Un estudiante toma un refresco.**
COMPAÑERO(A)	**Cierto.**
TÚ	**Un estudiante habla por teléfono y baila.**
COMPAÑERO(A)	**Falso. Habla por teléfono, pero no baila.**

C. ¿Son diferentes? El dibujo en la página 43 y el dibujo del Apéndice A, página A-2, son similares pero tienen cinco diferencias. Descríbele este dibujo a tu compañero(a) y él/ella va a describirte el otro dibujo hasta encontrar las diferencias. No debes ver el dibujo de tu compañero(a) hasta terminar esta actividad.

Vocabulario útil

bailar	estudiar	mirar la tele
escribir una carta	hablar con amigos(as)	tomar café
escuchar música	hablar por teléfono	tomar un refresco

¡Luz! ¡Cámara! ¡Acción! ■ ▲ ●

A. Rin, rin. Hablas por teléfono con un(a) amigo(a) que asiste a otra universidad. Te pregunta sobre tu rutina de los días en que no hay clases. Con un(a) compañero(a), escriban la conversación que tienen. Luego, lean su conversación frente a la clase. Usen esta guía si la necesitan.

Tú	**Amigo(a)**
■ Saluda a tu amigo(a) y pregúntale cómo está.	■ Responde y pregunta cómo está él (ella).
■ Responde.	■ Pregunta cómo es un día típico cuando no hay clases.
■ Describe un día típico. Algunas posibilidades: mirar la tele, hablar por teléfono, ir a la biblioteca, comprar libros, preparar la cena,... Pregúntale cómo es un día típico para él (ella).	■ Responde. Dile adiós y menciona cuándo vas a llamar otra vez.

B. Rin, rin, rin. Ahora hablas por teléfono con un(a) amigo(a) de tu escuela secundaria. Él (Ella) te pregunta sobre tus compañeros(as) de cuarto. Dramatiza la situación con un(a) compañero(a) de clase. Menciona:

- ■ sus nombres
- ■ sus personalidades
- ■ sus pasatiempos favoritos
- ■ sus actividades cuando no hay clases

¿Te gusta leer?

Estrategias para leer: Palabras afines

Palabras afines (Cognates). Cognates are words that look alike in both languages and have the same meaning. The ability to recognize cognates can help expand your reading vocabulary and comprehension. But beware, there are also false cognates, words that look alike in two languages but have different meanings.

1. How many cognates in the advertisement on page 45 do you recognize? Write them down with their English equivalents.
2. You already know that **facultad** is a false cognate. Can you find any others? What are they? Can you guess what they probably mean?

Now read about **UNITEC** *and answer the questions that follow.*

Lectura

A ver si comprendiste ■ ▲ ●

1. ¿Qué es UNITEC?
2. ¿Cuántos *(How many)* títulos ofrece UNITEC?
3. ¿Cuántos *campuses* tiene UNITEC? ¿Cuáles son?
4. ¿Cómo es posible obtener más información sobre UNITEC?

@ Viajemos por el ciberespacio a... LAS AMÉRICAS

If you are a cyberspace surfer, try entering one of the following key words to get to any of these engaging destinations:

Arte latinoamericano

Universidades de Santo Domingo

Universidades de las Américas—Puebla

Or, better yet, simply go to the *¡Dímelo tú!* Web site using the following Harcourt address:

http://dimelotu.heinle.com

There, with a simple click, you can

- view art works by Latin America's greatest artists.
- visit the Web site of the oldest university in the Americas.
- look up the entrance requirements for the University of the Americas in Puebla, Mexico.

Vocabulario

Descripción de personalidad

aburrido(a)	*boring*
activo(a)	*active*
atlético(a)	*athletic*
bueno(a)	*good*
chistoso(a)	*funny*
conservador(a)	*conservative*
desorganizado(a)	*disorganized*
difícil	*difficult*
divertido(a)	*fun*
elegante	*elegant*
especial	*special*
estudioso(a)	*studious*
estupendo(a)	*great, fantastic*
fácil	*easy*
famoso(a)	*famous*
favorito(a)	*favorite*
grande	*big*
impaciente	*impatient*
inteligente	*intelligent*
interesante	*interesting*
liberal	*liberal*
paciente	*patient*
perezoso(a)	*lazy*
popular	*popular*
romántico(a)	*romantic*
serio(a)	*serious*
simpático(a)	*pleasant, likable*
tímido(a)	*timid, shy*
tonto(a)	*foolish, dumb*
trabajador(a)	*hard-working*

Pasatiempos y actividades

bailar	*to dance*
buscar	*to look for*
comer	*to eat*
comprar	*to buy*
escribir cartas	*to write letters*
escuchar música	*to listen to music*
estudiar	*to study*
hablar por teléfono	*to talk on the phone*

leer	*to read*
llamar a tus padres	*to call your parents*
mirar	*to look at, watch*
mirar la tele	*to watch TV*
nadar	*to swim*
necesitar	*to need*
preparar la cena	*to prepare dinner*
tomar	*to drink; to take*

Clases

arte (m.)	*art*
biología	*biology*
ciencias políticas	*political science*
economía	*economics*
educación física	*physical education*
física	*physics*
francés (m.)	*French*
historia	*history*
informática	*computer science*
ingeniería	*engineering*
inglés (m.)	*English*
literatura	*literature*
matemáticas	*mathematics*
química	*chemistry*
teatro	*theater*

Materiales

bolígrafo	*ballpoint pen*
calculadora	*calculator*
cuaderno	*notebook*
diccionario	*dictionary*
escritorio	*desk*
del maestro(a)	*teacher's desk*
del estudiante	*student's desk*
goma	*pencil eraser*
lápiz (m.)	*pencil*
libro	*book*
mochila	*backpack*
papel (m.)	*paper*
pizarra	*chalkboard, blackboard*

silla	*chair*
tiza	*chalk*

Lugares/Sitios

banco	*bank*
biblioteca	*library*
cafetería	*cafeteria*
cine	*movie theater*
cuarto	*room*
dirección	*address*
laboratorio	*laboratory*
librería	*bookstore*
teatro	*theater*

Expresiones de frecuencia

a veces	*sometimes, at times*
nunca	*never*
siempre	*always*
todos los días	*every day*

Palabras y expresiones útiles

algo	*somewhat (when used before an adjective)*
baloncesto	*basketball*
café (m.)	*coffee*
cena	*dinner*
con	*with*
deporte (m.)	*sport*
edad (f.)	*age*
fin de semana (m.)	*weekend*
mucho(a)	*much, a lot*
muy	*very*
novio(a)	*boyfriend/girlfriend*
perro	*dog*
radio (f., m.)	*radio*
refresco	*soft drink*
semana	*week*
también	*also*
teléfono	*telephone*
un poco	*a little*

En preparación 1

Paso 1

1.1 Subject pronouns and the verb *ser:* Singular forms

Clarifying, emphasizing, contrasting, and stating origin

Subject pronouns	
Singular	
I	**yo**
you (familiar)	**tú**
you (formal)	**usted**
he	**él**
she	**ella**

A. Subject pronouns are usually omitted in Spanish because the verb endings indicate the person doing the action. Subject pronouns are used for clarity, emphasis, or contrast.

clarity:	—**Usted** es de México, ¿verdad?
emphasis:	—No, **yo** soy de Panamá.
contrast:	—Ah, entonces **tú** eres panameña y **ella** es mexicana.
BUT:	—Sí, soy panameña.

B. The subject pronoun *it* in English is *never* expressed in Spanish.

Es muy importante.	***It*** *is very important.*
No es hoy, es mañana.	***It*** *is not today,* ***it's*** *tomorrow.*

C. In **Para empezar,** you learned that **tú** is a familiar form generally used when speaking to a friend, and **usted** is a more polite, formal form used to show respect or to address an individual you do not know well or one whom you address with a title. Note that in Spanish, as in English, titles are frequently abbreviated in writing when used with a last name.

señor	Sr.	*Mr.*
señora	Sra.	*Mrs.*
señorita	Srta.	*Miss*
señores	Sres.	*Mr. and Mrs.*
doctor(a)	Dr./Dra.	*Dr.*

The verb *ser*

ser			
Singular			
I	*am*	yo	**soy**
you	*are*	tú	**eres**
you	*are*	usted	**es**
he	*is*	él	**es**
she	*is*	ella	**es**

A. In Spanish, there are two verbs that mean *to be*: **ser** and **estar.** These two verbs differ greatly in usage. In this chapter, you will learn various uses of **ser.**

B. **Ser** is used to define or identify. It tells who or what the subject of the sentence is. It acts as an equal sign (=) between the subject and the noun that follows. In this context, it is used to express nationality or profession or to give a description.

Soy estadounidense.	Yo = estadounidense
Ella **es** estudiante.	Ella = estudiante
Tú **eres** inteligente.	Tú = inteligente

C. Just as **ser** is used to express nationality, a form of **ser** + **de** is used to express origin.

García Márquez **es** colombiano. **Es de** Colombia.	*García Márquez is Colombian. He is from Colombia.*
El Sr. Acuña **es de** México.	*Mr. Acuña is from Mexico.*

Remember that it is not necessary to use subject pronouns unless clarity, emphasis, or contrast is desired.

¡A practicar! ■ ▲ ●

A. ¿Quién es? Indicate which subject pronoun(s) in the column on the right can be either added to each sentence or used in place of the existing subject.

> **Modelo**   Es el profesor de español.   **él**

1. Es estadounidense.   yo
2. Me llamo Matías.   tú
3. La profesora se llama Elena.   usted
4. Perdón, señor, ¿cómo se llama?   él
5. ¿Cómo te llamas?   ella

B. ¿Tú? ¿Usted? What subject pronouns would the Spanish department receptionist use when speaking directly to the following people?

1. el Sr. Ríos Menéndez, the department chairperson
2. el Sr. Gaitán Rojas, a professor
3. Pedro, a good friend
4. Ana, a roommate
5. la Sra. López Ríos, your advisor

What subject pronouns would the receptionist use when speaking *about* the following people?

6. el Sr. Ríos Menéndez   9. Ana
7. el Sr. Gaitán Rojas   10. Pedro
8. herself   11. la Sra. López Ríos

C. ¿Norteamérica, Centroamérica, el Caribe o Sudamérica? Students come to your campus from North America, Central America, the Caribbean, and South America. Tell from what region these students come.

Modelo   Mario / Uruguay
Mario es de Sudamérica.

1. José / El Salvador
2. Teresa / Ecuador
3. el profesor Meza / México
4. tu compañero de cuarto / la República Dominicana
5. yo / Nuevo México
6. ¿Y tú?

1.2 Gender and number: Articles and nouns

Indicating specific and nonspecific people and things

A. There are two kinds of articles: definite and indefinite. Both the definite article (*the* in English) and the indefinite articles (*a, an* [singular] and *some* [plural] in English) have four forms in Spanish.

Singular		
	Masculine	**Feminine**
the	**el**	**la**
a, an	**un**	**una**

Plural		
	Masculine	**Feminine**
the	**los**	**las**
some	**unos**	**unas**

1. Definite and indefinite articles must agree in number (singular/plural) and gender (masculine/feminine) with the nouns they accompany.

   Necesito **un** bolígrafo y **una** calculadora.   *I need a ballpoint pen and a calculator.*

   Los cuadernos y **las** mochilas están en el escritorio.   *The notebooks and the backpacks are on the desk.*

2. The definite article is frequently used before the name of certain countries and not with others. Following is a list of countries that usually use the definite article. However, the Spanish language, like all spoken languages, is alive and constantly changing. In spoken Spanish, the trend is to not use the definite article with the names of countries. You will note this practice in *¡Dímelo tú!*

la Argentina	el Ecuador	la India	el Perú
el Brasil	el Egipto	el Japón	la República Dominicana
el Canadá	los Estados Unidos	el Paraguay	el Uruguay
la China			

B. A noun is the name of a person, place, or thing. In Spanish, all nouns are either masculine or feminine, even when they refer to inanimate objects. The following rules will help you predict the gender of many nouns; however, the gender of nouns is not always predictable. You should always learn the gender with every new noun.

1. Nouns that refer to males are masculine, and nouns that refer to females are feminine. Many nouns referring to people and animals have identical forms except for the masculine **-o** or feminine **-a** endings.

el herman**o**	*the brother*	la herman**a**	*the sister*
el gat**o**	*the male cat*	la gat**a**	*the female cat*

A few nouns that refer to people and animals have completely different masculine and feminine forms.

el hombre	*the man*	la mujer	*the woman*
el padre	*the father*	la madre	*the mother*

2. Generally, nouns that end in **-o** are masculine and those that end in **-a, -dad,** and **-ción,** or **-sión** are feminine.

el libr**o**	la activi**dad**
el bolígraf**o**	la universi**dad**
la mochil**a**	la educa**ción**
la sill**a**	la televi**sión**

Some important exceptions to this rule are the following:

la mano *(the hand)*	el drama	el problema	el sistema
el día	el poema	el programa	el tema

3. Sometimes the same noun is used for both genders as in words that end in **-ista.** In these cases, gender is indicated by the article that precedes the noun.

el/la artista	el/la periodista *(the newspaper reporter)*
el/la dentista	el/la turista

4. Many nouns, especially those ending in **-e** or a consonant, do not have predictable genders and must be memorized.

el café	*the coffee*	la clase	*the class*
el arte	*the art*	la tarde	*the afternoon*

C. All plural nouns end in **-s** or **-es.** The plural forms of nouns are derived in the following manner.

1. Singular nouns that end in a vowel form their plural by adding **-s.**

el diccionario	*the dictionary*	los diccionarios	*the dictionaries*
una silla	*a chair*	unas sillas	*some chairs*

2. Singular nouns that end in a consonant form their plural by adding **-es.**

el papel	*the paper*	los papeles	*the papers*
una universidad	*a university*	unas universidades	*some universities*

3. A final **-z** always changes to **-c** before adding **-es.**

el lápi**z**	*the pencil*	los lápi**c**es	*the pencils*
una ve**z**	*one time*	unas ve**c**es	*a few times*

¡A practicar! ■ ▲ ●

A. ¿Qué busca Micaela? Indicate what Micaela is looking for in the bookstore by changing the definite articles to indefinite articles.

1. la mochila
2. los cuadernos
3. el bolígrafo
4. el lápiz
5. los libros
6. la calculadora

B. Es de... Now tell to whom the following items belong.

> **Modelo**   papel / de Carlos
> **El papel es de Carlos.**

1. tiza / de la profesora
2. calculadora / de Julia
3. diccionario / de Andrés
4. bolígrafo / de Raúl
5. silla / de la profesora
6. lápiz / de Carla

1.3 Adjectives: Singular forms ⬡⬡

Describing people, places, and things

Adjectives are words that tell something of the nature of the noun they describe (color, size, nationality, affiliations, condition, and so on). Spanish adjectives usually follow the noun they describe and always agree in gender and number.

A. Adjectives may be masculine or feminine. Masculine singular adjectives that end in **-o** have a feminine equivalent that ends in **-a.**

Singular	
Masculine	**Feminine**
alt**o**	alt**a**
simpátic**o**	simpátic**a**

B. Adjectives that end in **-e,** and most adjectives that end in a consonant (except those denoting nationality or that end in **-dor**) do not have separate masculine/feminine forms.

el coche **grande**	el vestido **azul**
la casa **grande**	la camisa **azul**
BUT:	
un hombre **trabajador**	un libro **español**
una mujer **trabajadora**	una novela **española**

¡A practicar! ■ ▲ ●

A. Solamente chicas. María is studying at a private girls' school in Buenos Aires. How does she describe her new friends? (Notice that the adjective in parentheses appears in the masculine, singular form just as you would find it in most dictionaries.)

1. Mi amiga Rosa es _____. (atlético)
2. Mi amiga Josefina es _____. (divertido)

3. Mi compañera de cuarto es _____. (inteligente)
4. Carmen es _____. (conservador)
5. La profesora de español es _____. (bueno)
6. La directora es _____. (trabajador)

B. ¡Qué guapos somos! Six-year-old Cristina is showing pictures during her first show-and-tell report at school. Substitute the word in parentheses for the underlined word to see what she is saying.

> **Modelo**   Ella es mi <u>hermana</u>. Es activa y atlética. (hermano)
> **Él es mi hermano. Es activo y atlético.**

1. Él es mi <u>papá</u>. Es serio y trabajador. (mamá)
2. Él es mi <u>hermano</u>. Es divertido y simpático. (hermana)
3. Ella es mi <u>amiga</u>. Es estudiosa y tímida. (amigo)
4. Ella es mi <u>mamá</u>. Es elegante y especial. (papá)
5. Él es mi <u>vecino</u> *(neighbor)*. Es impaciente y perezoso. (vecina)
6. Es mi <u>perro</u>. Es bueno y divertido. (perra)

Paso 2

1.4 Infinitives ⛓

Naming activities

Spanish verbs fall into three categories: **-ar, -er,** and **-ir.** The verb form that ends in **-ar, -er,** or **-ir** is called an infinitive. **Necesitar** *(to need),* **ser** *(to be),* and **vivir** *(to live)* are three examples of Spanish infinitives. Notice that English infinitives are formed by *to + verb.*

Some frequently used **-ar, -er,** and **-ir** verbs from Chapter 1 are as follows:

bailar	*to dance*	nadar	*to swim*
buscar	*to look for*	necesitar	*to need*
comprar	*to buy*	pagar	*to pay*
escribir	*to write*	preparar	*to prepare*
escuchar	*to listen to*	tomar	*to drink; to*
estudiar	*to study*		*take*
hablar	*to talk, to speak*	comer	*to eat*
llamar	*to call*	leer	*to read*
mirar	*to look at, watch*	ir	*to go*

¡A practicar! ■ ▲ ●

A. ¿Ahora o antes? Indicate by checking the appropriate column **Ahora** *(now)* or **Antes** *(before)* if these activities are more typical of your life now or before as a high school student.

	Ahora	**Antes**
1. tomar leche *(milk)*	____	____
2. hablar por teléfono	____	____

	Ahora	Antes
3. ir a conciertos	____	____
4. estudiar mucho	____	____
5. mirar la televisión	____	____
6. leer libros	____	____
7. preparar la cena	____	____
8. llamar a tus padres	____	____
9. comer en restaurantes	____	____
10. escuchar la radio	____	____

B. ¿Qué necesitas hacer? From the list of infinitives in grammar section 1.4, select those that express what you need to do before, during, and after giving a party.

Modelo	Antes de la fiesta	**Necesito buscar los discos.**
	Durante la fiesta	**Necesito hablar con mis amigos.**
	Después de la fiesta	**Necesito limpiar el apartamento.**

1. Antes de la fiesta
2. Durante la fiesta
3. Después de la fiesta

1.5 Subject pronouns and the verb *ser:* Plural forms ⊂⊃⊂⊃

Stating origin of several people

Subject pronouns	
Plural	
we	**nosotros, nosotras**
you (familiar)	**vosotros, vosotras**
you (formal)	**ustedes**
they	**ellos, ellas**

In **Para empezar,** you learned that **tú** is a familiar form generally used when speaking to a friend, and **usted** is a more polite, formal form used to show respect or to address an individual you do not know well. **Vosotros(as)** (the plural of **tú**) and **ustedes** (the plural of **usted**) are used in the same way when speaking directly to more than one person. However, in the Americas, **ustedes** is used in place of **vosotros(as).**

The verb *ser*			
Singular		**Plural**	
yo	**soy**	nosotros(as)	**somos**
tú	**eres**	vosotros(as)	**sois**
usted	**es**	ustedes	**son**
él, ella	**es**	ellos, ellas	**son**

¡A practicar! ■ ▲ ●

A. ¿De todas partes? Classes begin next week and foreign students are starting to arrive on campus. Tell what countries they are from.

> **Modelo**   Roberto Rojas y José Antonio Méndez / Colombia
> **Roberto Rojas y José Antonio Méndez son de Colombia.**

1. Isabel y Julia Martínez / Venezuela
2. José Trujillo y Marta Cabezas / Cuba
3. Cecilia y Pilar Correa / Paraguay
4. Carlos Barros y tú / Costa Rica
5. Sonia Urrutia y Tomás Arias / Perú
6. tú y yo / México

B. Presentaciones. What does Pepe say about his friends when he introduces them to his roommate?

> **Modelo**   Víctor y Daniel _____ de Nuevo México.
> **Víctor y Daniel son de Nuevo México.**

1. Rafael y Lalo _____ mis amigos de Guadalajara.
2. Teresa _____ una estudiante de biología.
3. Ángela y Manuel _____ estudiantes de literatura latinoamericana.
4. Jaime y yo _____ de Montevideo.
5. Todos nosotros _____ muy buenos amigos.

1.6 Gender and number: Adjectives ⬗⬖

Describing people

You have learned that adjectives are words that describe a person, place, or thing. Unlike English, Spanish adjectives usually follow the noun they describe.

A. Masculine singular adjectives that end in **-o** have four forms.

Singular		Plural	
Masculine	**Feminine**	**Masculine**	**Feminine**
alto	alta	altos	altas
simpático	simpática	simpáticos	simpáticas

B. Adjectives that end in **-e** and most adjectives that end in a consonant have only two forms: a singular form and a plural form. The plural is formed by adding **-s** to adjectives ending in **-e** and by adding **-es** to adjectives ending in a consonant. As noted in **1.3B,** exceptions to this rule are adjectives of nationality and those ending in **-dor.**

Singular	Plural
grande	grande**s**
azul	azul**es**
BUT:	
español	español**es**
español**a**	español**as**
trabajador	trabajodor**es**
trabajador**a**	trabajador**as**

C. Adjectives of nationality that end in a consonant add **-a** to form the feminine singular, **-es** the masculine plural, and **-as** the feminine plural.

Singular		Plural	
Masculine	**Feminine**	**Masculine**	**Feminine**
alemán	alemana	alemanes	alemanas
inglés	inglesa	ingleses	inglesas
español	española	españoles	españolas

D. When one adjective describes two or more nouns, one of which is masculine, the masculine plural form of the adjective is used.

Ana y José son muy serios.   *Ana and José are very serious.*
Gloria, Isabel y Pepe son muy   *Gloria, Isabel, and Pepe are very*
  desorganizados.   *disorganized.*

¡A practicar! ■ ▲ ●

A. Mis amigos. How does Romelia describe these famous people? Select the appropriate adjective.

1. Sammy Sosa es muy (atlético / atlética).
2. La autora mexicana Elena Poniatowska es (estudioso / estudiosa) y (serio / seria).
3. Isabel Allende es (simpático / simpática) y popular.
4. El cubanoestadounidense Andy García es (activo / activa), (divertido / divertida) y (estupendo / estupenda).
5. ¿Y yo? Yo soy (trabajador / trabajadora) y muy especial.

B. ¿Cómo son? People usually select friends who are similar to themselves. How would you describe the following pairs?

1. Julio es divertido. (Julio y José)
2. Elena es alemana. (Elena y Pilar)
3. Paco es impaciente. (Paco y yo)
4. Lupita es liberal. (Lupita y tú)
5. Eduardo es muy atlético. (Eduardo y Carmen)

6. El perro Canela es simpático. (Canela y Matón)
7. La perra Muñeca es inteligente. (Muñeca y Matón)
8. Tú eres... (Tú y yo)

1.7 Present tense of *-ar* verbs ⊖⊖

Stating what people do

A. Spanish verbs are conjugated by substituting personal endings for the **-ar, -er,** or **-ir** endings of the infinitive. In this chapter, you will learn the **-ar** personal verb endings. Notice that the **-ar** endings always reflect the subject of the sentence, or the person or thing doing the action of the verb.

Verb endings: *-ar* verbs and sample verb *necesitar*					
Singular			**Plural**		
yo	**-o**	necesito	nosotros(as)	**-amos**	necesitamos
tú	**-as**	necesitas	vosotros(as)	**-áis**	necesitáis
usted	**-a**	necesita	ustedes	**-an**	necesitan
él, ella	**-a**	necesita	ellos, ellas	**-an**	necesitan

B. The present indicative of any Spanish verb has three possible equivalents in English statements and questions.

Compro ropa nueva.
> *I buy new clothes.*
> *I am buying new clothes.*
> *I do buy new clothes.*

¿Compras ropa nueva?
> *Do you buy new clothes?*
> *Are you buying new clothes?*
> *You buy new clothes?*

Note in the examples above that **ser** is never used in combination with another present-tense verb to express that someone is doing something. Also the English auxiliary verb forms *do* and *does* do not exist in Spanish. When asking questions, the conjugated verb by itself communicates the idea of *do* or *does*. Also, if the subject pronoun is stated in a question, it usually follows the verb.

¿Compra usted ropa nueva?
> *Do you buy new clothes?*
> *Are you buying new clothes?*

C. As in English, a Spanish present-tense verb may have a future meaning.

Mañana pago las cuentas.   *Tomorrow I will pay (I'm paying) the bills.*
¿Cuándo lavamos el coche?   *When will we (do we) wash the car?*

D. Some frequently used **-ar** verbs are the following:

bailar	*to dance*	llevar	*to carry; to take; to wear*
buscar	*to look for*	mirar	*to look at, to watch*
comprar	*to buy*	nadar	*to swim*
escuchar	*to listen to*	necesitar	*to need*
hablar	*to speak*	pagar	*to pay*
lavar	*to wash*	preguntar	*to ask (a question)*
limpiar	*to clean*	preparar	*to prepare*
llamar	*to call*	tomar	*to drink; to take*

¡A practicar! ■ ▲ ●

A. El fin de semana. Complete each of the following sentences with the appropriate form of the verb in parentheses to see what Francisco and his friends do on a typical Saturday.

1. Tomás _____ (preparar) unos sándwiches.
2. Yo _____ (mirar) la televisión.
3. Ángela y Olga _____ (escuchar) la radio.
4. Pablo y yo _____ (tomar) Coca-Cola.
5. Carlos _____ (hablar) por teléfono.
6. Carlos, Olga y Tomás _____ (comprar) mucho.

B. ¡Los domingos siempre son especiales! Why are Sundays so special for Enrique? To find out, complete the following paragraph with the correct form of the verbs in parentheses.

Por la mañana, _____ (yo / llamar) a mi amiga Cecilia. Nosotros _____ (hablar) casi una hora. Yo _____ (invitar) a Cecilia a almorzar (*to have lunch*) en mi apartamento. Ella siempre _____ (aceptar). Por eso, yo _____ (limpiar) el apartamento rápidamente y _____ (preparar) mi especialidad, ¡hamburguesas!

1.8 The verb *ir* ▭▭

Stating destination and what you are going to do

ir *(to go)*	
voy	vamos
vas	vais
va	van
va	van

When a destination is mentioned, **ir a** is always used.

Yo **voy a** la librería.	*I'm going to the bookstore.*
Ella **va a** un banco.	*She is going to a bank.*

Contractions in Spanish: *al, del*

Whenever **a** or **de** is followed by the definite article **el,** it contracts and becomes **al** or **del.** These are the only contractions in the Spanish language. In this lesson you will practice with **al.** Practice with **del** will come in a later chapter.

Vamos **al** teatro.	*We're going to the theater.*
La profesora va **al** laboratorio.	*The professor is going to the laboratory.*
Es Pepe. Llama **del** banco.	*It's Pepe. He's calling from the bank.*

Ir a + infinitive

The combination **ir a** + *infinitive* is used to express future actions.

Vamos a estudiar esta noche en la biblioteca.	*We're going to study tonight in the library.*
Van a llamar mañana.	*They're going to call tomorrow.*

¡A practicar! ■ ▲ ●

A. Un día típico. Today is like every other school day. Everyone is rushing around. Where does Alicia say everyone is going?

Gloria y Teresa _____ a la cafetería. Julio _____ a la biblioteca a estudiar para un examen. Beatriz y Humberto _____ al cine. Yo _____ al cuarto de Virginia. Ella y yo _____ al Café Roma a tomar un refresco. Y tú, ¿adónde _____ ?

B. Perdón, voy a... Where is everyone really going? How do you correct yourself when you realize you've given the wrong destination?

> **Modelo**   Yo voy al teatro. (la biblioteca)
> **Yo no voy al teatro, voy a la biblioteca.**

1. Marta va a la cafetería. (el restaurante)
2. Ángela va a la discoteca. (el teatro)
3. Carlos y José van al laboratorio. (la biblioteca)
4. El profesor va a la librería. (el banco)
5. Olga y yo vamos al restaurante. (la fiesta)
6. Julio y Ana van a Santiago. (Buenos Aires)

C. ¿Qué van a hacer? These people are making plans for tomorrow, and everyone is going to do something different. What are they going to do?

> **Modelo**   Ernesto / estudiar / biblioteca
> **Ernesto va a estudiar en la biblioteca.**

1. Gabriela / comer / restaurante
2. profesor / preparar / lección de biología
3. Paco y Mateo / llamar / a Marta
4. Adela y Tomás / comprar libros / librería
5. Mariana y yo / limpiar / cuarto
6. Julio y Julia / escribir / carta a sus padres

¡Ahora hay tanto que hacer!

Cultural Topics

- **¿Sabías que…?**
  La industrialización en Puerto Rico
  El Viejo San Juan, El Morro y El Yunque
  Los puertorriqueños en Nueva York
- **Noticiero cultural**
  Lugar: *El Estado Libre Asociado de
  Puerto Rico*
  Costumbres: *Chinas y la guagua*
- **Lectura:** *La salsa se viste de mundo*

 Video: *Puerto Rico, ¡destino de
turistas!*

 Viajemos por el ciberespacio a…
Puerto Rico

Listening Strategies

- Anticipating what you will hear

Reading Strategies

- Using visual images to predict content

Writing Strategies

- Knowing your audience and brainstorming

En preparación

- 2.1 Present tense of **-er** and **-ir** verbs
- 2.2 Numbers 0–199
- 2.3 Possessive adjectives
- 2.4 Three irregular verbs: **tener, salir, venir**
- 2.5 Telling time
- 2.6 Days of the week, months, and seasons
- 2.7 Verbs of motion

 CD-ROM:
Capítulo 2 actividades

Puerto Rico

In this chapter, you will learn how to . . .

- name and describe some jobs open to students.
- describe your dorm, apartment, or house.
- talk about roommates and dorm life or apartment living.
- describe vacation plans.
- talk about spring/summer/fall/winter break.

1 Trabajo en un restaurante en San Juan, Puerto Rico.

2 ¡Nuestro apartamento es pequeño pero cómodo!

3 ¡De vacaciones en Puerto Rico!

Lo que ya sabes... ■ ▲ ●

1. En tu universidad, ¿trabaja la mayoría de los estudiantes?

2. ¿Es fácil o difícil encontrar trabajo donde estudias?

3. ¿Vives en las residencias de la universidad, en un apartamento o en casa con tu familia?

4. Generalmente, ¿pasas las vacaciones universitarias con tu familia o con amigos de la universidad? ¿Qué hacen?

Paso 1 — ¿Dónde trabajas?

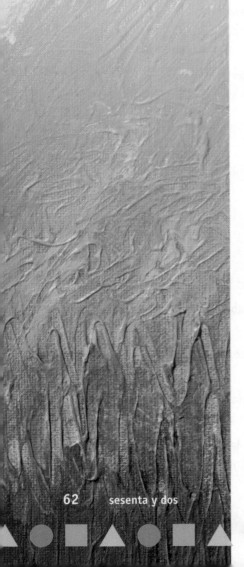

Tarea

Antes de empezar este *Paso*, estudia *En preparación*

- ☐ **2.1 Present tense of *-er* and *-ir* verbs**
- ☐ Haz por escrito los ejercicios de *¡A practicar!*
- ☐ Escucha la sección *¿Qué se dice...?* del Capítulo 2, Paso 1 en el CD.

¿Eres buen observador?

Firma de Abogados en San Juan
Tiene plaza disponible para:

SECRETARIA(O) LEGAL

Con experiencia en Litigios Civiles y Preparación de Contratos, Bilingüe (español e inglés); Amplio conocimiento en WordPerfect 8.

Enviar Resumé al FAX:
721-6768

Seguridad Borinquen
Solicita

GUARDIAS ARMADOS Y DESARMADOS

Paga semanal.
Favor de comunicarse al:
261-6355

Solicitamos

VENDEDOR(A)

Bilingüe, dinámico(a)

para Botique en Condado
Tiempo parcial

Favor de llamar al
844-7226

Se solicita
Maestro(a) de Educación Especial
o de
Economía Doméstica
y
Asistente de Terapia Ocupacional
Sra. Soto 721-8098
Se reciben llamadas sólo de 12:00–1:00 P.M.

Ahora, ¡a analizar! ■ ▲ ●

1. ¿Para qué tipo de trabajo son estos anuncios?
2. ¿Cuáles de estos puestos son apropiados para estudiantes universitarios que necesitan empleo? ¿Cuáles no? ¿Por qué no?
3. ¿Cuáles de estos puestos requieren experiencia previa?
4. ¿Cuántos de estos puestos están en Puerto Rico? Explica tu respuesta.

62 sesenta y dos

¿Qué se dice...?

Al hablar del trabajo

Estela y Mónica

Ocupación: _____

¿Dónde trabajan? _____

¿Qué venden? _____

Julio Pesquero es secretario en el Laboratorio Clínico de Puerto Rico. Trabaja en la computadora todo el día. Escribe en el teclado mientras mira la pantalla y escucha la música que sale de los parlantes. También usa el ratón que está en la almohadilla. Sus documentos salen de la impresora.

Alicia Guzmán busca trabajo con una empresa petroquímica. Pero, ¿quiénes son los dos señores? «Somos gerentes y entrevistamos a los nuevos empleados.»

Elisa Durán es administradora con la compañía farmacéutica Alcon Puerto Rico. Ella decide qué hacen los otros empleados.

Soy Gilberto. Soy cocinero en el Café Tomás, aquí en Ponce. Yo abro el café a las seis de la mañana y trabajo hasta las dos de la tarde.

Javier y Carmen son periodistas de *El Nuevo Día,* un periódico de San Juan. Ellos escriben excelentes artículos todos los días. Por la mañana, al llegar a la oficina, ellos siempre leen sus artículos en el periódico del día.

| **A propósito...** | The preposition **al** followed by an infinitive, as in **al llegar,** means *at the moment of* or *upon* arriving. What do **al abrir** and **al decidir** mean? |

¿Sabías que...?

Desde 1980, la economía de Puerto Rico se basa principalmente en la industrialización. En particular, un cuarenta (40) por ciento de la producción anual incluye la industria textil, la farmacéutica, la petroquímica y la electrónica. Muchos de los graduados universitarios puertorriqueños trabajan en estas industrias.

 EP 2.1

Ahora, ¡a hablar! ■ ▲ ●

A. ¿Qué es? Lee estas descripciones para que tu compañero(a) identifique qué profesión se describe: profesor, secretario, gerente, cocinero, dependiente o periodista.

1. Trabaja en la oficina de *El Nuevo Día*. Escribe mucho y lee mucho.
2. También trabaja en una oficina. No lee mucho, pero sí escribe mucho. Generalmente escribe en la computadora.
3. Trabaja en una oficina, o en un restaurante o un café. Es una persona muy importante. Esta persona decide qué hacen los otros empleados.
4. No trabaja ni en una oficina, ni en un restaurante, ni en un café. Trabaja en la Universidad Interamericana de Puerto Rico. Prepara muchas clases y es muy inteligente.
5. Trabaja en Miss Georgette, una tienda de ropa en el Viejo San Juan. Vende ropa. Generalmente es una persona muy simpática.
6. Trabaja en el restaurante Los Chavales en San Juan. Generalmente abre por la mañana y prepara comida para mucha gente.

B. En el trabajo. ¿Qué hacen estas personas en el trabajo?   **EP 2.1**

   Modelo   Elisa (vender) ropa en una tienda de ropa para damas y caballeros.
   Elisa vende ropa en una tienda de ropa para damas y caballeros.

1. Pascual y Dolores (escribir) en una computadora en una oficina de la Universidad de Puerto Rico.
2. Bárbara (abrir) la puerta de El Gran Café en Ponce a las cuatro de la mañana.
3. Andrea (escribir) artículos para el periódico *El Nuevo Día*.
4. Cristina y David (entrevistar) a estudiantes en la Universidad Interamericana.
5. Gilberto (preparar) la comida en el Restaurante Río Mar.
6. Teresa y yo (vender) libros en la Librería Cultural Puertorriqueña.
7. Tú (confirmar) las reservaciones en el Hotel Candelero.
8. Mari Carmen (cocinar) en el restaurante El Gobernador.

C. Ocupaciones. En tu opinión, ¿qué hacen estas personas en el trabajo? Contesta formando frases con palabras de cada columna.   **EP 2.1**

   Modelo   **Unos gerentes entrevistan a los empleados nuevos.**

		los estudiantes
gerentes	entrevistar a	al autobús
periodista	vender	la tienda
estudiante	preparar	los artículos
cocinero(a)	escribir	el café
dependiente	leer	los empleados nuevos
profesor(a)	correr	la comida
secretario(a)	comer	en la computadora
		los exámenes

D. Los fines de semana. Pregúntale a tu compañero(a) si hace estas cosas los fines de semana.   **EP 2.1**

   Modelo   hablar por teléfono

   TÚ   ¿Hablas por teléfono?
   COMPAÑERO(A) **Sí, hablo por teléfono.** [o]
                No, no hablo por teléfono.

1. trabajar en una oficina
2. estudiar en la biblioteca
3. correr
4. abrir el libro de español
5. escribir en la computadora
6. leer mucho
7. comer en un restaurante
8. vender ropa en una tienda

Y ahora, ¡a conversar! ■ ▲ ●

A. ¿A quién describe? Selecciona tres de estos puestos y, sin decir cuáles, descríbelos para ver si tu compañero(a) adivina *(guesses)* cuáles describes.

administrador(a)   dependiente   periodista

cocinero(a)   gerente   secretario(a)

B. ¿Trabajas? ¿De veras? En grupos pequeños describan su trabajo. Si no trabajan, inventen un puesto. Luego, después de describir todos los trabajos, decidan quiénes de veras *(really)* trabajan y quiénes probablemente no trabajan.

C. ¿Nosotros? ¿Qué tipo de trabajo hay para estudiantes universitarios en tu universidad y en tu ciudad? Con un(a) compañero(a) prepara una lista de lo que los estudiantes universitarios hacen en el trabajo.

Modelo   **Vendemos ropa.**

D. Profesión ideal. En una hoja de papel, escribe el nombre de tu clase favorita. Luego escribe las dos características más representativas de tu personalidad. En grupos de tres o cuatro, diles a tus compañeros cómo eres y cuál es tu clase favorita. *(They are going to tell you what the ideal profession is for you based on your characteristics and favorite class.)*

¡Luz! ¡Cámara! ¡Acción! ■ ▲ ●

A. ¡Encuesta! Para una clase de sociología necesitas saber cómo vive un estudiante universitario típico. Prepara una lista de preguntas para tus compañeros de clase. Luego hazle las preguntas a tu compañero(a). Informa a la clase del resultado.

Información que necesitas

- dónde vive la persona   ■ dónde trabaja
- con quién vive   ■ qué hace en el trabajo
- si trabaja

B. Consejero(a). Tú necesitas trabajar y vas a hablar con un(a) consejero(a) *(advisor)* de la universidad. Necesitas saber qué tipo de puestos hay. Dramatiza esta situación con un(a) compañero(a).

¿Comprendes lo que se dice?

Estrategias para escuchar: Anticipar

Knowing what people are talking about or anticipating what they are going to say makes it much easier to understand a foreign language. When listening to spoken Spanish, you should always try to determine what the conversation is about as you listen. In the **¿Qué se dice...?** *section of this* **Paso** *you met several working students. Now you are going to listen to Julio and Estela talk about how busy they are. Write down three things that you think they might say, and then, after you listen to the recording, check to see if you anticipated correctly.*

1. _____   3. _____

2. _____

Ahora, ¡a escuchar! *Now listen as your instructor plays the dialogue between Julio and Estela and, working in pairs, answer the questions that follow.*

1. ¿Qué hacen Julio y Estela? Indica si Estela (**E**) o Julio (**J**) hace las siguientes actividades.

   _____ a. Prepara la cena.

   _____ b. Lee en la biblioteca.

   _____ c. Ayuda a su mamá.

   _____ d. Escribe en la computadora.

   _____ e. Vende ropa.

   _____ f. Trabaja de secretario(a).

   _____ g. Abre la tienda.

   _____ h. Trabaja en una oficina.

2. ¿Cómo son los profesores de Julio y Estela? (Marca uno.)

   ❑ divertidos

   ❑ aburridos

   ❑ fáciles

   ❑ difíciles

@ Viajemos por el ciberespacio a... PUERTO RICO

If you are a cyberspace surfer, try entering one of the following key words to get to many fascinating sites in **Puerto Rico:**

   Old San Juan   Puerto Rican Parador   Puerto Rican Chat Line

Or, better yet, simply go to the ***¡Dímelo tú!*** Web site using the following address:

http://dimelotu.heinle.com

There, with a simple click, you can

- see the tropical beauty of the island and the colonial elegance of **el Viejo San Juan** in a varied collection of electronic photos.
- learn how you can savor some of Puerto Rico's history by staying in a colonial convent or seminary that has been converted to a **parador** *(hotel).*
- converse on-line with Puerto Ricans on the island.

Puerto Rico

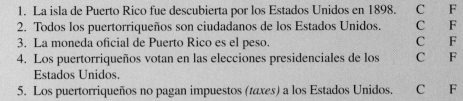

N O T I C I E R O
CULTURAL

LUGAR... Puerto Rico

Antes de empezar, dime... ■ ▲ ●

En tu opinión, ¿son ciertos (**C**) o falsos (**F**) estos comentarios? *(After completing the reading, check to see if your perceptions were correct.)*

1. La isla de Puerto Rico fue descubierta por los Estados Unidos en 1898.   C   F
2. Todos los puertorriqueños son ciudadanos de los Estados Unidos.   C   F
3. La moneda oficial de Puerto Rico es el peso.   C   F
4. Los puertorriqueños votan en las elecciones presidenciales de los   C   F
   Estados Unidos.
5. Los puertorriqueños no pagan impuestos *(taxes)* a los Estados Unidos.   C   F

El Estado Libre Asociado de Puerto Rico

La hermosa isla de Puerto Rico está situada en el mar Caribe, como lo están Cuba, Haití, y la República Dominicana en la isla de la Española y Jamaica. Con una extensión de 9.000 km. cuadrados, es la más pequeña de estas cuatro islas. Fue descubierta por Cristóbal Colón en 1493. Fue gobernada por España hasta el final de la guerra de 1898 (entre EE.UU. y España) cuando pasó a dominio de los Estados Unidos.

El Morro en San Juan, Puerto Rico

En 1917 los Estados Unidos declararon a todos los puertorriqueños ciudadanos de los Estados Unidos. Por esa razón, los puertorriqueños no necesitan ni visa ni pasaporte para viajar a los Estados Unidos. La moneda oficial de Puerto Rico es el dólar estadounidense, y los puertorriqueños sirven en el ejército militar de los Estados Unidos y no pagan impuestos federales. Los puertorriqueños que viven en los Estados Unidos continentales votan en todas las elecciones. Los que viven en la isla, no votan en las elecciones presidenciales pero sí tienen un representante, con voz pero sin voto, en el Congreso de los Estados Unidos.

En 1952 Puerto Rico se convirtió en el Estado Libre Asociado de Puerto Rico, su nombre oficial actual. En 1993 y otra vez en 1999 los puertorriqueños votaron para decidir entre tres opciones: (1) continuar como Estado Libre Asociado; (2) convertirse en el estado número cincuenta y uno de los Estados Unidos, o (3) convertirse en una nación totalmente independiente. El resultado del voto sigue siendo a favor de continuar como Estado Libre Asociado, pero cada vez con un margen mayoritario más y más pequeño.

Los embajadores artísticos puertorriqueños siguen impactando en el campo del cine, del teatro, de la música y de los deportes en los Estados Unidos. Y quién no conoce a los multitalentosos actores, cantantes, músicos y deportistas puertorriqueños como Raúl Juliá, Rita Moreno, Tito Puente, Rosie Pérez, los Alomar, Jennifer López, Ricky Martin, Gigi Fernández, Jimmy Smits, Javier López,... y muchos más.

Ricky Martin en concierto

Y ahora, dime... ■ ▲ ●

¿Similares o diferentes? Compara a Puerto Rico y los Estados Unidos en las categorías indicadas.

	Puerto Rico	**Estados Unidos**
Tamaño *(Size)*		
Servicio militar		
Moneda oficial		
Derecho a votar		
Ciudadanía *(Citizenship)*		
Embajadores artísticos		

Paso 2

Y tú, ¿dónde vives?

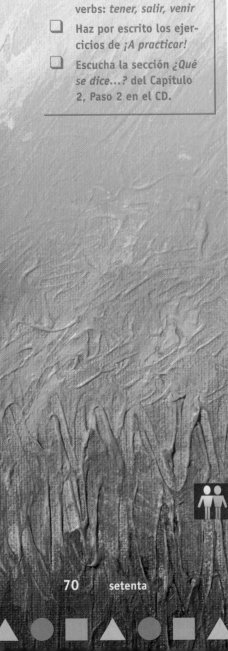

Tarea

Antes de empezar este *Paso*, estudia *En preparación*

- ☐ 2.2 Numbers 0–199
- ☐ 2.3 Possessive adjectives
- ☐ 2.4 Three irregular verbs: *tener, salir, venir*
- ☐ Haz por escrito los ejercicios de *¡A practicar!*
- ☐ Escucha la sección *¿Qué se dice...?* del Capítulo 2, Paso 2 en el CD.

¿Eres buen observador?

Ahora, ¡a analizar!

1. Ésta es la cubierta de una revista. ¿Cómo se llama la revista?
2. ¿Dónde se publica la revista? ¿Cuánto cuesta allá? ¿Cuánto cuesta en EE.UU.?
3. ¿De qué ídolo y de qué isla hablan?
4. ¿Crees que esta persona vive en una casa móvil o *trailer?* Explica.
5. ¿Qué significa: Ricky Martin pone a todo Puerto Rico a mover el «bon bon»? ¿Qué es el «bon bon»?

¿Qué se dice...?

Al hablar de donde viven los estudiantes*

Alicia compra _____ .

Patricio vive en _____ .

El alquiler es _____ .

ALICIA ¿Es grande el apartamento?

PATRICIO Tiene cuatro habitaciones si incluimos la cocina, pero son grandes. Lo peor es el baño... solamente tiene un baño que compartimos entre todos. Cuando uno sale, otro entra.

ALICIA ¿Quién prepara la comida? Porque,... tú no cocinas, ¿verdad?

PATRICIO No. Mi amigo Tomás es nuestro cocinero, más o menos. No es como en casa, pero... por lo general cocina bien.

ALICIA ¿Cómo dividen las otras responsabilidades?

PATRICIO Es fácil. Yo lavo la ropa y mis otros compañeros limpian el apartamento. Todos somos muy responsables. Y para ir a las clases tomamos el autobús o caminamos. En diez a quince minutos llegamos. ¡Ya ves! ¡Es un apartamento ideal!

---

* En la mayoría de los países hispanos, los estudiantes universitarios no viven en residencias. Por lo general, viven en casa de sus padres si no está muy lejos de la universidad, o en apartamentos o casas privadas.

¿Sabías que...?

El Viejo San Juan, la ciudad original fundada en 1521, tiene bien preservados y restaurados más de 400 hermosos edificios de arquitectura colonial de los siglos XVI y XVII. De la misma época es también San Felipe del Morro («El Morro»), la fortaleza que protegió la ciudad de piratas ingleses y franceses, nunca permitiéndoles tomar control de la ciudad capital. A unas veinte millas de San Juan está El Yunque, una selva *(jungle)* tropical donde llueve *(it rains)* más de cien mil millones de galones de agua cada año. En sus 28.000 acres, El Yunque tiene una gran variedad de flora, inclusive hermosas orquídeas y más de 240 especies de árboles *(trees)*. Allí se puede escuchar el hermoso canto del coquí, la ranita *(little frog)* que ha llegado a ser un símbolo de Puerto Rico.

A propósito... Note that in Spanish, **lo** + adjective, as in **lo peor, lo bueno, lo malo, lo interesante,...** is equivalent to the English *the* + *adjective* + *thing/part: the worst part, the good thing, the bad thing, the interesting thing*. . . .

Ahora, ¡a hablar! ■ ▲ ●

EP 2.2

A. ¿Cuánto cuesta? Siempre hay cosas que necesitamos comprar para las clases. Indica cuánto cuestan las siguientes cosas.

> **Modelo**   un buen bolígrafo
> **Un buen bolígrafo cuesta doce dólares y cuarenta y cinco centavos.**

1. un libro de química
2. *¡Dímelo tú!*
3. el *Cuaderno de actividades*
4. un CD

5. una mochila
6. el papel para la impresora
7. un cuaderno
8. ¿...?

EP 2.3

B. Nuestro apartamento. Alberto vive con dos compañeros, Andrés y José Antonio, en un apartamento en Ponce. Ellos comparten algunas cosas y otras no. ¿Qué contesta Alberto cuando le preguntan de quién son estas cosas?

> **Modelo**   los discos de salsa / yo
> **Son mis discos.**

1. el baño / nosotros
2. el televisor / Andrés
3. la computadora / José Antonio

4. la radio / Andrés y José Antonio
5. los discos compactos de jazz / nosotros
6. los libros / tú

EP 2.2

C. Nuevos amigos. Alberto estudia en la universidad y tiene varios nuevos amigos. ¿Cuáles son los números de teléfono de sus amigos?

> **Modelo**   María Rodríguez: 5–42–14–58
> **El número de María Rodríguez es el cinco, cuarenta y dos, catorce, cincuenta y ocho.**

1. Guadalupe Montenegro: 6–83–22–99
2. Alberto y Paula Sánchez: 4–35–56–73
3. Carmen Martínez: 4–35–68–13

4. Pablo Enríquez: 6–85–24–12
5. Sofía Meléndez: 5–42–10–08
6. Arturo y Rodrigo: 7–19–33–11

D. ¡Bienvenidos! Alberto y Lupe están organizando una fiesta de bienvenida para todos los estudiantes que viven en las residencias de la universidad. ¿Qué dice Alberto de la fiesta?

⛭⛭⛭ EP 2.4

	viene a mi casa primero.
yo	no tienen que pagar nada.
Lupe	tenemos que preparar los últimos detalles.
Jorge	tengo la lista de los invitados.
Lupe y yo	vienen a la fiesta con sus amigos.
los invitados	sale a comprar refrescos.
	vienen de todas las residencias.

E. Una semana típica. Hazle estas preguntas a tu compañero(a) para saber cómo es su semana típica.

⛭⛭⛭ EP 2.4

1. ¿Vienes a la universidad en auto, en bicicleta o a pie *(on foot)*?
2. ¿Qué clases tienes este semestre?
3. ¿Tienes que estudiar mucho?
4. ¿Tienes más clases por la mañana, por la tarde o por la noche?
5. ¿Sales de noche? ¿Adónde vas?
6. ¿Para qué clases tienes que estudiar más?
7. ¿Tienes que estudiar los fines de semana?
8. ¿Vienen tus amigos a estudiar a tu apartamento?

Y ahora, ¡a conversar! ■ ▲ ●

A. ¡Aló! Escribe tu número de teléfono en un papelito. Tu instructor(a) va a recoger los números y redistribuirlos. Ahora lee el número que tienes en el papelito. La persona que reconoce su número debe decir ¡Aló!

B. ¡Bingo! Prepara tu propia tarjeta de «BINGO». Escribe uno de estos números en cada cuadrado: **B** 1–19, **I** 20–39, **N** 40–59, **G** 60–79, **O** 80–99. Escribe los números arábicos y deletréalos *(spell them out)* porque vas a tener que decirlos en voz alta si ganas. Luego toda la clase va a jugar.

B (1–19)	**I** (20–39)	**N** (40–59)	**G** (60–79)	**O** (80–99)
Número _uno_	Número ____ vientiuno	Número ____ cuarentaytres	Número ____ 63	Número ____ 89
Número ____ cinco	Número ____ vientitres	Número ____ 44	Número ____ 65	Número ____ 81
Número ____ doce	Número ____ trientay seis	Número ____ 51	Número ____ 67	Número ____ 90
Número ____ quince	Número ____ trientay siete	Número ____ 55	Número ____ 74	Número ____ 92
Número ____ dieciocho	Número ____ trienta	Número ____ 58	Número ____ 77	Número ____ 99

C. ¿Quién lo hace? Pregúntales a tus compañeros de clase si hacen las actividades de estos cuadrados *(grid)*. Cada vez que uno diga que sí, pídele que firme (escriba su nombre) en el cuadrado *(square)* apropiado. La idea es tener una firma en cada cuadrado. ¡Ojo! No se permite que una persona firme más de un cuadrado.

Correr todos los días	Lavar la ropa	Caminar a la universidad	Comer en la cafetería
Firma	*Firma*	*Firma*	*Firma*
Vivir en un apartamento	Leer el periódico todos los días	Estudiar en la biblioteca	Escribir cartas a sus padres
Firma	*Firma*	*Firma*	*Firma*
Hablar por teléfono a larga distancia	Preparar la comida	Escuchar la radio con frecuencia	Mirar videos con la familia
Firma	*Firma*	*Firma*	*Firma*
Escribir en la computadora	Limpiar su cuarto todos los días	Escuchar música clásica	Salir con su familia
Firma	*Firma*	*Firma*	*Firma*

¡Luz! ¡Cámara! ¡Acción! ■ ▲ ●

A. ¡Hola! ¿Cómo te va? Son los primeros días de clases y ves a un(a) amigo(a) de tu escuela secundaria que asiste a tu universidad. Con un(a) compañero(a), escribe el diálogo que tienen. Usen esta guía. Luego lean el diálogo delante de la clase.

Tú	**Amigo(a)**
■ Saluda a tu amigo(a).	■ Responde.
■ Pregúntale si vive en un apartamento o en las residencias.	■ Responde y repite la pregunta.
■ Contesta y comenta sobre el costo de tus libros.	■ Describe tus costos.
■ Menciona que tienes una clase en cinco minutos.	■ Pídele su número de teléfono y dale el tuyo.
■ Despídete.	■ Despídete.

B. ¡Necesito una habitación! Unos amigos de otra universidad están de visita en tu universidad. Tú los invitas a tu apartamento. Ellos hacen muchas preguntas sobre tus compañeros(as) de cuarto, la división de responsabilidades, el costo de los libros, etc. Dramatiza la situación con dos compañeros.

¿Comprendes lo que se dice?

Estrategias para ver y escuchar: Anticipar

In the previous **Paso** *you learned that anticipating what is going to be heard makes it much easier to understand a foreign language. This certainly is true when viewing and listening to a video in Spanish. In this case, for example, you are going to be viewing a video about Puerto Rico. Based on what you already know about this country, which of the following topics would you expect to be included in a brief travelogue about the island? Put an X by the topics you feel quite certain will be included. Then, after viewing the video selection, come back and check to see if you anticipated correctly.*

_____ a. el Viejo San Juan
_____ b. otras ciudades puertorriqueñas
_____ c. El Morro
_____ d. la industria puertorriqueña
_____ e. El Yunque
_____ f. el coquí
_____ g. la música puertorriqueña
_____ h. la comida puertorriqueña
_____ i. el gobierno puertorriqueño

Puerto Rico, ¡destino de turistas!

Después de ver el video. Usa estos diagramas Venn para hacer los siguientes contrastes y comparaciones.

1. ¿Qué tienen en común las ciudades de San Juan y Ponce? ¿En qué se diferencian?

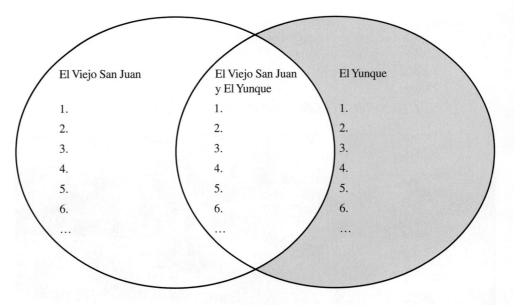

San Juan
1.
2.
3.
4.
5.
6.
…

San Juan y Ponce
1.
2.
3.
4.
5.
6.
…

Ponce
1.
2.
3.
4.
5.
6.
…

2. Compara los sitios turísticos: el Viejo San Juan y El Yunque. ¿Qué tienen en común y en qué se diferencian?

El Viejo San Juan
1.
2.
3.
4.
5.
6.
…

El Viejo San Juan y El Yunque
1.
2.
3.
4.
5.
6.
…

El Yunque
1.
2.
3.
4.
5.
6.
…

NOTICIERO

CULTURAL

COSTUMBRES... Puerto Rico

Antes de empezar, dime... ■ ▲ ●

Los ingleses y los estadounidenses se comunican bien en inglés pero a veces tienen problemas de vocabulario. Por ejemplo, si un inglés dice lo siguiente, ¿qué significa?

1. *I put it in the "boot."*
   a. *It's in a suitcase.*   b. *It's in a shoe.*   c. *It's in the trunk of a car.*

2. *May I borrow "half a capsicum"?*
   a. *50 cents*   b. *half a bell pepper*   c. *a half-dozen eggs*

3. *Lower the "bonnet," please. I can't see.*
   a. *hood of a car*   b. *window shade*   c. *ladies' hat*

¡Por fin, la guagua!

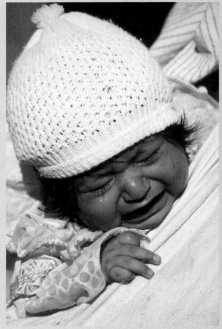

Guagua chilena

¡Vendo chinas!

Turistas chinas

Lectura. Ahora lee sobre una falta de comunicación entre dos estudiantes: un puertorriqueño y una chilena.

Chinas y la guagua

Dos estudiantes esperan el autobús en un barrio de San Juan de Puerto Rico. Mario es puertorriqueño y Teresa es chilena.

TERESA   ¿A qué hora viene el autobús?

MARIO   En unos cinco minutos. Ay, no tengo tiempo para pasar por el supermercado. Mi mamá necesita unas chinas esta noche.

TERESA   ¿Chinas? ¿En el supermercado? No comprendo.

MARIO   Ay, chica, tú nunca comprendes… Pero mira. Ahí viene la guagua.

TERESA   ¿Viene quién?

Y ahora, dime… ■ ▲ ●

¿Por qué tiene problemas Teresa en comprender lo que dice Mario?

1. Porque Teresa no comprende el español muy bien.
2. Porque el español de Chile es totalmente diferente del español de Puerto Rico.
3. A veces Mario, que es de Puerto Rico, usa vocabulario típico de Puerto Rico que no se usa en Chile o en otros países hispanohablantes.

Mira si seleccionaste la respuesta correcta en el Apéndice A, página A-3.

▲ ● ● ■ ▲ ● ▲ ● ● ■ ● ▲ ● ■ ▲ ● ● ■

Viajemos por el ciberespacio a... PUERTO RICO

If you are a cyberspace surfer, try entering one of the following key words to get to many fascinating sites in **Puerto Rico:**

Puertorriqueños famosos   Puerto Rican literature   Roberto Clemente

Or, better yet, simply go to the *¡Dímelo tú!* Web site using the following address:

http://dimelotu.heinle.com

There, with a simple click, you can

- marvel at the number of actors and actresses, baseball players, singers, and musicians in the *Puerto Rican Hall of Fame* that you will immediately recognize.
- read the works of **poetas puertorriqueños contemporáneos.**
- learn interesting facts about **Roberto Clemente, el gran beisbolista puertorriqueño.**

¿Te gusta escribir?

Estrategias para escribir: Concebir ideas

A. Preparándose. Antes de escribir, hay tres preguntas que el escritor siempre debe contestar.

- ¿Para quién escribo?   - ¿Por qué escribo?   - ¿De qué escribo?

Ahora, lee esta carta y contesta las tres preguntas.

---

19 de octubre de 2002
San Juan, Puerto Rico

Mi querida Nati:

    ¡Mi apartamento es fenomenal! No es muy caro. Somos cuatro compañeras de cuarto y cada una paga sólo ciento setenta y cinco dólares al mes. Mi habitación no es muy grande pero no necesito mucho espacio. Y no necesito tomar la guagua a la universidad. Camino a mis clases y llego en unos diez o quince minutos. ¡Es estupendo!

    ¿Cómo es tu apartamento? ¿Tienes compañeras de cuarto? Escribe pronto, y recibe besos y abrazos de...

       Tu mejor amiga,

       Tere

B. Para concebir ideas. *When getting ready to write, it is a good idea to brainstorm, that is, to list as many thoughts as possible about what you are going to write.*

Ésta es la lista de ideas que preparó Tere antes de escribirle la carta a Natalia:

apartamento	sofá grande
poco espacio	caminar a clases
compañeras de cuarto	no caro
estéreo estupendo	supermercado cerca
baño grande	habitación no muy grande

1. ¿Incluyó Tere toda la información en su lista de ideas? Si no, ¿qué información no usó?
2. ¿Usó información extra? ¿Cuál?

Ahora, ¡a escribir! ■ ▲ ●

A. En preparación. Prepárate para describir tu apartamento o casa en una carta a tu mejor amigo(a). Usa la carta de Tere como modelo. *(Before starting, answer the three questions that good writers always ask themselves before writing. Then brainstorm a list of everything you might say in your letter.)*

B. El primer borrador. Usa la lista que preparaste en A para escribir un primer borrador *(first draft)*.

C. Ahora a compartir. *(Share your first draft with two classmates.)* Haz comentarios sobre el contenido y el estilo de tus compañeros(as) y escucha los comentarios de ellos sobre tu carta. Si hay errores de ortografía *(spelling)* o gramática, corrígelos.

D. Ahora a revisar. Decide si es necesario hacer cambios en tu carta. *(Keep in mind your classmates' comments as you decide.)*

E. La versión final. Prepara una versión final de tu carta y entrégala.

F. Ahora a publicar. En grupos de tres, lean sus cartas y decidan cuál es la mejor. *(Have the person with the best letter in your group read it to the entire class.)*

¿Eres buen observador?

Tarea

Antes de empezar este *Paso*, estudia *En preparación*

- ☐ 2.5 Telling time
- ☐ 2.6 Days of the week, months, and seasons
- ☐ 2.7 Verbs of motion
- ☐ Haz por escrito los ejercicios de *¡A practicar!*
- ☐ Escucha la sección *¿Qué se dice...?* del Capítulo 2, Paso 3 en el CD.

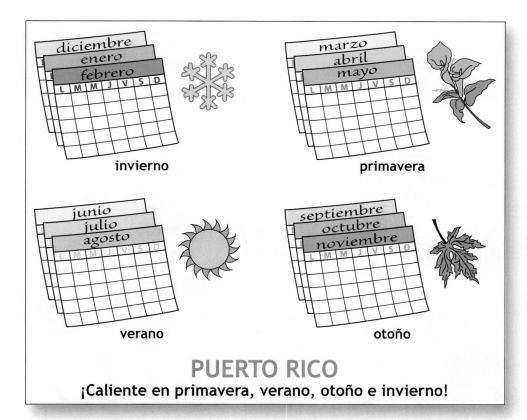

diciembre
enero
febrero

invierno

marzo
abril
mayo

primavera

junio
julio
agosto

verano

septiembre
octubre
noviembre

otoño

PUERTO RICO
¡Caliente en primavera, verano, otoño e invierno!

Ahora, ¡a analizar! ■ ▲ ●

1. ¿Cuáles son las cuatro estaciones?
2. ¿Cuáles son los meses de cada estación?
3. ¿Qué estación o mes asocias con esquiar? ¿con las vacaciones? ¿la playa? ¿los exámenes finales? ¿el fútbol americano? ¿el béisbol? ¿el principio de las clases? ¿el final del año escolar? ¿el amor?
4. ¿Cómo es Puerto Rico en la primavera? ¿en el verano? ¿el otoño? ¿el invierno? ¿Por qué?

¿Qué se dice...?

Al hablar de las próximas vacaciones

Un grupo de estudiantes en la cafetería del Colegio Eugenio María de Hostos, en el Bronx, habla de los planes para sus próximas vacaciones.

TERESA: Margarita, Silvia y yo también vamos a pasar las vacaciones de verano en San Juan. Salimos un lunes y regresamos un domingo. Una semana entera. ¡Pero una semana intensa! Comer, caminar, comprar y dormir... ¡nada más!

ROSA: Pues, en diciembre José y yo vamos a pasar las vacaciones con unos amigos de la Universidad de Puerto Rico, recinto de Mayagüez. Salimos inmediatamente después del último día de clases y no regresamos hasta el día antes de empezar las clases.

Pedro está muy _____.

El 20 de junio Pedro _____ para Ponce.

El 30 de agosto _____.

JOSÉ: Sí, y como yo soy fanático del ejercicio, de día voy a caminar y correr por la playa. Y por las noches, salgo con Rosa a beber, comer y bailar.

¿Sabías que...?

Casi una tercera parte de todos los puertorriqueños viven en Nueva York. En efecto, hay más nuyoricans o puertorriqueños en Nueva York que en San Juan, la capital de la isla. Cada año a principios de junio, se celebra la Semana Puertorriqueña de Nueva York, la cual termina con el Desfile Puertorriqueño, el más grande de todos los desfiles de la ciudad.

A propósito...

In Spanish, the word **vacaciones** is always used in the plural. The singular **vacación** is rarely used. Remember also that the combination **ir a** + *infinitive* is used to express future actions. Therefore, what does **vamos a pasar las vacaciones en Puerto Rico** mean? What does **voy a caminar y correr por la playa** mean?

Ahora, ¡a hablar! ■ ▲ ●

A. ¿A qué hora? Tus amigos van a pasar las vacaciones en Puerto Rico y tú tienes que llevarlos al aeropuerto y recogerlos *(pick them up)*. Desafortunadamente, no todos salen y regresan a la misma hora. ¿A qué horas salen y regresan sus vuelos?

 EP 2.5

> **Modelo** Cliff y Tony: salir—8:00 A.M., regresar—1:49 P.M.
> **Cliff y Tony salen a las ocho de la mañana y regresan a las dos menos once de la tarde.**

1. Cecilia y Teresa: salir—10:30 A.M., regresar—9:45 P.M.
2. Ricardo: salir—2:15 P.M., regresar—11:55 P.M.
3. Jaime, José y Yolanda: salir—6:50 A.M., regresar—8:20 A.M.
4. Doris y Beto: salir—7: 37 P.M., regresar—4:16 P.M.
5. Donaldo, Gregorio y Roberto: salir—12:00 noon, regresar—6:45 P.M.

B. ¡Vacaciones! Según la sección **¿Qué se dice...?**, ¿adónde van y qué van a hacer estas personas?

EP 2.6, 2.7

	Sale el 20 de julio para Ponce.
José	Va de vacaciones a Mayagüez.
Teresa, Margarita y Silvia	De noche sale con su amiga Rosa.
Pedro	Regresa de las vacaciones el 30 de agosto.
Rosa	Van a comer, caminar, comprar y dormir.
	Regresan de San Juan un domingo.

C. Adivinanzas. Completa estas oraciones.

 EP 2.6

Vocabulario útil

año(s)	invierno	primavera
día(s)	mes(es)	semana(s)
estación (estaciones)	otoño	verano

1. Hay cuatro _____ en un _____.
2. En una _____ hay siete _____.
3. Hay doce _____ en un _____.
4. Hay cincuenta y dos _____ en un _____.

5. Vamos a esquiar en el _____ .

6. Las vacaciones más largas son en el _____ .

7. Hay muchas flores en la _____ .

8. Septiembre, octubre y noviembre son los meses del _____ .

 EP 2.7

D. ¿Y tu compañero(a)? Pregúntale a tu compañero(a) qué planes tiene para las vacaciones de invierno o de verano.

1. ¿Cuándo es tu último día de clases?
2. ¿Cuándo sales? ¿A qué hora?
3. ¿Adónde vas?

4. ¿Cuándo llegas? ¿A qué hora?
5. ¿Cuándo regresas? ¿A qué hora?

EP 2.6

E. La línea ecuatorial. Las estaciones del año son totalmente opuestas al norte y al sur de la línea ecuatorial. Por eso, con excepción de Venezuela y Colombia, las estaciones en toda Sudamérica son exactamente opuestas a las de Norteamérica y Centroamérica. ¿Qué estación es el mes indicado en estos países?

> **Modelo**   Uruguay en julio
> **Es invierno en Uruguay en julio.**

1. Chile en abril
2. Costa Rica en enero
3. Argentina en octubre
4. Venezuela en mayo

5. Puerto Rico en noviembre
6. Perú en agosto
7. México en diciembre
8. Honduras en octubre

Y ahora, ¡a conversar! ■ ▲ ●

A. Vacaciones de primavera. Tu tío Bruce, el millonario, te ofrece unas vacaciones de primavera a ti y a tres amigos(as) al país que ustedes quieran. Habla con tus amigos(as) ahora y decidan adónde van, cuándo salen y cuándo llegan, qué van a hacer allí y cuándo regresan. Infórmenle a la clase de su decisión.

B. Actividades. Prepara una lista de tus tres actividades favoritas para cada estación. Luego en grupos pequeños, pregúntales a tus compañeros(as) cuáles son sus actividades favoritas y diles las tuyas.

C. Las próximas vacaciones. Pregúntale a tu compañero(a) adónde va y qué va a hacer durante las próximas vacaciones escolares. Pregúntale si va solo o con alguien, cuándo sale(n), cuándo llega(n) y cuándo regresa(n). Dile a tu compañero(a) tus planes también.

¡Luz! ¡Cámara! ¡Acción! ■ ▲ ●

A. ¡El estrés es terrible! Tú y unos amigos de la universidad deciden ir a Puerto Rico por cuatro días para escapar del estrés de la universidad. Ahora, tú hablas por teléfono con tus padres y les explicas por qué necesitas ir a Puerto Rico y por qué vas a faltar a clases el viernes y el lunes. Ah, también les explicas que necesitas dinero para tu escape. Ellos tienen muchas preguntas acerca del viaje. Con un(a) compañero(a), escribe la conversación que tienes con tu padre o madre. Luego lean su conversación delante de la clase.

B. ¿Qué planes tienen? Tú y unos(as) amigos(as) toman un refresco y hablan de sus planes para el verano. Dramatiza esta situación con dos o tres compañeros(as) de clase.

¿Te gusta leer?

Estrategias para leer: Anticipar mirando el título y las imágenes visuales

Before reading any text, it helps to have some idea about the context. There are various clues that can help you in anticipating information about a selection. The title of the reading and the visual images that accompany it, for example, can help convey a preliminary idea.

A. Antes de leer. Lee el título de esta lectura y mira las imágenes visuales. Luego contesta estas preguntas.

1. ¿Qué significa la palabra **salsa** en el título? ¿algo para comer? ¿otra cosa?
2. ¿Qué tienen en común las tres fotos?
3. ¿De dónde crees que son los músicos? ¿Por qué?
4. ¿Qué tipo de música crees que tocan? ¿Por qué opinas eso?

B. Para anticipar. Escribe dos cosas que crees que esta lectura va a mencionar.

Lectura

La salsa se viste de mundo

Desde Japón y Escandinavia, la música afrocaribeña conquista nuevos públicos

Tito Puente, rey de la salsa

Una de las exportaciones más notables de Puerto Rico es su música. Produce una gran cantidad de música clásica y folclórica, con grandes músicos y compositores. Pero es en el campo de la música popular con el ritmo de las islas, «la salsa», que Puerto Rico ha puesto a todo el mundo a bailar.

Orquesta de la Luz

Por ejemplo la *Orquesta de la Luz*, formada hace más de ocho años, es una curiosidad: una docena de jóvenes japoneses que tocan y cantan música afrocaribeña con una calidad que tiene poco que envidiar a otros grupos locales. Por otra parte, en Suecia hay otro grupo salsero, *Hot Salsa,* formado por un peruano con un nombre sueco: Wilfredo Stevenson. En su primera visita exploratoria a Nueva York, la banda pasó su bautizo de fuego en una noche memorable en el Club SOB's.

Hot Salsa

Tan popular ha llegado a ser la salsa en el mundo latino que todo el mundo dice que «las fiestas son fiestas gracias a la salsa». Y todo el mundo reconoce como rey de la salsa al recién fallecido gran salsero puertorriqueño, Tito Puente.

A ver si comprendiste ■ ▲ ●

1. Lee lo que escribiste en la actividad **B** de **Para anticipar** y verifica si anticipaste correctamente o no.
2. ¿Qué tipo de música produce Puerto Rico?
3. ¿Por qué son especiales los grupos *Orquesta de la Luz* y *Hot Salsa*?
4. ¿Qué significa la frase «las fiestas son fiestas gracias a la salsa»?
5. ¿Por qué se dice que Puerto Rico ha puesto a bailar a todo el mundo?
6. Explica el título de esta lectura.

 Viajemos por el ciberespacio a... PUERTO RICO

If you are a cyberspace surfer, try entering one of the following key words to get to many fascinating sites in **Puerto Rico:**

Ricky Martin   Música de Puerto Rico   Puertorriqueños

Or, better yet, simply go to the *¡Dímelo tú!* Web site using the following address:

http://dimelotu.heinle.com

There, with a simple click, you can

- learn everything you have ever wanted to know about **Ricky Martin.**
- find out why Puerto Ricans love to dance and are such good dancers.
- go to a piano bar to listen to Puerto Rican tunes that will last forever.

Vocabulario ■▲●■▲●■▲

Empleos

administrador(a)	*administrator*
cajero(a)	*cashier*
chófer (m./f.)	*chauffeur, driver*
cocinero(a)	*cook*
dependiente(a)	*store clerk, salesperson*
empleado(a)	*employee*
gerente (m./f.)	*manager*
lavaplatos (m/f. s/pl.)	*dishwasher*
mesero(a)	*waiter/waitress*
periodista (m./f.)	*newspaper reporter*
secretario(a)	*secretary*
vendedor(a)	*salesperson, salesclerk*

En la oficina

computadora	*computer*
ordenador (m.)	*computer*
almohadilla	*mouse pad*
impresora	*printer*
pantalla	*screen*
parlantes (m. pl.)	*speakers*
ratón (m.)	*mouse*
teclado	*keyboard*
controlar	*to control*
decidir	*to decide*
dividir	*to divide*
empezar	*to begin*
entrevistar	*to interview*
escribir	*to write*
organizar	*to organize*
pagar	*to pay*
trabajar	*to work*
trabajo	*work*

Lugares

apartamento	*apartment*
café (m.)	*café*
casa	*house*
edificio	*building*
habitación	*dwelling, room*
hotel (m.)	*hotel*
montaña	*mountain*
oficina	*office*
playa	*beach*
residencia	*residence, dorm*
restaurante (m.)	*restaurant*
tienda	*store*

Personas

chico(a)	*boy/girl*
familia	*family*
familiares (m. pl.)	*extended family members*
invitado(a)	*guest*

Años y meses

año	*year*
mes (m.)	*month*
enero	*January*
febrero	*February*
marzo	*March*
abril	*April*
mayo	*May*
junio	*June*
julio	*July*
agosto	*August*
septiembre	*September*
octubre	*October*
noviembre	*November*
diciembre	*December*

Estaciones

estación (f.)	*season*
invierno	*winter*
otoño	*autumn*
primavera	*spring*
verano	*summer*

Días

lunes	*Monday*
martes	*Tuesday*
miércoles	*Wednesday*
jueves	*Thursday*
viernes	*Friday*
sábado	*Saturday*
domingo	*Sunday*
día (m.)	*day*
de día	*during the day*
de noche	*at night*
día de la semana	*weekday*
todo el día	*all day*
fin de semana (m.)	*weekend*

Verbos

abrir	*to open*
aprender	*to learn*
ayudar	*to help*
beber	*to drink*

caminar	*to walk*
cocinar	*to cook*
compartir	*to share*
correr	*to run*
hacer	*to make; to do*
invitar	*to invite*
lavar	*to wash*
limpiar	*to clean*
pasar	*to pass, spend time*
regresar	*to return*
salir	*to leave, go out*
tener	*to have*
vender	*to sell*
venir	*to come*
visitar	*to visit*
vivir	*to live*

Adjetivos

barato(a)	*inexpensive*
caro(a)	*expensive*
fanático(a)	*fanatic*
feliz	*happy*
feo(a)	*ugly*
largo(a)	*long*
nuevo(a)	*new*
otro(a)	*other, another*
próximo(a)	*next*
tanto(a)	*so much, so many*
último(a)	*last, ultimate*

Sustantivos

alquiler (m.)	*rent*
autobús (m.)	*bus*
baño	*bathroom*
carta	*letter*
comida	*food*
examen (m.)	*exam*
flor (f.)	*flower*
hora	*hour, time*
periódico	*newspaper*
puerta	*door*
vacaciones (f. pl.)	*vacation*

Palabras útiles

cada	*every, each*
cuántos(as)	*how many*
hasta	*until*
inmediatamente	*immediately*

2.1 Present tense of *-er* and *-ir* verbs ⮂

Stating what people do

The personal endings of **-er** and **-ir** verbs are identical, except for the **nosotros** and **vosotros** forms. As with **-ar** verbs, the personal endings of **-er** and **-ir** verbs always reflect the subject of the sentence.

Verb endings: *-er, -ir* verbs				
Subject pronouns	**Singular endings** *-er, -ir*	**Subject pronouns**	**Plural endings** *-er*	*-ir*
yo	**-o**	nosotros(as)	**-emos**	**-imos**
tú	**-es**	vosotros(as)	**-éis**	**-ís**
usted	**-e**	ustedes		**-en**
él, ella	**-e**	ellos, ellas		**-en**

Sample *-er* verb: *comer*	
com**o**	com**emos**
com**es**	com**éis**
com**e**	com**en**
com**e**	com**en**

Sample *-ir* verb: *escribir*	
escrib**o**	escrib**imos**
escrib**es**	escrib**ís**
escrib**e**	escrib**en**
escrib**e**	escrib**en**

Remember that the present indicative in Spanish has three possible equivalents in English.

Los niños **comen** chocolate.
{ *The children **eat** chocolate.*
*The children **do eat** chocolate.*
*The children **are eating** chocolate.*

Some frequently used **-er** and **-ir** verbs are the following:

beber	*to drink*	escribir	*to write*
comer	*to eat*	recibir	*to receive*
correr	*to run*	salir	*to leave, to go out*
leer	*to read*	vivir	*to live*

¡A practicar! ■ ▲ ●

A. ¡Cuánta actividad! It is only 8:00 A.M. and everyone is out doing something in Old San Juan. What is everyone doing?

1. Matías _____ (beber) un café en el Hotel El Convento.
2. Tú _____ (escribir) una carta en el patio del hotel.
3. Pedro y Pablo _____ (comer) en el restaurante La Zaragozana.
4. María Isabel _____ (abrir) la tienda Nuestra Casa.
5. Nosotros _____ (correr) en el Parque Central de San Juan.
6. Yo _____ (leer) mi libro favorito de Esmeralda Santiago, *Cuando era puertorriqueña.*

B. ¡Qué día! It is now 8:00 P.M. in San Juan. What is everyone doing?

1. Matías / estudiar / en / Casa del Libro
2. tú / comer / pizza / restaurante Molino Italiano
3. Pedro y Pablo / leer / libro de teatro de Teresa Marichal
4. María Isabel / ver / televisión / patio del Hotel Caribe Internacional
5. nosotros / beber / refresco / café Los Frailes
6. yo / correr / por la Universidad Politécnica / Puerto Rico

---

Paso 2

2.2 Numbers 0–199

Counting, solving math problems, and expressing cost

0	cero	16	dieciséis	40	cuarenta
1	uno	17	diecisiete	42	cuarenta y dos
2	dos	18	dieciocho	50	cincuenta
3	tres	19	diecinueve	53	cincuenta y tres
4	cuatro	20	veinte	60	sesenta
5	cinco	21	veintiuno	64	sesenta y cuatro
6	seis	22	veintidós	70	setenta
7	siete	23	veintitrés	75	setenta y cinco
8	ocho	24	veinticuatro	80	ochenta
9	nueve	25	veinticinco	86	ochenta y seis
10	diez	26	veintiséis	90	noventa
11	once	27	veintisiete	97	noventa y siete
12	doce	28	veintiocho	100	cien
13	trece	29	veintinueve	101	ciento uno
14	catorce	30	treinta	178	ciento setenta y ocho
15	quince	31	treinta y uno	199	ciento noventa y nueve

A. The number **uno** (**veintiuno, treinta y uno…**) changes to **un** before masculine nouns and **una** before feminine nouns.

Tengo veinti**ún** años.	*I'm 21 years old.*
Hay cincuenta y **una** camas dobles en el hotel.	*There are 51 double beds in the hotel.*
La reservación es para **una** persona.	*The reservation is for one person.*

B. The numbers 16 to 29 are usually written as one word: **dieciocho, veintidós.** They may, however, be written as three words: **diez y ocho, veinte y dos, veinte y tres,** and so on.

C. Numbers from 31 to 99 must be written as three words.

D. **Cien** is an even hundred. Any number between 101 and 199 is expressed as **ciento** and the remaining number.

101	ciento uno
110	ciento diez
149	ciento cuarenta y nueve
199	ciento noventa y nueve

Note that **y** never occurs directly after the number **ciento.**

E. Use the following expressions for solving math problems:

y *or* más (+)   menos (−)   es / son (=)   por (×)   dividido por (÷)

¡A practicar! ■ ▲ ●

A. Matemáticas. Solve these math problems. Then write out the problems in Spanish.

1. $4 + 9 = ?$
2. $90 + 10 = ?$
3. $28 - 12 = ?$
4. $17 + 50 = ?$
5. $42 \div 6 = ?$
6. $11 + 152 = ?$
7. $3 \times 5 = ?$
8. $175 - 30 = ?$

B. ¿Cuánto cuesta? Guess how much the following items cost in Puerto Rico. The price is very similar to what they cost in the continental United States.

> **Modelo**   una hamburguesa
> **Cuesta tres dólares, noventa y nueve centavos.**

1. *Cuando era puertorriqueña,* el libro de Esmeralda Santiago
2. una mochila
3. un bolígrafo
4. un sándwich y un refresco en el café Los Frailes
5. una pizza para ocho personas en el restaurante Molino Italiano
6. un libro de ciencias en la librería Las Américas

2.3 Possessive adjectives ⊖⊖

Indicating ownership

A. Unlike English, possessive adjectives in Spanish must agree in number with the person, place, or thing possessed. **Nuestro** and **vuestro** must also agree in gender.

Possessive adjectives					
Singular possessor	One thing possessed	Two or more things possessed	Plural possessor	One thing possessed	Two or more things possessed
yo	**mi**	**mis**	nosotros(as)	**nuestro(a)**	**nuestros(as)**
tú	**tu**	**tus**	vosotros(as)	**vuestro(a)**	**vuestros(as)**
usted	**su**	**sus**	ustedes	**su**	**sus**
él, ella	**su**	**sus**	ellos, ellas	**su**	**sus**

Tu apartamento es estupendo y **tus** amigos son muy simpáticos.	*Your apartment is fantastic and your friends are very nice.*
Nuestra casa es nueva.	*Our house is new.*
Nuestras habitaciones son muy grandes.	*Our rooms are very big.*

Note that these possessive adjectives are always placed *before* the noun they modify.

B. Usually the context will clarify any ambiguity that may result with **su/sus** *(your, his, her, their, its)*. However, when ambiguity does occur, one of the following combinations of **de** + *pronoun* is used in place of **su/sus.**

su/sus	de usted	*your*
	de él	*his*
	de ella	*her*
	de ustedes	*your*
	de ellos	*their*
	de ellas	*their*

¿Es más grande el apartamento **de ustedes?**	*Is your apartment bigger?*
Sí, pero la casa **de ellos** es más elegante.	*Yes, but their house is more elegant.*

¡A practicar! ■ ▲ ●

A. Domicilios. ¿Cómo son los apartamentos o las casas de estos estudiantes de la Universidad de Puerto Rico, Recinto de Mayagüez?

> **Modelo**   Alicia: cuarto / grande
> **Su cuarto es grande.**

1. Andrés: apartamento / elegante
2. tú y Carlos: casa / grande
3. Teresa y Cecilia: residencia / nuevo
4. yo: cuarto / especial
5. Francisco y Mateo: amigas / simpático
6. Marta y yo: cuarto / estupendo

B. Nuestra clase. ¿De quién son estas cosas en la clase de inglés en el Colegio Cristóbal Colón?

> **Modelo**   la computadora: de ella
> **Es su computadora.**

1. la tiza: de ella
2. el lápiz: de él
3. los bolígrafos: de ella
4. la sala de clase: de nosotros
5. la pizarra: de nosotros
6. los exámenes: de ustedes
7. la mochila: de ella
8. el cuaderno: de ellos

C. Compañeros puertorriqueños. Completa este párrafo con la forma apropiada del adjetivo posesivo para saber qué le escribe Julio a una nueva amiga.

Querida amiga:

_____ compañeros de cuarto, Carlos y Toni, son muy simpáticos. Carlos es puertorriqueño. _____ familia vive en Ponce. Toni también es puertorriqueño. _____ padres viven en el Viejo San Juan con _____ abuelos *(grandparents)*. ¿Y yo? _____ papás son de San Antonio, Texas. _____ casa está en un barrio hispano de la ciudad. ¿Y tú? ¿Dónde viven _____ padres?

2.4 Three irregular verbs: *tener, salir, venir*

Expressing obligations, departures, and arrivals

tener		salir		venir	
to have		*to leave*		*to come*	
tengo	tenemos	salgo	salimos	vengo	venimos
tienes	tenéis	sales	salís	vienes	venís
tiene	tienen	sale	salen	viene	vienen
tiene	tienen	sale	salen	viene	vienen

A. When followed by an infinitive (the **-ar, -er,** or **-ir** form of a verb), **tener** becomes **tener que** and implies obligation.

Tengo que organizar mi apartamento.	*I have to organize my apartment.*
Tenemos que comprar muchas cosas.	*We have to (must) buy many things.*

B. When followed by an infinitive, **salir** and **venir** become **salir a** and **venir a.**

Salgo a correr a las diez.	*I go running at 10:00.*
Yo **vengo a** estudiar, y Eva **viene a** ayudarme.	*I come to study, and Eva comes to help me.*

¡A practicar! ■ ▲ ●

A. Muy ocupados. Life at the Eugenio María de Hostos Community College in the Bronx is not easy. Everyone's busy all the time. Select the correct form of each verb to tell what everyone is doing or has to do this morning.

1. Patricia (tengo / tiene) que lavar el auto.
2. Clara y Eva (salen / salimos) a las ocho para el colegio.
3. Felipe y yo (venimos / vienen) a estudiar con ustedes.
4. ¿Y tú? ¡Ah! Tú (vengo / vienes) a trabajar con la computadora.
5. Sí, todos los estudiantes (tiene / tienen) que trabajar mucho.
6. Yo siempre (vengo / vienes) tarde a esta clase.

B. ¿Dónde están? Tell your roommate where everyone is this morning.

1. Juan y Mateo / tener clases
2. Patricio siempre / salir / caminar
3. Óscar / tener / trabajar hoy
4. Héctor / venir / más tarde
5. yo / salir / correr
6. Nicolás / venir / con Yolanda

C. ¡Tanto que hacer! Tomorrow is the first day of class at the Eugenio María de Hostos Community College. Teresa and her friends, Anita and Olga, still have a lot of things to do. What problems are they having? Form at least five sentences, using one element from each column.

Teresa		el horario de las clases
Olga		lavar la ropa
Anita	(no) tener	todos los libros necesarios
Olga y Anita	tener que	problemas con la computadora
nosotras		comprar la comida para la semana
		llamar a sus padres

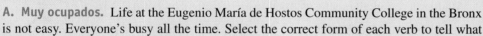

Paso 3

2.5 Telling time

Stating at what time things occur

A. The word for *time* (referring to clock time) in Spanish is **hora,** which is always feminine. To tell the hour, **es la** is used only with **una;** otherwise **son las** followed by the hour is used.

¿Qué hora es?	*What time is it?*
Es la una.	*It's one o'clock.*
Son las doce en punto.	*It's twelve sharp.*

B. Minutes from the hour to the half hour are added to the hour and connected with **y.** Between the half hour and the next hour, minutes are subtracted from the next hour and connected with **menos.**

1:24	Es la una **y** veinticuatro.
6:10	Son las seis **y** diez.
1:40	Son las dos **menos** veinte.
12:42	Es la una **menos** dieciocho.

Digital clocks have changed this more traditional way of stating time. Now, one also hears **Son las doce y cuarenta y dos** instead of **Es la una menos dieciocho.**

C. Cuarto means *quarter hour* and **media** is used to express *half past the hour.*

Vienen a la una y **cuarto.**	*They are coming at a quarter past one.*
Mañana salen a las siete y **media.**	*Tomorrow they leave at 7:30.*

D. Mediodía and **medianoche** are used to express **noon** and **midnight.**

Tengo una cita al **mediodía.**	*I have an appointment at noon.*
El autobús sale a (la) **medianoche.**	*The bus leaves at midnight.*

E. To state that something happens at a particular time, Spanish uses **a las…** *(at . . .).* This should not be confused with **son las…,** which means *it is* a specific time.

¡Apúrese! **Son las** siete menos cuarto y él llega **a las** siete en punto.	*Hurry up! It's a quarter to seven and he arrives at seven sharp.*
El concierto es **a las** nueve.	*The concert is at nine.*
El concierto es en el teatro **a las** nueve.	*The concert is at the theater at nine.*

Note that **a las…** means *at* only when speaking about specific clock time. In most other instances *at* is translated by **en.**

F. The phrase **de la mañana / tarde / noche** is used only when a *specific* time in the morning / afternoon / evening is being stated.

El avión llega a las dos **de la mañana.**	*The plane arrives at 2:00 A.M.*
Salgo a la una y diez **de la tarde.**	*I leave at 1:10 in the afternoon.*
Son las once **de la noche.**	*It's 11:00 P.M.*

The phrases **en** or **por la mañana / tarde / noche** are used to express a general time (not specific clock time).

En la mañana tengo que cancelar mi reservación.	*In the morning I have to cancel my reservation.*
Llegamos **por la tarde.**	*We arrive in the afternoon.*

¡A practicar! ■ ▲ ●

A. ¿Qué hora es? Write out the following times.

1. 6:00 A.M.   5. 2:45 P.M.
2. 11:15 A.M.   6. 1:05 P.M.
3. 12:00 noon   7. 9:40 P.M.
4. 1:22 P.M.   8. 12:50 A.M.

B. Mis clases. Contesta las preguntas.

1. ¿A qué hora sales para la universidad por la mañana?
2. ¿A qué hora comienza tu clase de español? ¿A qué hora termina *(does it end)*?
3. ¿Tienes más clases por la mañana, por la tarde o por la noche? ¿A qué hora es tu primera clase? ¿y tu última *(last)* clase del día?
4. ¿Tomas el almuerzo *(lunch)* al mediodía?
5. ¿Con qué frecuencia te acuestas *(go to bed)* a la medianoche?

2.6 Days of the week, months, and seasons ⊂≡⊃

Giving dates and stating when events take place

A. The days of the week are *not* capitalized in Spanish. They are all masculine.

Los días de la semana

lunes	*Monday*
martes	*Tuesday*
miércoles	*Wednesday*
jueves	*Thursday*
viernes	*Friday*
sábado	*Saturday*
domingo	*Sunday*

B. The months of the year also are *not* capitalized in Spanish and are also masculine.

Los meses del año

enero	julio
febrero	agosto
marzo	septiembre
abril	octubre
mayo	noviembre
junio	diciembre

C. As in English, the four seasons also are not capitalized.

Las estaciones

el otoño	*fall*
el invierno	*winter*
la primavera	*spring*
el verano	*summer*

D. To indicate that something happens on a particular day, Spanish always uses the definite article, never the preposition **en.**

Hay una fiesta **el** lunes.   *There's a party on Monday.*
No hay clases **los** sábados ni **los** domingos.   *There are no classes on Saturdays or*
                                                Sundays.

E. The preposition **en** is used to indicate that something happens in a particular month or season.

No hay vuelos **en** enero.   *There are no flights in January.*
En verano hay dos excursiones.   *In the summer there are two excursions.*

F. Dates **(las fechas)** in Spanish are given using the formula **el + (número) + de + (mes) + de + (año).**

El concierto es **el 7 de julio de 2002**.   *The concert is on July 7th, 2002.*

¡A practicar!   ■ ▲ ●

A. Fechas. Escribe en español estas *(these)* fechas.

1. la fecha de Navidad *(Christmas)*
2. la fecha de la independencia de los Estados Unidos
3. la fecha de tu cumpleaños *(birthday)*
4. la fecha del cumpleaños de tu madre y de tu padre
5. las fechas del primer *(first)* día de primavera, verano, otoño, invierno

B. Días, meses y estaciones. Contesta las preguntas.

1. ¿Cuántos meses hay en un año? ¿Cuántos días hay?
2. ¿En qué meses hay nieve *(snow)*?
3. ¿Qué días hay clases de español? ¿Qué días no hay clases?
4. ¿En qué estaciones hay clases? ¿en cuáles no hay clases?

2.7 Verbs of motion ⛓

Telling where people are going

Any verb that indicates movement, such as *to walk, to leave, to run, to arrive*, is a verb of motion. Some common verbs of motion are the following:

andar	*to walk*	llegar	*to arrive*
caminar	*to walk*	regresar	*to return*
correr	*to run*	salir	*to leave*
ir	*to go*	venir	*to come*

In Spanish, these verbs always use the preposition **a** to indicate movement *to* or arrival *at* a place, and **de** to indicate movement *from* a particular place.

El autobús **sale de** Ponce a las nueve y **llega**   *The bus leaves Ponce at 9:00 and*
   a Mayagüez a las once y veinte.   *arrives at Mayagüez at 11:20.*
El lunes **regresamos de** El Yunque **a**   *On Monday we return from El Yunque to*
   San Juan.   *San Juan.*

¡A practicar! ■ ▲ ●

A. ¿Qué pasa? What is happening at the bus station in San Juan? To find out, form sentences, using the following words.

1. un niño / correr / la cafetería para comer
2. una chica / ir / los servicios
3. un autobús / llegar / Ponce
4. una persona / regresar / tienda / para comprar un recuerdo
5. una familia / viajar / Mayagüez
6. un señor / ir / cafetería para tomar café

B. Necesito un cambio. Isabel needs your advice. Complete the following paragraph with the appropriate form of each verb so that you may understand her problem.

Mi vida es terrible. Todas las mañanas yo _____ (correr) por veinte minutos.
Luego _____ (ir) a la universidad. Allí _____ (estudiar), _____
(trabajar) y _____ (comer). Generalmente yo _____ (regresar) a casa a
las nueve de la noche. A veces yo _____ (salir) y _____ (caminar) con el
perro. Pero mi problema es que nunca _____ (tener) energía. ¿Qué me
recomiendan?

CAPÍTULO 3

¿Y cuándo es la fiesta?

Cultural Topics

- **¿Sabías que…?**
  Fiestas españolas
  Tapas
  El flamenco
- **Noticiero cultural**
  Lugar: *Barcelona*
  Gente: *Joan Miró*
- **Lectura:** *La tradición oral: trabalenguas*

 Video: *Enrique Iglesias*
Andalucía, ¡región fascinante!

 Viajemos por el ciberespacio a…
España

Listening Strategies

- Recognizing specific information

Reading Strategies

- Interpreting content with visual images

Writing Strategies

- Brainstorming and using clusters

En preparación

- 3.1 The verb **estar**
- 3.2 Interrogative words
- 3.3 Present progressive tense
- 3.4 Superlatives
- 3.5 **Ser** and **estar** with adjectives
- 3.6 The verb **gustar**

 CD-ROM:
Capítulo 3 actividades

España

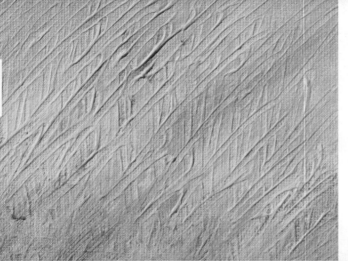

- describe what is happening at a party.
- strike up a conversation with someone you don't know.
- maintain a conversation.
- describe someone or something you really like.

1 «La sardana», baile folclórico típico de Cataluña

2 Una boda en España

3 Club nocturno popular en Madrid

Lo que ya sabes...

1. Los bailes folclóricos son muy populares en todo el mundo hispanohablante. ¿Cuáles son algunos de los bailes folclóricos populares en los Estados Unidos?

2. ¿Adónde vas a bailar? ¿Vas a clubes nocturnos o a fiestas de amigos?

3. ¿Qué haces en las fiestas? ¿Bailas mucho o prefieres sólo comer, beber y conversar?

4. ¿Asistes a bodas familiares? ¿Qué hacen en las bodas familiares: bailan, comen, cantan? ¿Quiénes asisten?

Paso 1 — ¡En casa de Natalia, el sábado!

Tarea

Antes de empezar este *Paso,* estudia *En preparación*

☐ 3.1 The verb *estar*

☐ 3.2 Interrogative words

☐ Haz por escrito los ejercicios de *¡A practicar!*

☐ Escucha la sección *¿Qué se dice...?* del Capítulo 3, Paso 1 en el CD.

¿Eres buen observador?

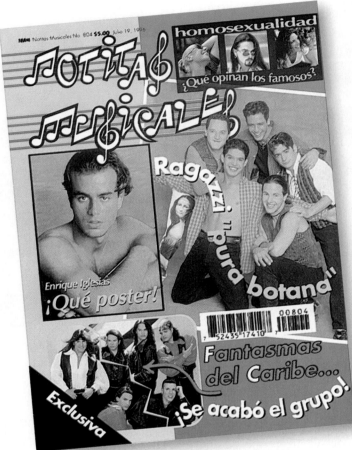

Ahora, ¡a analizar! ■ ▲ ●

1. Ésta es la cubierta *(cover)* de una revista. ¿Qué tipo de información hay en la revista?
2. La revista incluye un póster: ¿De quién es el póster? ¿A quiénes les interesaría tener el póster?
3. La cubierta menciona a dos grupos musicales. ¿Cuáles son? ¿Qué tipo de música tocan?
4. ¿Cuál es tu música favorita? ¿la clásica? ¿la música rock? ¿la popular? ¿la música ranchera *(country music)* de los Estados Unidos? ¿el jazz?
5. Un artículo en esta revista presenta las opiniones de ciertas personas sobre un tema algo controvertido. ¿Cuál es el tema? ¿Quiénes expresan sus opiniones? ¿Qué crees que van a decir?

¿Qué se dice...?

Al describir una fiesta

Hay una fiesta esta noche en casa de Natalia Alarcón.

¿Qué preocupa a la señora Alarcón?

- ☐ el casete de Enrique Iglesias
- ☐ la cerveza
- ☐ la hora
- ☐ los invitados
- ☐ la persona en la alcoba
- ☐ los refrescos
- ☐ la sangría
- ☐ su hija Natalia
- ☐ las tapas

Ya están todos los invitados en la fiesta de Natalia. Toda la gente está muy contenta, excepto la señora Alarcón. Ella está en la sala con sus hijos. Está muy preocupada y muy nerviosa. Tiene mil preguntas para sus hijos. ¿Está la comida en la cocina? ¿Tienen el casete de Enrique Iglesias? ¿Dónde están las tapas? ¿Quién está en la alcoba? ¿Está enfermo? ¿Está borracho? ¿Por qué está triste Nicolás? Para distraerla, Diego, su hijo, invita a su mamá a bailar.

A propósito... Note that collective nouns, nouns that refer to a group of people, are always singular: **la gente, la clase, todo el mundo, la familia, la policía, la mayoría.** The same is true of fractions: **una mitad, un tercio, un cuarto.**

¿Sabías que...?

En los países hispanos es muy normal tener fiestas en casas particulares. También es muy típico ver a familiares (generalmente los padres) en casa cuando los hijos tienen una fiesta.

En España, con frecuencia sirven sangría, una bebida de vino tinto, agua mineral con gas, azúcar y fruta fresca, para beber y tapas para comer.

Ahora, ¡a hablar! ■ ▲ ●

EP 3.1

A. ¿Dónde está? Tu amiga acaba de llegar a la fiesta. ¿Qué pregunta?

> **Modelo**   Alicia / cocina
>
> > TU AMIGA   **¿Dónde está Alicia?**
> > TÚ   **Está en la cocina.**

1. Enriqueta / sala
2. la comida / cocina
3. los invitados / patio
4. los refrescos / sala
5. el perro / alcoba
6. Eduardo y Arturo / patio

EP 3.2

B. Es muy interesante. En la fiesta de Natalia hay una persona muy interesante. ¿Qué le preguntas?

> **Modelo**   Hola, ¿_____ te llamas?
>
> > TÚ   **Hola, ¿cómo te llamas?**
> > COMPAÑERO(A)   **Hola, soy [nombre].** [o] **Me llamo [nombre].**

1. ¿_____ estás hoy?
2. ¿_____ eres?
3. ¿_____ vives ahora?
4. ¿_____ estudias en la Universidad Complutense?
5. ¿_____ clases tomas este semestre, cinco o seis?
6. ¿_____ es tu profesor(a) de literatura española?
7. ¿_____ es más fácil, la clase de literatura española o la de historia universal?
8. ¿_____ vas después de la fiesta? ¿a la residencia?
9. ¿_____ tienes que regresar a la residencia?
10. ¿_____ no vamos a un café? Yo invito.

EP 3.1

C. ¿Cómo están? Dile a tu compañero(a) cómo estás tú y cómo están las personas en las siguientes situaciones. Selecciona la descripción apropiada para cada situación.

aburrido(a)   contento(a)   furioso(a)   preocupado(a)
borracho(a)   enfermo(a)   nervioso(a)   triste

> **Modelo**   Estás en el examen final de química.
> **Estoy nervioso(a) y muy preocupado(a).**

1. Un amigo está en el hospital.
2. Tú estás en una presentación de baile flamenco.

3. Tus amigos están estudiando para un examen difícil.

4. El novio de tu amiga sale para otra universidad. ¿Cómo está tu amiga? ¿Cómo está su novio?

5. En una fiesta, hablas con una persona que siempre bebe mucho. ¿Cómo estás tú? ¿Cómo está la persona con quien hablas?

6. Hay una fiesta el sábado pero tú tienes que estudiar para un examen de español.

D. ¿Yo? ¿Interesante? Ahora una persona cree que tú eres muy interesante. Contesta las preguntas de tu compañero(a). *(Keep the conversation going as long as possible by ending each response with a question.)*

 EP 3.2

Modelo

COMPAÑERO(A)   **Hola. ¿Qué tal?**

TÚ   **Bien gracias, ¿y tú?**

Y ahora, ¡a conversar! ■ ▲ ●

A. Gente interesante. En la clase hay mucha gente interesante. Conversa con tres personas hasta descubrir sus nombres, su origen, sus clases favoritas y las no favoritas, los nombres de sus profesores favoritos y los no favoritos, etc.

B. ¡Mímica! En grupos pequeños, dramaticen —sin decir una sola palabra— la situación que su profesor(a) les va a dar. Sus compañeros tienen que adivinar *(guess)* la situación.

Modelo   Estás muy preocupado(a). Hay un examen en la clase de español mañana.

Acción: *Act worried. Open and close your Spanish book pretending to be studying/memorizing certain vocabulary and grammar, and so on.*

C. ¿Quién lo hace? Pregúntales a tus compañeros de clase si hacen estas actividades en una fiesta. Cada vez que uno diga que sí, pídele que firme (escriba su nombre) en el cuadrado *(square)* apropiado. La idea es tener una firma en cada cuadrado. **¡Ojo!** No se permite que una persona firme más de un cuadrado.

Bailar mucho	Invitar a muchas personas	Conversar con todo el mundo en las fiestas	Estar interesado(a) en una persona
Firma	*Firma*	*Firma*	*Firma*
Mirar videos en las fiestas	Cantar en las fiestas	Ir a una fiesta esta semana	Salir todas las noches
Firma	*Firma*	*Firma*	*Firma*
Ir a fiestas con frecuencia	Estar preocupado(a) en las fiestas	Estar aburrido(a) los fines de semana	No tomar bebidas alcohólicas
Firma	*Firma*	*Firma*	*Firma*
Estar nervioso(a) en las fiestas	Preparar la comida en las fiestas	Ser muy tímido(a) en las fiestas	Tocar la guitarra en las fiestas
Firma	*Firma*	*Firma*	*Firma*

¡Luz! ¡Cámara! ¡Acción! ■ ▲ ●

A. ¡Es un gran éxito! Tú estás en una fiesta fantástica cuando ves a dos personas muy interesantes que deseas conocer. Escribe la conversación que tienes con dos compañeros(as). Luego dramaticen la situación delante de la clase.

Tú	**Dos personas**
■ Preséntate.	■ Respondan.
■ Pregunta si son estudiantes.	■ Respondan y pregunten qué hace él o ella.
■ Responde y pregunta sobre sus clases.	■ Respondan y pregunten sobre sus clases.
■ Contesta y menciona que uno de ellos está preocupado. Pregunta por qué.	■ Expliquen por qué.

B. ¡Es estupenda! Estás en una fiesta y ves que un(a) estudiante nuevo(a) que tú quieres conocer está hablando con tu amigo(a). Cuando terminan de hablar, tú corres a pedirle información a tu amigo(a) sobre la nueva persona. Preguntas su nombre, origen, residencia, horario de clases, clase y profesor(a) favoritos, etc. Dramatiza esta situación con un(a) compañero(a).

¿Comprendes lo que se dice?

Estrategias para escuchar: Reconocer información específica

In a previous chapter you learned that knowing what people are talking about or anticipating what they are going to say makes it easier to understand a foreign language. Knowing what to listen for, or listening for specific information also aids listening comprehension considerably. In these recorded sections and on the tests, you can always get a good idea of what to listen for if you read the questions at the end of the listening section before you listen to the recording. Read those questions now and write down four things that you know you have to listen for. Check to see if you anticipated correctly after you listen to the recording.

Now listen as your instructor plays the dialogue between two guests at Natalia Alarcón's party.

¿Fumar o beber? Estamos en la fiesta de Natalia. Escucha la conversación que Paco tiene con Cristina cuando llega a la fiesta. Luego contesta las preguntas que siguen.

1. ¿Dónde están los invitados?
   a. en el patio
   b. en la sala
   c. en la cocina

2. ¿Qué desea tomar Cristina?
   a. un refresco
   b. una cerveza
   c. No desea tomar nada.

3. ¿Qué opina Paco sobre el fumar?
   a. Cree que no es bueno para la salud.
   b. Cree que está bien fumar en el patio pero no en la casa.
   c. Cree que está bien fumar porque él fuma.

4. ¿Qué opina Cristina sobre el tomar bebidas alcohólicas?
   a. Cree que está bien tomar porque ella toma.
   b. Cree que no es bueno fumar ni tomar bebidas alcohólicas.
   c. Cree que el alcohol es bueno para la salud.

 ## Viajemos por el ciberespacio a... ESPAÑA

If you are a cyberspace surfer, try entering one of the following key words to get to many fascinating sites in **España:**

Mérida   Arte románico   Camino de Santiago

Or, better yet, simply go to the *¡Dímelo tú!* Web site using the following address:

http://dimelotu.heinle.com

There, with a simple click, you can

- see the magnificent monuments left by the Romans in the city of **Mérida.**
- feel the religious fervor of the simple but profound works of **arte románico.**
- make a medieval pilgrimage, as still practiced by thousands of Europeans, along the **Camino de Santiago** from France to the city of **Santiago de Compostela.**

España

Bilbao
Barcelona
Madrid ★
Valencia •
Sevilla
Málaga

NOTICIERO

CULTURAL

LUGAR... España

Antes de empezar, dime... ■ ▲ ●

Contesta estas preguntas para saber algunas de tus opiniones sobre el arte y los edificios o monumentos simbólicos.

1. Nombra una ciudad antigua y una moderna en tu estado. ¿Hay alguna ciudad que sea *(is)* moderna y antigua?
2. ¿Qué opinas del arte moderno? ¿del arte realista? En tu opinión, ¿cuál es mejor? ¿Por qué?
3. ¿Conoces un edificio o monumento excéntrico en tu ciudad o estado? ¿Por qué lo consideras excéntrico?
4. En Washington, D.C., hay varios edificios y monumentos que son símbolos de la ciudad. ¿Hay algún edificio o monumento que sea *(is)* símbolo de tu ciudad? ¿Cuál es?

A propósito...

Be aware when reading in Spanish that, although you have only learned the present tense so far, you will be able to recognize other tenses just from the context. Find three past tense verbs in the reading that follows. Can you find any other tenses in this reading?

Casa Battló, diseñada por Antonio Gaudí

Templo de la Sagrada Familia en Barcelona

Barcelona

Si visitas la ciudad de Barcelona algún día, vas a observar que es una ciudad antigua pero también es una de las ciudades más cosmopolitas e internacionales de España.

Barcelona ha inspirado a grandes artistas que nacieron o vivieron en esa región, como Salvador Dalí, Pablo Picasso, Joan Miró y el gran arquitecto Antonio Gaudí.

Gaudí, por ejemplo, combinó elementos tan contradictorios como el expresionismo modernista, el esplendor gótico-cristiano y el misticismo árabe. Su arquitectura es un arte que combina la temática formal con la imaginación más espontánea.

El edificio más importante de Gaudí es el Templo de la Sagrada Familia. Se inició en 1883, pero todavía no se ha completado. En el Templo de la Sagrada Familia, Gaudí combinó el pasado con el presente, antiguos exteriores con interiores abstractos.

Dicen que el Templo de la Sagrada Familia es el símbolo de Barcelona, así como el edificio Empire State es el símbolo de Nueva York.

Y ahora, dime...

Contrastes. Contesta estas preguntas para ver por qué muchas personas dicen que Barcelona es una ciudad de contrastes.

1. ¿Cuáles son algunos de los contrastes que observamos en Barcelona?
2. ¿Es válido decir que Antonio Gaudí es una persona de contrastes? ¿Por qué?
3. ¿Por qué se dice que el Templo de la Sagrada Familia une el pasado con el presente? Explica.
4. Compara el Templo de la Sagrada Familia y el Empire State Building. ¿Qué tienen en común? ¿Cómo son diferentes?

Tarea

Antes de empezar este *Paso*, estudia *En preparación*

- ❑ 3.3 Present progressive tense
- ❑ 3.4 Superlatives
- ❑ Haz por escrito los ejercicios de *¡A practicar!*
- ❑ Escucha la sección *¿Qué se dice...?* del Capítulo 3, Paso 2 en el CD.

¿Eres buen observador?

Ahora, ¡a analizar! ■ ▲ ●

1. ¿Qué es *Tierras*?
2. ¿Qué acaba de producir *Tierras*? Describe el producto en detalle.
3. ¿Adónde puedes ir para asistir a una presentación del producto de *Tierras*? ¿Cuándo y dónde es la presentación?
4. ¿Cómo puedes conseguir más información sobre la presentación?

¿Qué se dice...?

Al describir lo que está pasando

¿Con quién habla Patricia? _____

¿Dónde está Patricia? _____

Marca quiénes están:

❑ Carmen   ❑ Estela   ❑ Luis

❑ Diego   ❑ José Luis   ❑ Mercedes

❑ Dolores   ❑ Lola   ❑ Nicolás

ALICIA   ¿Qué están haciendo?

PATRICIA Estoy preparando una tortilla buenísima. Ahora están tocando mi disco favorito de Alejandro Sanz. Y en el patio José Luis está tocando la guitarra y cantando flamenco. Canta tan bien.

ALICIA   Y Nicolás, ¿qué está haciendo Nicolás?

PATRICIA Nicolás está bailando con Natalia. Ella está hermosísima esta noche. Y él está guapísimo también.

ALICIA   ¡Ay, y yo enferma! ¿Por qué hoy... cuando necesito tanto estar en la fiesta?

A propósito... Note that **tanto** means *so much* and **tan** + *(adjective or adverb)* is usually translated as *so* + *(adjective or adverb)*; for example: **Canta tan bien** means *He sings so well.* What do **Baila tan bien, Habla tan rápido,** and **Necesito tanto estar en la fiesta** mean?

¿Sabías que...?

Las **tapas,** los platitos de todo tipo de comida española, representan un estilo de vida en España. Tienen de todo —chorizo, jamón serrano, queso manchego, patatas, camarones... Son una tradición en los bares españoles, donde se comen con una copita de vino o una cerveza antes del almuerzo (entre la una y las dos de la tarde) y antes de la cena (entre las seis y las ocho de la noche). La **tortilla española** es una tapa favorita de todos. No es como la tortilla mexicana, sino como un *omelette* de patatas. Y como ocurre con todas las tapas, ¡hay una gran variedad de tortillas españolas! En Sudamérica, una tortilla es un *omelette* simplemente.

Ahora, ¡a hablar! ■ ▲ ●

EP 3.3

A. Todos están trabajando. Teresa y sus amigos están haciendo los últimos preparativos para una fiesta de cumpleaños. ¿Qué están haciendo?

> **Modelo**   Paula está decorando las tapas.

Paula		preparar / tortilla
yo		hacer / sangría
Tomás		decorar / tapas
Alicia	estar	comprar / refrescos
Francisco y María		mirar / televisión
Rafael		hablar / Paula

EP 3.3

B. ¡Fiesta! Hoy es la fiesta de tu clase de español. Es en casa de uno de los estudiantes. ¿Qué están haciendo todos?

> **Modelo**   **Mis amigos Ken y Greg están hablando con la profesora.**

1. Mis amigas... y...   3. El (La) profesor(a)...   5. Mi amiga...
2. Mi amigo...   4. Yo...   6. Mis amigos... y...

EP 3.4

C. ¡Está divertidísima! Todo el mundo está contentísimo en la fiesta de Natalia. ¿Por qué?

> **Modelo**   música / buena
> **La música está buenísima.**

1. Nicolás / guapo   3. pastel / rico   5. invitados / contentos
2. Teresa / hermosa   4. comida / buena   6. refrescos / buenos

EP 3.3

D. ¡Qué exagerado! *You have a friend who always exaggerates when talking about himself. Following is what his friends say about him. How would he describe himself?*

> **Modelo**   Es alto.
> **Soy el estudiante más alto de la clase.**

1. Es un estudiante inteligente.   4. Es un estudiante serio.
2. Es un chico interesante.   5. Es guapo.
3. Es un muchacho popular.   6. Es un chico estupendo.

Y ahora, ¡a conversar! ■ ▲ ●

A. ¡Yo soy simpatiquísimo(a)! En tu opinión, ¿cuál es tu cualidad más significativa? Decídelo y luego habla con varios compañeros de clase. Diles cómo eres y escucha cómo son ellos.

> **Modelo**
> You choose: inteligente
> You say: **Soy inteligentísimo(a).** [o]
>   **Soy el (la) estudiante más inteligente de la clase.**

B. Excusas. ¿Qué excusas das cuando alguien te invita a hacer algo que tú no quieres *(want)* hacer? Prepara una lista de todas las excusas que puedes usar. Luego compara tu lista con las de otras dos o tres personas.

> **Modelo**   **Lo siento, pero estoy comiendo.**

C. ¿Qué están haciendo? ¿Cuántas diferencias hay entre este dibujo y el de tu compañero(a) en el Apéndice A, página A-3? Háganse preguntas para determinar cuáles son las diferencias. Recuerda que no se permite mirar el dibujo de tu compañero(a) hasta terminar esta actividad.

> **Modelo**   **¿Cuántas personas están bailando?**

¡Luz! ¡Cámara! ¡Acción! ■ ▲ ●

A. ¡Qué fiesta! Estás en una fiesta buenísima y decides llamar a un(a) amigo(a) que está enfermo(a). Con un(a) compañero(a), escribe la conversación que tienen. Luego lean su conversación delante de la clase.

Tú	**Amigo(a) enfermo(a)**
■ Saluda a tu amigo(a) y pregúntale cómo está.	■ Responde. Pregunta sobre la fiesta, los invitados y sus actividades.
■ Responde. Da muchos detalles.	■ Pregunta si tu amigo(a) especial está allí y qué está haciendo.
■ Responde y despídete. Explica por qué tienes que irte.	■ Responde y despídete.

B. ¡Estoy furioso(a)! Tú estás en una fiesta después de un partido de fútbol. Estás muy frustrado(a) porque la persona que te gusta y que quieres conocer está hablando con todo el mundo y no te presta atención. Tu amigo(a) quiere saber *(to know)* por qué estás tan frustrado(a). Dramatiza la situación con un(a) compañero(a).

¿Comprendes lo que se dice?

Estrategias para ver y escuchar: Reconocer información específica

In **Paso 1,** *you learned that knowing what to listen for or listening for specific information aids listening comprehension considerably. This holds true when listening to and viewing a video. As in the recorded sections and on the tests, you can always get a good idea of what you can expect to see and hear on the video if you read the questions at the end of the viewing section before you view the video.*

Para reconocer información específica. Lee las preguntas que siguen y tenlas *(have them)* presentes al ver la selección sobre Enrique Iglesias. Luego contesta las preguntas.

1. ¿Dónde nació Enrique Iglesias? ¿Cuándo es su cumpleaños? ¿Dónde vive ahora? ¿De dónde es su pasaporte?
2. ¿Escribió sus primeras canciones en español o en inglés?
3. ¿Qué opina Enrique Iglesias del bilingüismo?
4. ¿Qué opina Enrique Iglesias del español?

Enrique Iglesias

Después de ver el video. Ahora mira el video de Andalucía. Luego, marca las expresiones que mejor completan cada oración.

1. La región de Andalucía fue habitada por los griegos, los romanos y los...

   ❏ franceses   ❏ africanos   ❏ árabes

2. El espíritu de Andalucía viene de...

   ❏ las Américas   ❏ los árabes   ❏ los romanos

3. La mezquita *(mosque)* más grande del occidente está en...

   ❏ Córdoba   ❏ Granada   ❏ Sevilla

4. La Costa del Sol se conoce por sus excelentes...

   ❏ caballos   ❏ mezquitas   ❏ playas

5. Andalucía es una de las regiones más atractivas de España gracias a su sol, historia y...

   ❏ templos   ❏ folclor   ❏ playas

@ Viajemos por el ciberespacio a... ESPAÑA

If you are a cyberspace surfer, try entering one of the following key words to get to many fascinating sites in **España:**

Periódicos de España   Museo del Prado   Fundación Joan Miró

Or, better yet, simply go to the *¡Dímelo tú!* Web site using the following address:

http://dimelotu.heinle.com

There, with a simple click, you can

- scan the pages of some of Spain's most popular newspapers to learn what is happening there today.
- visit **El Prado,** one of the most prestigious museums in the world.
- go to Barcelona, the second largest city in Spain, and view the modernistic paintings and sculptures of **Joan Miró.**

España

Bilbao
Barcelona
Madrid ☆
Valencia
Sevilla
Málaga

NOTICIERO
CULTURAL

GENTE... Joan Miró

Antes de empezar, dime... ■ ▲ ●

Contesta estas preguntas para ver cuánto sabes de las influencias en los artistas y del surrealismo.

1. En tu opinión, ¿qué tiene más influencia en un artista: su familia, su ciudad o su país? ¿Por qué crees eso?
2. Hay otras cosas que tiene influencia en los artistas también. Nombra algunas.
3. ¿Qué es el arte surrealista? Descríbelo.

Joan Miró, *Pájaro y mujer a la luz de la luna*, 1949, Galería Tate, Londres.

A propósito...	Be aware that the simple present tense may be used as the historical present to narrate past time. For example, in the reading that follows you will see the following:

> Su arte antes de 1920 está influido por los colores brillantes de los fauves.
>
> Su estilo florece después de 1920, en París.

Joan Miró (1893–1983)

Como Salvador Dalí, Joan Miró, gran artista español, es uno de los hijos pródigos de la región de Cataluña.

Su arte antes de 1920 está influenciado por los colores brillantes de los fauves —un grupo francés— el cubismo, el arte del folclor catalán y el arte de los frescos romanos de su España nativa.

Su estilo florece después de 1920, en París. El artista usa la memoria, la fantasía y lo irracional para crear las analogías visuales de la poesía surrealista. Así, en su obra aparecen, por ejemplo, animales de formas distorsionadas o extrañas figuras geométricas. La complejidad de líneas contrasta con una simplificación de colores.

El arte que Miró produce incluye no sólo pinturas sino también esculturas de cobre (*copper*) y masonita, litografías y murales en cerámica. Sus dos grandes murales son los de la UNESCO en París: *La muralla de la Luna* y *La muralla del Sol* (1957–1959).

Y ahora, dime... ■ ▲ ●

1. ¿Por qué crees que esta lectura habla de Joan Miró como «hijo pródigo de Cataluña»?
2. ¿Qué es un mural? Si hay murales en tu ciudad, descríbelos. Describe los murales *La muralla de la Luna* y *La muralla del Sol de Miró,* según tu imaginación.
3. Compara la obra de Miró antes y después de 1920.

LA OBRA DE JOAN MIRÓ

Antes de 1920	Después de 1920
1.	1.
2.	2.
3.	3.

▲ ● ■ ▲ ● ■ ▲ ● ■ ▲ ● ■ ▲ ● ■ ▲ ● ■

¿Te gusta escribir?

Estrategias para escribir: Agrupar ideas

A. Preparándote. Contesta la pregunta y haz las dos actividades.

1. ¿Conoces a algunos pintores o escritores españoles? Nómbralos.
2. Selecciona de esta lista los cantantes españoles:

Marc Anthony	Gypsy Kings
Miguel Bosé	Enrique Iglesias
Plácido Domingo	Ricky Martin
Gloria Estefan	Jon Secada

3. Selecciona de la lista la música de origen español:

bolero	paso doble
chachachá	rumba
flamenco	salsa
mambo	tango

B. Agrupación de ideas. *When brainstorming to gather ideas for writing on a specific topic, it is helpful to organize those ideas into various groups called clusters. Brainstorming clusters are listings of closely related ideas.*

If you had brainstormed a list of ideas to write about university life, you might have organized your list in clusters similar to the following. Can you fill in the blank bubbles?

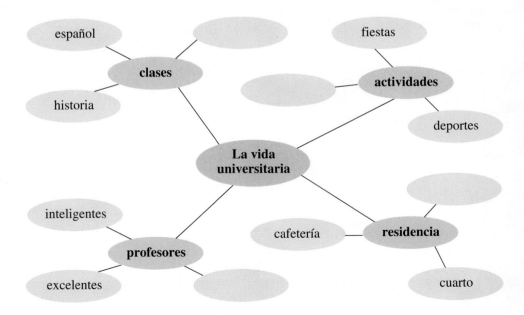

Ahora, ¡a escribir! ■ ▲ ●

A. Preparar una lista de ideas. Prepara ideas para escribir un breve artículo sobre tu cantante hispano(a) favorito(a). Si no conoces a cantantes hispanos, agrupa ideas sobre tu cantante estadounidense favorito(a).

B. Agrupar ideas. Organiza tu lista de ideas en grupos de ideas parecidas (similares). Cada grupo debe incluir varias ideas relacionadas con tu cantante favorito(a).

C. El primer borrador. Usa la lista de ideas que preparaste para escribir un primer borrador *(first draft)* de tu artículo, con uno o dos párrafos sobre tu cantante favorito(a). Pon toda la información que tienes de un grupo en un párrafo.

D. Ahora, a compartir. Comparte tu primer borrador con dos o tres compañeros(as). Haz comentarios sobre el contenido y el estilo del artículo de tus compañeros y escucha los comentarios de ellos(as) sobre tu artículo. Si hay errores de ortografía o gramática, menciónalos.

E. Ahora, a revisar. Si necesitas hacer cambios basados en los comentarios de tus compañeros(as), hazlos ahora.

F. La versión final. Prepara una versión final de tu artículo en la computadora y entrégala.

G. Publicación. En grupos de cinco, lean los artículos que su instructor les da y seleccionen el mejor para leérselo a toda la clase.

Tarea

Antes de empezar este *Paso*, estudia *En preparación*

☐ 3.5 *Ser* and *estar* with adjectives

☐ 3.6 The verb *gustar*

☐ Haz por escrito los ejercicios de *¡A practicar!*

☐ Escucha la sección *¿Qué se dice...?* del Capítulo 3, Paso 3 en el CD.

¿Eres buen observador?

Cumple el... 25 de febrero. Nació en... 1975. Nació en... Madrid. Vive en... Miami. Comida preferida... la pasta. Color... azul. Enamoradísimo de... ¡Michelle Pfeiffer! Número de la suerte... 11. Le encanta... el mar. Para leer... *El principito*.

Le encanta viajar de un lado a otro porque disfruta el conocer otras culturas y aprender al máximo de la gente que lo rodea. Desde siempre ha sido un gran observador y ahora quiere que sientas lo que a través de sus ojos ha convertido en música.

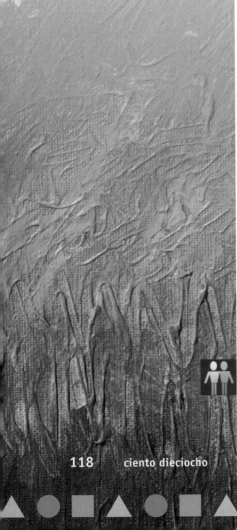

Ahora, ¡a analizar! ■ ▲ ●

1. ¿Qué le gusta hacer a Julio Iglesias Jr.? ¿Por qué le gusta hacer esto?
2. El artículo dice que siempre ha sido un gran observador, ¿observador de qué?
3. ¿En qué se basa su música?
4. ¿Qué tienen en común tú y Julio Iglesias Jr.?
5. Nombra a dos parientes famosos de este joven músico.

¿Qué se dice...?

Al iniciar una conversación

¿Qué opina Andrés de la fiesta? _____

¿Qué opina Luisa? _____

¿Le gusta bailar el paso doble a Luisa? ____

JUAN	¿Estudias aquí? ¿Cuál es tu especialización?
MARIO	Estudio ingeniería mecánica. Me gusta mucho. Y tú, ¿estudias aquí también?
JUAN	Sí. Estudio inglés. ¿Qué clases tienes este semestre?

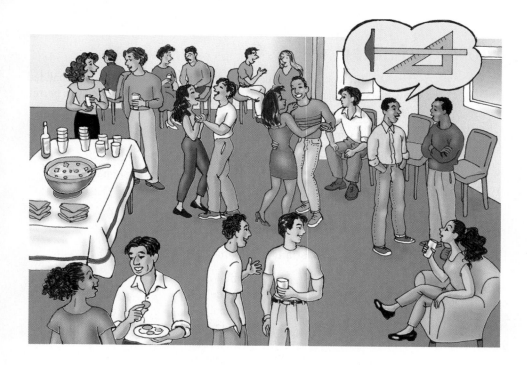

OFELIA	¿Conoces a mucha gente aquí?
PABLO	Conozco a varias personas. Y tú, ¿conoces a muchas?
OFELIA	No conozco a nadie. ¿Quiénes son ellas? ¿Y quién es el muchacho rubio y delgado? Es guapísimo.

FRANCISCO	¿Qué más hay para tomar?
GABRIEL	Sangría. Pero también hay refrescos en la cocina. ¿Qué prefieres?
FRANCISCO	No me gusta la sangría. Prefiero una bebida. Pero… ¿por qué no invitas a Luisa a bailar? Está muy bonita esta noche.

A propósito...   El verbo **conocer** *(to know, be acquainted with)* es regular con la excepción de la primera persona singular (yo) que es **conozco.** La conjugación completa es: **conozco, conoces, conoce, conocemos, conocéis, conocen.**

¿Sabías que...?

El baile y el canto son importantes manifestaciones artísticas de la historia de España. El flamenco, por ejemplo, ha existido desde principios del siglo XIX y todo el mundo lo conoce como la música más representativa de España. El flamenco tiene su origen en los gitanos *(gypsies)* de Andalucía, en el sur de España. Hay diferentes variedades de flamenco, desde el cante jondo hasta las bulerías, y sus temas son diversos: religión, amor, humor, etc. Estos bailes van siempre acompañados de guitarristas; entre los más populares están Paco de Lucía, Ramón Montoya y Manolo San Lúcar.

Ahora, ¡a hablar! ■ ▲ ●

EP 3.5   **A. ¡No te reconozco!** Con frecuencia, cuando asistimos a una fiesta, nuestra personalidad cambia. ¿Cómo son estas personas generalmente y cómo cambian cuando están en una fiesta?

> **Modelo**   Andrés: perezoso / activo
> **Andrés generalmente es perezoso, pero en las fiestas está muy activo.**

1. Carmen: activa / tranquila
2. Javier: serio / loco
3. Alejandro: simpático / aburrido
4. Teresa y Olga: felices / tristes
5. tú y Juan: arrogantes / simpáticos
6. yo: ¿...?

EP 3.5   **B. Mi mejor amigo(a).** Tú acabas de recibir una foto de tu mejor amigo(a) de la escuela secundaria. Descríbele la foto a tu compañero(a).

> **Modelo**   **Mi amigo [Sebastián] es muy listo.**

		español(a)
		en Barcelona
		estudiando...
mi amigo(a) [nombre]	es / está	tocando la guitarra
		guapo(a)
		simpático(a)
		un poco gordo(a) ahora
		contento(a) en esta foto

EP 3.6   **C. ¿Qué tenemos en común?** Estás en una fiesta, hablando con una persona muy interesante. ¿Qué le preguntas?

> **Modelo**   bailar flamenco
>
> TÚ   **Me gusta bailar flamenco. ¿Y a ti?**
> AMIGO(A)   **También me gusta bailar flamenco.** [o]
>   **No me gusta bailar flamenco. Prefiero...**

1. mirar la televisión
2. la química
3. la política
4. la música española
5. ir a fiestas
6. ¿...?

D. ¡Qué popular! Tu amigo Juan Salazar es muy popular porque siempre organiza fiestas muy buenas. ¿Por qué les gustan a estas personas las fiestas de Juan?   ⊂∋⊂∋ EP 3.6

> **Modelo**   A Carmen / la música
> **A Carmen le gusta la música en las fiestas de Juan.**

1. a mí / las tapas
2. a mi mejor amigo / la música latina
3. a mis amigos / la sangría
4. a mis amigas / la tortilla española
5. a todos nosotros / bailar
6. a Carlos / los refrescos

Y ahora, ¡a conversar! ■ ▲ ●

A. Enlaces amorosos. Tú necesitas ayuda para encontrar a la persona ideal. Decides usar un servicio de computadora que se llama «Enlaces amorosos». Para usar este servicio, primero tienes que describirte completamente. Escribe una descripción de ti mismo(a), de tu apariencia física y de tu personalidad.

Vocabulario útil

alto(a)	hermoso(a)	pequeño(a)
bajo(a)	importante	rico(a)
delgado(a)	modesto(a)	rubio(a)
fenomenal	moreno(a)	tranquilo(a)
guapo(a)	nervioso(a)	

B. ¡Qué cambiados están! Éstos son Daniel y Gloria antes de estudiar un año en la Universidad de Salamanca. En el Apéndice A, página A-4, tu compañero(a) tiene un dibujo de Daniel y Gloria después de regresar de España. Describan a las personas que aparecen en sus dibujos para saber cómo han cambiado. No se permite mirar el dibujo de tu compañero(a) hasta terminar esta actividad.

C. ¡Encuesta! Usa este cuadro para entrevistar a tres compañeros de clase. Escribe sus respuestas en los cuadrados apropiados.

Modelo

TÚ	¿Tocas el piano?
AMIGO 1	No, no toco el piano.
YOU WRITE:	[Nombre] no toca el piano.

	Amigo(a) 1	Amigo(a) 2	Amigo(a) 3
No le gusta bailar			
Le encantan las tapas			
Conoce a una persona famosa			
Le gusta cocinar			
Le gusta la música latina			
¿...?			

¡Luz! ¡Cámara! ¡Acción! ■ ▲ ●

A. ¡Está guapísima! Imagínense que están en una fiesta en casa de su profesor(a) de español y que están hablando de los invitados. Trabajando en grupos de tres o cuatro, preparen su diálogo por escrito. Luego léanlo delante de la clase.

Modelo   —Nuestro(a) profesor(a) está muy elegante esta noche.
—Sí, pero, ¿quién es la persona que está bailando con...?
—Creo que es su novio(a). Es guapísimo(a), ¿no?...

B. No conozco a nadie. Estás en una fiesta y no conoces a nadie. Decides presentarte a un grupo de tres personas que parecen ser interesantes. Ellos te aceptan cortésmente y mantienen una buena conversación contigo. Dramatiza esta situación con tres compañeros de clase.

¿Te gusta leer?

Estrategias para leer: Usar imágenes visuales para interpretar el contenido

In the previous chapter you learned to use visual images to anticipate the content of a reading selection. Because visual images are often provided to illustrate what is being said, they frequently help you understand words that you may not know. In all of the following tongue-twisters there are several words that you do not know. Use the drawings that accompany each one to help you get at the meaning of new words.

Antes de leer. Estudia el dibujo que empieza **Erre con erre cigarro,...** y lee el trabalenguas que lo acompaña. Luego contesta estas preguntas.

1. ¿Qué significa la palabra **cigarro**? ¿Cómo llegaste *(did you arrive)* a esa conclusión?
2. ¿Qué significa la palabra **barril**? ¿Cómo llegaste a esa conclusión?
3. ¿Qué significa la palabra **azúcar**? ¿Cómo llegaste a esa conclusión?
4. ¿Qué significa la palabra **ferrocarril**? ¿Cómo llegaste a esa conclusión?

Ahora usa esta estrategia con los otros trabalenguas.

Lectura

La tradición oral: Trabalenguas

La tradición oral, la práctica de pasar información —ya sea cuentos, poemas, leyendas, proverbios, dichos— oralmente de boca en boca, es una parte muy importante de la cultura española. El origen de esta información usualmente es desconocido, anónimo. Con frecuencia es información que intenta explicar un fenómeno natural, dar consejos o enseñar una lección.

Los trabalenguas son una forma muy española de la tradición oral. Estos versos o poemas infantiles son un pasatiempo favorito para jóvenes de todo el mundo hispanohablante. Los trabalenguas son poemas breves, con frecuencia con poco sentido, pero siempre difíciles de pronunciar. Esa dificultad es la atracción de estos versos. La idea es aprender a decirlos con facilidad a pesar de las dificultades de la pronunciación fonética. Son ideales para estudiantes de español, ya que proveen buena práctica de la pronunciación.

A ver si comprendiste ■ ▲ ●

Trabalenguas. A continuación aparecen seis trabalenguas populares. Trata de aprender dos de memoria. Practícalos en voz alta hasta que puedas decirlos rápidamente sin cometer un solo error. Luego la clase puede tener un concurso para ver quiénes pueden decirlos con más rapidez y fluidez... y ¡sin errores!

Erre con erre, cigarro;
erre con erre, barril:
¡qué rápido corren los carros
llevando el azúcar
del ferrocarril!

Chiqui chiqui chi,
chiqui chiqui chu,
chiqui chiquitita,
chiquitita eres tú.

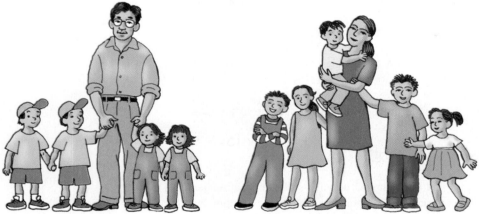

Hijos e hijas tiene mi hijo,
mi hija hijas e hijos tiene;
pero los hijos e hijas de mi hija
no son hijas e hijos de mi hijo.

Juan juega jugando,
Juanito jugando juega,
con juegos juega Juan,
juega con juegos Juanito;
juntos juegan con juegos,
Juan y Juanito jugando.

Tres tristes tigres
entraron en un trigal;
los tres tigres tristes
salieron tan tristes del trigal
como tristes entraron los tres tigres.

Constantino fue a Constantinopla.
¿Quién lo desconstantinoplará?
El desconstantinoplador
que lo desconstantinople
buen desconstantinoplador será.

 Viajemos por el ciberespacio a... ESPAÑA

If you are a cyberspace surfer, try entering one of the following key words to get to many fascinating sites in **España:**

       Radio de España   Deportes de España   Forges

Or, better yet, simply go to the *¡Dímelo tú!* Web site using the following address:

       http://dimelotu.heinle.com

There, with a simple click, you can

- listen to radio transmissions from Spain online and find out what type of music Spaniards your age listen to.
- learn what sports are popular with women in Spain.
- learn about one of Spain's most popular cartoonists and read some of his cartoons.

Vocabulario ■▲●■▲●■▲

Casa/Apartamento

alcoba	bedroom
cocina	kitchen
patio	patio
sala	living room

Diversiones

canción (f.)	song
casete (m.)	cassette
cerveza	beer
cine (m.)	movie theater
coche (m.)	car
cumpleaños (m. s./pl.)	birthday
¡Feliz cumpleaños!	Happy birthday!
disco	record
disco compacto	compact disc, CD
fiesta	party
flamenco	Spanish gypsy dance
foto (f.)	photo
guitarra	guitar
llamada	phone call
música	music
novela	novel
pastel (m.)	cake, pie
piano	piano
sangría	a Spanish drink made with red wine, carbonated water, sugar, and fresh fruit
tapa	hors d'oeuvre, appetizer

Personas

gente (f.)	people
hombre (m.)	man
invitado(a)	guest
muchacho(a)	boy (girl)
mujer (f.)	woman
pareja	pair, couple

Descripción

alto(a)	tall
antipático(a)	disagreeable
bajo(a)	short
borracho(a)	drunk
contento(a)	happy
delgado(a)	thin
enamorado(a)	in love
enfermo(a)	sick
fenomenal	phenomenal; great
frustrado(a)	frustrated
furioso(a)	furious
gordo(a)	fat
guapo(a)	good-looking
hermoso(a)	beautiful
importante	important
loco(a)	crazy
modesto(a)	modest
moreno(a)	dark-complexioned
nervioso(a)	nervous
pequeño(a)	small, little
preocupado(a)	preoccupied, worried
rico(a)	rich; delicious
rubio(a)	blond
tranquilo(a)	tranquil, peaceful
triste	sad

Palabras interrogativas

¿Cómo?	How? What?
¿Cuál(es)?	Which one(s)? What?
¿Cuándo?	When?
¿Dónde?	Where?
¿Adónde?	To where?
¿Por qué?	Why?
¿Cuánto?	How much?
¿Cuántos(as)?	How many?
¿Qué?	What? Which?
¿Quién(es)?	Who?

Verbos

cantar	to sing
conocer	to know (people); to be acquainted with
decorar	to decorate
descansar	to rest
esperar	to wait for; to expect
estar	to be
gustar	to like; to be pleasing
practicar	to practice
tocar	to play (an instrument)

Palabras y expresiones útiles

aquí	here
especialización (f.)	specialization, major
idioma (m.)	language
Lo siento.	I'm sorry.
nadie	no one, nobody
naturalmente	naturally
pregunta	question
todo el mundo	everyone, everybody

En preparación 3

3.1 The verb *estar*

Giving location and indicating change

estar	
(to be)	
estoy	estamos
estás	estáis
está	están
está	están

The verb **estar** is used to tell where someone or something is located and to describe how one is feeling or one's condition. It is also used with the present participle to form the present progressive tense. (See **En preparación 3.3.**)

A. Location

La sangría **está** en el comedor.	*The sangria is in the dining room.*
¿Dónde **están** las tapas?	*Where are the tapas?*
Están en la cocina.	*They are in the kitchen.*
¿No **está** tu papá?	*Isn't your father here?*
No. **Está** en Barcelona.	*No. He's in Barcelona.*

B. Conditions and feelings

La fiesta **está** muy aburrida.	*The party is very boring.*
Roberto **está** enfermo otra vez.	*Roberto is sick again.*
Está borracho.	*He's drunk.*
Natalia **está** muy preocupada (triste, nerviosa, contenta).	*Natalia is very worried (sad, nervous, happy).*

¡A practicar!

A. **¿Dónde están?** Give the location of the following people and things.

> **Modelo**   discos / sala
> **Los discos están en la sala.**

1. refrescos / cocina
2. Natalia / su casa
3. nosotros / fiesta
4. Patricia / patio
5. comida / cocina
6. Natalia y los invitados / sala
7. tú / sala
8. yo / mi alcoba

B. ¿Cómo está...? Describe Natalia's party.

Modelo   **La música está fantástica.**

	fenomenal
la señora Alarcón	muy contento y activo
Natalia y yo	excelente
Nicolás	fantástico
las tapas y los refrescos	muy nervioso
la música	muy tranquilo
¿...?	aburrido
	¿...?

C. ¡Fiesta! In order to find out what is happening at Roberto's house tonight, complete the following paragraph with the correct form of the verb **estar.**

Hay una fiesta en mi casa esta noche porque mis padres _____ en Segovia. Yo _____ muy contento porque todos mis amigos _____ aquí. También _____ muy ocupado con los invitados. Mi amigo Gonzalo _____ muy nervioso porque su ex novia _____ en la fiesta también. Mi amiga Amalia _____ furiosa porque Juan Carlos, su novio, no baila con ella. Los otros invitados _____ contentos porque hay mucha comida y la música _____ buena.

3.2 Interrogative words ⊖⊖

Asking questions

In previous chapters you have seen, heard, and used several interrogative words. The following chart summarizes all of them.

¿Cómo?	*How? What?*	¿Cuánto(a)?	*How much?*
¿Cuál(es)?	*Which one(s)? What?*	¿Cuántos(as)?	*How many?*
¿Cuándo?	*When?*	¿Qué?	*What? Which?*
¿Dónde?	*Where?*	¿Quién(es)?	*Who?*
¿Por qué?	*Why?*	¿Adónde?	*Where to?*

A. All interrogative words require a written accent, even when used in a statement rather than a question.

No sabemos **dónde** vive.	*We don't know where she lives.*
Ella va a decirnos **qué** es.	*She is going to tell us what it is.*

B. When these words do not have a written accent, they lose their interrogative meaning.

Siempre escucho música **cuando** estudio.	*I always listen to music when I study.*
Yo creo **que** vive en Toledo.	*I believe that he lives in Toledo.*
Donde yo vivo hay más gente joven.	*Where I live there are more young people.*

C. **¿Cuál(es)?** meaning *what* is used instead of **qué** before the verb **ser** when the verb is followed by a noun, except when a definition of a word is being requested.

¿Cuál es tu dirección?	*What's your address?*
¿Cuál es tu especialización?	*What's your major?*
¿Qué es la enología?	*What's enology?*

D. In English, when asking someone to repeat a question, one frequently says "*What?*" In Spanish, one would never say **¿Qué?** but rather **¿Cómo?** when making a one-word response. **¿Qué?** is used only in a complete-sentence response.

¿Cómo? No te oigo.	*What? I can't hear you.*
¿Qué dices?	*What are you saying?*
¿Qué me preguntas?	*What are you asking me?*

¡A practicar! ■ ▲ ●

A. Preguntas. Diego has just met a new classmate. Match the words in **A** with those in **B**, in order to know what he asks her.

A	B
	tal?
¿Con quién	te llamas?
¿Qué	estudias?
¿Cómo	clases tomas?
¿Dónde	son tus profesores?
¿Cuál	vives?
	es tu número de teléfono?

B. Acepto tu invitación. Antonio has just accepted Victoria's invitation to a party, but he needs to know the specifics. What does he ask her?

Antonio	Victoria
1. ¿_____ es la fiesta?	Es el sábado.
2. ¿_____ es?	A las 11:30.
3. ¿_____ es?	En mi casa.
4. ¿_____ es tu dirección?	La calle Don Alonso, número 10.
5. ¿_____ personas van?	Veinte, más o menos.
6. ¿_____ son tus amigos?	Son de Galicia.
7. ¿_____ van a la fiesta?	Enriqueta, Víctor Mario, Luz María, Enrique y muchos más.

3.3 Present progressive tense ⊖⊖

Describing what is happening now

A. In English, the present participle is the verb + *-ing: talking, walking, buying.* In Spanish, the present participle is formed by dropping the infinitive ending and adding **-ando** to **-ar** verbs, and **-iendo** to **-er** and **-ir** verbs.

Paso 2

Present participles		
-ar verbs: -ando		
trabajar:	trabaj**ando**	*working*
bailar:	bail**ando**	*dancing*
-er, -ir verbs: -iendo		
poner:	pon**iendo**	*putting*
escribir:	escrib**iendo**	*writing*

NOTE: Present participles of stem-changing verbs are presented in Appendix D.

B. Some present participles are irregular. For example, the **-iendo** ending becomes **-yendo** whenever the stem of the infinitive ends in a vowel.

| leer: | ley**endo** | *reading* |
| traer: | tray**endo** | *bringing* |

C. In English, the present progressive is formed with the verb *to be* and an *-ing* verb form: *I am eating; he is driving.* In Spanish, the present progressive is formed with **estar** and a present participle.

¿Qué **están haciendo**?	*What are they doing?*
Todos **están bailando.**	*Everyone is dancing.*
Estamos comiendo paella.	*We're eating paella (a chicken, rice, and seafood dish).*

D. In Spanish, the present progressive tense is used *only* to describe or emphasize an action that is taking place *right at the moment.*

| **Estoy escribiendo** una carta. | *I'm writing a letter.* |
| Pablo y Ana **están leyendo** el periódico. | *Pablo and Ana are reading the newspaper.* |

BUT:

| Llegan mañana a las diez. | *They are arriving tomorrow at ten.* |

¡A practicar! ■ ▲ ●

A. ¿Qué están haciendo? What is everyone doing just before the guests arrive?

> **Modelo**   Yo (preparar) las tapas.
> **Yo estoy preparando las tapas.**

1. Francisco (organizar) la música.
2. Ricardo y yo (abrir) los refrescos.
3. Tú y Teresa (descansar) un poco.
4. Elisa y su novio (hablar) por teléfono.
5. Ahora yo (esperar) a mis amigos.
6. Natalia (hablar) con su mamá.

B. ¿Y ahora? Everybody is having fun at Natalia's party. Form sentences using the following words to find out what they are doing now.

1. Gonzalo y Ramón / beber / refrescos
2. nosotros / comer / tapas
3. yo / poner / música / favorita
4. Nicolás / hablar / Natalia
5. Andrea / escribir / mi número de teléfono
6. Tomás / comprar / más refrescos

3.4 Superlatives ⚬⚬

Stating exceptional qualities

A. In English, the superlative is formed by adding *-est* to adjectives of one or two syllables or by using *the most* or *the least* with longer adjectives. To form the superlative in Spanish, place the definite article **el, la, los,** or **las** plus **más** or **menos** before the adjective.

	Superlatives	
	Singular	**Plural**
Masculine:	el más + *(adjective)*	los más + *(adjective)*
Feminine:	la más + *(adjective)*	las más + *(adjective)*

Sin duda, *Don Quijote* es **el más** interesante.	*Without a doubt* Don Quijote *is the most interesting.*
Esta casa es **la más** grande.	*This house is the biggest.*
Teresa e Isabel son **las más** populares.	*Teresa and Isabel are the most popular.*
Pascual y Felipe son **los menos** activos.	*Pascual and Felipe are the least active.*

1. Whenever the person, place, or thing being emphasized is stated, it always precedes **más** and **menos.**

Es la clase más difícil.	*It is the most difficult class.*
El apartamento más grande es el primero.	*The biggest apartment is the first one.*
Estudié la información menos importante.	*I studied the least important information.*

2. To express a superlative quality as a part of the total, the preposition **de** must be added after the adjective.

Roberto es la persona más simpática **de** la clase.	*Roberto is the nicest person in the class.*
Este apartamento es el más caro **de** la ciudad.	*This apartment is the most expensive in town.*

B. There are four irregular superlative forms: **mayor, menor, mejor,** and **peor.**

Ernesto es **el mayor** y Yolanda es **la menor.**	*Ernesto is the oldest and Yolanda is the youngest.*
El mejor libro para aprender español es *¡Dímelo tú!*	*The best book for learning Spanish is ¡Dímelo tú!*
Ésta es **la peor** fiesta del año.	*This is the worst party of the year.*

C. The absolute superlative is used to express a high degree of a quality or exceptional qualities. It is formed by adding **-ísimo(a, os, as)** to the singular form of an adjective. Final vowels are always dropped before adding the **-ísimo** endings. The English equivalents are *extremely, exceptionally,* or *very, very.*

Las tapas están **buenísimas.**	*The tapas are exceptionally good.*
Estoy **nerviosísimo.**	*I'm extremely (very, very) nervous.*

¡Ojo! Whenever the singular form of the adjective ends in **-co** or **-go,** a spelling change occurs in the absolute superlative form.

c > qu	g > gu
rico > **riquísimo**	largo > **larguísimo**

¡A practicar! ■ ▲ ●

A. ¡Son los más populares! Mónica, a student at the University of Salamanca, is pointing out the most popular students at her school. Why does she say they are so popular?

> **Modelo** Natalia / divertido / clase
> **Natalia es la más divertida de la clase.**

1. Jorge y Antonio / sociable / Universidad de Salamanca
2. Tina / romántico / todas las muchachas
3. nosotros / inteligente / Universidad de Salamanca
4. ustedes / sincero / todos mis amigos
5. tú / divertido / clase
6. Marta y Cristina / hermoso / Universidad de Salamanca
7. Andrés / atlético / Universidad de Salamanca
8. yo / normal / todos(as) mis amigos(as)

B. ¡Son excepcionales! Name exceptional people who fit the following descriptions.

> **Modelo** guapo(a)
> **Antonio Banderas es el hombre más guapo del mundo.**

1. inteligente	3. divertido(a)	5. atlético(a)	7. interesante
2. alto(a)	4. generoso(a)	6. difícil	8. impresionante

C. ¡Mi universidad es la mejor! Mónica is talking on the phone with her ex-boyfriend, Roberto. He is attending the **Universidad Complutense** in Madrid and is determined to impress her. Fill in the blanks to see how far he goes to create a good impression.

> **Modelo** Esta universidad es _____ (grande) de todas.
> **Esta universidad es la más grande de todas.**

ROBERTO	¡Aló! ¿Mónica?
MÓNICA	Sí, soy yo, Roberto. ¿Cómo estás? ¿Y cómo son las clases allá?
ROBERTO	Estoy feliz. Las clases son _____ (difícil) de todas.
MÓNICA	¿Cómo son los estudiantes?
ROBERTO	Los estudiantes son _____ (sociable) de todo el mundo.
MÓNICA	¿Cómo son tus compañeros de cuarto?
ROBERTO	¿Mis compañeros de habitación? ¡Oh! Son ideales. Miguel y José son _____ (estudioso) de todos mis amigos. También son _____ (divertido) y son muy simpáticos.
MÓNICA	¿Y tus profesores?
ROBERTO	Mis profesores son _____ (exigente) de la universidad. Todo es perfecto. Y lo más importante: ¡Esta universidad no es _____ (caro) de todas!

D. ¡Qué exagerado eres! Your friend always uses superlatives when talking about others. What does he say about the following people?

1. David es (guapo).	4. Estela es (hermosa).
2. Amalia y María son (simpáticas).	5. Pedro y Virginia son (listos).
3. Marcos es (rico).	6. Teresa es (interesante).

Paso 3

3.5 *Ser* and *estar* with adjectives

Describing attributes and indicating changes

A. Ser is used with adjectives to describe attributes such as the following:

1. physical characteristics, essential traits, and qualities

Nicolás **es** guapísimo.	*Nicolás is very handsome.*
Cecilia **es** delgada.	*Cecilia is thin.*
Las tortillas españolas **son** deliciosas.	*Spanish omelettes are delicious.*

2. personality

Eva **es** simpatiquísima.	*Eva is very nice.*
Teresa **es** inteligente.	*Teresa is intelligent.*
Héctor **es** perezoso.	*Héctor is lazy.*

3. inherent characteristics

La nieve **es** blanca.	*Snow is white.*
El cielo **es** azul.	*The sky is blue.*
El edificio **es** muy alto.	*The building is very tall.*

B. Estar is used with adjectives to indicate a more subjective, temporal evaluation of any of the following:

1. appearance, taste, and physical state of being

Esta paella **está** deliciosa.	*This paella is (tastes) delicious.*
Carlos **está** delgado.	*Carlos is (looks) thin.*
Teresa, ¡**estás** hermosa!	*Teresa, you are (look) lovely!*

2. behavior that varies from what is normally expected

Estás muy antipático hoy.	*You are (being) very disagreeable today.*
Estela, **estás** perezosa.	*Estela, you are (being) lazy.*

3. conditions

Victor **está** cansado.	*Victor is tired.*
Todos **están** contentos.	*Everyone is happy.*
La nieve **está** negra.	*The snow is black. (It's dirty.)*

¡A practicar! ■ ▲ ●

A. ¡Son excelentes! Pilar is describing her classmates to a new student. What does she say?

1. Elisa / romántica y muy estudiosa
2. Sara e Isabel / divertidas y muy simpáticas
3. Carlos / un poco perezoso
4. Marta y Javier / muy sociables
5. todos nosotros / muy sinceros
6. tú / honesta y muy guapa

B. ¡Están diferentes! It's Pilar's first visit home since she went away to college in Salamanca. She finds that everybody has changed considerably. What does she say about the following people?

1. ¡Mamá, tú _____ muy diferente!
2. Víctor _____ más grande.
3. Patricia y Lucía _____ más trabajadoras.
4. Eduardo y yo _____ muy activos.
5. Papá _____ más paciente.
6. Todos ustedes _____ muy bien.

C. En una boda. Carlos and Pepe are commenting on the guests at Carlos's sister's wedding. Complete the following dialogue with the appropriate form of **ser** or **estar** to find out what they are saying.

CARLOS   La señora Durán _____ hermosa hoy.
PEPE   Sí, y el señor Durán _____ muy delgado, ¿verdad?
CARLOS   Tienes razón. Creo que _____ enfermo.
PEPE   Pobre. Y en tu opinión, ¿cómo _____ el novio de tu hermana?
CARLOS   _____ muy simpático. También _____ muy inteligente y, ¡_____ rico!
PEPE   Sí, pero ahora _____ nervioso y _____ muy cansado.

D. ¡Rin-rin! Marta is having a wonderful time at her own birthday party when the phone rings. Complete the following paragraph with the appropriate form of **ser** or **estar** to see what she has to say about the party.

¿Bueno? ¡Hola, Elisa! ¿Dónde _____? Todo el mundo _____ aquí. Todos _____ bailando. En este momento, Carlos y yo _____ preparando más sangría. Sí, _____ una bebida alcohólica. _____ de vino tinto, gaseosa y frutas y _____ deliciosa. ¿Conoces a Jaime? Él _____ el amigo de Roberto. Él _____ muy guapo y muy rico... y no tiene novia. ¿Por qué no vienes? Todos aquí te _____ esperando.

3.6 The verb *gustar* ⊖⊖

Talking about something you like or dislike

The verb **gustar** means *to be pleasing to* and is the Spanish equivalent of *to like*. When talking about one thing people like or dislike, **gusta,** the singular form of **gustar,** is used and is *always preceded* by an indirect-object pronoun: **me, te, le, nos, os,** or **les.**[*]

gusta		gustan	
(liking one thing)		*(liking more than one thing)*	
me gusta	nos gusta	me gustan	nos gustan
te gusta	os gusta	te gustan	os gustan
le gusta	les gusta	le gustan	les gustan
le gusta	les gusta	le gustan	les gustan

[*]You will learn more about these pronouns in **Capítulo 8.**

Me gusta bailar salsa.   *I like to dance salsa. (Dancing salsa is
                                                    pleasing to me.)*

¿No **te gustan** las tapas?   *You don't like the tapas? (Tapas aren't
                                                    pleasing to you?)*

■ Note that with the verb **gustar,** the subject of the sentence is always *what* or *who* is
liked.

■ The verb **encantar** *(to love, to enchant)* is used just like **gustar.**

Les encanta la sangría.   *They love sangria.*
¡**Me encantan** las tortillas españolas!   *I love Spanish omelettes!*

The object pronouns **le** and **les** may refer to a varied number of people:

Singular		Plural	
le =	a él (a Ricardo) a ella (a Alicia) a usted	**les =**	a ellos (a Tomás, Jaime,…) a ellas (a Marta, Lupe,…) a ustedes

To avoid confusion, the phrase **a** + *(noun or pronoun)* is often used with **le** and **les** to clarify who is doing the liking.

A Yolanda le gusta servir tapas.   *Yolanda likes to serve tapas. (Serving
                                                    tapas is pleasing to Yolanda.)*

A ellas no les gusta cocinar.   *They do not like to cook.*

¡A practicar! ■ ▲ ●

A. ¡Qué interesante! A todos les gusta la universidad. ¿Cuáles son las clases favoritas de
estas personas?

> **Modelo**   a nosotros / español
> **A nosotros nos gusta la clase de español.**

1. a Maribel / inglés   4. a Uds. / educación física
2. a Tere y a Mario / literatura   5. a Nati y a mí / biología y química
3. a Mateo / matemáticas   6. ¿Y a ti?... a ti / teatro

B. Gustos. ¿Conoces los gustos de tus familiares y amigos? ¿Qué les gusta y qué no les
gusta hacer?

> **Modelo**   abuela: leer sí / mirar la tele no
> **A mi abuela le gusta leer. No le gusta mirar la tele.**

1. a mi papá: invitar a sus amigos sí / limpiar la casa no
2. a mi mamá: preparar la cena sí / lavar los platos no
3. a mi hermana: hablar por teléfono sí / escribir cartas no
4. a mis hermanos: nadar sí / correr no
5. a mi mejor amigo(a): tocar la guitarra sí / cantar no
6. ¿Y a mí?... a mí: salir de vacaciones sí / regresar a clases no

¿Qué hacemos hoy?

Cultural Topics

- **¿Sabías que...?**
  La Ciudad de México
  Unidades monetarias de los países de
    habla hispana
  La herencia indígena de México
- **Noticiero cultural**
  Lugar: *México*
  Gente: *Diego Rivera (1886–1957)*
- **Lectura:** *Como agua para chocolate* de
  Laura Esquivel

  Video: *México, ¡centro del mundo
cultural!*

  Viajemos por el ciberespacio a...
México

Listening Strategies
- Identifying cognates

Reading Strategies
- Reading dialogue

Writing Strategies
- Identifying key words and phrases

En preparación
- 4.1 Demonstrative adjectives
- 4.2 Present tense of **e > ie** and **o > ue** stem-
  changing verbs

- 4.3 Numbers above 200
- 4.4 Comparisons of quality

- 4.5 Idioms with **tener**
- 4.6 Preterite of **ir, ser, poder,** and **tener**

  CD-ROM:
Capítulo 4 actividades

México

In this chapter, you will learn how to . . .

- describe the physical appearance and character traits of people.
- express preferences.
- discuss prices.
- make comparisons.
- shop in the clothing section of a department store.
- order a drink in a café.
- tell what you and others did.

1 El Palacio de Hierro, un almacén de la Ciudad de México

2 Una tienda de modas en la Zona Rosa, México, D.F.

3 De compras en el Mercado de San Ángel, México, D.F.

Lo que ya sabes... ■ ▲ ●

1. ¿Conoces la Zona Rosa? Basándote en esta foto, ¿qué es la Zona Rosa? ¿Hay una zona similar en la ciudad donde tú vives?

2. Basándote en estas fotos, ¿cómo es el Palacio de Hierro comparado con las tiendas de la Zona Rosa? ¿Hay una tienda similar al Palacio de Hierro en tu ciudad? ¿Cómo se llama?

3. ¿Sabes qué es un mercado al aire libre? ¿Qué diferencias hay entre el Mercado de San Ángel, la Zona Rosa y el Palacio de Hierro? ¿Quiénes van de compras a la Zona Rosa? ¿al Palacio de Hierro? ¿al Mercado de San Ángel?

Paso 1

¡Al Museo de Antropología!

Tarea

Antes de empezar este *Paso*, estudia *En preparación*

❑ **4.1 Demonstrative adjectives**

❑ **4.2 Present tense of *e > ie* and *o > ue* stem-changing verbs**

❑ **Haz por escrito los ejercicios de ¡A practicar!**

❑ **Escucha la sección ¿Qué se dice...? del Capítulo 4, Paso 1 en el CD.**

¿Eres buen observador?

El calendario azteca es un excelente ejemplo del conocimiento científico-astrológico de esta civilización precolombina. El calendario, llamado la Piedra del Sol, pesa más de 24 toneladas. Fue esculpido en el año 1479 y colocado en el Templo Mayor de Tenochtitlán, la capital de los aztecas. El calendario gregoriano, que es el calendario que todavía usamos, no fue creado hasta 103 años más tarde, en el año 1582.

Ahora, ¡a analizar! ■ ▲ ●

1. El calendario azteca tiene dieciocho meses de veinte días cada uno más cinco días religiosos al final de cada año. ¿Cuántos días hay en el año azteca?
2. Los veinte días de un mes aparecen en el calendario en un círculo con veinte símbolos distintos. Encuéntralos.
3. Identifica a las dos personas que salen de la boca de dos serpientes. Se llaman los Cuates *(twins)* y representan el día y la noche.
4. ¿Dónde crees que está el símbolo del sol que representa el centro del universo azteca y al que llaman Tonatiuh?

¿Qué se dice...?

Al describir a personas y expresar preferencias

¿En qué idiomas hay visitas?

_____ _____ _____

_____ _____

Hora de la próxima visita en francés: _____

En este retrato de Frida Kahlo vemos a la artista y a su esposo Diego Rivera. Miren cómo esa camisa azul de Diego contrasta bien con su traje gris y cómo el reboso rojo de Frida contrasta con su vestido verde. ¡Qué elegantes están! Él con ese traje oscuro y ella con ese vestido largo.

Este cuadro de dos mujeres y un niño es de Diego Rivera. Miren las figuras de esas dos mujeres. Son dos indígenas impresionantes. Una lleva un vestido rosado, la otra una blusa blanca y una falda azul claro. Son las figuras más importantes del cuadro.

¿Sabías que...?

La Ciudad de México es la ciudad capital más antigua de las Américas. Originalmente fue fundada en el año 1325 como Tenochtitlán, ciudad capital de los aztecas. En las ruinas de esa gran ciudad, los españoles empezaron la construcción de la ciudad moderna en 1521. Ahora, la población del Distrito Federal es de más de dieciocho millones y si se incluyen los alrededores llega a unos treinta millones, haciéndola la ciudad capital más grande del mundo.

A propósito...

En español, el nombre de una lengua casi siempre es idéntico a la forma masculina singular del adjetivo de nacionalidad: **alemán, árabe, español, francés, hebreo, inglés, italiano, japonés, ruso,...**

Cuando viajamos, una de las necesidades básicas es encontrar los servicios públicos. En inglés preguntamos por *the men's* or *ladies' room, the lavatory, the restroom,* etc. Así también en español hay diferentes maneras de referirse a los servicios. Algunas de las más comunes son: **el baño, el servicio** o **los servicios, el aseo** o **los aseos, el excusado, el wáter** o **el WC** *(water closet),* o **el tualé** *(toilet).*

Ahora, ¡a hablar! ■ ▲ ●

A. En el museo. Guadalupe y su amiga Victoria visitan el Palacio de Bellas Artes en México. Victoria está muy impresionada con todo lo que ve. ¿Qué dice?   ⬡ EP 4.1

> **Modelo**   esta / señoras / ser / muy elegante
> **Estas señoras son muy elegantes.**

1. este / museo / ser / muy interesante
2. ese / cuadros / tener colores / muy violento
3. este / audífonos / funcionar muy bien
4. esta / niñas / entender / francés
5. ese / guía / gustar / mucho / arte
6. ese / señor / encantar / arte / Diego Rivera

B. ¿Quién es? Identifica a las personas de la clase que tu profesor(a) va a describir.   ⬡ EP 4.1

> **Modelo**   **Esta persona lleva una blusa amarilla.**
> **Esta persona lleva una camisa anaranjada.**

C. Preferencias. Cuando visitan la Ciudad de México, muchas personas tienen sus propias preferencias individuales. ¿Qué prefieren hacer estas personas?   ⬡ EP 4.2

> **Modelo**   Victoria / visitar el Palacio de Bellas Artes
> **Victoria prefiere visitar el Palacio de Bellas Artes.**

1. los señores Martínez / comprar recuerdos
2. Sandra / sacar fotos de la ciudad
3. yo / mirar a la gente
4. Sandra y Elena / caminar por la ciudad
5. Valentín y yo / visitar el Museo Nacional de Antropología
6. yo / ver los salones *(halls)* de cultura maya
7. Valentín / ver el calendario azteca

D. Primero quiero ver... En el Museo Nacional de Antropología en México, todo el mundo quiere ver ciertos objetos inmediatamente. ¿Qué quieren ver estas personas primero?   ⬡ EP 4.2

> **Modelo**   yo / querer ver / calendario azteca
> **Yo quiero ver el calendario azteca.**

1. nosotros / querer ver / tocado *(headdress)* de Moctezuma
2. yo / querer ver / piedra *(stone)* de los sacrificios
3. perdón, mis amigas / no encontrar / a Tláloc, el dios de la lluvia *(rain god)*
4. mi familia / pensar ir / salones de cultura tolteca
5. mi esposa y yo / preferir ir / salones de cultura maya
6. mi padre / querer pasar / todo el día / el salón de códices *(writings)* precolombinos

Y ahora, ¡a conversar! ■ ▲ ●

A. Una encuesta. Tú eres reportero(a) de la sección de modas *(fashion column)* de tu periódico escolar. Entrevista a cuatro compañeros(as) de clase para saber qué llevan *(wear)* en estas ocasiones.

> **Modelo**   ¿... al teatro?
>
> TÚ   **¿Qué llevas al teatro?**
> COMPAÑERA   **Llevo una blusa blanca y una falda negra larga.**

1. ¿... a clase?   3. ¿... a un partido de fútbol/béisbol?   5. ¿... a una fiesta?
2. ¿... a un baile?   4. ¿... para jugar tenis/fútbol?

B. ¿A quién describo? Sin decir a quién describes, describe en detalle a un(a) compañero(a) de clase. Tu pareja *(partner)* debe adivinar *(guess)* a quién describes. Luego, que tu pareja describa y tú puedes adivinar.

C. ¡Robo! *(There was a theft in the Palacio de Bellas Artes in Mexico City and you were the only witness.)* Usa el dibujo *(drawing)* de la página A-4 del Apéndice A para describir a los ladrones *(thieves)*. Tu compañero(a), un(a) artista que trabaja para la policía, va a dibujar a las personas que tú describes.

D. Preferencias. Pregúntales a tus compañeros de clase si hacen las cosas indicadas en este cuadro. Si contestan afirmativamente, pídeles que firmen el cuadrado apropiado. Recuerda que no se permite que la misma persona firme más de un cuadrado.

Entender dos idiomas	Querer visitar Latinoamérica	Querer ir a otra universidad	Encontrar el español fácil
_____ *Firma*	_____ *Firma*	_____ *Firma*	_____ *Firma*
Preferir llevar ropa elegante	Pensar ir a México este verano	Poder hablar tres idiomas	Querer visitar el Museo de Antropología
_____ *Firma*	_____ *Firma*	_____ *Firma*	_____ *Firma*
Volver a casa tres veces al día	Dormir en una clase	Entender español muy bien	Empezar las clases a las ocho de la mañana
_____ *Firma*	_____ *Firma*	_____ *Firma*	_____ *Firma*
Encontrar el español difícil	Tener cuatro clases en un día	Almorzar a las once y media todos los días	Querer ir a bailar esta noche
_____ *Firma*	_____ *Firma*	_____ *Firma*	_____ *Firma*

¡Luz! ¡Cámara! ¡Acción! ■ ▲ ●

A. ¡Una ciudad fascinante! Tú trabajas de recepcionista en un hotel o motel de tu ciudad. Un(a) turista quiere información sobre museos, excursiones, lugares interesantes para visitar, buenos restaurantes, etc. Con un(a) compañero(a), escribe el diálogo que tienen. Luego, lean su diálogo delante de la clase.

B. Gente y más gente. Tú y tu compañero(a) están en el aeropuerto de México de vuelta a EE.UU. Están observando a la gente y haciendo comentarios sobre la ropa que llevan. Dramatiza esta situación con un(a) compañero(a) de clase.

¿Comprendes lo que se dice?

Estrategias para escuchar: Identificar cognados

In a previous chapter you learned that identifying cognates when reading helped you to understand better what you read. Recognizing cognates can also help you to understand when listening. However, even cognates that are spelled similarly in Spanish and English are often not pronounced the same. This is often because accentuation (the emphasis or stress) in Spanish is different from that of English. For example, the word total *in English is stressed on the first syllable (TO-tal) while in Spanish it is stressed on the last syllable (**to-TAL**).*

Now listen as your instructor plays the first three sentences of this narrative. Note how the following cognates are pronounced in Spanish, and draw a circle around the stressed syllable. Then go back and write the English equivalent and underline the syllable that is stressed in the English word. Note how the pronunciation varies.

Spanish	English	Spanish	English
museo	_____	arquitecto	_____
nacional	_____	estilo	_____
antropología	_____	contemporáneo	_____

Museo Nacional de Antropología. *Listen now to a guide in a tour bus talking about the* Museo Nacional de Antropología *as the bus arrives at the museum. As you listen, check all the facts and places that are mentioned by the guide.*

- ❏ fecha de construcción
- ❏ nombre del director
- ❏ tesoro de arte
- ❏ salida del museo
- ❏ patio central
- ❏ tienda del museo
- ❏ popular con los turistas
- ❏ estilo contemporáneo
- ❏ Parque de Chapultepec
- ❏ entrada del museo
- ❏ dos pisos
- ❏ cafetería del museo

@ Viajemos por el ciberespacio a... MÉXICO

If you are a cyberspace surfer, try entering one of the following key words to get to many fascinating sites in **México:**

Ciudades coloniales de México   México D.F.   el Zócalo

Or, better yet, simply go to the *¡Dímelo tú!* Web site using the following address:

http://dimelotu.heinle.com

There, with a simple click, you can

- experience the magical beauty of the colonial cities **Pátzcuaro, Taxco,** and **Campeche** among others.
- learn about the government of the largest city in the world, **la Ciudad de México.**
- stroll through centuries of amazing culture and civilization in Mexico City's **Zócalo.**

N O T I C I E R O
CULTURAL

LUGAR... México

Antes de empezar, dime... ■ ▲ ●

Contesta estas preguntas para reflexionar un poco sobre las ciudades más históricas de tu estado.

1. ¿Qué determina la importancia de una ciudad? ¿su historia? ¿su población? ¿su tamaño *(size)*? Explica tu respuesta.
2. ¿Cuál es la ciudad más importante de tu estado o región? ¿Por qué es importante?
3. En tu ciudad, ¿dónde se junta *(get together)* la gente para festivales patrióticos, reuniones políticas o manifestaciones *(demonstrations)*?

El Zócalo, México, D.F.

El Zócalo

La Ciudad de México, con su población de treinta millones de habitantes, es ahora la ciudad más grande del mundo. Como los otros grandes centros urbanos (Tokio, Londres, Buenos Aires, Nueva York, Moscú y Shanghai), la Ciudad de México ofrece de todo: hoteles elegantes, museos excelentes, cines y teatros innovadores, una tremenda variedad de restaurantes, centros de estudio, establecimientos industriales, tráfico y contaminación.

En el centro de la ciudad está el Zócalo, que es una plaza cuadrada. Todos los edificios que rodean esta plaza están en contacto con la rica historia mexicana: los templos sagrados del Tenochtitlán de los aztecas, recientemente descubiertos por arqueólogos, como también la catedral y los edificios de gobierno de los tiempos coloniales en la Nueva España.

Antes de llegar los españoles en el siglo XV, Tenochtitlán ya era una gran ciudad muy poblada y el Zócalo era su centro ceremonial rodeado de pirámides, templos y palacios. Los españoles destruyeron las construcciones aztecas y en el mismo sitio construyeron su catedral y edificios de gobierno. Después de varias transformaciones, el Zócalo es ahora una plaza abierta que permite una vista directa de la catedral y de los hermosos edificios coloniales. Es también el sitio de festivales, reuniones políticas y manifestaciones.

El Zócalo en tiempos precolombinos

Y ahora, dime... ■ ▲ ●

Contrastes. Compara Tenochtitlán con la Ciudad de México del siglo XXI y compara el Zócalo precolombino con el colonial y el del siglo XXI. En una hoja de papel, haz una copia de estos diagramas y complétalos.

LA CIUDAD DE MÉXICO

Tenochtitlán	El siglo XXI
1.	1.
2.	2.
3.	3.
	4.

EL ZÓCALO

Precolombino	La Nueva España	El siglo XXI
1.	1.	1.
2.	2.	2.
3.	3.	3.
	4.	

¡Son estupendos!

Tarea

Antes de empezar este *Paso,*
estudia *En preparación*

☐ 4.3 Numbers above 200

☐ 4.4 Comparisons of
equality

☐ Haz por escrito los ejercicios de ¡*A practicar!*

☐ Escucha la sección *¿Qué
se dice...?* del Capítulo
4, Paso 2 en el CD.

¿Eres buen observador?

ÉL. Camisa **Guess** de manga larga y cuello camisero, con botones metálicos y bolsas de parche, 100% algodón, $229.00, y para encima un chaleco de mezclilla **Guess** con cuello sport, botones metálicos y bolsas de parche al frente, $279.00, y, por supuesto, con jeans **Guess** bootleg 094 de classic fit, $299.00.

ELLA. Blusa **Guess** sin mangas, con cuello camisero, botones de presión metálicos, 100% rayón satinado con estampado de flores, $199.00, y con una prenda tan básica como los jeans **Guess** bootleg classic fit, en color contraste, $299.00.

Tip
El toque final de cualquiera de estas sugerencias son las botas Jiménez, que pueden ser en piel de pilón, anguila o con acabado de nuvock o cuello de toro, en diferentes colores para combinar con la ropa que elijas, $495.00.

Ahora, ¡a analizar! ■ ▲ ●

1. ¿De qué color es la camisa que lleva él? ¿De qué material es la camisa? ¿De qué son el chaleco y los pantalones?
2. ¿Cuánto cuesta la camisa? ¿el chaleco? ¿los pantalones?
3. La camisa de él es de mangas largas. ¿Es de mangas largas el chaleco? ¿De qué material son los botones del chaleco?
4. ¿Es de mangas largas la blusa de ella? ¿Es de algodón la blusa?
5. ¿Cuáles pantalones cuestan más, los de él o los de ella?

¿Qué se dice...?

Al hablar de precios y hacer comparaciones

Ropa en oferta: _____ _____ _____

VENDEDORA	¿Qué se le ofrece, señorita?
MARTINA	Busco suéteres de lana. También necesito un impermeable, pero... ¡qué caros son!
VENDEDORA	Los impermeables van a estar en oferta en septiembre. Aquí están los suéteres. Son lindos, ¿no?
MARTINA	Sí, verdad. Pero, ¿podría decirme por qué cuestan los suéteres de algodón tanto como los de lana? Los de lana siempre son más caros, ¿no?
VENDEDORA	Es que los suéteres de lana están en rebaja esta semana.
MARTINA	Ah, ¡con razón!

¿Sabías que...?

Unidades monetarias de los países de habla hispana

Argentina	**peso**	Honduras	**lempira**
Bolivia	**boliviano**	México	**peso**
Colombia	**peso**	Nicaragua	**córdoba**
Costa Rica	**colón**	Panamá	**balboa**
Cuba	**peso y dólar**	Paraguay	**guaraní**
Chile	**peso**	Perú	**nuevo sol**
Ecuador	**sucre y dólar**	Puerto Rico	**dólar**
El Salvador	**colón**	República Dominicana	**peso**
España	**peseta**	Uruguay	**peso nuevo**
Guatemala	**quetzal**	Venezuela	**bolívar**

A propósito...

Remember that, in most Spanish-speaking countries, written numerals use a decimal point where English uses a comma, and vice versa. Also note that numbers above a thousand are often expressed in pairs in English: 1632—*sixteen thirty-two,* but are always expressed as whole numbers in Spanish: 1632—**mil seiscientos treinta y dos.**

The verbs **pagaría** *(I would pay),* **tendría** *(I would have),* and **costaría** *(it would cost),* in the following exercises are in the conditional tense, which you will study more thoroughly in Chapter 12. At this point, simply use them as lexical items as they appear in the models.

Ahora, ¡a hablar! ■ ▲ ●

EP 4.3   **A. La sección de varones.** En el Palacio de Hierro, las rebajas están en efecto ahora. ¿Cuánto pagarías *(would pay)* tú por los siguientes artículos en la sección de varones?

> **Modelo**   un suéter de lana
> **Pagaría quinientos veintinueve pesos.**

1. un par de zapatos   4. dos camisas
2. tres corbatas   5. un traje completo
3. dos pantalones   6. un pijama

B. La sección de damas. Alicia decide llevar de compras a su amiga española Mari Carmen. Van al Palacio de Hierro porque hay rebajas hoy en la sección de damas. ¿Cuánto tendría que *(would have to)* pagar Alicia por esta ropa y cuánto es eso en pesetas, según Mari Carmen? (1 peso = 19 pesetas [pts.])

EP 4.3

> **Modelo**   un suéter de lana (8.285 pts.)
>
> ALICIA   **Tendría que pagar cuatrocientos treinta y cinco pesos.**
> MARI CARMEN   **En España yo tendría que pagar ocho mil doscientas ochenta y cinco pesetas.**

1. una falda de lana (5.510 pts.)   4. un par de botas (9.405 pts.)
2. una blusa de seda (8.265 pts.)   5. un traje (21.432 pts.)
3. un impermeable (20.064 pts.)

C. Comparaciones. Tú estás comparando los precios en el Palacio de Hierro con los de una tienda de ropa de mujer muy popular, Vitros de México. ¿Cómo son los precios?

EP 4.4

> **Modelo**   las botas
>   **Las botas en Vitros son tan caras como en el Palacio de Hierro.** [o]
>   **Las botas en Vitros son más baratas que en el Palacio de Hierro.** [o]
>   ✓ **Las botas en Vitros son más caras que en el Palacio de Hierro.**

	Vitros de México	**Palacio de Hierro**
1. botas	$965	$495
2. impermeables	$1.099	$1.056
3. suéteres	$445	$439
4. pantalones	$475	$475
5. zapatos	$549	$728
6. faldas	$289	$290
7. blusas	$435	$435
8. trajes de noche	$1.569	$1.128

EP 4.3, 4.4

D. ¡Es carísimo! Tú trabajas para la Asociación de Estudiantes de tu universidad. Tu responsabilidad en el mes de agosto es servirles de guía a los nuevos estudiantes. ¿Qué contestas cuando un(a) estudiante de México, representado(a) por tu compañero(a), te hace estas preguntas?

1. ¿Cuánto es el alquiler de un apartamento aquí? ¿de un cuarto en las residencias?
2. ¿Es tan cara la ropa aquí como en México? ¿Cuánto cuesta un par de jeans? ¿un vestido? ¿un par de zapatos?
3. Y la comida, ¿es cara? ¿Cuánto gastas *(do you spend)* tú en comida en una semana? ¿en un mes? ¿Gastas tanto en comida como en ropa?
4. ¿Cuánto pagas en el metro? ¿en el autobús? ¿en un taxi? ¿Son caros los coches? ¿Cuánto costaría un coche usado? ¿uno nuevo? ¿una bicicleta?
5. ¿Son tan baratos los libros aquí como en México? ¿Cuánto pagas por los libros cada semestre?

Y ahora, ¡a conversar!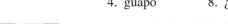

A. ¿Tú? ¿Tan bueno(a) como...? Compárate con compañeros de clase o con personas famosas. En una hoja de papel, escribe las comparaciones en estas categorías.

Modelo   **Luis Miguel es tan guapo como yo.**

1. alto
2. bueno
3. simpático
4. guapo
5. listo
6. elegante
7. interesante
8. ¿...?

B. ¡Fanáticos en el vestir! ¿Eres un(a) fanático(a) en el vestir? Para contestar, primero prepara por escrito una lista de toda la ropa que hay en tu ropero *(closet)*. Se permite exagerar, si deseas. Incluye la cantidad de cada prenda *(number of each item)*. Luego en grupos pequeños, pregúntales a tus compañeros(as) cuántas prendas tienen en su ropero y compara sus respuestas con lo que tú tienes.

Modelo

TÚ   **¿Cuántos pares de zapatos tienes?**
COMPAÑERO(A)   **Tengo cuatro pares de zapatos.**
TÚ   **Ah, tienes tantos zapatos como yo.** [o]
Yo tengo más zapatos que tú. [o]
Yo no tengo tantos zapatos como tú.

C. En el escaparate. Tú estás de compras en la Ciudad de México y quieres comprar todas las prendas de esta lista. Desafortunadamente, muchas prendas no tienen etiqueta *(price tag)*. Pregúntale a tu compañero(a) los precios que quieres saber y dale los precios que él o ella necesita basándote en el dibujo en la página 151. El escaparate *(store window)* de tu compañero(a) está en el Apéndice A (página A-5). No se permite mirar el escaparate de tu compañero(a) hasta terminar esta actividad.

Tú quieres comprar:

1. una blusa para tu mamá
2. una corbata para tu papá
3. zapatos para ti
4. una camisa para tu hermano
5. un sombrero para tu hermana

¡Luz! ¡Cámara! ¡Acción! ■ ▲ ●

A. Día de las Madres. El Día de las Madres es dentro de una semana y tú tienes que comprar un regalo para tu madre. Vas al almacén y hablas con el (la) dependiente(a) en la sección de ropa de señoras. El (La) dependiente(a) te recomienda varias prendas de ropa de diferentes colores y precios. Tú decides cuáles te gustan y cuáles no antes de comprar. Con un(a) compañero(a), escribe el diálogo que tienen. Luego, léanlo delante de la clase.

B. ¡Es guapísimo(a)! Este fin de semana vas a salir a bailar con una persona muy especial. Decides comprar ropa nueva para esta ocasión. El (La) dependiente(a) del almacén es muy simpático(a) y te ayuda *(helps you)* a comparar varias prendas. Dramatiza la situación con un(a) compañero(a).

¿Comprendes lo que se dice?

Estrategias para ver y escuchar: Reconocer cognados

In the first **Paso** *of this chapter you learned to recognize cognates by listening for changes in accentuation. Listen to and view the video now as your instructor plays just the first sentence of the narrative. Note how the following cognates are pronounced in Spanish and draw a circle around the stressed syllable. Then go back and write the English equivalent and underline the syllable that is stressed in the English word. Note how the pronunciation varies.*

Spanish	English	Spanish	English
valle	_____	escena	_____
centro	_____	cultural	_____

Para reconocer cognados. Mira el video y escucha la segunda oración de la narración. Presta atención a la pronunciación de los siguientes cognados y, como antes, pon un círculo alrededor de la sílaba enfatizada. Luego escribe el equivalente de cada cognado en inglés y subraya la sílaba enfatizada en inglés. Fíjate cómo varía la pronunciación en los dos idiomas.

arte	_____	incluyendo	_____
inspira	_____	cosmopolita	_____
indígenas	_____		

México, ¡centro del mundo cultural!

Después de ver el video. Ahora mira el video una vez más. Luego, marca todos los sitios que se mencionan.

❑ el valle de México
❑ la ciudad más hermosa del mundo
❑ las casas indígenas
❑ una ciudad cosmopolita
❑ el valle del sol
❑ la ciudad más grande del mundo

❑ una ciudad interesantísima
❑ las ruinas de Tenochtitlán
❑ museos, mercados, teatros y restaurantes
❑ las ruinas de Teotihuacán
❑ los edificios modernos

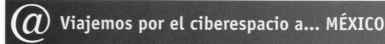

@ Viajemos por el ciberespacio a... MÉXICO

If you are a cyberspace surfer, try entering one of the following key words to get to many fascinating sites in **México:**

Artistas de México   Museos de México   Prensa de México

Or, better yet, simply go to the *¡Dímelo tú!* Web site using the following address:

http://dimelotu.heinle.com

There, with a simple click, you can

- learn more about the life and work of **Frida Kahlo, Diego Rivera,** and other great Mexican artists.
- visit Mexico's most prestigious art museums.
- read today's headlines in the best known Mexican newspapers.

CULTURAL

GENTE... Diego Rivera

Antes de empezar, dime...

Contesta estas preguntas para ver cuánto sabes del arte mural.

1. Si un «muro» es una pared *(a wall)*, ¿qué es el «arte mural»?
2. ¿Hay ejemplos de arte mural en la ciudad donde vives ahora? Descríbelos.
3. ¿Cuál es la diferencia entre el arte mural y el grafiti?

Mural de Diego Rivera

Diego Rivera (1886–1957)

Diego Rivera es un famoso pintor muralista mexicano que empieza a pintar durante la época de la Revolución mexicana de 1910. Él, como otros artistas, usa el arte para comunicarse con su pueblo. En sus murales, Rivera representa la miseria, las malas condiciones de trabajo, los problemas de la reforma y sus víctimas directas: el hombre, la mujer y el niño campesinos, el obrero, el indígena.

Rivera pinta excelentes murales; la mayoría son ejemplos del arte social revolucionario en edificios públicos de la Ciudad de México. En el Palacio Nacional de México, por ejemplo, hay una excelente colección de murales que representan el conflicto entre los indígenas y los españoles.

Pero es en el Museo Diego Rivera, o «Anahuacalli», al que Rivera donó más de 60.000 obras antes de morir, donde podemos ver la colección más grande de este artista. El museo fue diseñado *(designed)* por el artista mismo, y representa uno de los edificios más importantes de la Ciudad de México.

 ## Y ahora, dime... ■ ▲ ●

Compara al muralista mexicano Diego Rivera con el artista español Joan Miró según esta lectura y la lectura sobre Miró del Capítulo 3, página 115.

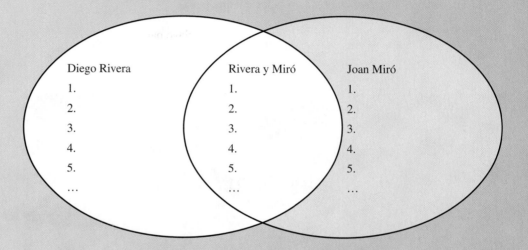

Diego Rivera
1.
2.
3.
4.
5.
…

Rivera y Miró
1.
2.
3.
4.
5.
…

Joan Miró
1.
2.
3.
4.
5.
…

¿Te gusta escribir?

Estrategias para escribir: Palabras y frases clave

When writing advertisements, it is necessary to have a list of key words and phrases (**palabras y frases clave**) *that must be worked into the advertisement. These key words or phrases usually contain the essence of the message to be conveyed.*

Mira el anuncio de Jumex en la página 156. En este anuncio hay seis palabras o frases clave que mencionan los aspectos más atractivos de Jumex. ¿Puedes identificarlas? ¿Cuáles son? ¿Qué lleva la vista a estas palabras en el diseño del anuncio?

Ahora, ¡a escribir! ■ ▲ ●

A. Agrupar ideas. Prepara una lista de palabras y frases clave para usar en un anuncio de las atracciones de tu ciudad o tu estado. Tu anuncio va a servir para atraer a más turistas a tu estado. Las atracciones más importantes de tu ciudad o estado deben llamar la atención.

B. El primer borrador. Usa la lista que preparaste en la actividad A para escribir un primer borrador de tu anuncio sobre las atracciones de tu ciudad o tu estado. Tal vez quieras escribir una o dos oraciones para explicar cada palabra o frase clave de tu anuncio.

C. Ahora, a compartir. Comparte tu primer borrador con dos o tres compañeros(as). Comenta el contenido y el estilo del anuncio de tus compañeros(as) y escucha los comentarios de ellos sobre tu anuncio. Si hay errores de ortografía o gramática, menciónalos.

D. Ahora, a revisar. Si necesitas hacer unos cambios basados en los comentarios de tus compañeros(as), hazlos ahora.

E. La versión final. Prepara una versión final de tu anuncio y entrégala. Si quieres, puedes usar fotos o dibujos para hacer tu anuncio más atractivo.

F. Publicación. Tu profesor(a) va a poner todos los anuncios en la pared. Léelos y con dos o tres compañeros(as) de clase decidan cuál va a atraer a más turistas. Infórmenle a la clase sobre su decisión.

Paso 3 ¿Dónde prefieres comer?

Tarea

Antes de empezar este *Paso,* estudia *En preparación*

☐ 4.5 Idioms with *tener*

☐ 4.6 Preterite of *ir, ser, poder,* and *tener*

☐ Haz por escrito los ejercicios de *¡A practicar!*

☐ Escucha la sección *¿Qué se dice...?* del Capítulo 4, Paso 3 en el CD.

¿Eres buen observador?

Ahora, ¡a analizar! ■ ▲ ●

1. ¿Para qué es este anuncio? ¿Para una bebida alcohólica? ¿Para un refresco? ¿Para un jugo?
2. ¿Cuántas variedades de Jumex hay? ¿Cuáles son? ¿Cuál prefieres tú?
3. ¿Por qué dicen que Jumex es *light*?
4. ¿Cuántos preservantes tiene Jumex?
5. ¿Adónde puedes llamar para conseguir más información sobre Jumex?

¿Qué se dice...?

Al pedir algo en un café

¿Según el padre, cómo fue el vuelo? _____

¿Por qué no pudo comer el padre durante el vuelo? _____

¿Qué van a hacer ahora Ramón y su padre? _____

MESERA	¿Qué desean tomar?
RAMÓN	Yo no tengo hambre. Sólo quiero algo para beber. ¿Qué me recomienda?
MESERA	Tenemos café, chocolate y té caliente. O si prefiere algo frío, también tenemos limonada, cerveza, vino, leche y naturalmente, refrescos.
RAMÓN	Un café para mí. Tengo un poco de sueño.
MESERA	¿Y para usted, señor?
PADRE	Pues yo sí tengo mucha hambre. ¿Qué me recomienda para comer?
MESERA	Bueno, el menú del día incluye pescado blanco de Pátzcuaro. Es muy rico.
PADRE	No me gusta mucho el pescado. Prefiero un sándwich de pollo y una cerveza, por favor.

¿Sabías que...?

México es un país donde todavía se hablan unas 60 lenguas indígenas distintas. Las culturas indígenas tienen su origen en la cultura de los olmecas, quienes ya ocupaban esta región mil años antes de Jesucristo. La herencia indígena de México se puede apreciar en las veintidós salas del Museo Nacional de Antropología en la Ciudad de México. Allí, hay salas completamente dedicadas a las culturas maya, azteca, tolteca y zapoteca, entre otras.

A propósito...

En los países hispanos, como en la mayoría de los países europeos, los restaurantes, por lo general, no sirven agua del grifo *(tap water)*. Si deseas agua para beber, usualmente debes pedir agua mineral embotellada. Casi siempre, el mesero pregunta: ¿Agua con gas o sin gas? Algunos meseros simplemente dicen: ¿Gaseosa? Pero, ¡ojo!, porque gaseosa en algunos países significa un refresco.

Los verbos **ir, ser, poder** y **tener** son irregulares en el pretérito. Los verbos regulares del pretérito se presentan en el Capítulo 7.

El verbo **enfermarme** es un verbo reflexivo que significa *to get sick*. Los verbos reflexivos se van a presentar en más detalle en el Capítulo 10.

Ahora, ¡a hablar! ■ ▲ ●

EP 4.5

A. Tengo sed. Quiero un... Tú y unos amigos están en un café en el aeropuerto de la Ciudad de México. ¿Qué quieren tomar?

> **Modelo**   mi amigo / tener prisa / limonada
> **Mi amigo tiene mucha prisa; sólo quiere una limonada.**

		agua sin gas
tú	tener sueño	café negro
mi amigo(a)	tener sed	agua mineral
ellas	tener prisa	café con leche
yo	tener calor	tomar un refresco
nosotros	tener que...	limonada
		cerveza grande

EP 4.5

B. ¿Cuándo? ¿Cuándo tomas estas bebidas o comes estas comidas en un café?

> **Modelo**   **Tomo cerveza cuando tengo sed.**

1. refresco bien frío	a. tener sed
2. café	b. tener hambre
3. té caliente	c. tener calor
4. cerveza	d. tener frío
5. sándwich	e. tener prisa
6. agua mineral	f. tener que tomar una aspirina
7. chocolate	g. tener sueño
8. hamburguesa	

C. Turistas. Son las nueve de la noche. Javier y sus amigos, que están de visita en la Ciudad de México, están en un café de la Zona Rosa hablando de sus actividades durante el día. ¿Qué dicen?

 EP 4.6

> **Modelo**   nosotros / tener / día / interesante
> **Nosotros tuvimos un día muy interesante.**

1. yo / ir / Museo de Antropología
2. allí / poder ver / tocado de Moctezuma
3. Javier / ir / Palacio Nacional
4. Ángela y Lupe / ir / Mercado de San Ángel
5. ser / día / interesante
6. todos nosotros / tener / día muy ocupado

D. ¿Cómo fue tu día? Hazle preguntas a tu compañero(a) para saber cómo fue el día de ayer *(yesterday)*?

 EP 4.6

> **Modelo**   ir a la biblioteca
>
> TÚ   **¿Fuiste a la biblioteca?**
> COMPAÑERO(A)   **Sí, fui a la biblioteca.** [o]
>   **No. Fui al cine.**

1. ir a un restaurante	5. poder hacer toda la tarea
2. tener un examen	6. ir al cine
3. poder hablar con sus padres	7. tener que estudiar mucho
4. ir a todas sus clases	8. poder estudiar con tu novio(a)

Y ahora, ¡a conversar! ■ ▲ ●

A. ¡Tantas cosas que hacer! Prepara dos listas: una de responsabilidades y obligaciones que tienes para el fin de semana y otra de lo que te gustaría *(you would like)* hacer con tu tiempo libre. En grupos pequeños, compara tu lista con la de tus compañeros.

> **Modelo**   **Tengo que estudiar para un examen de inglés el domingo.**
>   **Tengo ganas de ir a la playa el domingo.**

B. En un café. En grupos pequeños, escriban una descripción de esta escena. Mencionen lo que todo el mundo está pensando. Digan también cómo se siente cada persona y lo que probablemente va a decirle al mesero.

C. Un fin de semana muy productivo. ¿Cómo fue el fin de semana de tus compañeros de clase? Hazles preguntas para saberlo. Cada vez que respondan afirmativamente, pídeles que firmen en el cuadrado apropiado. Recuerda que no se permite que una persona firme más de un cuadrado.

> **Modelo**   ir al cine
>
> ESTUDIANTE 1   **¿Fuiste al cine durante el fin de semana?**
> ESTUDIANTE 2   **No, no fui al cine.** (No firma.) [o]
>   **Sí, fui al cine el sábado por la noche.** (Firma.)

Ir al cine	Tener que estudiar mucho	Tener mucho sueño	Ir a un café con amigos
_____ *Firma*	_____ *Firma*	_____ *Firma*	_____ *Firma*
Poder salir de la ciudad	Ir a la biblioteca a estudiar	Poder descansar	Tener ganas de estudiar
_____ *Firma*	_____ *Firma*	_____ *Firma*	_____ *Firma*
Tener una fiesta en su casa	Ir a un centro comercial	Tener un fin de semana divertido	Ir a casa de sus padres
_____ *Firma*	_____ *Firma*	_____ *Firma*	_____ *Firma*
Ir a comer a un restaurante	Poder estudiar mucho	Tener que limpiar su cuarto	Tener un fin de semana productivo para él (ella)
_____ *Firma*	_____ *Firma*	_____ *Firma*	_____ *Firma*

¡Luz! ¡Cámara! ¡Acción! ■ ▲ ●

A. ¡Estoy muerto! Tú y dos amigos(as) andan de compras en la Zona Rosa de la Ciudad de México. Deciden entrar a un café porque tienen sed, calor y mucha hambre. Hablan un poco de su día y cuando el mesero viene, cada uno pide algo de beber y de comer. En grupos de cuatro, escriban la conversación que tienen ustedes tres primero, y luego con el mesero. Luego, lean su diálogo delante de la clase.

B. ¿Un refresco? Es viernes por la tarde. Tú y dos amigos(as) van a un café cerca de la Universidad Autónoma de México. Primero piden algo para tomar y luego hablan un poco de lo que hicieron *(what you did)* durante el día. Dramatiza esta situación con tres compañeros(as) de clase.

¿Te gusta leer?

Estrategias para leer: Al leer diálogo

When reading dialogue written in Spanish, it is important to be aware that, unlike English, Spanish does not use quotation marks to identify when a person begins and ends speaking. Study the dialogue fragment taken from the popular Mexican novel **Como agua para chocolate.** *What punctuation marks are used in place of quotation marks? Are they used to indicate both when a person begins and stops talking?*

Prepárate para leer. *The novel* **Como agua para chocolate** *is based on an old Mexican tradition that required the youngest daughter to remain single and wait on her mother hand and foot until her death. This is the fate of Tita, the protagonist of the novel.*

1. En tu opinión, ¿es una buena tradición? Explica.
2. ¿Qué responsabilidad tienen los hijos de cuidar a sus padres?

Lectura

Como agua para chocolate, una novela de la escritora mexicana Laura Esquivel, fue llevada a la pantalla *(movie screen)* por su esposo, el director mexicano Alfonso Arau. Es la historia de Tita, una joven que es forzada por su madre a abandonar a su novio *(boyfriend)* y aceptar que él se case *(marry)* con la hermana mayor de Tita. Esquivel toma el título de su novela de una típica expresión del habla de México: «estar como agua para chocolate» que significa «estar furioso(a)».

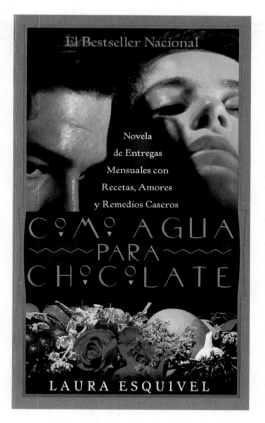

In the fragment on the following page, Tita has just told her mother that her boyfriend wants to come talk to her. Her mother responds that if he is coming to ask for Tita's hand in marriage, he is wasting his time.

Como agua para chocolate
(fragmento)

por Laura Esquivel

—¿Y de qué me tiene que venir a hablar ese señor?

Dijo Mamá Elena luego de un silencio interminable que encogió el alma de Tita.

Con voz apenas perceptible respondió:

—Yo no sé.

Mamá Elena le lanzó una mirada que para Tita encerraba todos los años de represión que habían flotado sobre la familia y dijo:

—Pues más vale que le informes que si es para pedir tu mano, no lo haga. Perdería su tiempo y me haría perder el mío. Sabes muy bien que por ser la más chica de las mujeres a ti te corresponde cuidarme hasta el día de mi muerte.

A ver si comprendiste ■ ▲ ●

En tu opinión, ¿qué opina Mamá Elena de su hija Tita y qué opina Tita de Mamá Elena? Escribe tus opiniones en estos diagramas.

Viajemos por el ciberespacio a... MÉXICO

If you are a cyberspace surfer, try entering one of the following key words to get to many fascinating sites in **México:**

Música mexicana   Carlos Santana   Radio de México

Or, better yet, simply go to the *¡Dímelo tú!* Web site using the following address:

http://dimelotu.heinle.com

There, with a simple click, you can

- enjoy traditional **música mexicana.**
- learn about Mexican rock musicians like **Carlos Santana, Maná,** and the **Organización del rock mexicano.**
- listen to Mexican radio . . . live.

Vocabulario ■▲●■▲●■▲

Bebidas

agua	water
gaseosa	carbonated drink; soft drink
leche (f.)	milk
limonada	lemonade
té (m.)	tea
vino	wine

Nacionalidades

alemán, alemana	German
francés, francesa	French
japonés, japonesa	Japanese

Excursiones

audífono	headphone
cámara	camera
cuadro	painting
excursión (f.)	tour
fotografía	photograph
película	film
servicios (pl.)	bathroom, restroom
visita	tour

Liquidación

en oferta	on special
en rebaja	reduced
ganga	bargain
liquidación (f.)	sale

Colores

amarillo(a)	yellow
anaranjado(a)	orange
azul	blue
blanco(a)	white
gris	gray
negro(a)	black
rojo(a)	red
verde	green

Ropa

algodón (m.)	cotton
blusa	blouse
botas	boots
camisa	shirt
camiseta	T-shirt
chaqueta	jacket
corbata	necktie
falda	skirt
impermeable (m.)	raincoat
lana	wool
medias	stockings
pantalones (m.)	pants, trousers
pantalones cortos/ shorts	shorts, short pants
par (m.)	pair
pijama (m.)	pajamas
seda	silk
suéter (m.)	sweater
traje (m.)	suit
vestido	dress
zapatos	shoes

Personas

dama	lady
esposa	wife
esposo	husband
guía (m./f.)	guide
joven (m./f.)	young man/woman
niño(a)	child
señora	lady, Mrs.
varón (m.)	male, man

Demostrativos y comparaciones

ese(a)	that
eso	that
esos(as)	those
este(a)	this
esto	this
estos(as)	these
tan... como	as . . . as
tanto como	as much as
tantos como	as many as

Adjetivos

corto(a)	short (length)
largo(a)	long
lindo(a)	pretty

Modismos

tener... años	to be . . . years old
tener calor	to be hot

tener éxito	to succeed
tener frío	to be cold
tener ganas de	to feel like
tener hambre	to be hungry
tener miedo de	to be afraid of
tener prisa	to be in a hurry
tener que	to have to
tener razón	to be right
tener sed	to be thirsty
tener sueño	to be sleepy
tener suerte	to be lucky

Verbos

almorzar (ue)	to have lunch
asistir	to attend
beber	to drink
cerrar (ie)	to close
costar (ue)	to cost
desear	to desire
dormir (ue)	to sleep
encontrar (ue)	to find
entender (ie)	to understand
ir de compras	to go shopping
llevar	to wear
pensar (ie)	to plan; to think
poder (ue)	to be able, can
preferir (ie)	to prefer
querer (ie)	to want
recomendar (ie)	to recommend
sacar fotografías	to take pictures
usar	to use
ver	to see
volar (ue)	to fly
volver (ue)	to return

Palabras y expresiones útiles

año	year
botella	bottle
casi	almost
pagaría	I would pay
partido	game (sports)
recuerdos	souvenirs
sándwich (m.)	sandwich
tarea	homework
tendría	I would have
¡Con razón!	No wonder!

4.1 Demonstrative adjectives*

Pointing out specific people, places, events, or things

Masculine		Feminine
este	*this*	esta
estos	*these*	estas
ese	*that*	esa
esos	*those*	esas
aquel	*that*	aquella
aquellos	*those*	aquellas

A. Demonstrative adjectives in English and Spanish are used to point out the relative distance of the speaker from a specific person, place, or thing.

- When the person, place, event, or thing being pointed out is perceived to be a physically close distance from the speaker, a form of **este** is used.

Este niño es muy inteligente.	*This child is very intelligent.*
Estas señoras son guías del museo.	*These ladies are guides in the museum.*

- When perceived to be a little farther away from the speaker, a form of **ese** is used.

Esa mujer es mi esposa.	*That woman is my wife.*
Esos chicos son muy buenos.	*Those youngsters are very good.*

- Finally, when perceived to be a far distance away from the speaker and the listener, a form of **aquel** is used.

Aquel hombre es mi profesor de español.	*That man (over there) is my Spanish professor.*
Aquellas computadoras son muy buenas.	*Those computers (over there) are very good.*

B. In Spanish, demonstrative adjectives must agree in *number* and *gender* with the nouns they modify.

Esas niñas son altas y delgadas.	*Those girls are tall and slim.*
Este señor es mi papá.	*This man is my father.*
Aquella joven baja y hermosa es mi hermana.	*That short and beautiful young woman is my sister.*

---

* Demonstrative pronouns are explained in Appendix F.

C. When refering to an abstract concept, an idea, a previous statement, or a situation—none of which has gender—or to an unknown object, the neuter forms—**esto, eso,** and **aquello**—are used.

Eso es muy interesante.	*That is very interesting. (That idea or what you just said.)*
Esto es para ti.	*This is for you. (The object is intentionally being kept unknown.)*

¡A practicar! ■ ▲ ●

A. ¡Nunca satisfecho! You are traveling in Mexico with a friend who is a constant complainer. What does your friend say when you go into a restaurant to eat?

> **Modelo**   **Estos niños son terribles.**

	refrescos son muy caros
Este	sillas no son cómodas
Esta	restaurante es muy caro
Estos	comida está muy fría
Estas	mesero es antipático
	señoras hablan constantemente

B. ¡Mira! You are enrolled in a special summer course at the University of Guadalajara. Now you are giving your parents a guided tour of the campus. What do you say as you point to various people and buildings?

> **Modelo**   _____ edificio es la biblioteca.
> **Ese edificio es la biblioteca.**

1. _____ señor es el profesor de arte maya.
2. _____ estudiantes son mis compañeras de cuarto.
3. _____ casa es la Casa Internacional.
4. _____ personas trabajan en el Club Social.
5. _____ lugar es la administración.
6. Y _____ autobús va a mi casa.

C. ¡Qué guapos somos! Ten-year-old Anita is talking about her pictures during her first show-and-tell report at school. Replace the underlined word with the word in parentheses and make all other necessary changes.

1. Aquel señor es mi papá. Él es alto y simpático. (mamá)
2. Esa chica es mi amiga. Es baja y delgada. (chicos)
3. Aquellas muchachas muy guapas son mis hermanas. (amiga)
4. Esos edificios son muy modernos y originales. (casa)
5. Esta perra es mi amiga. (perros)
6. Ese auto rojo es de mi profesora de español. (bicicleta)

4.2 Present tense of *e > ie* and *o > ue* stem-changing verbs ⬡⬡

Describing activities

Certain Spanish verbs undergo an **e > ie** or **o > ue** vowel change in all persons, except the **nosotros** and **vosotros** forms, whenever the stem vowel is stressed.

e > ie : cerrar *(to close)*	
cierro	cerramos
cierras	cerráis
cierra	cierran
cierra	cierran

o > ue: poder *(to be able; can)*	
puedo	podemos
puedes	podéis
puede	pueden
puede	pueden

Other frequently used stem-changing verbs are the following:

empezar (ie)	*to begin*	almorzar (ue)	*to have lunch*
entender (ie)	*to understand*	contar (ue)	*to count*
pensar (ie)	*to think; to plan*	dormir (ue)*	*to sleep*
perder (ie)	*to lose*	encontrar (ue)	*to find*
preferir (ie)*	*to prefer*	volar (ue)	*to fly*
querer (ie)	*to want*	volver (ue)	*to return*

Note that in this text stem changes will always appear in parentheses after the verb when listed in the vocabulary section and in the appendix. If two stem changes are indicated in parentheses, the first refers to the stem change in the present tense and the second to the stem change in the preterite tense.

¡A practicar! ■ ▲ ●

A. ¡Qué diferente! How has your life changed since you began your studies at the **Universidad de Guadalajara**?

> **Modelo** Mis clases _____ (empezar) a las ocho de la mañana.
> **Mis clases empiezan a las ocho de la mañana.**

1. Mis profesores _____ (pensar) que soy un buen estudiante.
2. Yo _____ (dormir) tres o cuatro horas al día.
3. Yo _____ (almorzar) sólo un taco o un burrito.
4. En la mañana yo no _____ (encontrar) estacionamiento *(parking)*. Es muy difícil.
5. Por eso, yo _____ (preferir) ir en autobús.
6. Yo _____ (pensar) que mi vida en casa es más fácil.

B. De vacaciones en México. Mr. and Mrs. Acuña are on vacation in Mexico City. Find out what they have planned for the day by completing the paragraph with the correct form of the verbs in parentheses.

Hoy nosotros _____ (pensar) ir al Museo Nacional de Antropología. Yo

_____ (querer) aprender algo de la cultura azteca. Mi esposo _____

(preferir) estudiar la cultura de Oaxaca. Él _____ (pensar) que si nosotros

_____ (empezar) muy temprano _____ (poder) ver todo lo que

deseamos. Él no _____ (entender) que es imposible ver todo en un día. Pero no

importa, mañana él _____ (volver) a pasar todo el día aquí en el museo y yo

_____ (poder) ir de compras.

---

* All **-ir** stem-changing verbs also undergo a one-vowel change **e > i** or **o > u** in the present participle form of the verb: **prefiriendo, durmiendo.**

C. Somos guías. Get to know Felipe and David, museum guides in Mexico City, by completing the paragraph with the correct form of the verbs in parentheses.

Me llamo Felipe y mi amigo es David; somos guías aquí en el museo. David y yo hablamos inglés, francés y, por supuesto, español. Muchas personas no _____ (entender) español y _____ (preferir) una excursión en ótro idioma. Nosotros _____ (empezar) a trabajar a las diez de la mañana. Las visitas _____ (empezar) a las diez y media de la mañana. A las dos de la tarde yo _____ (almorzar) en la cafetería del museo. David no _____ (almorzar) hasta las tres. Nosotros _____ (volver) al trabajo una hora y media después de almorzar. El museo _____ (cerrar) a las seis y media.

Paso 2

4.3 Numbers above 200

Counting and writing checks

200	doscientos
225	doscientos veinticinco
300	trescientos
400	cuatrocientos
500	quinientos
600	seiscientos
700	setecientos
800	ochocientos
900	novecientos
1.000	mil
1.005	mil cinco
2.000	dos mil
7.000	siete mil
12.045	doce mil cuarenta y cinco
99.999	noventa y nueve mil novecientos noventa y nueve
154.503	ciento cincuenta y cuatro mil quinientos tres
1.000.000	un millón
25.100.900	veinticinco millones cien mil novecientos

A. When the numbers between 200 and 900 precede a feminine noun, they must end in **-as.**

300 camisas	trescient**as** camisas
450 blusas	cuatrocient**as** cincuenta blusas

Remember that the numbers between 30 and 90 always end in **-a.**

ciento treint**a** hombres   cuatrocientos cincuent**a** libros

B. **Mil** means *one thousand* or *thousand*. It is *never* preceded by **un.** Its plural, **miles**, meaning *thousands*, is never used when counting.

1.994	mil novecientos noventa y cuatro
100.000	cien mil

C. An even million is expressed as **un millón.** Two or more million are expressed with the plural form **millones.** When a number in the millions precedes a noun, it is always followed by **de.**

1.000.000	un millón
2.000.000	dos millones
4.000.000 habitantes	cuatro millones **de** habitantes

¡A practicar! ■ ▲ ●

A. **¡A pagar cuentas!** Imagine that you are spending your junior year abroad at the **Universidad de las Américas** in Puebla, Mexico. Today you are writing checks to pay your bills. Write out the following amounts.

1. alquiler: 630,00
2. comida con la Sra. Rocha: 269,00
3. matrícula *(registration)*: 4.579,00
4. libros: 315,00
5. lavandería/tintorería: 119,00
6. préstamo *(loan)* del Banco Nacional: 7.753,00

B. **¡Presupuesto!** How much do you (or your parents) spend on your education? Work out a budget for an academic school year by indicating how much you spend in each of the following categories. Then write out each number as if you were writing a check to cover that amount. (**¡En español, por supuesto!**)

1. habitación
2. comida
3. auto
4. libros
5. ropa
6. matrícula
7. diversiones

4.4 Comparisons of equality ⊂⊃⊂⊃

Stating equivalence

Comparisons of equality fall into two categories: comparisons of nouns and comparisons of adverbs or adjectives.

A. **Tanto(a, os, as)... como** *(as much/many . . . as)* is used to compare nouns. In these expressions, **tanto** is an adjective and always agrees with the noun being compared. The noun itself may be expressed or implied.

Pago **tantas** cuentas **como** tú.	*I pay as many bills as you do.*
Pero no pagas **tantas** (cuentas) **como** tu hermano.	*But you don't pay as many (bills) as your your brother does.*

B. Tan... como *(as . . . as)* is used to compare adjectives or adverbs. **Tan** precedes the adjective or adverb, and **como** follows it.

Esta falda es **tan cara como** la de seda.	*This skirt is as expensive as the silk one.*
Pero en ésta no te ves **tan bien como** en la de seda.	*But in this one you don't look as good as in the silk one.*

A practicar! ■ ▲ ●

A. ¡Somos iguales!　You have found friends at the **Universidad de Guadalajara** who are very much like you. Tell what you have in common with the following people.

> **Modelo**　yo / activo / Juan
> **Yo soy tan activo como Juan.**

1. María / atlético / yo
2. tus amigos / popular / yo
3. yo / divertido / tus amigos
4. papá / rico / el papá de Isabel
5. mamá / guapo / la mamá de Juana
6. yo / conservador / Antonio

B. ¡Tanto como tú!　María, a new friend of yours at the **Universidad de Guadalajara,** always wants to keep up with her friends. What does she do to be exactly like her friends?

> **Modelo**　María / comprar / zapatos / Carmen
> **María compra tantos zapatos como Carmen.**

1. María / comprar / ropa / Beatriz
2. María / leer / libros / Isabel
3. María / tener / amigos / José
4. María / trabajar / horas / Miguel
5. María / ganar / dinero / Samuel
6. María / organizar / fiestas / Paco

C. Son gemelas.　The family you are staying with in Guadalajara has identical teenage twins, Tere and Pepa. Compare the two of them.

> **Modelo**　ropa
> **Tere tiene tanta ropa como Pepa.**
> simpático
> **Tere es tan simpática como Pepa.**

1. zapatos
2. inteligente
3. rubio
4. alto
5. blusas y faldas
6. libros

Paso 3　4.5 Idioms with *tener*

Expressing feelings, obligations, and age

An idiom is a group of words with a clear meaning in one language that, when translated word for word, doesn't make any sense or sounds strange in another language. For example, in English the expression *to be tied up at the office* means "to be busy" and not "to be tied up with ropes." Many ideas, both in English and in Spanish, are expressed with idioms and simply must be learned. Literal translation does not work with idioms.

Following is a list of idioms with the verb **tener** that are frequently expressed with the verb *to be* in English.

tener calor	*to be hot*
tener éxito	*to succeed; to be successful*
tener frío	*to be cold*
tener hambre	*to be hungry*
tener miedo de	*to be afraid of*
tener prisa	*to be in a hurry*
tener razón	*to be right*
no tener razón	*to be wrong*
tener sed	*to be thirsty*
tener sueño	*to be sleepy*
tener suerte	*to be lucky*
tener... años	*to be . . . years old*

Tengo mucha prisa ahora.	*I'm in a big hurry right now.*
Tenemos mucho calor y los niños **tienen mucha sed.**	*We're very hot, and the children are very thirsty.*

Other frequently used idioms with **tener** are the following:

tener que + *infinitive*	*to have to do (something)*
tener ganas de + *infinitive*	*to feel like doing (something)*

Tengo que estudiar ahora.	*I have to study now.*
No tengo ganas de comer.	*I don't feel like eating.*

¡A practicar! ■ ▲ ●

A. Asociaciones. Write the **tener** idioms you associate with a friend and each of the following.

> **Modelo**   1 + 4 = 7
> **No tiene razón.**

1. Frankenstein
2. Alaska
3. hamburguesa
4. Puerto Vallarta: 90°F
5. 5 – 5 = 0
6. Las Vegas o Atlantic City
7. dos y media de la mañana

B. ¿Qué les pasa? Select the response that best explains each description.

1. La señora Rivera dice que necesita su suéter inmediatamente.
   a. Tiene frío.
   b. Tiene miedo.
   c. Tiene suerte.

2. El señor González necesita agua bien fría, ¡pronto!
   a. Tiene hambre.
   b. Tiene razón.
   c. Tiene sed.

3. Hace tres días que los niños no comen nada.
   a. Tienen prisa.
   b. Tienen hambre.
   c. Tienen éxito.

4. ¡Mi autobús sale en un minuto!
   a. Tengo que dormir.
   b. Tengo que leer.
   c. Tengo prisa.

5. Mi profesora insiste en que América se descubrió en 1492.
   a. Tiene prisa.
   b. Tiene razón.
   c. Tiene miedo.

6. ¡El señor Peña regresa de Las Vegas con cinco mil dólares!
   a. Tiene sueño.
   b. Tiene suerte.
   c. No tiene ganas.

4.6 Preterite of *ir, ser, poder,* and *tener*

Narrating in past time

The preterite is a past tense in Spanish. It is used to talk about what has already happened.

ir/ser	
fui	fuimos
fuiste	fuisteis
fue	fueron
fue	fueron

poder	
pude	pudimos
pudiste	pudisteis
pudo	pudieron
pudo	pudieron

tener	
tuve	tuvimos
tuviste	tuvisteis
tuvo	tuvieron
tuvo	tuvieron

Nosotros **fuimos** ayer.	*We went yesterday.*
¿Cuándo **fue** la fiesta?	*When was the party?*
No **pude** ir.	*I wasn't able to go.*
Ellos no **tuvieron** tiempo.	*They didn't have time.*

A. The preterite of **poder, tener,** and most irregular verbs is formed by adding **-e, -iste, -o, -imos, -isteis, -ieron** to their irregular stems: **poder: pud-,** and **tener: tuv-.**

B. The preterite forms of **ser** and **ir** are identical. Context will clarify the meaning.

Anoche **fuimos** a ver la película	*Last night we went to see the movie*
Lo que el viento se llevó.	Gone with the Wind.
Vivien Leigh **fue** la actriz principal.	*Vivien Leigh was the leading actress.*
Fuimos solos.	*We went alone.*

¡A practicar! ■ ▲ ●

A. ¡Qué rutina! You had a busy schedule yesterday. How busy was it?

   Modelo   Yo _____ (tener) tres clases por la mañana.
                 Yo tuve tres clases por la mañana.

1. A las ocho _____ (tener / yo) un examen.
2. El examen _____ (ser) largo y muy difícil.

3. Yo no _____ (poder) terminarlo.
4. Por la tarde, yo _____ (ir) a mi trabajo.
5. Mi compañero no _____ (poder) ir a trabajar.
6. Entonces Miguel y yo _____ (tener) que trabajar hasta la noche.
7. ¡_____ (ser) un día terrible!

B. Y ahora... de vacaciones. You just returned from spending two weeks traveling in Mexico with a friend. Now you are sharing your experience with your parents.

Nuestras vacaciones a México _____ (ser) excelentes. _____ (Poder / nosotros) visitar muchos lugares. Cerca de la Ciudad de México, _____ (ir / nosotros) a las ruinas de Teotihuacán. Allí Tomás _____ (poder) sacar fotografías extraordinarias, especialmente de las Pirámides del Sol y de la Luna. Cuando yo _____ (ir) al Museo Nacional de Antropología, _____ (poder / yo) comprar muchos recuerdos *(souvenirs)*. El arte de México es fenomenal.

CAPÍTULO 5

¡Hogar, dulce hogar!

1

3

Cultural Topics

- **¿Sabías que...?**
  Hispanic last names
  Beef production in Argentina
  Córdoba, Argentina's second largest city
- **Noticiero cultural**
  Lugar: *Argentina*
  Gente: *«Evita»*
- **Lectura:** *Poema «Voy a dormir» de Alfonsina Storni*

  Video: *Buenos Aires, ¡al ritmo de un tango!*

  Viajemos por el ciberespacio a...
  Argentina

Listening Strategies

- Recognizing suffixes

Reading Strategies

- Interpreting punctuation in poetry

Writing Strategies

- Being precise

En preparación

- 5.1 Adverbs of time
- 5.2 Prepositions
- 5.3 **Ser** and **estar:** A second look
- 5.4 Comparisons of inequality
- 5.5 **Por** and **para:** A first look

  CD-ROM:
  Capítulo 5 actividades

Argentina

- describe your family.
- inquire about renting an apartment.
- describe an apartment and its furnishings.
- describe how you and people you know have changed.
- compare and contrast personal qualities and characteristics.
- describe how to get to a particular place.

1 El barrio «La Recoleta» en Buenos Aires

2 El barrio «La Boca» en Buenos Aires

3 Un barrio moderno de Buenos Aires

Lo que ya sabes... ■ ▲ ●

1. Describe la segunda foto. ¿Qué te llama la atención? En tu opinión, ¿qué tipo de gente vive en este barrio? ¿Hay barrios similares en EE.UU.? ¿en tu ciudad?

2. Compara la foto del barrio «La Recoleta» con la del barrio «La Boca». ¿Cómo crees que es la gente que vive en estos dos barrios?

3. Describe el barrio moderno. En tu opinión, ¿cómo es la gente que vive en este barrio? ¿Crees que los edificios donde vivimos dicen algo de nuestra personalidad? ¿Qué dice la casa de tus padres de tu personalidad?

Paso 1 ¡Por fin en la «U»!

Tarea

Antes de empezar este *Paso*, estudia *En preparación*

☐ 5.1 Adverbs of time

☐ 5.2 Prepositions

☐ Haz por escrito los ejercicios de *¡A practicar!*

☐ Escucha la sección *¿Qué se dice...?* del Capítulo 5, Paso 1 en el CD

¿Eres buen observador?

Con Mobileffe puedes hacer caso a tu corazón.

Efectivamente estás ante un producto distinto y mejor, que te gusta por muchas razones que no debes ignorar.

1. Trabajamos con criterios de calidad artesanal.
2. Incorporamos el más cuidado diseño italiano.
3. Nos adaptamos a tu espacio y no al revés.
4. Somos los únicos que garantizamos de por vida.
5. Puedes disponer el interior a tu gusto.
6. Tenemos una gran relación calidad-precio.
7. Tenemos todos los accesorios imaginables.
8. En color y materiales tienes mucho donde elegir.
9. Incorporamos las técnicas más modernas: antipolvo, antitóxicas y ecológicas
10. Y porque 25 años de experiencia se notan.

SPOGLIO & VESTO.
UN NUEVO CONCEPTO: ARMARIO Y VESTIDOR TODO EN UNO

mobileffe
NO HABRÁ OTRO ARMARIO COMO EL TUYO

Ahora, ¡a analizar! ■ ▲ ●

1. ¿Para qué producto es este anuncio?
2. ¿Cuál es el significado de «armario y vestidor»? ¿Por qué dice que son «todo en uno»?
3. Explica en tus propias palabras las diez razones que no debes ignorar.

¿Qué se dice...?

Al buscar un departamento*

El departamento...

se anunció en _____ .

está _____ de la universidad.

está cerca de una _____ y una _____ .

está _____ dos plazas.

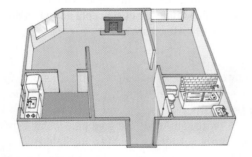

DOLORES	¿Cuántas habitaciones tiene?
SEÑOR P.	Cuatro: un dormitorio, sala, comedor y cocina... y un baño, por supuesto.
DOLORES	¿Está amueblado?
SEÑOR P.	No, no incluye muebles.
DOLORES	¿Cuánto es el alquiler?
SEÑOR P.	Es barato, sólo 495,00 pesos al mes. Eso incluye garaje.
DOLORES	¿Está desocupado y disponible ahora?
SEÑOR P.	Está desocupado y puede mudarse a fines de este mes.
DOLORES	¡Ah! Una pregunta más. ¿Permite animales domésticos? Tengo una linda gatita.
SEÑOR P.	Lo siento, señorita, pero no permito ni gatos ni perros.
DOLORES	¿No? Entonces, no me interesa. ¡Adiós!

---

* Argentines say **departamento** rather than **apartamento.**

Ahora Dolores está con sus amigas Claudia y Beatriz, la hermanastra de Claudia. Dolores está contándoles los problemas que tiene para encontrar un apartamento.

DOLORES   ¡Es terrible! Busco y busco y no encuentro nada. Nadie permite tener animales domésticos... y yo no puedo vivir sin mi gatita.

CLAUDIA   Calmate, che. No te preocupés. Vas a encontrar algo.

BEATRIZ   Claudia, papá tiene un edificio de departamentos y...

CLAUDIA   ¡Tenés razón, Beatriz! Escuchame, che. Mi padrastro siempre tiene departamentos disponibles, y él sí acepta animales domésticos pequeños.

DOLORES   ¡Bárbaro! ¡Llamémoslo en seguida!

A propósito...

En Argentina y Uruguay, tanto como en grandes partes de Paraguay, Guatemala, El Salvador, Costa Rica y en ciertas regiones de Nicaragua, Colombia, Chile, Bolivia y Ecuador, se usa el voseo, es decir, se sustituyen con el pronombre **vos** y sus formas verbales, las formas verbales de **tú.** Por lo tanto, en Argentina y en muchos de estos países dicen **sos** por **eres, tenés** por **tienes, venís** por **vienes, hablás** por **hablas,...** También usan expresiones como **che**, que viene del guaraní y significa **hombre** o **mujer,** y **chau,** que viene del italiano y significa **adiós.**

¿Sabías que...?

En los países hispanos es común usar dos apellidos *(last names),* por ejemplo, Castillo Torres. El primer apellido, en este caso Castillo, siempre es el apellido del padre; el segundo, Torres, es el apellido de la madre.

Si piensas que el apellido Gambarini suena más italiano que español y que el apellido Gunther suena alemán, tienes razón. A principios del siglo *(century)* pasado muchos europeos inmigraron a Argentina y, por lo tanto, un gran porcentaje de la población argentina no tiene apellidos hispanos sino italianos, alemanes, ingleses...

Ahora, ¡a hablar! ■ ▲ ●

A. ¿Quién es quién? En la familia de Dolores, ¿cómo están relacionadas las siguientes personas? (La relación indicada entre paréntesis es la de cada persona con Dolores.)

Modelo   Andrés con Dolores, Mónica y Víctor Hugo

Andrés es el primo de Dolores, el hermano de Mónica y el primo de Víctor Hugo.

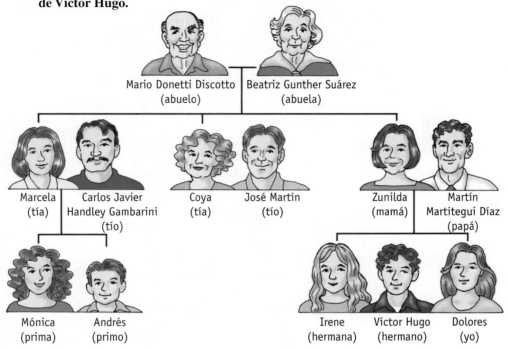

1. Carlos Javier con Coya, Andrés e Irene
2. Marcela con Coya, Zunilda y Mario
3. Beatriz con José Martín, Andrés e Irene
4. Zunilda con Marcela, Mónica y Dolores
5. Mario con José Martín, Andrés y Víctor Hugo
6. Coya con José Martín, Mario y Mónica

B. ¿Con qué frecuencia? Pregúntale a un(a) compañero(a) con qué frecuencia hace estas cosas.

EP 5.1

Modelo   ir al banco

TÚ   **¿Con qué frecuencia vas al banco?**
COMPAÑERO(A)   **Voy al banco una vez a la semana.**

siempre   todos los días   a veces   nunca

1. organizar fiestas en su casa
2. ir a clase
3. hacer la tarea
4. dormir en la clase
5. estudiar
6. ir a la biblioteca

EP 5.2

C. ¿Mi habitación? Te interesa mucho alquilar un apartamento en el edificio donde vive tu compañero(a) de clase. Hazle preguntas para conseguir toda la información que necesitas sobre el apartamento.

1. ¿Dónde está el apartamento? ¿Cuál es la dirección exacta?
2. ¿Está lejos o cerca de la universidad? ¿del centro?
3. ¿Está cerca de una parada de autobús?
4. ¿Cuántas habitaciones tiene?
5. ¿Está amueblado? ¿Qué muebles tiene?
6. ¿Son nuevos o viejos los muebles?
7. ¿Es caro? ¿Cuánto es el alquiler?
8. ¿Está desocupado ahora?
9. ¿Permiten animales domésticos?

 EP 5.2

D. ¿Dónde está la gatita? Perla, la gatita de los Martitegui Donetti, es muy activa. ¿Puedes decir dónde está ahora?

Modelo   **La gatita está encima de la nevera.**

1. _____   2. _____

3. _____   4. _____

5. _____   6. _____

7. _____   8. _____

Y ahora, ¡a conversar! ■ ▲ ●

A. ¿Mi familia? Dibuja el árbol genealógico de tu familia, siguiendo el modelo del ejercicio A de la sección anterior. Luego, sin permitir que nadie lo vea, descríbele tu árbol a un(a) compañero(a) mientras él (ella) lo dibuja. Cuando termines de describirlo, compara tu dibujo con el dibujo de tu compañero(a) para ver si lo explicaste bien. Finalmente, repite el proceso pero esta vez tú debes dibujar mientras tu compañero(a) describe su árbol genealógico.

B. La casa de tus padres. Describe la casa / el apartamento de tus padres. Di dónde está cada cuarto en relación con los otros.

> **Modelo**   cocina / baño
>   **La cocina está lejos del baño.**

1. cocina / sala   4. recámara / sala
2. comedor / cocina   5. entrada / cocina
3. sala / baño   6. garaje / comedor

C. Mi habitación. Dibuja tu habitación. Incluye todos los muebles, ventanas, closet (ropero/armario), televisor, etc. Luego, en una segunda hoja de papel dibuja un esquema *(outline)* de tu habitación e indica el sitio de la cama, nada más. Dale el esquema a tu compañero(a) y mientras tú describes tu habitación, mencionando el sitio de cada objeto, tu compañero(a) va a dibujar todos los muebles en su lugar. Al terminar, compara tu dibujo original con el de tu compañero(a) para ver si explicaste bien. Repitan el proceso, pero esta vez tu compañero(a) describe su habitación y tú dibujas.

¡Luz! ¡Cámara! ¡Acción! ■ ▲ ●

A. ¡Es demasiado caro! Tú y un(a) amigo(a) van a ser estudiantes de la Universidad de Buenos Aires y necesitan un departamento para el próximo semestre. Van a hablar con el dueño de unos departamentos. Hacen muchas preguntas sobre el lugar, el tamaño, los muebles, el precio y la disponibilidad del departamento. En grupos de tres, escriban la conversación que tienen. Luego léanla delante de la clase.

B. Un perrito encantador. Un matrimonio *(married couple)* joven en Buenos Aires necesita un departamento para tres: ellos dos y Chuchi, un perrito encantador. En grupos de tres, el matrimonio y el (la) dueño(a), dramaticen esta situación.

¿Comprendes lo que se dice?

Estrategias para escuchar: Reconocer sufijos

In **Capítulo 4** *you learned to listen for stress variations (accents) in English and Spanish cognates. You will recognize more cognates if you learn to listen for corresponding suffixes or word endings. For example,* **-mente** *in Spanish corresponds to* -ly *in English. Following is a list of three corresponding suffixes in Spanish and English. Recognizing these suffixes makes cognates much easier to understand.*

Español	Inglés	Español	Inglés
perfecta**mente**	*perfectly*	**-mente** =	*-ly*
generosi**dad**	*generosity*	**-dad** =	*-ty*
urg**ente**	*urgent*	**-ente** =	*-ent*

Reconocer sufijos. Escucha la conversación de Guillermo, un estudiante universitario, con su amiga Dolores. *(With a partner, see how many* **-mente, -dad,** *and* **-ente** *cognates you can recognize. Write them down and share your list with the rest of the class.)*

¿Está disponible? Vuelve a escuchar la conversación de Guillermo con su amiga Dolores. Luego compara el lugar donde tú vives ahora con el nuevo apartamento de Guillermo. Describe tu alojamiento en la columna de la izquierda, el de Guillermo en la columna de la derecha y lo que tienen en común en la columna del medio.

Lugar donde yo vivo	Ambos lugares	Apartamento de Guillermo
1.	1.	1.
2.	2.	2.
3.	3.	3.
4.	4.	4.
5.	5.	5.
…	…	…

Viajemos por el ciberespacio a... ARGENTINA

If you are a cyberspace surfer, try entering one of the following key words to get to many fascinating sites in **Argentina:**

Punta Tombo   Glaciares de Argentina   Buenos Aires

Or, better yet, simply go to the *¡Dímelo tú!* Web site using the following address:

http://dimelotu.heinle.com

There, with a simple click, you can

- visit **Punta Tombo,** the world's most important breeding colony of Magellan penguins.
- see the **Perito Moreno** Glacier, one of the few advancing glaciers in the world.
- tour **Buenos Aires,** the "Paris" of the Americas.

Tucumán
Córdoba
Rosario
Mendoza
Buenos Aires
La Plata
Viedma
Bahía
Blanca
Carmen de
Patagones
Argentina

NOTICIERO
CULTURAL

LUGAR... Argentina

Antes de empezar, dime... ■ ▲ ●

Contesta estas preguntas para reflexionar un poco sobre EE.UU.

1. ¿Cuál es la población de EE.UU.? ¿Qué porcentaje de sus habitantes son de origen europeo? ¿de origen indígena?
2. ¿Ha tenido EE.UU. un dictador en control del gobierno alguna vez en su historia? Explica tu respuesta.
3. ¿Qué papel *(role)* o control tienen los militares en EE.UU.? ¿Imponen su voluntad o fuerza en el gobierno estadounidense? Explica tu respuesta.
4. ¿Qué papel tienen las mujeres en la política estadounidense?
5. ¿Qué probabilidades hay que una mujer llegue a ser presidenta de EE.UU. en el futuro cercano? Explica tu respuesta.

Las madres de la Plaza de Mayo, Buenos Aires

Argentina

Argentina es un país con una superficie de 2.808.602 kilómetros cuadrados, cuatro veces más grande que el estado de Texas, y con una población que sobrepasa los 30.000.000 de habitantes. Se considera uno de los países más avanzados de Latinoamérica.

Políticamente, como la mayoría de los países del continente, sufrió las consecuencias de una dictadura militar por muchos años. Una junta militar suspendió las elecciones generales y tomó el control del gobierno desde 1976 hasta 1983. En octubre de este último año, Argentina volvió a la democracia con el presidente Raúl Alfonsín en «La Casa Rosada» (que es «La Casa Blanca» de Argentina).

Las mujeres argentinas son una fuerza importante en el país y así, todos los jueves, todavía se reúnen Las Madres de la Plaza de Mayo, exactamente en ese lugar para reclamar y recordar a sus hijos y familiares desaparecidos durante el período militar.

Argentina es notable también por ser un país latinoamericano en el cual las mujeres se han destacado bastante en el campo de las letras. Podemos mencionar a mujeres liberadas como la poeta Alfonsina Storni (1892–1938); luchadoras por la gente del pueblo como la cantante Mercedes Sosa; cineastas como María Luisa Bemberg (1917–1995), que fue nominada para un Óscar por su obra *Camila;* cuentistas como la atrevida Luisa Valenzuela, quien se enfrenta con políticos tiranos en sus obras; vocalistas y guitarristas como Gabriela Anders; novelistas como Beatriz Guido y Marta Lynch y la lista continúa.

La Casa Rosada, Buenos Aires

Y ahora, dime... ■ ▲ ●

Contesta estas preguntas con un(a) compañero(a) de clase.

1. ¿Cómo se ha destacado la mujer argentina en el campo de las letras?
2. Prepara un esquema como el siguiente y complétalo con información de la lectura.

ARGENTINA

Geografía	Población	Gobierno
1.	1.	1.
2.	2.	2.
3.	3.	3.

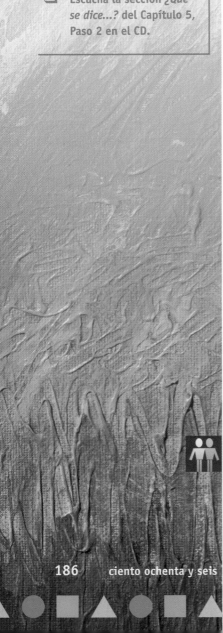

Tarea

Antes de empezar este *Paso*, estudia *En preparación*

☐ 5.3 *Ser* and *estar*: A second look

☐ Haz por escrito los ejercicios de *¡A practicar!*

☐ Escucha la sección *¿Qué se dice...?* del Capítulo 5, Paso 2 en el CD.

¿Eres buen observador?

1.250.000

personas ya conocieron el parque.

Vos,¿qué hacés que no venís? Promoción verano: entrada general de martes a viernes: $ 3; y los sábados, domingos y feriados: $ 6. Consultas para ventas grupales: Tel.: 856-1635. Horario: martes a domingos, y feriados de 11.00 a 1.00 hs. y los sábados seguí divirtiéndote en nuestros bares temáticos hasta las 4.00 hs. Estación Delta del Tren de la Costa. No te lo podés perder.

Ahora, ¡a analizar! ■ ▲ ●

1. ¿Para qué es este anuncio? ¿para un parque en Buenos Aires? ¿para un parque en la costa?
2. ¿Cuántas personas han visitado el parque? ¿Qué tipo de parque crees que es? ¿Por qué crees eso?
3. ¿Cuántos ejemplos del voseo hay en este anuncio? ¿Cuáles son?
4. ¿Cuántas horas al día está abierto el parque de martes a domingo? ¿Cuántas horas los sábados? Explica tu respuesta.

¿Qué se dice...?

Al describir la habitación

Indica con una **M** si la madre dice lo siguiente y con una **H** si la hija lo dice.

1. ____ ¡Es un desastre!
2. ____ Está sucio.
3. ____ Son de bonitos colores.

4. ____ Son muy cómodos.
5. ____ Están en malas condiciones.
6. ____ ¡Son de plástico!

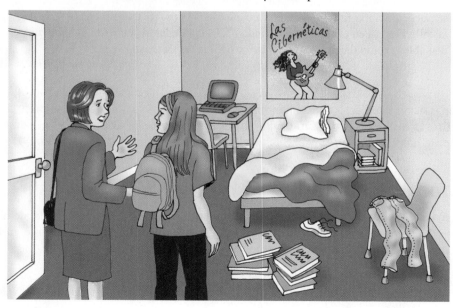

MADRE   Por Dios, Dolores. La habitación es tan pequeña y tan oscura. ¡No hay ni una ventana!

DOLORES   Así duermo mejor, mamá.

MADRE	¡Ay, hija! El baño está muy sucio.
DOLORES	¡Pero qué difícil estás hoy, mamá! No está sucio. Simplemente es tan viejo que es imposible limpiarlo.
MADRE	Es que no comprendo cómo podés vivir aquí, hija.
DOLORES	Estoy muy cómoda aquí. El departamento está en el centro, cerca de la calle Florida, del subte, en efecto, cerca de todo. Y mamá, con el dinero que vos y papá me dan, es imposible alquilar uno mejor.

¿Sabías que...?

La riqueza tradicional de Argentina viene de la exportación de carne *(meat)*. Un 52 por ciento del país se dedica a la ganadería *(cattle raising)*. Argentina es el líder mundial en producción de carne. Los argentinos consumen mucha carne y no hay fiesta sin una buena parrillada *(Argentine barbeque)*.

Un subproducto de la carne argentina es el cuero *(leather)*, y el lugar donde se puede comprar la última moda en cuero —zapatos, chaquetas, bolsos— es en la calle Florida en el centro de la ciudad. Es fácil llegar al centro en el subterráneo o «subte», como dicen los «porteños» o habitantes de Buenos Aires.

A propósito... Hay varias maneras de decir **apartamento** en español. Algunas son: **el departamento, el domicilio, la residencia, la habitación** o **el piso**. El cuarto donde se duerme es **el dormitorio, la habitación, la recámara, la alcoba, la pieza** o simplemente **el cuarto.**

Ahora, ¡a hablar! ■ ▲ ●

EP 5.3

A. ¡Pobre Zunilda! Zunilda, una estudiante de la Universidad de Palermo, acaba de mudarse *(just moved)* a un departamento, pero no le gusta. Para saber por qué no le gusta, completa este párrafo con la forma apropiada de **ser** o **estar.**

¡Este departamento _____ un desastre! En primer lugar, _____ demasiado lejos de la universidad. ¡_____ necesario tomar el autobús todos los días! Los muebles _____ muy sucios y la cocina _____ oscura. Las habitaciones no _____ limpias y _____ en malas condiciones. Además, el alquiler no _____ barato.

B. ¡No soporto ni un día más aquí! Zunilda, la estudiante de la Universidad de Palermo, acaba de alquilar *(just rented)* otro departamento, pero después de una semana, quiere dejarlo también porque encuentra muchos inconvenientes. ¿Cuáles son algunos de los problemas? ¿Qué dice el dueño?

EP 5.3

> **Modelos**   cocina / sucia
> **La cocina está muy sucia.**
> alquiler / demasiado caro
> **El alquiler es demasiado caro.**

Zunilda dice:

1. cocina / muy pequeña
2. muebles / malas condiciones
3. departamento / lejos de todo
4. alfombras / muy viejas
5. alquiler / demasiado caro

El dueño dice:

6. departamento / cerca / supermercado
7. alquiler / barato
8. habitaciones / grandes
9. sala y habitaciones / muy limpias
10. edificio / cerca / parada de autobús

C. ¿Y tu apartamento/casa? Entrevista a un(a) compañero(a); luego que él (ella) te entreviste a ti.

EP 5.3

Pregúntale…

1. cómo es su apartamento/habitación/casa
2. en qué condiciones está hoy
3. qué muebles hay en su cuarto
4. en qué condición están los muebles
5. dónde está el apartamento/habitación/casa
6. qué es lo mejor de su apartamento/habitación/casa
7. qué no le gusta

Y ahora, ¡a conversar! ■ ▲ ●

A. Un nuevo apartamento. Tu mejor amigo(a) asiste a otra universidad y tiene su propio apartamento. Ahora tú estás hablando por teléfono con él (ella) y tienes muchas preguntas para hacerle sobre su nuevo apartamento. Prepara una lista de las preguntas que le vas a hacer. Compara tu lista con la de dos compañeros(as) y luego combinen sus listas en una y léansela a la clase.

B. ¡Una casa ideal! Trabajas para una agencia de bienes raíces *(real estate)*. Tu compañero(a) está buscando una casa para comprar. Tú quieres encontrar la casa ideal para tu cliente. Para eso, vas a tener que conocer a tu cliente muy bien. Pregúntale sobre su profesión, sus pasatiempos, su personalidad y el tipo de casa que prefiere.

C. Encuesta. Usa este formulario para entrevistar a cinco compañeros acerca de sus habitaciones. Anota toda la información que te den. Al completar el formulario, formen grupos de cuatro o cinco y comparen sus resultados. Traten de decidir el promedio *(average)* de su grupo en cada categoría e informen a la clase.

Modelo **¿Dónde vives, en un apartamento, en una casa o en las residencias?**

Nombre	Habitación	Número de cuartos	Número de baños	Condición general	Alquiler por mes	Ventajas y desventajas
1.						
2.						
3.						
4.						
5.						

¡Luz! ¡Cámara! ¡Acción! ■ ▲ ●

A. ¡Ay, mis padres! Tus padres vienen a visitarte por primera vez en la universidad. Dan su opinión sobre tu apartamento. También quieren saber algo de tus actividades y de tus nuevos amigos. Finalmente te preguntan sobre tus planes para el próximo verano. Con dos compañeros(as), escriban la conversación que tienen. Luego léanla delante de la clase.

B. El nuevo apartamento. Suena el teléfono. Tú contestas. Es tu mejor amigo(a) que ahora asiste a otra universidad. Él (Ella) quiere saber, cómo es tu apartamento y qué planes tienes para el verano. Dramatiza la conversación con un(a) compañero(a).

¿Comprendes lo que se dice?

Estrategias para ver y escuchar: Anticipar información específica

In **Capítulo 3** *you learned that knowing what to listen for, or listening for specific information, aids listening comprehension considerably. You also learned that you can always get a good idea of what you can expect to see and hear in the video if you read the questions at the end of the viewing section before you view the video.*

Anticipar información específica. Lee las preguntas en **Después de ver el video.** Luego, usa esa información para escribir tres cosas que estás seguro(a) que se van a mencionar en el video y tres cosas que estás seguro(a) que vas a ver en el video. Vuelve a estas listas después de ver el video para confirmar si anticipaste correctamente o no.

Lo que vas a escuchar	Lo que vas a ver
1.	1.
2.	2.
3.	3.

Buenos Aires, ¡al ritmo de un tango!

Después de ver el video. Ahora mira el video y marca las expresiones que completen mejor cada oración.

1. Buenos Aires combina... al ritmo de un tango.

   ❑ música y baile   ❑ presente y futuro   ❑ barrios y monumentos

2. Los habitantes de Buenos Aires son conocidos como...

   ❑ emigrantes.   ❑ cosmopolitas.   ❑ porteños.

3. Por toda la ciudad de Buenos Aires hay...

   ❑ monumentos.   ❑ caminitos.   ❑ barrios italianos.

4. La Boca es un barrio de tradición italiana con...

   ❑ mucha historia.   ❑ casas coloridas.   ❑ artistas franceses.

5. Buenos Aires es conocida por muchos como...

   ❑ el París de Sudamérica.   ❑ el Pueblo de Río de la Plata.   ❑ La Boca.

Argentina

NOTICIERO

CULTURAL

GENTE... Eva Perón

Antes de empezar, dime... ■ ▲ ●

1. ¿Sabes quiénes son los actores principales de la película *Evita*? ¿Quién hace el papel de «Che» Guevara, el revolucionario argentino?
2. ¿Dónde conoce Perón a Evita?
3. ¿Cómo reacciona el pueblo argentino hacia la esposa del presidente Perón?
4. ¿Por qué hay oposición contra Madonna en el papel de Evita?

Eva Perón

Evita

Eva Perón es una figura de mucha controversia en la historia de Argentina. La gente o la rechaza con pasión extrema o la adora con fervor casi religioso. Era una ex actriz de humildes orígenes y de poco talento que se enamoró y en 1945 se casó con el entonces coronel Juan Domingo Perón. Eva Perón tuvo un importante papel en la primera campaña electoral de su esposo. Cuando él llegó a ser elegido presidente en 1946, muchos, en particular los de alta sociedad, no la aceptaron como esposa del presidente de la república. Pero ella nunca olvidó *(forgot)* ni su origen, ni al pueblo de trabajadores quienes sí la aceptaron. Estos la querían mucho y fueron quienes le dieron el nombre de Evita para mostrar el cariño *(affection)* que le tenían.

   Evita fue responsable de grandes cambios sociales en Argentina. Con ella como aliada, las mujeres argentinas obtuvieron el derecho al voto en 1947. Dos años después, por primera vez en la historia de Argentina, se nombró a siete mujeres al senado y a veinticuatro mujeres a la cámara de diputados. Desde la era de Evita la mujer argentina continúa teniendo gran fuerza política en el país.

    Su vida es objeto de la ópera-rock del compositor Andrew Lloyd Webber, que lleva el nombre de *Evita*. La película de *Evita*, como el personaje que representa, también ha sido objeto de muchas controversias. Entre otras cosas, hubo *(there was)* mucha oposición contra la actriz norteamericana Madonna en el papel de la venerada Eva Perón. Los argentinos que todavía la adoran con fervor decían *(said)* que una actriz con la personalidad, historia y fama de Madonna no debía *(shouldn't)* representar a su Evita. También decían que un actor hispano y no inglés, debía hacer el papel del ex presidente Juan Domingo Perón.

Madonna en la película *Evita*

Y ahora, dime... ■ ▲ ●

Usa estos cuadros para resumir los eventos más importantes en la vida de Eva Duarte de Perón.

Eva Duarte de Perón

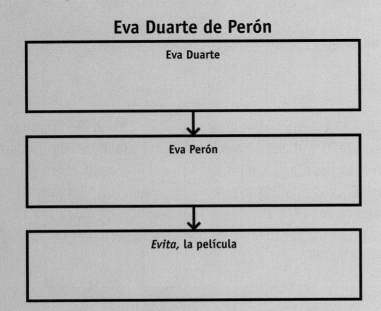

Eva Duarte

↓

Eva Perón

↓

Evita, la película

Viajemos por el ciberespacio a... ARGENTINA

If you are a cyberspace surfer, try entering one of the following key words to get to many fascinating sites in **Argentina:**

Música argentina / Músicos argentinos   Teatro Colón   Evita Perón

Or, better yet, simply go to the *¡Dímelo tú!* Web site using the following address:

http://dimelotu.heinle.com

There, with a simple click, you can

- listen to the music of some of Argentina's greatest musicians and singers: **Carlos Gardel, Osvaldo Pugliese, Aníbal Troilo,** and **Astor Piazzola.**
- attend weekly concerts in the **Teatro Colón,** one of the most beautiful theaters in the world.
- become more familiar with the extraordinary character of **Evita Perón.**

¿Te gusta escribir?

Estrategias para escribir: Precisar

In the previous chapter you learned that when writing advertisements, it is necessary to have a list of key words and phrases that must be worked into the advertisement. These key words or phrases usually contain the essence of the message to be conveyed. When writing advertisements, especially when writing classified ads, it is very important to be precise. Since space is limited and very costly in newspapers, classified ads must be expressed in very few words.

Estudia estos modelos y luego contesta las preguntas que siguen.

RECOLETA-S-piso   Parisino elegante L y C bcón corr 3 dorm 2 bños coc com-drio dep TE categoría U$$ 175.00 Montevideo 1722 2° A ver hoy y mañana 15–18 hrs 801-1823/7797

AV SANTA-FE 1179 piso 11° tel amplio 170m 3 dom (1 suite) ampl recep balc corr palier priv entr serv 2 bñ dep serv ap prof U$$ 195.00 v 15–18 476–1384

1. ¿Cuál departamento está en el segundo piso? ¿En qué piso está el otro?
2. ¿Cuál no tiene comedor?
3. ¿Cuál tiene más dormitorios? ¿más baños?
4. ¿Tienen chimeneas los dos? ¿Tienen balcón?
5. ¿A qué hora se pueden ver estos departamentos?

Ahora, ¡a escribir! ■ ▲ ●

A. Para precisar. Prepara una lista de toda la información esencial que debes incluir en un anuncio clasificado para alquilar el cuarto o apartamento donde vives ahora. Prepara una segunda lista de toda la información esencial que incluirías *(you would include)* en un anuncio para alquilar la casa o el apartamento de tus padres.

B. El primer borrador. Ahora prepara un primer borrador de dos anuncios clasificados: uno para alquilar tu cuarto o apartamento y otro para alquilar la casa o apartamento de tus padres. Compara tus anuncios con las listas originales para asegurarte que incluiste toda la información esencial. Para precisar, usa abreviaturas como en los dos modelos.

C. Ahora, ¡a compartir! Comparte tu primer borrador con dos o tres compañeros(as). Comenta sobre el contenido y el estilo de los anuncios de tus compañeros(as) y escucha los comentarios de ellos sobre tus anuncios. Si hay errores de ortografía o gramática, menciónalos.

D. Ahora, ¡a revisar! Si necesitas hacer unos cambios basados en los comentarios de tus compañeros(as), hazlos ahora.

E. La versión final. Prepara la versión final de tus anuncios en limpio y entrégala. Escribe la versión final en la computadora con un estilo periodístico, usando columnas de tres pulgadas *(inches)*.

F. ¡A publicar! Cuando ya estén listos, pon tus anuncios en la página de anuncios clasificados que tu profesor(a) va a proveer.

Paso 3 — ¡Qué delgada estás, hija!

Tarea

Antes de empezar este *Paso*, estudia *En preparación*

☐ 5.4 Comparisons of inequality

☐ 5.5 *Por* and *para:* A first look

☐ Haz por escrito los ejercicios de *¡A practicar!*

☐ Escucha la sección *¿Qué se dice...?* del Capítulo 5, Paso 3 en el CD.

¿Eres buen observador?

Otras secciones

Índice	Sec.	Pág.
Agenda cultural	4ª	9
Cine, teatro y música	4ª	1
Culto católico	1ª	19
Deportes	3ª	1
Economía	2ª	1
Farmacias de turno	4ª	9
Información general	1ª	20
Loterías y quinielas	1ª	23
Movimiento de aviones	4ª	9
Política	1ª	12
Servicios	4ª	9
Transp. fluvial de pasajeros	4ª	9
Televisión y FM	4ª	8
Avisos fúnebres	1ª	22
Remates	2ª	8

LA NACION

Bouchard 557, C.P. 1106
Tel. 319-1600   Fax 319-1611/12/13
E-mail: **lanacion@starnet.net.ar**
LA NACION On Line:
Argentina: **www.lanacion.com.ar**
EE.UU.: **www.lanacion.com**

Precio del ejemplar

Domingo	$	2,50
En Uruguay	$U	20,00
En Paraguay	₲	5000
En Brasil	R$	3,50
En Chile	$	1200
Recargo envío al interior	$	0,20

"(c) Año 1996, S.A. LA NACION. Dirección Nacional del Derecho de Autor, expediente N° 661893. Queda prohibida la reproducción total o parcial del contenido del presente diario."

Ahora, ¡a analizar! ■ ▲ ●

1. ¿De qué vas a informarte si lees la tercera sección? ¿la cuarta? ¿la quinta? ¿la sexta?
2. ¿En qué sección y en qué página puedes encontrar información sobre asuntos religiosos? ¿sobre las olimpiadas? ¿sobre programación en la tele? ¿sobre una película que quieres ver? ¿sobre una persona que acaba de morir?
3. ¿Cómo se llaman las dos secciones especiales en esta edición de domingo?

¿Qué se dice...?

Al hablar de cambios físicos o de personalidad

Indica con una **D** si lo siguiente se refiere a Dolores o con una **I** si se refiere a Irene, su hermana.

1. __D__ Está más delgada que su hermana.
2. __I__ Es la hermana mayor.
3. __D__ Necesita comer en casa.
4. __I__ Es más gordita.
5. __D__ Está más alta que su hermana.
6. __I__ No está en el aeropuerto.

MADRE	Ya conocés a tu hermana. Siempre está con su novio. Cuando no están juntos, se pasan la vida hablando por teléfono.
DOLORES	¿Así que tiene novio ahora? ¿Quién es?
MADRE	Es el primo de tu amigo Marco. No recuerdo cómo se llama.
DOLORES	¡Javier! ¿El hijo menor de don Anselmo que siempre pasa por la casa para ayudar a papá?

DOLORES	No lo puedo creer. ¡Javier! Pero es más feo que un sapo, ¡qué horror!
MADRE	¡Qué mala y exagerada sos! Para mí, Javier es bastante bien parecido. ¿Y vos? ¿Ya tenés novio?
DOLORES	No, pero tengo muchos amigos.

¿Sabías que...?

Córdoba es la segunda ciudad más grande de Argentina. Fue fundada en 1573. La Universidad de Córdoba, la primera universidad del país, fue fundada por los jesuitas en 1613. Debido a esta excelente universidad, Córdoba también es conocida por el apodo *(nickname)* de «La docta» *(The cultured one)*.

A propósito...

Argentina tiene un total de 17 idiomas indígenas. Aunque muchos de estos idiomas son hablados por un número muy reducido, los que tienen más hablantes son el quechua en el noreste del país, el mapuche con unos 40.000 indígenas, el guaraní y el toba con 15.000 indígenas cada uno y el mataco con unos 10.000 indígenas.

El lunfardo es la jerga *(slang)* que tiene su origen en los delincuentes de Buenos Aires, pero que ahora es popular con muchos de los jóvenes argentinos y uruguayos. Algunas palabras del lunfardo, como **guita**—dinero, **pibe**—chico, **morfar**—comer, y **pucho**—cigarro, ya han penetrado el habla cotidiana *(daily)* de los porteños.

Ahora, ¡a hablar! ■ ▲ ●

EP 5.4

A. Datos personales. Usa estos datos personales para comparar a Dolores con su amiga Marisa.

Modelo   pasatiempos: Dolores / Marisa
Dolores es más activa que Marisa.

Datos personales

	Dolores	**Marisa**
Fecha de nacimiento:	10.11.77	29.8.75
Estatura:	1 metro 65	1 metro 60
Peso:	54 kilos	57 kilos
Pelo:	castaño	rubio
Ojos:	verdes	negros
Pasatiempos:	tenis	leer
	fútbol	escuchar música
	béisbol	pasear
Películas favoritas:	películas de aventuras	películas de amor

1. peso: Dolores / Marisa
2. estatura: Dolores / Marisa
3. edad: Dolores / Marisa
4. peso: Marisa / Dolores
5. estatura: Marisa / Dolores
6. edad: Marisa / Dolores
7. pasatiempos: Marisa / Dolores
8. películas: Dolores / Marisa

EP 5.4

B. ¿Y tú? Compárate con tu hermano(a) en las siguientes categorías. Si eres hijo(a) único(a) *(only child)*, compárate con tu mejor amigo(a).

1. edad
2. estatura
3. número de amigos
4. pasatiempos favoritos
5. peso
6. paciencia
7. organización
8. personalidad

EP 5.5

C. Vamos de compras. Dolores y su amiga Marisa están hablando de sus planes para el fin de semana. Para saber qué dicen, completa el diálogo con **por** o **para**.

DOLORES	¿Por qué no vamos de compras esta tarde?
✳MARISA	¡Qué buena idea, che! Si querés, paso (por / para) tu casa a la una y media. ¿Adónde vamos?
DOLORES	Al Patio Bullrich, es mi centro comercial favorito. Sabés cómo llegar, ¿no?
✳ MARISA	Bueno, siempre voy allí (por / para) el subte (por / para) evitar el tráfico. Pero, a ver,... (por / para) llegar a Patio Bullrich, primero tenés que pasar (por / para) la Plaza San Martín. Luego si seguís (por / para) la Avenida del Libertador una buena distancia, llegás, ¿no?
DOLORES	No me preguntés a mí. Como no manejo, (por / para) mí, es siempre un misterio cómo llegar allí.
MARISA	Mirá, Dolores, ¿por qué no vamos (por / para) el subte? Es más fácil.

D. ¿Vienes a estudiar? Tú vas a estudiar en casa de un amigo esta noche pero no sabes cómo llegar a su casa. Ahora tu amigo te explica cómo llegar. Completa el párrafo con **por** o **para** si quieres saber lo que dice.

Para venir a mi casa debes caminar _por_ la calle Solano hasta el parque. Luego pasa _por_ el parque y camina al hospital. Ya sabes cómo llegar de allí. Si prefieres, puedes venir _por_ autobús. No es nada caro. El autobús pasa _por_ todo el parque y va directamente al hospital. _Para_ mí, es más práctico venir en bus.

Y ahora, ¡a conversar! ■ ▲ ●

A. ¡Qué cambios! ¿Has cambiado mucho desde hace diez años? Explica cómo has cambiado.

      Modelo **Ahora estoy más delgado(a). También estoy más alto(a) y menos…**

B. ¿Quién es? Compárate con otro(a) estudiante de la clase sin mencionar el nombre de esa persona. Continúa la comparación hasta que tu compañero(a) adivine con quién te estás comparando. Repitan el proceso al revés, tu compañero(a) hace la comparación y tú adivinas.

      Modelo **Es más alta y más rubia que yo. Pero yo soy más…**

C. ¡Más que yo! Usa este formulario para compararte en detalle con dos compañeros(as) de la clase. Primero completa la primera columna y luego entrevista a dos compañeros(as) para completar las otras dos columnas. Informa a la clase sobre los resultados.

	Yo	**Amigo(a) 1**	**Amigo(a) 2**
edad			
estatura			
personalidad			
pasatiempos			
clases			
trabajo			

¡Luz! ¡Cámara! ¡Acción! ■ ▲ ●

A. ¡Qué cambiado(a) estás! Tú estás en una reunión familiar hablando con dos primos. Ustedes reaccionan frente a cambios físicos y de personalidad que notan en varios de los parientes, tanto como en ustedes mismos. Con dos compañeros(as), escriban la conversación que tienen. Luego, léanla delante de la clase.

B. Vacaciones de verano. Tú estás hablando con dos amigos que no ves desde hace más de un año. Primero, ellos comentan cómo has cambiado en un año y tú comentas los cambios físicos que notas en ellos. Luego tú invitas a tus dos amigos a cenar en un restaurante nuevo. Ellos no saben dónde está y tienes que darles instrucciones para llegar allí.

¿Te gusta leer?

Estrategias para leer: Interpretación de la puntuación en poesía

When reading poetry, it is important to pay close attention to the punctuation of the poem. Because poetry is intended to be read aloud, the punctuation will let you know when, where, and how long to pause as you read. In this fragment of Alfonsina Storni's last poem, for example, there are three types of punctuation marks. What are they?

La puntuación en poesía. Estudia la puntuación de este poema para decidir cómo debe leerse.

1. Hay tres tipos de puntuación en el poema. En tu opinión, ¿cuál señala la pausa más larga? ¿la más corta?
2. Hay sólo un punto en el poema. ¿Cuántas oraciones *(sentences)* hay? Explica tu respuesta.

Lectura

La vida de **Alfonsina Storni** (1892–1938) es un reflejo de los problemas que confrontan las mujeres a principios del siglo XX en una sociedad totalmente dominada por el hombre. Storni toca estos temas muchos años antes del comienzo del Movimiento de Liberación Femenina.

Hija de inmigrantes europeos en Argentina, empieza a trabajar desde muy joven como maestra debido a los serios problemas económicos de su familia. Ya en 1912 Alfonsina desafía a la sociedad al ser madre soltera de su único hijo. Publica su primer libro en 1926, *La inquietud del rosal,* el que resulta en críticas y escándalo por las referencias al amor, sus relaciones y a la política.

Durante su vida y a través de su obra, Storni habla por las mujeres, diciendo que la relación entre el hombre y la mujer tiene que ser más intelectual y más balanceada. Lucha constantemente por los derechos de la mujer, incluyendo el derecho al voto, escribiendo muchos artículos al respecto.

En octubre de 1938, después de sufrir de cáncer por un largo período, Alfonsina Storni termina con su vida, caminando al mar y ahogándose. El día antes de morir, escribe el siguiente poema, el que envía al periódico y es publicado el mismo día de su muerte:

Voy a dormir
(fragmento)

Voy a dormir, nodriza° mía,
acuéstame°
Ponme una lámpara a la
cabecera; °
una constelación; la que te
guste;
todas son buenas; bájala un poquito.

° wet nurse

° put me to bed

° headboard

A ver si comprendiste ■ ▲ ●

Contesta estas preguntas basándote en el poema de Alfonsina Storni.

1. ¿Cuándo escribe Alfonsina Storni este poema? ¿Qué pasa al día siguiente?
2. ¿Qué significa «Voy a dormir»?
3. ¿Qué relación hay entre la lámpara y la constelación? ¿Por qué le pide a la nodriza que baje la lámpara?
4. ¿Qué tipo de mujer crees que fue Alfonsina Storni? ¿tradicional? ¿austera? ¿religiosa? ¿liberal? Explica.

Viajemos por el ciberespacio a... ARGENTINA

If you are a cyberspace surfer, try entering one of the following key words to get to many fascinating sites in **Argentina:**

Museos de Argentina   Periódicos argentinos   Cine argentino

Or, better yet, simply go to the *¡Dímelo tú!* Web site using the following address:

http://dimelotu.heinle.com

There, with a simple click, you can

- view the permanent exhibit at the **Museo Nacional de Bellas Artes** and find out what temporary exhibits are there now.
- get up-to-the-hour news from the most prestigious **periódicos argentinos.**
- learn about the **cine argentino.**

Vocabulario ■▲●■▲●■▲

Apartamento/Departamento

alfombra	*carpet*
amueblado(a)	*furnished*
cama	*bed*
chimenea	*fireplace*
comedor (m.)	*dining room*
condición	*condition*
cuarto de baño	*bathroom*
disponible	*available*
dormitorio	*bedroom*
dueño(a)	*landlord/lady*
entrada	*entrance*
espejo	*mirror*
garaje (m.)	*garage*
lámpara	*lamp*
mueble (m.)	*(piece of) furniture*
nevera	*refrigerator*
piscina	*swimming pool*
recámara	*bedroom*
sofá (m.)	*sofa*
televisor (m.)	*TV set*
ventana	*window*

Ciudad

avenida	*avenue*
calle (f.)	*street*
centro	*downtown*
centro comercial	*shopping center*
cuadra	*city block*
iglesia	*church*
parada de autobús	*bus stop*
parque (m.)	*park*
supermercado	*supermarket*
tráfico	*traffic*

Datos personales

apellido	*last name*
dirección	*address*
edad (f.)	*age*
estatura	*height*
ojos	*eyes*
pelo	*hair*
peso	*weight*

La familia

abuela	*grandmother*
abuelo	*grandfather*
abuelos	*grandparents*
cuñada	*sister-in-law*
cuñado	*brother-in-law*
hermana	*sister*
hermano	*brother*
hermanos	*siblings*
hija	*daughter*
hijo	*son*
hijos	*children*
madre (f.)	*mother*
padre (m.)	*father*
padres	*parents*
hermanastra	*stepsister*
hermanastro	*stepbrother*
madrastra	*stepmother*
padrastro	*stepfather*
pariente (m.)	*relative*
primo(a)	*cousin*
tía	*aunt*
tío	*uncle*

Descripción

cómodo(a)	*comfortable*
desocupado(a)	*unoccupied*
fuerte	*strong, loud*
malo(a)	*bad*
mayor	*older*
mejor	*better*
menor	*younger*
oscuro(a)	*dark*
peor	*worse*
sucio(a)	*dirty*
viejo(a)	*old*

Animales

gatito(a)	*small cat*
gato(a)	*cat*
perro(a)	*dog*
sapo	*toad*

Preposiciones: Sitio

a la derecha de	*to the right*
a la izquierda de	*to the left*
al lado de	*beside*
cerca de	*near*
debajo de	*under*
delante de	*in front of*
después de	*after*
detrás de	*behind*
en	*on, in*
encima de	*on top of*
enfrente de	*facing, opposite*
entre	*between*
junto a	*next to, by*
lejos de	*far from*
sobre	*over, on top of*

Otras preposiciones

a	*to*
para	*for, (in order) to*
por	*for, by, through*
sin	*without*

Verbos

permitir	*to permit*
poner	*to put*
prometer	*to promise*
recordar (ue)	*to remember*

Adverbios

ahora	*now*
con frecuencia	*frequently*
entonces	*then*
hoy	*today*
mensualmente	*monthly*
sólo	*only*
tan	*so*
tarde	*late*
temprano	*early*

Palabras y expresiones útiles

¡Ay!	*Oh!*
cosa	*thing*
dólar (m.)	*dollar*
fecha	*date (on a calendar)*
¡Hogar, dulce hogar!	*Home, sweet home!*
paciencia	*patience*
plástico	*plastic*
por supuesto	*of course*
¡Qué desastre!	*What a mess!*

En preparación 5

Paso 1

5.1 Adverbs of time

Expressing time and frequency

Adverbs are words that qualify or modify an adjective, a verb, or another adverb. There are many types of adverbs. Some common adverbs of time are the following:

ahora	siempre
anoche/de noche	tarde
a veces	temprano
nunca	todos los días

Ahora necesito ver la casa.

Siempre pedimos el alquiler con un mes de adelanto.

I need to see the house now.

We always ask for the rent one month in advance.

¡A practicar! ■ ▲ ●

A. ¿Cuándo? Answer the following questions telling with what frequency you do these things.

1. ¿Vas al cine?
2. ¿Estudias en la biblioteca?
3. ¿Almuerzas en la universidad?
4. ¿Preparas tu comida?
5. ¿Llamas a tus padres?
6. ¿Preparas tu lección de español?
7. ¿Regresas a casa después de una fiesta?

B. ¿Cuándo puedo verlo? You will be spending your junior year abroad at the **Universidad de Córdoba** in Argentina. You are there now and have found several apartment possibilities. When can you see them?

1. today at 10:30 A.M.
2. Saturday, early in the morning
3. tonight at 8:30 P.M.
4. today early, at 2:00 P.M.
5. today late, at 8:00 P.M.

5.2 Prepositions ⊖⊖

Describing the position of things

Prepositions express relationships with respect to time, place, material, and possession, among others. The relationships may be between things or between nouns or pronouns and the adjectives or verbs that refer to them. Following are some of the most commonly used prepositions. Note that compound prepositions are always two or more words, while simple prepositions always consist of one word.

Compound prepositions	
a la izquierda (derecha) de	*to the left (right)*
al lado de	*next to, beside*
antes de	*before*
cerca de	*near*
debajo de	*under*
delante de	*in front of*
después de	*after*
detrás de	*behind*
encima de	*on top of*
enfrente de	*facing, opposite*
lejos de	*far from*

Simple prepositions	
a	*to, at (with time)*
con	*with*
de	*of, from*
en	*in, at*
entre	*between*
para	*for, in order to*
por	*for, by*
sin	*without*
sobre	*on, above*

El apartamento está **detrás del** supermercado.

The apartment is behind the supermarket.

También está **cerca de la** universidad.

It's also near the university.

¡A practicar! ■ ▲ ●

A. A estudiar. Julia, a new friend of yours at the **Universidad de Córdoba,** is walking out of her apartment. To find out what she plans to do, complete this paragraph with appropriate prepositions.

Ahora voy _____ la biblioteca. Voy _____ estudiar _____ Inés.

Necesito el libro _____ física que está _____ mi mochila. Por la tarde

tengo una hora libre *(free)* _____ la clase de química y la de física. La cafetería

está _____ *(far from)* el gimnasio pero _____ el laboratorio de química.

Pero, ¿dónde está la clase de español? ¡Ah! Está _____ el laboratorio de lenguas.

B. ¿Dónde está? You still have not found an apartment in Córdoba. Right now you are calling three apartment owners to find out where their buildings are located. What do they tell you?

1. El edificio está... *(at Corrientes # 162, behind the library and to the right of the supermarket).*
2. El departamento está... *(in front of the tall building at San Isidro # 145, not far from downtown).*
3. La residencia está... *(at Rivadavia # 66, to the left of the new supermarket).*
4. La oficina está... *(to the right, near the park).*
5. El hospital está... *(next to the office).*

Paso 2

5.3 *Ser* and *estar*: A second look ⊖⊖

Describing people and things and telling time

A. Ser is used

- with adjectives to describe physical traits, personality, and inherent characteristics.

  Tu habitación **es** grande.
  Mamá **es** muy particular.
  Los muebles viejos **son** más cómodos.

- to identify people or things. *(profession)*

  Yo **soy** estudiante de química y éstos **son** mis libros de texto.

- to express origin and nationality.

  Somos de Bariloche; **somos** argentinos.

- to tell of what material things are made.

  ¡Los muebles **son** de plástico!

- to tell time.

  ¡Ya **son** las nueve!

- with impersonal expressions.

  ¿**Es** necesario vivir aquí?

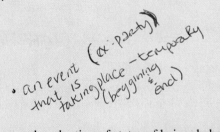

an event (ex: party) that is taking place — temporary (beggining & end)

B. Estar is used

- with adjectives to describe temporal evaluation of states of being, behavior, and conditions.

  Hijo, **estás** imposible hoy. *(behavior)*
  El baño **está** sucio. *(condition)*

- to indicate location.

  El apartamento **está** cerca del centro.

- to form the progressive tense.

  Carlos **está limpiando** el apartamento.

¡A practicar! ■ ▲ ●

A. ¡Pobre Eva! Complete the following paragraph with the appropriate form of **ser** or **estar** to see why Eva is so miserable today.

Eva y Ramón _____1_____ en la cafetería. _____2_____ hablando de su vida en
Buenos Aires. Ellos _____3_____ de Rosario, pero ahora _____4_____ en la capital.
Ellos _____5_____ estudiantes de la universidad. Eva _____6_____ inteligente y
generalmente ella _____7_____ muy simpática pero hoy _____8_____ antipática. Eva

_____9_____ furiosa porque Ramón ____10____ muy ocupado y no puede salir con
ella esta noche. Ramón tiene un examen importante mañana y él ____11____ muy
nervioso. ¡Pobre Eva!

B. ¡Qué desastre! Complete the following paragraph with the appropriate form of **ser** or
estar to see why Mario is so nervous.

Mario ____1____ un estudiante de filosofía. Él ____2____ de Mendoza;
____3____ argentino. Hoy ____4____ muy nervioso porque sus padres vienen a
visitarlo en media hora. Ahora ____5____ las diez de la mañana y Mario y sus
compañeros de cuarto ____6____ muy ocupados. Todos ____7____ limpiando la
casa porque ____8____ muy sucia. ____9____ difícil porque la casa ____10____
bastante grande. Ahora Mario ____11____ en la cocina y sus dos compañeros
____12____ limpiando los baños.

5.4 Comparisons of inequality ⬡⬡

Paso 3

Comparing and contrasting

A. With the exception of four irregular forms, comparisons are made with **más** and
menos in Spanish. **Más** is the comparative of superiority, and **menos** is the comparative of inferiority.

> **más / menos** + (adjective / noun / adverb) + **que**

Mi hermana es **más alta que** yo.	*My sister is taller than I.*
Tú pagas **menos alquiler que** nosotros.	*You pay less rent than we do.*
Sí, pero tu apartamento está **más cerca que** el de nosotros.	*Yes, but your apartment is closer than ours.*

Note that **más** and **menos** always precede the adjective, noun, or adverb being used to
compare.

B. There are four adjectives with irregular comparatives.

mayor	*older*	menor	*younger*
mejor	*better*	peor	*worse*

¿Conoces a mi hermano **menor**?	*Do you know my younger brother?*
Este apartamento es **peor** que el otro.	*This apartment is worse than the other one.*
¿Quién es **mayor,** tú o yo?	*Who's older, you or me?*

¡A practicar! ■ ▲ ●

A. Sudamérica. Complete the following comparisons of South American countries. You may want to refer to the map in front of your textbook.

1. Venezuela es _____ grande _____ Ecuador.
2. Bolivia está _____ al norte _____ Paraguay.
3. En Colombia hay _____ plantaciones de café _____ en Perú.
4. La población de Uruguay es _____ numerosa _____ la población de Argentina.
5. El número de indígenas en Perú es _____ grande _____ el número de indígenas en Argentina.
6. En Chile hay _____ islas _____ en Perú.

B. Mi apartamento. Compare the apartment or house where you live now to your parent's apartment or house.

> **Modelo**   ¿Cuál es más pequeño?
> **Mi apartamento (casa) es más pequeño(a) que la casa de mis padres.**

1. ¿Cuál es más grande?
2. ¿Cuál está menos desordenado?
3. ¿Cuál es más cómodo?
4. ¿Cuál es más moderno?
5. ¿Cuál está más limpio?

5.5 *Por* and *para:* A first look ⊖⊖

Expressing direction and means

The prepositions **por** and **para** have many English equivalents, including *for*. **Por** and **para** are not interchangeable, however. Study the following English equivalents of **por** and **para**.

Por

■ *By, by means of*

En partes de Argentina, ¿es preferible viajar **por** tren?
Dolores y su madre siempre se comunican **por** teléfono.

■ *Through, along, on*

Tengo que pasar **por** la Plaza de Mayo.
¿Sigo **por** la Avenida del Libertador?
Voy **por** esta calle para llegar a Patio Bullrich.

Para

■ *In order to*

Para llegar a Palermo, ¿necesito tomar el bus?
Voy a tomar café **para** no dormirme.

■ *For, as in a point of view or in relation to others* (opinion)

Para mí, es mejor ir caminando.
Para ellos no es bueno caminar.

¡A practicar! ■ ▲ ●

A. ¡Viajes! Fernando has family spread all over Argentina. How does he keep in touch with everyone? To find out, complete his ideas with **por** or **para.**

1. _Para_ ir a visitar a mis primos en Mendoza, _para_ mí, es mejor ir _por_ tren.

2. Tengo primas que viven cerca de la Universidad de Buenos Aires. _para_ ir a su casa el camino es más corto si no paso _por_ la Plaza de Mayo.

3. Tengo que comunicarme _por_ teléfono con mis padres. Ellos viven en Córdoba.

4. Cuando mis padres me visitan, _para_ ellos, es más fácil viajar _por_ avión (airplane).

5. _Para_ mis tíos, el viaje es más fácil. Ellos sólo necesitan tomar el subte _para_ llegar a mi departamento.

B. Paso por ahí. How does Mónica get to the **Catedral Metropolitana?** Answer the question by completing this paragraph with **por** or **para.**

para llegar a la catedral tomo el autobús que pasa _por_ la Avenida Santa Fe. Siempre viajo _por_ autobús porque es más barato que manejar (driving). Después de bajarme del autobús tengo que pasar _por_ la Plaza San Martín. Tomo el autobús en la Avenida del Libertador y continúo caminando _por_ la calle Rivadavia hasta llegar a la catedral.

Cultural Topics

- **¿Sabías que?**
  Las ruinas de Tikal
  El *Popol Vuh*
  El huipil
- **Noticiero cultural**
  Lugar: *Guatemala*
  Gente: *Rigoberta Menchú Tum*
- **Lectura:** *Me llamo Rigoberta Menchú y así me nació la conciencia*

 Video: *Guatemala, ¡el corazón de la cultura maya!*

 Viajemos por el ciberespacio a… Guatemala

Listening Strategies

- Identifying logical breath groups

Reading Strategies

- Recognizing context clues

Writing Strategies

- Establishing chronological order

En preparación

- 6.1 Preterite of regular verbs
- 6.2 Preterite of verbs with spelling changes
- 6.3 Preterite of **estar, decir,** and **hacer**
- 6.4 The pronoun **se:** Special use

 CD-ROM: Capítulo 6 actividades

PRENSA LIBRE

UN PERIODISMO INDEPENDIENTE, HONRADO Y DIGNO

GUATEMALA, LUNES 13 DE MARZO DE 2000

AÑO XLIX, No. 15842 • Q2.00 • Q2.25 departamentos

Ecologistas dejan Izabal por temor

• Resguardan su vida, luego del asesinato de dos técnicos del Conap, uno de los cuales luchaba contra depredadores **Pág. 3**

Actualidad

Tres procesiones abren ambiente de cuaresma

Esplenden andas de iglesias de San Felipe y Santa Catalina Bobadilla, en Antigua Guatemala, y La Recolección, en la capital. Feligreses en desborde de fe • **Pág. 10**

Primer Plano

Vacunas para 2.5 millones

Del 20 al 26, cartera de Salud buscará inmunizar a niños de 1 a 14 años contra siete dolencias
• Pág.2

La Sexta, peatonal

La tradicional 6a. avenida de la zona 1, otrora c razón del comercio capitalino, experimentó su primer día de arteria peatonal, al ser cerrad al tránsito de vehículos, de 14 a 18 horas, de la a 16 calles, aunque se permitió el paso vehíc lar en cuatro vías. Miles de personas caminar libremente, sin los apremios cotidianos de es var los automotores • Pág. 8

Comunicaciones al tercer lugar, con 19 puntos • Deporte Total

0-1

4-0

Aznar y el Partido Popular obtienen victoria abrumadora en comicios de España • Pág. 2

Guatemala

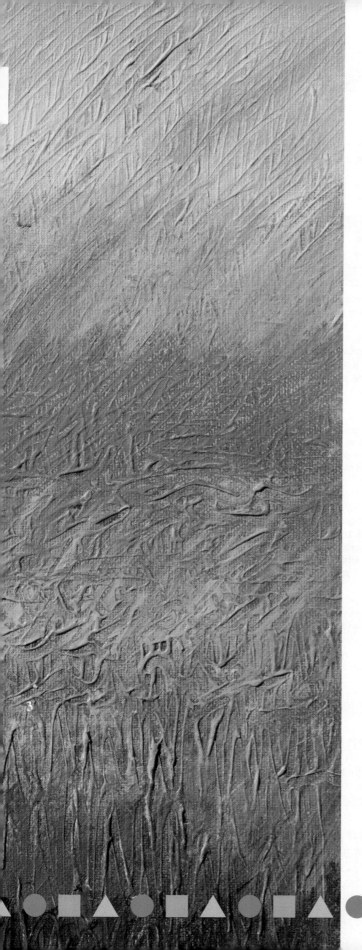

- talk about the news.
- discuss what you read in the newspaper.
- tell what happened in your favorite TV program.
- prepare want ads.

Lo que ya sabes... ■ ▲ ●

1. ¿De dónde es este periódico? ¿Qué día se publicó?

2. Explica la noticia principal del día: «Ecologistas dejan Izabal por temor».

3. ¿Qué es una «vacuna»? ¿Quiénes las reciben? ¿De qué los proteje?

4. ¿Cuándo y qué es la «cuaresma»? ¿Cómo lo sabes?

5. ¿Qué es una «peatonal»? ¿Es la avenida 6ª peatonal veinticuatro horas al día? Explica tu respuesta.

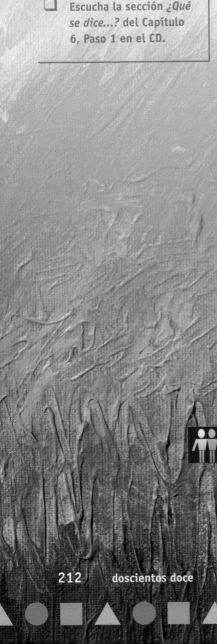

Paso 1

Aquí en su *Tele*Guía*

Tarea

Antes de empezar este *Paso,* estudia *En preparación*

☐ 6.1 Preterite of regular verbs

☐ Haz por escrito los ejercicios de *¡A practicar!*

☐ Escucha la sección *¿Qué se dice...?* del Capítulo 6, Paso 1 en el CD.

¿Eres buen observador?

lomejordelcable ■ Cable Mágico ☐ Telecable

PELÍCULAS

FILM & ARTS
17:00
53 43

Andrócles y el León. Basada en una obra de Bernard Shaw, revive la fábula de uno de los primeros cristianos que se gana la amistad de un león, después de quitarle una espina de una de una pata. Con Víctor Mature y Jean Simmons.

HBO OLE
17:30
74 45

Mejor...¡Imposible!. Jack Nicholson es un exitoso, obsesivo y neurótico escritor que ve cambiar repentinamente su vida, gracias a una camarera y un pintor gay que es su vecino.

TNT
20:00
30 28

Los Hermanos McMullen. Tres hermanos enfrentan diferentes problemas en sus relaciones. El mayor es un adúltero, el segundo teme relaciones formales y el tercero antepone su creencia religiosa al amor.

WARNER
21:00
38 37

El Imitador. Alguien está cometiendo asesinatos en serie copiando crímenes famosos. Una mujer policía y una psicóloga tratan de atraparlo. Con Sigourney Weaver y Holly Hunter.

MOVIE CITY
23:25
69 30

Los Reyes del Dinero. Peter Falk tiene una cantina frecuentada por mafiosos y se defiende cuando un sicario lo amenaza llevado por el afán de figuración.

DOCUMENTALES

PEOPLE & ARTS
19:00
48 12

La Doble Vida de Carlos Gardel. Aunque hace mucho tiempo que murió, los tangueros afirman que "cada día canta mejor". Es un mito del tango.

DISCOVERY
20:00
19 29

La Gran Muralla China: Conozca cómo y por qué fue construida esta obra que sorprende al mundo.

DEPORTES

CMD
11:00
22 ☐

La Magia del Toreo. Resumen de las Ferias de Castellón y Olivenza. Parte final de "Tauromaquia Portuguesa". Enrique Ponce en San Isidro 96.

FOX
13:00
21 ☐

Fútbol de México: Monterrey vs León.

ESPN
14:00
41 6

Tenis. ATP Tennis Masters Ericsson Open Miami, final varones.

Ahora, ¡a analizar! ■ ▲ ●

1. ¿De qué hora a qué hora puedes ver las mejores películas de cable según esta programación?
2. ¿Cuántas de estas películas o programas se produjeron en EE.UU.? ¿Cómo lo sabes?
3. ¿Qué deportes presentan aquí? ¿De dónde viene cada programa de deportes?
4. ¿Cuántas compañías de cable hay en esta ciudad? ¿Cuáles son?
5. ¿Cuántas estaciones de cable no son de EE.UU.? ¿Cuáles son?
6. ¿Cómo llega la programación de cable desde EE.UU. a Centroamérica?

¿Qué se dice...?

Al hablar de las noticias del día

Pon un círculo alrededor de todas las palabras que escuches. Luego escribe un resumen *(summary)* de las noticias que escuchaste.

ritmo	gritos	concierto	estadio
jóvenes	cliente	tienda	cenar
dueño	miles	energía	ambulancia
ejército	escenario	característico	saltos

Resumen:

Los jóvenes gritaron en el concierto de rock.

Esta mañana el gobernador regresó de su viaje al lago Atitlán, donde la policía le informó que más de diez personas perdieron la vida en el vuelo 113 de Aerolíneas Aviateca.

En el campeonato de fútbol, Cobán Imperial jugó contra Antigua y ganó 3 a 0. En sóftbol femenino, las Tododiesel de Quetzaltenango vencieron a Gelatinas Castilla de Huehuetenango, 6 a 4. Y aquí en la capital, anoche en fútbol, el equipo Municipal empató al equipo Carchá, 2 a 2.

A propósito...

Es necesario señalar la importancia de los acentos ahora que empiezas a hablar del pasado. Nota que un cambio de acento inmediatamente puede cambiar no sólo la persona que habla sino el tiempo de presente a pasado y viceversa: **hablo** *(I speak)*, **habló** *(he/she/you spoke)*.

¿Sabías que...?

Tikal, las ruinas arqueológicas de los mayas en la parte norte de Guatemala, es uno de los sitios más impresionantes de las Américas. Hay más de 3.000 templos, casas y otras construcciones allí, entre ellas, cinco hermosas pirámides de más de veinte pisos que penetran la selva guatemalteca. Este centro maya tuvo *(had)* su comienzo 600 años antes de Cristo y llegó a su apogeo 900 años después de Cristo.

Ahora, ¡a hablar! ■ ▲ ●

 EP 6.1

A. Las noticias nacionales. Tú eres el (la) locutor(a) de Tele Once, un canal de televisión guatemalteca, y estás preparándote para dar las noticias nacionales. ¿Qué vas a decir?

Modelo   anoche / Malacates / presentar / concierto / Estadio Ejército
Anoche los Malacates presentaron un concierto en el Estadio Ejército.

1. esta mañana / policía / encontrar / un avión / montañas
2. ayer / jóvenes guatemaltecos / llenar / Estadio Ejército
3. ayer / presidente de Telex / llegar / la capital

4. esta tarde / ministro de Finanzas / abrir / nueva oficina del Banco Internacional
5. hoy / presidente del Comité de Asociaciones Agrícolas / hablar / la economía
6. anoche / presidente / recibir / primer ministro del Japón

B. Personas famosas. En las noticias siempre hay información sobre las actividades de personas famosas. Usando la imaginación, di qué hicieron estas personas ayer.

 EP 6.1

Modelo   **Gloria Estefan cantó en la capital de Guatemala ayer.**

Rigoberta Menchú		en la capital de Guatemala
ministro de Comunicaciones	presentar	a Estados Unidos
Malacates	viajar	convertir la avenida 6ª en peatonal
Comité de Resistencia Indígena	prometer	concierto anoche
presidente de Guatemala	marchar	a Chichicastenango
		defender los derechos de los indígenas

C. Los deportes. Ahora imagínate que eres locutor(a) de deportes del Canal 7, una estación de televisión en Ciudad Guatemala. Prepara un anuncio de los resultados de la semana.

 EP 6.1

Deporte	¿Quién?	Resultado
en fútbol	(sus equipos o atletas favoritos)	ganar
en baloncesto		perder
en béisbol		jugar
en fútbol americano		empatar

Y ahora, ¡a conversar! ■ ▲ ●

A. Gente famosa. Escoge a una persona famosa y contesta las siguientes preguntas. Luego hazle estas preguntas a tu compañero(a) para saber algo de la persona que él (ella) escogió.

1. ¿Es hombre o mujer?
2. ¿Dónde vive?
3. ¿Cuál es su profesión?
4. ¿Cómo es?
5. ¿Qué edad tiene?
6. ¿Salió en una película o sacó un disco recientemente?
7. ¿...?

B. ¿Y tú? Ahora imagínate que eres una persona muy famosa y estás leyendo *Gente,* una revista que informa a los lectores sobre las actividades de la gente famosa. ¿Qué dice de ti y de tus actividades durante el fin de semana pasado?

1. ¿Dónde pasaste el fin de semana? ¿Con quién lo pasaste?
2. ¿Alguien te visitó? ¿te llamó?
3. ¿Visitaste a algunas personas? ¿Llamaste a alguien?
4. ¿Saliste el viernes o el sábado por la noche? ¿con quién? ¿Qué hiciste *(did you do)*?
5. ¿A qué hora regresaste a tu casa el sábado por la noche?
6. Si no saliste el sábado por la noche, ¿qué hiciste?
7. ¿...?

C. Para los lectores hispanos. Un día por semana, la estación de televisión da las noticias locales en español. En grupos de tres o cuatro, preparen esa sección con las noticias de esta semana: política, policía, diversión y deportes.

D. Noticias en nuestra clase. La clase de español va a publicar un periódico con noticias importantes de cada alumno de la clase. Para conseguir la información necesaria, primero indica algo interesante que hiciste o que te pasó este año en estos lugares. Luego pídeles la misma información a dos compañeros(as) de clase y anótala.

Preguntas	Yo	Amigo(a) 1	Amigo(a) 2
En la universidad			
En casa			
En el trabajo			
En tu vida personal			

¡Luz! ¡Cámara! ¡Acción! ■ ▲ ●

A. Reportaje. Tú y tres compañeros(as) de clase son locutores de Tele Once. Preparen por escrito las noticias del día y preséntenselas a la clase. Uno debe hablar sobre las noticias internacionales, otro sobre las noticias nacionales, otro sobre las noticias locales y otro sobre los deportes o la música y los espectáculos.

B. ¿Qué pasó? Anoche en el noticiero de las seis en Tele Once, oíste algo muy interesante. Ahora estás contándole a un(a) amigo(a) lo que pasó. Tu amigo(a) quiere saber todos los detalles y te hace muchas preguntas. Dramatiza la conversación con un(a) compañero(a) de clase.

¿Comprendes lo que se dice?

Estrategias para escuchar: Identificar pausas lógicas

When speaking, especially when providing extensive information as in news reports, the speaker must decide where to stop to take a breath. The words that are said before the speaker pauses to take a breath are called "breath groups." Learning to form logical breath groups is central to speech in all languages.

Identificar pausas lógicas. *As you hear the following news broadcast about Nobel Peace Prize winner Rigoberta Menchú, listen to the breath groups the speakers form as they stop, sometimes at the end of sentences, or at other times in the middle of sentences. Do you note any logic to where the speakers stop to take a breath as they report the news?*

Noticiero especial. Escucha este noticiero especial de Radio Capital de Ciudad Guatemala con noticias sobre Rigoberta Menchú, la indígena maya-quiché que, en 1992, fue galardonada con el Premio Nóbel de la Paz. Luego selecciona la frase que mejor complete cada oración.

1. Rodrigo Lagunas y Marta Cajillas son...
   a. hermanos de Rigoberta Menchú.
   b. miembros de un comité de derechos humanos.
   c. locutores de Radio Capital.

2. Según el noticiero, Rigoberta Menchú simboliza...
   a. el sufrimiento de los indígenas guatemaltecos en manos del gobierno.
   b. el Premio Nóbel de la Paz.
   c. el Comité de Justicia Social y Derechos Humanos.

3. El noticiero especial dice que Rigoberta anunció hoy que...
   a. el gobierno guatemalteco respeta los derechos humanos.
   b. el Comité de Derechos Humanos está dando buen resultado.
   c. el Comité de Derechos Humanos no está dando buen resultado.

4. Rigoberta demandó...
   a. la renuncia *(resignation)* del presidente.
   b. ser nombrada miembro del comité del presidente.
   c. la eliminación del comité del presidente.

 Viajemos por el ciberespacio a... GUATEMALA

If you are a cyberspace surfer, try entering one of the following key words to get to many fascinating sites in **Guatemala:**

   Guatemala   El quetzal   Universidades de Guatemala

Or, better yet, simply go to the ***¡Dímelo tú!*** Web site using the following address:

http://dimelotu.heinle.com

There, with a simple click, you can

- discover the beauty of this country with both Atlantic and Pacific coastlines, jungles, deserts, impressive mountains, and breathtaking volcanoes.
- enjoy an abundant variety of plant and animal life, ranging from thousands of species of orchids to the rare national bird, the **quetzal.**
- visit Guatemala's universities, some of the earliest of the New World.

Quezaltenango
Santa Cruz del Quiché
Chichicastenango
Esquintla
✪ Guatemala

Guatemala

NOTICIERO
CULTURAL

LUGAR... Guatemala

Antes de empezar, dime... ■ ▲ ●

1. ¿Adónde en EE.UU. se puede viajar para conocer el pasado indígena del país? ¿el pasado colonial?
2. ¿Hay una población indígena en EE.UU. actualmente? ¿Más o menos qué porcentaje de la población es indígena?
3. ¿Hay inmigrantes recién llegados de otros países en el estado donde vives? ¿De qué países son?
4. ¿Cómo clasificas el nivel de vida de los inmigrantes recién llegados en tu estado? Explica tu clasificación.

    ❑ lujoso   ❑ muy cómodo   ❑ cómodo
    ❑ difícil   ❑ muy difícil   ❑ pésimo

Indígenas maya-quichés de Guatemala

La cultura maya

Se dice que viajar a Guatemala es «viajar al pasado». En su territorio tuvo esplendor una de las civilizaciones más extraordinarias del continente americano: la cultura maya. Esta cultura estaba dividida en cuatro grandes centros: Tikal en Guatemala, Palenque y Calak-mul en México y Copán en el noroeste de Honduras.

Actualmente la población indígena representa el 55 por ciento de los habitantes de Guatemala. Muchos de ellos todavía viven en pequeños pueblos donde se dedican a la agricultura o a la artesanía, como hacían sus antepasados *(ancestors)*. Esto, tanto como las impresionantes ruinas precolombinas de la cultura maya, siguen fascinando tanto a los arqueólogos como a los turistas.

Desafortunadamente, al igual que en la mayoría de muchas comunidades indígenas, las condiciones de vida en el campo son muy deficientes, por lo cual muchos de ellos se van a vivir a la ciudad e incluso a otros países, como México y EE.UU. En la ciudad, ya sea en su propio país o en otros países, los indígenas con frecuencia encuentran una vida aún más difícil debido a que están en culturas modernizadas extrañas donde a veces ni hablan la lengua ni pueden encontrar trabajo.

Tikal, Guatemala

Y ahora, dime... ■ ▲ ●

Contesta estas preguntas con un(a) compañero(a) de clase.

1. ¿Por qué se dice que viajar a Guatemala es «viajar al pasado»?
2. Usa estos cuadros para comparar a los mayas de tiempos precolombinos con los mayas de la actualidad.

LOS MAYAS

Tiempos precolombinos	Actualidad
1.	1.
2.	2.
3.	3.

Paso 2

¡Co-o-o-mpre *Prensa Libre*!

Tarea

Antes de empezar este *Paso*, estudia *En preparación*

- ☐ 6.2 Preterite of verbs with spelling changes
- ☐ Haz por escrito los ejercicios de ¡*A practicar!*
- ☐ Escucha la sección ¿*Qué se dice...?* del Capítulo 6, Paso 2 en el CD.

¿Eres buen observador?

PRENSA LIBRE
UN PERIODISMO INDEPENDIENTE, HONRADO Y DIGNO

AÑO XLIX, No. 15842 · Q2.00 · Q2.25 departamentos   GUATEMALA, LUNES 13 DE MARZO DE 2000

Ecologistas dejan Izabal por temor

• Resguardan su vida, luego del asesinato

Actualidad : Nacional

Propuesta • Munis piden una comisión que analice el tema

Deudas cercan a las comunas

Atados

Internacional

Religión • El Papa pide perdón por pecados cometidos por la Iglesia

Histórico perdón católico

Rabino agradece y lament

Buscan

Negocios

Telefonía • Luca efectuará segundo abono por Telgua a fin de mes

Preocupa el pago

Para deuda

Se evalúa

Tipos de cambio

AGENDA ECONÓMICA

DEPORTE TOTAL

Schumacher da zarpazo
El piloto de Ferrari consigue su primer triunfo en el campeonato de Fórmula 1 del año 2000

Rojos son primeros

Al ganar ayer en Antigua, con un partido menos, Comunicaciones enfila sus baterías para llegar más alto

Buena Vida

ACIDOS refrescantes

Nutrición • Las frutas cítricas son escasas en proteínas y tienen cero grasas

AGENDA BUENA VIDA

Hoy 1511 Oportunidades   🕑 2:00 pm Hora límite para recibir clasificados   CLASIFAX: 230-2181 / 230-2183

230-2223
CLASIFICADOS

ampliamos nuestras vias de comunicación para atenderle mejor

ClasiRing: 230-2223   ClasiFax: 230-2181 230-2183

anuncios vía e-mail

Ahora, ¡a analizar! ■ ▲ ●

1. ¿Cómo se llama este periódico?
2. ¿Cuántas secciones principales tiene? ¿Cuáles son?
3. ¿Cuál es la diferencia entre las noticias de la primera plana y la sección internacional?
4. ¿En qué sección podrías encontrar información sobre películas? ¿eventos en otros países? ¿el partido de fútbol de anoche? ¿casas en venta? ¿las noticias más importantes del día? ¿la situación económica de...?
5. ¿Te sorprenden las noticias principales en alguna de las secciones? ¿Por qué?

¿Qué se dice...?

Al leer el periódico del día

Indica cuál de los cuatro jóvenes está leyendo algo sobre cada tópico.

1. ___*Jorge*___ ofertas especiales   3. ___*Eduardo*___ música clásica
2. ___*Meche*___ el volcán Tolimán   4. ___*Norma*___ lago Atitlán

Norma tiene mucho interés en saber quién ganó y quién perdió en el mundo de los deportes. Pero a Meche le interesa más saber qué ocurrió recientemente en el mundo, en la nación y en su propia ciudad. Mientras tanto Eduardo prefiere hablar de las películas, obras de teatro y exhibiciones de arte que están presentándose. Él también es muy aficionado a los programas de televisión. En cambio, Jorge no puede pensar en nada más que las buenas gangas de las tiendas. A él le gusta comprar, comprar y comprar.

A propósito...   Para decir *with me* o *with you,* en español se dice **conmigo** o **contigo.** Para decir con otras personas, simplemente se dice **con él, con ella, con ustedes...**

¿Sabías que...?

El *Popol Vuh* es el libro más importante de la literatura maya. Es un libro mágico y poético que describe la mitología quiché con respecto a la formación del mundo, los dioses, los héroes y el hombre del pueblo quiché. El nombre **quiché** viene del nombre del lugar donde vivían: el bosque. El sacerdote español fray Francisco Ximénez copió el *Popol Vuh* en el idioma original del quiché. Luego, en columnas paralelas, también lo tradujo a una versión en español. El original de fray Francisco se conserva actualmente en la Biblioteca Newberry de Chicago.

Ahora, ¡a hablar! ■ ▲ ●

EP 6.2

A. Un siglo interesantísimo. ¿Cuáles fueron algunas de las noticias más interesantes del siglo XX? Identifícalas.

> **Modelo** 1914 / empezar / Primera Guerra Mundial
> **En mil novecientos catorce empezó la Primera Guerra Mundial.**

1. 1918 / terminar / Primera Guerra Mundial
2. 1939 / empezar / Segunda Guerra Mundial
3. 1945 / explotar / primera bomba atómica
4. 1959 / tomar control de Cuba / Fidel Castro
5. 1968 / asesinar (ellos) / Martin Luther King, Jr.
6. 1969 / llegar / Apolo 11 / la luna
7. 1986 / ocurrir / desastre nuclear en Chernobyl
8. 1990 / empezar / reunificación de Alemania
9. 1992 / recibir / Premio Nóbel de la Paz / guatemalteca Rigoberta Menchú
10. 1995 / explotar / bomba / Ciudad de Oklahoma
11. 1996 / terminar / 36 años de guerra civil en Guatemala
12. 1997 / fallecer (*to die*) / madre Teresa
13. 1998 / acusar / Republicanos al presidente Clinton
14. 2000 / llegar / nuevo milenio sin los problemas de *Y2K*
15. este año / ¿...?

EP 6.2

B. ¿Qué pasó anoche? Los padres de Meche, una chica guatemalteca, quieren saber por qué regresaron ella y su hermana menor a casa tan tarde anoche. ¿Qué dice Meche y qué comenta su hermanita?

> **Modelo** ¿A qué hora llegaste a casa anoche? (llegar / 2:30 A.M.)
>
> MECHE: **Llegué a las dos y media de la mañana.**
> HERMANITA: **Es verdad. Llegó a las dos y media.**

1. ¿A qué hora saliste de los familiares de Andrea? (empezar / salir / 2:00 A.M.)
2. ¿Por qué no saliste más temprano? (mi reloj no funcionar / y creer / que eran las 10:00 P.M.)
3. ¿Cómo supiste que eran las 2:00? (oír / las campanas / catedral)
4. ¿Qué hiciste cuando viste que era tan tarde? (buscar / billetera y llaves y / salir de la casa)
5. ¿Te acostaste tan pronto como llegaste a casa? (no, comenzar / a leer una novela nueva)
6. ¿Estuviste leyendo toda la noche? (no, leer / media hora, nada más)

EP 6.2

C. ¡Qué día más terrible! Ayer Meche pasó un día terrible. Completa este párrafo por escrito para saber por qué.

Ayer ____fue____ (ser) terrible. Todo __comenzó__ (comenzar) mal. Yo __empecé__ (empezar) a leer el periódico, pero todas las noticias que yo __leí__ (leer), __fueron__ (ser) malas. Entonces __busqué__ (buscar) algo de comer, pero no __encontré__ (encontrar) nada. Tampoco __almorcé__ (almorzar) en la universidad porque __tuve__ (tener) que estudiar para un examen de español. Aunque __estudié__ (estudiar) mucho, __saqué__ (sacar) una mala nota. Yo __traté__ (tratar) de explicarle al profesor que él no __leyó__ (leer) mis respuestas con cuidado, pero no me __creyó__ (creer). Así que por fin yo __llegué__ (llegar) a casa de un humor negro y con mucha hambre.

EP 6.1, 6.2

D. Este año. ¿Qué pasó este año en el mundo? En grupos de tres o cuatro, anoten eventos que ocurrieron durante el año.

Y ahora, ¡a conversar! ■ ▲ ●

A. De la niñez a la adolescencia. Entrevista a un(a) compañero(a) para saber algo de su niñez y adolescencia. Anota todas sus respuestas.

1. ¿Dónde naciste? ¿En qué año naciste?
2. ¿En qué año empezaste la escuela primaria? ¿Dónde?
3. ¿Dónde viviste los diez primeros años de tu vida?
4. ¿Dónde buscaste trabajo la primera vez?
5. ¿En qué año empezaste a manejar? ¿Cuál fue el primer coche que compraste?
6. ¿En qué año leíste tu primera novela?
7. ¿Cuándo llegaste a esta universidad?

B. ¡Ésta es tu vida! Ahora hazle cinco preguntas a tu compañero(a) sobre su vida aquí en la universidad. Anota sus respuestas y con la información que ya tienes del ejercicio anterior, escribe un resumen de la vida de tu compañero(a).

C. Tiempo en cápsula. En grupos de tres o cuatro, preparen una descripción breve de los cinco eventos más importantes de los últimos veinte años. Ustedes consideran estos eventos tan importantes que van a poner su descripción en una cápsula de tiempo para guardarlos para las generaciones futuras.

D. ¡Noticias sensacionalistas! Tú y dos amigos(as) trabajan para un periódico que se dedica a reportar noticias sensacionalistas (tipo *Enquirer*). Preparen los títulos de primera plana para la próxima edición.

¡Luz! ¡Cámara! ¡Acción! ■ ▲ ●

A. ¿Leíste las noticias de hoy? Tú y dos amigos(as) hablan de las noticias en el periódico de hoy. Escojan un artículo que les parezca interesante y escriban un resumen breve. Luego, léanle su resumen a la clase.

B. ¿Yo, reportero? Tú trabajas para la revista *Hola.* Hoy vas a entrevistar a una persona muy famosa. Quieres saber muchas cosas de su pasado. En parejas dramaticen esta situación.

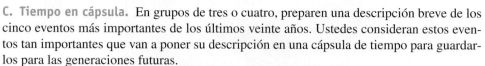

¿Comprendes lo que se dice?

Estrategias para ver y escuchar: Anticipar a base del título y de fotos o arte

In Chapters 3 and 5, you learned that you can always get a good idea of what to expect to hear and see on a video by reading the questions at the end of the viewing section before you view the video. Another good way to anticipate what you will hear and see is by reading the title of the video and carefully looking at any photos or drawings that accompany it.

Anticipar a base del título y la foto. Lee el título de este video y escribe dos cosas que estás seguro(a) que se van a mencionar en el video y dos cosas que estás seguro(a) que vas a ver en el video. Luego estudia la foto de esta sección y, a base de lo que ves, escribe dos cosas más que crees que vas a ver en el video y dos cosas que crees que vas a escuchar. Vuelve a estas listas después de ver el video para confirmar si anticipaste correctamente o no.

Lo que vas a escuchar	Lo que vas a ver
1.	1.
2.	2.
3.	3.
4.	4.

Guatemala, ¡el corazón de la cultura maya!

 Después de ver el video. Ahora di en tus propias palabras qué evidencia visual u oral hay en el video para confirmar estos comentarios.

1. Guatemala es un país de bellos contrastes.
2. Guatemala es el corazón de la cultura maya.
3. Algunas fiestas religiosas combinan las tradiciones cristianas con las costumbres indígenas.

 Viajemos por el ciberespacio a... GUATEMALA

If you are a cyberspace surfer, try entering one of the following key words to get to many fascinating sites in **Guatemala:**

Indígenas guatemaltecos   Periódicos de Guatemala   El Popol Vuh

Or, better yet, simply go to the *¡Dímelo tú!* Web site using the following address:

http://dimelotu.heinle.com

There, with a simple click, you can

- experience the diverse cultures of Guatemala, where the majority of the inhabitants are indigenous and more than 30 languages and even more regional dialects are spoken.
- inform yourself about what is taking place in Guatemala today by reading one of various Guatemalan newspapers.
- read the **Popol Vuh,** the Mayan-Quiché book of creation, considered the most important source of Mayan mythology and cosmology.

NOTICIERO

CULTURAL

GENTE... Rigoberta Menchú Tum

Antes de empezar, dime... ■ ▲ ●

Guatemala

Contesta estas preguntas sobre personas marginadas en tu país.

1. ¿Qué grupos o instituciones conoces que ayuden a las personas marginadas?
2. ¿Conoces a personajes históricos marginados que lucharon con éxito por alguna causa? Nómbralos y explica.
3. ¿Conoces a alguna persona de la actualidad que se dedique a ayudar a personas marginadas? Explica.
4. ¿Participas tú en algún tipo de causa o trabajo voluntario? Explica.

Rigoberta Menchú Tum

Rigoberta Menchú Tum

Rigoberta Menchú Tum, indígena maya-quiché, nació el 9 de enero de 1959, en un pueblo llamado Chinel, al norte de Guatemala.

Al igual que todos los campesinos pobres, desde muy niña, empezó a trabajar con sus padres en las cosechas de algodón y café, ganando un salario bajísimo. Más tarde, siguiendo la tradición de muchas mujeres de las zonas rurales, se trasladó a la capital para trabajar en el servicio doméstico.

Pero muy pronto la vida de Rigoberta cambió radicalmente. La muerte violenta de sus padres y un hermano, crímenes atribuidos a las fuerzas del gobierno guatemalteco, la hicieron reaccionar y continuar la tarea social comenzada por su familia. Rigoberta se dedicó entonces a defender a su gente, los indígenas y los de las clases menos favorecidas.

Por esta intensa labor, Rigoberta recibió el Premio Nóbel de la Paz en 1992, premio que le permitió crear una fundación que apoya su causa en Guatemala.

Como todas personas famosas, Rigoberta Menchú Tum no ha escapado a la controversia. Pero sea como sea, su persona sirvió para darle voz a un sector de la población marginada por mucho tiempo.

Y ahora, dime... ■ ▲ ●

Usa un diagrama Venn como éste para hacer un paralelo entre la vida de Rigoberta Menchú y la de un personaje histórico de EE.UU., como Martin Luther King, Jr. o César Chávez, que dedicó su vida a la gente marginada.

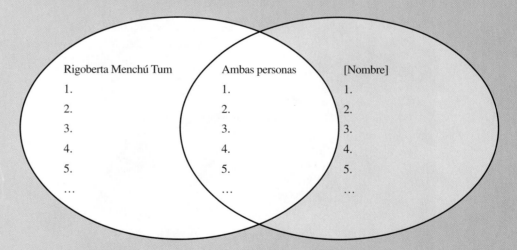

Rigoberta Menchú Tum
1.
2.
3.
4.
5.
…

Ambas personas
1.
2.
3.
4.
5.
…

[Nombre]
1.
2.
3.
4.
5.
…

¿Te gusta escribir?

Estrategias para escribir: Establecer el orden cronológico

Una manera de organizar una autobiografía es narrarla en orden cronológico, es decir, eventos de la niñez primero, luego la juventud, luego tu vida como adulto. Nota que la breve biografía de Rigoberta Menchú Tum en la página 226 está narrada en orden cronológico. Prepárate ahora para escribir tu autobiografía en orden cronológico.

Ahora, ¡a escribir! ■ ▲ ●

A. En preparación. Decide cuáles fueron los eventos más importantes de tu vida. Escribe un grupo de ideas de todos los eventos que podrías incluir, por ejemplo, datos de nacimiento, dónde vivió tu familia durante los primeros años, escuela primaria, etc. Prepara una lista de todos los eventos principales de tu vida desde tu nacimiento hasta el presente.

B. El primer borrador. Ahora organiza la información de la lista que preparaste en la actividad **A** en orden cronológico y prepara un primer borrador de tu autobiografía. Incluye toda la información de tu lista que consideres relevante.

C. Ahora, a compartir. Comparte el primer borrador con dos o tres compañeros(as). Comenta sobre el contenido y el estilo de las composiciones de tus compañeros(as) y escucha los comentarios de ellos sobre tu autobiografía.

D. Ahora, a revisar. Si necesitas hacer cambios basados en los comentarios de tus compañeros, hazlos ahora. Antes de preparar la versión final de tu autobiografía, comparte el borrador con dos compañeros(as) de clase para que te digan si hay errores de ortografía, gramática o puntuación. Presta atención particular al uso del pretérito.

E. La versión final. Prepara la versión final de tu autobiografía y entrégala. Escribe la versión final en la computadora siguiendo las instrucciones de tu instructor(a).

F. Ahora, a publicar. En grupos de cinco o seis, junten sus autobiografías en un volumen. Elijan *(Choose)* un título creativo para su volumen, por ejemplo: «Autobiografías de seis estudiantes extraordinarios» o «Cómo llegar a la universidad: seis versiones».

Antes de empezar este *Paso,* estudia *En preparación*

☐ 6.3 Preterite of *estar, decir,* and *hacer*

☐ 6.4 The pronoun *se:* Special use

☐ Haz por escrito los ejercicios de *¡A practicar!*

☐ Escucha la sección *¿Qué se dice...?* del Capítulo 6, Paso 3 en el CD.

¿Eres buen observador?

CLASIFICADOS
230-2223
Hora límite para recibir clasificados 14:00 hs.

**URGENTE
SE NECESITA
PILOTOS**
**SUELDO Q1.300,00
MÁS HORAS
EXTRAS**
Mínimo 6° primaria, licencia profesional clase «A», edad entre 25 y 50 años, disponibilidad de horario. Interesados enviar documentos con fotografía reciente a Prensa Libre, al buzón A-747-3099.

**SE NECESITAN
MENSAJEROS**
Responsables, honrados, puntuales, Con licencia de MOTO y de preferencia de automóvil. Sueldo Aproximadamente Q.1.500,00. **Presentarse con documentos completos al edificio Arístedes, 14 Calle B 34-22 Zona 5, Colonia San Martín, Ciudad de Guatemala.**

SE NECESITAN
50 JÓVENES
Con deseos de superación y de aprender una nueva profesión en ventas con sueldo de más de de Q.1.300,00
Requisitos:
Buena presentación
Buenas relaciones humanas
Entre 18 y 25 años
Se ofrece:
Sueldo base + comisión, Estabilidad laboral
Buen ambiente de trabajo
Presentarse en 12 Calle 15-32 Zona 1, Antigua

**SE BUSCA
MECÁNICO**
Con experiencia y herramientas.
Buen sueldo,
Ambiente agradable de trabajo.
Presentarse
con papelería completa a
5ª Avenida 1-88
Zona 2
Colonia Cotio,
Ciudad de Guatemala

Ahora, ¡a analizar! ■ ▲ ●

1. ¿Cuántos puestos requieren experiencia previa? ¿Cuáles son?
2. ¿Qué puestos requieren entrenamiento especial?
3. ¿Para qué puestos te sientes capacitado(a)?
4. ¿Puedes responder por escrito a todos estos puestos? Explica tu respuesta.
5. ¿Cuál de estos puestos te interesa? ¿Por qué?

¿Qué se dice...?

Al hablar de tu telenovela favorita

¿Quién hizo esto: la madre (**M**), el padre (**P**), la hija (**H**) o Xochitl (**X**)?

____P____ 1. Descubrió una venta de libros.

____X____ 2. Fue arrestada.

____H____ 3. No quiere saber de ventas de libros ahora.

____M____ 4. Quiere saber qué pasó en la telenovela ayer.

MADRE	¿Pero cómo? ¿Qué hizo la pobre Xochitl?
HIJA	Asesinó a don Roberto en el rancho, según lo que doña Luz le dijo a la policía.
MADRE	¡Pero eso es imposible! Estoy segura de que es inocente.
PADRE	Se busca carpintero a media jornada, hijo. A lo mejor debes solicitar este trabajo. Siempre dices que necesitas más dinero.
HIJO	Papá, ¡ahora no! ¡No ves que miramos la tele!

MADRE	Xochitl no lo mató. Ella ni estuvo en el rancho el día del asesinato.
HIJO	Pero, mamá, ¿no recuerdas? Xochitl solamente habla quiché y la policía no pudo entender sus explicaciones.
PADRE	Mmm, hay una buena venta de ropa en...
HIJO	¡Ay! ¿Otra vez?
HIJA	¡Ya! ¡Por Dios, papá!

A propósito... El verbo **deber** significa *to be obligated*. Cuando es seguido por un infinitivo, con frecuencia se traduce como *must, should* o *ought to*: **Debes solicitar trabajo.** *(You should apply for a job).* **Debo hacerlo ahora.** *(I must do it now).*

¿Sabías que...?

El «huipil» es una blusa o camisa sin mangas que forma parte de la vestimenta tradicional de las mujeres mayas. En la península de Yucatán, es de algodón *(cotton)* blanco con bordados *(embroidery)* brillantes. En Guatemala es más corto y tejido *(woven)* con un diseño característico de la región de origen.

Ahora, ¡a hablar! ■ ▲ ●

 EP 6.3

A. *El detective.* En el episodio del programa de televisión *El detective,* el inspector Matamoscas interroga a dos testigos sobre el robo de un banco. ¿Qué dicen los dos testigos?

Modelo

TESTIGO 1   yo / ver / todo lo que / pasar
Yo vi todo lo que pasó.

1. un coche / parar / enfrente de / banco
2. dos hombres / entrar / banco
3. un hombre / ir / caja
4. el hombre / hacer / señal
5. el cajero / no decir / nada
6. los hombres / estar / allí menos / 5 minutos

Modelo

TESTIGO 2   no / ser / así
No, no fue así.

7. tres hombres / salir / coche

8. dos hombres / ir / caja

9. un hombre / decir / algo / cajero

10. el cajero / no hacer / nada

11. los tres hombres / estar allí / diez o quince minutos

B. El sábado. ¿Qué hiciste tú el sábado pasado?   EP 6.3

> **Modelo**   **En la mañana dormí hasta tarde, hice ejercicio, fui al supermercado, limpié la casa, estudié y...**

1. En la mañana:
   salir a correr / tomar café / escribir cartas / ir al centro / mandar cartas / limpiar la casa / no hacer ejercicio / descansar / llamar a mis padres / ¿...?

2. En la tarde:
   ir de compras / caminar a... / hacer la tarea / mirar deportes en la televisión / escuchar la radio / dormir un poco / practicar deportes / ir a la biblioteca / ¿...?

3. En la noche:
   ir a una fiesta / salir con amigos / mirar televisión / leer una novela / comer en un restaurante / ir a un concierto / alquilar un video / invitar a unos amigos a casa / ir al cine / ¿...?

C. Buena impresión. Tú tienes una entrevista para un empleo en una compañía importante. ¿Sabes qué se hace o no se hace para dar una buena impresión?   EP 6.4

> **Modelo**   llevar blue jeans
>   **No se lleva blue jeans.**

1. dar la impresión de estar aburrido   5. hablar claramente
2. hablar mal de su empleo anterior   6. decir mentiras
3. fumar durante la entrevista   7. llegar a tiempo
4. mirar a la persona que entrevista   8. ¿...?

D. ¡Necesitas dinero urgentemente! ¿Qué puedes hacer? Una solución es vender algunas cosas que no necesitas. Prepara unos anuncios de cosas que quieres vender.   EP 6.4

Y ahora, ¡a conversar! ■ ▲ ●

A. ¿Quién es? En grupos de tres o cuatro, escojan una persona famosa del mundo de la política o del mundo de los espectáculos. Digan las cosas más importantes que hizo esa persona. El resto de la clase tiene que adivinar quién es. Se permite hacer preguntas para saber más detalles.

Gloria Estefan

Antonio Banderas

Shakira

Selma Hayek

Fidel Castro

Eva Perón

B. ¿Y tú? Ahora tu propia vida va a servir de guión *(screenplay)* para una telenovela. En grupos de tres o cuatro, escriban el guión para un día dramático que tuviste.

C. Necesitamos dinero. Estos individuos necesitan dinero urgentemente. En parejas, ayúdenles a preparar anuncios clasificados para vender algún objeto apropiado. Sean creativos.

> **Modelo** Enrique Iglesias
> **Se vende micrófono. Excelente para cantantes principiantes. Se puede usar en fiestas privadas. $250,00.**

1. Oprah Winfrey
2. Bill Gates
3. Geraldo Rivera
4. los Malacates
5. el presidente Bush.
6. ¿...?

¡Luz! ¡Cámara! ¡Acción! ■ ▲ ●

A. ¡Hace diez años! Tú y un(a) amigo(a) de la escuela secundaria se encuentran después de un largo tiempo. Se cuentan lo que les pasó en la vida. Escriban el diálogo que tienen. Luego, léanselo a la clase.

B. Señores y señoras... Ustedes trabajan en el departamento de publicidad para la estación de televisión XELO. En grupos de cuatro o cinco, preparen un proyecto de publicidad para su producto favorito y dramatícenlo.

¿Te gusta leer?

Estrategias para leer: Reconocer las pistas del contexto

A good reader uses a variety of problem-solving techniques. Using context clues when you don't know the meaning of a specific word is one such strategy. The context referred to here is the sentence in which the unknown word occurs. Although there is no easy formula to help you always guess the correct meaning of unknown words, the following suggestions can be very helpful:

1. *Use the meaning of the rest of the sentence to reduce the number of meanings the unknown word may have.*
2. *Be satisfied with getting at the general meaning of unfamiliar words. More often than not, the exact meaning is not necessary in order to get the gist of what you are reading.*
3. *Look for help in punctuation and grammar. Knowing the relationship between various parts of a sentence can help you understand the sentence.*
4. *Don't feel you have to know the meaning of every unfamiliar word. Learn to recognize key words needed to understand the sentence, and don't worry about other unfamiliar words.*

Pistas del contexto. Busca las palabras de la columna A en la lectura y estudia el contexto de las oraciones donde las encuentres. Luego selecciona según el contexto, la palabra o palabras de la columna B que mejor completen las oraciones. No olvides que la gramática y la puntuación también ayudan a entender el contexto de la oración.

A	**B**
1. ladino	a. siempre pensamos
2. politeístas	b. que inspira profunda veneración
3. sagrado	c. parientes que anteceden
4. no hay que desperdiciar	d. persona que ha adoptado el habla y las costumbres europeas
5. antepasados	e. objetos procesados con máquinas
6. nunca se le quita de pensar	f. que no se debe mal usar, malgastar
7. cosas compuestas	g. personas que creen en varios dioses

Lectura

Me llamo Rigoberta Menchú y así me nació la conciencia

(Selección)

Desde niños recibimos una educación diferente de la que tienen los blancos, los ladinos. Nosotros, los indígenas, tenemos más contacto con la naturaleza. Por eso nos dicen politeístas. Pero, sin embargo, no somos politeístas... o, si lo somos, sería bueno, porque es nuestra cultura, nuestras costumbres. De que nosotros adoramos, no es que adoremos, sino que respetamos una serie de cosas de la naturaleza, las cosas más importantes para nosotros, por ejemplo, el agua es algo sagrado... la explicación que nos dan nuestros padres desde niños es que no hay que desperdiciar el agua... El agua es algo puro, es algo limpio y es algo que da vida al hombre. Sin el agua no se puede vivir, tampoco hubieran podido vivir nuestros antepasados. Entonces, el agua la tenemos como algo sagrado y eso está en la mente desde niños y nunca se le quita a uno de pensar que el agua es algo puro... tenemos la tierra. Nuestros padres nos dicen «Hijos, la tierra es la madre del hombre porque es la que da de comer al hombre». Y más nosotros, que nos basamos en el cultivo. Nosotros los indígenas comemos maíz, frijol y yerba del campo y no sabemos comer, por ejemplo, jamón o queso, cosas compuestas con aparatos, con máquinas. Entonces se considera que la tierra es la madre del hombre. Y de hecho nuestros padres nos enseñan a respetar esa tierra.

A ver si comprendiste ■ ▲ ●

Contesta estas preguntas a base de la selección que leíste.

1. ¿Cuál es la diferencia entre la educación de los indígenas y la de los demás?
2. ¿Qué significa el agua para los indígenas?
3. ¿Por qué dicen los padres de los indígenas que no hay que desperdiciar el agua?
4. Usa este diagrama Venn para comparar tus actitudes y acciones con respecto a la madre naturaleza con las de los indígenas guatemaltecos.

Mis actitudes y acciones

1.
2.
3.
4.
5.
6.
…

Lo que tenemos en común

1.
2.
3.
4.
5.
6.
…

Las actitudes y acciones de los indígenas

1.
2.
3.
4.
5.
6.
…

@ Viajemos por el ciberespacio a... GUATEMALA

If you are a cyberspace surfer, try entering one of the following key words to get to many fascinating sites in **Guatemala:**

El Cristo Negro de Esquipulas   Chapines   Miguel Ángel Asturias

Or, better yet, simply go to the ***¡Dímelo tú!*** Web site using the following address:

http://dimelotu.heinle.com

There, with a simple click, you can

• visit the largest baroque Catholic church in Latin America, where thousands of pilgrims go to venerate the **Cristo Negro de Esquipulas.**

• chat online with some **chapines,** as Guatemalans are called.

• learn about **Miguel Ángel Asturias,** recipient of the Nobel Prize for Literature and Guatemalan author of award-winning novels such as ***El Señor Presidente*** and ***Hombres de maíz.***

Vocabulario ■▲●■▲●■▲

Concierto

aclamar	to acclaim
escenario	stage
gritar	to yell, scream
ritmo	rhythm
saltar	to jump
salto	jump, leap

Viajar

aerolínea	airline
avión (m.)	airplane
viaje (m.)	trip
vuelo	flight

Deportes

atleta (m./f.)	athlete
baloncesto	basketball
campeonato	championship
deporte (m.)	sport
empatar	to tie (in games and elections)
equipo	team
ganar	to win
jugar (ue)	to play
partido	game
vencer	to conquer; to win

Periódicos

anuncio/aviso	advertisement, classified ad
espectáculo	movie/theater section of newspaper
noticias (pl.)	news
primera plana	front page
titular (m.)	headline

Negocios

caja	cash register
cajero(a)	cashier
empleo	employment
entrevista	interview
experiencia	experience
negocios	business
profesión (f.)	profession
puesto	job, position

Sustantivos

escuela primaria	elementary school
escuela secundaria	high school
gobierno	government
interés (m.)	interest
lago	lake
llave (f.)	key
pistola	gun
mentira	lie, falsehood
revista	magazine
siglo	century
verdad (f.)	truth
vez (f.)	time
vida	life

Verbos

celebrar	to celebrate
comenzar (ie)	to begin
deber	to be obliged, must, should
decir	to say
dejar	to leave behind
desaparecer	to disappear
descubrir	to discover
empezar (ie)	to begin
entrar	to enter
escapar	to escape

fumar	to smoke
llegar	to arrive
mandar	to send
manejar	to drive
nacer	to be born
ocurrir	to occur
ofrecer	to offer
parar	to stop
perder (ie)	to lose
reaccionar	to react
recibir	to receive
solicitar	to apply
terminar	to finish; to end

Adjetivos

espectacular	spectacular
fantástico(a)	fantastic
internacional	international
local	local
nacional	national
propio(a)	own, one's own
vivo(a)	bright, lively

Adverbios

anoche	last night
ayer	yesterday
durante	during
esta mañana/ tarde/noche	this morning/ afternoon/ evening
menos	less
recientemente	recently

Otras expresiones

¡Escúchame!	Listen to me!

hugo = past tense of hay

En preparación 6

Paso 1

6.1 Preterite of regular verbs ⬡⬡

Providing and requesting information about past events

Spanish has two simple past tenses: the preterite and the imperfect. In this chapter you will study various uses of the preterite. Following are the preterite verb endings for regular verbs.

Preterite: *-ar* verb endings			
yo	**-é**	nosotros(as)	**-amos**
tú	**-aste**	vosotros(as)	-asteis
Ud.	**-ó**	Uds.	**-aron**
él, ella	**-ó**	ellos, ellas	**-aron**
encontrar			
	encontré	encontramos	
	encontraste	encontrasteis	
	encontró	encontrarón	
	encontró	encontraron	

Preterite: *-er, -ir* verb endings			
yo	**-í**	nosotros(as)	**-imos**
tú	**-iste**	vosotros(as)	-isteis
Ud.	**-ió**	Uds.	**-ieron**
él, ella	**-ió**	ellos, ellas	**-ieron**
vender		recibir	
vendí	vendimos	recibí	recibimos
vendiste	vendisteis	recibiste	recibisteis
vendió	vendieron	recibió	recibieron
vendió	vendieron	recibió	recibieron

A. The preterite is used to describe an act that has already occurred; it focuses on the beginning, the end, or the completed aspect of an act. The preterite is translated in English as the simple past or as *did* + verb.

Encontré los boletos.
{ *I found the tickets.*
{ *I did find the tickets.*

¿**Vendiste** el coche?
{ *You sold the car?*
{ *Did you sell the car?*

B. Note that the first- and third-person singular endings of regular verbs *always* require a written accent in the preterite.

Regresé a eso de las once.   *I returned at about 11:00.*
La policía lo **arrestó** anoche.   *The police arrested him last night.*

C. Note also that the first-person plural endings, the **nosotros(as)** forms, of **-ar** (and **-ir**) verbs are identical to the present indicative endings. Context determines whether the verb is in the past, the present, or the future.

Mañana **jugamos** en Ocós;   *Tomorrow we play in Ocós;*
   ayer **jugamos** en Antigua.   *yesterday we played in Antigua.*

D. All stem-changing **-ar** and **-er** verbs in the present tense are *regular* in the preterite. Stem-changing **-ir** verbs in the preterite will be discussed in **Capítulo 10.**

Encontraron el avión en Petén.   *They found the plane in Petén*
¿**Entendiste** las noticias?   *Did you understand the news?*
Perdieron el campeonato, ¿verdad?   *They lost the championship, right?*

¡A practicar! ■ ▲ ●

A. Noticias. Paula está leyéndole las noticias a su esposo mientras él prepara el desayuno. ¿Qué le dice ella? Al contestar, completa estas oraciones con el pretérito.

1. La policía _arrestó_ (arrestar) al ladrón.
2. El presidente y su esposa _recibieron_ (recibir) al presidente de Guatemala.
3. Unos niños _econtraron_ (encontrar) un millón de dólares.
4. Tododiesel _jugó_ (jugar) contra Gelatinas Castilla.
5. Una actriz _vendió_ (vender) sus diamantes.
6. El equipo de Antigua _perdió_ (perder) anoche.

B. Me interesan los detalles. El marido de Paula está muy interesado en lo que ella dice y pide más información. ¿Qué le pregunta a Paula?

1. ¿Dónde _econtró_ (encontrar) la policía al ladrón?
2. ¿Cuándo _llegaron_ (llegar) los representantes de Guatemala?
3. ¿Dónde _descubrieron_ (descubrir) los niños tanto dinero?
4. ¿Quién _ganó_ (ganar), Tododiesel o Gelatinas Castilla?
5. ¿Es la misma actriz que _dejó_ (dejar) a su esposo el mes pasado?
6. ¿Contra quién _jugó_ (jugar) el equipo de Antigua?

Paso 2

6.2 Preterite of verbs with spelling changes ⊖⊖⊖

Describing in past time

A. To maintain the consonant sound of the infinitive, verbs that end in **-car, -gar,** and **-zar** undergo a spelling change in the preterite. (These rules apply not only to verbs in the preterite but to verbs in any tense whenever the following circumstances occur.)

1. Ending in **-car**: **c** changes to **qu** in front of **e**

   sacar: sa**qué,** sacaste, sacó...
   buscar: bus**qué,** buscaste, buscó...

2. Ending in **-zar**: **z** changes to **c** in front of **e**

   empezar: empe**cé,** empezaste, empezó...
   comenzar: comen**cé,** comenzaste, comenzó...

3. Ending in **-gar**: **g** changes to **gu** in front of **e**

   llegar: lle**gué,** llegaste, llegó...
   jugar: ju**gué,** jugaste, jugó...

B. Whenever an unstressed **i** occurs between two vowels, it changes to **y.** Note that these verbs require a written accent in all persons except the third-person plural.

leer		creer		oír	
leí	leímos	creí	creímos	oí	oímos
leíste	leísteis	creíste	creísteis	oíste	oísteis
leyó	leyeron	creyó	creyeron	oyó	oyeron
leyó	leyeron	creyó	creyeron	oyó	oyeron

¡A practicar!   ■ ▲ ●

A. ¡Qué día! Ayer Angélica tuvo un día terrible. ¿Qué pasó?

Ayer yo ____①____ (empezar) el día con el pie izquierdo *(left foot—wrong side of the bed).* Cuando ____②____ (comenzar) a preparar un café, ____③____ (oír) sonar el teléfono. Era mi mamá. Ella ____④____ (hablar) más de una hora. Luego ____⑤____ (buscar) las llaves *(keys)* de mi auto pero no las ____⑥____ (encontrar). Las ____⑦____ (buscar) en todas partes pero sin suerte *(luck).* Finalmente yo ____⑧____ (decidir) tomar el autobús, pero ____⑨____ (llegar) muy tarde a la parada. Yo ____⑬____ (regresar) a casa y no ____⑪____ (salir) el resto del día.

B. Norberto. Por lo general, Norberto lleva una vida muy aburrida. ¿Qué pasó ayer en su vida?

Ayer Norberto ____1____ (llegar) tarde a clase. Después de clase ____2____ (practicar) fútbol por dos horas. Cuando ____3____ (volver) a casa, ____4____ (preparar) la cena y ____5____ (leer) el periódico. Por la noche no ____6____ (empezar) a hacer su tarea hasta que ____7____ (llegar) su amigo Ricardo. Norberto y Ricardo ____8____ (estudiar) dos o tres horas. De repente *(Suddenly),* Ricardo ____9____ (oír) un ruido *(noise).* Norberto ____10____ (buscar) por todas partes pero no ____11____ (encontrar) a nadie. ¡Parece que Ricardo tiene una imaginación muy activa!

Paso 3

6.3 Preterite of *estar*, *decir*, and *hacer*

Narrating about the past

estar	
estuve	estuvimos
estuviste	estuvisteis
estuvo	estuvieron
estuvo	estuvieron

decir	
dije	dijimos
dijiste	dijisteis
dijo	dijeron
dijo	dijeron

hacer	
hice	hicimos
hiciste	hicisteis
hizo	hicieron
hizo	hicieron

Note that these irregular verbs do not have written accents in the preterite.

¿Quién **hizo** eso?	*Who did that?*
Te **dije** que yo lo **hice** ayer cuando **estuve** aquí.	*I told you I did it yesterday when I was here.*

¡A practicar!   ■ ▲ ●

A. En busca de empleo. Completa el párrafo que sigue para saber qué pasó cuando Martín visitó Guatemala.

El verano pasado _____ (estar) dos meses en Guatemala. Yo les _____ (decir) a mis padres: «Voy a vender mi carro, necesito dinero porque quiero conocer Centroamérica». _____ (hacer) mis planes y el itinerario con un agente de viajes para pasar un mes en Centroamérica. Pero... finalmente _____ (estar) por mucho más tiempo.

Mi amigo Hernán me _____ (decir): «No puedes visitar Guatemala sin *(without)* conocer Antigua. ¡Es impresionante!» La verdad es que tiene razón. _____ (Estar/yo) en Antigua casi un mes completo. ¡La vegetación, la naturaleza, las ruinas de Tikal... y la gente excelente! Ellos me _____ (hacer) muchas comidas locales... y todas exquisitas. El próximo verano, definitivamente, tengo que volver, pero.... ¿qué carro voy a vender ahora?

B. Cumpleaños. Según Alicia, ¿cómo celebraron el cumpleaños de Jaime?

Ayer _____ (ser) el cumpleaños de Jaime. Jorge, su compañero de cuarto, _____ (organizar) una fiesta para él. Marta y yo _____ (ir) a la tienda para comprar champán. Carmen _____ (hacer) un pastel delicioso. Isabel y Juana _____ (hacer) unos sándwiches. Todos nosotros _____ (ir) a la casa de Jorge y esperamos a Jaime. Cuando Jaime _____ (llegar) todos le _____ (decir): «¡Felicitaciones!» La fiesta _____ (ser) estupenda. Jaime _____ (decir): «Fue la mejor fiesta de cumpleaños de mi vida».

6.4 The pronoun *se:* Special use 🔗

Making announcements

In notices such as classified ads, placards, recipes, and signs on windows or walls, the pronoun **se** is used in Spanish.

Se alquilan bicicletas.	*Bicycles for rent.*
Se necesita secretaria.	*Secretary wanted.*
Se habla inglés aquí.	*English spoken here.*
Se prohibe estacionar.	*No parking.*

Note that the verb form following **se** is in the third-person singular when followed by a singular noun or infinitive (**secretaria, estacionar**) and in the third-person plural when it is followed by a plural noun (**bicicletas**).

¡A practicar! ■ ▲ ●

A. Anuncios. Imagínate que trabajas en el departamento de anuncios clasificados en las oficinas de un periódico de tu ciudad. Prepara algunos anuncios.

> **Modelo**   vender / bicicleta nueva
> **Se vende bicicleta nueva.**

1. ofrecer / buen puesto	4. vender / casa grande
2. vender / televisor en buen estado	5. necesitar / dos mecánicos
3. buscar / persona competente	6. buscar / camarero competente

B. Ventas. Martín está leyendo los anuncios clasificados en *Prensa Libre.* ¿Qué dicen los anuncios?

1. vender / casa en lago Atitlán
2. ofrecer / auto en excelentes condiciones en Huehuetenango
3. necesitar / alquilar casa cerca de Tolimán
4. comprar / todo tipo de artesanía maya-quiché
5. buscar / habitación para dos estudiantes en Antigua
6. reparar / coches

¡Te invito a cenar!

Cultural Topics

- **¿Sabías que...?**
  Bogotá, la ciudad capital
  Platos colombianos
  Carreras y calles en ciudades colombianas
- **Noticiero cultural**
  Lugar: *Colombia: La esmeralda de Sudamérica*
  Gente: *Fernando Botero*
- **Lectura:** *«Un día de estos» de Gabriel García Márquez*

 Video: *Colombia, ¡puerta a Sudamérica!*
  Fernando Botero, ¡reconocido internacionalmente!

 Viajemos por el ciberespacio a...
  Colombia

Listening Strategies

- Distinguishing intonation patterns
- Using visual images to interpret content

Reading Strategies

- Using context clues

Writing Strategies

- Giving written advice

En preparación

- 7.1 Direct-object nouns and pronouns
- 7.2 Irregular **-go** verbs
- 7.3 Present tense of **e > i** stem-changing verbs
- 7.4 Review of direct-object nouns and pronouns
- 7.5 The verbs **saber** and **conocer**

 CD-ROM:
  Capítulo 7 actividades

Colombia

- ask for a date.
- accept or refuse a date.
- express preferences.
- express emotions.

1 Dos jóvenes de Bogotá, Colombia

2 Dos enamorados en crisis

3 Dos enamorados en el paraíso

Lo que ya sabes... ■ ▲ ●

1. ¿Qué conexión hay entre los dos jóvenes de Bogotá? ¿Son hermanos? ¿primos? ¿otra cosa? Explica tu respuesta.

2. ¿Qué emociones se comunican los dos jóvenes en el paraíso? ¿Cómo se comunican si no están hablando?

3. ¿Qué opinas de las personas en las otras dos fotos? ¿Crees que son sólo amigos? ¿Por qué?

4. ¿Qué opinas de personas que muestran sus emociones abiertamente en la calle? ¿Cuáles de las emociones que ves en estas fotos son más aceptables mostrar públicamente en EE.UU.? ¿Por qué será?

Paso 1   ¿A qué hora te paso a buscar?

Tarea

Antes de empezar este *Paso*, estudia *En preparación*

☐ 7.1 Direct-object nouns and pronouns

☐ 7.2 Irregular *-go* verbs

☐ Haz por escrito los ejercicios de *¡A practicar!*

☐ Escucha la sección *¿Qué se dice...?* del Capítulo 7, Paso 1 en el CD.

¿Eres buen observador?

Ahora, ¡a analizar!

1. ¿Dónde y cómo puedes conseguir esta revista?
2. ¿Por qué crees que se publica en español?
3. ¿Hay una versión en inglés de esta revista? ¿Es idéntica a ésta? Explica.
4. ¿Qué tipo de gente presenta esta revista? ¿Con qué frecuencia se publica la revista?
5. ¿Te gusta este tipo de revista? ¿Por qué sí o por qué no?

¿Qué se dice...?

Al invitar a una persona a salir

Horacio quiere ___invitarla a fiesta___.

Judas quiere ___ir al partido de futbol___.

En mi opinión, Angélica va a ___rechazarla___.

JUDAS   Oye, guapa. Me vas a acompañar al Campín el sábado para ver el partido con Medellín, ¿verdad? Mira, aquí traigo dos boletos de entrada. ¿Qué me dices? ¿Vas conmigo?

ANGÉLICA   Muchas gracias, pero no puedo. Tengo otros planes. Además, este sábado no voy a estar en Bogotá. Salgo para Cali para visitar a mis primos.

JUDAS   No importa, preciosa. En ese caso puedes acompañarme al cine el viernes. ¿Qué te parece?

ANGÉLICA   No, gracias.

HORACIO	Hola, Angélica. ¿Puedo ayudarte con los libros?
ANGÉLICA	Gracias, Horacio.
HORACIO	Angélica, si estás libre el viernes me gustaría invitarte al cine. Y después, tal vez podamos ir a cenar a Casa Vieja en la avenida Jiménez.
ANGÉLICA	¡Cómo no! Me encantaría acompañarte. ¿A qué hora me pasas a buscar?
HORACIO	Después te digo. ¿Te puedo llamar esta noche?
ANGÉLICA	Claro que sí. Puedes llamarme después de las nueve. Te espero entonces.

A propósito...

Un uso especial del pronombre **se** es el del **se recíproco.** Cuando aparece con un verbo en tercera persona plural (ellos, ellas) tiene el significado de *each other* o *one another* en inglés. Por ejemplo, **se conocen** significa *they know each other.* ¿Qué significa: se hablan, se aman, pregúntense, ayúdense?

¿Sabías que...?

Bogotá, la capital de Colombia, ofrece una vida cultural totalmente diversificada. Consta de impresionantes rascacielos *(skyscrapers)* futurísticos, de un número de universidades, de hermosas iglesias coloniales y, lo más importante, de una gran variedad de museos. Hay más de cincuenta museos en la ciudad. Entre los principales está el Museo del Oro, con una colección de más de 30.000 objetos de oro que representan todas las principales culturas precolombinas de Colombia. El Museo Arqueológico también tiene una gran variedad de artefactos precolombinos. El Museo Nacional ocupa una cárcel del siglo XIX. Este museo contiene todo tipo de arte, desde el precolombino hasta el contemporáneo. Además, hay museos de arte moderno, arte colonial, arte religioso, artes y tradiciones populares, de desarrollo urbano, de trajes regionales y muchos más.

⛓⛓ EP 7.1

Ahora, ¡a hablar! ■ ▲ ●

A. ¿Y tú? Pregúntale a tu compañero(a) si hizo lo siguiente la última vez que salió con su novio(a).

Modelo

          TÚ   ¿Compraste flores para la otra persona?

COMPAÑERO(A)   **Sí, las compré.** [o]

                       No, no las compré.

1. ¿Alquilaste películas?
2. ¿Comiste helado en un restaurante?
3. ¿Escuchaste música romántica?
4. ¿Compraste boletos para el cine?
5. ¿Viste la nueva película de Selma Hayek?
6. ¿Hiciste algo especial para ella (él)?

B. ¡Te invito! Alguien te invita a salir por primera vez. Te propone algunas actividades. ¿Qué le contestas tú?

 EP 7.1

Modelo

      AMIGO(A)   ¿Quieres ver la nueva película?

          TÚ   **Bien, me gustaría** (*I would like*) **verla.** [o]

                 No, no la quiero ver.

1. ¿Quieres ver la nueva obra de teatro?
2. ¿Deseas escuchar música clásica?
3. ¿Quieres visitar el museo de arte?
4. ¿Deseas ver la exposición de fotos?
5. ¿Deseas tomar un refresco?
6. ¿Quieres comprar boletos para el concierto?

C. Buenos modales. Los colombianos, como la mayoría de los hispanos, siempre son muy educados y saben impresionar a todo el mundo. ¿Eres tú como los colombianos? ¿Qué haces para impresionar a otras personas?

    EP 7.2

Modelo   Los jóvenes colombianos hacen muchas cosas para impresionar a sus novias.

               Yo también hago muchas cosas para impresionar a mi novia(o). [o]

               Yo no hago nada para impresionar a mi novia(o).

1. Los colombianos siempre llevan bebidas o comida a las fiestas.
2. Ellos siempre dicen la verdad.
3. Los jóvenes colombianos hacen todo con sus amigos.
4. Ellos nunca ponen los pies (*feet*) en la mesita.
5. Ellos son muy puntuales. Nunca llegan tarde.
6. Los jóvenes colombianos son muy corteses.

D. ¡Qué afán! Esta noche el jefe de tu padre viene a tu casa a cenar. ¿Qué hacen todos para impresionarlo?

    EP 7.2

Modelo   mamá / hacer / todo lo que papá pide

               Mamá hace todo lo que papá pide.

1. mamá / poner / flores / la mesa
2. papá / traer / vino especial
3. yo / hacer / pastel de chocolate
4. mis hermanos / poner / la mesa
5. mi hermana y yo / ofrecer / lavar / platos
6. yo / no hacer / nada

Y ahora, ¡a conversar! ■ ▲ ●

A. ¡Paso a paso! Tú y tu compañero(a) están hablando por primera vez. Conversen un poco para llegar a conocerse.

Pregúntense...

1. cuáles son sus deportes favoritos. ¿Con qué frecuencia los practican?
2. cómo pasan el tiempo libre. ¿Qué hacen?
3. si miran la tele con frecuencia. ¿Cuáles son sus programas favoritos? ¿Con qué frecuencia los miran?
4. qué tipo de música escuchan. ¿Quiénes son sus artistas favoritos?
5. si visitan a sus familiares con frecuencia. ¿Los visitan cada fin de semana? ¿una vez al mes?
6. si conocen a... (nombre de un[a] amigo[a]). ¿Lo (La) conocen muy bien?

B. Actividades. ¿Qué hacen tus compañeros de clase cuando salen con su novio(a)? Para saberlo, entrevístalos usando este cuadro. Encuentra a compañeros que puedan contestar afirmativamente a cada pregunta y pídeles que firmen en el cuadrado apropiado. No olvides que una persona no debe firmar más de un cuadrado.

Antes de salir	**Mientras salen**	**Después de salir**
No espera, invita a la otra persona. _____ *Firma*	Lo paga todo. _____ *Firma*	Invita a su amiga(o) a tomar un café en casa. _____ *Firma*
Siempre acepta invitaciones para salir. _____ *Firma*	Controla la conversación. _____ *Firma*	Inmediatamente planea salir con otra persona. _____ *Firma*
Prefiere salir en grupo. _____ *Firma*	Siempre lleva su auto. _____ *Firma*	Siempre promete llamar a su amiga(o) por teléfono. _____ *Firma*
Decide qué actividades hacer. _____ *Firma*	Bebe bebidas alcohólicas. _____ *Firma*	Siempre se despide *(says good-bye)* con un beso. _____ *Firma*

C. Y tú, ¿qué dices? ¿Quiénes son los estudiantes más corteses *(polite)* de la clase? Para saberlo, haz dos listas: una de lo que dices para impresionar a tu novio(a) y una de lo que dices para impresionar a la familia de tu novio(a).

D. ¿Cuáles son las diferencias? Tú debes usar el dibujo en la siguiente página y tu compañero(a) el dibujo en la página A-5 del Apéndice A. Ambos son similares, pero no son idénticos. Describan sus dibujos para descubrir las diferencias. No mires el dibujo de tu compañero(a) hasta descubrir todas las diferencias.

¡Luz! ¡Cámara! ¡Acción! ■ ▲ ●

A. En mi lugar favorito. Estás en un café u otro lugar favorito. Ves a una persona que deseas conocer. Con un(a) compañero(a) que hace el papel de la otra persona, escribe el diálogo que tienen y léanselo a la clase.

B. ¿Qué les digo? Tú, tu novio(a) y dos amigos están imaginando la primera visita de tu novio(a) a casa de tus padres. Dramatiza esta situación con tres compañeros(as). Tus compañeros(as) de clase deben decirle a tu novio(a) qué puede hacer para impresionar a tus padres. También deben hablar de temas de conversación apropiados y no apropiados para tu novio(a) y tus padres.

¿Comprendes lo que se dice?

Estrategias para escuchar: Distinguir patrones de entonación

In previous chapters you learned to listen for stress variations in English and Spanish cognates. Listening to intonation, that is, the rise and fall of a speaker's voice, can be very helpful when distinguishing between questions and statements in Spanish. Questions in Spanish usually have one of the following two intonation patterns.

1. *In questions requiring yes/no answers, the voice rises on the last word of the question.*

   ¿Te gustaría ir conmigo?   **¿Viven cerca de aquí?**

2. *In questions that begin with an interrogative word and request information, the speaker's voice usually drops on the last word of the question.*

   ¿Qué vas a hacer el sábado?   **¿A qué hora vienes por mí?**

Being aware of these intonation patterns for questions will help you better understand a conversation.

Para distinguir patrones de entonación. Escucha la conversación entre Manolo, un joven muy tímido, y Carmen, una chica muy atractiva. *(As you listen the first time, indicate how many yes/no questions you hear and how many information questions are asked.)*

____ Sí/No   Que piden información

Después de escuchar. Vuelve a escuchar la conversación de Manolo y Carmen e indica con un círculo las palabras que mejor completen cada frase.

El sábado por la noche

1. Carmen piensa...	estudiar.	mirar la tele.	visitar a una amiga.
2. Manolo piensa...	estudiar.	mirar la tele.	ir al cine.
3. Manolo...	la invita.	la acepta.	no la acepta.
4. Carmen...	lo invita.	lo acepta.	no lo acepta.
5. Manolo va por Carmen...	a las seis.	a las siete.	a las siete y diez.

@ Viajemos por el ciberespacio a... COLOMBIA

If you are a cyberspace surfer, try entering one of the following key words to get to many fascinating sites in **Colombia:**

> Geografía de Colombia   Catedral de Sal   Museos de Colombia

Or, better yet, simply go to the *¡Dímelo tú!* Web site using the following address:

http://dimelotu.heinle.com

There, with a simple click, you can

- discover the four principal geographic areas of Colombia: **la costa del océano Pacífico, el altiplano de los Andes, los llanos** y **la costa del mar Caribe.**
- visit the magnificent **nueva Catedral de Sal** in **Zipaquirá.**
- see some of the 33,000 gold objects of the **Museo del Oro** currently on display in Bogotá and other Colombian cities.

NOTICIERO
CULTURAL

Colombia

LUGAR... Colombia

Antes de empezar, dime... ■ ▲ ●

Contesta estas preguntas para reflexionar un poco sobre algunas de las características más sobresalientes *(outstanding)* de tu país.

1. ¿A cuántos océanos tiene salida EE.UU.? ¿Cuáles son?
2. ¿Cuántas cadenas montañosas que cruzan EE.UU. puedes nombrar?
3. En tu opinión, ¿cuáles son los productos más importantes de EE.UU.? ¿Por qué? Explica tu respuesta.
4. ¿Cuáles son algunas de las atracciones más grandes de la capital de EE.UU.?
5. ¿Por qué crees que tantos turistas visitan EE.UU. cada año? ¿Qué los atrae?

Un collar con una esmeralda colombiana en el centro

Colombia: La esmeralda de Sudamérica

Colombia es el único país del continente que tiene salida al Pacífico y al Atlántico (Caribe). Además, tres cadenas montañosas, una de ellas la cordillera de los Andes, cruzan el país de norte a sur. Desafortunadamente este país ha sufrido la violencia producida por el narcotráfico, problema conocido internacionalmente, pero Colombia es mucho, mucho más que eso.

Colombia tiene cuatro zonas climáticas: la costa del océano Pacífico, el altiplano de los Andes, los llanos y la costa del mar Caribe. Gracias al clima subtropical, los principales productos del país son su sabrosísimo café, una gran variedad de flores —entre ellas, hermosas orquídeas—, bananas y caña de azúcar. De fama mundial son también las esmeraldas que se producen en el país —de allí el nombre de «Colombia, la esmeralda de Sudamérica».

La capital, Bogotá, tiene todo lo que se espera de una ciudad moderna: rascacielos, hoteles lujosos, oficinas elegantísimas, tiendas fascinantes, excelentes restaurantes y una gran diversidad de actividades culturales. Allí y en los alrededores puedes visitar, entre otras maravillas, la Catedral de Sal y el famoso Museo del Oro, que es un verdadero tesoro de colecciones del oro prehispánico.

En tu próxima visita a Sudamérica... ¡Colombia te espera!

Artefacto precolombino en el Museo del Oro, Bogotá

Y ahora, dime... ■ ▲ ●

Contesta estas preguntas con un(a) compañero(a) de clase.

1. Explica el título de esta lectura.
2. Prepara un esquema como el siguiente y complétalo con información de la lectura.

COLOMBIA

Geografía	Economía	Capital
1.	1.	1.
2.	2.	2.
3.	3.	3.

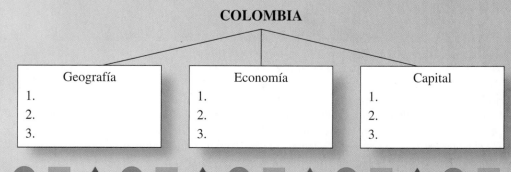

¿Qué quieres hacer, mi amor?

¿Eres buen observador?

Tarea

Antes de empezar este *Paso*, estudia *En preparación*

☐ 7.3 Present tense of *e > i* stem-changing verbs

☐ Haz por escrito los ejercicios de ¡*A practicar!*

☐ Escucha la sección *¿Qué se dice...?* del Capítulo 7, Paso 2 en el CD.

¿te conviene el
@mor por internet?

Ahora que todo es virtual...¿un ligue a través de la Red también tiene que serlo? ¿Y qué hay detrás?

DESVENTAJAS DEL AMOR EN LA RED ¡AGUAS!

• No sabes con quién estás tratando. Es decir, ni siquiera sabes si es hombre o mujer, vaya. ¿La foto? Se puede truquear, ¿no?
• No puedes conocer nada de su vida, más que lo que él o ella te cuenta. A lo mejor no es quien dice ser, o está casado (a), o no tiene la edad que dice, o es un delincuente o un maniático (o maniática) sexual.
• Como no hay lenguaje corporal y no puedes verle, tampoco puedes saber si te está diciendo la verdad.
• Hay gente que usa esta vía para buscar posibles victimas de secuestro, así que aguas con contarle demasiado de cómo vives.
• Aun si te rajas y no quieres que te encuentre, hay forma de averiguar tu dirección a través de tu dirección electrónica.
• Tú puedes clavarte, y él o ella estar sólo jugando.
• A lo mejor no está siendo sincero (a) contigo, y sólo te está dando el avión para que te claves, mostrándose falsamente de acuerdo con tus ideas e ideales, buscando que te identifiques con él o con ella.

Ahora, ¡a analizar! ■ ▲ ●

1. ¿Cuál es el propósito de este artículo? ¿A quiénes crees que se dirige, a adultos o a jóvenes? ¿Por qué crees eso?
2. ¿Cuáles de los consejos consideras más válidos para los jóvenes de EE.UU.? ¿Cuáles menos válidos? ¿Por qué?
3. Este artículo usa varias expresiones típicas de los jóvenes, como «¡Aguas!» ¿Cuáles son otras? ¿Cuál es su significado?
4. Explica el subtítulo de la lectura.

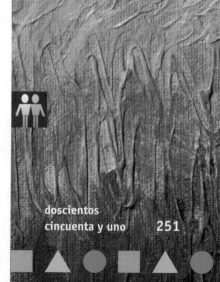

¿Qué se dice...?

Al salir con tu novio(a)

Horacio recomienda __mirar tele__ o __conseguir el teatro colon__.

Angélica sugiere __cenar en Los Sauces__.

HORACIO	Aquí viene el mesero, vida mía. ¿Qué deseas pedir?
ANGÉLICA	¿Sirven ropa vieja aquí?
HORACIO	Sí, cómo no, es muy buena.
ANGÉLICA	Entonces quiero la ropa vieja y nada más.
HORACIO	¿No pides una copita de vino?
ANGÉLICA	No. Prefiero un refresco. ¿Y tú? ¿Qué vas a pedir?
HORACIO	¿Yo? Lo que siempre pido aquí, la bandeja paisa. Y para beber, pues un tinto, ¡claro!

A propósito... Así como en EE.UU. es muy común escuchar los apelativos *honey, sweetheart* o *dear,* en el mundo hispano también es muy común el uso de apelativos cariñosos como **querido(a), vida mía, corazón, mi amor, negrito(a)...** Es importante tener presente que el uso de estos apelativos varía de país a país y hasta de región a región dentro de un país. Por lo tanto, es mejor no usarlos hasta que oigan a otras personas usarlos.

¿Sabías que...?

Colombia tiene muchas comidas deliciosas. Un plato típico colombiano es el **ajiaco** —un estofado de pollo *(chicken stew),* crema, maíz y vegetales. La **bandeja paisa** es otro plato típico, con cinco carnes *(meats)* distintas. Otro plato bastante conocido es la **ropa vieja,** que lleva carne, tomates y pimientos verdes y rojos. Por último, una bebida muy popular es el **tinto,** café colombiano muy fuerte y con mucho azúcar.

Ahora, ¡a hablar! ■ ▲ ●

A. ¿Qué preferimos? Unos estudiantes de la Universidad Externado de Colombia están tratando de decidir qué van a hacer esta tarde. ¿Qué dice cada uno que prefiere hacer?   ⟨⟩ EP 7.3

> **Modelo**   Fernando: ir al cine
> **Fernando dice que prefiere ir al cine.**

1. Víctor Mario y yo: ir a un café
2. yo: cenar en un restaurante
3. Elvira: ir a bailar
4. Angélica: ver una obra de teatro
5. Ana María: escuchar discos
6. Fernando y Alicia: jugar béisbol

B. ¡Aquí sirven bebidas riquísimas! Tú estudias en la Universidad Externado de Colombia. Hoy, tú y unos amigos celebran tu cumpleaños en tu restaurante favorito, La Embajada Antioqueña. ¿Qué hacen todos?   ⟨⟩ EP 7.3

> **Modelo**   **Mi amigo Gerardo pide las bebidas.**

Vocabulario útil

conseguir	pedir	querer	traer
decir	preferir	servir	¿...?

1. mi amigo(a)...
2. mis amigos(as)... y...
3. el mesero
4. tú y yo
5. yo

C. Somos diferentes. Eduardo y Margarita, dos amigos tuyos de la Universidad Externado de Colombia, salen juntos frecuentemente. Cuando tú sales con alguien, ¿haces lo mismo que él (ella) o haces algo diferente?   ⟨⟩ EP 7.3

> **Modelo**   Eduardo y Margarita consiguen boletos para el teatro.
> **Nosotros conseguimos boletos para un concierto rock.** [o]
> **Nosotros también conseguimos boletos para el teatro.**

1. Ellos siempre salen los sábados por la noche.
2. Ellos siempre visten elegantemente.
3. Ellos consiguen boletos para el teatro y el ballet.
4. Ellos piden cerveza en un restaurante.
5. Ellos siguen hablando toda la tarde.
6. Ellos nunca repiten la misma actividad.

Y ahora, ¡a conversar! ■ ▲ ●

A. Entrevístense. Entrevista a un(a) compañero(a) y luego que él (ella) te entreviste a ti.

1. ¿Con qué frecuencia sales con tu novio(a)? ¿Salieron el fin de semana pasado? ¿Adónde fueron?
2. ¿A qué hora salen generalmente? ¿A qué hora salieron la última vez?
3. ¿Qué días prefieres salir usualmente?
4. ¿Prefieres salir con la misma persona o con diferentes personas?
5. ¿Qué prefieres hacer cuando sales con él (ella)? Nombra tres actividades favoritas. Luego nombra tres actividades que hicieron la última vez.
6. Por lo general, ¿quién paga? ¿Pagaste tú la última vez?
7. ¿A qué hora crees que deben volver los novios a casa? ¿A qué hora volvieron a casa la última vez?

B. ¿Eres buen(a) amigo(a)? ¿Cómo actúas con tus amigos? ¿Eres egoísta? ¿generoso(a)? ¿demasiado bueno(a)? Toma este examen primero. Luego tu profesor(a) te va a decir cómo sumar *(add up)* los puntos para que puedas determinar qué tipo de amigo(a) eres.

1. Cuando un(a) amigo(a) tiene problemas con su tarea, tú...
   a. le das *(give him or her)* las soluciones.
   b. le explicas cómo llegar a la solución.
   c. no le dices nada. Es su problema, no el tuyo *(yours)*.

2. Cuando dos de tus amigos se pelean *(fight)*, tú...
   a. tratas de separarlos.
   b. ayudas al más débil *(weak)*.
   c. no haces nada.

3. Cuando alguien te acusa de algo que tú no hiciste *(did)* pero que uno de tus amigos hizo *(did)*, tú...
   a. aceptas la acusación sin decir nada.
   b. hablas con la persona responsable y le dices que tiene que decir la verdad.
   c. dices que no eres la persona responsable y nombras a tu amigo(a).

4. Cuando un(a) amigo(a) te dice un secreto, tú...
   a. no repites el secreto.
   b. le repites el secreto solamente a tu mejor amigo(a).
   c. les repites el secreto a tus compañeros.

5. Cuando tu amigo(a) quiere comprar un libro pero no tiene suficiente dinero, tú...
   a. le das el dinero que necesita.
   b. le prestas *(lend)* el dinero.
   c. no le das ni le prestas nada.

6. Cuando un(a) amigo(a) te cuenta sus problemas, tú...
   a. haces todo lo posible para ayudarle.
   b. lo escuchas y lo (la) consuelas.
   c. le hablas de tus problemas.

10 o más puntos:	Eres un(a) amigo(a) excelente. Siempre ayudas a tus amigos. ¡Ojo! Alguien puede abusar de tu gentileza.
5–9 puntos:	Usualmente piensas primero en ti, después en los otros, pero ayudas a tus amigos a veces.
0–4 puntos:	Das la impresión que los amigos no son importantes. ¡Ojo! Puedes perder a tus amigos.

C. ¡No es fácil decidir! Tú y tres amigos deciden que pueden divertirse más si juntan *(gather)* todo su dinero. Ahora tienen que decidir qué van a hacer el sábado por la noche. Tienen sólo un total de $85.00 para gastar.

D. Sílabas. Combina las sílabas en la primera columna con las de la segunda columna para formar palabras relacionadas con actividades para novios.

Modelo   **f i e s - t a**

ca-	ta
te-a-	si-ca
be-bi-	cier-to
fies-	ne
de-	tro
mú-	das
ci-	fé
con-	por-tes

¡Luz! ¡Cámara! ¡Acción! ■ ▲ ●

A. La primera vez. Tú y un(a) compañero(a) de clase van salir por la primera vez con sus novios(as). Escriban el diálogo que tienen al decidir cuándo van a salir, adónde van a ir, qué van a hacer, cómo van a viajar, quién va a buscar a quién, cuánto dinero van a necesitar y a qué hora piensan regresar. Luego lean su conversación delante de la clase.

B. ¡Esta noche! Vas a salir esta noche con una persona muy especial. Ahora estás hablando con tus dos compañeros(as) de cuarto. Ellos(as) quieren saber con quién vas a salir y qué planes tienes. Contesta sus preguntas con muchos detalles.

¿Comprendes lo que se dice?

Estrategias para ver y escuchar: Usar imágenes visuales para interpretar el contenido

*In **Capítulo 2** you learned to use visual images to anticipate the content of a reading selection. Because video always consists of rich visual images provided to illustrate what is being said, they frequently also help you understand words that you may not know. As you watch the video, pay close attention to the images, especially when you hear narrative that you do not understand. More often than not, the images being shown will aid your comprehension considerably. Apply this strategy as you view the segment on Colombia. Then use this and other listening strategies you have learned to help you understand the segment on Fernando Botero.*

Antes de ver y escuchar. Mira la primera selección sobre **Colombia, ¡Puerta a Sudamérica!** Luego contesta estas preguntas.

1. ¿Qué significan las frases **vuelos directos** y **zona tórrida**? ¿Qué imágenes te ayudaron a llegar a esa conclusión?
2. ¿Qué significan las palabras **mares, cordilleras, selvas, cascadas**? ¿Qué imágenes te ayudaron a llegar a esa conclusión?

Colombia, ¡Puerta a Sudamérica!

Después de ver el video. Ahora mira la segunda selección sobre **Fernando Botero, ¡reconocido internacionalmente!** Luego, completa las siguientes oraciones.

1. El estilo artístico de Fernando Botero se caracteriza por...
2. El humor en el arte de Botero está en...
3. En el arte de Botero, la generosidad del paisaje colombiano va unida a...
4. Además de óleo, acrílico y acuarela, la obra de Botero incluye...
5. La calidad pintoresca y el estilo temático hacen de Botero uno de los artistas...

@ Viajemos por el ciberespacio a... COLOMBIA

If you are a cyberspace surfer, try entering one of the following key words to get to many fascinating sites in **Colombia:**

Café de Colombia   Radio de Colombia   Biblioteca Luis Ángel Arango

Or, better yet, simply go to the *¡Dímelo tú!* Web site using the following address:

http://dimelotu.heinle.com

There, with a simple click, you can

- learn how the world-favorite **café de Colombia** is produced. You can virtually taste it!
- listen to popular Colombian music.
- visit the **Biblioteca Luis Ángel Arango,** considered the first in Colombia and one of the first in the New World.

NOTICIERO
CULTURAL

Colombia

GENTE... Fernando Botero

Antes de empezar, dime... ■ ▲ ●

Contesta estas preguntas sobre tus gustos artísticos.

1. ¿Qué tipo de arte te gusta?
2. ¿Quién es tu artista favorito(a)? ¿Sabes cuándo y dónde vivió?
3. ¿Cuál es la obra principal de tu artista favorito(a)?
4. ¿De dónde crees que viene la idea original de tu obra favorita? ¿de una experiencia personal? ¿de una situación de la realidad? ¿de la imaginación del artista?

Fernando Botero

«Arte es siempre una versión diferente de lo mismo».

Al hablar de arte contemporáneo es imposible no mencionar al talentoso artista colombiano Fernando Botero.

Nació en Medellín, el 19 de abril de 1932. Botero recuerda sus años de juventud como difíciles, porque con la muerte de su padre, su familia quedó en una situación económica bastante difícil. Fue un período triste y dificultoso, pero a la vez bueno y positivo porque la frugalidad y dificultades le enseñaron a apreciar todo con más intensidad.

Botero demostró desde niño su habilidad para el arte, contando siempre con el apoyo y motivación de su madre. En 1952, con el dinero que recibió al ganar el segundo lugar en una exposición en el salón Nacional de Artistas, en Bogotá, decidió viajar a Europa.

Estudió durante un año en la Academia de Bellas Artes de San Fernando, en Madrid, donde cuenta que vio sólo una vez a su maestro. Más tarde decidió trasladarse a Italia donde estudió en la Academia San Marco, en Florencia.

Según Botero, al principio él quería unir todo: el color de Matisse, la estructura de Picasso, las pinceladas de van Gogh. Pero como él mismo dice, el tiempo le enseñó que uno puede obtener más usando menos elementos. Dice que para «crear» es necesario tener las habilidades necesarias y, a la vez, saber interpretar las cosas simples.

Después de vivir por un tiempo en México, donde recibió influencia de los grandes muralistas, tomó su gran decisión: hacer Latinoamérica su tema. Según él, la América Latina es importante, admirable y digna de ser observada. En ella, dice, todo es importante. Fernando Botero cree que un artista es honesto y válido cuando muestra sus propias raíces en su trabajo.

Ritratto ufficiale della giunta millitare, 1971. Oil on canvas. Marlborough Gallery.

Y ahora, dime... ■ ▲ ●

1. ¿Qué opinas del cuadro de Botero? ¿Cómo refleja este cuadro lo que acabas de leer de Botero?
2. ¿Crees que este cuadro lleve algún mensaje o fue la intención de Botero simplemente divertir a su público? Explica la respuesta.
3. Sigue este modelo al resumir los datos *(facts)* más importantes de la vida de Fernando Botero.

DATOS MÁS IMPORTANTES

Datos personales	Datos profesionales
1.	1.
2.	2.
3.	3.
...	...

¿Te gusta escribir?

Estrategias para escribir: Dar consejos por escrito

Cartas con consejos. Cuando escribimos cartas que dan consejos *(advice)*, hay que usar ciertas estructuras. La más sencilla es usar ciertos verbos que ya conoces con el infinitivo.

necesitar + infinitivo	**Necesitas ser** más activa.
deber *(should)* **+** infinitivo	**Debes hablar** con tu novia.
tener que + infinitivo	**Tienes que decidir** qué quieres.

Otra forma de dar consejos es usar mandatos *(commands)* directos. Se pueden dar mandatos directos familiares (**tú**) simplemente usando el presente indicativo de la forma **Ud./él/ella** de la mayoría de los verbos.

Practica un deporte como el fútbol.	*Practice a sport like soccer.*
Habla con tu novia.	*Talk to your girlfriend.*
Decide qué quieres hacer.	*Decide what you want to do.*

Ahora piensa en un(a) amigo(a) que tiene problemas sentimentales y prepara una lista de sus problemas. Incluye lo que dice tu amigo(a) y lo que dice su novia(o). Si no tienes un(a) amigo(a) con problemas, invéntalo(la).

Ahora, ¡a escribir! ■ ▲ ●

A. Ahora, a organizar. Prepárate para escribirle una carta a tu amigo(a) con problemas sentimentales. Empieza por crear un grupo de ideas para aconsejar *(advise)*. Escribe todas tus ideas en las dos formas de dar consejos: ciertos verbos más el infinitivo y mandatos familiares (tercera persona singular del presente indicativo). Organiza tus ideas en grupos que puedan elaborarse en párrafos.

B. El primer borrador. Ahora prepara un primer borrador de tu carta de consejo. Incluye la información de la lista de ideas que preparaste en la sección previa.

C. Ahora a compartir. Comparte tu primer borrador con dos o tres compañeros(as). Haz comentarios sobre el contenido y el estilo de las cartas de consejo de tus compañeros(as) y escucha los comentarios de ellos sobre tu carta. ¿Están claros los consejos? ¿Hay bastantes consejos o necesitan más? ¿Es lógica la organización de la carta?

D. El segundo borrador. Haz los cambios necesarios basándote en los comentarios de tus compañeros de clase. Luego prepara un segundo borrador.

E. A compartir, una vez más. Comparte tu segundo borrador con dos o tres compañeros(as). Esta vez haz comentarios sobre los errores de estructura, ortografía o puntuación. Concéntrate específicamente en cómo da los consejos. ¿Usa los mandatos correctamente? ¿Da consejos usando **necesitar, deber** y **tener que** correctamente? Indica todos los errores de las cartas de tus compañeros(as) y luego decide si necesitas hacer cambios en tu carta basándote en los errores que ellos te indiquen a ti.

F. La versión final. Prepara la versión final de tu carta y entrégala. Escribe la versión final en la computadora, siguiendo las instrucciones recomendadas por tu instructor(a).

G. Ahora, a publicar. En grupos de cuatro o cinco, lean sus cartas y decidan cuál da los mejores consejos. Léanle esa carta a la clase.

Tarea

Antes de empezar este *Paso*, estudia *En preparación*

☐ 7.4 Review of direct-object nouns and pronouns

☐ 7.5 The verbs *saber* and *conocer*

☐ Haz por escrito los ejercicios de *¡A practicar!*

☐ Escucha la sección *¿Qué se dice...?* del Capítulo 7, Paso 3 en el CD.

¿Eres buen observador?

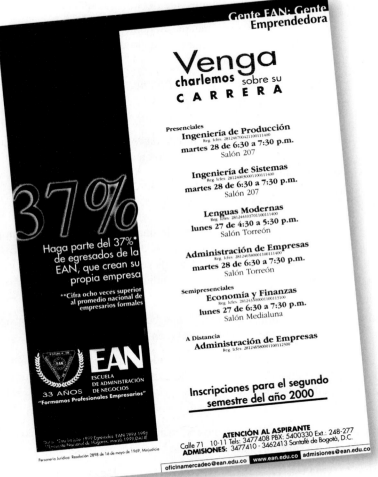

Gente EAN: Gente Emprendedora

Venga

charlemos sobre su **CARRERA**

Presenciales
Ingeniería de Producción
Reg. Icfes: 281246700423100111400
martes 28 de 6:30 a 7:30 p.m.
Salón 207

Ingeniería de Sistemas
Reg. Icfes: 281240080001100111400
martes 28 de 6:30 a 7:30 p.m.
Salón 207

Lenguas Modernas
Reg. Icfes: 281244105701100111400
lunes 27 de 4:30 a 5:30 p.m.
Salón Torreón

Administración de Empresas
Reg. Icfes: 281246580001100111400
martes 28 de 6:30 a 7:30 p.m.
Salón Torreón

Semipresenciales
Economía y Finanzas
Reg. Icfes: 281243500001100115100
lunes 27 de 6:30 a 7:30 p.m.
Salón Medialuna

A Distancia
Administración de Empresas
Reg. Icfes: 281246580001100112500

Inscripciones para el segundo semestre del año 2000

ATENCIÓN AL ASPIRANTE
Calle 71 10-11 Tels: 3477408 PBX: 5400330 Ext.: 248-277
ADMISIONES: 3477410 - 3462413 Santafé de Bogotá, D.C.

oficinamercadeo@ean.edu.co   www.ean.edu.co   admisiones@ean.edu.co

Haga parte del 37%* de egresados de la EAN, que crean su propia empresa

**Cifra ocho veces superior al promedio nacional de empresarios formales

EAN
ESCUELA DE ADMINISTRACIÓN DE NEGOCIOS
33 AÑOS
"Formamos Profesionales Empresarios"

Personería Jurídica: Resolución 2898 de 16 de mayo de 1969. Minjusticia

Ahora, ¡a analizar! ■ ▲ ●

1. Qué es EAN?
2. ¿Quiénes se interesan en EAN? Qué tipo de cursos ofrece?
3. ¿Por qué incluye «Lenguas Modernas»? Explica.
4. ¿Qué hace un 37 por ciento de las personas que asisten a EAN?
5. ¿Como se compara este porcentage con el promdedio nacional?
6. Explica el lema: «Venga, charlemos sobre su carrera».

¿Qué se dice...?

Al expresar emociones

¿Cómo expresan Angélica y Horacio sus emociones?

querer   _Estar loco_   _estar enamorado_

amar   _adorar_

ANGÉLICA   ¿Conoces a mi amiga Margarita?

HORACIO   ¿La de Medellín? Sí, la conozco muy bien y sé que es hermosísima.

ANGÉLICA   ¡A veces te odio, Horacio!

HORACIO   Mi amor, digo que la conozco y la admiro; no digo que la amo. ¡Tú sabes cuánto te amo a ti!

HORACIO	¿Quién es ese muchacho que está contigo en la foto?
ANGÉLICA	¿Cuál? Ah, ése. Es tu amigo Judas Maleza.
HORACIO	¿Cómo? ¿Mi amigo? ¡Judas Maleza no es amigo mío!
ANGÉLICA	Ay, Horacio. No seas celoso. Tú sabes que te amo.
HORACIO	Sí, sí mi amor. Y yo te adoro.

A propósito...

Las preposiciones **(a, por, en, para, con,...)** generalmente van seguidas de pronombres personales **(usted, él, ella, nosotros, ustedes, ellos, ellas): a usted, por él, en ellos,...** Las excepciones ocurren con los pronombres singulares **(yo** y **tú)** que cambian a **mí** y **ti: a mí, para ti,...** y con la preposición **con** a: **conmigo** y **contigo.**

Ya conoces muchos cognados en español. Pero **¡ojo!,** también hay cognados falsos que pueden crear problemas serios. Un cognado falso es una palabra que se escribe casi idénticamente en dos lenguas pero que tiene un significado diferente en las dos lenguas. Algunos cognados falsos en inglés y español son:

Cognados falsos

español	*inglés*	*inglés*	español
molestar	*to bother*	*to molest*	abusar (socialmente)
embarazada	*pregnant*	*embarrassed*	avergonzado(a)
parientes	*relatives*	*parents*	padres
colegio	*school*	*college*	universidad
lectura	*reading*	*lecture*	conferencia
nota	*grade*	*notes*	apuntes

¿Sabías que...?

En Colombia, la mayoría de las ciudades y pueblos tienen la forma de un cuadrícula *(grid)*. Esto permite cierta uniformidad en el nombre de las calles: las que van de norte a sur se llaman **carreras,** y las que van de este a oeste se llaman **calles.** En vez de tener nombres, cada **carrera** y **calle** tiene un número. Las direcciones de las casas o negocios siempre son una serie de números, por ejemplo, la **Calle 34 Núm. 4-23.** Esto significa que la casa está en la **Calle 34** a 23 metros de la carrera **número 4.**

Ahora, ¡a hablar! ■ ▲ ●

A. Sentimientos. ¿Qué sientes tú hacia estas personas y cosas?   ⊖⊟⊖ EP 7.4

> **Modelo**   mamá
> **Yo la admiro, la respeto y la amo mucho.**

Vocabulario útil

admirar	odiar
adorar	querer
amar	respetar
detestar	

1. mejor amigo(a)
2. compañeros(as) de cuarto
3. novio(a)
4. universidad

5. tarea
6. políticos
7. policía
8. profesores

B. Somos muy unidos. La unidad familiar es muy fuerte en la familia de tu amiga colombiana, Mari Carmen. ¿Qué dice ella de su familia?   ⊖⊟⊖ EP 7.4, 7.5

> **Modelo**   yo / saber que mamá / querer muchísimo (a mí)
> **Yo sé que mamá me quiere muchísimo.**

1. papá / saber que mamá / adorar (a él)
2. mis abuelos / saber que papá / respetar mucho (a ellos)
3. mis hermanos / decir que mis abuelos / adorar (a ellos)
4. nosotros / saber que mi tío / querer mucho (a nosotros)
5. yo / saber que mis hermanos / respetar (a mí)
6. mamá / saber que papá / adorar (a ella)

C. ¡Soy tu ideal! Tienes un(a) novio(a) que te gusta mucho. Tú quieres convencerlo(la) de que eres la persona ideal para él (ella). ¿Qué le dices?   ⊖⊟⊖ EP 7.5

> **Modelo**   escribir poemas de amor
> **Yo sé escribir poemas de amor.**

	muchos lugares interesantes
	expresar mis sentimientos
yo sé/conozco	al rector de tu universidad
	cocinar muy bien
	cantar canciones románticas

Y ahora, ¡a conversar! ■ ▲ ●

A. Datos personales. Entrevista a un(a) compañero(a) para obtener algunos datos personales.

1. ¿Es fácil o difícil para ti expresar tus sentimientos? ¿Por qué?
2. ¿Quién es la persona que más admiras? ¿que más amas? ¿Por qué?
3. ¿Odias a alguna persona? ¿Por qué?
4. ¿Quién es la persona que más te ama?
5. ¿Eres una persona básicamente sociable o no? ¿Por qué?
6. ¿Qué se necesita para tener una relación ideal?

B. Compañeros(as) de cuarto. Tú y tu compañero(a) de cuarto están hablando de sus novias(os). Tu compañero(a) dice que tiene un problema: no sabe si su novia(o) lo (la) ama o no. ¿Qué preguntas puedes hacerle para ayudarle a solucionar su problema?

Modelo   **¿Te invita a su apartamento?**
              ¿Acepta tus invitaciones?

C. ¿Tienes una buena personalidad? Para saberlo, contesta estas preguntas y sigue el orden de las flechas ↪ hasta llegar al final.

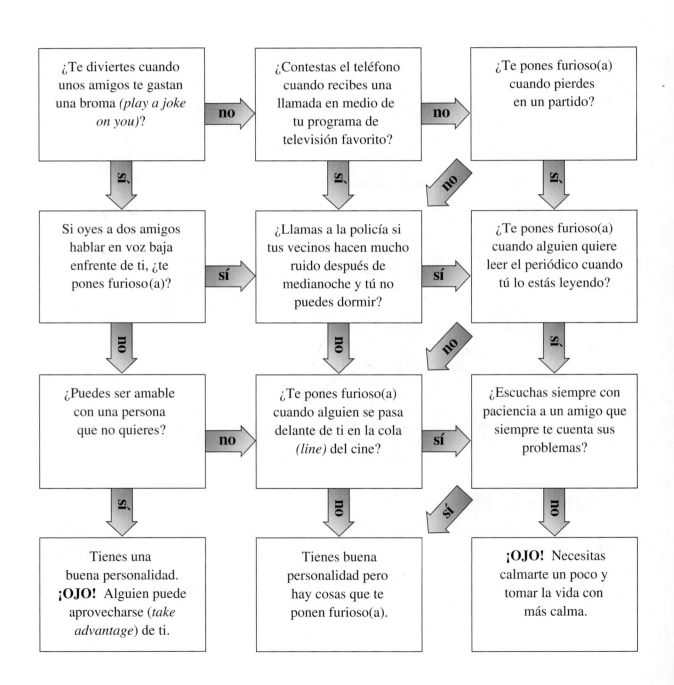

¡Luz! ¡Cámara! ¡Acción! ■ ▲ ●

A. ¡Ay, amor! Tu estás completamente enamorado(a) de tu novio(a) pero no sabes si él/ella todavía te ama a ti. Acabas de saber que salió con otra persona. Decides pedirle consejos a tu mejor amigo(a). Tu amigo(a) te hace algunas preguntas sobre tu novio(a) y también sobre tus propios sentimientos. Con un(a) compañero(a) que hace el papel de tu mejor amigo(a), escribe el diálogo que tienen y luego léanselo a la clase.

B. Telenovela. En grupos de tres o cuatro, dramaticen una escena de su telenovela favorita. Puede ser un triángulo amoroso o dos parejas que tienen una relación que vacila entre el amor y el odio.

¿Te gusta leer?

Estrategias para leer: Pistas del contexto

In the previous chapter you learned several techniques for recognizing context clues including

1. *using the meaning of the rest of the sentence.*
2. *being satisfied with the generalized meaning.*
3. *looking for help in punctuation and grammar.*
4. *learning to recognize key words and ignoring others.*

Prepárate para leer. Practica usando las técnicas que ya sabes para reconocer las pistas de contexto en esta selección. Busca las palabras de la columna A en la lectura y estudia el contexto de las oraciones donde las encuentres. Luego selecciona según el contexto, las palabras de la columna B que tienen el mismo significado de cada palabra de la columna A.

A	**B**
1. alcalde	a. poniendo brillante
2. muela	b. usa una pistola o revólver
3. puliendo	c. expresarse en voz alta
4. salita de espera	d. tranquilamente
5. gritar	e. un diente grande
6. pega un tiro	f. silla grande
7. sin apresurarse	g. oficial principal del pueblo o de la ciudad
8. sillón	h. cuarto donde esperan los pacientes

Lectura

Gabriel García Márquez nació en Colombia en el año 1928. En 1961 se fue a vivir a México donde tuvo la idea para una de sus novelas más famosas, *Cien años de soledad*. Publicó esta novela en el año 1967. La mayoría de los críticos consideran esta novela la más importante de la literatura española de la época por su temática y técnica creativa. En 1982, García Márquez recibió el Premio Nóbel de Literatura.

En «Un día de estos», Gabriel García Márquez expresa su oposición a los militares de Colombia. Es el cuento de un militar que va al dentista del pueblo con un absceso. El dentista odia a los militares pero el militar dice que va a matar al dentista si no le saca la muela. Al final, el dentista le saca la muela al militar, pero no usa anestesia.

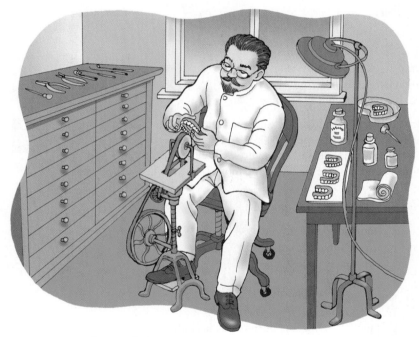

Un día de estos
(Fragmento)

—Papá.

—Qué.

—Dice el alcalde que si le sacas una muela.

—Dile que no estoy aquí.

Estaba puliendo un diente de oro. Lo retiró a la distancia del brazo° y lo examinó con los ojos a medio cerrar. En la salita de espera volvió a gritar su hijo.

—Dice que sí estás porque te está oyendo.

El dentista siguió examinando el diente. Sólo cuando lo puso en la mesa con los trabajos terminados, dijo:

—Mejor.

Lo retiró... *He held it at an arm's distance*

Volvió a operar la fresa.° De una cajita de cartón° donde guardaba las cosas por hacer, sacó un puente° de varias piezas y empezó a pulir el oro.

—Papá.

—Qué.

Aún no había cambiado de expresión.

—Dice que si no le sacas la muela te pega un tiro.

Sin apresurarse, con un movimiento extremadamente tranquilo, dejó de pedalear en la fresa, la retiró del sillón y abrió por completo la gaveta° inferior de la mesa. Allí estaba el revólver. —Bueno —dijo—. Dile que venga a pegármelo.°

dentist's drill / **cajita de...** *cardboard box*
dental bridge

display case
venga a... *Tell him to come and shoot me*

A ver si comprendiste ■ ▲ ●

Contesta basándote en la selección de «Un día de estos» que leíste.

1. Haz comentarios sobre el diálogo en este fragmento. ¿Cómo indica el autor que una persona deja de hablar y otra empieza? En tu opinion, ¿por qué no hay signos de interrogación cada vez que el dentista dice «Qué»? ¿Qué efecto tiene el diálogo en el cuento?

2. Esta escena es muy dramática. Hay mucha tensión. ¿Qué crees que esté pensando cada personaje mientras ocurre este diálogo? Escribe los pensamientos del hijo, del dentista y del militar.

Pensamientos del hijo:	Pensamientos del dentista:	Pensamientos del militar:
1.	1.	1.
2.	2.	2.
3.	3.	3.
4.	4.	4.
...	...	...

@ Viajemos por el ciberespacio a... COLOMBIA

If you are a cyberspace surfer, try entering one of the following key words to get to many fascinating sites in **Colombia:**

Artesanía colombiana   Toros de Colombia   Universidades colombianas

Or, better yet, simply go to the *¡Dímelo tú!* Web site using the following address:

http://dimelotu.heinle.com

There, with a simple click, you can

- learn about popular art works by indigenous people in Colombia.
- venture into the world of bullfighting in Colombia.
- visit several prestigious Colombian universities.

Vocabulario ■▲●■▲●■▲

El amor

admirar	*to admire*
adorar	*to adore*
amar	*to love*
beso	*kiss*
celoso(a)	*jealous*
corazón (m.)	*heart*
detestar	*to detest*
estar enamorado(a) de	*to be in love with*
estar loco(a) por	*to be crazy about*
expresar	*to express*
fascinar	*to fascinate*
impresionar	*to impress*
odiar	*to hate*
respetar	*to respect*
sentimientos (pl.)	*feelings, sentiments*

Novios

aceptar	*to accept*
acompañar	*to accompany*
cenar	*to eat dinner*
conducir/manejar	*to drive*
explicar	*to explain*
flores (f., pl.)	*flowers*
planes (m., pl.)	*plans*
salir con tu novio(a)	*to date*

Lugares y diversiones

baile (m.)	*dance*
bebida	*drink*
boleto	*ticket*
concierto	*concert*
evento	*event*
exposición	*exhibition*
obra de teatro	*play (as in theater)*
programa (m.)	*program*

Verbos

conseguir (i)	*to get, obtain*
decir (i)	*to say*
firmar	*to sign*
imaginar	*to imagine*
llevar	*to take*
oír	*to hear*
parecer	*to seem; to appear like*
pedir (i)	*to ask for*
poner la mesa	*to set the table*
querer (ie)	*to love; to want*
rechazar	*to reject*
servir (i)	*to serve*
traer	*to bring*

Adjetivos

aficionado(a)	*fan (of sporting events)*
clásico(a)	*classical*
demasiado(a)	*too much*
libre	*free*
primero(a)	*first*
todo(a)	*all*

Otras palabras y expresiones

algo	*something*
gasto	*expense*
mesa	*table*
momento	*moment*
ocasión (f.)	*occasion*
pero	*but*
plato	*plate*
¡Claro que sí!	*Of course!*
¡Cómo no!	*Why not!*
Me encantaría.	*I would love to.*
¡Oye!	*Listen!*

7.1 Direct-object nouns and pronouns ⊂⊃

Agreeing and disagreeing, accepting and refusing

A. Direct-object nouns and pronouns answer the questions *Whom?* or *What?* in relation to the verb of the sentence.

I'll see her tonight.	*(Whom will I see? Her.)*
They have my tickets.	*(What do they have? My tickets.)*

Identify the subjects and direct objects in the following sentences and check your answers.*

1. She doesn't know my address.
2. Can you hear them now?
3. Shall I put flowers on this table?
4. Bring it tomorrow.

B. In Spanish, whenever the direct object is a specific person or persons, an **a** is *always* placed before it. This personal **a** is never translated into English.

No conozco **a** tus padres.	*I don't know your parents.*
Pero sí conozco Bogotá.	*But I do know Bogotá.*
Siempre traen **a** Gloria.	*They always bring Gloria.*

C. Direct-object pronouns replace direct-object nouns. The direct-object pronouns in Spanish are shown below.

	Singular		Plural
me	me	**nos**	us
te	you *(fam.)*	**os**	you *(fam.)*
lo/la	you *(formal, m./f.)*	**los/las**	you *(formal, m./f.)*
lo	him, it *(m.)*	**los**	them *(m.)*
la	her, it *(f.)*	**las**	them *(f.)*

D. Direct-object pronouns must be placed *directly* in front of a conjugated verb.

Te amo.	*I love you.*
¿Sabes cuánto **me** quiere?	*Do you know how much she loves me?*
Yo ni **la** conozco.	*I don't even know her.*

---

* Answers: 1. *subject:* She / *direct object:* address; 2. *subject:* you / *direct object:* them; 3. *subject:* I / *direct object:* flowers; 4. *subject:* (you) / *direct object:* it

E. The direct-object pronoun may follow and be attached to an infinitive or a present participle.

Voy a traer**los** mañana. ⎫
Los voy a traer mañana. ⎭   *I'm going to bring them tomorrow.*

Está esperándo**me** ahora. ⎫
Me está esperando ahora. ⎭   *He's waiting for me now.*

Note that when a direct-object pronoun is attached to a present participle, a written accent is required to maintain the original stress: **esperando > esperándome.**

¡A practicar!   ■ ▲ ●

A. Examen. Juanita is taking the placement exam at the **Universidad Nacional de Colombia.** How does she answer the examiner's questions?

PROFESOR	¿Me ves bien de allí?
JUANITA	Sí, profesor. _____ veo bien.
PROFESOR	¿Tienes un lápiz Núm. 2?
JUANITA	Sí, _____ tengo.
PROFESOR	¿Escuchas bien la cinta *(tape)*?
JUANITA	Sí, _____ escucho muy bien.
PROFESOR	¿Me escuchas bien a mí y a la profesora Salas?
JUANITA	Sí, _____ escucho muy bien a los dos.
PROFESOR	¿Entiendes bien las instrucciones?
JUANITA	Sí, sí, _____ entiendo.
PROFESOR	Bien, entonces empecemos.

B. ¡Qué casualidad! Two people have just met at a party and realize that they both come from the same city in Colombia, Cartagena. What do they ask each other? How do they respond?

Modelo   Gloria Gutiérrez
—**¿Conoces a Gloria Gutiérrez?**
—**Sí, la conozco muy bien.** [o] **No, no la conozco.**

1. Lucas Trujillo
2. Josefa y Elodia Lesdesma
3. el padre Francisco
4. los señores Villegas
5. mi hermana Delia Cortés
6. los Díaz

C. ¿Qué hacen ustedes? You and your date are classmates at the **Universidad Nacional de Colombia.** Do you do any of the following things together? Answer using direct-object pronouns.

Modelo   ¿Ven videos juntos *(together)*? ¿Dónde?
Sí, los vemos en mi… [apartamento]. [o]
No, no los vemos juntos.

1. ¿Ven la televisión juntos? ¿Dónde?
2. ¿Escuchan discos juntos? ¿Dónde?
3. ¿Leen novelas o periódicos juntos? ¿Dónde?
4. ¿Preparan comidas juntos? ¿Dónde?
5. ¿Hacen las tareas juntos? ¿Dónde?
6. ¿Lavan el auto juntos? ¿Dónde?

7.2 Irregular *-go* verbs

Telling what people do, say, or hear

In **Capítulo 2**, you learned the irregular verbs **tener, salir,** and **venir.** Following are several other Spanish verbs that have the same irregular ending in the **yo** form in the present tense: **-go.** Note that some of these verbs also have stem changes.

hacer	traer	poner	decir	oír
to do, make	*to bring*	*to put*	*to say, tell*	*to hear*
hago	traigo	pongo	digo	oigo
haces	traes	pones	dices	oyes
hace	trae	pone	dice	oye
hacemos	traemos	ponemos	decimos	oímos
hacéis	traéis	ponéis	decís	oís
hacen	traen	ponen	dicen	oyen

¡A practicar!

A. ¡No hay como un buen tinto colombiano! In Colombia, **un tinto** refers to good Colombian coffee. What does this person do when he is feeling a little depressed? To find out, complete the following paragraph with the appropriate form of the verb in parentheses.

Cuando yo estoy deprimido, siempre ________ (tener) mucho sueño y generalmente me ________ (hacer) un buen tinto. Todo el mundo ________ (decir) que el café no es bueno para la salud *(health)* pero nosotros, los colombianos, ________ (decir) que el tinto es ideal para la depresión. Yo nunca ________ (poner) demasiado azúcar *(sugar)* en mis tintos. Cuando yo ________ (llevar) café a las fiestas, siempre ________ (oír) lo que dicen todos: —¡Mmm! ¡Está delicioso!

B. Buena impresión. Raúl is from Medellín, the city of eternal spring, where flowers are abundant year round. María is dating Raúl. To find out what a typical date is like from her point of view, complete the following statements with the appropriate form of the verb in parentheses.

1. Cuando Raúl ________ (venir) a nuestra casa, siempre ________ (traer) unas orquídeas para mi mamá.
2. Mamá siempre ________ (decir) que las orquídeas son lindísimas.
3. Yo siempre las ________ (poner) en un florero y luego ________ (poner) el florero en la mesa.
4. Mi mamá y mi abuelo ________ (hacer) su refresco preferido, ponche.
5. Mi papá ________ (decir) que es obvio que nosotros queremos impresionarlo.

C. ¡Qué caballero! Now complete the following paragraph with the appropriate form of the verb in parentheses to see Raúl's point of view.

Cuando yo ________ (venir) a tu casa siempre ________ (hacer) todo lo posible para impresionar a tu familia. Generalmente ________ (traer) orquídeas para tu mamá. A veces hasta ________ (traer) algo para tu papá. Yo sospecho que ellos lo agradecen *(appreciate)* porque ________ (oír) sus comentarios. Yo siempre ________ (decir) que la cortesía es muy importante.

Paso 2

7.3 Present tense of *e > i* stem-changing verbs

Stating what people do

In **Capítulo 4,** you learned that some Spanish verbs have an **e > ie** or an **o > ue** vowel change whenever the stem vowel is stressed. A number of **-ir** verbs have an **e > i** vowel change.

pedir	
to ask for	
pido	pedimos
pides	pedís
pide	piden
pide	piden

seguir	
to follow	
sigo	seguimos
sigues	seguís
sigue	siguen
sigue	siguen

Other frequently used **e > i** stem-changing verbs are **decir** *(to say, tell),* **repetir** *(to repeat),* **vestir** *(to dress),* and **servir** *(to serve).* Note that derivatives of these verbs will also be stem-changing: **conseguir** *(to get, obtain)* and **despedir** *(to fire, dismiss).* Remember that all **-ir** stem-changing verbs undergo a one-vowel change in the present participle:

e > ie	o > ue	e > i
divirtiendo	durmiendo	pidiendo
prefiriendo	muriendo	siguiendo
sintiendo		diciendo

¡A practicar! ■ ▲ ●

A. Dietas. What do these people think about dieting?

1. Yo siempre _____ (pedir) fruta, nunca _____ (pedir) postres.
2. Yo _____ (seguir) una dieta que me permite comer de todo.
3. Mi médico _____ (repetir) constantemente: «No es necesario estar a dieta, pero sí es necesario hacer ejercicio».
4. Pues yo sólo voy a restaurantes donde _____ (servir) comida vegetariana.
5. Yo no _____ (seguir) los consejos de nadie. ¡Yo como lo que quiero, cuando quiero!

B. En un café de Cali. Justin, who has been spending his junior year studying in Cali, Colombia, has invited several of his friends for a farewell reunion as the school year comes to an end. Complete the following paragraph with the appropriate form of the verb in parentheses to find out what they do when they get to their favorite café.

Nosotros _____ (seguir) a Justin a una mesa grande. Él _____ (conseguir) sillas para todos y _____ (pedir) cervezas para Pedro y María. Él, Carmen y yo _____ (decir) que preferimos un refresco. Cuando la mesera _____ (servir) las bebidas, todos nosotros _____ (decir): —¡Salud!

C. Una noche con Miguel. Virginia Salazar always enjoys going out with Miguel, a Colombian friend. Complete the following paragraph with the appropriate form of the verb in parentheses to find out why.

Cuando Miguel y yo _____ (salir), siempre es divertido. Él siempre se

_____ (vestir) elegantemente. Nosotros nunca _____ (repetir) las

mismas actividades; siempre _____ (hacer) algo diferente. Por ejemplo, a

veces vamos a un restaurante colombiano que _____ (servir) comida exquisita.

Él _____ (pedir) unos platos colombianos deliciosos. Todos los meseros

conocen a Miguel y _____ (servir) la comida inmediatamente.

(handwritten: to have a good time)

Paso 3

7.4 Review of direct-object nouns and pronouns

Referring to people and things indirectly

A. Direct-object nouns answer the question *Whom?* or *What?* in relation to the verb. Identify the subjects and direct objects in the following sentences.*

1. Te adoro, Rodolfo. Y tú, ¿me amas?
2. Yo no lo puedo creer. Dice que ya no me quiere.

B. Direct-object pronouns are always placed directly in front of a conjugated verb, but may be attached to the end of an infinitive or a present participle. They are always attached to an affirmative command. Identify the direct-object pronouns in the following sentences.†

1. ¿Bebidas alcohólicas? ¡Las detesto!
2. Mis abuelos me quieren mucho pero no me permiten salir de noche.
3. —Llámanos al llegar, por favor.
   —Sí, los llamo. Lo prometo.

Note that, as with the case of present participles, when a direct-object pronoun is attached to an affirmative command, a written accent is required to maintain the original stress: **Llama > Llámanos.**

¡A practicar! ■ ▲ ●

A. ¿Quién va a traerlos? Your Spanish teacher is throwing a party this weekend for everyone in your class. Of course, all of you volunteered to help out! Answer these questions by telling who in your class is doing these things.

> **Modelo**   ¿Quién va a traer los discos? (Francisco)
> **Francisco va a traerlos.** [o]
> **Francisco los va a traer.**

1. ¿Quién va a traer la bandeja paisa?
2. ¿Quién va a hacer el ajiaco?
3. ¿Quiénes van a preparar el tinto?
4. ¿Quién va a tocar la guitarra?
5. ¿Quiénes van a comprar los refrescos?
6. ¿Quiénes van a limpiar la casa después de la fiesta?

---

* Answers: 1. *subjects:* Yo / tú; *direct objects:* Te / me; 2. *subjects:* yo / Él (or Ella); *direct objects:* lo / me

† Answers: 1. Las 2. me 3. nos / los / Lo

B. **¿Qué piensan de ti?** How do the following people feel about you?

Vocabulario útil

admirar	no querer
adorar	odiar
amar	querer
detestar	respetar

1. tus padres
2. tus hermanos
3. tu perro o gato
4. tu profesor(a) de español
5. tu novio(a)
6. tu abuelo(a)

7.5 The verbs *saber* and *conocer* 😊

Stating what you know and who or what you are acquainted with

saber	
to know (how)	
sé	sabemos
sabes	sabéis
sabe	saben
sabe	saben

conocer	
to know, to be acquainted with	
conozco	conocemos
conoces	conocéis
conoce	conocen
conoce	conocen

A. **Saber** is used when speaking of knowing specific, factual information. When followed by an infinitive, **saber** means *to know how to do something.*

No **sé** cómo se llama pero **sé** que ella **sabe** bailar cumbia muy bien.

I don't know her name but I know that she knows how to dance cumbia very well.

B. **Conocer** is used when talking about knowing a person or being familiar with a place or a thing. When speaking of knowing people, **conocer** is always followed by the personal **a.**

Conozco varias obras de García Márquez pero no lo **conozco a** él.

I know several of García Márquez's works but I don't know him.

¡A practicar! ■ ▲ ●

A. **¿Quién es?** Justin is trying to find out as much as he can about the new Colombian girl in his history class. Complete the following sentences with the appropriate form of **saber** or **conocer** to find out what his friends say.

NATALIA   Yo no la _conozco_ pero _sé_ que vive en la residencia.

VÍCTOR   Mi novia _conoce_ a su hermana.

ROSA   Julio y Roberto _saben_ su número de teléfono.

GLORIA   Mis padres _conocen_ a sus padres.

ROBERTO   Yo no _sé_ quién es pero ella _sabe_ bailar muy bien.

ANTONIO   Si la quieres _conocer_, te la puedo presentar.

B. ¡No conozco a nadie! Justin has been in Cali a month now, but he still doesn't know a lot of people. What does he say if he doesn't know who the following people are?

> **Modelo**   Pablo y Antonio
> **¿Quiénes son esos chicos? No los conozco.**

1. Jacobo
2. Ángela y Matilde
3. tú
4. Esteban y Luisa
5. Víctor Mario y tú
6. Luz María

C. ¡Lo siento, pero…! What do these people say when asked for specific information?

> **Modelo**   **Sí, yo conozco a su hermana, pero no sé su nombre.**

1. Yo la _conozco_ muy bien, pero no _sé_ su número de teléfono.
2. Yo _conozco_ la casa de Andrés, pero desafortunadamente, no _sé_ su dirección.
3. Lo siento, yo _sé_ francés, pero no _conozco_ Francia.
4. Nosotros no _conocemos_ Medellín muy bien, pero _sabemos_ dónde está ese restaurante.
5. Mamá no _sabe_ cómo se llama el último libro de Gabriel García Márquez.
6. Ustedes _conocen_ Cartagena, ¿verdad? ¿ _saben_ cuáles son las mejores playas?

¡A comer!

1

Cultural Topics

- **¿Sabías que...?**
  Pisco chileno
  Un plato típico chileno: la cazuela
  Exportación chilena de peces y mariscos
- **Noticiero cultural**
  Lugar: *Chile: Retorno a la democracia*
  Gente: *Isabel Allende*
- **Lectura:** *«Oda al tomate», poema de Pablo Neruda*

 Video: *Isabel Allende: Contadora de cuentos*

@ **Viajemos por el ciberespacio a...**
Chile

Listening Strategies

- Linking sounds
- Anticipating specific information

Reading Strategies

- Using punctuation to help interpret poetry

Writing Strategies

- Describing an event

En preparación

- 8.1 Indirect-object nouns and pronouns
- 8.2 Review of **gustar**
- 8.3 Double object pronouns
- 8.4 Review of **ser** and **estar**
- 8.5 The verb **dar**

 CD-ROM:
Capítulo 8 actividades

2

Chile

- request a table at a restaurant.
- order a meal.
- describe your favorite foods.
- get a waiter's attention.

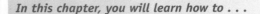

1 Mercado al aire libre, Santiago de Chile

2 Familia chilena: ¡A comer!

3 Restaurante en Santiago de Chile

Lo que ya sabes...

1. ¿Adónde vas para hacer las compras de comestibles *(groceries)*? ¿Vas a veces a los mercados al aire libre? ¿Por qué?

2. ¿Es la familia en la segunda foto como tu familia? ¿Por qué?

3. ¿De qué crees que está hablando esta familia? ¿Conversa mucho tu familia a la hora de comer? ¿De qué?

4. ¿Es el comer una actividad especial para ti o es simplemente algo necesario para alimentar el cuerpo? ¿Prefieres comer solo(a) o acompañado(a)? ¿Por qué?

5. ¿Con qué frecuencia comes en lugares que sirven «comida rápida»? ¿Crees que los lugares que sirven «comida rápida» son muy populares en los países latinos? ¿Por qué?

Tarea

Antes de empezar este *Paso,*
estudia *En preparación*

❑ **8.1** Indirect-object
nouns and pronouns

❑ **8.2** Review of *gustar*

❑ Haz por escrito los ejercicios de *¡A practicar!*

❑ Escucha la sección *¿Qué
se dice...?* del Capítulo
8, Paso 1 en el CD.

¿Eres buen observador?

Ahora, ¡a analizar! ■ ▲ ●

1. ¿Cuál es el propósito de este anuncio? ¿Qué promociona?
2. ¿Dónde y cuándo van a ocurrir estos cursos?
3. ¿Son estos cursos parte de un programa normal de estudios de esta universidad?
   Explica.
4. ¿Qué van a aprender las personas que asisten al curso teórico? ¿al curso práctico?
5. «Cata» y «degustación» son sinónimos. ¿Qué significan?

¿Qué se dice...?

Al llegar a un restaurante

¿Para cuántas personas es la reservación? _____4_____

¿A quién esperan? _____a su hijo_____

Más o menos, ¿qué hora es? _____a la tarde_____

DUEÑO	¿Dónde prefieren sentarse?
LOLA	La última vez que estuvimos aquí tuvimos la mesa del rincón, cerca de la ventana, papá.
SR. ROJAS	Si es posible, la mesa del rincón, por favor.
DUEÑO	Sí, cómo no. Les puedo preparar la mesa del rincón en seguida. Si son tan amables de esperarme un momento, por favor.

A propósito...	Hay mucha variedad en los nombres de las comidas en distintas regiones de las Américas, por ejemplo, entre México y Centroamérica y entre los países del Cono Sur: Chile, Argentina, Uruguay y Paraguay. A continuación aparecen algunos ejemplos.

Frutas y verduras	El Cono Sur	México y Centroamérica
avocado	palta	aguacate
beans	porotos	frijoles
string beans	porotos verdes	ejotes
chili pepper	ají	chile
corn	choclo	maíz
peach	durazno/melocotón	durazno
peanut	maní	cacahuate
peas	arvejas	chícharos
pineapple	ananás	piña
potato	papa/patata	papa

¿Sabías que...?

El pisco *sour* es, sin duda alguna, la bebida nacional (aunque no oficial) de los adultos en Chile. Aunque el pisco tiene su origen en Perú, los chilenos desarrollaron su propia versión, hecha de la uva moscatel. Los chilenos están muy orgullosos de las varias marcas de pisco que producen y exportan a todas partes del mundo. Para preparar esta exquisita bebida, hay que combinar tres partes de pisco bien frío con una parte de jugo de limón, media cucharadita de azúcar en polvo y la clara de un huevo. Se mezclan bien en una coctelera con unos cubitos de hielo y... ¡salud!

Ahora, ¡a hablar! ■ ▲ ●

A. ¿Frutas y verduras chilenas? En invierno, la mayoría de las frutas y verduras de los supermercados de EE.UU. vienen de Chile, y parte de la carne viene de Argentina. Usando el vocabulario, pregúntale a tu compañero(a) si lo que compró ayer viene de Chile, Argentina u otro país.

Modelo   manzana

TÚ   **¿Compraste manzanas?**
COMPAÑERO(A)   **Sí, compré manzanas chilenas.**

Frutas	Verduras	Carnes
fresa	apio	carne de puerco
manzana	col	carne de res
durazno	lechuga	jamón
melón	papas	salchicha
piña	rábanos	hamburguesa
plátano	tomate	pavo
naranja	zanahorias	pollo

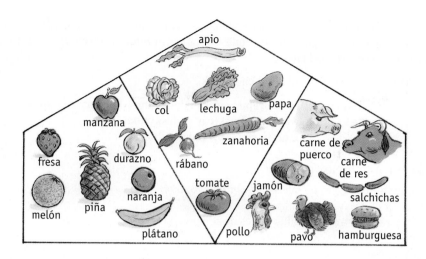

B. Cumpleaños. ¿Recuerdas la última vez que le hiciste una fiesta de cumpleaños de sorpresa a un(a) amigo(a)? ¿Qué hiciste para esa persona?

EP 8.1

> **Modelo**   preparar una fiesta
> **Le preparé una fiesta.**

1. preparar una cena especial
2. hacer un pastel
3. servir la comida
4. desear «Feliz cumpleaños»
5. comprar algo especial
6. sacar muchas fotos
7. regalar un CD de Ricky Martin
8. servir el pastel

C. Preferencias. No a todos nos gustan las mismas comidas. En grupos de cuatro, decidan a quiénes les gustan o no les gustan estas comidas e infórmenle a la clase sobre los gustos del grupo.

EP 8.1, 8.2

> **Modelo**   **A todos nos gustan los huevos menos a (nombre).** [o]
> **A nadie le gustan los calamares.**

Productos lácteos y otros	Pescados y mariscos	Cereales y pastas
leche	cangrejo	maíz
helado	langosta	pan
mantequilla	camarón	trigo
queso	calamar	espagueti
huevos		arroz

 **EP 8.1**

D. Promesas. Carmen y Roberto, dos estudiantes en la Universidad de Chile, son novios y piensan casarse pronto. ¿Qué le pregunta Carmen a su futuro esposo? ¿Qué le pregunta él a ella? ¿Qué contesta cada uno?

> **Modelo**   preparar el desayuno
>
> CARMEN   **¿Vas a prepararme el desayuno todas las mañanas?**
> ROBERTO   **Sí, te voy a preparar el desayuno.** [o]
> **No, no te voy a preparar el desayuno.**

Carmen a Roberto

1. traer flores de vez en cuando *(from time to time)*
2. servir el desayuno en la cama
3. hacer un postre especial los fines de semana
4. ¿...?

Roberto a Carmen

5. decir siempre palabras de amor
6. hacer pan una vez a la semana
7. preparar comidas especiales
8. ¿...?

Y ahora, ¡a conversar! ■ ▲ ●

 A. ¿Comes bien? Tú eres estudiante de la Universidad de Chile y tienes un(a) compañero(a) de cuarto que siempre está a dieta. Pregúntale sobre su dieta.

1. ¿Comes carne de res? ¿de puerco? ¿Cuántas veces por semana?
2. ¿Tomas leche? ¿Comes huevos? ¿Cuántas veces por semana?
3. ¿Tomas agua? ¿Cuántos vasos por día?
4. ¿Cuánto pescado comes durante la semana? ¿Comes mariscos? ¿Cuánto pan comes generalmente?
5. ¿Cuántas verduras comes durante la semana? ¿Desayunas, almuerzas y cenas todos los días?
6. En tu opinión, ¿comes bien? ¿mal? ¿Qué necesitas cambiar?

 B. ¿Qué recomiendas? Tu compañero(a) de cuarto no sólo siempre está a dieta, sino que siempre les está recomendando a otras personas que se pongan a dieta. ¿Qué comidas les recomienda a las siguientes personas?

> **Modelo**   Elena es vegetariana.
> **Le recomienda comer frutas y vegetales.**

1. Pablo está muy gordo.
2. Sancho y Mónica están muy delgados.
3. Enrique tiene diabetes.
4. Victoria y yo tenemos el estómago *(stomach)* delicado.
5. Tú eres vegetariana.
6. Elías hace mucho ejercicio y gasta *(he burns up)* muchas calorías.

 C. Hábitos culinarios. ¿Qué conexión hay entre lo que comes y cuándo, dónde y con quién comes? Para saberlo, completa el cuadro que sigue en la página 283 con información sobre lo que comiste ayer. Luego, en grupos de tres comparen sus formularios y contesten las preguntas que siguen el cuadro.

	¿Qué comiste?	¿Dónde comiste?	¿Con quién comiste?	¿De qué hora a qué hora?
desayuno				
entre comidas				
almuerzo				
entre comidas				
cena				
entre comidas				

1. ¿Cuál es la comida preferida para el desayuno? ¿el almuerzo? ¿la cena? ¿entre comidas *(snacks between meals)*?
2. ¿Dónde y con quién comen con más frecuencia?
3. ¿Cuánto tiempo toman para desayunar? ¿almorzar? ¿cenar?
4. ¿Cuál es la hora más popular para comer entre comidas?

¡Luz! ¡Cámara! ¡Acción! ■ ▲ ●

A. Buenas noches, señores. Tú y tu compañero(a) de cuarto llegan a La Estancia, un restaurante muy elegante de Santiago. Hay mucha gente pero tienen una reservación. Por escrito, preparen el diálogo que tienen con el (la) mesero(a) para explicarle que tienen reservación y decirle dónde prefieren sentarse. Luego léanle el diálogo a la clase.

B. Bienvenidos. Tú y un(a) amigo(a) llegan a un restaurante. Tienen una reservación pero como llegan media hora atrasados, el (la) mesero(a) dice que ya no hay mesas. Dramaticen la situación en grupos de tres.

¿Comprendes lo que se dice?

Estrategias para escuchar: Enlace de sonidos

Linking is the combining of the final sound of one word with the beginning sound of the word that follows. Linking is common to all languages. In English, for example, "What did you eat?" becomes something similar to "Whadjeet?" when final and initial word sounds are linked. In Spanish, linking occurs most frequently under the following conditions.

1. *Linking always occurs when a word ends with a vowel or consonant sound identical to the vowel or consonant sound that begins the following word.*

   L**a ha**mburgues**a a**yer estuvo deliciosa.

   E**l l**imón y la**s z**anahorias son los ingredientes más importantes de la**s s**opas.

2. *Linking also occurs when a word ends with a vowel sound and the following word begins with a vowel sound.*

Teng**o ha**mbre.

¿A cuánt**o está e**l bistec grande?

Understanding linking can help you when you are trying to distinguish individual words within a breath group. Now pay particular attention to linking as you listen to Claudio Téllez and Elena Contreras, who have just arrived at their favorite restaurant in Santiago.

¿Un aperitivo? Claudio Téllez y Elena Contreras, dos estudiantes de la Universidad de Santiago, están celebrando su primer aniversario de ser novios en Canto del Agua, un nuevo restaurante en Santiago. Escucha su conversación, y luego indica qué hace cada una de estas personas: el mesero (**M**), Elena (**E**) o Claudio (**C**).

E   1. Los lleva a una mesa.
M   2. Pregunta si prefieren una mesa cerca de la ventana.
M   3. Ofrece un aperitivo.
E   4. Pide un vaso de agua.
C   5. Pide un vino tinto.
M   6. Les deja ver la carta.
C   7. Sugiere una ensalada de zanahorias.
E   8. Dice que no le gustan las zanahorias.
C   9. Recomienda una sopa de mariscos.

@ Viajemos por el ciberespacio a... CHILE

If you are a cyberspace surfer, try entering one of the following key words to get to many fascinating sites in **Chile:**

Salvador Allende y Augusto Pinochet   Rincón chileno   La isla de Pascua

Or, better yet, simply go to the *¡Dímelo tú!* Web site using the following address:

http://dimelotu.heinle.com

There, with a simple click, you can

- find out how Chileans feel about their recent troubled history and their promising future.
- chat **en español con chilenos** in Santiago and other cities.
- visit the Chilean-Polynesian Easter Island, an open-air museum with amazing landscapes, beautiful beaches, and puzzling archaeological sites.

NOTICIERO

CULTURAL

LUGAR... Chile

Antes de empezar, dime... ■ ▲ ●

1. ¿Cuál es el origen del nombre de tu ciudad? ¿de tu estado? ¿de EE.UU.?
2. ¿Sabes cuántos americanos nativos había en el suroeste de EE.UU. antes de comenzar los anglosajones a establecer colonias? Compara ese número con el número de americanos nativos que hay en el país ahora.
3. ¿Hay algún período en la historia de EE.UU. en el que nuestro gobierno no haya sido *(has been)* democrático? ¿Alguna vez tomaron control del gobierno de EE.UU. los militares del país?
4. ¿Hay algún producto exclusivo del cual dependa la economía de EE.UU.? ¿Es bueno o no depender de un solo producto? ¿Por qué?

Chilenos en marcha por la democracia

Chile: Retorno a la democracia

Chile está en el extremo suroeste de Sudamérica. Su nombre viene de la palabra aymará «chilli» que significa «confines de la tierra», porque este país está prácticamente aislado del resto de Sudamérica por la cordillera de los Andes.

Cuando llegaron los españoles, en el territorio chileno habitaban alrededor de 500.000 indígenas: los atacameños y diaguitas en la zona norte y los mapuches (llamados «araucanos» por los españoles) en la zona sur. Durante este período, los españoles exterminaron a muchos indígenas. Actualmente la población indígena del país es un seis por ciento de la población total.

El volcán Osorno

Chile se caracteriza en Latinoamérica por tener gobiernos constitucionales democráti-
cos y civiles, excepto dos gobiernos militares. El más reciente ocurrió en 1973, cuando las
fuerzas armadas, al mando del general Augusto Pinochet, tomaron el poder. El presidente
socialista Salvador Allende murió durante el ataque al palacio presidencial. En 1990,
asumió el poder un presidente elegido democráticamente, Patricio Aylwin, después de
perder Pinochet un referéndum en 1988. A principios de este siglo, ganó el candidato socialista Ricardo Lagos, quien asumió la presidencia en marzo del 2000 por seis años.

Hasta la década de los setenta, la economía de Chile dependió principalmente de un
solo producto de exportación: el cobre. Gracias a una exitosa estrategia económica durante
la década de los ochenta, el país pasó a depender de las exportaciones de una variedad de
productos agrícolas: frutas, verduras y vino, entre otros. Gracias a las diferencias de estaciones climáticas, el mercado de estos productos chilenos se extiende ahora no sólo a
EE.UU. y Europa sino a otros lugares del mundo.

Y ahora, dime... ■ ▲ ●

Con un(a) compañero(a) de clase haz la siguiente comparación.

	Chile	**EE.UU.**
1. Geografía		
2. Población indígena		
3. Sistema de gobierno		
4. Productos de exportación		

¿Qué se les ofrece?

¿Eres buen observador?

Tarea

Antes de empezar este *Paso,* estudia *En preparación*

☐ 8.3 Double object pronouns

☐ Haz por escrito los ejercicios de *¡A practicar!*

☐ Escucha la sección *¿Qué se dice...?* del Capítulo 8, Paso 2 en el CD.

Y menos
dentro de un
envase
Tetra Brik

LECHE

Porque los envases **Tetra Brik** están hechos con 6 capas protectoras (de polietileno, papel y aluminio), que no dejan pasar nada a su interior; ni el aire, ni la luz, para evitar la formación de bacterias. Por eso, son herméticos a toda prueba y conservan los líquidos frescos y puros por más tiempo, sin tener que usar conservadores.

"Salud"
En **Tetra Brik** está lo bueno.

△ **Tetra Pak**

Ahora, ¡a analizar! ■ ▲ ●

1. ¿Qué producto se promociona aquí?
2. ¿Qué es un envase? ¿Cuántas capas protectoras tienen estos envases?
3. ¿Por qué son necesarias tantas capas?
4. ¿Por qué son más saludables los productos que vienen en estos envases?
5. Explica el lema «En Tetra Brik está lo bueno».

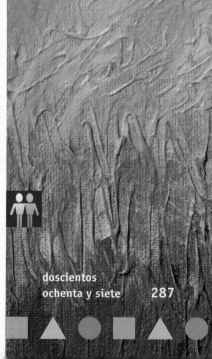

¿Qué se dice...?

Al pedir la comida

Indica con un círculo lo que la señora Rojas decide pedir.

bife a lo pobre	cazuela de pollo	langosta
bistec a la parrilla	cóctel de camarones	pollo frito
carne asada	corvina frita	vaso de agua

CAMARERO	¿Y usted, señorita? A la orden.
LOLA	Algo ligero, por favor. Tal vez un cóctel de camarones... o, mejor, la ensalada de mariscos.
CAMARERO	Y a ustedes, señores, ¿qué les puedo servir?
SR. ROJAS	Para mí, el pollo asado, por favor.
PEPE	Y yo quiero probar los camarones al ajillo.
SR. ROJAS	Y para beber, una botella de vino blanco de Maipo para nosotros dos, y agua mineral sin gas para todos, si me hace el favor.
CAMARERO	A sus órdenes.

SR. ROJAS	*(A la hija)* La sal y la pimienta, hija. ¿Me las pasas, por favor? Y, camarero, tráigame un tenedor limpio.
SRA. ROJAS	Y un cuchillo para la mantequilla, por favor. Y una cuchara para el café.
LOLA	¡Ay! Me puede traer una servilleta limpia, por favor.
CAMARERO	¡Cómo no, señorita! Se la traigo con mucho gusto.

A propósito...

Es importante señalar que cuando se hace un pedido *(request)* en español, es muy común añadir un **por favor**. Esto tiene el efecto de suavizar *(soften)* el pedido. Fíjense en el número de veces que esta familia dice **por favor**. Es importante que ustedes desarrollen la costumbre de decirlo también.

¿Sabías que...?

En la mayoría de los países hispanos la palabra **cazuela** significa un tipo de olla *(pot)* para cocinar ciertas comidas. Sin embargo, en Chile, éste es el nombre de uno de los platos típicos chilenos: **cazuela de pollo** o **cazuela de carne** que consisten en una sopa a base de pollo o carne de res, papas, choclo y otras verduras y un poco de arroz.

Ahora, ¡a hablar! ■ ▲ ●

A. ¿Qué les puedo servir? Toda la familia está en Coco Loco, un restaurante muy de moda en Santiago. Tú pides para todos. ¿Qué dices?

⊂≡⊃ EP 8.1

> **Modelo** a mi hermana / pescado frito
> **A mi hermana le trae el pescado frito, por favor.**

1. a mi padre / camarones
2. a mi madre / bistec
3. al bebé / leche
4. a mí / carne asada
5. a mis hijos / sopa de tomate
6. a todos / agua mineral

EP 8.3

B. ¡Por favor! Tú y tus amigos están comiendo. Pero tú necesitas que tus amigos te pasen varias cosas. ¿Qué les dices?

> **Modelo**   una amiga / la sal
> **Cristina, la sal… ¿me la pasas, por favor?**

1. un amigo / el pan
2. una amiga / la cuchara
3. una amiga / las papas
4. un amigo / la servilleta
5. un amigo / los huevos
6. una amiga / la pimienta

EP 8.3

C. Gustos particulares. El padre de Margarita, una amiga chilena que conociste en la Universidad de Chile, es muy particular y siempre insiste en que le preparen la comida de cierta manera. ¿Cómo se la preparan?

> **Modelo**   el pescado / a la parrilla
> **Siempre se lo preparan a la parrilla.**

1. los huevos / revueltos
2. los camarones / al ajillo
3. el bistec / a la parrilla
4. la carne / asada
5. el pollo / frito
6. las papas / asadas

EP 8.1

D. ¡Le falta sabor! Trabajando en parejas, pregúntale a tu compañero(a) qué le pone a estas comidas cuando les falta sabor *(they lack flavor)*.

> **Modelo**   papas fritas   sal y salsa de tomate
>
> TÚ   **¿Qué les pones a las papas fritas?**
> COMPAÑERO(A)   **Les pongo sal y salsa de tomate.**

1. huevos
2. papas fritas
3. hamburguesa
4. té
5. pescado frito
6. pan francés
7. tacos de puerco o res

mayonesa o mostaza
sal y pimienta
azúcar *(sugar)* o leche
mantequilla o margarina
salsa picante *(hot sauce)*
limón
salsa de tomate

Y ahora, ¡a conversar! ■ ▲ ●

A. Entrevista. ¿Cuáles son algunos de los hábitos que tiene tu compañero(a) al comer? Pregúntale a tu compañero(a)...

1. a qué hora desayuna, almuerza y cena.
2. si le gusta comer entre comidas. ¿Qué come?
3. cuándo tiene más hambre.
4. cuándo come más.
5. si come cuando estudia, en el trabajo o viendo televisión.
6. si come alimentos congelados *(frozen food)*. ¿Con qué frecuencia?

B. ¿Tu cosa favorita? Indica tu cosa favorita en cada categoría. Luego en grupos pequeños, prepárense para decirle a la clase si tienen algunos gustos en común.

1. Entremeses:
   a. cóctel de mariscos   b. jamón   c. queso   d. otro: _____
2. Ensalada:
   a. de papas   b. verde   c. mixta   d. otra: _____

3. Sopa de:
   a. pollo   b. verduras   c. pescado   d. otra: _____

4. Plato principal:
   a. bistec   b. pollo   c. pescado   d. otro: _____

5. Bebidas:
   a. café   b. vino   c. leche   d. otra: _____

6. Postre:
   a. helado   b. fruta   c. pastel   d. otro: _____

C. ¡Cuatro estrellas! Clasifica cinco restaurantes de la ciudad de tu universidad usando esta escala de cuatro estrellas. Compara los resultados con el resto de la clase.

Restaurante	Tipo de comida	Especialidad	Calidad	Servicio
	americana			
	mexicana			
	china			
	francesa			
	italiana			

★★★★Excelente   ★★★Muy bueno   ★★Bueno   ★Aceptable

¡Luz! ¡Cámara! ¡Acción! ■ ▲ ●

A. ¡Mozo! Tú y dos amigos(as) están en su restaurante favorito, estudiando el menú y tratando de decidir qué van a pedir. Por escrito, preparen el diálogo que tienen mientras deciden qué pedir. Incluyan lo que le dicen al camarero. Luego, léanle el diálogo a la clase.

B. ¡A comer! Tú y dos amigos(as) están comiendo en un restaurante pero cada uno necesita que los otros le pasen algunas cosas (la sal, un tenedor, etc.). También tienen que pedirle al (a la) mesero(a) que les traiga varias cosas. Dramaticen la situación.

¿Comprendes lo que se dice?

Estrategias para ver y escuchar: Anticipar información específica

*In **Capítulo 5** you learned that you can always get a good idea of what you can expect to see and hear on the video if you know the questions you will need to answer after viewing the video. Sometimes the questions or information you are asked to provide are very open-ended. When that is the case, you may want to formulate some specific questions for the categories mentioned.*

Anticipar información específica. Lee las preguntas en **Después de ver el video**. Luego, usa esa información para escribir una pregunta que crees que se va a contestar en el video sobre cada categoría. Vuelve a estas preguntas después de ver el video para confirmar si anticipaste correctamente o no.

1. _____

2. _____

3. _____

4. _____

Isabel Allende: Contadora de cuentos

Después de ver el video. Ahora mira el video y anota tres cosas que aprendiste en cada una de estas categorías.

1. Isabel Allende salió de Chile la primera vez porque...

   a. _____

   b. _____

   c. _____

2. Las arpilleras...

   a. _____

   b. _____

   c. _____

3. Isabel Allende se dedicó a escribir porque...

   a. _____

   b. _____

   c. _____

4. *Paula* es un libro que…

   a. _____

   b. _____

   c. _____

 Viajemos por el ciberespacio a... CHILE

If you are a cyberspace surfer, try entering one of the following key words to get to many fascinating sites in **Chile:**

     Gabriela Mistral   Vino chileno   Montañismo en Chile

Or, better yet, simply go to the *¡Dímelo tú!* Web site using the following address:

http://dimelotu.heinle.com

There, with a simple click, you can

- learn about **Gabriela Mistral,** the Chilean poet and first woman in the Spanish-speaking world to win the Nobel Prize for Literature.
- learn all you've wanted to know about Chilean wine and find out how it competes in the international wine market.
- find out about **montañismo** in Chile, mountain climbing in the Andes.

Antofagasta

Valparaíso
★ **Santiago**
Concepción

Chile

NOTICIERO

CULTURAL

GENTE... Isabel Allende

Antes de empezar, dime... ■ ▲ ●

Contesta estas preguntas.

1. ¿Bajo qué condiciones abandonarías EE.UU.? ¿Te sería difícil abandonarlos para siempre? ¿Por qué?
2. ¿Adónde te irías a vivir? ¿Qué harías allí?
3. ¿Qué harías para no olvidar tu país natal?

Isabel Allende

Isabel Allende

Nació en 1942 en Lima, Perú, por casualidad *(by chance)*, como ella misma dice. Esta escritora chilena empezó su vida profesional como periodista a los diecisiete años. Trabajó en televisión, escribió crónicas sobre diversos temas y por muchos años tuvo un artículo humorístico, «Civilice a su troglodita», en la revista femenina *Paula*.

Isabel Allende abandonó Chile junto a su familia, después del derrocamiento y fallecimiento de su tío, el presidente Salvador Allende, a consecuencias de un golpe militar en 1973. Vivió por muchos años en Venezuela, donde según dice, creó su segunda patria.

Cuando emigró de Chile, dice que tomó un puñado de tierra de Chile que más tarde usó para plantar un nomeolvides *(forget-me-not),* planta que creció como creció su nostalgia. Como producto de esa nostalgia escribió una carta, la que se transformó más tarde en su primera gran novela, *La casa de los espíritus* (1982). Esta obra, muy representativa de un movimiento literario latinoamericano llamado el realismo mágico, fue llevada a la pantalla en EE.UU. con el título *House of Spirits.*

Actualmente reside en EE.UU., y es una de las novelistas más leídas de Latinoamérica. Sus obras, muchas traducidas a diferentes lenguas, incluyen *De amor y de sombra* (1984), *Eva Luna* (1987), *El plan infinito* (1991), *Paula* (1995), *Afrodita* (1997), *Hija de la fortuna* (1999) y *Retrato en sepia* (2000).

«En mis libros», dice Isabel Allende, «he querido contar la tragedia de este torturado continente y la esperanza de los hombres y mujeres que, como Salvador Allende y muchos otros, desean un mundo mejor».

Y ahora, dime... ■ ▲ ●

Contesta esta pregunta y haz las actividades basándote en lo que leíste de Isabel Allende.

1. ¿Por qué tuvieron que abandonar Chile Isabel Allende y su familia?
2. Usa un diagrama Venn, como éste, para comparar la vida de Isabel Allende en Chile con su vida en el exilio. Luego, en grupos de tres o cuatro, compara tu diagrama con el de tus compañeros.

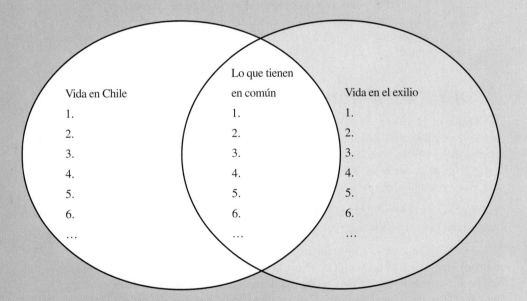

Vida en Chile
1.
2.
3.
4.
5.
6.
…

Lo que tienen en común
1.
2.
3.
4.
5.
6.
…

Vida en el exilio
1.
2.
3.
4.
5.
6.
…

¿Te gusta escribir?

Estrategias para escribir: Descripción de un evento

Orden cronológico. Las descripciones usualmente incluyen muchos detalles y se hacen siguiendo el orden cronológico del evento. Este tipo de descripción es importante particularmente en algunas profesiones como las de los policías, los abogados y los periodistas.

La lista que sigue incluye todos los detalles de un incidente que ocurrió en Coco Loco, un restaurante chileno muy elegante. Ocurrió cuando el reportero de la serie «Los mejores restaurantes de Santiago» fue a cenar allí. El problema es que la lista no está en orden cronológico. Reorganízala, numerando las oraciones de 1 a 11, para que esté en el orden apropiado. Las primeras tres oraciones ya están numeradas.

____ a. El cocinero llamó al gerente.

____ b. El camarero se sorprendió y llamó al cocinero.

____ c. Mis amigos pidieron una ensalada y pescado frito.

__2__ d. Un camarero nos preguntó si teníamos una mesa reservada.

____ e. Yo pedí una sopa de mariscos.

__3__ f. Le dije que sí, a nombre de Gabriel Ramos.

____ g. Nos llevó a una mesa y nos dio la carta.

____ h. Yo dije: —¡Porque no tengo una cuchara!

____ i. Cuando me sirvieron la sopa, dije: —No la puedo comer.

__1__ j. Mis amigos y yo fuimos a Coco Loco a comer.

____ k. El gerente dijo: —No está fría, no está salada. ¿Por qué no se la puede comer?

Ahora, ¡a escribir! ■ ▲ ●

A. Ahora, a precisar. El periódico estudiantil de tu universidad va a publicar una serie sobre los mejores restaurantes de la ciudad. Vas a contribuir con la mejor descripción de tu restaurante favorito. Puedes describir algún incidente interesante que te ocurrió allí o tu última visita al restaurante. Empieza por hacer una lista de ideas sobre todo lo que puedes decir de tu restaurante favorito.

B. El primer borrador. Ahora prepara un primer borrador de tu artículo. Incluye la información en la lista de ideas que preparaste en la sección previa.

C. Ahora, a compartir. Comparte tu primer borrador con dos o tres compañeros(as). Haz comentarios sobre el contenido y el estilo de la descripción de tus compañeros(as) y escucha los comentarios de ellos sobre tu descripción. ¿Comunican bien sus ideas? ¿Hay bastantes detalles o necesitan más? ¿Es lógica la organización del artículo?

D. El segundo borrador. Haz los cambios necesarios basándote en los comentarios de tus compañeros(as) de clase. Luego prepara un segundo borrador.

E. A compartir, una vez más. Comparte tu segundo borrador con dos o tres compañeros(as). Esta vez haz comentarios sobre errores de estructura, ortografía o puntuación. Concéntrate específicamente en el uso de los complementos directos e indirectos. ¿Los usan cuando deben usarlos? ¿Los ponen frente al verbo o los conectan con infinitivos, mandatos o participios presentes? Indica todos los errores de los artículos de tus compañeros(as) y luego decide si necesitas hacer cambios en tu artículo basándote en los errores que ellos te indicaron.

F. La versión final. Prepara la versión final de tu artículo y entrégalo. Escribe la versión final en la computadora siguiendo las instrucciones recomendadas por tu instructor(a).

G. Ahora, a publicar. En grupos de seis, preparen una página titular que diga «Los mejores restaurantes de (su ciudad)» y guarden todas las descripciones allí. Decidan entre ustedes cuál de las descripciones va a convencer más al público y léansela a la clase.

Paso 3 | ¡Para chuparse los dedos!

Tarea

Antes de empezar este *Paso*, estudia *En preparación*

☐ 8.4 Review of *ser* and *estar*

☐ 8.5 The verb *dar*

☐ Haz por escrito los ejercicios de *¡A practicar!*

☐ Escucha la sección *¿Qué se dice...?* del Capítulo 8, Paso 3 en el CD.

¿Eres buen observador?

Siempre en la Flor de la Vida...

Con Aceite de Girasol

La buena salud empieza por la comida, por eso... ¡cocine con aceite de girasol!

No contiene colesterol, es muy bajo en grasas saturadas y tiene el balance ideal de grasas polinsaturadas y monosaturadas, ácido linoléico y Vitamina E.

No absorbe el sabor de los platillos, por eso rinde más y no se desperdicia.

La flor de la vida es para toda la vida...con aceite de girasol.

PURO DE GIRASOL

Ahora, ¡a analizar! ■ ▲ ●

1. ¿Cuál es el propósito de este anuncio? ¿el producto principal?
2. ¿Qué es «aceite de girasol»?
3. ¿Cuáles son las ventajas de este producto?
4. ¿Por qué dicen que rinde *(produces, yields)* más y no se desperdicia *(waste)*?
5. Explica el lema «Puro de girasol».

¿Qué se dice...?

Al hablar de la comida

¿Quién haría estos comentarios: la madre (**M**) o la hija (**H**)?

_____ 1. Soy alérgica a los mariscos.

_____ 2. Las humitas *(sweet corn cakes)* están riquísimas.

_____ 3. No puedo comer postres; estoy a dieta.

_____ 4. ¡Ay, no! Si tomo café no duermo.

El señor Rojas hace una señal y llama al camarero diciendo «¡Señor! La cuenta, por favor». Luego la señora Rojas le pregunta a su esposo «¿Cuánto le diste de propina?» Él dice que no le dio nada porque en el Pacífico la propina siempre va incluida en la cuenta.

Al salir del restaurante los Rojas se encuentran con sus amigos, los Ordaz. La señora Ordaz le pregunta a la señora Rojas qué opina de la comida de este restaurante. La señora Rojas dice que la comida es pésima, la ensalada no está fresca y la cazuela de pollo no tiene sabor. Pero Lola le cuenta a su amiga que las ensaladas son fresquísimas. También le recomienda el cóctel de camarones, las humitas y el vino blanco de Maipo. «En efecto —dice—, hasta los camareros, uno en particular, son *exquisitos*».

A propósito...	Cuando se desea llamar la atención de un(a) camarero(a) en los países hispanos, se puede decir: **¡Camarero(a)!** o **¡Señor(ita)!** o **¡Oiga!** o **¡Mesero(a)!** (**¡Mozo!** en España). También se puede hacer gestos tales como señalar con la mano o levantar la mano. Generalmente, es mejor llamar a los camareros sin utilizar gestos.

¿Sabías que...?

Debido a su extensa zona costera junto al Océano Pacífico, Chile tiene una gran variedad de peces y mariscos. Actualmente este país se encuentra entre los mayores exportadores de salmón, ocupando el segundo lugar en el mundo. También exporta grandes cantidades de corvina *(sea bass)* y harina *(flour)* de pescado para procesamiento de otros alimentos derivados del pescado.

Ahora, ¡a hablar! ■ ▲ ●

EP 8.4

A. ¿Y para ti? Para ti, ¿cómo son los siguientes platos?

> **Modelo**   el cangrejo
> **Me gusta mucho. Es sabroso.**

Vocabulario útil

pésimo	bueno	sabroso	exquisito
no muy bueno	buenísimo	delicioso	riquísimo

1. la sopa de pollo
2. la carne de puerco
3. el pollo
4. el pescado

5. el café
6. los calamares
7. el arroz
8. el apio

B. ¡Está riquísimo! Estás en el restaurante Los Adobes de Argomedo en Santiago con Lola, una nueva amiga de Valparaíso. ¿Qué le dice Lola al camarero cuando él le pregunta cómo está la comida?

  EP 8.4

> **Modelo**   vino / rico
> **El vino está riquísimo.**

1. sopa / rica
2. pescado / sabroso
3. postre / bueno
4. calamares / sabrosos
5. langosta / fresca
6. arroz / bueno

C. ¡Hoy es una excepción! Hoy, tú y Lola están desayunando en Bote Salvavidas, el restaurante favorito de Lola en Valparaíso. ¿Qué opina Lola cuando le preguntas sobre lo que le sirven?

  EP 8.4

> **Modelo**   el jugo de naranja
>
> Tú   **¿Qué te parece el jugo de naranja?**
> Compañero(a)   **Generalmente es riquísimo, pero hoy está pésimo.**

1. las frutas
2. el café con leche
3. los huevos revueltos
4. las salchichas
5. el pan
6. el bistec

D. Propinas. ¿Quiénes les dan propinas a estas personas: tú, tus padres o todos ustedes?

EP 8.5

> **Modelo**   el peluquero *(barber)*
> **Mi padre le da propina al peluquero.**

1. taxistas
2. chófer de autobús
3. maletero (en el aeropuerto o en un hotel)
4. dependientes
5. camareros
6. niños que distribuyen el periódico
7. estilista *(m./f.)*
8. el personal de limpieza de un hotel

Y ahora, ¡a conversar! ■ ▲ ●

A. Entrevístense. Entrevista a un(a) compañero(a) y luego que él (ella) te entreviste a ti.

1. ¿Eres alérgico(a) a algún tipo de comida? ¿A cuál?
2. ¿Sabes cocinar? ¿bien? ¿mal?
3. ¿Para quién te gusta cocinar?
4. ¿Qué platos prefieres preparar?
5. ¿Cuál es tu especialidad?
6. ¿Te gusta comer en restaurantes o prefieres comer en tu casa? ¿en la casa de tus padres?
7. ¿Te gusta comer en restaurantes de «comida rápida» *(fast food)*? ¿Por qué?

B. Adivinanzas. ¿Puedes identificar estas bebidas y comidas? Hazlo con dos o tres compañeros(as). Cuando terminen, díganselo a su profesor(a).

1. un líquido caliente que se toma con cuchara
2. un líquido transparente que no tiene sabor
3. un líquido caliente que se toma para no dormir
4. una fruta amarilla, larga, tropical
5. un líquido caliente que los ingleses toman mucho
6. un marisco grande, rojo y bastante caro
7. un plato de lechuga y tomate

C. Los Buenos Muchachos. Tú y tu compañero(a) son dueños del restaurante Los Buenos Muchachos. Su restaurante es muy popular porque ofrece un menú nuevo todas las semanas. Ahora tienen que preparar el menú para la semana próxima. Incluyan por lo menos tres opciones en cada categoría.

—Los Buenos Muchachos—

Entremeses

_____   _____

_____   _____

Platos principales

_____   _____

_____   _____

_____   _____

Bebidas

_____   _____

_____   _____

Postres

_____   _____

_____   _____

D. ¿Son generosos? ¿Son generosos tus amigos? Pregúntale a tu compañero(a) a quién le da estas cosas y bajo qué circunstancias.

Modelo   flores

TÚ   **¿A quién le das flores y cuándo se las das?**
COMPAÑERO(A)   **Se las doy a mi mamá el Día de las Madres.**

1. dinero
2. una sonrisa (*a smile*)
3. propina
4. tu amor
5. consejos
6. tu tiempo
7. cumplidos (*compliments*)
8. ¿...?

¡Luz! ¡Cámara! ¡Acción! ■ ▲ ●

A. ¡Exquisito(a)! Tú y un(a) amigo(a) chileno(a) están cenando en Santiago en el Restaurante Torres. Hacen comentarios sobre la comida y el servicio y tratan de decidir cuánta propina van a dejar. Con un(a) compañero(a), escriban el diálogo que tienen y luego léanselo a la clase.

B. ¡A cenar! Tus padres vienen a visitarte a la universidad. Tú y tu mejor amigo(a) los llevan a cenar a un restaurante elegante. Dramatiza la situación con cuatro compañeros(as). Decidan quién va a hacer el papel de mamá, papá, hijo(a), mejor amigo(a) y mesero(a). Cada persona debe pedir una comida completa y su camarero(a) debe contestar sus preguntas sobre los diferentes platos.

¿Te gusta leer?

Estrategias para leer: Uso de la puntuación para interpretar la poesía

En el Capítulo 5 aprendiste a interpretar la puntuación en la poesía. En este poema, el poeta chileno Pablo Neruda usa comas, dos puntos, signos de exclamación y puntos. Observa tú esa puntuación ahora para ayudarte a entender este poema.

Prepárate para leer. Contesta estas preguntas basándote en el poema de Pablo Neruda, «Oda al tomate».

1. ¿Cuántas oraciones *(sentences)* completas tiene el poema? ¿Cómo lo sabes?
2. ¿Cuál es el tema de cada oración?
3. ¿Hay un mensaje específico en cada oración? Si así es, ¿cuál es?

Lectura

Pablo Neruda: «Poeta continental»

Este poeta chileno, diplomático de ideas marxistas, fue ganador del Premio Nóbel de Literatura en 1971, cuando era Embajador de Chile en Francia (1970–1972). Había sido asignado por el presidente socialista Salvador Allende. Neruda es uno de los sudamericanos más leídos en el mundo. Su obra refleja la lucha política de los trabajadores y agricultores y del desarrollo históricosocial. También escribió poemas de amor.

Nació en Parral el 12 de julio de 1904. Su madre murió cuando él tenía un mes de edad. A los diez años escribió sus primeros poemas. En 1924, publicó *Veinte poemas de amor y una canción desesperada,* una de sus obras más leídas.

Paralelamente con su labor de poeta, se desempeñó como diplomático. En 1927 empezó su carrera como cónsul en Asia y posteriormente en Europa. Entre 1935 y 1936 trabajó como diplomático en España, donde se hizo gran amigo de otros famosos poetas. Neruda, con ideas opuestas a Franco, tuvo que renunciar a su trabajo en España. Pablo Neruda murió el 23 de septiembre de 1973, pocos días después del golpe militar en Chile que resultó en la muerte de su buen amigo, el presidente Salvador Allende.

Oda al tomate

La calle
se llenó de tomates,
mediodía,
verano,
la luz
se parte
en dos
mitades
de tomate,
corre
por las calles
el jugo.
En diciembre
se desata° *is turned loose*
el tomate,
invade
las cocinas,
entra por los almuerzos,
se sienta
reposado° *relaxed*
en los aparadores,° *cupboards*
entre los vasos,
las mantequilleras,
los saleros azules.
Tiene
luz propia,
majestad benigna.
Debemos, por desgracia,° **por...** *unfortunately*
asesinarlo:
se hunde° *sinks*
el cuchillo
en su pulpa viviente,° **pulpa...** *living pulp*
es una roja
víscera,
un sol
fresco,
profundo,
inagotable,° *inexhaustible*
llena las ensaladas
de Chile,
se casa alegremente
con la clara cebolla,

y para celebrarlo
se deja
caer
aceite,
hijo
esencial del olivo,
sobre sus hemisferios entreabiertos,° *half-open*
agrega° *adds*
la pimienta
su fragancia,
la sal su magnetismo:
son las bodas° *weddings*
del día,
el perejil° *parsley*
levanta
banderines,° *little flags*
las papas
hierven° vigorosamente, *boil*
el asado
golpea
con su aroma
en la puerta,
es hora
¡vamos!
y sobre
la mesa, en la cintura° *waist*
del verano
el tomate,
astro° de tierra, *star*
estrella repetida y fecunda,
nos muestra
sus circunvoluciones,
sus canales,
la insigne plenitud° **insigne...** *famous fullness*
y la abundancia
sin hueso,° *bone*
sin coraza,° *shell*
sin escamas ni espinas,° **escamas...** *scales nor fishbone*
nos entrega
el regalo
de su color fogoso° *spirited*
y la totalidad de su frescura.

A ver si comprendiste ■ ▲ ●

Contesta según el poema «Oda al tomate» del poeta chileno Pablo Neruda.

1. ¿En qué mes del año hay más tomates en Chile, según el poeta? Explica esto.
2. ¿Por qué el poeta dice que «Debemos, por desgracia, asesinarlo»?
3. ¿Qué se prepara con el tomate y la cebolla: una sopa, una ensalada o una salsa?
4. ¿Qué aderezos *(dressings)* tiene este plato?
5. Además del plato con tomates, ¿qué otros platos completan la comida?
6. ¿A qué se refiere el poeta cuando habla de «la cintura del verano»?
7. ¿Con qué elementos de la naturaleza *(nature)* compara el poeta al tomate?
8. ¿Con qué parte del cuerpo *(body)* humano compara el poeta al tomate?

 @ Viajemos por el ciberespacio a... CHILE

If you are a cyberspace surfer, try entering one of the following key words to get to many fascinating sites in **Chile:**

Pablo Neruda   Cine chileno   Marcelo Ríos

Or, better yet, simply go to the *¡Dímelo tú!* Web site using the following address:

http://dimelotu.heinle.com

There, with a simple click, you can

- get to know **Pablo Neruda,** read his poetry, and enjoy his poetical universe of love and metaphors.
- discover the **séptimo arte** in Chilean cinema.
- get to know **Marcelo Ríos,** the number one Chilean professional tennis player.

Vocabulario ■▲●■▲●■▲

Verduras

apio	celery
col (f.)	cabbage
lechuga	lettuce
maíz (m.)	corn
papa	potato
rábano	radish
tomate (m.)	tomato
vegetal (m.)	vegetable
verduras (pl.)	greens, vegetables
zanahoria	carrot

Carnes y aves

bistec (m.)	steak
carne (f.)	meat
carne de puerco	pork
carne de res	beef
jamón (m.)	ham
pavo	turkey
pollo	chicken
salchicha	sausage

Mariscos y pescados

calamar (m.)	squid
camarón (m.)	shrimp
cangrejo	crab
langosta	lobster
marisco	seafood, shellfish
pescado	fish

Fruta

durazno	peach
fresa	strawberry
fruta	fruit
manzana	apple
melón (m.)	melon
naranja	orange
piña	pineapple
plátano	banana

Condimentos

azúcar (m.)	sugar
mantequilla	butter
mayonesa	mayonnaise
mostaza	mustard
pimienta	pepper
sal (f.)	salt
salsa	sauce

Otras comidas

arroz (m.)	rice
bocadillo	snack
empanadas (pl.)	turnovers
ensalada	salad
entremés (m.)	appetizer
flan (m.)	caramel custard
helado	ice cream
huevo	egg
pan (m.)	bread
postre (m.)	dessert
queso	cheese
sopa	soup

Bebidas

jugo	juice
vino blanco	white wine
vino tinto	red wine

En un restaurante

camarero(a)	waiter/waitress, server
cuenta	bill
en seguida	right away
mesero(a)	waiter/waitress, server
propina	tip
reservación	reservation

Preparación y condición de comidas

a la parrilla	grilled
al ajillo	sautéed in garlic
asado(a)	roasted
delicioso(a)	delicious
exquisito(a)	exquisite
fresco(a)	fresh
frito(a)	fried
para chuparse los dedos	finger-licking good
pésimo(a)	very bad
revuelto	scrambled
sabroso(a)	tasty, delicious

Cubiertos

copa de vino	wine glass
cuchara	spoon
cuchillo	knife
plato	plate, dish
servilleta	napkin
tenedor (m.)	fork
vaso	glass

Comidas principales

almuerzo	main meal of the day in the early afternoon
cena	light meal at night
desayuno	breakfast

Verbos

almorzar (ue)	to eat the main meal of the day in the early afternoon
cenar	to eat a light meal at night
comer entre comidas	to have a snack
contar (ue)	to count; to tell
dar	to give
desayunar	to eat breakfast
gustar	to like
opinar	to express an opinion
quisiera	would like
regalar	to give a gift
sugerir (ie, i)	to suggest

8.1 Indirect-object nouns and pronouns ⚬⚬⚬

Stating to whom and for whom people do things

A. You learned in **Capítulo 7** that direct objects answer the question *Whom?* or *What?* in relation to the verb of the sentence. Indirect objects answer the questions *To whom/what?* or *For whom/what?* in relation to the verb.

Identify the direct and indirect objects in the following sentences. Note that in English the words *to* and *for* are often omitted. Check your answers below.*

1. She doesn't want to tell me the price.
2. No, I will not buy any more bones for your dog!
3. We'll write you a letter.
4. Give us the keys and we'll leave the door open for you.

Now identify the indirect objects in the following Spanish sentences. Check your answers below.†

5. Bueno, ¿van a traernos el menú, o no?
6. Me puedes traer un café.
7. ¿Te sirvo algo más?
8. Voy a pedirte un aperitivo, ¿está bien?

B. Study this chart of indirect-object pronouns in Spanish.

Indirect-object pronouns			
me	*to me, for me*	**nos**	*to us, for us*
te	*to you, for you* (fam.)	**os**	*to you, for you* (fam.)
le	*to you, for you* (formal) *to her, for her* *to him, for him*	**les**	*to you, for you* (formal) *to them, for them*

In Spanish, both the indirect-object pronoun and the indirect-object noun may be included in a sentence for *emphasis* or for *clarity* when using **le** or **les.** The preposition **a** always precedes the indirect-object noun.

¿**Le** pido más café **al camarero**?

A ustedes les voy a servir un postre muy especial.

Shall I ask the waiter for more coffee?

I'm going to serve you a very special dessert.

---

*ANSWERS: 1. DO: price / IO: me; 2. DO: bones / IO: dog; 3. DO: letter / IO: you; 4. DO: keys, door / IO: us, you

†ANSWERS: 5. **nos;** 6. **Me;** 7. **Te;** 8. **te**

C. Like direct-object pronouns, indirect-object pronouns in Spanish are placed in front of conjugated verbs. They may also be attached to the end of infinitives and present participles. Note the placement of the object pronouns in the following sentences and indicate if a change in word order is possible. Check your answers below.*

1. ¿Qué puedo servirle, señorita?
2. Les recomiendo la sopa de mariscos. ¡Está exquisita!
3. Están preparándonos algo muy especial.
4. ¿Nos puede traer una botella de vino tinto, por favor?

When object pronouns are used with affirmative commands, they also follow and are attached to the verb, which usually requires a written accent to keep the original stress of the verb.

Pregúntele si quiere café o té.   *Ask him/her if he/she wants coffee or tea.*
Dígame si quiere más.   *Tell me if you want more.*

¡A practicar! ■ ▲ ●

A. En Viña del Mar. La familia Carrillo está en Armandita, su restaurante preferido en Viña del Mar. ¿Qué les sirve la camarera?

> **Modelo**   a nosotros / empanadas
> **Nos sirve empanadas.**

1. a mí / camarones al ajillo
2. a mi papá / sopa de mariscos
3. a mis hermanos / pescado frito
4. a todos nosotros/ café helado
5. a mi mamá / calamares fritos
6. a mis hermanas / ensalada de camarones

B. En el viaje al norte. Ramón acaba de regresar de un viaje al Valle de Elqui, en el norte de Chile, y trae regalos para todos sus familiares y amigos. ¿Qué les trae?

> **Modelo**   a Paloma / pulsera de plata *(silver bracelet)*
> **A Paloma le trae una pulsera de plata.**

1. a su mamá / cerámicas
2. a ustedes / discos compactos
3. a ti / charango *(small Andean guitar)*
4. a mí / libro de la historia de Chile
5. a papá / botella de pisco «Control»
6. a Pepe y a Paco / discos compactos

C. ¿Y en el viaje al sur? ¿Qué les compró Ramón a todos en su viaje a la Región de Lagos, en el sur de Chile?

> **Modelo**   a Paloma / chaqueta de lana
> **A Paloma le compró una chaqueta de lana.**

1. a mamá / ramo de copihues *(Chilean national flower)*
2. a ustedes / ponchos
3. a ti / suéter de lana
4. a mí / libro de la Patagonia
5. a su papá / otra botella de pisco
6. a Pepe y a Paco / camisetas de Puerto Montt

---

*ANSWERS: 1. **¿Qué le puedo servir…?** 2. No change 3. **Nos están preparando…** 4. **¿Puede traernos…?**

8.2 Review of *gustar* ⊝⊜

Talking about likes and dislikes

Remember that the verb **gustar** means *to be pleasing to* and is the Spanish equivalent of *to like*. The forms of **gustar** are *always preceded* by an indirect-object pronoun.

Me gusta la sopa, pero no **me gustan** las hamburguesas.

I like soup but I don't like hamburgers. (Soup is pleasing to me, but hamburgers are not.)

If what is liked is an action (**cantar, leer, trabajar,** etc.) or a series of actions, the singular form of **gustar** is generally used.

Me **gusta** hacer ejercicio.
Nos **gusta** correr y caminar rápido.

I like to exercise.
We like to run and walk fast.

¡A practicar! ■ ▲ ●

A. ¡Qué rico! ¿A todos les gusta la comida que les sirven en el restaurante del Hotel Pérez Rosales en Puerto Montt?

> **Modelo**   a nosotros / mariscos
> **Nos gustan mucho los mariscos.** [o] **No nos gustan.**

1. a mí / carne de puerco
2. a nosotros / salchicha
3. a mi mejor amigo(a) / calamares
4. a mis compañeros(as) de cuarto / ensalada de zanahorias
5. a mi mamá / pescado frito
6. a mis hermanos / ensalada

B. Gustos. ¿Conoces los gustos de tus familiares y amigos? ¿Y qué no les gusta?

> **Modelo**   abuela: postre sí, verduras no
> **A mi abuela le gusta el postre. No le gustan las verduras.**

1. hermano: jugar al fútbol sí, estudiar no
2. hermana: el verano sí, el invierno no
3. papá: el tomate sí, la lechuga no
4. mamá: las flores sí, el vino no
5. mejor amigo(a): lavar platos sí, cocinar no
6. ¿y a mí?: los postres sí, el pescado no

Paso 2

8.3 Double object pronouns ⊝⊜

Referring indirectly to people and things

A. When both a direct- and an indirect-object pronoun are present in a sentence, a specific word order must be maintained. The two pronouns must always be together, with the indirect-object pronoun preceding the direct-object pronoun. *Nothing may separate them.* As with single object pronouns, the double object pronouns are placed directly in front of conjugated verbs, or may be attached to infinitives, present participles, and affirmative commands.

Te lo recomiendo.   *I recommend it to you.*
Ella va a traér**noslo.**   *She is going to bring it to us.*

Remember that the first pronoun in the sentence is not always the subject of the verb. As subject pronouns are often not stated in Spanish, the first pronoun in a sentence may well be the object of the verb.

Translate the following sentences. Check your answers below.*

1. Prefiero la sopa del día, pero me la sirve caliente.
2. Y la cuenta, ¿cuándo nos la van a traer?
3. ¿Es posible? ¿Todavía están preparándotelo?
4. Sírvamelo con el postre, por favor.
5. ¿Puedes pasármelos, por favor?

Notice in examples 3, 4, and 5 that whenever two object pronouns are attached to a present participle, an affirmative command, or an infinitive, the original stress of the verb form is maintained by a written accent, which is always necessary.

Indicate where written accents need to be placed on the italicized verb forms of the following sentences. Check your answers below.†

1. *Sirvanosla* bien caliente, por favor.
2. ¿Piensas *devolvernoslo* esta tarde?
3. Por favor, *compramelo*.
4. ¿Están *preparandomelo* ahora mismo?

B. In Spanish, whenever two object pronouns beginning with the letter **l** occur together in a sentence, the indirect-object pronoun (**le, les**) changes to **se.**

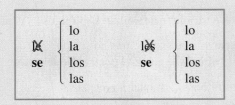

—El vino «Casillero del diablo» es exquisito.
—Les lo recomiendo. → **Se** lo recomiendo.
—¿Vas a comprar dos botellas?
—Sí, voy a regalárselas a papá. → Sí, voy a regalár**se**las a papá.

Since **se** may refer to **le** or **les,** it is often necessary to use the preposition **a** plus a noun or prepositional pronoun to clarify its meaning.

Voy a regalár**se**las **a papá.**   *I'm going to give them to Dad.*
Se lo recomiendo **a ustedes.**   *I recommend it to you.*

---

*ANSWERS: 1. I prefer the soup of the day, but serve it to me hot. 2. And the bill, when are they going to bring it to us? 3. Is it possible? They are still preparing it for you? 4. Serve it to me with the dessert, please. 5. Can you pass them to me, please?

†ANSWERS: 1. **Sírvanosla;** 2. **devolvérnoslo;** 3. **cómpramelo;** 4. **preparándomelo**

¡A practicar! ■ ▲ ●

A. Tenemos hambre. Tú y tus amigos están en el café Bravísimo de Viña del Mar. ¿Qué hace el camarero?

> **Modelo**   servir arroz a Mariano
> **El camarero le sirve arroz a Mariano.**
> **Se lo sirve a Mariano.**

1. traer el menú a nosotros
2. traer los entremeses a Mariano y a Juanita
3. traer jamón a mí
4. servir vino blanco a nosotros
5. servir ensalada a Juanita
6. servir sopa de verduras a Mariano y a mí

B. ¡Ay, qué sabroso! El camarero del restaurante Los Adobes de Argomedo, en Santiago, conoce bien los gustos de cada miembro de la familia Gamboa. ¿A quiénes les recomienda estos platos?

> **Modelo**   el pescado frito / al señor Gamboa
> **Se lo recomienda al señor Gamboa.**

1. la cazuela de pollo / a papá y a mí
2. los calamares / a mi hermana mayor
3. los huevos fritos / a mi hermanito
4. el arroz blanco / a toda la familia
5. las empanadas de queso / a mí
6. el helado / a mi hermana menor

C. ¿Tantos regalos? Paquito, el hermanito menor de Ramón, quiere saber para quién son todos los regalos. ¿Qué le dice Ramón?

> **Modelo**   ¿Para quién son los discos compactos? ¿Para Paloma?
> **Sí, se los traigo a Paloma.**

1. ¿Para quién son los capihues? ¿Para mamá?
2. ¿Para quién son las camisetas? ¿Para mí?
3. ¿Para quién son las dos botellas de pisco? ¿Para papá?
4. ¿Para quién es el libro? ¿Para Miguel?
5. ¿Para quiénes son los ponchos? ¿Para nosotros?
6. ¿Para quién es el suéter? ¿Para él?

Paso 3

8.4 Review of *ser* and *estar* ⊝⊝

Describing, identifying, expressing origin, giving location, and indicating change

A. Ser is used

- ■ with adjectives to describe physical attributes, personality, and inherent characteristics.
- ■ to identify people or things.
- ■ to express origin and nationality.

- to tell what material things are made of.
- to tell time.
- with impersonal expressions.

B. Estar is used

- with adjectives to describe temporal evaluation of states of being, behavior, and conditions.
- to indicate location.
- to form the progressive tense.

¡A practicar! ■ ▲ ●

A. Nuevos amigos. Rebecca es de Antofogasta, en el norte de Chile. Ahora está estudiando en la Universidad de Chile en Valparaíso. Completa esta carta con la forma correcta de **ser** o **estar** para saber qué les escribe a sus padres.

Queridos papás:

¿Cómo _____ ustedes? Recibí su carta y yo _____ muy contenta porque vienen a visitarme este domingo. Hace tres semanas que vivo en el nuevo departamento y mis compañeras _____ simpatiquísimas. Rosa _____ alta y morena como yo; siempre nos preguntan si _____ hermanas. Marina siempre _____ ocupada porque _____ una estudiante muy diligente. Toni, el hermano de Marina, y Rosa _____ novios. Él _____ muy tímido y cuando nos visita siempre _____ muy nervioso.

   Me despido ahora porque Marina y Rosa me _____ diciendo: «Rebecca, tú _____ muy perezosa hoy. ¿Cuándo vas a preparar la comida?»

Hasta pronto,
Rebecca

B. ¡En Santiago! Ahora Rebecca está en Santiago durante las vacaciones de primavera. Completa la carta que le escribe a su prima Lorena con la forma correcta de **ser** o **estar**.

Querida prima:

¿Cómo _____1_____ tú? Yo _____2_____ muy bien y _____3_____ contentísima en general en Santiago. La gente aquí _____4_____ muy simpática. Casi todos _____5_____ amistosos y siempre dicen que _____6_____ impresionados conmigo porque yo estudio y también trabajo en una tienda. Bueno, tú sabes, el dinero... no me gusta pedirles tanto a mis padres. Y ahora, unos amigos y yo _____7_____ estudiando inglés y el curso es caro. Todos _____8_____ estudiantes de un instituto privado. ¡Ah! ¿Te gusta Ricky Martin? Él _____9_____ aquí en Santiago ahora. Ayer lo vi. ¡Él _____10_____ guapísimo! No _____11_____ mi cantante favorito, pero canta muy bien y baila... ¡uuuh!

   Bueno, ya casi _____12_____ las dos de la mañana y yo _____13_____ muy cansada. Buenas noches y hasta pronto.

Rebecca

8.5 The verb *dar* ⚊⚊

Telling what people give

The verb **dar** is irregular in both the present tense and in the preterite.

Present tense	
dar *(to give)*	
doy	damos
das	dais
da	dan
da	dan

Preterite tense	
dar *(to give)*	
di	dimos
diste	disteis
dio	dieron
dio	dieron

¡A practicar! ■ ▲ ●

A. La propina. Tú y unos amigos salieron a cenar juntos al restaurante del Hotel Cap Ducal en Viña del Mar. Ahora están decidiendo cuánto deben dejarle de propina al camarero. ¿Cuánto le da cada uno?

> **Modelo**   Antonio / $1,25
> **Antonio le da un dólar y veinticinco centavos.**

1. Pablo / $1,00
2. María y Juan / $1,50
3. Yo / $1,50
4. Ana / $1,75
5. Carmen y Pedro / $1,25
6. En total, / ¿...?

B. Navidad. Es el 25 de diciembre y Rebecca está pasando las vacaciones de verano en Antofagasta, en casa de sus padres. ¿Qué regalos se dieron todos en la Nochebuena (24 de diciembre), para las Navidades?

> **Modelo**   tú / papá
> **Yo le di una botella de pisco a papá. Él me dio una blusa.**

Vocabulario útil

una camisa	un perfume	un teléfono
una corbata	un perro	un televisor
unas flores	una pipa	unas vacaciones
un pastel	un suéter	un vestido

1. mamá / papá
2. tú / hermano(a)
3. tú y tus hermanos / abuelos
4. tú / mamá
5. tu mejor amigo(a) / tú
6. tú / ¿...?

CAPÍTULO 9

Un día común y corriente

Cultural Topics

- **¿Sabías que…?**
  Distintos grupos de hispanos en EE.UU.
  Hispanos inmigrantes a EE.UU. e hispanos
  nativos de este país
  Santa Fe, Nuevo México
- **Noticiero cultural**
  Lugar: *Estados Unidos: Los hispanos…*
  ¿quiénes son?
  Gente: *Gloria y Emilio Estefan, Sandra*
  Cisneros, Ricky Martin
- **Lectura:** *«Una pequeña gran victoria»,*
  poema de Francisco X. Alarcón

  Video: *San Diego, ¡intensamente*
  artístico y cultural!
  Texas, ¡el segundo estado más
  grande!

  Viajemos por el ciberespacio a…
  Estados Unidos

Listening Strategies

- Listening from the "top down"

Reading Strategies

- Providing missing punctuation in poetry

Writing Strategies

- Organizing a biography

En preparación

- 9.1 Weather expressions
- 9.2 **Mucho** and **poco**
- 9.3 Reflexive verbs
- 9.4 **Por** and **para:** A second look
- 9.5 Affirmative **tú** commands

  CD-ROM:
  Capítulo 9 actividades

Estados Unidos

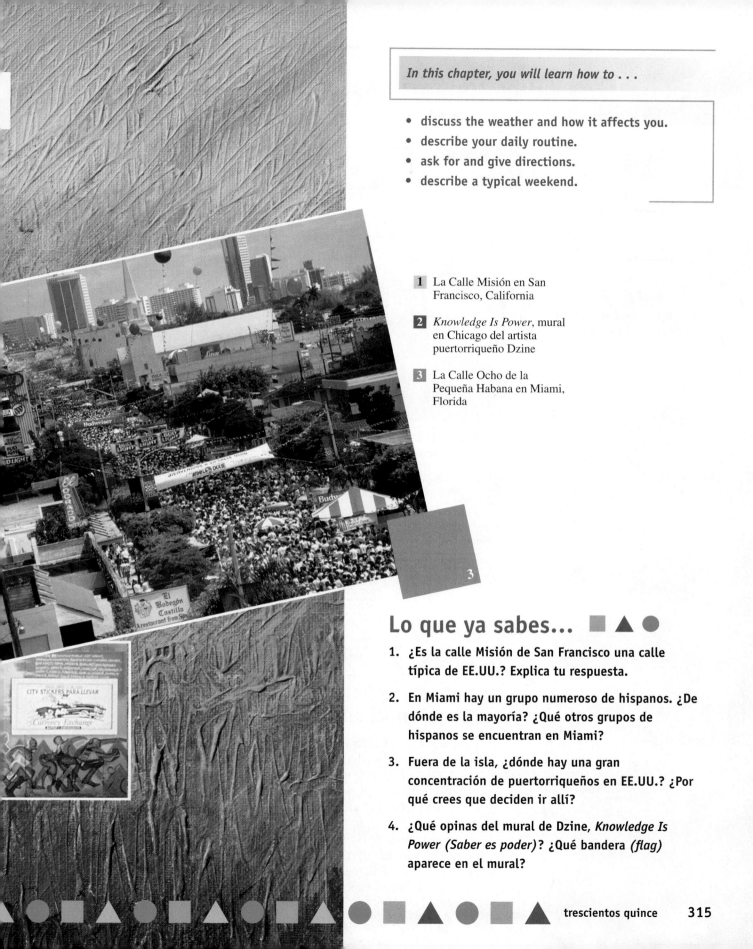

- discuss the weather and how it affects you.
- describe your daily routine.
- ask for and give directions.
- describe a typical weekend.

1 La Calle Misión en San Francisco, California

2 *Knowledge Is Power*, mural en Chicago del artista puertorriqueño Dzine

3 La Calle Ocho de la Pequeña Habana en Miami, Florida

CITY STICKERS PARA LLEVAR

Currenc[i]es Exchange

Lo que ya sabes... ■ ▲ ●

1. ¿Es la calle Misión de San Francisco una calle típica de EE.UU.? Explica tu respuesta.

2. En Miami hay un grupo numeroso de hispanos. ¿De dónde es la mayoría? ¿Qué otros grupos de hispanos se encuentran en Miami?

3. Fuera de la isla, ¿dónde hay una gran concentración de puertorriqueños en EE.UU.? ¿Por qué crees que deciden ir allí?

4. ¿Qué opinas del mural de Dzine, *Knowledge Is Power (Saber es poder)*? ¿Qué bandera *(flag)* aparece en el mural?

Tarea

Antes de empezar este *Paso*, estudia *En preparación*

☐ 9.1 Weather expressions

☐ 9.2 *Mucho* and *poco*

☐ Haz por escrito los ejercicios de ¡A practicar!

☐ Escucha la sección *¿Qué se dice...?* del Capítulo 9, Paso 1 en el CD.

¿Eres buen observador?

Norteamérica	MAX	MIN
Chicago	28	17
Dallas	38	26
Denver	35	16
Houston	37	26
Las Vegas	41	26
Los Angeles	27	18
Miami	32	26
Montreal	23	14
Nueva York	28	21
Orlando	33	24
San Antonio	38	25
San Diego	23	19

	MAX	MIN
San Francisco	18	13
Toronto	26	14
Tucson	37	25
Vancouver	20	13
Washington D.C.	29	22

Latinoamérica	MAX	MIN
Buenos Aires	22	8
Bogotá	19	8
Caracas	31	25
Guatemala	24	16
La Habana	30	23
Lima	18	11
Managua	32	23

	MAX	MIN
Montevideo	21	10
Panamá	33	24
Quito	22	9
Rio de Janeiro	22	14
San José, C.R.	30	21
San Salvador	32	24
Santiago	15	11
Santo Domingo	33	25

Europa	MAX	MIN
Amsterdam	23	14
Atenas	37	24
Berlin	26	17
Copenague	24	14

	MAX	MIN
Estocolmo	21	14
Ginebra	29	16
Lisboa	30	17
Londres	23	10
Madrid	36	18
Moscú	24	12
Paris	26	14
Roma	30	21

Asia/Oceanía	MAX	MIN
Hong Kong	31	26
Jerusalem	34	19
Sydney	20	12
Tokio	32	26

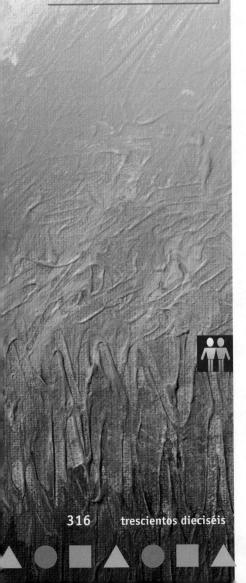

Ahora, ¡a analizar!

1. De día, ¿hace frío, calor o buen tiempo en la Ciudad de México? ¿y de noche?
2. ¿Qué tiempo hace de día y de noche en Acapulco? ¿en Tijuana? ¿en Cancún?
3. Hay sol con un poco de nubes en Del Río, Texas. Nombra otras ciudades donde hay sol con un poco de nubes.
4. Llueve en Ciudad Juárez. ¿En qué ciudad de EE.UU. llueve? ¿Llueve en la Ciudad de México?
5. ¿En qué ciudades de Norteamérica hace frío de noche? ¿En qué ciudades de Latinoamérica hace frío de día y de noche?
6. ¿En qué ciudad de Europa hace más calor de día? ¿más frío de noche? ¿En qué ciudades de Asia/Oceanía hace más calor de día? ¿más frío de noche?

¿Qué se dice...?

Al hablar del clima

  _d_ 1. Phoenix   a. Está nevando.
  _c_ 2. Los Ángeles   b. Hace frío y hay neblina.
  _a_ 3. Las montañas   c. Está nublado con llovizna.
  _b_ 4. San Francisco   d. Hace calor y está despejado.

En Cuba hoy hay sol, pero en el este vemos que hace mucho viento y se acerca una tormenta impresionante. En la Florida ya está lloviendo fuertemente.

A propósito...   **¡Ojo!** Al hablar del tiempo, no olviden que **nieve** y **lluvia** son sustantivos. Los verbos son **nieva** y **llueve** en presente y **nevó** y **llovió** en pretérito.

¿Sabías que...?

Es importante reconocer que cuando se habla de «hispanos» en EE.UU. no se habla de un solo grupo ni de una sola cultura. Los hispanos en EE.UU. representan un gran número de grupos y una gran variedad cultural. Los tres grupos más grandes son los mexicoamericanos (63%), los puertorriqueños (12%) y los cubanoestadounidenses (5%). También hay miles de nicaragüenses, salvadoreños, guatemaltecos, hondureños, dominicanos,... Cada uno de estos grupos tiene sus propias costumbres y su propia cultura: costumbres culinarias, manera de hablar, influencias indígenas o africanas, música, literatura,...

Ahora, ¡a hablar! ■ ▲ ●

EP 9.1

A. ¿Qué tiempo hace? ¿Qué tiempo hace generalmente donde vives en los siguientes días de fiesta?

> **Modelo**   Navidad (*Christmas*)
> **En Navidad hace frío.**

1. Pascua Florida (*Easter*)
2. Día de Acción de Gracias
3. Navidad
4. Día de San Valentín

5. el 4 de julio
6. Día de las Madres
7. el día de tu cumpleaños

B. Actividades. ¿Qué te gusta hacer cuando...?

EP 9.1

> **Modelo** está nevando
> **Cuando está nevando me gusta esquiar.**

1. está lloviendo
2. hace sol y calor
3. hay neblina
4. hace viento
5. hace buen tiempo
6. hace mucho frío

C. ¿Cómo se siente? Describe el clima en los siguientes dibujos y explica cómo se sienten las personas en cada dibujo.

EP 9.1, 9.2

> **Modelo** **Hace mucho sol y el señor tiene mucho calor. Está sudando.**

1.

2.

3.

4.

5.

6.

Y ahora, ¡a conversar!

A. Preferencias. Entrevista a un(a) compañero(a) para saber algo sobre sus preferencias.

1. ¿Qué tiempo prefieres?
2. ¿Cuál es tu estación favorita? ¿Por qué?
3. ¿Cuál es tu mes favorito? ¿Por qué?
4. ¿En qué estación es tu cumpleaños? ¿Qué tiempo hace generalmente ese día?
5. ¿Cuáles son tus deportes favoritos para cada estación?

B. ¡Abrígate bien! ¿Qué ropa llevas cuando...?

> **Modelo**   está nevando
> **Llevo un abrigo, una bufanda, guantes y botas.**

Vocabulario útil

el abrigo   la bufanda   el impermeable

los guantes   el paraguas   las botas

1. está lloviendo
2. hace mucho calor y hay sol
3. hace calor, pero el cielo está nublado y parece *(it seems)* que va a llover
4. hace mucho viento y la temperatura está a 45 grados Fahrenheit
5. es un día estupendo porque no hace ni frío ni calor

C. Pronóstico. Mira el periódico local y di cuál es el pronóstico para hoy, para mañana y para el fin de semana.

¡Luz! ¡Cámara! ¡Acción!

A. El pronóstico del oeste. Tú y dos compañeros(as) trabajan para la estación de radio de la universidad. Son meteorólogos. Cada uno de ustedes va a informar al público sobre una de estas regiones de EE.UU. Escriban el pronóstico del día para su región. Luego preséntenselo a la clase.

> La costa del oeste   El noroeste   El suroeste

B. El pronóstico del este. Tú y dos compañeros(as) trabajan para la estación de radio de su universidad. Son meteorólogos. Cada uno de ustedes va a informar al público sobre una de estas regiones de EE.UU. Preparen su parte del pronóstico. Luego preséntenselo a la clase.

> La costa del este   El noreste   El sudeste

¿Comprendes lo que se dice?

Estrategias para escuchar: Escuchar «de arriba hacia abajo»

If you are thoroughly familiar with the subject of a conversation and can anticipate what will be said, you are able to listen casually to the general flow, picking out the occasional specific words that convey the gist of what is being said and letting your knowledge of the topic fill in the blanks on everything else. This approach is known as "listening from the top down."

To familiarize yourself with San Francisco summer weather, read the following paragraph about a typical summer day in San Francisco, then "listen from the top down" to understand the forecast for July 15.

Si viajas a San Francisco en el verano vas a darte cuenta de que un día típico empieza con neblina, especialmente en los barrios de la costa. Más tarde, en la mañana, la neblina se disipa y la temperatura puede ser muy agradable bajo cielos despejados. No obstante, alrededor de las cuatro de la tarde la neblina reaparece, y ya por la noche puede hacer bastante frío y viento. En efecto, puede hacer tanto frío que Mark Twain dijo que nunca había sufrido un invierno tan horrible como el verano en San Francisco.

Pronóstico para San Francisco. Escucha el pronóstico del tiempo en San Francisco para el 15 de julio. Luego con un(a) compañero(a), decidan cómo la información de la columna B se combina con la información de la columna A según el pronóstico que escucharon.

	A		B
_c_	1. 25° C	a.	temperatura máxima del día
_e_	2. brisas ligeras	b.	termina la neblina
_a_	3. 31° C	c.	temperatura por la noche
_f_	4. neblina	d.	vientos fuertes
_b_	5. media mañana	e.	por la tarde
_d_	6. al anochecer	f.	en la costa

 ## Viajemos por el ciberespacio a... ESTADOS UNIDOS

If you are a cyberspace surfer, try entering one of the following key words to get to many fascinating sites in **Estados Unidos:**

> El Museo del Barrio   Hispanos famosos   Hispanic Online

Or, better yet, simply go to the *¡Dímelo tú!* Web site using the following address:

http://dimelotu.heinle.com

There, with a simple click, you can

- visit **el Museo del Barrio** in New York, the only Latino museum in the United States entirely devoted to Puerto Rican, Caribbean, and Latin American art.
- learn about famous Latino figures in U.S. history and elsewhere in the world.
- chat with Spanish-speaking people in the United States.

N O T I C I E R O

CULTURAL

LUGAR... Estados Unidos

Antes de empezar, dime... ■ ▲ ●

Contesta estas preguntas para ver cuánto sabes de los hispanos en EE.UU.

1. ¿De qué países viene la mayoría de los hispanos que hay en EE.UU.?
2. ¿Qué porcentaje de la población de EE.UU. representan los hispanos en este país?
3. ¿Qué influencia han tenido los hispanos en la cultura estadounidense? Da ejemplos.

Los hispanos... ¿quiénes son?

Al empezar el siglo XXI, el número de hispanos en EE.UU. se acerca a un 20 por ciento. La mayoría de este grupo viene de México, y el resto de Puerto Rico, de Cuba y de otros países de Centroamérica y de Sudamérica. La influencia de la población hispana que vive en EE.UU. se ve en todos los aspectos de la vida de este país: en la arquitectura, la pintura, la literatura, la música, la cocina, la vestimenta, el cine y mucho más. Los hispanos estadounidenses participan activamente en estos tiempos en el arte, la política y las áreas más importantes del campo nacional. ¿Quién no reconoce los nombres de Antonia Novello, la Cirujana General de EE.UU. (1990–1993) durante el gobierno del presidente George H. Bush, o el de María Echaveste (1998–2000), jefa de gabinete adjunto y oficial de enlace con el público del presidente Clinton, o el de César Chávez (1927–1993), el gran líder del movimiento obrero?

Por otra parte, el impacto de novelistas como Rudy Anaya, Julia Álvarez, Rolando Hinojosa Smith, Óscar Hijuelos y Sandra Cisneros, de poetas como Alurista, Lorna Dee Cervantes, Jorge Argueta y Francisco Alarcón y de dramaturgos como Luis Valdez y Gregorio Nava, se ha sentido tanto en EE.UU. como en las Américas y Europa.

Tres hispanos famosos: Celia Cruz, Ricky Martin y Gloria Estefan.

La música que han creado los hispanos es incomparable y ha alcanzado enorme popularidad. Todo el mundo conoce la canción «La Bamba» y la música de Gloria Estefan, Ricky Martin, Rubén Blades, Shakira, Carlos Santana, Marc Anthony y Cristina Aguilera para nombrar sólo a unos cuantos cantantes hispanos. Los actores de origen hispano también están conquistando al público de EE.UU. en el cine y en la televisión. Junto a grandes estrellas como César Romero, Anthony Quinn, Rita Moreno, Raúl Julia, Andy García y Edward James Olmos, estamos viendo a nuevos actores hispanos como a Selma Hayek, Antonio Banderas, Emilio Estévez, Jennifer López, Jimmy Smits, Cameron Díaz y muchos más.

Podemos seguir nombrando a hispanos sobresalientes en las artes visuales, la arquitectura, la moda, la cocina, los deportes y otros campos. Sólo en este último sobresalen nombres como Fernando Valenzuela, Nancy López, Chi Chi Rodríguez, Sammy Sosa, Roberto Clemente, los Alomar, Lee Treviño, Tony López, Óscar de la Hoya, Mary Jo Fernández... La lista de hispanos profesionales en los deportes en este país parece no tener fin.

Los hispanos de los EE.UU. son un grupo multicolor, cada vez con más confianza en un futuro mejor y en su capacidad de poder unir como en un arcoiris (rainbow) cultural lo mejor de EE.UU. y Latinoamérica.

Y ahora, dime... ■ ▲ ●

Con un(a) compañero(a) de clase haz la siguiente comparación. Indica cuál es la actividad o profesión que tienen estos famosos hispanos estadounidenses.

_____	1. Anthony Quinn	a.	cantante/músico
_____	2. Gloria Estefan	b.	político(a)
_____	3. Francisco Alarcón	c.	poeta
_____	4. Sandra Cisneros	d.	actor/actriz de televisión
_____	5. María Echaveste	e.	actor/actriz de cine
_____	6. Selma Hayek	f.	novelista
_____	7. Sammy Sosa	g.	deportista
_____	8. Rolando Hinojosa Smith		
_____	9. César Chávez		
_____	10. Edward James Olmos		
_____	11. Rubén Blades		
_____	12. Cristina Aguilera		

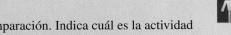

Tarea

Antes de empezar este *Paso,*
estudia *En preparación*

☐ 9.3 Reflexive verbs

☐ Haz por escrito los ejercicios de *¡A practicar!*

☐ Escucha la sección *¿Qué
se dice...?* del Capítulo
9, Paso 2 en el CD.

¿Eres buen observador?

PHILISHAVE

El rastrillo es cosa del pasado.

Si tú te afeitas con rastrillo... es que
todavía no conoces la nueva línea de
rasuradoras eléctricas Philishave de
Philips; diseñadas para ti que además
de ser práctico, quieres la mejor
rasurada.

El sistema de 2 y 3 cabezas, rotatorio y
de microcorte exclusivo de Philishave,
te da una rasurada suave y continua.
Con nuevos microsurcos que permiten
obtener un afeitado más al ras.
Hay un modelo para cada quien.
Philishave de Philips, para ti que
prefieres, la mejor rasurada.

Juntos hacemos tu vida mejor.

PHILIPS

Ahora, ¡a analizar! ■ ▲ ●

1. ¿Qué crees que es un rastrillo? ¿Para qué se usa un rastrillo? ¿Por qué dice este
   anuncio que es cosa del pasado?
2. ¿Tú usas rastrillo o rasuradora (afeitadora) eléctrica? ¿Por qué?
3. ¿Cuál es la ventaja del sistema rotatorio de Philishave?
4. Explica la expresión «un afeitado más al ras».
5. ¿Hay sólo un modelo de Philishave? ¿Cómo lo sabes? Explica.
6. Explica la frase «Juntos hacemos tu vida mejor».

¿Qué se dice...?

Al describir la rutina diaria

_6_ Se afeita.   _3_ Se levanta.   _5_ Se peina.   _7_ Lee el periódico.

_1_ Se despierta.   _4_ Se ducha.   _8_ Se viste.   _2_ Oye el despertador.

Generalmente no desayuna porque tiene prisa. Su primera clase es a las siete.

Después de las clases, Mario llega a casa muy cansado. Primero se quita el suéter y los pantalones y luego se pone unos vaqueros. Después de cenar se sienta a ver la tele un rato. Se acuesta a eso de las once y se duerme en seguida.

A propósito...

Generalmente cuando hay dos lenguas en contacto, la una influye a la otra y vice versa. Por eso, la influencia del español en el inglés es impresionante. Palabras como *patio*, *plaza*, *rodeo*, *lasso*, *tobacco*, *chocolate*, *corral*,... y muchísimas más ya son aceptadas en diccionarios ingleses. Algunas de éstas, como *tobacco* y *chocolate*, provienen de lenguas indígenas y pasaron primero al español y luego al inglés y a otras lenguas. A la vez, el inglés ha tenido su propio impacto en el español con palabras como **champú, hamburguesa, jeans, shorts, béisbol**,... El continuo contacto entre el inglés y el español, en particular con la constante inmigración de latinos a EE.UU., ha causado que algunos préstamos *(borrowed words)* lleguen a ser bastante exagerados, y en muchos casos no aceptados. Estos son préstamos como **escuela alta** *(high school)*, **biles** *(bills)*, **bas** *(bus)*,... Todas estas son palabras que ya tienen un equivalente en el español normativo: **escuela secundaria, cuentas, autobús**, y que no aparecen en diccionarios de la lengua española ni se usan en los países hispanos.

¿Sabías que...?

La llegada y las condiciones de vida de los distintos grupos latinos en EE.UU. varía mucho de acuerdo con el origen de cada grupo. Algunos inmigran a EE.UU. por razones económicas, como es el caso de la mayoría de los puertorriqueños. Otros lo hacen por razones políticas, como fue el caso de la primera ola de cubanos, quienes, por lo general, eran de clase media o alta en su país, y venían ya con una buena educación. En contraste con los nicaragüenses, salvadoreños, guatemaltecos y dominicanos que también han venido a EE.UU. por razones políticas, los cubanos recibieron mucha ayuda del gobierno federal. Caso especial corresponde a los chicanos, cuyas generaciones después de la conquista militar de México por EE.UU., pasaron a ser un pueblo subyugado en su propia tierra. Su condición pasó a ser la de inmigrantes, con todas las dificultades políticas y socio-económicas que eso implica.

Ahora, ¡a hablar! ■ ▲ ●

EP 9.3

A. Un sábado típico. La rutina de Lupe y Ángel es diferente durante el fin de semana porque no trabajan. ¿Qué hacen los sábados por la mañana, según Ángel?

1. yo / levantarse / 9:00 / mañana
2. también / preparar / desayuno

3. mi esposa / quedarse / cama
4. después / ella / levantarse / y ducharse
5. nosotros / tomar / desayuno / juntos
6. después / nosotros / ir / centro comercial

B. Planes. Ángela tiene planes para este fin de semana. ¿Qué va a hacer?

 EP 9.3

Modelo   levantarse tarde
Ella va a levantarse tarde. [o]
Ella se va a levantar tarde.

1. despertarse tarde   5. ir de compras
2. desayunar en la cama   6. salir con sus amigos
3. bañarse muy tarde   7. divertirse mucho
4. no vestirse hasta las doce   8. acostarse tarde

C. ¿Mi rutina? Tu compañero(a) quiere saber algo sobre tu rutina diaria. ¿Qué te pregunta y qué le contestas?

Modelo   despertarse temprano todos los días

COMPAÑERO(A)   **¿Te despiertas temprano todos los días?**
        TÚ   **Me despierto a las siete todos los días menos los sábados y domingos.**

1. levantarse en seguida   4. peinarse antes de salir
2. ir a clase todos los días   5. acostarse temprano
3. desayunar todos los días   6. divertirse los fines de semana

D. Con frecuencia. ¿Con qué frecuencia haces lo siguiente durante la semana?

EP 9.3

Modelo   despertarse temprano
Me despierto temprano todos los días.

todos los días   tres veces   dos veces   una vez   nunca
●───────────────────●──────────────●────────────●──────────────●

1. ducharse / bañarse en regadera   5. dormirse en la clase
2. peinarse   6. sentarse a mirar la televisión
3. afeitarse   7. levantarse muy temprano
4. acostarse muy tarde

Ahora, ¡a conversar! ■ ▲ ●

A. ¿Qué haces tú? Hazle preguntas a un(a) compañero(a) de clase para saber cómo pasa el fin de semana.

Pregúntale...
1. a qué hora se acuesta los viernes por la noche. ¿los sábados? ¿los domingos?
2. a qué hora se levanta los domingos por la mañana. ¿Qué hace después de levantarse? ¿de ducharse?
3. si desayuna los sábados y domingos. ¿Qué come? ¿Quién le prepara el desayuno?
4. si generalmente se queda en casa los sábados y domingos o si sale con sus amigos. ¿Qué hace durante el día?
5. qué hace de noche.
6. ¿...?

B. Consejos. Eres muy desorganizado(a) y un poco perezoso(a). Quieres cambiar pero no puedes. Ahora hablas con un(a) consejero(a). Dile tus problemas para que te dé consejos.

Modelo

TÚ   **Me levanto muy tarde todos los días.**

COMPAÑERO(A)   **Debes levantarte más temprano. ¿A qué hora te acuestas?** etc.

C. Un buen fin de semana. Contesta las preguntas en la primera columna de este formulario y luego entrevista a dos compañeros(as) de clase para saber cuáles son sus actividades favoritas. Anota sus respuestas en las columnas apropiadas.

	Yo	Estudiante 1	Estudiante 2
¿Qué haces un sábado normal por la mañana?	1. 2. 3.	1. 2. 3.	1. 2. 3.
¿Qué haces un sábado normal durante el día?	1. 2. 3.	1. 2. 3.	1. 2. 3.
¿Y por la noche?	1. 2. 3.	1. 2. 3.	1. 2. 3.
¿Con quién prefieres estar un sábado por la noche?	1. 2. 3.	1. 2. 3.	1. 2. 3.
¿Cuáles son tus actividades favoritas de un domingo normal?	1. 2. 3.	1. 2. 3.	1. 2. 3.
¿Qué haces durante un fin de semana lluvioso?	1. 2. 3.	1. 2. 3.	1. 2. 3.
(Haz una pregunta original.)	1. 2. 3.	1. 2. 3.	1. 2. 3.

¡Luz! ¡Cámara! ¡Acción! ■ ▲ ●

A. ¡De vacaciones! Tú y dos amigos están de vacaciones en la Florida durante las vacaciones de primavera. Hace cuatro días que están allí y decides llamar a tus padres por teléfono. Ellos te hacen muchas preguntas acerca de tu rutina diaria y la de tus amigos. Con un(a) compañero(a) que hace el papel de tu padre o madre, escribe la conversación que tienen. Luego, léanle el diálogo a la clase.

B. ¡Dificilísimo! Tú estás tratando de convencer a un(a) amigo(a) de que la vida en tu universidad es más difícil que la vida en su universidad. Dramatiza esta situación con un(a) compañero(a). Comparen su rutina diaria al hacerlo.

¿Comprendes lo que se dice?

Estrategias para ver y escuchar: Ver y escuchar «de arriba hacia abajo»

In the previous **Paso** *you learned that, if you are thoroughly familiar with the subject, you can listen casually to the general flow of a conversation, picking out the occasional specific words that convey the gist of what is being said and letting your knowledge of the topic fill in the blanks on everything else. This approach, known as "listening from the top down," works the same way when viewing a video on a very familiar topic.*

Even if you've never been to San Diego, you probably know quite a bit about it. Use that knowledge you already have as you view this short selection titled, **San Diego, ¡intensamente artístico y cultural!** *Then, in your own words tell what the underlined words in the following sentences probably mean.*

1. San Diego, California, está situada en el extremo sur de la costa pacífica a sólo unas dieciocho millas de la <u>frontera</u> con México.
2. Los habitantes de San Diego están muy <u>orgullosos</u> de su interesante ambiente artístico.
3. La influencia española mexicana se puede experimentar en *Old Town,* un barrio animado y <u>pintoresco</u>.
4. Casa Bandini es el muy <u>premiado</u> restaurante donde pueden <u>probar</u> una auténtica comida mexicana.

Texas, ¡el segundo estado más grande!

Después de ver el video. Ahora mira la selección del video sobre Texas y anota tres cosas que aprendiste que no sabías antes, y tres que ya sabías.

TEXAS

Lo que no sabía	Lo que ya sabía
1.	1.
2.	2.
3.	3.

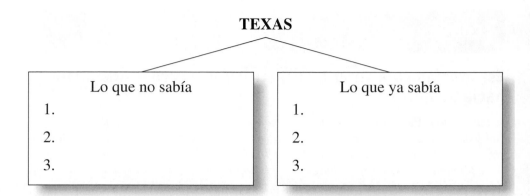

@ Viajemos por el ciberespacio a... ESTADOS UNIDOS

If you are a cyberspace surfer, try entering one of the following key words to get to many fascinating sites in **Estados Unidos:**

Latinos famosos   Tributo a Selena   El desfile puertorriqueño

Or, better yet, simply go to the *¡Dímelo tú!* Web site using the following address:

http://dimelotu.heinle.com

There, with a simple click, you can

- get up to date information about famous Latino entertainers, such as **Gloria Estefan, Chita Rivera, Andy García,** and **Edward James Olmos.**
- read about singer **Selena**'s life, death, and her amazing legacy of music and cultural identity.
- join the **Puerto Rican Day Parade** in New York City as it winds its way down Fifth Avenue in a show of exhuberant ethnic pride.

NOTICIERO

CULTURAL

GENTE... Gloria y Emilio Estefan, Sandra Cisneros y Ricky Martin

Antes de empezar, dime... ■ ▲ ●

Contesta estas preguntas sobre hispanos famosos de EE.UU.

1. ¿Has leído *(Have you read)* un libro o cuento de un autor hispano de EE.UU.? ¿Cuál? ¿Te gustó? ¿Por qué?
2. ¿Tienes algún cantante hispano favorito? ¿Quién es? ¿Cuál es tu disco favorito de este cantante?
3. ¿Quiénes son tus actores hispanos favoritos? ¿En qué películas actuaron?

Cuatro hispanos sobresalientes en EE.UU.

Gloria y Emilio Estefan
Ésta es, sin duda, la pareja hispana del nuevo milenio. Juntos, han creado uno de los imperios musicales más impresionantes del mundo entero: él con su banda Miami Sound Machine, ella con sus dos Grammys y los dos con la venta de más de 60 millones de discos. Han establecido una fundación que ayuda a los más necesitados y han servido de mentores a grandes estrellas latinas como Shakira, Jennifer López, Jon Secada y Ricky Martin.

Sandra Cisneros
Esta poeta y cuentista chicana escribe en inglés, pero incorpora mucho español a sus cuentos y a su poesía. Su libro *The House on Mango Street,* recibió el premio «American Book Award» en 1985. Como la mayoría de sus cuentos y su poesía, este libro está lleno del humor de la realidad de una joven chicana. Ahora, Sandra vive en San Antonio, Texas.

Ricky Martin

Este cantante puertorriqueño fue uno de los grandes ídolos de los jóvenes latinoamericanos durante los años 80, cuando era uno de los cantantes del popular grupo puertorriqueño Menudo. Más tarde se hizo actor y participó en la telenovela estadounidense *General Hospital,* trabajando luego en Broadway, en la obra *Les Misérables.* Publicó su primer álbum musical en 1991 y dos años más tarde el segundo. En 1995 apareció su tercer álbum, con una mezcla de estilos latinos como flamenco y salsa. En 1999 sacó su primer álbum en inglés. Con títulos como «María, María», «La copa de la vida» y «La vida loca», Ricky Martin definitivamente ha dado el salto a la fama internacional.

Y ahora, dime... ■ ▲ ●

Usa un diagrama Venn como éste para comparar a uno de estos latinos sobresalientes con tu escritor(a), cantante o musica favorita.

Gloria y Emilio Estefan, Sandra Cisneros o Ricky Martin

1.
2.
3.
4.
5.
…

Lo que tienen en común

1.
2.
3.
4.
5.
…

Mi escritor(a), cantante o musica favorita

1.
2.
3.
4.
5.
…

¿Te gusta escribir?

Estrategias para escribir: Organización de una biografía

A. La biografía. Una biografía es la historia de la vida de una persona. Puede estar organizada en forma cronológica desde el nacimiento hasta los últimos años, o puede estar organizada destacando algunas actividades importantes de la vida de la persona que se describe. Es fácil ver la organización de una biografía al ver las preguntas que la biografía contesta. Por ejemplo, la biografía de Ricky Martin (en la página 332) contesta las siguientes preguntas.

1. ¿Quién es Ricky Martin?
2. ¿Dónde nació?
3. ¿Cómo empezó su carrera musical?
4. ¿Canta en inglés o en español?
5. ¿Cuáles son sus álbumes más conocidos?
6. ¿A qué se debe su fama?

Trabajando con un(a) compañero(a), vuelvan a las breves biografías de Gloria y Emilio Estefan y Sandra Cisneros y preparen una lista de las preguntas que esas biografías contestan.

B. Preguntas clave. Ahora, con tu compañero(a) preparen una lista de preguntas que debe contestar una persona que esté pensando en escribir una biografía.

Ahora, ¡a escribir!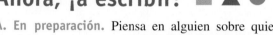

A. En preparación. Piensa en alguien sobre quien te gustaría escribir una biografía. Puede ser una persona de tu familia, un(a) cantante, escritor(a) o actor (actriz) del que te resulte interesante comunicar su historia a los demás estudiantes. Para empezar, basándote en las preguntas anteriores, escribe una lista de la información que vas a necesitar para escribir una biografía que destaque la cronología y las actividades importantes de la persona.

B. El primer borrador. Ahora usa toda esa información para formar la base de la historia. Tu biografía debe seguir el orden de las preguntas que hiciste: (Nombre) nació el..., en... Vivió sus primeros años en... Estudió en... y en... Hizo sus estudios superiores en... Cuando terminó sus estudios se dedicó a... Después...

C. Ahora, a compartir. Intercambia tu biografía con dos o tres compañeros(as). Haz comentarios sobre el contenido y el estilo de las de tus compañeros(as) y escucha los comentarios de ellos sobre tu biografía. Si hay errores de ortografía o de gramática, menciónalos.

D. Ahora, a revisar. Agrega a tu biografía la información que consideres necesaria, basada en los comentarios de tus compañeros(as). Revisa los errores de gramática, de puntuación y de ortografía.

E. La versión final. Escribe ahora la última versión de tu historia y entrégasela a tu profesor(a).

F. Ahora, a publicar. En grupos de cuatro o cinco, lean las biografías que les devuelva su profesor(a) y decidan cuál es la más interesante. Descríbansela a la clase, mencionando las actividades más importantes de la persona que aparece en ella.

Paso 3 ¿Y cómo llego?

Tarea

Antes de empezar este *Paso*, estudia *En preparación*

☐ 9.4 *Por* and *para:* A second look

☐ 9.5 Affirmative *tú* commands

☐ Haz por escrito los ejercicios de *¡A practicar!*

☐ Escucha la sección *¿Qué se dice...?* del Capítulo 9, Paso 3 en el CD.

¿Eres buen observador?

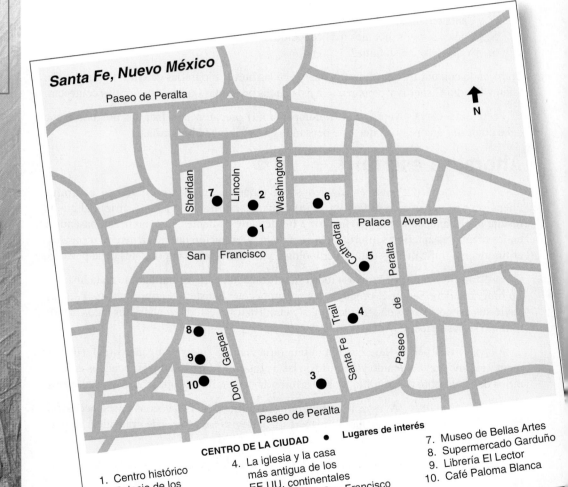

Santa Fe, Nuevo México

Paseo de Peralta

N

Sheridan
Lincoln
Washington

Palace Avenue

Cathedral

San Francisco

Peralta

Trail

Santa Fe

Paseo de

Gaspar

Don

Paseo de Peralta

CENTRO DE LA CIUDAD ● **Lugares de interés**

1. Centro histórico
2. Palacio de los Gobernadores
3. Capitolio
4. La iglesia y la casa más antigua de los EE.UU. continentales
5. La Catedral de San Francisco
6. Zapatería Robles
7. Museo de Bellas Artes
8. Supermercado Garduño
9. Librería El Lector
10. Café Paloma Blanca

Ahora, ¡a analizar! ■ ▲ ●

1. Si en una zapatería se venden zapatos, ¿qué se vende en una frutería? ¿una librería? ¿una carnicería? ¿una papelería? ¿una perfumería? ¿una tabaquería? ¿una tortillería? ¿una panadería?
2. Si el Museo de Bellas Artes está a la izquierda del Palacio de los Gobernadores, ¿qué está a la derecha del Palacio de los Gobernadores?
3. ¿Dónde está el Centro Histórico, enfrente o detrás del Palacio de los Gobernadores?
4. ¿Dónde está el Supermercado Garduño, enfrente o detrás de la Librería El Lector? ¿y el Café Paloma Blanca?
5. ¿Está lejos o cerca del Capitolio la iglesia más antigua de EE.UU.? ¿y la casa más antigua? ¿la Catedral de San Francisco?
6. ¿Qué calle va alrededor de toda la ciudad?

¿Qué se dice...?

Si deseas saber cómo llegar a...

1. ¿Adónde va Memo? *Catedral de San Fransisco.*
2. ¿Qué autobús debe tomar? *Autobus numero tres.*
3. ¿Por dónde pasa el autobús? *Palacio de gobernadores.*

MEMO	¿En qué calle debo bajarme?
PEPE	Bájate en la parada que está al lado del Palacio, enfrente del Museo de Bellas Artes.
MARTA	No, no. La parada está detrás del Palacio, en la calle Marcy.

MEMO	Y de ahí, ¿para dónde sigo?
PEPE	Sigue por la calle Lincoln a la calle San Francisco. Dobla a la izquierda y está a una cuadra y media.
MARTA	Sigue derecho por esa calle. Queda en la esquina.
PEPE	No. La catedral está a media cuadra. Hay que doblar a la derecha en la calle Catedral.

A propósito...   **¡Ojo!** En este capítulo vas a aprender a usar mandatos *(commands)* afirmativos informales. Más adelante, en el Capítulo 12 vas a aprender a usar los mandatos negativos informales y en el Capítulo 13, los mandatos affirmativos y negativos formales.

¿Sabías que...?

Santa Fe, la capital de Nuevo México, fue colonizada por los españoles en 1595 y nombrada capital de la provincia en 1610. Ahora, como capital del estado, es un centro, no solamente político, sino también cultural. En esta ciudad de unos 73 mil habitantes, se ve una interesantísima fusión de la cultura indígena, la española, la mexicana y la anglo. Basta con señalar que hasta la arquitectura, protegida por la ley desde 1958, sólo permite tres estilos o cualquier combinación de estos estilos: el español colonial, el español pueblo o el indígena pueblo. El Palacio de los Gobernadores, que todavía está en uso, fue construido en 1610.

Ahora, ¡a hablar! ■ ▲ ●

A. ¿Para qué? ¿Para qué van las siguientes personas a esos lugares?   ⮐⮐ EP 9.4

> **Modelo**   Marcelo / zapatería
> **Marcelo va a la zapatería para comprar zapatos.**

1. Adela / supermercado
2. Pamela / librería
3. Anselmo / perfumería
4. Cristina / farmacia
5. Bárbara / panadería
6. Marcela / papelería
7. Javier / carnicería
8. yo / ¿...?

B. Transporte. ¿Qué medio de transporte prefieres para llegar a los siguientes lugares?   ⮐⮐ EP 9.4

> **Modelo**   Hawai
> **Para ir a Hawai prefiero viajar por avión.**

Vocabulario útil

autobús	avión	barco	bicicleta
coche	moto	a pie	tren

1. México
2. la universidad
3. Europa
4. el supermercado
5. Canadá
6. la casa de mi mejor amigo(a)
7. visitar a mis padres

EP 9.4 **C. Opiniones.** ¿Qué opinan tú, tu familia y tus amigos de los varios tipos de transporte?

> **Modelo**   **Para mí, es importante no manejar cansado.**

mis padres
mí
toda mi familia
mis amigos
nosotros

Es importante tener un coche en buenas condiciones.
Es peligroso viajar en avión.
Es importante no manejar *(drive)* borracho.
Es bueno poder manejar a los 16 años.
Es necesario tener límite de velocidad.
Es mejor viajar de noche que de día.
Es mejor viajar en tren que en coche.
¿...?

EP 9.5   **D. ¿Cómo llego?** Ricardo, un estudiante de la Universidad Estatal de Nuevo México en Las Cruces, quiere ir a la casa de Patricia, pero no sabe dónde vive. ¿Qué le dice Patricia?

> **Modelo**   llamarme primero
> **Llámame primero.**

1. venir a las 8:00
2. salir de tu casa a las 7:00
3. tomar el autobús #5
4. bajarte en la parada de la calle España
5. seguir derecho por esta calle
6. doblar a la izquierda
7. tocar la puerta
8. subir al tercer piso

Y ahora, ¡a conversar! ■ ▲ ●

 A. ¿Dónde queda? Imagínate que tu mejor amigo(a), que es estudiante de la Universidad de Nuevo México, acaba de llegar a tu universidad. Hoy vas a ayudarlo(la) a conocer el lugar. En este momento tú y tu amigo(a) están en tu cuarto. Dile cómo llegar a estos sitios.

> **Modelo**   la biblioteca
> **Para llegar a la biblioteca, sal por esa puerta y dobla a la izquierda.**
> **Sigue derecho hasta llegar a un edificio muy alto. Ése es.**

1. la biblioteca
2. la piscina
3. el gimnasio
4. la librería
5. el edificio de la administración
6. el laboratorio de idiomas

B. Lugar misterioso. El instructor va a dibujar o va a traer un plano de la comunidad. Luego te va a dar instrucciones para llegar a un lugar misterioso. Sigue sus instrucciones y marca con una X el lugar misterioso.

 C. Problemas anónimos. Comparte con la clase un problema que tienes (o uno imaginario). El resto de la clase va a darte consejos para solucionar el problema. Escribe tu problema en una hoja de papel, pero no la firmes. Todos los problemas van a ser anónimos.

¡Luz! ¡Cámara! ¡Acción!

A. ¿Podría decirme...? Tú vas caminando por tu ciudad cuando un(a) nuevo(a) estudiante te pide información para llegar a algún lugar. Con un(a) compañero(a), escribe el diálogo que tienen. Luego, dramatícenlo delante de la clase.

B. Ven a casa. Tú y un(a) amigo(a) necesitan preparar un proyecto para la clase de biología este fin de semana. Tú invitas a tu amigo(a) a estudiar en tu casa pero él (ella) no sabe dónde vives. Tienes que explicarle cómo llegar a tu casa. Dramatiza la situación con un(a) compañero(a).

¿Te gusta leer?

Estrategias para leer: Ponerle la puntuación a la poesía cuando le falte

La poesía tradicional se escribía con letras mayúsculas al empezar una oración y punto final al terminar la oración. Además, también usaba otra puntuación: comas, signos de interrogación o de exclamación, comillas *(quotation marks),* etc. La poesía moderna con frecuencia no tiene puntuación. Algunos poetas como Francisco X. Alarcón, el poeta chicano que escribió el poema incluido aquí, nunca usa puntuación. Sin embargo, todos sus poemas tienen oraciones completas —sólo les falta la puntuación. Si tienes dificultad en leer poesía, a veces sólo con ponerle la puntuación que le falta, ayuda mucho a entender lo que dice.

Falta de puntuación. En parejas, lean el poema y decidan dónde falta la puntuación. Pongan las letras mayúsculas que faltan, los puntos finales, las comas y las comillas. Si es necesario, escriban el poema de nuevo.

Lectura

El poeta **Francisco Xavier Alarcón** nació en Wilmington, California, pero se crió tanto en EE.UU. como en México. Un verdadero bilingüe, se educó en escuelas primarias y secundarias en East Los Angeles y en Guadalajara, México. Empezó sus estudios universitarios en East Los Angeles College y terminó su licenciatura en la Universidad Estatal de California en Long Beach. Hizo sus estudios graduados en la Universidad de Stanford. Poeta, crítico y editor chicano, ha publicado nueve colecciones de poemas: *Tattoos* (1985); *Ya vas, Carnal* (1985); *Quake Poems* (1989); *Body in Flames / Cuerpo en llamas* (1990); *Loma Prieta* (1990); *Snake Poems* (1992); *Poemas zurdos* (1992); *No Golden Gate for Us* (1993). Últimamente se ha dedicado a publicar libros de poemas bilingües para niños: *Laughing Tomatoes and Other Spring Poems / Jitomates risueños y otros poemas de primavera* (1997) y *From the Bellybutton of the Moon and Other Summer Poems / Del ombligo de la luna y otros poemas de verano* (1998). Actualmente es catedrático de la Universidad de California en Davis.

Una pequeña gran victoria

esa noche de verano
mi hermana dijo
   no
ya nunca más
se iba a poner ella
a lavar los trastes°   platos
mi madre sólo
se le quedó viendo
quizás deseando
haberle dicho°   decir
lo mismo
a su propia madre
ella también había odiado°   no le gustaron
sus tareas de «mujer»
de cocinar limpiar siempre estar al tanto°   tener que servir
de sus seis hermanos
y su padre
un pequeño trueno°   *thunder*
sacudió° la cocina   movió
cuando silenciosos
nosotros recorrimos
con los ojos la mesa
de cinco hermanos
el repentino aprieto°   momento incómodo
se deshizo cuando
mi padre se puso
un mandil° y abrió   delantal *(apron)*
la llave del agua
caliente en el fregadero°   *sink*

A ver si comprendiste ■ ▲ ●

Contesten estas preguntas en parejas.

1. ¿Dónde estaba el poeta esa «noche de verano»? ¿Quiénes estaban con él? ¿Cuántos eran en total?
2. ¿Quién dijo no? ¿A qué y a quiénes dijo no? ¿Por qué crees que dijo no?
3. ¿Cómo reaccionó la madre? ¿Por qué cree el poeta que su madre reaccionó de esa manera? ¿Estás de acuerdo *(in agreement)* con el poeta? ¿Por qué?
4. Explica por qué el poeta menciona a seis hermanos y luego a cinco hermanos. ¿Es un error?
5. ¿Cómo se solucionó el problema? ¿Quién lavó los platos al final? ¿Qué opinas de eso? ¿Podría ocurrir esta situación en tu familia? ¿Por qué?
6. Explica el título del poema.

Viajemos por el ciberespacio a... ESTADOS UNIDOS

If you are a cyberspace surfer, try entering one of the following key words to get to many fascinating sites in **Estados Unidos:**

Cuban culture   Periódicos cubanos   Disidencia

Or, better yet, simply go to the *¡Dímelo tú!* Web site using the following address:

http://dimelotu.heinle.com

There, with a simple click, you can

- enjoy **la cultura cubanoestadounidense** through its music, cinema, art, and various other manifestations.
- read newspapers in Spanish dedicated to Hispanic news with a special focus on Cuban-American interests.
- learn about Cuban dissidents in exile: their principles and specific points of view.

Vocabulario ■▲●■▲●■▲

Clima

centígrados (pl.)	centigrade
cielo	sky
clima (m.)	climate
congelado(a)	frozen
empapado(a)	soaking wet
estar despejado	to have clear skies
estar nublado	to be cloudy
grado	degree (temperature)
hacer buen tiempo	to be good weather
hacer calor	to be hot
hacer frío	to be cold
hacer viento	to be windy
hay sol	it is sunny
llover (ue)	to rain
lloviznar	to drizzle, rain lightly
lluvia	rain
lluvioso(a)	rainy
meteorólogo(a)	meteorologist
neblina	fog
nevar (ie)	to snow
nieve (f.)	snow
pronóstico	forecast
temperatura	temperature
tiempo	weather
tormenta	storm

Ropa

abrigo	coat
bufanda	scarf
guantes (m. pl.)	gloves
paraguas (m. sing. or pl.)	umbrella
traje de baño (m.)	swimsuit
vaqueros / jeans / pantalones de mezclilla (m. pl.)	blue jeans

Profesiones

actor (m.)	actor
actriz (f.)	actress
cantante (m./f.)	singer
deportista (m./f.)	athlete
músico (m./f.)	musician
novelista (m./f.)	novelist
poeta (m./f.)	poet
político(a)	politician

Lugares

calle principal (f.)	main street
carnicería	butcher shop
escuela	school
esquina	corner
farmacia	pharmacy
frontera	border
panadería	bakery
papelería	stationery store
pastelería	pastry shop
zapatería	shoe store

Transporte

a pie	on foot, walking
barco	boat
moto (f.)	motorcycle
tren (m.)	train

Puntos cardinales

este (m.)	east
norte (m.)	north
oeste (m.)	west
sur (m.)	south

Direcciones

bajar	to go down, to get off (a bus)
doblar	to turn
a la derecha	to the right
a la izquierda	to the left
seguir (i)	to continue; to follow
seguir derecho	to continue straight ahead
subir	to go up, to get on (a bus)

Rutina diaria

acostarse (ue)	to go to bed
afeitarse	to shave
bajarse	to get off; to get down
bañarse	to bathe
desayunar	to eat breakfast
despertarse (ie)	to wake up
divertirse (ie)	to have a good time, enjoy oneself
dormirse (ue)	to fall asleep
ducharse / bañarse en la regadera	to shower, take a shower
levantarse	to get up
peinarse	to comb one's hair
quitarse	to take off
sentarse (ie)	to sit down
vestirse (i)	to dress, get dressed

Otros verbos

contestar	to answer
cortarse	to cut oneself
preguntar	to ask (a question)
quedarse	to stay; to fit
repetir (i)	to repeat
sudar	to perspire, sweat

Adverbios

al rato	in a short while
aproximadamente	approximately
continuamente	continuously
en seguida	immediately, at once
lentamente	slowly
poco	little
todo derecho	straight ahead

Palabras útiles

buena suerte (f.)	good luck
despertador (m.)	alarm clock
ni… ni	neither . . . nor
peligroso(a)	dangerous
población (f.)	population
porcentaje (m.)	percentage
siguiente	following, next

En preparación 9

9.1 Weather expressions ⚏⚏

Talking about the weather

A. In Spanish, **hacer, estar,** and the verb form **hay** are commonly used to describe weather conditions.

¿Qué tiempo **hace** hoy?	*What's the weather like today?*
Hace mucho frío.	*It's very cold.*
Sí, pero no **hace** viento.	*Yes, but it's not windy.*
Está despejado.	*It's clear.*
En el norte **está** nublado.	*In the north it's cloudy.*
¿**Hay** neblina hoy?	*Is it foggy today?*
No, pero **hay** mucha contaminación.	*No, but there is a lot of pollution (smog).*

B. The verb **tener** is used to describe how a person feels as a result of the weather conditions.

¿No **tienes** frío?	*Aren't you cold?*
No, en realidad, **tengo** mucho calor.	*No, actually, I'm very hot.*

C. The verb **estar** can also be used to describe a person's condition as a result of the weather.

Estoy congelado.	*I'm frozen.*
Están sudando.	*They are perspiring/sweating.*
Estamos empapados.	*We are soaking wet.*

¡A practicar! ■ ▲ ●

A. ¿Qué tiempo hace? Unos amigos quieren saber qué tiempo hace en diferentes partes de EE.UU. ¿Qué les dices tú?

1. verano en Phoenix, Arizona
2. invierno en Buffalo, Nueva York
3. primavera en Des Moines, Iowa
4. otoño en Boston, Massachusetts
5. todo el año en Chicago, Illinois
6. todo el año en Seattle, Washington

B. ¿Es igual? Y veamos ahora qué tiempo hace en diferentes lugares del mundo, en las siguientes fechas.

1. la Navidad en San Francisco
2. la Navidad en Buenos Aires
3. el 4 de julio en California
4. el 4 de julio en Alaska
5. el Año Nuevo en París
6. el Año Nuevo en Santiago de Chile

9.2 *Mucho* and *poco* ⬛⬛

Expressing indefinite quantity

A. **Mucho** and **poco** may modify a noun or a verb. When the former is the case, **mucho** and **poco** act as adjectives and must agree in number and gender with what is being modified.

Hay **pocos** carros pero **mucha** contaminación.	*There are few cars but a lot of pollution.*
Hay **mucha** nieve pero hace **poco** frío.	*There is a lot of snow, but it's not very cold.*

B. When **mucho** and **poco** modify a verb, they are adverbs and do not vary in form.

Nieva **mucho** en el invierno.	*It snows a lot in the winter.*
Llueve **poco** aquí en el verano.	*It rains very little here in the summer.*

C. **Muy** is never used to modify **mucho.** Use the word **muchísimo** instead.

Hay **muy poca** nieve pero **muchísima** lluvia.	*There is very little snow but a lot of rain.*

¡A practicar! ⬛ ▲ ●

A. Así es mi vida. Completa el párrafo con **mucho** o **poco** según tu propio *(your own)* estilo de vida.

Yo tengo ___muchas___ amigas y ___pocos___ amigos y por eso salgo ___mucho___.
Este semestre estudio ___mucho___ porque tengo ___muchas___ clases. Trabajo
___mucho___ y gano *(earn)* ___mucho___ dinero. Tengo ___poco___ tiempo libre. En
mi tiempo libre practico ___muchos___ deportes y miro ___poco___ la televisión. En
mi ciudad hay ___muchas___ cosas que hacer.

B. Problemas de un estudiante. ¿Cómo se prepara Rafael, estudiante de la Universidad de Nuevo México en Albuquerque, para empezar las clases, después de las vacaciones de verano? Para saberlo, completa el párrafo con **mucho** o **poco.**

El semestre empezó esta semana y yo tuve que comprar _____ libros.
¡Ay, qué caros son! Por eso, ahora yo tengo muy _____ dinero. ¡Estoy pobre!
Además, tengo _____ clases, pero _____ energía. Debo organizar mi
vida. Necesito trabajar _____ horas y pasar _____ tiempo en la
biblioteca. Este semestre voy a tener _____ tarea y _____ tiempo.
¡Qué horror!

9.3 Reflexive verbs ⛓

Talking about what people do for themselves

lavarse			
to wash			
I wash (myself)	**me** lavo	**nos** lavamos	*we wash (ourselves)*
you wash (yourself)	**te** lavas	**os** laváis	*you wash (yourselves)*
you wash (yourself)	**se** lava	**se** lavan	*you wash (yourselves)*
he/she/it washes (himself/herself/itself)	**se** lava	**se** lavan	*they wash (themselves)*

A. A verb is called *reflexive* when the subject does the action to or for himself, herself, themselves, and so on; that is, when the subject receives the action of the verb. A reflexive pronoun always accompanies such a verb; it agrees in person and number with the subject of the verb. Reflexive pronouns precede a conjugated verb.

Los niños **se bañan** de noche.	*The children bathe (themselves) at night.*
Yo siempre **me acuesto** a las once.	*I always go to bed at eleven.*

B. Reflexive verbs appear in vocabulary lists with the reflexive pronoun **-se** attached to the infinitive ending. The following is a list of frequently used reflexive verbs. Some of these verbs have been used in previous chapters nonreflexively.

acostarse (ue)	*to go to bed*
afeitarse	*to shave*
bañarse	*to take a bath, bathe*
despertarse (ie)	*to wake up*
divertirse (ie, i)	*to have a good time, enjoy oneself*
dormirse (ue, u)	*to fall asleep*
ducharse	*to shower, take a shower*
lavarse	*to wash oneself*
levantarse	*to get up; to stand up*
llamarse	*to be named, be called*
peinarse	*to comb one's hair*
ponerse	*to put on (clothing)*
quitarse	*to take off (clothing)*
sentarse (ie)	*to sit down*
sentirse (ie, i)	*to feel*
vestirse (i, i)	*to get dressed*

divertimos

The reflexive pronoun is necessary only when the subject does something to or for itself.

Mamá **se despierta** primero y luego **despierta** a los niños.	*Mom wakes up first and then wakes up the children.*
Primero **me baño** y luego **baño** a los niños.	*First I bathe, and then I bathe the children.*

C. Reflexive pronouns, like direct- and indirect-object pronouns, are always placed directly in front of conjugated verbs. They are attached to the end of infinitives, present participles, and affirmative commands. As with object pronouns, a written accent is often necessary to keep the original stress of infinitives, present participles, and affirmative commands when reflexive pronouns are attached.

Siempre **me** afeito antes de duchar**me.**	*I always shave before taking a shower.*
No vamos a levantar**nos** hasta el mediodía.	*We're not going to get up until noon.*
Los jóvenes están divirtiéndo**se** muchísimo.	*The young people are enjoying themselves very much.*
Quítate la ropa y **acuéstate** en seguida.	*Take your clothes off and go to bed right away.*

¡A practicar! ■ ▲ ●

A. Todos los días... ¿Cuál es la rutina en casa de los Chávez según Marta, la hija mayor?

1. Yo _____ (levantarse) a las 6:30.
2. Yo _____ (ducharse) rápidamente pero no _____ (lavarse) el pelo todos los días.
3. Papá _____ (afeitarse) después de _____ (ducharse).
4. Mamá _____ (peinarse) y luego _____ (peinar) a mi hermanita.
5. Mi hermana y yo _____ (vestirse) rápidamente.

B. ¡Un pájaro raro! La rutina del profesor Gamboa es muy interesante. Para saber por qué, completa el párrafo con la forma apropiada de los verbos que están entre paréntesis.

Por lo general, el profesor Gamboa _____1_____ (acostarse) muy temprano, a eso de las 9:30 o las 10:00 de la noche. ¿Por qué tan temprano? Porque _____2_____ (levantarse) cuando todo el mundo está durmiendo, a las 4:00 de la mañana. ¿Qué hace a esa hora? Pues, primero _____3_____ (prepararse) una taza de café. Luego _____4_____ (sentarse) a trabajar frente a la computadora. No _____5_____ (bañarse) ni _____6_____ (afeitarse) hasta las 11:30 porque no tiene que ir a la universidad hasta el mediodía. Ah, ¡y nunca _____7_____ (peinarse)! Es un pájaro raro *(rare bird)*.

C. ¿Y tú? Responde a las siguientes preguntas sobre tu propia rutina diaria.

1. ¿A qué hora te despiertas diariamente?
2. ¿Prefieres ducharte o bañarte?
3. ¿Cuántas veces a la semana te lavas el pelo?
4. ¿Cuántas veces al día te peinas?
5. ¿A qué hora te levantas los fines de semana?
6. ¿A qué hora te acuestas todos los días?

9.4 *Por* and *para:* A second look 🔗

Explaining how, when, why, and for whom things are done

In **Capítulo 5** you learned that **por** and **para** have different uses. The following list reviews those uses and introduces several new ones.

Por is used to mean:

■ *By, by means of*

Vinieron **por** avión.	*They came by plane.*

■ *Through, along*

¿Pasaron **por** aquí?	*Did they pass through here?*

■ *Because of*

Vinieron al concierto **por** Gloria Estefan.	*They came to the concert because of Gloria Estefan.*

■ *During, in*

Practicaron aquí **por** la mañana y allá **por** la noche.	*They practiced here in the morning and there during the evening.*

■ *For: in place of, in exchange for*

¿Quién jugó **por** ella?	*Who played for her?*

■ *For: for a period of time*

Jugaron **por** tres horas.	*They played for three hours.*

Para is used to mean:

■ *In order to*

Para ganar, hay que practicar.	*In order to win, it is necessary to practice.*

■ *For: compared with, in relation to others*

Para ser futbolista, no es muy agresivo.	*For a soccer player, he is not very aggressive.*

■ *For: intended for, to be given to*

Compré las entradas **para** tus padres.	*I bought the tickets for your parents.*

■ *For: in the direction of, toward*

De aquí salieron **para** Lima.	*From here they left for Lima.*

■ *For: by a specified time*

Tendremos los resultados **para** mañana.	*We'll have the results by tomorrow.*

■ *For: in one's opinion*

Para nosotros, Maradona es el mejor.	*For us, Maradona is the best.*

¡A practicar!   ■ ▲ ●

A. Los planes de Amalia. Amalia estudia en California y el próximo fin de semana va a visitar a sus padres que viven en el estado de Nevada. ¿Qué planes hace? Para saberlo, llena los espacios con **por** o **para**.

    1. El sábado voy _____*para*_____ la casa de mis padres.

    2. _____*por*_____ la mañana voy a salir temprano de casa.

    3. ¿Por qué? Porque primero debo comprar un regalo _____*para*_____ mi madre. Es su cumpleaños.

    4. También voy a pasar _____*por*_____ la pastelería.

    5. Sí, por supuesto, _____*para*_____ comprar una rica torta.

    6. Pero ¡qué pena! El domingo _____*por*_____ la tarde, ya debo regresar a mi casa _____*para*_____ prepararme _____*para*_____ los exámenes finales.

B. En diciembre, ¡vacaciones! María Teresa es de Texas, pero estudia en Carolina del Norte. Veamos lo que hace en diciembre, completando este párrafo con **por** o **para**.

Hoy debo estudiar _____*para*_____ dos exámenes y el fin de semana voy a escribir mi composición _____*para*_____ la clase de filosofía, y después de eso... ¡vacaciones! Salgo _____*para*_____ mi casa el lunes _____*por*_____ la mañana, y esta vez voy _____*por*_____ avión. ¡Sí! Compré el boleto en una oferta. Ahora voy a estar con mi familia _____*~~para~~ por*_____ dos semanas completas. ¡Qué suerte!

9.5 Affirmative *tú* commands   ⧉

Giving orders and directions

Commands are used to order someone to do or not to do something. **Tú** commands are used with people with whom you are familiar or whom you address as **tú.** There are different forms for affirmative and negative **tú** commands. In this chapter, you will learn only affirmative **tú** commands.

A. In general, the affirmative **tú** command is identical to the third-person singular of the present indicative.

Infinitive	Command
tomar	**Toma** café.
leer	**Lée**lo.
dormirse	**Duérme**te.

Habla con el profesor y **explícale** tu problema.	*Talk to the professor and explain your problem to him.*
Trae el mapa.	*Bring the map.*

B. There are eight irregular affirmative **tú** command forms. Note that most are derived from irregular first-person singular forms ending with **-go.**

Infinitive	*yo* present tense	*tú* command
decir	digo	**di**
poner	pongo	**pon**
salir	salgo	**sal**
tener	tengo	**ten**
venir	vengo	**ven**
hacer	hago	**haz**
ir	voy	**ve**
ser	soy	**sé**

C. Object and reflexive pronouns always follow and are attached to affirmative commands. The placement of pronouns follows this order: reflexive, indirect, direct.

Tráe**melas.**	*Bring them to me.*
Acuésta**te.**	*Go to bed.*
Lléva**selo.**	*Take it to him.*

Notice that whenever pronouns are added to a verb, accents are often necessary in order to maintain the original stress.

¡A practicar! ■ ▲ ●

A. ¡Organízate! El hermano menor de Olga es muy desorganizado. ¿Qué consejos le da Olga a su hermano?

> **Modelo**   acostarse / más temprano
> **Acuéstate más temprano.**

1. levantarse / más temprano
2. vestirse / rápidamente
3. poner / la ropa en tu cuarto
4. salir / antes de las 7:30
5. ir / directamente a clase
6. hacer / tu tarea todas las noches

B. ¡Por favor! Tú decides establecer un poco de orden en el uso del baño en tu casa o apartamento. Dile a tu hermano(a) o a tu compañero(a) de cuarto lo que tiene que hacer para evitar que todos quieran usar el cuarto de baño a la vez. Usa mandatos en la segunda persona (**tú**).

1. levantarse temprano
2. ducharse rápidamente
3. vestirse en su cuarto
4. lavarse el pelo por la noche
5. peinarse rápidamente
6. ¿...?

C. ¡Dímelo tú! El título de este libro de texto tiene dos significados según el contexto dentro del cual se usa: *You tell me (it)!* o *You don't say!* Explica la estructura del título a base de las reglas que acabas de aprender —la forma del verbo, el acento, los pronombres, etc.

CAPÍTULO 10

¡Socorro! ¡Llamen a la policía!

Cultural Topics

- **¿Sabías que…?**
  Analfabetismo en Nicaragua
  El Lago de Nicaragua
  Nicaragua, «tierra de poetas»
- **Noticiero cultural**
  Lugar: *Nicaragua: Managua y sus volcanes*
  Gente: *Violeta Chamorro*
- **Lectura:** *«Urna con perfil político», poema de Pablo Antonio Cuadra*

 Video: *Nicaragua, ¡en la búsqueda de un futuro mejor!*

 Viajemos por el ciberespacio a…
Nicaragua

Listening Strategies

- Listening from the "bottom up"

Reading Strategies

- Recognizing *versos* and *estrofas*

Writing Strategies

- Gathering information

En preparación

- 10.1 Adverbs derived from adjectives
- 10.2 Irregular verbs in the preterite
- 10.3 Negative and indefinite expressions
- 10.4 Preterite of stem-changing **-ir** verbs
- 10.5 **Hacer** in time expressions

 CD-ROM:
Capítulo 10 actividades

Nicaragua

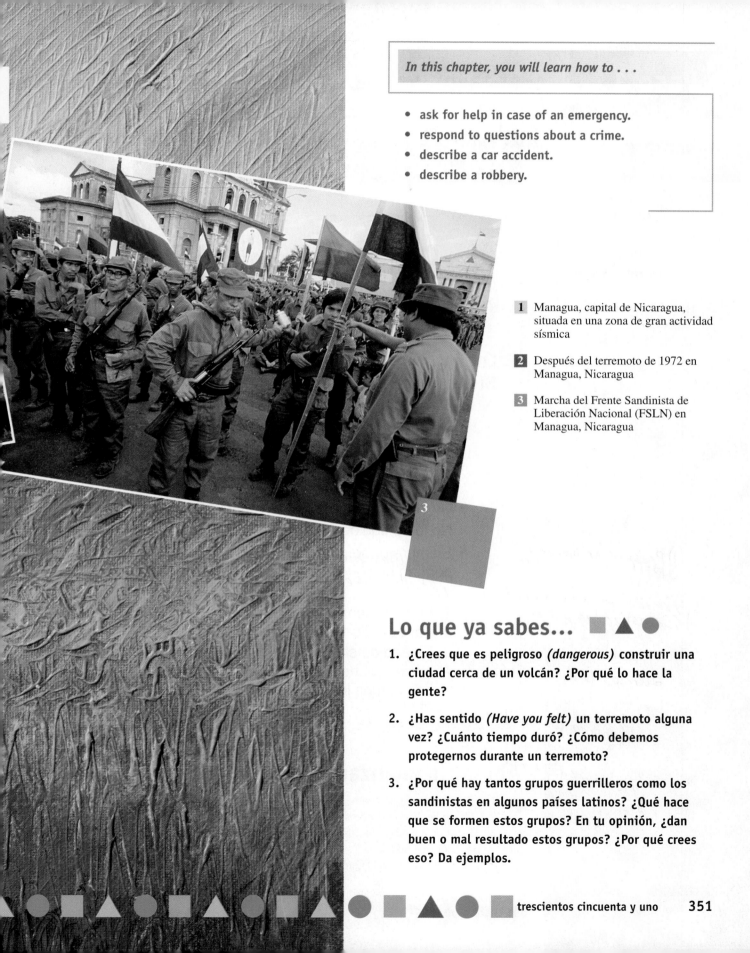

- ask for help in case of an emergency.
- respond to questions about a crime.
- describe a car accident.
- describe a robbery.

1 Managua, capital de Nicaragua, situada en una zona de gran actividad sísmica

2 Después del terremoto de 1972 en Managua, Nicaragua

3 Marcha del Frente Sandinista de Liberación Nacional (FSLN) en Managua, Nicaragua

Lo que ya sabes... ■ ▲ ●

1. ¿Crees que es peligroso *(dangerous)* construir una ciudad cerca de un volcán? ¿Por qué lo hace la gente?

2. ¿Has sentido *(Have you felt)* un terremoto alguna vez? ¿Cuánto tiempo duró? ¿Cómo debemos protegernos durante un terremoto?

3. ¿Por qué hay tantos grupos guerrilleros como los sandinistas en algunos países latinos? ¿Qué hace que se formen estos grupos? En tu opinión, ¿dan buen o mal resultado estos grupos? ¿Por qué crees eso? Da ejemplos.

Tarea

Antes de empezar este *Paso,*
estudia *En preparación*

☐ **10.1 Adverbs derived
from adjectives**

☐ Haz por escrito los ejercicios de *¡A practicar!*

☐ Escucha la sección *¿Qué
se dice...?* del Capítulo
10, Paso 1 en el CD.

¿Eres buen observador?

Frutas Nicaragüenses, S.A.

Qué hacer en caso de una emergencia...
Si tiene que proporcionar primeros auxilios:

- Manténgase tranquilo y sereno.
- Coloque al paciente en posición cómoda.
- No levante a la persona sin que le hayan aplicado
  los primeros auxilios.
- No le ponga alcohol en ninguna parte del cuerpo.
- No le dé líquidos.
- Siempre debe darles prioridad a las lesiones que
  pongan en peligro la vida, en base al siguiente
  orden:
  1. Fuertes hemorragias
  2. Paro cardio-respiratorio
  3. Estado de shock
  4. Intoxicaciones y quemaduras
  5. Las demás lesiones

Ahora, ¡a analizar! ■ ▲ ●

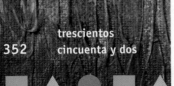

1. ¿Para quién específicamente es esta información?
2. ¿Cómo se dice «primeros auxilios» en inglés?
3. ¿Estás de acuerdo con los pasos que recomiendan para dar primeros auxilios? Si
   no, ¿por qué no?
4. ¿Qué es una lesión? ¿Qué lesiones consideras tú las más serias? ¿Cuáles de éstas
   sabes tratar?

¿Qué se dice...?

En caso de emergencia

¿Cómo deben hacer lo siguiente en caso de una emergencia?

1. Prestar primeros auxilios... *Imediamente*
2. Notificar a las autoridades... *tranquilamente*
3. Describir el estado del herido...
4. Contestar las preguntas... *calma*

dettálllamente

5. Llamar a los bomberos... *directamente*
6. Darles la dirección... *compresecion*
7. Hablar... *lentamente*
8. Actuar... *ctllamente* *calvalamenca*

OPERADORA	Servicio de bomberos. ¿Cuál es su emergencia?
EMPLEADO	¡Socorro! ¡Socorro! Hay un incendio en la empresa Frutas Nicaragüenses. Está en el almacén de embalaje *(packaging warehouse)*. Hay mucho humo. ¡Es urgente!

A propósito... The ordinal numbers—**primer(o), segundo, tercer(o), cuarto, quinto, sexto, séptimo, octavo, noveno, décimo**—are adjectives and must agree in number and gender with the nouns they modify, as in **primeros auxilios.** When preceding a singular masculine noun, **primero** and **tercero** become **primer** and **tercer.**

¿Sabías que...?

Después de la revolución de 1979, cuando terminó la dictadura de los Somoza, el ejército de los revolucionarios se dedicó a conquistar otro mal que había tomado control de Nicaragua —el analfabetismo. En menos de un año, lograron reducir el índice nacional de analfabetismo del 53 al 13 por ciento.

Ahora, ¡a hablar! ■ ▲ ●

A. Supervivencia. ¿Sabes algo sobre casos de emergencia? Decide si lo siguiente es verdadero o falso. Si es falso, corrígelo, usando el vocabulario de emergencias.

1. Una persona que no respira por más de seis minutos puede morirse.
2. Los ataques cardíacos representan la causa principal de la muerte de los adultos mayores de 38 años.
3. Es importante darle mucha leche a una persona que sufre de envenenamiento *(poisoning).*
4. Si una persona sufre un ataque cardíaco, lo primero que se le debe hacer es dar respiración artificial.
5. En caso de dosis excesiva de alguna medicina, debes llamar inmediatamente al servicio de emergencia.
6. Si una persona bebe demasiado alcohol, los efectos no son muy serios.

⊑⊒⊑⊒ EP 10.1

B. ¿Qué debo hacer? Pregúntale a un(a) amigo(a) lo que debe hacer en estos casos de emergencia.

> **Modelo**   Una persona está inconsciente: despertarla / inmediato
>
> TÚ   **¿Qué debes hacer si una persona está inconsciente?**
> COMPAÑERO(A)   **Debes despertarla inmediatamente.**

1. Una persona es víctima de un choque *(shock)* eléctrico: verificar si la víctima respira / normal
2. Una persona sufre de ataque cardíaco: llamar al servicio de emergencia / urgente
3. Una persona se está ahogando *(drowning)*: sacarla del agua y empezar a administrarle respiración artificial / rápido
4. Una persona sufre de lesiones en la cabeza: observar si hay hemorragia / cuidado
5. Una persona es víctima de envenenamiento y está inconsciente: llamar al Centro de Control de Venenos / calma

⊑⊒⊑⊒ EP 10.1

C. ¿Cómo? ¿Cómo haces tú las siguientes cosas?

> **Modelo**   manejar (rápido o lento)
> **Manejo rápidamente.**

1. hablar español (rápido o lento)
2. trabajar (duro o tranquilo)
3. ganar dinero (fácil o difícil)

4. jugar (serio u honesto)
5. hacer amigos (fácil o difícil)
6. comunicarse con los padres (frecuente o infrecuente)
7. resolver problemas personales (fácil o difícil)
8. resolver problemas financieros (rápido o lento)

D. Incendio. Di en qué orden y cómo debe hacerse lo siguiente si hay un incendio.   ⊟⊟ EP 10.1

> **Modelo**   llamar a los bomberos / inmediato
> **Primero, se debe llamar a los bomberos inmediatamente.**

1. ver si la puerta está caliente / inmediato
2. poner una toalla *(towel)* húmeda debajo de la puerta / rápido
3. caminar por el pasillo *(hall)* / lento
4. buscar la salida más cercana / tranquilo
5. bajar por la escalera *(stairs)* / cuidado
6. ayudar a otras personas / cortés

Y ahora, ¡a conversar! ■ ▲ ●

A. Precauciones. Entrevista a tu compañero(a) para saber si ha usado un servicio de emergencia y si está preparado para futuras emergencias.

Pregúntale si…

1. usó alguna vez un servicio de emergencia. ¿Cuál?
2. te puede explicar en detalle cuál fue el caso de emergencia.
3. necesitó esperar mucho. ¿Cuánto? ¿Por qué?
4. está preparado(a) para ayudar a la víctima de un accidente. ¿Qué tipo de accidente? ¿Cómo?
5. está preparado(a) en caso de que ocurra un incendio en su casa o en un edificio.
6. tiene un extintor que funciona. ¿Dónde está?
7. sabe por dónde puede salir de su casa en caso de incendio.
8. su casa está asegurada. ¿Con quién? ¿Por cuánto?

B. Imprudencias. En Managua, en el edificio donde vive Carlos, ocurrieron seis accidentes el año pasado. Con un(a) compañero(a) explica lo que pasó.

1. la señora Ortiz

cigarrillo encendido

2. el señor Jiménez

3. el señor Medina

4. la señorita Valdez

5. Juanito

6. Andrés

C. Accidentes. Dile a un(a) compañero(a) lo que debe hacer en estas situaciones de emergencia.

> **Modelo**   chocar el carro con una bicicleta
> **Si chocas con una bicicleta debes parar el carro inmediatamente y ayudar a la víctima.**

1. comer algo contaminado
2. ver a una persona ahogándose
3. caerse de una escalera *(fall from a ladder)*
4. romperse *(break)* una pierna o un brazo
5. recibir un choque *(shock)* eléctrico
6. quemarse

¡Luz! ¡Cámara! ¡Acción!

A. ¡Incendio! Al preparar la comida, tu vecino tuvo un accidente y ahora hay un incendio en su apartamento. Tú y tu compañero(a) de cuarto van a ayudarle. Con calma le dicen qué debe hacer. Escriban el diálogo y luego dramaticen la situación delante de la clase.

B. ¡Auxilio! Tú y un(a) amigo(a) asisten a una clase de primeros auxilios y mañana tienen un examen. En preparación para el examen, tu compañero(a) inventa varias situaciones de emergencia para ver si sabes qué hacer. Dramatiza la situación con un(a) compañero(a).

¿Comprendes lo que se dice?

Estrategias para escuchar: Escuchar «de abajo hacia arriba»

In **Capítulo 9** *you learned that listening is easier when you know something about the subject. However, this is often not the case. When you know nothing about what you are listening to, it is helpful and sometimes necessary to listen for grammatical and linguistic structures that you already know. For example, listening to verb endings can tell you not only who is carrying out the action, but when it is occurring. Listening for adverbs derived from adjectives can tell you how the action is carried out. This method is known as "listening from the bottom up."*

¿Qué pasó? Escucha este noticiero especial de Radio Managua. Luego con un(a) compañero(a) hagan una lista de por lo menos cuatro cosas que ocurrieron y expliquen con un adverbio o en breves palabras cómo ocurrió cada cosa.

(handwritten notes:)
① víctimas inmediamente
② rápidamente ambulancia
③ salir con calma
④ policía hablar jefe de

Viajemos por el ciberespacio a... NICARAGUA

If you are a cyberspace surfer, try entering one of the following key words to get to many fascinating sites in **Nicaragua:**

   Lago Nicaragua   Terremotos de Nicaragua   Folclor nicaragüense

Or, better yet, simply go to the *¡Dímelo tú!* Web site using the following address:

http://dimelotu.heinle.com

There, with a simple click, you can

- visit the magnificent **lago Nicaragua.**
- learn about the many earthquakes that regularly shake this tiny yet beautiful country.
- enjoy Nicaraguan folklore through its music and other artistic expressions.

Nicaragua

Jinotega
• Matagalpa
Corinto
• León
✪ • Granada
Managua

N O T I C I E R O

CULTURAL

LUGAR... Nicaragua

Antes de empezar, dime... ■ ▲ ●

1. Nombra tres bellezas naturales de EE.UU.
2. ¿Qué tipo de desastres naturales ocurren en EE.UU.?
3. Haz una lista de los lugares que más sufren desastres naturales en EE.UU. y al lado de ellos, el tipo de desastre.
4. ¿Por qué sigue viviendo la gente en esos sitios?
5. ¿Cómo reaccionas tú después de estos desastres? Explica.

Managua, Nicaragua

El centro de Managua después del terremoto de 1972

Managua y sus volcanes, ¡una ciudad que no se deja vencer!

Nicaragua es el país más grande de Centroamérica y, con excepción de Belice, el menos poblado. Managua ha sido la capital y el centro comercial de Nicaragua desde el año 1858. Esta ciudad está en la costa sur del lago Managua. Managua le presenta al turista los más impresionantes volcanes que pueda ofrecer la madre naturaleza. En un día despejado es posible ver entre veinte a veinticinco volcanes desde el centro de Managua. Pero los mismos volcanes que le dan una inmensa belleza natural, la han destruido completamente varias veces en el pasado.

Managua fue totalmente destruida en marzo del año 1931 por un terremoto. Cinco años más tarde parte de la ciudad desapareció a causa de uno de los incendios más grandes de la historia de Nicaragua. Lentamente se volvió a reconstruir totalmente con las características de una ciudad moderna. En diciembre del año 1972 otro terrible terremoto destruyó el centro de la ciudad, dejando solamente algunos edificios modernos.

Pero esos mismos volcanes que han causado los terremotos en el pasado, le dan una belleza sin igual a la ciudad. Es interesante ver a sólo dieciséis kilómetros de la ciudad de Managua un cráter de volcán que es uno de los más hermosos lagos donde se puede nadar, pescar, hacer picnic, acampar y dar un paseo en bote. Este lago es Xiloá.

Parece que Managua vuelve a nacer siempre, de los incendios, de los terremotos y de las revoluciones. Por eso, cuando la visitamos, tenemos la sensación de estar ante una ciudad que no se dejará vencer *(conquer)* nunca.

Y ahora, dime... ■ ▲ ●

Con un(a) compañero(a), preparen dos listas: una de razones por qué a mucha gente le gusta vivir en Managua y otra de razones por qué mucha gente rehusa ir a vivir allá.

Tarea

Antes de empezar este *Paso*, estudia *En preparación*

☐ 10.2 Irregular verbs in the preterite

☐ 10.3 Negative and indefinite expressions

☐ Haz por escrito los ejercicios de *¡A practicar!*

☐ Escucha la sección *¿Qué se dice...?* del Capítulo 10, Paso 2 en el CD.

¿Eres buen observador?

Ahora, ¡a analizar!

1. ¿Cuáles de estas señales de tráfico reconoces? Explícale el significado de diez señales a tu compañero(a) y escucha mientras tu compañero(a) te explica otras diez. ¡Háganlo en español, por supuesto!
2. ¿Qué creen ustedes que significan las siguientes señales: Glorieta, Puente angosto, Vado, Alto, Ceda el paso?
3. Pídele a tu compañero(a) que te explique las que no entiendas. Si no puede, pregúntenle a la clase.

¿Qué se dice...?

Cuando ocurre un accidente automovilístico

¿Quién hizo lo siguiente, el señor Rojo (**R**) o el señor Blanco (**B**)?

_R_ 1. Chocó con otro coche por detrás.   _B_ 4. Se le reventó una llanta.

_B_ 2. Trató de frenar.   _R_ 5. Le pegó otro coche.

_R_ 3. Le pegó a otro coche por detrás.   _B_ 6. Admitió culpabilidad.

SR. ROJO	Mi coche está destrozado.
SEÑORA	¿Debo pedir una ambulancia?
POLICÍA	¿Recibieron golpes serios? ¿Hay heridos?
SR. BLANCO	No lo creo. El impacto no fue muy fuerte.
POLICÍA	*(al Sr. Rojo)* ¿Cómo se siente usted?
SR. ROJO	Pues, no sé. No muy bien.
POLICÍA	¿Hubo algún testigo?
LOS DOS SRES.	No, ninguno.

A propósito... En caso de una emergencia debido a un robo, un incendio o algo parecido, dos palabras sumamente importantes en la lengua española que nunca debes olvidar son: **¡Socorro!** **¡Auxilio!** Su equivalente en inglés es: *Help! Help!*

¿Sabías que...?

El lago Nicaragua, en el sudoeste del país, es el lago más grande de Centro-américa y el décimo del mundo en tamaño. Éste es el único lago de agua dulce *(fresh water)* que posee vida animal oceánica, incluyendo tiburones *(sharks)* y peces espada *(swordfish)*.

Ahora, ¡a hablar! ■ ▲ ●

EP 10.2

A. ¡Un accidente! Hubo un accidente en la Avenida Bolívar, una de las calles principales de Managua. ¿Qué dijeron los chóferes cuando llegó la policía a investigar? Cambia los verbos entre paréntesis al pretérito.

Chófer * #1: Yo no tuve la culpa porque...

1. no (poder) ver el otro coche.
2. no (tener) tiempo para frenar.
3. (hacer) todo lo posible por evitar el accidente.

Chófer #2: El otro chófer tuvo la culpa porque...

4. (perder) control del coche.
5. (chocarme) por detrás.
6. (decir) que no me (ver).

EP 10.2

B. ¿Qué pasó aquí? Hubo un accidente de tres coches en la Avenida Central de León, una hermosa ciudad colonial que fue fundada en 1524. ¿Qué dicen los chóferes y los testigos?

Modelo yo / no tener la culpa / él / ser el culpable
Yo no tuve la culpa; él fue el culpable.

Chóferes

1. yo / hacer todo lo posible / pero / no poder frenar
2. ella / parar el coche de repente / y / yo / chocarla
3. yo / perder control del coche / y / pegarle por detrás

Testigos

4. yo / ver el accidente / y / venir a ayudar inmediatamente
5. mi esposa / ayudar a los heridos y yo / llamar a la policía
6. el chófer del coche rojo / tener la culpa / porque / no frenar a tiempo

---

* **Chófer** is spelled here with an accent, but it is also acceptable without an accent.

C. ¿Yo? ¡Nunca! ¿Es tu compañero(a) un(a) conductor(a) modelo? Pregúntale si alguna vez hizo lo siguiente.

nunca   de vez   a menudo   siempre
               en cuando

> **Modelo**   dejar la licencia en casa
>
> COMPAÑERO(A)   **¿Dejaste la licencia en casa alguna vez?**
> TÚ   **Yo nunca dejo la licencia en casa.** [o]
>   **Yo dejo la licencia en casa de vez en cuando.**

1. manejar borracho(a)
2. ser multado(a) *(to be ticketed)* por la policía
3. estacionar en una zona prohibida
4. no decir la verdad a la policía
5. tener un accidente
6. ser testigo(a) de un accidente
7. ¿...?

D. La última vez. ¿Mantiene tu compañero(a) su coche en buen estado para evitar accidentes? Pregúntale cuándo fue la última vez que hizo lo siguiente.

> **Modelo**   llevar el coche al mecánico
>
> TÚ   **¿Cuándo fue la última vez que llevaste el coche al mecánico?**
> COMPAÑERO(A)   **Lo llevé en octubre.**

1. cambiar el aceite
2. revisar *(check)* el motor
3. poner agua en el radiador
4. inflar las llantas *(tires)*
5. revisar la batería
6. llenar *(fill)* el tanque de gasolina
7. rotar las llantas
8. ¿...?

Y ahora, ¡a conversar! ■ ▲ ●

A. Mi primer coche. ¿Recuerdas tu primer coche? Entrevista a un(a) compañero(a). Pregúntale sobre su primer coche y háblale del tuyo.

1. ¿En qué año obtuviste tu licencia de manejar? ¿Dónde la obtuviste?
2. ¿Cuál fue tu primer coche? ¿Cuánto costó?
3. ¿En qué año compraste tu primer coche? ¿Quién lo pagó, tú o tus padres?
4. ¿Por cuánto tiempo lo tuviste?
5. ¿Tuviste algún accidente con ese coche? ¿Qué pasó?
6. ¿Qué pasó con ese coche?

B. Mecánicos. ¿Es tu compañero(a) buen(a) mecánico(a)? Léele estas definiciones para ver si, usando el diagrama del Apendice A en la página A-6, te puede decir el nombre de estas partes del coche. Anótalas y al terminar, verifiquen sus respuestas.

1. Es donde nos sentamos, pero no es una silla.
2. Los coches tienen cuatro. Siempre necesitan aire.
3. Es un espejo *(mirror)* pequeño situado dentro o fuera del coche que se usa para ver si hay otro coche o algún objeto detrás del coche.
4. Se usan de noche en particular para ver mejor.
5. Protege el coche cuando va a chocar contra otro coche.
6. Es esencial para determinar la dirección del movimiento del coche.

7. Protege del viento al chófer y al pasajero. También permite al chófer ver qué hay enfrente del coche.
8. Es una fuente de energía eléctrica.
9. Son esenciales para parar el movimiento del coche.

C. Nueva póliza de seguros. Daniel(a), un(a) estudiante de la Universidad Autónoma de Nicaragua en León, acaba de tener un accidente automovilístico. Va a ver a un(a) agente de seguros *(insurance)* para conseguir una nueva póliza de seguros. El (la) agente tiene que conseguir esta información de Daniel(a). Tú eres el (la) agente. Entrevista a un(a) compañero(a) que va a hacer el papel de Daniel(a).

1. edad
2. dirección
3. empleo
4. tipo de coche
5. multas previas: ¿cuántas y por qué?
6. accidentes: ¿cuántos? ¿culpable o no?
7. ¿...?

¡Luz! ¡Cámara! ¡Acción! ■ ▲ ●

A. ¡Yo no tuve la culpa! Hubo un accidente de dos carros (o dos bicicletas). Los chóferes tienen opiniones muy distintas de cómo ocurrió y quién es el (la) culpable. Tú viste todo y puedes resolver la discusión. Con dos compañeros(as) que hacen el papel de los chóferes, escriban el diálogo que tienen los tres y luego dramaticen la situación delante de la clase.

B. ¡Idiota! Hubo un accidente entre un coche y una moto. No hubo heridos, pero la moto está destrozada. El (La) motociclista está furioso(a). La policía llega y los dos chóferes cuentan su versión de lo que pasó. Dramatiza la situación con dos compañeros(as).

¿Comprendes lo que se dice?

Estrategias para ver y escuchar: Ver y escuchar «desde abajo hacia arriba»

*In **Paso 1** of this chapter, you learned that "listening from the bottom up," or listening for grammatical and linguistic structures that you already know, can greatly help comprehension when you know nothing about the material you are listening to. You learned, for example, that listening to verb endings can tell you not only who is carrying out the action, but when it is occurring. Listening for adjectives can tell you what people or things are like.*

Desde abajo hacia arriba. *Practice listening from the bottom up as you listen to the description of the city of León, in the first part of the video. Then match the adjectives in the first column with the people, places, or concepts they describe in the second column.*

1. enorme
2. colonial
3. nicaragüense
4. intelectual
5. grande

a. Rubén Darío
b. centro
c. pasado
d. catedral
e. país

Nicaragua, ¡en la búsqueda de un futuro mejor!

Después de ver el video. Ahora mira todo el video sobre Nicaragua y, según lo que ves, explica la relación que hay entre lo siguiente.

1. caballos / carros
2. León / Rubén Darío, la catedral metropolitana de León / Latinoamérica
3. el mercado de León / la iguana
4. Managua / tráfico, estatuas / guerra civil nicaragüense
5. el anochecer / la diversión en Managua

@ Viajemos por el ciberespacio a... NICARAGUA

If you are a cyberspace surfer, try entering one of the following key words to get to many fascinating sites in **Nicaragua:**

Poesía nicaragüense   Boletín Nica   Ciberdiario de Nicaragua

Or, better yet, simply go to the *¡Dímelo tú!* Web site using the following address:

http://dimelotu.heinle.com

There, with a simple click, you can

- read the masterworks of renowned Nicaraguan poets.
- find out how Nicaragua is challenging the odds and venturing into a future of peace and justice.
- read the up-to-the-minute news of Nicaragua and the rest of Latin America by accessing Nicaraguan newspapers online.

Nicaragua

Jinotega
• Matagalpa
Corinto
• León
★ • Granada
Managua

NOTICIERO

CULTURAL

GENTE... Violeta Chamorro

Antes de empezar, dime... ■ ▲ ●

1. Nombra a tres mujeres famosas en la historia de EE.UU.
2. Nombra a tres mujeres famosas en la actualidad en EE.UU.
3. Da ejemplos de mujeres que se destacan en la política de EE.UU. actualmente.
4. Según tu opinión, ¿están listos los estadounidenses para tener una mujer como presidenta? Justifica tu respuesta.

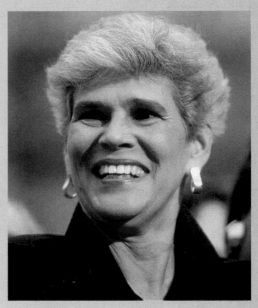

Violeta Chamorro

Violeta Chamorro

Violeta Barrios de Chamorro, política y empresaria nicaragüense, nació en 1930. Se casó en 1950 con Pedro Joaquín Chamorro, editor del periódico *La Prensa*, quien fue un destacado opositor a la dictadura de la familia Somoza, que estuvo en control desde 1937 hasta 1979. La señora de Chamorro asumió la dirección del periódico después del asesinato de su esposo en 1978. Después de la caída del último Somoza, formó parte de la junta revolucionaria que tomó el poder desde julio de 1979 hasta abril de 1980. Cuando en 1984 Daniel Ortega, líder del Frente Sandinista de Liberación Nacional (FSLN) fue elegido presidente de Nicaragua, Violeta Chamorro pasó a la oposición y tomó un papel más activo en la política de su país.

En 1990 derrotó en elecciones libres a Daniel Ortega, el candidato del movimiento sandinista y se convirtió así en la primera mujer presidenta de esta nación latinoamericana. Su gobierno reestableció relaciones con EE.UU. y logró también una reconciliación con los frentes opositores. Al completar su plazo en la silla presidencial, volvió a dedicarse al periodismo como directora del periódico *La Prensa*. Recientemente estableció su propia fundación internacional, la cual ella misma dirije.

Y ahora dime... ■ ▲ ●

1. La prensa y la política han sido una parte muy importante de la vida de Violeta Chamorro. En grupos de tres o cuatro, discutan el papel de la prensa en la política de EE.UU. ¿Existe una verdadera «libertad de prensa»? ¿Hay necesidad de «censura de prensa»? Informen a la clase sobre sus conclusiones.
2. Anota lo que sabes de la ex presidenta Violeta Chamorro.

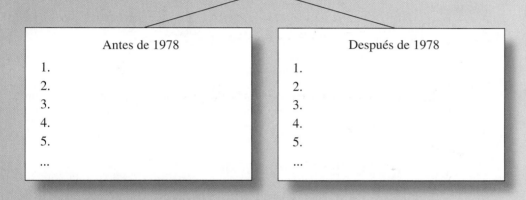

LA VIDA DE VIOLETA CHAMORRO

Antes de 1978	Después de 1978
1.	1.
2.	2.
3.	3.
4.	4.
5.	5.
...	...

[handwritten notes] periodista / presidenta / restableció / EE.UU. / mil novecientos

¿Te gusta escribir?

Estrategias para escribir: Conseguir información

A. En preparación. Una composición es un trabajo escrito que requiere dos cosas:

1. conseguir información sobre el tema y
2. comunicar esa información por escrito de una manera clara y organizada.

Para conseguir la información necesaria puedes usar varias fuentes de información: entrevistas, libros de referencia como una enciclopedia, revistas, periódicos, etc. Para comunicar la información de una manera clara y organizada debes seguir el proceso de redacción *(writing)* que has usado en los trabajos escritos desde el principio.

Una buena composición siempre contesta preguntas específicas sobre el tema. En este capítulo has leído dos composiciones en las secciones **Noticiero cultural,** una sobre Managua y sus volcanes y otra sobre Violeta Chamorro. Mira cómo la composición sobre Violeta Chamorro contesta ciertas preguntas específicas.

1. ¿Quién es Violeta Chamorro?
2. ¿Cuándo nació?
3. ¿Qué hizo antes de 1978? ¿después de 1978?
4. ¿Cuándo subió a la presidencia?
5. ¿Qué se logró *(was accomplished)* durante su presidencia?

B. Preguntas clave. Ahora, con un(a) compañero(a), preparen una lista de las preguntas que contesta la composición sobre Managua y sus volcanes en la página 359.

Ahora, ¡a escribir! ■ ▲ ●

A. La idea principal. Piensa ahora en un tema relacionado con Latinoamérica que te gustaría investigar para escribir una composición. Puede ser sobre un país, una ciudad o región, una persona o un evento histórico. Prepara preguntas apropiadas a tu tema que crees que debes contestar en tu composición. Si necesitas ayuda, mira como guía, las preguntas que contesta la composición sobre Violeta Chamorro y las que preparaste sobre Managua y sus volcanes. Usa varias fuentes para encontrar la información necesaria para contestar tus preguntas sobre el tema.

B. El primer borrador. Usa la información que preparaste en **A** para escribir un primer borrador. Pon toda la información relacionada con la misma pregunta en un párrafo.

C. Ahora, a compartir. Comparte tu primer borrador con dos o tres compañeros(as). Comenta sobre el título, el contenido y el estilo de las composiciones de tus compañeros(as) y escucha los comentarios de ellos sobre tu composición. Si hay errores de ortografía o de gramática, menciónalos.

D. Ahora, a revisar. Si necesitas cambiar algo a partir de los comentarios de tus compañeros(as), hazlo ahora.

E. La versión final. Prepara una versión final de tu composición y entrégala.

F. Publicación. En grupos de cuatro o cinco, lean las composiciones que les dará su profesor(a) y decidan cuál es la más interesante. Descríbansela a la clase, mencionando la información más importante que aparece en ella.

¡Pánico!

¿Eres buen observador?

Tarea

Antes de empezar este *Paso,* estudia *En preparación*

☐ 10.4 Preterite of stem-changing *-ir* verbs

☐ 10.5 *Hacer* in time expressions

☐ Haz por escrito los ejercicios de *¡A practicar!*

☐ Escucha la sección *¿Qué se dice...?* del Capítulo 10, Paso 3 en el CD.

POLICÍA DE LA SEMANA

Roberto Esquivel

Edad:
57 años.
Tiempo en la corporación:
23 años.
Grado:
Suboficial.
Adscripción:
Dirección General de Investigaciones.
Hecho destacado:
Captura seis narcotraficantes.

TELEFONOS DE EMERGENCIA	
Grupo Amigos	265 28 18
Centro de Integración Juvenil	244 34 34
Neuróticos Anónimos	249 25 84
Bomberos	279 37 00
Locatel	269 11 11
Cruz Roja	266 57 57
Centro Antirrábico	269 42 94
Radiopatrullas	18
Robos, asaltos, riñas	19
Alcohólicos Anónimos	249 15 93

Ahora, ¡a analizar! ■ ▲ ●

1. ¿Por qué fue nombrado Roberto Esquivel «Policía de la semana»? ¿Qué hizo?
2. ¿Es joven o mayor de edad? ¿Cuántos años tiene? ¿Cuánto tiempo ha servido como policía?
3. ¿Qué número de emergencia llamarías en caso de un incendio (*fire*)? ¿en caso de un abuso de drogas? ¿de problemas con un joven delincuente? ¿si necesitaras una ambulancia? ¿en caso de desacuerdos domésticos?
4. ¿Cuáles de estas categorías no reconoces? Pídele ayuda a la clase.

¿Qué se dice...?

Al describir un robo

Hora del robo: 10:30 P.M.   12:00 A.M.   12:30 A.M.   2:30 A.M.

La víctima se acostó a eso de las _____. *12:30 am*
La víctima sintió un ruido a eso de las _____. *12:00 am*
La patrulla va a llegar en unos _____ minutos. *menos de diez*

POLICÍA 1   ¿Puede describir al ladrón?
VÍCTIMA   Sí. Lo recuerdo muy bien. Es un hombre feo. Es alto con pelo negro y bigotes.
POLICÍA 1   ¿La amenazó a usted? ¿Le pidió algo?
VÍCTIMA   No, cuando bajé de mi cuarto ya no estaba. Solamente por la ventana lo vi correr con pistola en mano.
POLICÍA 2   Es obvio que consiguió entrar por aquí. Voy a ver si dejó huellas (*footprints*) en el jardín.

> ## A propósito...
>
> These two dialogues use the verbs **acababa** and **estaba**, which have verb endings you have not heard before. They are in the imperfect tense, another past tense, which you will study in Chapter 11.

¿Sabías que...?

Nicaragua es conocida en Latinoamérica como «la tierra de los poetas». Ser poeta en este país es como ser médico o profesor universitario. Uno de los poetas más reconocidos de las letras hispanas de todos los tiempos es el nicaragüense Rubén Darío (1867–1916). Fue el líder del movimiento literario hispanoamericano conocido como el modernismo, que floreció hacia fines del siglo XIX. Entre sus obras más famosas se cuentan *Azul* (1888) y *Prosas profanas y otros poemas* (1896).

Ahora, ¡a hablar! ■ ▲ ●

A. ¿Qué pasó aquí? Mario fue víctima de un robo en la calle Calzada en Granada, Nicaragua. Ahora él le está describiendo a la policía lo que le pasó. ¿Qué dice?   **EP 10.4**

> **Modelo**   en el restaurante La Calzada / yo / despedirme de mis amigos
> **En el restaurante La Calzada, yo me despedí de mis amigos.**

1. al salir / yo / sentir a una persona detrás de mí
2. esa persona / seguirme al coche
3. yo / pedir ayuda / pero / nadie / oírme
4. el ladrón / pedirme la billetera / y / reírse
5. él / darme un golpe en la cabeza / y / irse
6. alguien / verlo / y / llamar a la policía

B. ¡Qué noticias! *La Prensa*, uno de los periódicos principales de Managua, tiene noticias bien interesantes hoy día. ¿Cuáles son?   **EP 10.4**

> **Modelo**   Un ladrón (perseguir) a un policía para devolverle su cartera.
> **Un ladrón persiguió a un policía para devolverle su cartera.**

1. Un niño de cinco años (seguir) a un ladrón y lo (capturar).
2. Un policía (pedirle) ayuda a un anciano de ochenta y seis años.
3. Una mujer (asaltar) un banco y (pedir) veinte dólares para comprar comida.
4. Una joven (robarle) la billetera a un actor hispano famoso.
5. Un restaurante (servir) una comida especial para el señor presidente y su esposa.
6. Un niño (ganarse) la lotería.

C. Mi amigo(a). Hazle estas preguntas a un(a) compañero(a) para saber algo más de él (ella). Luego tu compañero(a) te va a hacer las mismas preguntas a ti.   **EP 10.5**

1. ¿Dónde vives? ¿Cuánto tiempo hace que vives allí?
2. ¿Tienes un coche? ¿Cuánto tiempo hace que lo tienes?
3. ¿Tienes novio(a)? ¿Cuánto tiempo hace que lo (la) conoces?
4. ¿Trabajas? ¿Dónde? ¿Cuánto tiempo hace que trabajas allí?
5. ¿Practicas algún deporte? ¿Cuál? ¿Hace cuánto tiempo que lo practicas?
6. ¿Cuánto tiempo hace que estudias en esta universidad? ¿Qué estudias?

EP 10.5   **D. Hace dos meses que...** ¿Cuánto hace que ocurrieron estos eventos?

> **Modelo**   oír a alguien gritar «¡Socorro!»
> **Hace dos meses que oí a alguien gritar «¡Socorro!».**

1. ver una película policíaca
2. leer sobre un incendio
3. ser testigo de un robo
4. ser víctima de un robo o un asalto
5. lastimarse

Y ahora, ¡a conversar! ■ ▲ ●

 A. ¿Alguna vez? Ser completamente honesto no es siempre fácil. Entrevista a un(a) compañero(a) y decide si es completamente honesto(a) o si sólo lo es de vez en cuando.

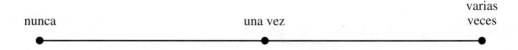

		varias
nunca	una vez	veces

> **Modelo**   mentir en una declaración de impuestos *(tax return)*
>
> TÚ   **¿Mentiste en la declaración de impuestos el año pasado?**
> COMPAÑERO(A)   **No. Yo nunca mentí.** [o]
>   **Sí, mentí una vez.** [o]
>   **Sí, mentí varias veces.**

1. mentir en una solicitud *(application)* de trabajo alguna vez
2. pedirle dinero a un(a) amigo(a) y luego no pagarle alguna vez
3. hacer trampa *(cheat)* en un examen alguna vez
4. faltar al trabajo alguna vez
5. inventar pretextos para no salir con una persona alguna vez
6. inventar rumores sobre una persona alguna vez
7. hablar mal de un(a) amigo(a) alguna vez
8. repetir un secreto importante alguna vez

B. Extraño. ¿De vez en cuando haces algo totalmente fuera de lo normal? Comparte estos momentos con tus compañeros en grupos de tres o cuatro.

> **Modelo**   dormir... horas
> **Generalmente duermo ocho horas, pero un día dormí quince horas para poder estudiar veinticuatro horas seguidas para un examen de química.**

1. no mentir
2. pedir dinero
3. reírse en clase
4. seguir a una persona
5. conseguir un trabajo
6. vestirse de manera extravagante
7. ¿...?

C. ¡Asalto! Tú y tu compañero(a) son reporteros muy famosos. Esta mañana dos personas asaltaron un banco y ustedes dos lo vieron todo. Tomaron algunas fotos que acaban de revelar. Ahora necesitan narrar lo que pasó y describir cada foto.

1.

2.

3.

4.

5.

6.

7.

¡Luz! ¡Cámara! ¡Acción!

A. ¡Ladrones! Tú y tu amigo(a) acaban de ser víctimas de un robo. Un grupo de motociclistas le robó la billetera a tu amigo(a). Ahora ustedes le están explicando a un policía lo que pasó. Con dos compañeros(as), escriban el diálogo que ocurre entre los tres y luego dramaticen la situación delante de la clase.

B. ¡Socorro! Tú y tu amigo(a) acaban de salir de su discoteca favorita. Son las dos de la mañana. De repente un hombre con una pistola les pide la billetera. ¿Qué hacen? Dramaticen la situación.

¿Te gusta leer?

Estrategias para leer poesía: Versos y estrofas

A. Versos y estrofas. Un verso es una línea de un poema. Una estrofa es una agrupación de versos dentro de un poema.

> 1. ¿Cuántos versos tiene el poema de Pablo Antonio Cuadra, «Urna con perfil político»?
> 2. ¿Cuántas estrofas tiene el poema?
> 3. ¿Cuántos versos hay en cada estrofa?

B. Prepárate para leer. Un verso puede ser una oración completa, tanto como una estrofa lo puede ser también. En algunos poemas una oración puede ocupar varios versos y hasta varias estrofas.

> 1. ¿Hay versos en «Urna con perfil político» que formen una oración completa? Explica.
> 2. ¿Hay estrofas que formen una oración completa? Explica.
> 3. ¿Cuántas oraciones completas hay en el poema? ¿Cuáles son?

Lectura

Pablo Antonio Cuadra, poeta nicaragüense que nació en 1912, es uno de los iniciadores de la revista literaria *Vanguardia,* cuyos colaboradores no aceptan el modernismo y se dedican a reflejar más la realidad histórica. Como la mayoría de los poetas contemporáneos nicaragüenses, su poesía está dominada por la terrible realidad de militares, de revolucionarios y de guerra en el país.

Urna con perfil° político

      El caudillo° es silencioso
      (dibujo° su rostro° silencioso).

      El caudillo es poderoso°
      (dibujo su mano° fuerte).

      El caudillo es el jefe° de los hombres armados
      (dibujo las calaveras° de los hombres muertos°).

profile

comandante
I draw / cara

fuerte
hand

boss
skulls / sin vida

A ver si comprendiste ■ ▲ ●

1. ¿Quién es el caudillo?
2. ¿Qué opina el poeta del caudillo?
3. ¿Por qué crees que las opiniones del poeta son tan fuertes?
4. Explica el título de este poema.

@ Viajemos por el ciberespacio a... NICARAGUA

If you are a cyberspace surfer, try entering one of the following key words to get to many fascinating sites in **Nicaragua:**

    Radio nicaragüense   Geografía de Nicaragua   Nicaragua linda

Or, better yet, simply go to the *¡Dímelo tú!* Web site using the following address:

http://dimelotu.heinle.com

There, with a simple click, you can

- listen to the music Nicaraguan teenagers are listening to today.
- learn about the geography and different departments of the Republic of Nicaragua.
- discover the beauty of Nicaragua through hundreds of images, songs, and the testimony of many **Nicas** who express their love for the motherland.

Vocabulario ■▲●■▲●■▲

Emergencias

accidente (m.)	*accident*
ataque cardíaco (m.)	*heart attack*
caerse	*to fall down*
emergencia	*emergency*
herido(a)	*wounded, injured*
humo	*smoke*
incendio	*fire*
quemarse	*to burn (up)*
romperse	*to break, shatter*
sufrir ✓	*to suffer*
terremoto	*earthquake*
urgente	*urgent*
víctima ✓	*victim*

Auxilios

ambulancia	*ambulance*
¡Auxilio!	*Help!*
ayuda	*help, assistance*
bombero(a)	*firefighter*
calmarse	*to calm oneself*
hospital (m.)	*hospital*
primeros auxilios	*first aid*
respirar ✓	*to breathe*
¡Socorro!	*Help!*

Crimen

acusar	*to accuse*
asaltar	*to assault*
billetera	*wallet*
lastimar	*to hurt*
mentir (ie, i)	*to tell a lie*
pegar	*to hit*
sospechoso(a)	*suspicious* (adj.); *suspect* (n.)
tener (ie) la culpa ✓	*to be at fault*
testigo (m./f.)	*witness*

Automóvil

asiento	*seat*
automóvil (m.)	*automobile*
batería	*battery*
cambiar una llanta	*to change a tire*
carretera	*highway*
carro	*car*
chocar	*to collide*
estacionar	*to park*
faro	*headlight*
frenar	*to apply the brakes (of a car)*
freno	*brake*
licencia	*license*
llanta	*tire*
luz (f.)	*light; headlight*
mecánico(a)	*mechanic*
motor (m.)	*motor*
multa	*fine, ticket, parking ticket*
parabrisas (m.)	*windshield*
parachoques (m.)	*bumper*
retrovisor (m.)	*rearview mirror*
reventarse (ie) una llanta	*to blow out (a tire)*
revisar el motor	*to check the motor*
tanque (m.)	*tank*
volante (m.)	*steering wheel*

Partes del cuerpo

bigote (m.)	*mustache*
brazo	*arm*

Verbos

ahogarse ✓	*to drown*
comunicar	*to communicate*
describir	*to describe*
enchufar	*to plug in*
evitar	*to avoid*
faltar	*to lack; to need; to be missing*
funcionar	*to function; to run (a motor)*
herir	*to injure*
identificar	*to identify*
notar	*to notice, take note*
obtener (ie)	*to obtain*
reírse (i, i) ✓	*to laugh*
resolver (ue)	*to resolve*
reventar (ie)	*to burst*
seguir (i, i)	*to follow*
sentir (ie, i) ✓	*to feel*
tratar de	*to try, attempt*

Adjetivos

honesto(a)	*honest*
lento(a)	*slow*
preciso(a)	*precise*
rápido(a)	*rapid, fast*
seguro(a)	*sure, certain*

Adverbios

con calma	*calmly*
con precisión	*precisely*
cortésmente	*courteously*
de repente	*suddenly*
precisamente	*precisely*
pronto	*quickly, rapidly, fast*
rápidamente	*rapidly, fast*
tranquilamente	*tranquilly, calmly*

Expresiones negativas e indefinidas

alguien	*someone, anyone*
alguna vez	*sometime*
alguno(a)	*some, any*
jamás	*never*
nada	*nothing*
ni... ni	*neither . . . nor*
ninguno(a)	*none, not any*
nunca	*never*
o... o	*either . . . or*
tampoco	*neither*

Palabras útiles

estufa	*stove*
operador(a)	*operator*
promesa	*promise*
toalla	*towel*
veneno	*poison*

10.1 Adverbs derived from adjectives

Expressing how an event happened

In **Capítulo 5** you learned that adverbs are words that qualify or modify an adjective, a verb, or another adverb. In this chapter you will learn how to form adverbs from adjectives.

A. Adverbs are commonly formed from adjectives by adding **-mente** to the feminine singular form of the adjective. This is equivalent to adding *-ly* in English. Written accents on adverbs formed this way are required only if they appear on the adjective form.

tranquilo(a)	**tranquilamente**	*tranquilly, calmly*
lento(a)	**lentamente**	*slowly*
rápido(a)	**rápidamente**	*rapidly, fast*

B. Adjectives that do not have a separate feminine form add **-mente** to the singular form.

total	**totalmente**	*totally*
cortés	**cortésmente**	*courteously*
fuerte	**fuertemente**	*strongly, loudly*

C. With certain adjectives that have noun counterparts, like **cuidadoso, calmado,** and **preciso,** it is possible to use the preposition **con +** *(noun)* instead of the adverb with a **-mente** ending: **con cuidado, con calma, con precisión.**

D. When two or more adverbs occur in a series, only the last one takes the **-mente** ending; the others use the feminine (or the singular) form of the adjective.

| Yo caminaba **silenciosa y** | *I was walking silently and slowly when* |
| **lentamente** cuando lo vi. | *I saw him.* |

E. Remember that adverbs are normally placed *before* adjectives or *after* the verb they modify.

| El tren es **bastante** rápido. | *The train is quite fast.* |
| Lo golpearon **violentamente.** | *They beat him violently.* |

¡A practicar! ■ ▲ ●

A. ¡Es buenísimo! ¿Por qué dicen todos que Ernesto Trujillo es el mejor policía de Managua? Cambia los adjetivos entre paréntesis por adverbios al contestar.

1. Ernesto trabaja _____ (serio).
2. Cuando hay una emergencia él llega _____ (inmediato).
3. Se dedica _____ (total) a su trabajo.
4. Ernesto siempre sabe _____ (exacto) qué hacer en una emergencia.
5. Hace _____ (rápido) todo lo que sus jefes le piden.

6. Siempre habla con el público muy _____ (cortés).

7. Él siempre piensa _____ (cuidadoso y lógico) antes de actuar.

8. En una emergencia, Ernesto actúa _____ (inteligente y eficaz).

B. ¡Qué susto! Completando con el adverbio apropiado, lee lo que dice un periodista al informar sobre un robo en el restaurante Tipitapa.

La policía llegó _____ (rápido) y capturó al ladrón _____ (inmediato). Luego salieron todos del restaurante _____ (tranquilo), pero al subir al carro policial, el ladrón reaccionó _____ (violento). El jefe de la policía habló _____ (cortés) con los periodistas y los clientes del restaurante. Luego agradeció *(expressed appreciation)* _____ (sincero) la cooperación de los trabajadores del lugar.

Paso 2   10.2 Irregular verbs in the preterite

Describing what already occurred

In **Capítulo 4,** you learned the preterite of **ir, ser, poder,** and **tener** and in **Capítulo 6** you learned the preterite of **estar, decir,** and **hacer.** The following is a more complete list of irregular verbs in the preterite. Note that all have irregular stems, as well as unstressed first- and third-person singular verb endings.

i-stem verbs		
hacer:	**hic-***	
querer:	**quis-**	**-e, -iste, -o, -imos, -isteis, -ieron**
venir:	**vin-**	

* Remember that the **c** changes to **z** in the third-person singular to maintain the proper sound.

venir	
vine	**vin**imos
viniste	**vin**isteis
vino	**vin**ieron
vino	**vin**ieron

u-stem verbs	
andar:	**anduv-**
estar:	**estuv-**
haber:	**hub*-**
poder:	**pud-**	**-e, -iste, -o, -imos, -isteis, -ieron**
poner:	**pus-**
saber:	**sup-**
tener:	**tuv-**

* Normally, only the third-person singular form (**hubo**) of this verb is used.

saber	
supe	**sup**imos
supiste	**sup**isteis
supo	**sup**ieron
supo	**sup**ieron

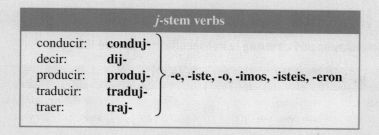

j-stem verbs		
conducir:	**conduj-**	
decir:	**dij-**	
producir:	**produj-**	-e, -iste, -o, -imos, -isteis, -eron
traducir:	**traduj-**	
traer:	**traj-**	

traer	
traje	**traj**imos
trajiste	**traj**isteis
trajo	**traj**eron
trajo	**traj**eron

A. Note that any verb whose stem ends in **j** drops the **i** in the third-person plural ending of the preterite: **dijeron, produjeron,** and so on.

B. The preterite of **hay** is **hubo** (*there was, there were*). As in the present indicative, it has only one form for both singular and plural.

Hubo un accidente en la carretera esta mañana.	*There was an accident on the highway this morning.*
¿**Hubo** muchos heridos?	*Were there many injured?*
Afortunadamente, no **hubo** heridos.	*Fortunately, no one was injured.*

¡A practicar! ■ ▲ ●

A. ¡Hubo un accidente! ¿Cómo ocurrió? Para saber lo que ocurrió en el pueblo de San Juan del Sur, completa estas oraciones con el pretérito de los verbos entre paréntesis.

Elena y Esteban _____1_____ (tener) un accidente ayer. Esteban _____2_____ (perder) *perdió*
el control del coche y no _____3_____ (poder) parar a tiempo. Ellos _____4_____
(chocar) con otro coche. Cuando la policía _____5_____ (llegar), _____6_____ (decir)
que el otro chófer no había tenido la culpa (*had not been at fault*). Por suerte no
_____7_____ (haber) heridos. Ellos _____8_____ (tener) que dejar el coche allí y
_____9_____ (andar) a casa.

B. ¡Fue terrible! Ahora Esteban está explicándole a su agente de seguros cómo ocurrió el accidente. Cambia los verbos entre paréntesis al pretérito para saber qué le dice Esteban.

¡_____1_____ (Ser) terrible! El chófer que iba delante de mí _____2_____ (parar) de
repente. Yo _____3_____ (hacer) todo lo posible para evitarlo pero no _____4_____
(poder) parar a tiempo. _____5_____ (Yo / perder) totalmente el control del coche. La
policía _____6_____ (decir) que había sido (*had been*) mi culpa. Mi señora
_____7_____ (estar) muy nerviosa por varios días después. Ah, _____8_____ (yo /
traer) la descripción del accidente que nos pidió escribir.

10.3 Negative and indefinite expressions

Denying information and referring to nonspecific people and things

Negative and indefinite expressions			
nada	*nothing*	algo	*something, anything*
nadie	*no one, nobody*	alguien	*someone, anyone*
ninguno	*none, not any*	alguno	*some, any*
nunca	*never*	alguna vez	*sometime, ever*
jamás	*never*	siempre	*always*
tampoco	*neither*	también	*also*
ni... ni	*neither . . . nor*	o... o	*either . . . or*

A. **Alguno** and **ninguno** are adjectives and therefore must agree with the words they modify. As with all numbers ending in **-uno,** the **-uno** ending becomes **-ún** when it precedes a masculine singular noun: **algún, ningún.**

¿Tiene usted **algunos** amigos bomberos?	*Do you have any friends who are firefighters?*
No, no tengo **ningún** amigo bombero.	*No, I don't have any friends who are firefighters.*
¿Conoce usted a **alguna** persona en esta foto?	*Do you know anyone in this photo?*

B. Unlike English, a double negative construction is used in Spanish quite often. Whenever a negative word follows the verb, another negative word (usually **no**) must precede the verb.

Ni oí **nada, ni** vi a **nadie.**	*I neither heard anything nor did I see anyone.*
No recuerdo **ningún** momento.	*I don't remember (even) one moment.*
Nadie está en la casa.	*No one is in the house.*
No hay **nadie** en la casa.	*There isn't anyone in the house.*

¡A practicar! ■ ▲ ●

A. **Primeras informaciones.** Temprano en la mañana hubo un gran incendio en Granada, ciudad que está a orillas del lago de Nicaragua. Para saber cuáles fueron las primeras preguntas que hicieron los bomberos, completa estas preguntas con las expresiones indefinidas y negativas apropiadas.

1. ¿Hay _____ en el interior?
2. ¿Está seguro que no hay _____ persona en el interior?
3. ¿Hay aquí _____ testigo?
4. Señor, ¿usted vio a _____ sospechoso?
5. ¿Está seguro que no vio a _____ sospechoso?
6. Señora, ¿está segura que no vio a _____ ladrón?

B. **¡Contradicciones!** El problema con los testigos es que con frecuencia se contradicen *(they contradict each other).* ¿Cómo contradice Salvador a Lupe? ¿Qué dice?

LUPE   Vi a alguien cerca de la casa.
SALVADOR   Yo no vi a _____.

LUPE   Noté algo extraño.

SALVADOR _____.

LUPE   Vi a algunas personas en la calle.

SALVADOR _____.

LUPE   Yo sé que hay algunos testigos.

SALVADOR _____.

LUPE   Oí algo extraño a las diez y media.

SALVADOR _____.

LUPE   Vi a un hombre o a un muchacho entrar en el edificio.

SALVADOR _____.

Paso 3

10.4 Preterite of stem-changing -*ir* verbs

Talking about past events

In **Capítulo 6,** you learned that **-ar** and **-er** stem-changing verbs in the present indicative tense are regular verbs in the preterite. However, all **-ir** verbs whose stems change in the present indicative also have a stem change in the *second-person* formal and the *third-person* singular and plural forms of the preterite. In these verbs, there is only a single-vowel change: **e > i** or **o > u.**

seguir (*e > i*)	
seguí	seguimos
seguiste	seguisteis
siguió	**siguieron**
siguió	**siguieron**

dormir (*o > u*)	
dormí	dormimos
dormiste	dormisteis
durmió	**durmieron**
durmió	**durmieron**

Following are some frequently used stem-changing **-ir** verbs. Note that the present-tense stem change is given first, followed by the preterite stem change.

conseguir (i, i)	*to obtain*	preferir (ie, i)	*to prefer*
despedir (i, i)	*to fire, discharge*	reírse* (i, i)	*to laugh*
divertirse (ie, i)	*to have a good time*	repetir (i, i)	*to repeat*
dormir (ue, u)	*to sleep*	seguir (i, i)	*to follow, continue*
mentir (ie, i)	*to lie*	sentir (ie, i)	*to feel, to hear*
morir (ue, u)	*to die*	servir (i, i)	*to serve*
pedir (i, i)	*to ask (for)*	vestirse (i, i)	*to get dressed*
perseguir (i, i)	*to pursue*		

---

* Note that **reír** drops an **e** in the third-person singular and plural: **rió, rieron.**

¡A practicar!   ■ ▲ ●

A. ¡Con el pie izquierdo! Jaime, un estudiante de la Universidad Politécnica de Nicaragua, dice que ayer se levantó con el pie izquierdo. Veamos qué dice él...

> **Modelo**   anoche / acostarme / muy tarde
> **Anoche me acosté muy tarde.**

1. no / dormir / muy bien
2. casi / no conseguir / descansar
3. por la mañana / no oír / despertador
4. vestirse / rápidamente
5. preferir / ir / universidad / autobús
6. llegar / tarde a la parada y / perder / el autobús
7. cuando / llegar / finalmente / ver / que era sábado
8. cuando / regresar / casa / compañeros / reírse / de mí

B. ¡Un día fatal! A veces es mejor no levantarse por la mañana. Ayer fue uno de esos días para Francisco, otro estudiante de la Universidad Politécnica de Nicaragua. Completa el párrafo con la forma correcta del verbo entre paréntesis para saber por qué.

Anoche Francisco _____ (dormir) muy mal. Por la mañana _____ (perder) el autobús para ir al trabajo y no _____ (conseguir) un taxi hasta las nueve y media. Obviamente, _____ (llegar) tarde al trabajo. Después de un día dificilísimo, al regresar a casa un ladrón *(thief)* lo _____ (seguir) y le _____ (pedir) la billetera. Se la _____ (llevar) con todo su dinero y sus documentos de identidad. Francisco casi _____ (morirse) de miedo.

C. ¡Sí, hay justicia! Ahora la policía está interrogando al ladrón que le robó la billetera a Francisco. Completa el párrafo con la forma correcta del verbo entre paréntesis para saber qué dice el ladrón.

¡Fue facilísimo! Yo _____ (repetir) lo que siempre hago cuando se presenta la oportunidad. _____ (Yo / seguir) al señor por dos cuadras. Como no había *(there was)* nadie en la calle, le _____ (decir) que tenía una pistola y le _____ (pedir) la billetera. Cuando él _____ (sentir) mi pistola a su lado, casi se muere de miedo. Yo _____ (reírme) de lo fácil que fue y _____ (despedirme) cortésmente. Desafortunadamente, ustedes _____ (seguirme) y aquí estoy.

10.5 *Hacer* in time expressions ⬤⬤

Describing what has been happening

To describe an action that began sometime in the past and is still going on, Spanish uses the formula that follows.

> **hace** + *(length of time)* + **que** + *(present tense verb)*

Hace dos horas **que** esperamos.   *We have been waiting for two hours.*
Hace mucho tiempo **que** viven aquí.   *They have been living here for a long time.*

Note that the English equivalent is *to have been* + (-*ing* verb) + (length of time).

Expressing time relationships with *ago*

To describe the time that has elapsed since an event occurred, Spanish uses a different formula.

> **hace** + *(time expression)* + **que** + *(past tense/preterite verb)*

Hace dos horas **que comí.**   *I ate two hours ago.*
Hace un mes **que** ellos **llegaron.**   *They arrived a month ago.*

Note that the English equivalent is the past tense + (length of time) + *ago*.

¡A practicar!

A. ¡Tenemos prisa! Una mesera del restaurante Laguna de Xiloá, un lugar popularísimo en Managua, le explica al cocinero cuánto tiempo hace que unos clientes están esperando una mesa. ¿Qué le dice?

> **Modelo**   la señora Cárdenas: 35 minutos
> **Hace treinta y cinco minutos que ella espera.**

1. el señor Santiago Domínguez y su familia: una hora
2. Miguel y Teresita Alarcón: 25 minutos
3. el señor Téllez y sus dos hijos: media hora
4. los señores Apodaca: 45 minutos

B. ¿Cuánto tiempo hace? ¿Cuánto tiempo hace que tú haces o no haces estas cosas?

> **Modelo**   no llamar a tu novio(a)
> **Hace ocho horas que no llamo a mi novio(a).**

1. estudiar español
2. hablar inglés
3. no recibir dinero de tus padres
4. no visitar a tus padres

C. ¡Hace poco! Últimamente trabajas y estudias tanto que tus amigos empiezan a creer que no haces otra cosa. ¿Qué les dices cuando te hacen estas preguntas?

> **Modelo**   ¿Cuándo fue la última vez que fuiste al cine? (dos semanas)
> **Hace dos semanas que fui al cine.**

1. ¿Cuándo fue la última vez que saliste a comer con tus amigos? (dos meses)
2. ¿Cuándo fue la última vez que invitaste a tus amigos a beber una cerveza? (un día)
3. ¿Cuándo fue la última vez que fuiste a cenar con tus amigos? (tres meses)
4. ¿Cuándo fue la última vez que viste la televisión? (una semana)

D. ¿Y cuánto tiempo hace que...? ¿Cuánto tiempo hace que hiciste lo siguiente?

> **Modelo**   llegar a esta ciudad
> **Hace un año que llegué a esta ciudad.**

1. graduarte de la escuela secundaria
2. comenzar a trabajar
3. aprender a conducir
4. empezar a estudiar en esta universidad

Cultural Topics

- **¿Sabías que...?**
  Orquídeas en Costa Rica
  Longevidad y alfabetismo en Costa Rica
  Sitio del 5 por ciento de las especies de
  flora y fauna mundial
- **Noticiero cultural**
  Lugar: *Costa Rica: Un país que vive la
  democracia*
  Costumbres: *Los «ticos»*
- **Lectura:** *La leyenda de Iztarú,* una leyenda
  costarricense

  Video: *Costa Rica, ¡tierra de
  bosques y selvas, paz y armonía!*

  Viajemos por el ciberespacio a…
  Costa Rica

Listening Strategies

- Recognizing verb endings
- Anticipating

Reading Strategies

- Identifying the principal idea

Writing Strategies

- Stating facts

En preparación

- 11.1 Imperfect of regular verbs
- 11.2 Uses of the imperfect
- 11.3 Imperfect of **ser, ir,** and **ver**
- 11.4 Preterite and imperfect: Completed and
  continuous actions
- 11.5 Preterite and imperfect: Beginning/end
  and habitual/customary actions
- 11.6 Present perfect

  CD-ROM:
  Capítulo 11 actividades

Costa Rica

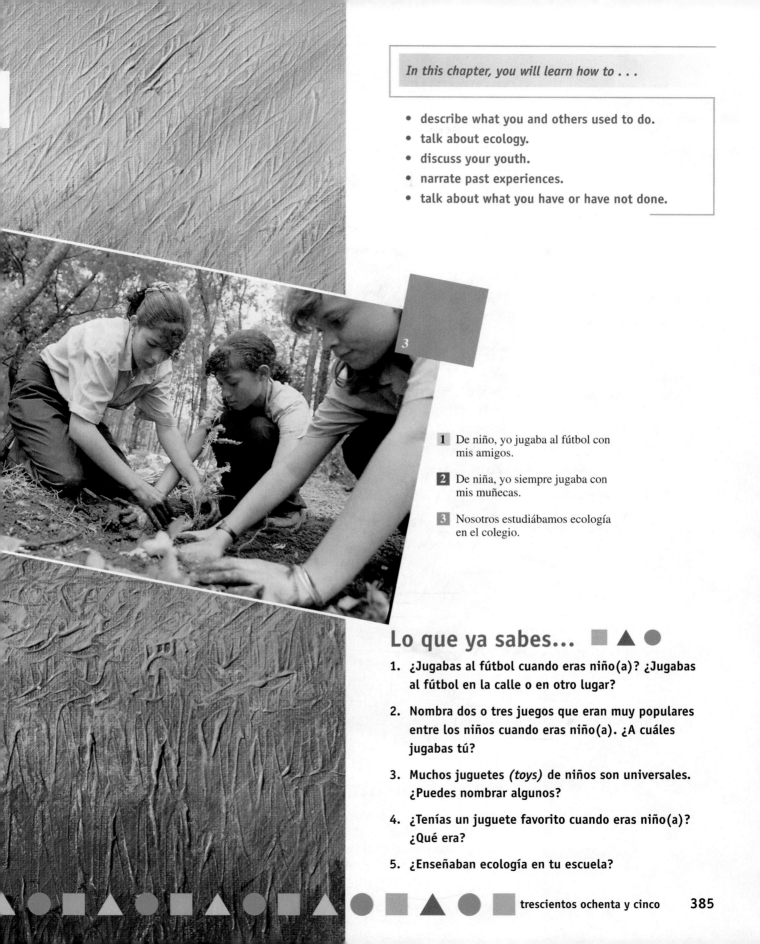

- describe what you and others used to do.
- talk about ecology.
- discuss your youth.
- narrate past experiences.
- talk about what you have or have not done.

1 De niño, yo jugaba al fútbol con mis amigos.

2 De niña, yo siempre jugaba con mis muñecas.

3 Nosotros estudiábamos ecología en el colegio.

Lo que ya sabes... ■ ▲ ●

1. ¿Jugabas al fútbol cuando eras niño(a)? ¿Jugabas al fútbol en la calle o en otro lugar?

2. Nombra dos o tres juegos que eran muy populares entre los niños cuando eras niño(a). ¿A cuáles jugabas tú?

3. Muchos juguetes *(toys)* de niños son universales. ¿Puedes nombrar algunos?

4. ¿Tenías un juguete favorito cuando eras niño(a)? ¿Qué era?

5. ¿Enseñaban ecología en tu escuela?

Jugaba mucho y estudiaba poco

Tarea

Antes de empezar este *Paso*,
estudia *En preparación*

☐ 11.1 Imperfect of regular verbs

☐ 11.2 Uses of the imperfect

☐ 11.3 Imperfect of *ser, ir,* and *ver*

☐ Haz por escrito los ejercicios de *¡A practicar!*

☐ Escucha la sección *¿Qué se dice...?* del Capítulo 11, Paso 1 en el CD.

¿Eres buen observador?

Nuestro Programa Especial
3 días/2 noches

Incluye:

• Transporte ida y regreso desde San José

• 2 noches de alojamiento

• Alimentación completa

• Recorridos en bote por los canales

• Visita al Parque Nacional de Tortuguero

• Guías bilingües especializados

• Salidas diarias

Tortuguero, el sitio de desove más importante de la tortuga verde.

PACHIRA LODGE TORTUGUERO

TELÉFONOS: (506) 256-7080 • FAX.: (506) 223-1119
BIPPER 225-2500 (24 HOUR SERVICE)
P.O. BOX 1818-1002 SAN JOSE, COSTA RICA
E-mail: paccira@sol.racsa.co.cr

COSTA RICA
TORTUGUERO

Ahora, ¡a analizar! ■ ▲ ●

1. ¿Para qué es esta propaganda?
2. ¿Dónde está este lugar?
3. ¿Incluye comidas y alojamiento? ¿Por cuánto tiempo?
4. ¿Qué puedes hacer en este lugar?
5. ¿Por qué crees que se llama **Tortuguero** el parque nacional?

¿Qué se dice...?

Al hablar del pasado

Como buen estudiante yo...

1. _estudiar mucho_
2. _jugar a futbol_
3. _escribir por periodico_

También era apreciado porque...

4. _____
5. _____

QUICO   Mis hermanos y yo teníamos una banda de música rock que se llamaba los Tico Ticos. Yo tocaba la batería (tambores y címbalos) y mi hermano mayor tocaba la trompeta. Mi hermana Graciela tocaba el clarinete y el saxofón y Érica, mi hermana menor, cantaba. A veces cuando practicábamos de noche, volvíamos locos a los vecinos con el ruido que hacíamos.

> **QUICO** Casi nunca veía la tele por la noche porque cuando no tenía que practicar fútbol, iba a trabajar en la tienda de mi padre.

A propósito...

Recuerda que aunque el imperfecto no tiene un equivalente exacto en inglés, el inglés con frecuencia usa las expresiones *used to* o *would* para expresar lo que en español se expresa con el imperfecto.

¿Sabías que...?

Debido a su particular condición geográfica y climática, Costa Rica posee una flora impresionante. Es uno de los principales productores de orquídeas en el mundo. El Jardín Lankaster, fundado por el botánico Charles Lankaster, exhibe la mayoría de las 1.100 variedades de orquídeas que se producen en Costa Rica. Debido a esto, durante los meses de marzo y septiembre, tiene lugar la Exposición Nacional de Orquídeas, la cual atrae a visitantes de todo el mundo.

Ahora, ¡a hablar! ■ ▲ ●

EP 11.1, 11.2

A. ¡Sigue mi ejemplo! Uno de los directores de ASBANA, la Asociación de Bananeros Costarricenses, le está explicando a su hijo cómo llegó a ser director. ¿Qué dice que hacía cuando estaba en la escuela secundaria?

> **Modelo** estudiar / cuatro horas / todo / días
> **Yo estudiaba cuatro horas todos los días.**

1. pasar / mucho tiempo / con / familia
2. siempre / ayudar / mamá / por / noche
3. no / salir / amigos / fines / semana
4. no / tomar / bebidas / alcohólico
5. leer / mucho / libros
6. jugar / mucho / deportes / y / tocar / banda / mi escuela
7. no / fumar / ni usar / drogas

B. Recuerdos. Durante los años de la escuela secundaria generalmente se vive una vida muy activa. ¿Con qué frecuencia hacían tú y tus amigos lo siguiente?

  EP 11.1, 11.2, 11.3

> **Modelo**   hablar por teléfono
> **Nosotros hablábamos por teléfono todos los días.**

1. jugar con amigos	5. ir al cine juntos
2. estudiar juntos	6. comer en la cafetería
3. ver deportes en la televisión	7. hacer fiestas
4. hablar por teléfono	8. ¿...?

C. En la primaria. Cuando estabas en la escuela primaria, tu vida era diferente. Compara tu vida actual con la de tu infancia.

 EP 11.1, 11.2, 11.3

> **Modelo**   Ahora trabajo mucho.
> **Antes no trabajaba nunca.**

1. Ahora sufro de estrés.
2. Ahora tengo muchas responsabilidades.
3. Ahora necesito ganar dinero.
4. Ahora duermo ¿...? horas.
5. Ahora voy a clase tres días a la semana.
6. Ahora soy muy responsable.
7. Ahora veo poca televisión.
8. Ahora ¿...?

Y ahora, ¡a conversar! ■ ▲ ●

A. La escuela secundaria. Pregúntale a tu compañero(a)...

1. si estudiaba mucho y si tenía mucha tarea en la escuela secundaria.
2. si participaba en muchas actividades. ¿Cuáles?
3. cómo se llamaba su maestro(a) favorito(a) y por qué le agradaba tanto.
4. si le gustaban los deportes y a cuáles jugaba.
5. si le gustaba la música y si tocaba algún instrumento.
6. qué hacía después de las clases y si trabajaba.

B. Y tú, ¿qué hacías? La vida constantemente cambia. ¿Qué pasaba en tu vida hace unos tres o cuatro años? Escribe cinco cosas que hacías y compártelas con un(a) compañero(a).

> **Modelo**   **En 1999 yo asistía a la escuela secundaria. Vivía en Trenton y**
> **trabajaba en un supermercado los fines de semana...**

C. Me recuerda... Para la próxima clase, trae un objeto que te haga recordar tus años de la escuela secundaria. Puede ser un objeto, un osito de peluche *(teddy bear),* una joya, un artículo de ropa, una foto, un libro, etc. Si es necesario, puedes describir el objeto en vez de traerlo a la clase.

En grupos de tres o cuatro...

■ presenten su objeto.
■ descríbanlo en detalle.

■ expliquen cuántos años tenían cuando lo obtuvieron.
■ expliquen qué importancia tenía para ustedes.

¡Luz! ¡Cámara! ¡Acción! ■ ▲ ●

A. ¿Mis padres? Tú y tu mejor amigo(a) están hablando de los buenos tiempos de la infancia. Hablan de las cosas divertidas que hacían y de cómo eran sus padres. Con un compañero(a) escriban el diálogo que tienen y después preséntenselo al resto de la clase.

B. ¡Yo nunca hacía eso! Ahora eres padre o madre y le quieres dar un buen ejemplo a tu hijo(a). Le dices lo que hacías cuando asistías a la universidad. Acuérdate que tienes que darle un buen ejemplo; exagera lo bueno si es necesario y no hables de lo malo. Dramatiza la situación con un(a) compañero(a) de clase.

¿Comprendes lo que se dice?

Estrategias para escuchar: Reconocer las terminaciones de verbos

In **Capítulo 10** *you learned that when you come upon people who are already having a conversation, you may have to employ the "bottom up" method of listening until you discover the topic of their conversation and are able to join in. Take a moment to review the new verb endings you studied in* **En preparación 11.1.** *Then, as you listen to Quico talking with three friends, identify the conversations that talk about the past.*

Tres conversaciones. Ahora, con un(a) compañero(a) escuchen estas tres conversaciones. Luego indiquen si las conversaciones hablan del pasado o no.

	Habla del pasado	**No habla del pasado**
Conversación 1	☐	☐
Conversación 2	☐	☐
Conversación 3	☐	☐

¿De qué hablan? Ahora, con un compañero(a) escuchen otra vez las conversaciones. Luego escriban un resumen de cada conversación.

Conversación 1 _____

Conversación 2 _____

Conversación 3 _____

@ Viajemos por el ciberespacio a... COSTA RICA

If you are a cyberspace surfer, try entering one of the following key words to get to many fascinating sites in **Costa Rica:**

 Parques Nacionales de Costa Rica   Avifauna de Costa Rica   "Ticos" online
Or, better yet, simply go to the *¡Dímelo tú!* Web site using the following address:

http://dimelotu.heinle.com

There, with a simple click, you can

- visit the National Parks of Costa Rica, one indication of the strong national commitment toward the preservation of existing habitats for plant and animal life.
- stroll through a country that is home to 12,000 varieties of plants, 237 species of mammals, 848 types of birds, and 361 types of amphibians and reptiles.
- chat through the internet with the "Ticos," as Costa Ricans are often called.

NOTICIERO

CULTURAL

Costa Rica

LUGAR... Costa Rica

Antes de empezar, dime... ■ ▲ ●

1. ¿Qué opinas de la pena de muerte *(death penalty)*? ¿Crees que puede eliminarse en civilizaciones avanzadas o no? ¿Por qué?
2. ¿Hasta qué edad es gratuita *(free)* la educación en EE.UU.? ¿Crees que debe aumentarse esa edad? ¿Por qué?
3. En tu opinión, ¿es posible la democracia sin un ejército para defenderla? ¿Hay países sin ejército donde se practica la democracia? ¿Cuáles?
4. ¿Hay algunas ventajas en no tener ejército? Explica tu respuesta.
5. ¿Qué es el Premio Nóbel de la Paz? ¿Puedes nombrar a alguien que lo recibió recientemente?

Niños costarricenses se preparan para un desfile *(parade)*.

Un país que vive la democracia

El sistema de gobierno y la constitución de Costa Rica son algunos de los aspectos que la hacen muy diferente de otros países hispanos y de EE.UU. En un mundo de violencia, este pequeño país, situado entre Nicaragua y Panamá, le da lecciones de democracia a todo el mundo.

Costa Rica siempre ha sido un país progresista, un líder entre las naciones democráticas. En la constitución de 1949, Costa Rica estableció la educación obligatoria y gratuita *(free)* para todos los costarricenses y creó impuestos *(taxes)* para financiarla. En 1882 eliminó la pena de muerte. Y en 1948 eliminó el ejército. A pesar de la inestabilidad de los países vecinos, Nicaragua y El Salvador, Costa Rica sigue siendo la única democracia sin ejército en Norte, Centro y Sudamérica.

Óscar Arias Sánchez

El mejor ejemplo del importante papel que tiene la democracia en este pequeño país es que en el año 1987, el presidente de Costa Rica ganó el Premio Nóbel de la Paz. El señor Óscar Arias Sánchez ganó la notable distinción por sus esfuerzos para lograr la paz en Centroamérica. El presidente Arias fue autor del llamado «Plan para la paz en Centroamérica», que fue firmado por cinco repúblicas centroamericanas en 1987, como uno de los mayores intentos para eliminar la violencia y el terrorismo en Centroamérica.

A fines del siglo pasado la tranquilidad del país fue desafiada debido a cierta inestabilidad económica. El gobierno respondió interviniendo en algunos negocios privados. Esto forzó, en 1994, la cancelación de un préstamo a Costa Rica de cien millones de dólares del Fondo Monetario Internacional. En 1998, ganó las elecciones presidenciales Miguel Ángel Rodríguez. Bajo su control, la economía del país parece estar más estable.

Y ahora, dime... ■ ▲ ●

Usa este diagrama Venn para comparar Costa Rica con EE.UU. Indica las diferencias y lo que tienen en común.

Costa Rica	Costa Rica y los Estados Unidos	Los Estados Unidos
1.	1.	1.
2.	2.	2.
3.	3.	3.
4.	4.	4.
5.	5.	5.
6.	6.	6.
…	…	…

¡No te vi! ¿Dónde estabas?

¿Eres buen observador?

Tarea

Antes de empezar este *Paso,* estudia *En preparación*

☐ 11.4 Preterite and imperfect: Completed and continuous actions

☐ 11.5 Preterite and imperfect: Beginning/end and habitual/customary actions

☐ Haz por escrito los ejercicios de *¡A practicar!*

☐ Escucha la sección *¿Qué se dice...?* del Capítulo 11, Paso 2 en el CD.

COSTA RICA "A TU MEDIDA"

❖ VOLCANES EN ERUPCION, BOSQUES Y PLAYAS, QUETZALES Y PEREZOSOS, TORTUGAS Y TUCANES, CAIMANES Y GARZAS, ATLANTICO Y PACIFICO, CORCOVADO Y TORTUGUERO...

❖ VIAJES DE NOVIOS, DE AVENTURA, BUCEO, TREKKING, PESCA, OBSERVACION DE AVES... LO QUE TU QUIERAS.

❖ SUITES DE 12.000 PTS. LA NOCHE Y ENCANTADORES HOTELITOS DE 2.500 PTS, EN COCHE CON CONDUCTOR, COCHE DE ALQUILER, TRANSPORTE PUBLICO O COMBINANDO TODAS LAS OPCIONES... Ponemos toda la información a tu alcance para que TU SEAS QUIEN ELIJA ENTRE LAS MULTIPLES OPCIONES QUE OFRECE COSTA RICA.

ESPECIALISTAS EN COSTA RICA

INFORMACIÓN Y RESERVAS:
Pº de la Castellana, 166 - 5º D.
Madrid. Telf.: 350 18 00
Fax: 350 21 51

CARIBBEAN MAGIC
ECO-LODGE
TORTUGUERO

Adobe Rent a car

OCHO exclusivas suites en las afueras de San José

HOTEL EUROPA CENTRO En el corazón de San José. Clásico y con un magnífico restaurante

En el Pacífico Central

Solicite información detallada, sin compromiso.

Ahora, ¡a analizar! ■ ▲ ●

1. ¿Quién crees que hace esta propaganda? ¿Dónde crees que va a aparecer este anuncio?
2. ¿Cuántos animales puedes ver en Costa Rica según este anuncio? ¿Cuáles son? ¿Sabes qué son todos? Si no, ¿cuáles no identificas?
3. ¿Cuántas actividades distintas puedes hacer en Costa Rica según este anuncio? ¿Cuáles te interesan a ti?
4. ¿Cómo se puede viajar en Costa Rica? ¿Dónde puede uno hospedarse?
5. Explica el título de este anuncio.

¿Qué se dice...?

Al hablar de lo que pasó

1. Pensaba estudiar con unos amigos, pero...
   a. no se despertó a tiempo.
   b. su carro no funcionó.

2. Mientras se bañaba,...
   a. su mamá preparó el desayuno.
   b. sonó el teléfono.

QUICO La semana pasada no pude comprar el manual de ciencias porque no tenía suficiente dinero. ¡Cuesta 22.972₡! Llamé a la profesora inmediatamente para quejarme del precio, pero no estaba. Por eso dejé la clase.

QUICO   El lunes de la semana pasada me llamó mi amiga Gabriela para invitarme a una
fiesta el sábado. Pero le dije que no podía aceptar porque ya tenía planes de ir
al cine con Abelardo. Eso no era verdad y terminé pasando el sábado solo y
aburrido en casa mirando la televisión.

A propósito...	Recuerda que cuando hablas del pasado y mencionas una acción que interrumpe otra, la acción que es interrumpida se expresa en el imperfecto y la que interrumpe se expresa en el pretérito.

¿Sabías que...?

La mayoría de los costarricenses viven hasta los 75 años, teniendo más longevidad que los estadounidenses y los europeos. Costa Rica fue el primer país del
mundo en hacer la educación obligatoria y gratis para todos. El índice de capacidad de leer y escribir del país es 93 por ciento. Este índice es mejor que el de los
Estados Unidos y el de la mayoría de los países europeos.

Ahora, ¡a hablar! ■ ▲ ●

A. ¡No dormí en toda la noche! Marcos, un estudiante de la Universidad de Costa Rica,   **⧯⧯ EP 11.4**
faltó a todas sus clases esta mañana. Para saber por qué, selecciona el verbo correcto en
cada oración.

1. Yo (dormí/dormía) cuando un sonido muy fuerte me (despertó/despertaba).
2. El sonido que (oí/oía), (fue/era) la sirena de un coche de policía.
3. Yo (cerré/cerraba) los ojos para dormirme otra vez cuando (sonó/sonaba) el teléfono.
4. Me (levanté/levantaba) para contestar el teléfono pero la llamada no (fue/era) para mí.
5. Como (tuve/tenía) mucho sueño, me (acosté/acostaba) otra vez.
6. Luego el perro de mi vecino (empezó/empezaba) a ladrar *(bark)* y me
   (desperté/despertaba) otra vez.
7. Cuando (sonó/sonaba) el despertador, yo no lo (oí/oía) porque (dormí/dormía)
   profundamente.

EP 11.4

B. Interrupciones. Ernesto, el mejor amigo de Marcos en la Universidad de Costa Rica, tenía la intención de hacer muchas cosas ayer, pero una serie de interrupciones no le dejó terminar nada. Según Ernesto, ¿qué pasó?

> **Modelo**   estudiar / historia: teléfono / sonar
> **Yo estudiaba historia cuando el teléfono sonó.**

1. escribir / composición: computadora / dejar de funcionar
2. ordenar / cuarto: amigo / llegar
3. leer / libro muy interesante: novia / llamarme
4. manejar / tienda: llanta *(tire)* / pincharse
5. preparar / cena: amigos / invitarme a comer
6. nosotros mirar / televisión: electricidad / cortarse

 EP 11.5

C. ¡No era perfecto! Jaime, otro amigo de Marcos, era un adolescente bueno y por lo general era responsable, pero, como todos los jóvenes, también hacía algunas cosas malas. ¿Qué hacía generalmente? ¿Qué cosas malas hizo?

> **Modelo**   Generalmente (estudiar) mucho antes de un examen, pero una vez no
> *El no es yo*   (abrir) el libro.
> **Generalmente estudiaba mucho antes de un examen, pero una vez no abrió el libro.**

1. Siempre (ser) buen estudiante, pero un día (sacar) una F.
2. Siempre (respetar) el límite de velocidad, pero un día (manejar) demasiado rápido.
3. Normalmente no (faltar) a clase, pero una semana (decidir) no ir a la escuela.
4. Siempre (decir) la verdad, pero una vez les (mentir) a sus padres.
5. Nunca (tomar) bebidas alcohólicas, pero una noche (emborracharse).
6. Siempre (respetar) a los adultos, pero un día (insultar) a su vecino.

 EP 11.5

D. ¡No fue culpa mía! Juanito es muy mal estudiante. Siempre llega tarde o falta a las clases y siempre tiene un pretexto. ¿Qué dijo que le pasó la semana pasada?

> **Modelo**   lunes: llegar tarde / la llanta reventarse *(to blow up)*
> **Llegué tarde porque la llanta del coche se reventó.**

1. lunes: llegar tarde / el despertador / no sonar
2. martes: no ir a clase / estar enfermo
3. miércoles: faltar a la clase de matemáticas / perder el libro
4. jueves: no asistir / la clase / tener muchísimo sueño
5. viernes: no ir a clase / tener emergencia en casa

EP 11.4, 11.5

E. ¿Qué hicieron ayer? Marcos no fue a la clase de inglés ayer. Le pregunta a Estela, su amiga, qué hicieron. ¿Qué le dice su amiga?

Para empezar, el profesor _____ (perder) el autobús y _____ (llegar) con veinte minutos de retraso. ¡Él _____ (estar) furioso! Pero él _____ (enojarse) más cuando _____ (ver) que cinco estudiantes no _____ (estar) en la clase. Entonces _____ (darnos) un examen muy difícil. Por suerte, mientras nosotros _____ (tomar) el examen, _____ (sonar) una alarma y todos _____ (tener) que salir rápidamente. Obviamente, no _____ (poder) terminar el examen.

Y ahora, ¡a conversar!

A. ¿Mejores excusas? ¿Qué excusas dan ustedes? Trabajando en grupos de tres, preparen una lista de posibles excusas para estas situaciones.

> **Modelo** ¿Por qué no fuiste al laboratorio ayer?
> **Estaba demasiado cansado. Tuve que preparar un trabajo**
> *(paper)* **para la clase de inglés.**

1. ¿Por qué no hiciste la tarea anoche?
2. ¿Por qué no asististe a clase ayer?
3. ¿Por qué llegaste tan tarde a clase hoy?
4. ¿Por qué no estudiaste para el examen?
5. ¿Por qué faltaste al último examen?

B. ¿Y en tu clase? Trabajando en parejas, pregúntale a tu compañero(a)...

1. cuál fue su primera clase ayer. ¿A qué hora empezó?
2. cómo estaba el (la) profesor(a). ¿Cómo se sentía él (ella)?
3. si estaba preparado(a). ¿Cómo se preparó?
4. si le gustó la clase. ¿Cuál fue el tema de la clase? ¿Lo presentó bien el (la) profesor(a)?
5. si tuvieron un examen. ¿Pasó algo interesante? ¿Qué? Descríbelo.

C. *La Cenicienta.* Los siguientes dibujos narran parte del famoso cuento de hadas *(fairy tale)*, *La Cenicienta.* Narra el cuento completo con la ayuda de tu compañero(a) que tiene en la página A-6 los dibujos que faltan.

Vocabulario útil

la calabaza	*pumpkin*	la madrastra	*stepmother*
la carroza	*carriage*	el paje	*valet*
la chimenea	*fireplace*	el príncipe	*prince*
el cristal	*glass, crystal*	probar (ue)	*to try on*
la escalera	*stairway*	los ratoncitos	*little mice*
el hada madrina	*fairy godmother*	de rodillas	*kneeling*
la hermanastra	*stepsister*	la zapatilla	*slipper*

1. Había una vez una muchacha que se llamaba Cenicienta...   3. La Cenicienta no...

5. El hada madrina dijo...   7. Cuando la Cenicienta...

  D. Ésta es mi vida. Tu vida va a servir de base para un cuento moderno. Escribe tu versión personal de tu propia vida. Luego compártela con un(a) compañero(a).

> **Modelo**   **Había una vez un(a) muchacho(a) que se llamaba… Vivía en…**

¡Luz! ¡Cámara! ¡Acción! ■ ▲ ●

  A. ¡No pude ir! Ayer hubo una fiesta, pero decidiste no ir. Ahora te encuentras con un(a) amigo(a) que te pregunta por qué no estabas en la fiesta. Le das una buena excusa por la cual no fuiste y también le haces muchas preguntas sobre la fiesta: ¿quiénes fueron? ¿qué hicieron? ¿si fue...? ¿qué hizo esa persona? ¿con quién bailó?... Con un(a) amigo(a) escriban el diálogo que tienen y preséntenselo a la clase.

 B. ¡Pobre mamá (papá)! Ayer fue el cumpleaños de tu mamá (papá) y lo olvidaste completamente. ¡No la (lo) llamaste! ¡No le mandaste ni una tarjeta! Sabes que tu mamá (papá) se sintió muy mal. Ahora hablas con ella (él) por teléfono para explicarle por qué no llamaste ayer. Dramatiza la situación con tu compañero(a).

¿Comprendes lo que se dice?

 ## Estrategias para ver y escuchar: Anticipar lo que vas a ver y a escuchar

In **Capítulo 2** *you learned that anticipating what you are going to hear or see makes it much easier to understand. When listening to or viewing a video in Spanish, you should always try to predict what you will hear or see.*

Anticipar. *Before viewing* **Costa Rica, ¡tierra de bosques y selvas, paz y armonía!** *write down three things that you think you will hear or see on this video. Then view the video and check to see if you anticipated correctly.*

Lo que anticipo ver y escuchar:

1. _____
2. _____
3. _____

Costa Rica, ¡tierra de bosques y selvas, paz y armonía!

Después de ver el video. Ahora mira la selección del video sobre Costa Rica y explica el significado o la importancia de lo siguiente.

1. áreas protegidas
2. Sarchí
3. carretas de madera
4. taller Eloy Alfaro e hijos
5. Finca de Mariposas

 Viajemos por el ciberespacio a... COSTA RICA

If you are a cyberspace surfer, try entering one of the following key words to get to many fascinating sites in **Costa Rica:**

Desmilitarización de Costa Rica

Asociación Demográfica Costarricense

Prensa costarricense

Or, better yet, simply go to the *¡Dímelo tú!* Web site using the following address:

http://dimelotu.heinle.com

There, with a simple click, you can

- learn how **Costa Rica** functions as a demilitarized country, committed to disarmament and peace.
- learn about the **Asociación Demográfica Costarricense**, a non-profit organization committed to the human rights of men and women in **Costa Rica.**
- access Costa Rican newspapers and read about what is making headlines there today.

Costa Rica

NOTICIERO

CULTURAL

COSTUMBRES... Costa Rica

Antes de empezar, dime...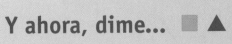

1. En EE.UU., como en todos los países, la pronunciación varía en diferentes zonas del país. ¿Cuántas de estas zonas o pronunciaciones puedes distinguir tú? ¿Puedes imitar algunas?
2. A veces no sólo la pronunciación varía sino el vocabulario también. En Boston, por ejemplo, hablan de un *elastic* mientras que en California dicen *rubberband*. ¿Puedes pensar en otras palabras que identifiquen distintas partes de EE.UU.? Prepara una lista.
3. ¿En qué se diferencia el inglés de Inglaterra del de EE.UU.? Explica y da ejemplos.

Los «ticos»

Dos muchachas conversan en un café de San José. Rosalía es de Costa Rica y Mercedes es de Uruguay.

ROSALÍA	Si vamos a ir juntas al cine esta tarde tienes que esperarme un poquitico porque tengo otras cosas que hacer antes de las dos.
MERCEDES	Sí, perfecto. No hay problema. ¿Te gustaría pasar a tomar algo antes de la película?
ROSALÍA	Sí, buena idea. Conozco un sitio chiquitico cerca de aquí que te va a encantar.
MERCEDES	Lo que me encanta es cómo hablas. Suena tan bonito. ¿Es una nueva costumbre de todos los jóvenes usar eso de «-tico»?

Pasatiempo favorito

Y ahora, dime...

¿Por qué usa Rosalía tanto el diminutivo «-tico»?

1. A los jóvenes de Costa Rica, como a los de todo el mundo, les gusta tener su propia jerga *(slang)* y el diminutivo «-tico» es la jerga que está actualmente de moda entre la juventud costarricense.
2. El español de Costa Rica es muy diferente del español de otros países del hemisferio. A veces es difícil comunicarse con los costarricenses.
3. El diminutivo «-tico» es parte del dialecto costarricense. No sólo los jóvenes sino también los niños y los adultos usan este diminutivo.

En el Apéndice A (página A-7), mira el número que corresponde a la respuesta que seleccionaste.

¿Te gusta escribir?

Estrategias para escribir: Especificar los hechos

Reportaje. En el capítulo anterior aprendiste que las composiciones siempre contestan ciertas preguntas clave. Lo mismo ocurre con el reportaje periodístico. Para escribir un reportaje periodístico es necesario partir de hechos específicos. Es importante que el reportaje conteste siempre las siete preguntas esenciales: ¿qué?, ¿cuándo?, ¿dónde?, ¿cómo?, ¿quiénes?, ¿cuánto tiempo? y ¿cuáles fueron los resultados?

Ahora, ¡a escribir! ■ ▲ ●

A. La idea principal. Elige un incidente reciente apropiado para reportar en el periódico de tu universidad. Puede ser un accidente, un partido, una fiesta, un incidente en una clase, en la biblioteca, en la cafetería, en la residencia, etc.

B. Al especificar. Pensando en el incidente que vas a reportar, contesta las siete preguntas de reportaje mencionadas en las estratagias. Luego añádele otra información pertinente a cada respuesta.

C. El primer borrador. Usa la información que preparaste en **B** para escribir un primer borrador. Pon toda la información relacionada con la misma idea en un párrafo. No te olvides de poner un título que informe sobre lo que va a decir tu artículo.

D. Ahora, a compartir. Comparte tu primer borrador con dos o tres compañeros(as). Haz comentarios sobre el contenido y el estilo de los reportajes de tus compañeros(as) y escucha los comentarios de ellos sobre tu noticia. Fíjate, en particular, en cada uso del pretérito y del imperfecto. Si hay errores, menciónalos.

E. Ahora, a revisar. Si necesitas hacer cambios, basados en los comentarios de tus compañeros(as), hazlos ahora.

F. La versión final. Prepara una versión final de tu composición y entrégala.

G. Publicación. Preparen un periódico con todos los artículos de sus compañeros(as) de clase y háganlo circular en la clase para que todo el mundo pueda leerlo.

Paso 3 — ¡No he hecho nada!

Tarea

Antes de empezar este *Paso,* estudia *En preparación*

☐ 11.6 Present perfect

☐ Haz por escrito los ejercicios de *¡A practicar!*

☐ Escucha la sección *¿Qué se dice...?* del Capítulo 11, Paso 3 en el CD.

¿Eres buen observador?

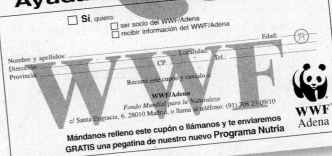

¿BIODIVERSIDAD?

Pandas gigantes, atolones, bosques, krill, medicinas, hormigas, ranas, orquídeas, grullas, coyotes, delfines, carrizales, pesquerías, medusas, humedales, morsas, pájaros bobos, hongos, edelweis, océanos, abejas, alimentos, mariposas, lemures, nutrias, taiga, boquerones, encinares, ñus, camellos, líquenes, arañas, salamandras, avutardas, estrellas de mar, halcones, hipopótamos, rododendros, pangolines, pulpos, osos pardos, acebos, ballenas, baobabs, murciélagos, buitres, lobos, turberas, arrecifes de coral, Himalaya, jirafas, tundra, mariquitas, orcas, escorpiones, helechos, malvasías, hayedos, guacamayos, gansos, cangrejos, gorilas de montaña, bacterias, pumas, robledales, elefantes, Doñana, garzas, estepas, papiones, calaos, hienas, guanacos, fosas abisales, rinocerontes, focas, canguros, cocodrilos, caobas, koalas, titíes, varanos, tigres, tiburones, acacias, águilas imperiales, lирces, harpías, barales, orangutanes, charranes, cebras, madroños, manatíes, peces globo, cóndores de California, pitones, alcornocales, pinsapares, jacanas, galápagos gigantes, dragos, serpentarios, atunes, bosques tropicales, guepardos, olmos, gacelas, brezales, cernícalos, garcetas, iguanas, búhos, fumbrices, pelícanos, Antárdica, león, mapaches, sabinares, skúas, nectarinas, anguilas, manglares, palomas, desiertos, perezosos, garzas, cormoranes, focas, martinetes, armiños, martinas pescadores, erizos, petreles, tortugas marinas, armadillos, orcidas, panteras, lémures, zorros, flamencos, docenas, tapires, culebras, cormoranes, liгres, ostras, vireos, morales...

... todo esto y mucho más es la **Diversidad Biológica**.

Un suceso evolutivo irrepetible con más de 3.500 millones de años de historia. Para mantener la Biodiversidad, el WWF/Adena trabaja en más de 130 países.

Ayúdanos a Conservarla

☐ **Sí,** quiero:
   ☐ ser socio del WWF/Adena
   ☐ recibir información del WWF/Adena

Nombre y apellidos: _____ Localidad: _____ Edad: ___ ®
Dirección: _____ CP. _____ Tel.: _____
Provincia: _____

Recorta este cupón y envíalo a:

WWF/Adena
Fondo Mundial para la Naturaleza
c/ Santa Engracia, 6. 28010 Madrid, o llama al teléfono: (91) 308 23 09/10

WWF®
Adena

Mándanos relleno este cupón o llámanos y te enviaremos GRATIS una pegatina de nuestro nuevo Programa Nutria

Ahora, ¡a analizar! ■ ▲ ●

1. ¿Cuál es el propósito de este anuncio? ¿Quién lo patrocina *(sponsors it)*?
2. ¿Qué es la biodiversidad?
3. ¿Qué es el WWF? ¿En cuántos países se encuentra el WWF?
4. ¿Cuál es el propósito del cupón?
5. ¿Crees que Costa Rica se interesa en la biodiversidad? ¿Por qué?

¿Qué se dice...?

Al hablar de lo que (no) has hecho

1. _~~Ero~~ Eduardo_ ha dejado de llamarlo.
2. _Gabriela_ se ha enojado con Quico.
3. _mis amigos_ lo han abandonado.

QUICO   Y fíjese, doctor,... le confieso que por primera vez en la vida he recibido una mala nota. Mi profesora de inglés me ha dado una D y los otros profesores me han amenazado con malas notas también si sigo faltando a mis clases. Dicen que soy perezoso.

QUICO   ¡Caramba, doctor! No sé qué me pasa. Siempre he sido un buen estudiante... he estudiado mucho y he trabajado todos los días. He cumplido con mis deberes *(responsibilities)* y he tratado de ser amable con todos. ¿Qué cree usted, doctor? Usted no piensa que soy aburrido ni perezoso, ¿verdad?

A propósito...   En inglés, muchas veces para reafirmar o enfatizar una idea usamos una pregunta corta como *Right? True? Isn't it?* En español las preguntas cortas más comunes son **¿verdad? ¿no? ¿cierto?**

¿Sabías que...?

En Costa Rica, que ocupa un territorio equivalente más o menos a la mitad del estado de Ohio, se encuentra el 5 por ciento de todas las especies de plantas y animales del mundo, en total, entre 500.000 y un millón de especies de flora y fauna. Esto incluye 50.000 especies de insectos, 1.000 especies de orquídeas, más especies de helechos *(ferns)* que en todo México y Norteamérica, 208 especies de mamíferos, 850 especies de pájaros y 200 especies de reptiles.

Ahora, ¡a hablar! ■ ▲ ●

EP 11.6

A. Consecuencias. Los estudiantes como ustedes con frecuencia tienen que sufrir las consecuencias de sus acciones. ¿Por qué sufren Marcos y sus amigos de la Universidad de Costa Rica? ¿Qué han hecho para causar sus problemas?

Modelo   Marcos está enfermo porque (comer) demasiado.
Marcos está enfermo porque ha comido demasiado.

1. Marcos está enfermo porque (beber) mucho.
2. Patricio tiene una F en su clase de inglés porque no (escribir) las composiciones.
3. Josefina no tiene electricidad en su apartamento porque no (pagar) la cuenta.
4. El coche de Andrés no funciona porque él no le (poner) aceite al motor.
5. Los padres de Carolina no le creen porque ella les (decir) muchas mentiras en el pasado.

6. Carlos no entiende la lección porque no (hacer) la tarea.
7. Yo... porque ¿...?

B. ¡Falta tiempo! Es diciembre en San José y Lidia y Jorge se están preparando para los exámenes finales. ¿Qué dicen que les falta hacer? EP 11.6

> **Modelo**   leer el último capítulo para la clase de historia
> **Todavía no hemos leído el último capítulo para la clase de historia.**

1. estudiar el vocabulario para la clase de español
2. escribir la última composición para la clase de inglés
3. hacer el proyecto para la clase de química
4. terminar los ejercicios en el manual de laboratorio
5. resolver los últimos problemas de química
6. ver el video para la clase de historia

C. ¿Qué has hecho hoy? Pregúntale a un(a) compañero(a) si ha hecho lo siguiente. EP 11.6

> **Modelo**   desayunar
>
>   Tú   **¿Has desayunado ya?**
>   Compañero(a)   **No, todavía no he desayunado.**

1. hacer ejercicio
2. almorzar
3. hacer la cama
4. ponerle gasolina al coche
5. ir a la biblioteca
6. oír las noticias
7. leer el periódico
8. ver esta película

D. ¡Inolvidable! Hay experiencias que dejan una impresión más profunda que otras. ¿Qué has hecho este año que consideras inolvidable? EP 11.6

> **Modelo**   leer
> **He leído** *El ingenioso hidalgo, Don Quijote de la Mancha.*

1. leer
2. viajar
3. conocer
4. participar
5. ver
6. ir
7. aprender
8. hacer

Y ahora, ¡a conversar! ■ ▲ ●

A. Y tú, ¿qué has hecho? Trata de recordar todo lo que has hecho esta semana. Prepara una lista y luego léesela a dos compañeros(as). Escriban en la pizarra todo lo que ustedes hayan hecho en común.

B. Lo que hemos hecho. Trabajando en grupos de tres o cuatro, hablen de lo que cada uno ha hecho hasta descubrir algo que todos en el grupo han hecho menos tú. Luego, continúen hablando hasta descubrir algo que cada uno ha hecho que nadie más en el grupo ha hecho.

¡Luz! ¡Cámara! ¡Acción! ■ ▲ ●

A. ¡Eres famoso(a)! Tú has llegado a ser una persona muy famosa. Ahora un(a) reportero(a) te va a entrevistar para saber los secretos de tu éxito. Cuéntale cómo has llegado a ser tan famoso(a). Con un(a) compañero(a), escriban la entrevista que tienen. Luego, dramatícenla delante de la clase.

B. ¡Tres medallas! Tú has ganado tres medallas de oro en los Juegos Olímpicos. Un(a) reportero(a) de una revista de deportes te entrevista sobre lo que has hecho para prepararte para esta competición. Con un(a) compañero(a), preparen el diálogo que tienen y luego preséntenlo delante de la clase.

¿Te gusta leer?

Estrategias para leer: Encontrar la idea principal

Generalmente, cada párrafo comunica una idea principal. Con frecuencia esa idea se expresa en la primera oración del párrafo y se desarrolla con más detalle en las oraciones que siguen. «La leyenda de Iztarú» tiene cuatro párrafos. A continuación, expresamos en pocas palabras la idea principal del primer párrafo y del último. Lee las primeras oraciones del segundo y tercer párrafos y escribe brevemente la idea principal de cada uno. Luego lee la leyenda completa y verifica si identificaste las ideas principales correctamente.

Párrafo 1: Los líderes indígenas del norte y del sur de Costa Rica vivían en conflicto.

Párrafo 2: _____

Párrafo 3: _____

Párrafo 4: Los habitantes de Guarco reciben una maldición *(curse).*

Lectura

Esta hermosa leyenda, parte del rico folclor de Costa Rica, trata de explicar un fenómeno natural del país, el volcán Irazú.

Uno de los muchos volcanes de Costa Rica

La leyenda de Iztarú

Hace muchos años, antes de la llegada de los españoles a Costa Rica...

La parte Norte era gobernada por un cacique llamado Coo, de gran poder y de aplicación a la agricultura. La parte Sur la gobernaba Guarco, cacique déspota invasor.

Guarco y Coo sostenían una lucha por el dominio de todo el territorio (Valle Central del Guarco). La lucha fue grande; poco a poco, Guarco iba derrotando° la resistencia de Coo, hasta que éste murió y dejó en mando° a Aquitaba, un enérgico y fuerte guerrero. Cuando Aquitaba vio que iba a ser derrotado por Guarco, tomó a su hija Iztarú, la llevó al monte más alto de la parte Norte de la región y la sacrificó a los dioses, implorando la ayuda para la guerra.

defeating

en control

Estando en una dura batalla con Guarco, Aquitaba imploró la ayuda de «Iztarú» sac-
rificada; del monte más alto salió fuego, ceniza, piedra° y cayeron sobre los guerreros de
Guarco que huyeron.° Del costado° del monte salió un riachuelo° que se convirtió en agua
caliente destruyendo los palenques° de Guarco.

Una maldición cundió° y se decía que los habitantes de Guarco trabajarían la tierra,
haciendo con ella su propio techo (teja)°; el pueblo se llamó luego Tejar de Cartago, la
región Norte Cot, y el monte alto volcán Irazú.

stone
ran away / lado / río pequeño
defensive fences
se extendió sobre
tile

A ver si comprendiste ■ ▲ ●

1. Compara a los tres personajes principales.

Coo	Guarco	Aquitaba
1. la parte Norte	1. La parte Sur	1. un enérgico y fuerte guerrero
2. agricultura	2. empezó la guerra	2. el líder después de la muerte de Coo
3. una guerra con Guarco	3. ganó Coo	3. ganó a Aquitaba
4.	4. déspota invasor	4. sacrificó a Iztarú
5.	5.	5.

(handwritten notes at right:)
Iztarú
la hija de Aquitaba
Ayudó a su padre
se murió
la montaña de fuego y ceniza

2. ¿Quién era Iztarú? ¿En qué se transformó?
3. ¿Qué efecto tuvo esa transformación en los habitantes de Guarco?
4. La leyenda explica la existencia de ciertos lugares en la Costa Rica moderna.
   ¿Cuáles son esos lugares?

@ Viajemos por el ciberespacio a... COSTA RICA

If you are a cyberspace surfer, try entering one of the following key words to get
to many fascinating sites in **Costa Rica:**

Enlaces de Costa Rica

Museo de arte costarricense

Universidades de Costa Rica

Or, better yet, simply go to the *¡Dímelo tú!* Web site using the following address:

http://dimelotu.heinle.com

There, with a simple click, you can

- find out what makes Costa Rica the amazing cyberspace country that it is.
- enjoy contemporary Costa Rican art.
- visit the universities of this great country.

Música

banda	*band*
batería	*drums, percussion*
címbalos/platillos	*cymbals*
clarinete (m.)	*clarinet*
instrumento	*instrument*
saxofón (m.)	*saxophone*
tambor (m.)	*drum*
trompeta	*trumpet*

Gobierno

abogado(a)	*lawyer*
ciudadano(a)	*citizen*
democracia	*democracy*
derecho	*law*
ejército	*army*
fuerzas armadas	*armed forces*

Emociones

enojarse	*to get angry*
quejarse	*to complain*
sentirse (ie, i)	*to feel*
soñar (ue)	*to dream*
sufrir de estrés	*to be under stress*

La televisión

episodio	*episode*
filmar	*to film*
telenovela	*TV soap opera*

La ecología

biodiversidad (f.)	*biodiversity*
bosque (m.)	*forest*
caimán (m.)	*alligator*
erupción	*eruption*

flora y fauna	*plant and animal life*
garza	*stork*
helecho	*fern*
insecto	*insect*
mamífero	*mammal*
orquídea	*orchid*
pájaro	*bird*
perezoso	*sloth*
reptil (m.)	*reptile*
tortuga	*turtle*
tucán (m.)	*tucan, exotic bird*
volcán (m.)	*volcano*

Acciones ofensivas

abandonar	*to abandon*
amenazar	*to threaten*
emborracharse	*to get drunk*
faltar a clase	*to miss class*
insinuar	*to insinuate*
insultar	*to insult*

Adjetivos

anticuado(a)	*very old, antiquated*
apreciado(a)	*appreciated*
suficiente	*sufficient, enough*
último(a)	*latest*

Adverbios

antes	*before*
gratis	*free*
por suerte	*fortunately*
ya	*already*

Verbos

agradar	*to like; to please*
cumplir	*to carry out, realize*
desconnectar	*to unplug (electricity)*
dejar de	*to stop (doing something)*
dirigir	*to direct*
echar de menos	*to miss*
librar	*to free, liberate*
montar	*to get on, ride*
participar	*to participate*
pincharse	*to get a flat tire; to puncture*
sacar buenas notas	*to get good grades*
salir juntos	*to date, go out together*
sonar (ue)	*to ring*

Palabras y expresiones útiles

animal de peluche (m.)	*stuffed animal (toy)*
¡caramba!	*good heavens!*
culpa	*fault*
deberes (m. pl.)	*responsibilities*
había una vez	*once upon a time*
¡fíjese!	*just imagine!*
gasolinera	*gas or filling station*
joya	*jewel*
precio	*price*
Premio Nóbel	*Nobel Prize*
responsabilidad (f.)	*responsibility*

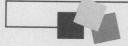

En preparación 11

Paso 1

11.1 Imperfect of regular verbs

Talking about past events

In **Capítulos 4, 6,** and **10,** you learned about the preterite. In this chapter, you will learn about another aspect of the past: the imperfect tense. You will also learn how to distinguish between the preterite and imperfect.

-ar verb endings	trabajar
-aba	trabajaba
-abas	trabajabas
-aba	trabajaba
-ábamos	trabajábamos
-abais	trabajabais
-aban	trabajaban

-er, -ir verb endings	saber	escribir
-ía	sabía	escribía
-ías	sabías	escribías
-ía	sabía	escribía
-íamos	sabíamos	escribíamos
-íais	sabíais	escribíais
-ían	sabían	escribían

Note that the first- and third-person singular endings are identical. Also, *all* the imperfect **-er** and **-ir** endings require a written accent.

A. There are no stem-changing verbs in the imperfect.

B. The imperfect of **hay** is **había** *(there was/were, there used to be),* from the infinitive **haber.**

C. There are only three irregular verbs in the imperfect: **ser, ir,** and **ver.** They are presented in section 11.3.

11.2 Uses of the imperfect

Talking about what we used to do

A. The imperfect has several English equivalents.

Trabajaba todos los días.
- *I worked every day.*
- *I was working every day.*
- *I used to work every day.*
- *I would work every day.*

B. Like the preterite, the imperfect is used to talk about an act that has already occurred. However, the imperfect focuses on the continuation of an act or on an act in progress rather than on the completed act. Continuation includes repeated habitual action, background action, actions in progress, and certain physical, mental, or emotional states.

Repeated habitual action

Viajaba mucho en el invierno.	*I would travel a lot in the winter.*
Nunca **dormía** más de ocho horas al día.	*I never slept more than eight hours a day.*

Actions in progress

El bebé **dormía** en el otro cuarto.	*The baby was sleeping in the other room.*
Escuchaba mi disco favorito mientras **limpiaba** la casa.	*I was listening to my favorite record while I cleaned the house.*

Background action

Hacía mucho calor, pero todos **estaban** trabajando.	*It was very hot, but everyone was working.*

Physical, mental, or emotional states

En esos días **estábamos** muy enamorados.	*In those days we were very much in love.*
Me **gustaban** mucho las exhibiciones de arte.	*I used to like art exhibits a lot.*

11.3 Imperfect of *ser, ir,* and *ver* ⊂⊃

Describing how you used to be, where you used to go, what you used to see

There are three irregular verbs in the imperfect.

ser	
era	éramos
eras	erais
era	eran
era	eran

ir	
iba	íbamos
ibas	ibais
iba	iban
iba	iban

ver	
veía	veíamos
veías	veíais
veía	veían
veía	veían

¡A practicar! ■ ▲ ●

A. Hace diez años. ¿Quiénes en el pasado hacían lo siguiente: tus padres, tú, tú y tus hermanos, etc.?

1. _____ vivía con mis padres.
2. _____ no estudiábamos en la universidad.
3. _____ mayor trabajaba en un supermercado.
4. _____ me daban dinero.
5. _____ no conducía el coche de mis padres.
6. ¿Y _____? ¿Qué hacías hace diez años?

B. Gente famosa. Las personas famosas no tienen vida privada. Todos sabemos lo que hacen y dicen a cada minuto. ¿Qué hacían estas personas hace unos años?

> **Modelo**   1950 / Ronald Reagan / filmar películas
> **En 1950 Ronald Reagan filmaba películas.**

1. 1960 / Martin Luther King, Jr. / protestar contra / discriminación racial
2. 1965 / los Beatles / cantar por todo el mundo
3. 1969 / Richard Nixon / dirigir el país
4. 1969 / Neil Armstrong / trabajar en la NASA
5. 1989 / alemanes / celebrar / Alemania unida
6. 1990 / sudafricano Nelson Mandela / viajar / como hombre libre
7. 1991 / ejército de los Estados Unidos / estar / golfo Pérsico
8. 1996 / Bill Clinton / servir de / presidente de EE.UU.

C. ¡Cómo nos cambia la vida! Completa los espacios en blanco para saber cómo era la vida de Ana Rosa, una estudiante de la Universidad Latina en Costa Rica.

Antes, cuando _____ (yo / vivir) con mis padres en Puntarenas, todo _____ (ser) más fácil. Primero, _____ (yo / ser) una buena estudiante y nunca _____ (tener) problemas de dinero. Tampoco _____ (tener) que trabajar. Bueno, es verdad que ahora nada es fácil, pero también sé que ahora soy una persona muy responsable.

D. ¡Cuántos sacrificios! Marta y Ramiro Roque se conocieron en la Universidad de Costa Rica. Lee lo que ellos dicen y completa con los verbos en imperfecto, para saber cómo era su vida estudiantil en la universidad.

Nosotros _____ (ser) estudiantes de medicina y _____ (trabajar) en la Clínica Santa Rita en San José. Marta _____ (ser) estudiante de ginecología, y yo _____ (estudiar) cirugía. Nosotros _____ (ir) a la clínica dos o tres veces por semana pero no nos _____ (ver) mucho porque _____ (trabajar) en diferentes secciones. A pesar de que _____ (ser) novios, no _____ (poder) salir mucho juntos porque _____ (tener) que estudiar día y noche.

Paso 2

11.4 Preterite and imperfect: Completed and continuous actions

Describing completed actions and actions in progress in the past

You have learned that both the preterite and the imperfect are used to talk about the past, but there is a difference in how the two tenses are used. Compare the following.

A. The preterite is used to describe completed past actions.

La conferencia **duró** dos horas.	*The lecture lasted two hours.*
Hablé con mis padres anoche.	*I spoke with my parents last night.*

B. The imperfect is used to focus on continuation or actions in progress and background actions. It is also used to tell time in the past.

Siempre **charlábamos** por horas.	*We always used to chat for hours.*
El teléfono **sonaba** continuamente.	*The phone would ring continuously.*
Eran las seis.	*It was 6:00.*

C. When the preterite and imperfect are used in the same sentence, the imperfect often describes a continuous background action that is interrupted by a completed action expressed in the preterite.

Miraba televisión cuando **llamaste.**	*I was watching television when you called.*
Nos lo **dio** mientras **comíamos.**	*He gave it to us while we were eating.*

D. The imperfect may be used to focus on a future event related to a situation planned in the past.

Debo irme. Tita dijo que la clase **empezaba** a las ocho.	*I must leave. Tita said the class would begin (was going to begin) at 8:00.*

[handwritten margin notes: emotion en el pasado normalmente es imperfecto / verdad / clima o tiempo siempre es imperfecto / tenía dos años siempre imperfecto]

¡A practicar! ■ ▲ ●

A. ¡Qué día! Marcela Freire, una estudiante del Instituto Centroamericano para Asuntos Internacionales, tuvo un día muy malo ayer. Según ella, ¿qué le pasó? Para saberlo, pon los verbos entre paréntesis en pasado.

Ayer _____ (ser) un día terrible. Para empezar, yo _____ (estar) furiosa porque mi novio no me _____ (llamar) la noche anterior. Luego, cuando yo _____ (salir) de casa, _____ (estar) lloviendo a cántaros. _____ (Buscar) mi paraguas pero no lo _____ (encontrar). Luego, _____ (perder) el autobús y _____ (tener) que esperar el siguiente. Cuando yo finalmente _____ (llegar) a clase, la secretaria _____ (anunciar) que la profesora _____ (estar) enferma. ¡Qué día!

B. ¡No más! Tomás decidió no ir a la clase de práctica en la Sinfónica Nacional de Jóvenes de Latinoamérica. Para saber por qué, pon los verbos en el pasado.

1. ya / ser tarde / cuando / despertarme
2. preparar / desayuno / cuando / teléfono / sonar
3. mientras / bañarse / agua / cortarse
4. cuando / salir / casa / gato / escapar
5. estar manejando / de repente / llanta / pincharse
6. mientras / cambiar / llanta / empezar a / llover
7. finalmente / decidir / regresar / casa

C. ¿De veras? Martín, estudiante de la Universidad Latinoamericana también tuvo muchos problemas. Completa con los verbos en pasado, para saber qué le pasó y qué le dice a su mejor amigo.

Es verdad. Anoche mi computadora _____ (dejar) de funcionar. _____ (Ser) las diez y yo _____ (estar) preparando la tarea cuando _____ (sonar) el teléfono. _____ (Ser) mi madre, y nosotros _____ (hablar) por una hora, más o menos. Cuando _____ (regresar) a la computadora, no _____ (haber) imagen en la pantalla. _____ (Apretar) varias teclas *(keys)* pero sin ningún resultado. No _____ (descubrir) hasta esta mañana que mi compañero de cuarto la había desconectado.

11.5 Preterite and imperfect: Beginning/end and habitual/customary actions ⊂⊃⊂⊃

Describing the beginning or end of actions and habitual past actions

In section 11.4, you learned that the preterite focuses on completed actions and the imperfect focuses on actions in progress.

A. Since the preterite focuses on completed actions, it often emphasizes the beginning or end of an act.

Cuando **vi** a Carlota, **corrí** a saludarla.	*When I saw Carlota, I ran to greet her.*
Salieron corriendo.	*They left running. (They took off running.)*
De repente la computadora no **funcionó.**	*Suddenly the computer did not work. (It just stopped.)*
Me **sentí** muy mal después de la clase de informática.	*I felt very sick after computer science class. (But I got over it.)*

B. The imperfect is used to describe habitual or customary actions or events in progress.

Siempre **daba** la misma excusa.	*I always gave the same excuse.*
Yo nunca **iba** a la biblioteca de noche.	*I never used to go to the library at night.*

¡A practicar! ■ ▲ ●

A. ¡Excusas! Fulano Embustero no trata bien a su novia, pero siempre tiene una excusa. ¿Qué le dice a su novia?

1. Esta mañana cuando tú (llamaste / llamabas) yo no (contesté / contestaba) porque (estuve / estaba) en el baño.
2. Yo no te (llamé / llamaba) la semana pasada porque (desconectaron / desconectaban) mi teléfono.
3. La llanta de mi coche (se pinchó / se pinchaba) y por eso (llegué / llegaba) tarde.
4. Anoche (trabajé / trabajaba) hasta tan tarde que (decidí / decidía) no llamarte para no despertarte.
5. El sábado pasado no (fui / iba) a tu casa porque mi coche no (funcionó / funcionaba).
6. Ayer no te (invité / invitaba) a la fiesta porque tú no (conociste / conocías) a nadie.

B. ¿Qué le voy a decir? Mauricio Parra, estudiante del Instituto Monteverde en San José, no fue ayer a su clase de química. ¿Por qué? Para saberlo, pon los verbos en el pasado.

¡Qué horror! No _____ (acostarme) hasta muy tarde anoche. Esta mañana cuando _____ (despertarme), ya _____ (ser) las diez menos cinco. Mi clase de química _____ (empezar) en cinco minutos. _____ (Decidir) no ir a clase. Más tarde _____ (hablar) con un compañero de clase y él _____ (decirme) que el profesor _____ (estar) furioso porque yo no había ido a clase. Ahora no sé qué le voy a decir al profesor.

C. ¡Aguafiestas! (Party pooper!) Pon los verbos entre paréntesis en el pasado para saber lo que ocurrió el sábado pasado en la fiesta de Enrique, en Cartago.

El sábado pasado Enrique _____ (organizar) una fiesta en su casa. Sus padres no _____ (estar) y él _____ (invitar) a muchísima gente. Todos nuestros amigos _____ (ir) y también _____ (llegar) gente desconocida. _____ (Haber) mucha comida y mucha cerveza. Todos _____ (bailar) y _____ (cantar) cuando a eso de la una de la mañana unos vecinos _____ (llamar) a la policía. La policía nos _____ (obligar) a terminar la fiesta. Enrique no les _____ (decir) nada a sus padres.

Paso 3

11.6 Present perfect

Talking about what people have or haven't done

As in English, the present perfect tense in Spanish is a compound past tense. It is formed by combining the present indicative of the auxiliary verb **haber** *(to have)* with the past participle.

Present indicative		Present perfect tense	
haber *(to have)**		**sentir** *(to feel)*	
he	hemos	he sentido	hemos sentido
has	habéis	has sentido	habéis sentido
ha	han	ha sentido	han sentido
ha	han	ha sentido	han sentido

A. The past participle of most verbs in English is formed by adding *-ed* to the verb; for example, *to travel > traveled, to study > studied, to open > opened.* In Spanish, past participles are formed by adding **-ado** to the stem of **-ar** verbs, and **-ido** to the stem of **-er** and **-ir** verbs.

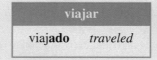 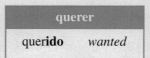 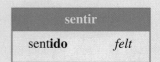

viajar	querer	sentir
viaj**ado** *traveled*	quer**ido** *wanted*	sent**ido** *felt*

The past participle of all **-er** and **-ir** verbs whose stem ends in **-a, -e,** or **-o** requires a written accent: **traído, leído, creído,** and so on.

B. As in English, some Spanish verbs have irregular past participles; the following are those most frequently used.

---

* Do not confuse the auxiliary verb **haber** with the verb **tener,** which is used to express possession or obligation.

abrir	**abierto**	poner	**puesto**
cubrir	**cubierto**	resolver	**resuelto**
decir	**dicho**	romper	**roto**
escribir	**escrito**	ver	**visto**
hacer	**hecho**	volver	**vuelto**
morir	**muerto**	ir	ido

Note that the past participles of verbs related to those listed are also irregular: **descubrir** (*to discover*) > **descubierto; maldecir** (*to curse*) > **maldicho; devolver** (*to return something*) > **devuelto;** and so on.

C. In general, the use of the present perfect tense in Spanish parallels its use in English.

No me **he sentido** bien.	*I haven't felt well.*
Han estado muy enfermos.	*They have been very sick.*
Todavía no **se ha levantado**.	*He hasn't gotten up yet.*
No **hemos devuelto** los libros a la biblioteca.	*We haven't returned the books to the library.*

Note that when used in the present perfect, the past participle is invariable; it does not agree in number or in gender with the noun. Reflexive and object pronouns are always placed before the conjugated form of the verb **haber.**

D. With few exceptions, **haber** functions only as an auxiliary verb. The verb **tener** is used to indicate possession or obligation.

| No **me he sentido** nada bien. | *I haven't felt well at all.* |
| **Tengo** que llamar al médico. | *I have to call the doctor.* |

¡A practicar!

A. ¡Qué organizado! Cuando una persona organizada viaja, siempre prepara listas de lo que le queda por hacer. ¿Qué dice esta persona de lo que todavía no ha hecho?

> **Modelo** escribirles a mis tíos en Puerto Limón
> **Todavía no les he escrito a mis tíos en Puerto Limón.**

1. ver el Jardín Lankaster
2. ir al Parque Bolívar, el zoológico de San José
3. sacar fotos del Teatro Nacional
4. viajar a Cartago
5. hacer compras en el Mercado Nacional de Artesanía
6. visitar el Museo del Jade

B. ¡No he hecho nada! Inevitablemente cuando llega el domingo por la tarde, descubrimos que no hemos hecho algunas cosas que pensábamos hacer durante el fin de semana. Pon los verbos en presente perfecto para ver unos ejemplos típicos.

1. Miguel no _____ (ir) de compras.
2. José no _____ (hacer) la tarea.
3. Yo no les _____ (escribir) a mis padres.
4. Miguel y José no _____ (lavar) la ropa.
5. Nosotros no _____ (poder) limpiar el garaje.
6. Yo no _____ (abrir) los libros para estudiar.
7. Tú no _____ (limpiar) tu cuarto.
8. Ustedes no _____ (llamar) a sus padres.

¡Qué vacaciones!

Cultural Topics

- **¿Sabías que...?**
  El soroche en Cuzco
  La papa, el cui y los anticuchos
  Los quechuas
- **Noticiero cultural**
  Lugar: *Cuzco, ¡el corazón del imperio inca!*
  Gente: *Mario Vargas Llosa*
- **Lectura:** *Machu Picchu: La ciudad escondida de los incas*

  Video: *Los Andes, ¡donde lo nuevo y lo antiguo se entrelazan!*

  Viajemos por el ciberespacio a...
  Perú

Listening Strategies

- Interpreting nonverbal cues
- Listening from the top down

Writing Strategies

- Recognizing different points of view

Reading Strategies

- Using contextual clues to decipher meaning

En preparación

- 12.1 Future tense of regular verbs
- 12.2 Future tense of verbs with irregular stems
- 12.3 Conditional of regular and irregular verbs
- 12.4 **Tú** commands: A second look

  CD-ROM:
  Capítulo 12 actividades

Perú

- describe what you will do on vacation.
- describe what you will do in the future.
- talk about what you would do if...
- give advice and instructions.
- give orders.

1 Decoración de oro y turquesa descubierta recientemente en las Tumbas Reales de Sipán

2 La fortaleza de Sacsahuamán en Cuzco

3 Terrazas en Machu Picchu
cultivar plantas

Lo que ya sabes... ■ ▲ ●

1. Hay tres figuras en la decoración de oro y turquesa. ¿Qué representan: dioses, reyes o guerreros? ¿Por qué crees eso?

2. ¿Crees que toda la gente de esta civilización vestía de oro, como la figura central de la decoración de oro y turquesa? Explica tu respuesta.

3. ¿Cómo crees que fue construida esta gran fortaleza? ¿Qué crees que usaron para mover y cortar estas gigantescas rocas?

4. Perú es una tierra de muchos terremotos. ¿Cómo crees que han sobrevivido estas impresionantes construcciones por cientos y cientos de años? ¿Tenían los incas mejores arquitectos que los nuestros de hoy en día?

5. ¿Por qué crees que construyeron estas terrazas? ¿Para qué crees que se usaban? ¿Cómo regaban *(irrigate)* las terrazas?

Tarea

Antes de empezar este *Paso,*
estudia *En preparación*

☐ 12.1 Future tense of
regular verbs

☐ 12.2 Future tense of
verbs with irregular
stems

☐ Haz por escrito los ejercicios de *¡A practicar!*

☐ Escucha la sección *¿Qué
se dice...?* del Capítulo
12, Paso 1 en el CD.

¿Eres buen observador?

Machu Picchu

Ahora, ¡a analizar! ■ ▲ ●

Un buen arqueólogo tiene que ser un excelente observador porque tiene que interpretar los
restos *(remains)* de civilizaciones antiguas. Veamos a qué conclusiones puedes llegar sobre
la civilización que dejó los restos que aparecen en esta fotografía.

1. ¿Cómo crees que se construyó este lugar? ¿Qué necesitaban saber sus arquitectos?
2. ¿Qué tipo de máquinas y herramientas *(tools)* crees que usaron?
3. ¿Cuántos trabajadores crees que necesitaron?
4. ¿Qué puedes suponer de la sociedad que logró construir tal lugar?

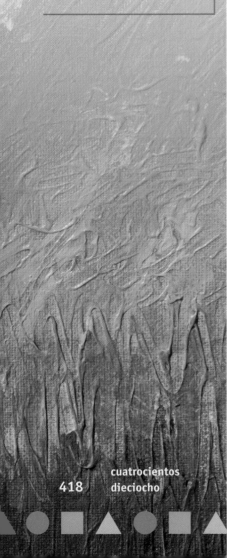

¿Qué se dice...?

Al hablar de lo que harás en las vacaciones

¿Quién o quiénes hacen esto, Enrique **(E)**, Olga **(O)** o ambos **(EO)**?

_e_	1. Piensa que el hotel es carísimo.
_o_	2. Piensa tomar una lancha en el lago Titicaca.
_eo_	3. Pasará todo el día sacando fotos.
_o_	4. Tendrá que cargar miles de recuerdos.
_e_	5. Va a tener soroche en Cuzco.
_e_	6. Está harto de caminar.

ENRIQUE   Y después de Cuzco, ¿a Lima dijiste? ¿Será caro el hotel donde nos
alojaremos? ¿Tendrá agua caliente?

OLGA ¡Por supuesto, Enrique! ¿No te dije que vamos a estar en un hotel de cinco estrellas? Además, Lima es la capital y es una ciudad fabulosa y muy cosmopolita.

ENRIQUE ¿Y qué comeremos? Ya no quiero comer más cui. ¡No me importa si es el plato nacional!

OLGA Enrique, en Lima hay montones de restaurantes buenos y baratos donde no tendrás que comer cui. Y si no dejas de quejarte, la próxima vez te dejaré en casa.

A propósito...

Perú tiene tres lenguas oficiales: el español, el quechua y el aymará. La mayoría de la gente que vive en la sierra habla quechua, la lengua de los incas. A las orillas del lago Titicaca es donde se oye hablar el aymará. El español se habla en todas las ciudades grandes. Muchos de los indígenas que hablan quechua o aymará también hablan español. El quechua en particular, ha influido bastante el español de toda la región andina. Algunos ejemplos son el uso de **choclo** por maíz, **porotos** por frijoles, **palta** por aguacate y **guagua** por bebé.

¿Sabías que...?

Debido a que Cuzco está a 3.399 metros (11.155 pies) sobre el nivel del mar, muchos turistas sufren de soroche *(altitude sickness)* durante su visita a la ciudad. En el aeropuerto de Cuzco hay tanques de oxígeno puro para los viajeros que llegan, y los hay también en la mayoría de los hoteles grandes. Los hoteles también sirven té de coca *(coca leaf tea)* 24 horas al día, que es lo que los indígenas beben para evitar el soroche.

Ahora, ¡a hablar! ■ ▲ ●

EP 12.1

A. ¡Cuzco! Enrique está muy preocupado y quiere saber todos los detalles de lo que harán en Cuzco. ¿Qué le dice el agente de viajes?

> **Modelo**   domingo: levantarnos muy temprano
> **El domingo nos levantaremos muy temprano.**

1. lunes: llegar a 17:30 / y / dormir dos o tres horas / porque / ser necesario para evitar el soroche
2. lunes: por la tarde / caminar por la ciudad
3. martes: visitar la catedral y conocer el Palacio de Manco Cápac
4. martes: por la tarde viajar a la fortaleza de Sacsahuamán
5. miércoles: despertarse a las seis / y / viajar en tren a Lima otra vez

EP 12.1

B. ¡Machu Picchu! Ahora Enrique y Olga están conversando sobre sus planes para Machu Picchu. ¿Qué dice Olga que harán ellos?

> **Modelo**   miércoles / llegar por la tarde / ir al hotel
> **El miércoles llegaremos por la tarde e iremos al hotel.**

1. quedarse dos días / Hotel Turistas
2. caminar por las ruinas / ver cómo los incas construían terrazas para cultivar la tierra
3. subir a Huayna Picchu / observar todas las ruinas desde arriba
4. el guía / explicarnos / historia de Machu Picchu
5. a las 19:00 / comer en el restaurante del hotel / escuchar música andina

C. Mis próximas vacaciones. Entrevista a un(a) compañero(a) de clase para saber cómo y dónde pasará las próximas vacaciones.

1. ¿Adónde irá? ¿Cómo viajará? ¿en avión? ¿en tren? ¿en auto?
2. ¿Viajará solo(a)?
3. ¿Dónde se quedará? ¿Cuánto le costará el alojamiento *(housing)*?
4. ¿Cuánto tiempo estará de vacaciones? ¿Se quedará en el mismo lugar o viajará a otros sitios?
5. ¿Dónde comerá? ¿Comerá comida típica?
6. ¿Qué hará durante el día? ¿y de noche?
7. ¿Sacará muchas fotos? ¿Comprará muchos recuerdos?
8. ¿Llevará cámara de video?

D. ¡Qué futuro! El futuro está siempre lleno de promesas, de proyectos y de sueños. ¿Cómo ves tu propio futuro? ¿Cuáles son tus proyectos? ¿Será tu vida mejor que ahora? Con un(a) compañero(a), compara tu vida de ahora con la que piensas tener dentro de diez años.

> **Modelo**   trabajo
> **Ahora trabajo sólo de mesero; dentro de diez años seré el dueño del restaurante.**

1. trabajo
2. estudios
3. familia
4. esposo(a) e hijos
5. vivienda (casa o apartamento)
6. bienes (coches, casas, propiedad, etc.)

Y ahora, ¡a conversar! ■ ▲ ●

A. Resoluciones. En enero siempre empezamos nuestras resoluciones tradicionales. ¿Cuáles serán tus resoluciones para el año próximo? Discútelas con un(a) compañero(a) y escucha mientras él (ella) te dice las suyas.

B. Bola de cristal. Tú y tus compañeros(as) trabajan para un periódico que se dedica a las noticias extravagantes e increíbles. Ésta es la edición de fin de año y, como hacen todos los años, tienen que predecir el futuro más improbable para personas en estos puestos. En grupos de tres escriban sus predicciones. Compártanlas con otro grupo de tres.

1. en el mundo político
2. en el mundo del espectáculo
3. en el mundo de los deportes
4. en el mundo del arte

C. ¡El año 2015! ¿Qué te traerá el futuro? En grupos de tres o cuatro, digan qué creen que estarán haciendo en el año 2015. Decidan quién tendrá el futuro más interesante y cuéntenselo a la clase.

¡Luz! ¡Cámara! ¡Acción! ■ ▲ ●

A. Quiromancia. Tú sabes practicar el arte de la quiromancia *(palm reading)*. Tu amigo(a) quiere saber lo que le espera en el futuro: el trabajo, el amor, la salud y la familia. Lee su palma y cuéntale el futuro. Con un(a) compañero(a), escriban el diálogo que tienen y luego dramaticen la situación delante de la clase.

B. Compañeros de cuarto. Tú y tu compañero(a) han decidido compartir una casa. Ahora necesitan organizar su vida en común. Entre los dos, planeen lo que cada uno hará para contribuir a la armonía de la casa.

¿Comprendes lo que se dice?

Estrategias para escuchar: Interpretar las pistas no verbales del contexto

Interpreting what you hear often requires knowing more than just the meaning of individual words. For example, if you hear the words **Me siento horrible** *without knowing the circumstances that prompted the speaker to say them, then you can't know whether the speaker feels horrible owing to illness or because something unfortunate happened. To understand fully the meaning of a conversation you must use numerous nonlanguage cues as well as individual word meaning. In the remaining chapters you will be asked to interpret what you hear based not only on the meaning of the words, but on your own experience and cultural knowledge as well.*

Pronto estaremos en el hotel. Ahora escucha la primera parte del diálogo y trata de contestar estas preguntas. Luego escucha el resto del diálogo y anota cuatro cosas que van a hacer las personas que hablan.

Primera parte

¿Quiénes hablan? *Olga d Enrique*
¿Dónde están? *Camenar Perú*
¿Qué están haciendo? _____
¿Qué quiere hacer la mujer que habla? *ir una más tienda*
¿Por qué se queja el hombre? *porque es cansado*

Segunda parte

1. *Es Comenamos cena en un restaurante*
2. *Escribemos tarjetas de postal*
3. *Dormiremos muy bien*
4. *Horible*

Viajemos por el ciberespacio a... PERÚ

Si eres aficionado a navegar por el ciberespacio, usa una de las siguientes palabras clave para llegar a estos sitios fascinantes de **Perú:**

Arequipa   Prensa peruana   Parlamento peruano

O mejor aún, simplemente ve directamente al sitio de la Red *¡Dímelo tú!* Allí, usando la siguiente dirección:

http://dimelotu.heinle.com

Haz un *click* en las direcciones correspondientes para que puedas...

- disfrutar del estado de Arequipa, donde siempre brilla el sol.
- leer *El Peruano,* el diario más antiguo de Latinoamérica, fundado por Simón Bolívar.
- visitar el Parlamento Virtual y entrar el sistema político peruano, donde los ciudadanos participan con demandas, opiniones o sugerencias.

Perú

N O T I C I E R O
CULTURAL

LUGAR...Perú

Antes de empezar, dime... ■ ▲ ●

1. ¿Cuál fue el antiguo centro de la cultura indígena en EE.UU. antes de la llegada de los europeos? ¿Hubo más de uno? ¿Existen ruinas de esa época? ¿Dónde? ¿Cómo son? Descríbelas.
2. ¿Cuál es la ciudad más antigua de EE.UU.? ¿Cuál es el origen y el significado de su nombre?
3. En EE.UU. hay muchos rascacielos *(skyscrapers)* impresionantes. ¿Cuánto tiempo crees que van a durar *(last)*? ¿Cuántas personas trabajan para construir uno de esos edificios? ¿Qué maquinaria y herramientas usan?

Vista panorámica de la ciudad de Cuzco

Cuzco, ¡el corazón del imperio inca!

La zona de Cuzco, la capital del imperio de los incas, está situada en las mesetas andinas, al sureste de Lima, en el «corazón» mismo del antiguo imperio. Debido a su rol crucial, esta antigua capital incaica está rodeada de una gran riqueza arqueológica. Cuzco es una palabra quechua que significa ombligo *(navel)* en español y hace referencia a su localidad en el centro del universo. La ciudad tiene sus principios a comienzos del siglo XII pero no es hasta el siglo XV que se establece como capital del imperio inca. Cuzco, a una altura de 3.399 metros (11,155 pies) sobre el nivel del mar, era una capital difícil de alcanzar y por la misma razón, un lugar muy incómodo para los españoles.

La fortaleza de Sacsahuamán

La ciudad y sus alrededores contienen innumerables ruinas preincaicas e incaicas que incluyen fortalezas como Sacsahuamán y el Templo del Sol. En la construcción de estas fortalezas se observa un ejemplo incomparable de cantería *(stone cutting):* los bloques de granito están colocados uno sobre el otro sin haber utilizado cemento. Los expertos en el tema han llegado a decir que no existe otro tipo de construcción similar que pueda compararse con ésta en cuanto a su calidad.

En la actualidad los únicos habitantes de estos increíbles testimonios del pasado son las llamas y vicuñas y, claro, los turistas que vienen de todos los rincones del mundo.

Y ahora, dime... ■ ▲ ●

1. Usa este diagrama Venn para comparar Cuzco con la capital de EE.UU. o la capital de tu propio estado. Indica las diferencias y lo que tienen en común.

Capital de EE.UU. o de mi propio estado	Ambas capitales	Cuzco: capital del imperio incaico
1.	1.	1.
2.	2.	2.
3.	3.	3.
4.	4.	4.
5.	5.	5.
6.	6.	6.
…	…	…

2. ¿Qué quiere decir «Cuzco» en español? Explica su significado.

Tarea

Antes de empezar este *Paso*, estudia *En preparación*

☐ 12.3 Conditional of regular and irregular verbs

☐ Haz por escrito los ejercicios de *¡A practicar!*

☐ Escucha la sección *¿Qué se dice...?* del Capítulo 12, Paso 2 en el CD.

¿Eres buen observador?

Ahora, ¡a analizar! ■ ▲ ●

1. ¿Cuál es el propósito de esta propaganda?
2. ¿Qué es la selección peruana? ¿Qué hizo recientemente?
3. ¿Qué es El Comercio? ¿Qué le ofrecerá a sus lectores?
4. ¿Cómo será posible revivir el triunfo de la Selección Peruana?
5. ¿Qué es la blanquirroja? ¿Cuál es otro nombre de la blanquirroja?

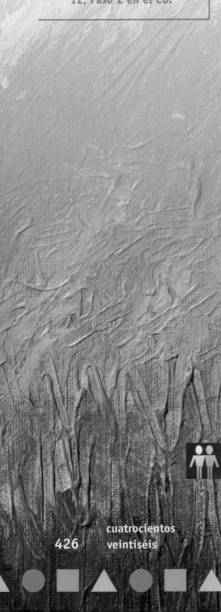

¿Qué se dice...?

Al hablar de lo que harías

A. ¿Qué le gustaría comprar a Olga?

   ✓ una pintura de la Plaza San Martín   ✓ un suéter de alpaca

   ✓ un collar de plata   ✓ unos recuerdos de Lima

   ✓ unos rollos para fotos   ✓ unos zapatos de cuero

   —— un vestido lindo   —— unas tarjetas postales

B. En tu opinión, ¿qué le gustaría hacer a Enrique? 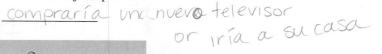 _compraría un nuevo televisor or iría a su casa_

OLGA	Pues, no me dijiste. ¿Qué harías con todo ese dinero que ahorraríamos?
ENRIQUE	Como te digo. No tomaría vacaciones tan caras.
OLGA	Sí, te quedarías siempre en casa a contar tu dinero solo.
ENRIQUE	Pero por lo menos podría pagar las cuentas sin tener que preocuparme por el dinero.

A propósito...

En la actividad **B** a continuación, vas a ver una forma de verbos desconocida: **tuviera, quejara, fuera.** Esta forma es el pasado del subjuntivo y se usa con frecuencia con el condicional. Se explica en el Apéndice **F.** En la actividad **D** que sigue, vas a ver otro uso especial del pronombre **se.** Allí, **se** tiene un significado recíproco. En inglés se traduciría como *each other:* **deberían llamarse** —*they should call each other.*

¿Sabías que...?

La papa fue, tal vez, la contribución más importante y más valiosa de los incas al mundo entero. Los incas en Perú conocían unas 255 especies de papa que todavía usan en platillos típicamente peruanos: chuño o papa seca *(a freeze-dried potato),* papa ocopa (papa con una salsa de maní), papa a la huancaína (papa con queso y ají)... Otros platos típicos peruanos son el **cui,** un conejillo de Indias *(guinea pig)* que se come frito o asado a la parrilla, y los **anticuchos,** que se preparan con corazón de res, ají, achiote y vinagre.

Ahora, ¡a hablar! ■ ▲ ●

EP 12.3

A. ¡Perú mágico! Carla y César, los amigos de Enrique y Olga, sueñan con hacer su primer viaje a Perú. Según ellos, ¿qué harían si estuvieran en Perú?

> **Modelo**   César: visitar los museos de arqueología
> **César visitaría los museos de arqueología.**

1. Carla: salir todas las noches a bailar
2. César: hacer mucho andinismo / alpinismo *(mountain climbing)*
3. Carla: navegar en el lago Titicaca
4. Carla y César: explorar las ruinas de Machu Picchu
5. César: comer chuño
6. César y Carla: aprender a hablar quechua
7. Carla: ir a los mercados de artesanías
8. Carla y César: divertirse mucho

EP 12.3

B. ¿Compañeros de viaje ideales? ¿Son Enrique y Olga compañeros de viaje ideales? Decide después de completar este párrafo, poniendo los verbos entre paréntesis en el condicional.

Enrique dice que la compañera de viaje ideal _____ (hacer) todas las reservaciones, _____ (sacar) todas las fotos y no _____ (comprar) nada. Olga dice que el compañero de viaje ideal _____ (poder) caminar todo el día sin problemas, no _____ (sufrir) de soroche y nunca _____ (quejarse) de nada. Enrique también dice: «Yo _____ (ser) el compañero de viaje ideal si no tuviera que viajar con Olga». Olga dice que ella _____ (viajar) muy bien con Enrique si él no se quejara tanto. Olga dice que los dos no _____ (tener) problemas si Enrique no fuera tan tacaño con su dinero.

C. Mis vacaciones. Carla y César dicen que si se ganaran la lotería *(lottery)*, se pasarían el resto de su vida viajando. ¿Qué harías tú? ¿Cómo cambiaría tu vida?

> **Modelo**   dar
>
> **Yo les daría dinero a todos los miembros de mi familia.**

1. ir	3. no tener que	5. hacer	7. comprar
2. poder	4. invertir / ahorrar	6. viajar	8. ¿...?

D. La verdadera amistad. La verdadera amistad es difícil de encontrar. Pregúntale a tu compañero(a) si cree que los verdaderos amigos harían lo siguiente.

> **Modelo**   deber llamarse todos los días
>
> TÚ   **¿Crees que los verdaderos amigos deberían llamarse todos los días?**
>
> COMPAÑERO(A)   **Sí, creo que deberían llamarse todos los días.** [o]
> **No, creo que no sería necesario llamarse todos los días.**

1. escucharse siempre con paciencia	4. escribirse cartas electrónicas varias veces al día
2. visitarse en el hospital	5. decirse todos los secretos
3. pedirse siempre dinero	6. ayudarse ante las dificultades

Y ahora, ¡a conversar! ■ ▲ ●

A. Enrique y Olga. Enrique y Olga no son los compañeros de viaje ideales, pero podrían serlo. En tu opinión, ¿cómo tendrían que cambiar para poder viajar juntos sin problemas? Por escrito, prepara una lista de cuatro o cinco cambios que cada uno tendría que hacer. Luego compara tu lista con la de dos compañeros(as) de clase e infórmenle a la clase lo que tienen en común sus listas.

B. Debate. En la historia de las Américas ha habido pocas mujeres presidentas: Isabel Perón en Argentina, Lydia Gueiler Tejada en Bolivia y Violeta Barrios de Chamorro en Nicaragua. Los Estados Unidos nunca ha tenido a una mujer como presidenta. ¿Debería una mujer llegar a ser presidenta? ¿Qué podría hacer una mujer presidenta? Trabajando en grupos de cuatro, cada pareja debe tomar una posición opuesta y defenderla.

C. ¿Qué harías si...? Cuando viajamos, con frecuencia nos vemos en situaciones difíciles debido a tener que viajar dentro de un presupuesto fijo *(fixed budget)*. Trabajando en grupos de tres o cuatro, decidan qué harían ustedes en las siguientes situaciones. Comparen sus respuestas con las de los otros grupos.

1. Tú y unos(as) amigos(as) están de vacaciones de primavera en Fort Lauderdale. Después de los primeros cuatro días ustedes ya han gastado *(you've spent)* todo su dinero y las vacaciones no terminan hasta la semana siguiente.

2. Viste una chaqueta que quieres comprarte, pero tu mejor amigo(a) tiene que comprarle un regalo especial a su madre porque, al regresar, es su cumpleaños. Tu amigo(a) ya no tiene dinero y te pide un préstamo *(loan)*. Si le prestas el dinero, no vas a poder comprarte la chaqueta.

3. Tú y un(a) amigo(a) están de vacaciones en Lima. Ahora están en un restaurante muy elegante celebrando su cumpleaños. Pensabas que tenías suficiente dinero pero él (ella) decidió pedir el plato más caro y no te va a alcanzar el dinero. Desafortunadamente, tu amigo(a) no trajo su billetera porque tú ibas a pagar.

¡Luz! ¡Cámara! ¡Acción!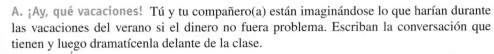

A. ¡Ay, qué vacaciones! Tú y tu compañero(a) están imaginándose lo que harían durante las vacaciones del verano si el dinero no fuera problema. Escriban la conversación que tienen y luego dramatícenla delante de la clase.

B. ¡Viaje a través del tiempo! Tú y tu compañero(a) están hablando del futuro cuando se podrá viajar a través del tiempo. Si pudieran hacerlo ahora, ¿a qué época del tiempo viajarían? ¿Sería una en el futuro o en el pasado? ¿Cómo sería el mundo? ¿Cómo sería la sociedad? Dramaticen la conversación que tienen delante de la clase.

¿Comprendes lo que se dice?

Estrategias para ver y escuchar: Ver y escuchar «de arriba hacia abajo»

In **Capítulo 9, Paso 2** *you learned that your previous knowledge of a topic can help you fill in the blanks when the topic of the video you are viewing is very familiar. This approach is known as "listening from the top down."*

You might not know a great deal about the Andes Mountains, but you are certainly familiar with them. Use whatever knowledge you already have as you view **Los Andes, ¡donde lo nuevo y lo antiguo se entrelazan!** *Then, in your own words tell what the underlined words in the following sentences probably mean.*

1. Los Andes corren desde el <u>occidente</u> de Venezuela hasta el sur de Chile.
2. Los Aymarás viven de la papa, un <u>alimento</u> nativo de los Andes.
3. Desde Quito se puede ver el <u>Pichincha</u> cubierto de nieve.
4. En los Andes, lo nuevo y lo antiguo <u>se entrelazan</u>.

Los Andes, ¡donde lo nuevo y lo antiguo se entrelazan!

Después de ver el video. Ahora vuelve a mirar la selección del video sobre los Andes y anota tres cosas que aprendiste que no sabías antes y tres que ya sabías.

LOS ANDES

Lo que no sabía
1. el lago navegable más alto del mundo
2. el lago entre Perú y Bolivia
3. los nombres de indígenas los Quechas y Aymarás

Lo que ya sabía
1. los andes van de venezuela hasta chile
2. Viven varias comunidades indígenas
3. los aymarás más Antigua que la Inca

Viajemos por el ciberespacio a... PERÚ

Si eres aficionado a navegar por el ciberespacio, usa una de las siguientes palabras clave para llegar a estos sitios fascinantes de **Perú:**

Universidades de Perú   COPEMA   Vacaciones en Perú

O mejor aún, simplemente ve directamente al sitio de la Red *¡Dímelo tú!* Allí, usando la siguiente dirección:

http://dimelotu.heinle.com

Haz un *click* en las direcciones correspondientes para que puedas...

- visitar algunas de las universidades más prestigiosas de Perú y de América Latina.
- conocer la colonia peruana de Massachusetts COPEMA, una asociación de peruanos muy activos que residen en el estado de Massachusetts.
- planear una visita a Perú con paradas en sus museos, archivos históricos y otras divertidas actividades culturales.

Perú

Iquitos
Chiclayo
Trujillo
Chimbate
Callao
Lima
Machu
Picchu
Cuzco
Arequipa
Mollendo

CULTURAL

GENTE... Mario Vargas Llosa

Antes de empezar, dime... ■ ▲ ●

Los buenos escritores. Piensa en los grandes escritores que conoces al contestar estas preguntas.

1. En tu opinión, ¿es necesaria una educación universitaria para llegar a ser un gran escritor? Explica tu respuesta.
2. ¿De dónde sacan los grandes escritores sus ideas para contar experiencias tan variadas? ¿Crees que siempre cuentan sus propias experiencias?
3. ¿Tienen que llevar los grandes escritores una vida muy variada? ¿Es necesario que viajen mucho? ¿Es importante que pasen cierto tiempo viviendo en el extranjero? Explica tus respuestas.
4. ¿A qué edad crees que debe empezar a escribir una persona que desea ser un gran escritor? ¿Crees que debe dedicar toda su vida a escribir, y nada más? ¿Por qué?

Mario Vargas Llosa

Mario Vargas Llosa nació en Arequipa, Perú, en el año 1936. Cursó sus primeros estudios en Cochabamba, Bolivia, y los secundarios en Lima y Piura. Se graduó en Letras de la Universidad de San Marcos de Lima y más tarde se doctoró en la Universidad de Madrid. Este famoso escritor peruano ha vivido muchos años en París, Londres y Barcelona.

Empezó a escribir en los años cincuenta, pero no logró su fama hasta 1963 cuando escribió su gran novela *La ciudad y los perros.* Esta novela fue traducida inmediatamente a más de veinte idiomas y recibió el Premio Biblioteca Breve y el Premio de la Crítica (1963). En el año 1966 apareció su segunda gran obra, *La casa verde,* que también obtuvo el Premio de la Crítica (1966) y el Premio Interna-cional de Literatura Rómulo Gallegos (1967).

Posteriormente ha publicado el cuento «Los cachorros» (1968), y las novelas *Conversación en la Catedral* (1970), *Pantaleón y las visitadoras* (1973) y *La fiesta del chivo* (2000). Vargas Llosa, aparte de ser un escritor que ha alcanzado gran fama internacional, también ha tenido participación activa en la vida política de su país, Perú. Fue candidato a la presidencia en las elecciones de 1990, en las cuales triunfó el ingeniero Alberto Fujimori.

Y ahora, dime... ■ ▲ ●

Con un(a) compañero(a) de clase indica los hechos más importantes de la vida de Mario Vargas Llosa, el hombre y el escritor.

MARIO VARGAS LLOSA

El hombre	El escritor
1.	1.
2.	2.
3.	3.
4.	4.
5.	5.

¿Te gusta escribir?

Estrategias para escribir: Punto de vista

A. Punto de vista. Cuando escribimos, es importante pensar cuidadosamente en el punto de vista que vamos a desarrollar. El punto de vista afecta muchísimo el resultado final de lo que escribimos. Por ejemplo, ¿crees que el chófer responsable del accidente va a describir el accidente de la misma manera que el chófer víctima, o que algún espectador? ¡Es dudoso! Lo más probable es que va a haber tres versiones distintas y los tribunales tendrán que decidir el caso.

Ahora vuelve al **Noticiero cultural** del **Paso 1** de este capítulo, «Cuzco, ¡el corazón del imperio inca!». ¿Desde qué punto de vista se escribió esta lectura? ¿Quién es el narrador?

B. Cambiando el punto de vista. Piensa cómo cambiaría esa lectura si el punto de vista fuera distinto. Por ejemplo, indica en una o dos oraciones cómo crees que las siguientes personas describirían la conquista de Cuzco. Luego compara tu trabajo con el de dos compañeros(as) de clase.

Un conquistador español	Un quechua en Perú ahora	Atahualpa, el último emperador de los incas
1.	1.	1.
2.	2.	2.
3.	3.	3.
4.	4.	4.
...	...	...

Ahora, ¡a escribir! ■ ▲ ●

A. Ahora, a planear. Prepara una lista con tres características distintas de Cuzco. Luego descríbelas desde el punto de vista de un conquistador español y de un quechua en Perú ahora o de Atahualpa, el emperador inca.

Características	Punto de vista de un conquistador	Punto de vista de un quechua en Perú ahora o de Atahualpa
1.	1.	1.
2.	2.	2.
3.	3.	3.

B. El primer borrador. Usa la información que preparaste en la actividad anterior para decidir si vas a escribir sobre Cuzco desde el punto de vista de un conquistador español, de Atahualpa, el último emperador de los incas o de un quechua de Perú de ahora. Escribe el primer borrador de una breve composición titulada «Cuzco: El centro del universo inca». No olvides que todo lo que relates tiene que ser desde el punto de vista de tu personaje.

C. Ahora, a compartir. Comparte tu primer borrador con dos o tres compañeros(as). Haz comentarios sobre el contenido y el punto de vista de las composiciones de tus compañeros(as) y escucha sus comentarios sobre tu trabajo. ¿Es lógico y consistente el punto de vista?

D. El segundo borrador. Haz los cambios necesarios basándote en los comentarios de tus compañeros(as) de clase. Luego prepara un segundo borrador.

E. A compartir, otra vez. Comparte tu segundo borrador con dos o tres compañeros(as). Esta vez haz comentarios sobre los errores de estructura, ortografía o puntuación. Fíjate específicamente en el uso del pretérito, del imperfecto, del futuro y del condicional. Indica todos los errores de tus compañeros(as) y luego decide si necesitas hacer cambios en tu composición, teniendo en cuenta los errores que ellos te indiquen a ti.

F. La versión final. Prepara la versión final de tu composición y entrégasela a tu profesor(a). Escribe la versión final en la computadora, siguiendo las instrucciones recomendadas por tu instructor(a).

G. Ahora, a publicar. En grupos de cuatro o cinco, junten sus lecturas en un volumen titulado «Cuzco: Varios puntos de vista». Su profesor(a) va a guardar sus libros en la sala de clase para que todos puedan leerlos cuando tengan un poco de tiempo libre.

Tarea

Antes de empezar este *Paso*, estudia *En preparación*

☐ 12.4 *Tú* commands: A second look

☐ Haz por escrito los ejercicios de *¡A practicar!*

☐ Escucha la sección *¿Qué se dice...?* del Capítulo 12, Paso 3 en el CD.

¿Eres buen observador?

ADUANAS EN INTERNET

La Superintendencia Nacional de Aduanas, lo invita a descubrir vía Internet el fascinante mundo de la ADUANA PERUANA.

Descubra los avances de su proceso de sistematización, enterándose de la información más actualizada del Comercio Exterior y todas sus Normas Legales.

Comunícate con nosotros vía correo electrónico.
Internet: www.aduanas.gob.pe

ADUANAS
SUPERINTENDENCIA NACIONAL DE ADUANAS

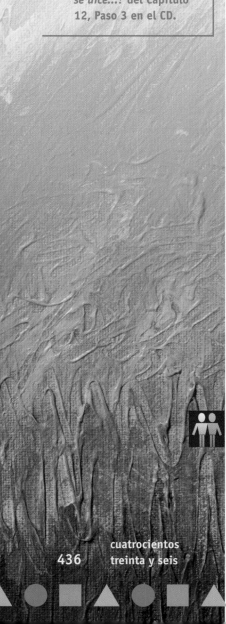

Ahora, ¡a analizar! ■ ▲ ●

1. ¿Dónde están localizadas las aduanas *(customs)* usualmente? ¿Dónde está localizada esta Aduana peruana?
2. Según este anuncio, ¿será posible visitar por la Aduana peruana por la computadora?
3. ¿Qué vas a aprender si te comunicas con la Aduana peruana vía correo electrónico?
4. ¿Cuál es la dirección electrónica de la Aduana peruana? ¿Podrás comunicarte desde EE.UU.? Explica.

¿Qué se dice...?

Al hablar de lo que otras personas deben hacer

¿Quién dice esto, Enrique (**E**) u Olga (**O**)?

1. _O_ Escucha.
2. _O_ No gastes mucho dinero.
3. _O_ No seas tacaño.
4. _O_ Termina tu limonada.
5. _E_ No te preocupes.
6. _O_ Cómprame unas tarjetas.
7. _E_ Ve tú sola.
8. _E_ Déjame en paz.

OLGA	Por lo menos no he aumentado de peso. Con toda la buena comida que hemos comido, ¿no es un milagro, Enrique?
ENRIQUE	¡Qué va! Con los miles y miles de kilómetros que hemos caminado... y yo siempre cargando con tus cosas.

OLGA   No te quejes más, Enrique. Seguramente tu corazón te está dando las gracias. A ver. Creo que con tanto caminar hasta he perdido un poco de peso. ¿Qué te parece, Enrique?

ENRIQUE   No te hagas ilusiones, Olga. Estás igual.

A propósito...

No olvides que los mandatos familiares regulares afirmativos usan la forma de la tercera persona singular (**él/ella**) del presente del indicativo. Vas a ver en el siguiente capítulo que los mandatos familiares regulares negativos usan la forma de la segunda persona familiar (**tú**) del presente del subjuntivo.

¿Sabías que...?

Cuando los españoles llegaron a Perú en 1531, los quechuas controlaban la cordillera (*mountain range*) andina desde Ecuador hasta Argentina. Los quechuas llamaban a su rey o emperador «el inca». La sociedad quechua o incaica estaba dividida en cuatro clases: los gobernantes, los nobles, la gente común y los esclavos. Esta sociedad mantuvo grandes ejércitos (*armies*) muy organizados, construyó edificios impresionantes y estableció un sistema de carreteras (*highways*) que se extendía de un extremo al otro del imperio incaico. Actualmente, sus descendientes viven en el altiplano de Ecuador, de Bolivia y de Perú, donde la lengua quechua todavía se habla extensamente.

que-chwa

Ahora, ¡a hablar! ■ ▲ ●

EP 12.4

A. ¡Libre!   Ángela va a estudiar en la Universidad San Marcos en Lima y va a estar sin su familia por primera vez. ¿Qué le recomienda su mamá?

> **Modelo**   llamar una vez por semana
> **Llama una vez por semana.**

1. salir siempre con otros estudiantes
2. escribir con frecuencia
3. ser muy prudente
4. hacer siempre las tareas
5. quedarse en casa por la noche
6. divertirse

EP 12.4

B. ¡No bebas el agua!   Su papá también le da consejos. ¿Qué le dice?

> **Modelo**   no beber el agua
> **No bebas el agua.**

1. no salir sola de noche
2. no hablar con extraños (*strangers*)
3. no acostarse tarde
4. no caminar por las calles sola de noche
5. no gastar demasiado dinero
6. no llegar tarde a tus clases

C. El viaje de la vida. ¿Qué le aconsejas a un(a) amigo(a) que quiere triunfar en la vida?   ⊏⊃⊂⊃ **EP 12.4**

> **Modelo**   trabajar
> **Trabaja mucho.** [o]
> **No trabajes demasiado. Diviértete.**

1. ser responsable   4. divertirte
2. casarte   5. tomar drogas
3. salir mucho   6. ¿...?

Y ahora, ¡a conversar! ■ ▲ ●

A. ¡Cuídate! Un amigo que viaja contigo en Cuzco se enferma después de tomar agua y quiere saber qué debe hacer para mejorarse. Aconséjalo.

> **Modelo**   No comas nada sólido.

Sugerencias

beber té caliente
llamar al médico
no beber más agua
no salir del cuarto
pedir sopa de pollo
tomar aspirina

B. Viaje a Machu Picchu. Tú y un(a) compañero(a) están viajando por Sudamérica, visitando y explorando diferentes lugares. Ahora están en las famosas cataratas de Iguazú y quieren viajar por Uruguay, Argentina, Chile y Bolivia para llegar a Machu Picchu. Piensan hacer ocho escalas *(stopovers)* en su viaje. ¿Quién va a llegar primero? Para avanzar una escala, tienes que contestar la pregunta de tu compañero(a) correctamente. Tus preguntas están aquí, las de tu compañero(a) están en el Apéndice A, página A-7.

1. ¿Cuál es la capital de Bolivia?
2. ¿Cuál es la capital de Ecuador?
3. Nombra tres países atravesados por la cordillera de los Andes.
4. Nombra dos de los vecinos de Colombia.
5. ¿De qué país era Eva Perón?
6. ¿Quién escribió *¡Dímelo tú!*? Nombra uno de los autores.
7. ¿Cuántos países de habla hispana hay en Centroamérica?
8. ¿Cómo se llama la capital de Perú?
9. ¿Cuál es el país de habla hispana más pequeño de Sudamérica?
10. Nombra dos culturas indígenas de México.
11. ¿En qué país hablan de **chinas** y **guaguas**?
12. Nombra cinco países de Sudamérica y sus capitales.

C. ¡Lima de noche! Durante tu visita a Lima con tu familia, conoces a un(a) joven de tu edad que ofrece enseñarte Lima de noche. Antes de salir, tus padres te dan varios consejos. ¿Qué te dicen?

¡Luz! ¡Cámara! ¡Acción! ■ ▲ ●

  A. Turista profesional. Tú acabas de regresar de un viaje al extranjero y ahora todos tus amigos te consideran un(a) turista profesional. Tu mejor amigo(a) piensa visitar el mismo lugar que visitaste y te pide consejos. Con un(a) compañero(a), escriban el diálogo. Luego dramatícenlo delante de la clase.

 B. El menor. Tu hermano(a) menor va a empezar su primer año en la universidad el año próximo. ¿Qué consejos le das para que no cometa los mismos errores que tú cometiste? Dramatiza la situación con un(a) compañero(a).

¿Te gusta leer?

Estrategias para leer: Usar las pistas del contexto

En un capítulo previo aprendiste a usar pistas de contexto *(context clues)* cuando no sabes el significado de una palabra. Aprendiste que varias cosas te pueden ayudar a entender una palabra clave desconocida:

- el contenido de la oración
- no preocuparte por saber el significado específico; basta con tener una idea general del significado
- fijarte en la puntuación y la estructura
- identificar las palabras clave y no preocuparte por palabras desconocidas que no sean clave

Ahora lee las dos oraciones que siguen.

> Una teoría dice que sirvió de refugio a los últimos incas que huían de la dominación española. Sea cual fuere su origen, la ciudad fue construida en las cumbres de la cordillera de los Andes.

1. Haz una lista de las palabras desconocidas en cada oración. ¿Cuáles son?
2. ¿Hay algunas palabras clave entre las palabras desconocidas? ¿Cuáles son? ¿Por qué crees que son clave?

 ¡A descifrar! Con la ayuda de un(a) compañero(a), trata de descifrar las palabras desconocidas de las dos listas. Si sabes el significado de las de su lista, no se lo digas. Simplemente ayúdale a adivinar siguiendo uno de los procesos mencionados.

Lectura

Machu Picchu:
La ciudad escondida de los incas

Machu Picchu

No se sabe con certeza cuándo fue construida Machu Picchu. Una teoría dice que la ciudad fue anterior a los incas y desconocida por ellos. Otra dice que fue construida por los incas, pero abandonada antes de la llegada de los españoles. Aun otra teoría dice que sirvió de refugio a los últimos incas que huían de la dominación española. Sea cual fuere su origen, la ciudad fue construida en las cumbres de la cordillera de los Andes a una altura de 1.400 pies sobre el río Urubamba.

No se sabe con seguridad si Machu Picchu fue encontrada por los conquistadores españoles. Si llegaron a conocerla, pronto la olvidaron porque permaneció escondida en las montañas por más de cuatro siglos. En 1911 Hiram Bingham, un profesor de historia de la Universidad de Yale, hizo una expedición Perú en la que descubrió las ruinas de la ciudad. Desde ese momento aumentó el interés por conocer a fondo los elementos de la cultura incaica.

Algunos investigadores creen que Machu Picchu fue construida como fortaleza para defenderse del ataque enemigo. Otros piensan que fue un santuario de gran importancia mágico-religiosa para los incas. También se cree que fue un centro de trabajadoras femeninas, un convento donde se fabricaba la ropa que vestía el inca. Lo más probable es que fuera un centro religioso donde se practicaban sacrificios en honor a los dioses.

Machu Picchu es también un laboratorio de la cultura incaica. Allí puede observarse el método que utilizaban para cultivar la tierra por medio de terrazas que permitían la mejor explotación del terreno montañoso. Hay también un sistema de canales para la irrigación agrícola y el consumo humano. Pero lo más impresionante de todo es el empleo de la piedra labrada en la construcción de las casas, templos y otros edificios. El resultado es una arquitectura en armonía con la naturaleza que la rodea. Todo en ella nos hace recordar el esplendor y el rigor de una civilización perdida.

A ver si comprendiste ■ ▲ ●

1. ¿Cuáles son las varias teorías sobre el origen y el propósito de Machu Picchu? ¿Cuál es la más probable, en tu opinión? Explica tu respuesta.
2. ¿Por qué se dice que Machu Picchu es un laboratorio de la cultura incaica? Explica con detalle.
3. ¿Qué es lo más impresionante de Machu Picchu para ti? ¿Por qué?

@ Viajemos por el ciberespacio a... PERÚ

Si eres aficionado a navegar por el ciberespacio, usa una de las siguientes palabras clave para llegar a estos sitios fascinantes de **Perú:**

Peruano-japoneses   Tania Libertad   Música peruana

O mejor aún, simplemente ve directamente al sitio de la Red *¡Dímelo tú!* Allí, usando la siguiente dirección:

http://dimelotu.heinle.com

Haz un *click* en las direcciones correspondientes para que puedas...

- aprender sobre la riqueza de la presencia japonesa en Perú.
- disfrutar de la música de la gran cantante Tania Libertad y aprender sobre su impresionante recorrido y los galardones recibidos.
- escuchar los ritmos de compositores peruanos que representan la riqueza cultural peruana.

Vocabulario ■▲●■▲●■▲

Viajar

aduana	*customs*
alojamiento	*lodging*
alojarse	*to lodge oneself; to stay overnight*
cargar	*to load; to carry*
gastar	*to spend*
kiosko	*kiosk*
lancha	*boat*
puesta del sol	*sunset*
quedarse	*to remain, stay*
quejarse	*to complain*
recuerdo	*souvenir*
rollo	*roll (of film)*
sacar fotos	*to take pictures*
sello	*stamp*
tarjeta postal	*post card*
viajar	*to travel*

Viajar en Perú

alpinismo/ andinismo	*mountain climbing*
artesanía	*handicrafts*
fortaleza	*fortress*

ruinas	*ruins*
soroche (m.)	*altitude sickness*
terraza	*terrace*
tierra	*land; earth*

Los recuerdos

barato(a)	*inexpensive*
caro(a)	*expensive*
collar (m.)	*necklace*
joyería	*jewelry store*
oro	*gold*
plata	*silver*
suéter de alpaca (m.)	*wool (alpaca) sweater*
tienda de artesanía	*arts and crafts store*

Verbos

ahorrar	*to save*
bajar de peso	*to lose weight*
construir	*to construct*
cultivar	*to cultivate*
disfrutar	*to enjoy*
doler (ue)	*to hurt*

enfermarse	*to get sick*
enviar	*to send*
estar harto(a) de (algo)	*to be fed up with (something)*
evitar	*to avoid*
molestar	*to bother*
navegar	*to navigate*
olvidar	*to forget*

Adjetivos

caliente	*hot*
cansado(a)	*tired*
cosmopolita	*cosmopolitan*
tacaño(a)	*stingy*

Adverbios

además	*besides*
todavía	*still*

Palabras útiles

a propósito	*by the way*
bancarrota	*bankruptcy*
nivel del mar	*sea level*
No te preocupes.	*Don't worry.*

Paso 1

12.1 Future tense of regular verbs

Talking about the future

A. In English, the future is usually expressed with the auxiliary verbs *will* or *shall: I will/shall see you later.* The future tense in Spanish is formed by adding the endings **-é, -ás, -á, -emos, -éis,** and **-án** to the infinitive of most **-ar, -er,** and **-ir** verbs.

estar	
estaré	estaremos
estarás	estaréis
estará	estarán
estará	estarán

ser	
seré	seremos
serás	seréis
será	serán
será	serán

ir	
iré	iremos
irás	iréis
irá	irán
irá	irán

Este verano no **viajaré.**
En el invierno **iremos** a hacer andinismo en Perú.

This summer I will not travel.
In the winter we will go mountain climbing in Peru.

B. There are other ways to talk about future time in Spanish. Remember that the present indicative and **ir a** + *infinitive* are also used to express future time.

Carlos **llega** mañana a las diez.
Te **veo** más tarde.
Vamos a verla esta noche.
Ella **va a** traerlos.

Carlos will arrive tomorrow at ten.
I'll see you later.
We are going to see her tonight.
She is going to bring them.

¡A practicar! ■ ▲ ●

A. ¡Qué planes tengo! Andrés acaba de graduarse y antes que nada quiere pasar las vacaciones en Perú. ¿Qué planea hacer?

> **Modelo**   yo / pasar / vacaciones / Perú
> **Yo pasaré las vacaciones en Perú.**

1. primero, yo / ir a descansar / playas / Santa María
2. estar / Lima / dos semanas
3. divertirme / todas las noches / discotecas
4. visitar Cuzco / donde poder ver / fortaleza de Sacsahuamán
5. caminar / toda la ciudad / y ver / mucho de la antigua capital
6. regresar / EE.UU. / agosto

B. ¡Me escaparé! Unos amigos peruanos están hablando de lo que harán después de graduarse. Cambia los verbos al futuro para saber lo que dicen.

1. Yo ___iré___ (ir) a visitar las ruinas de Chan Chan en el norte del país.
2. Alicia y yo _descansaremos_ (descansar) y _tomaremos_ (tomar) sol en las playas de Paracas.
3. Gloria y María ___viajarán___ (viajar) a Machu Picchu.
4. José _____ (quedarse) aquí para descansar.
5. Cecilia y Roberto _____ (volver) a Arequipa durante el verano.
6. Fernando dice que _____ (visitar) a sus parientes en Ica.
   _____ (Estar) allá todo un mes.

12.2 Future tense of verbs with irregular stems 🔗🔗

Talking about the future

The future tense of the following verbs is formed by adding the future tense endings to irregular stems.

Future tense: Irregular verbs		
decir:	**dir-**	
haber:	**habr-**	
hacer:	**har-**	
poder:	**podr-**	-é
poner:	**pondr-**	-ás
querer:	**querr-**	-á
saber:	**sabr-**	-emos
salir:	**saldr-**	-éis
tener:	**tendr-**	-án
valer:	**valdr-**	
venir:	**vendr-**	

poder	
podré	podremos
podrás	podréis
podrá	podrán
podrá	podrán

Note that a majority of the irregular stems are derived by eliminating the vowel of the infinitive ending or replacing it with a **d.**

Tendremos que visitar Chan Chan.	*We will have to visit Chan Chan.*
Los invitados **vendrán** de todas partes.	*The guests will come from all over.*
¿Quiénes **harán** el chuño?	*Who will make chuño?*

¡A practicar! ■ ▲ ●

A. ¡Hay tanto que hacer! Eva y Adolfo piensan hacer su primer viaje a Perú dentro de un mes. Ahora, Eva está explicándole a su mejor amiga lo que todavía le queda por hacer. ¿Qué dice Eva? Para saberlo, pon los verbos en el futuro.

Yo _____1_____ (tener) que comprar los boletos del vuelo muy pronto. Adolfo, nuestros padres y yo _____2_____ (hacer) la lista de todos los lugares que vamos a visitar. Mamá _____3_____ (ponernos) en contacto con unos parientes en Lima. Mis tías _____4_____ (darme) una lista de regalos que quieren que les compre. Adolfo _____5_____ (poder) visitar a unos amigos suyos en Cuzco. Y mis abuelos dicen que _____6_____ (venir) a despedirnos el día de nuestra salida.

B. ¡Los días pasan volando! La mejor amiga de Eva tiene algunas ideas de cómo ayudarla. Pon los verbos entre paréntesis en el futuro para saber qué le sugiere.

Yo _____1_____ (poder) ir contigo a comprar los boletos. Podemos ir mañana por la tarde porque yo _____2_____ (salir) del trabajo a las dos de la tarde. También nosotras _____3_____ (tener) tiempo de ir a casa a cenar. Te _____4_____ (hacer) una cena especial. Probablemente no _____5_____ (haber) otra oportunidad de estar solas antes de tu viaje.

Paso 2 — 12.3 Conditional of regular and irregular verbs 🔗

Stating what you would do

A. The conditional is used to state conditions under which an action may be completed. In English, the conditional is expressed with *would: I would go if. . . .* In Spanish, the conditional is formed by adding the endings **-ía, -ías, -ía, -íamos, -íais,** and **-ían** to the infinitive of most **-ar, -er,** and **-ir** verbs.

estar		ser		ir	
estar**ía**	estar**íamos**	ser**ía**	ser**íamos**	ir**ía**	ir**íamos**
estar**ías**	estar**íais**	ser**ías**	ser**íais**	ir**ías**	ir**íais**
estar**ía**	estar**ían**	ser**ía**	ser**ían**	ir**ía**	ir**ían**
estar**ía**	estar**ían**	ser**ía**	ser**ían**	ir**ía**	ir**ían**

Yo **iría** a un concierto de la peruana Tania Libertad.
Allí **podría** escuchar la música de Ciro Hurtado también.

I would go to one of the concerts of the Peruvian Tania Libertad.
There I would also be able to listen to Ciro Hurtado's music.

B. The conditional of the following verbs is formed by adding the conditional endings to irregular stems. Note that the irregular stems of these verbs are identical to those of the irregular future tense verbs.

Conditional: Irregular verbs		
decir:	**dir-**	
haber:	**habr-**	
hacer:	**har-**	
poder:	**podr-**	-ía
poner:	**pondr-**	-ías
querer:	**querr-**	-ía
saber:	**sabr-**	-íamos
salir:	**saldr-**	-íais
tener:	**tendr-**	-ían
valer:	**valdr-**	
venir:	**vendr-**	

hacer	
haría	haríamos
harías	haríais
haría	harían
haría	harían

Haría todo lo posible por conseguir entradas al concierto.	*I would do everything possible to get tickets to the concert.*
Tú **podrías** ir conmigo.	*You could go with me.*

¡A practicar! ■ ▲ ●

A. ¡Yo lo haría así! Tu mejor amigo(a) desea viajar este verano pero no tiene la mínima idea adónde. Quiere saber adónde irías tú y qué harías en el viaje. ¿Qué le dices?

> **Modelo** primero, buscar información por Internet
> **Primero, buscaría información por Internet.***

1. sin duda, yo decidir viajar a Perú
2. llamar a varias agencias de viaje
3. empezar a trabajar más horas
4. de esa manera, ahorrar más dinero
5. también tomar una clase de historia de Cuzco o de Perú
6. luego, comprar mis boletos
7. hacer mis maletas
8. irme a Perú por todo un mes

---

* The word **Internet** is used in Spanish with either the masculine article **el** or the feminine article **la** or with no article at all, as is the case in *¡Dímelo tú!*

B. ¡Me encantaría ir contigo! Ahora que todos los planes están hechos, tu mejor amigo(a) insiste en que hagas el viaje a Perú con él (ella). ¿Qué tendrían que hacer para poder viajar juntos(as)?

> **Modelo**   Los (Las) dos ―――――― (tener) que trabajar más horas.
> **Los (Las) dos tendríamos que trabajar más horas.**

1. Mi amigo(a) y yo ―――――― (hablar) con nuestros amigos peruanos.
2. Los (Las) dos ―――――― (tener) que organizar nuestro presupuesto *(budget)*.
3. Los (Las) dos ―――――― (poder) tomar la clase de historia de Perú juntos(as).
4. Yo definitivamente ―――――― (tomar) otra clase de español.
5. Mi amigo(a) y yo ―――――― (practicar) español veinticuatro horas al día.
6. Yo ―――――― (saber) exactamente qué lugares visitar.

C. ¡Nunca! Como es la primera vez que tu amigo(a) viaja tan lejos, sus padres están un poco preocupados. Tú los llamas para convencerlos. Completa los espacios con los verbos en condicional para saber qué les dices.

¡ ――――1―― (Ser) una excelente oportunidad para hacernos bilingües! Nosotros(as) ――――2―― (practicar) más que nunca. ――3―― (Hablar) continuamente con los miembros de la familia donde nos vamos a hospedar y también ――4―― (tener) amplia oportunidad de hablar con la gente en la calle, porque ――5―― (tener) que tomar el autobús a la universidad todos los días. Claro, que ya estando allí, ――6―― (viajar) a Bolivia y a Ecuador, y si nuestro presupuesto lo permitiera, ――7―― (ir) también al Cono Sur, a Chile, Argentina y Uruguay.

Paso 3

12.4 *Tú* commands: A second look

Requesting, advising, and giving orders to people

A. In **Capítulo 9,** you learned that affirmative **tú** commands are identical to the third-person singular of the present indicative.

Llama a la agencia de viajes.	*Call the travel agency.*
Haz* las reservaciones.	*Make the reservations.*
Pide información sobre Sipán.	*Ask for information about Sipán.*

B. To form a negative **tú** command, drop the final **-o** from the first-person singular of the present indicative and add **-es** to **-ar** verbs and **-as** to **-er** and **-ir** verbs.

Negative *tú* commands			
tomar:	tomo	No **tomes** cerveza.	*Don't drink beer.*
comer:	como	No **comas** nada.	*Don't eat anything.*
dormir:	duermo	No **duermas** aquí.	*Don't sleep here.*
salir:	salgo	No **salgas** hoy.	*Don't go out today.*

---

* You have also learned that there are eight irregular affirmative **tú** commands: **di, pon, sal, ten, ven, haz, ve,** and **sé.**

C. Reflexive and object pronouns must precede the verb in negative commands and follow and be attached to the verb in affirmative commands. When two pronouns are present in a sentence, the reflexive pronoun always comes first, and the indirect-object pronoun always precedes the direct-object pronoun.

Llámanos cuando lleguen y no **te olvides** de llamar a tus abuelos.
¡Ah, el pasaporte! **Tráemelo,** por favor.

Call us when you arrive and don't forget to call your grandparents. Oh, the passport! Bring it to me, please.

¡A practicar!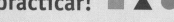

A. ¡El soroche! Es tu primer día en Cuzco y tu amigo(a) sufre de soroche. ¿Qué consejos le das?

1. quedarte / en casa
2. no comer / nada
3. tomar / té de coca
4. descansar / todo el día
5. no salir / y / no hacer nada en la casa
6. acostarte / y / no levantarte
7. dormir / todo el día
8. si suena el teléfono / no contestarlo

B. ¡Estás enfermo(a)! Ahora tu amigo(a) está hablando por teléfono con su mamá. ¿Qué le dice ella?

1. no comer / nada
2. no mirar / televisión
3. no leer / mucho
4. no tomar / cerveza
5. no salir / al frío
6. no hacer / ejercicios pesados

C. ¡Instrucciones! Los padres de tu amigo(a) tienen instrucciones muy específicas para ti. ¿Qué te dicen?

> **Modelo**   servirle sopa de pollo dos veces al día
>   **Sírvele sopa de pollo dos veces al día.** [o]
>   **Sírvesela dos veces al día.**

1. tomarle la temperatura cada cuatro horas
2. no hablarle si se siente cansado(a)
3. darle una aspirina cada seis horas
4. no despertarlo(la) si suena el teléfono
5. prepararle té calientito todo el día
6. servirle un vaso de agua fresca cada media hora

Cultural Topics

- **¿Sabías que…?**
  Panamá: Razones por su fama
  Lenguas en contacto
  La zona bancaria de la ciudad de Panamá
- **Noticiero cultural**
  Lugar: *Panamá, ¡puente del Atlántico al Pacífico!*
  Gente: *Rubén Blades: Salsero, político y panameño «de corazón»*
- **Lectura:** *Panamá: Historia de un canal y una nación*

 Video: *Panamá, ¡moderno país que no olvida sus tradiciones!*

 Viajemos por el ciberespacio a...
Panamá

Listening Strategies

- Interpreting key words

Reading Strategies

- Outlining a historical reading

Writing Strategies

- Being persuasive

En preparación

- 13.1 Present subjunctive: Theory and forms
- 13.2 Subjunctive with expressions of persuasion
- 13.3 **Usted** and **ustedes** commands
- 13.4 **Ojalá** and present subjunctive of irregular verbs
- 13.5 Subjunctive with expressions of emotion
- 13.6 Subjunctive with impersonal expressions

 CD-ROM:
Capítulo 13 actividades

1

Panamá

In this chapter, you will learn how to . . .

- give advice.
- lead a group in aerobic exercise.
- tell someone what to do or not to do.
- express fear, joy, sadness, pity, surprise, or hope.
- refer to unknown entities.

1 Dos enamorados en la ciudad de Panamá

2 Club deportivo en la ciudad de Panamá

3 Pasatiempo favorito de los panameños: un cafecito o una cerveza, unos cigarros para fumar y buenos amigos...

Lo que ya sabes... ■ ▲ ●

1. ¿Quiénes crees que son las personas de la primera foto: solteros, casados, amantes? ¿Por qué crees eso?

2. ¿Qué importancia tiene el mantenerse en buena forma para ti? ¿Qué haces para estar en buena condición física? ¿Vas a un gimnasio?

3. ¿Qué opinas de los pasatiempos de las personas en la tercera foto? ¿Son saludables? ¿Por qué?

4. ¿Son estos pasatiempos favoritos de los jóvenes en EE.UU.? En tu opinión, ¿Son pasa tiempos saludables? Explica tu respuestas.

Tarea

Antes de empezar este *Paso*, estudia *En preparación*

☐ 13.1 Present subjunctive: Theory and forms

☐ 13.2 Subjunctive with expressions of persuasion

☐ Haz por escrito los ejercicios de *¡A practicar!*

☐ Escucha la sección *¿Qué se dice...?* del Capítulo 13, Paso 1 en el CD.

¿Eres buen observador?

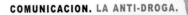

¿Sus hijos saben más sobre la marihuana que usted

COMUNICACION. LA ANTI-DROGA.

Hay muchos padres que se sorprenderían con el conocimiento y los comentarios que sus hijos tienen sobre la marihuana. Que no lo sorprendan a usted. La realidad es que algunos niños experimentan con fumar marihuana a los 13 años. Y lo que es peor, ellos la pueden conseguir en lugares donde usted ni se lo imagina, como la escuela, el parque, o en el cine. Cuanto más sepa sobre la marihuana, más podrá hacer para ayudar a los que quiere. Llame gratis al 1-800-788-2800 e infórmese. Ya es hora que tome las drogas en serio, ¿no?

OFICINA DE LA POLÍTICA NACIONAL SOBRE EL CONTROL DE DROGAS
ASOCIACIÓN PRO AMÉRICA LIBRE DE DROGAS

Ahora, ¡a analizar! ■ ▲ ●

1. ¿Cuál es el propósito de esta propaganda?
2. ¿A quiénes se dirige este anuncio? ¿Qué servicio ofrece? ¿Cuánto cuesta este servicio?
3. ¿Estás de acuerdo? ¿Saben los hijos más sobre la marihuana que los padres? ¿Cuáles son algunos ejemplos?
4. ¿Qué sabes tú sobre la marihuana que sorprendería a tus padres?

¿Qué se dice...?

Al dar consejos

El médico recomienda que David...

1. _____ tome mucha leche.
2. __✓__ no fume.
3. __✓__ coma muchas verduras.
4. __✓__ baje de peso.
5. __✓__ no beba licor.

6. __✓__ no coma mucha carne.
7. _____ no duerma tanto.
8. __✓__ camine o corra todos los días.
9. __✓__ beba mucha agua.
10. __✓__ coma pollo y pescado.

NARCISO A ver, nada de licor, nada de fumar, litros de agua, mucha verdura, correr y caminar. Es una vida ideal... para caballos. ¿Y qué pasó con la medicina para los nervios que le ibas a pedir?

DAVID No me quiso dar nada.

NARCISO   Ajá, típico médico panameño.

DAVID   Todos los médicos son iguales. Siempre recomiendan que hagamos más ejercicios en el gimnasio y que nos alimentemos con verduras y que...

NARCISO   ¿Sabes lo que yo recomiendo, amigo?

DAVID   No, dime.

NARCISO   Yo recomiendo que dejes de ser un teleadicto y que pongas más atención a tus libros en vez de a las telenovelas. De esa forma estarás mejor preparado y no vas a estar tan nervioso en las clases. Eso es lo que tú necesitas. ¿Qué te parece?

A propósito...

Recuerda que el subjuntivo siempre se usa en oraciones con dos cláusulas, es decir, dos oraciones conectadas por una conjunción. Las dos cláusulas tienen su propio sujeto y verbo. Es interesante notar que cuando se usa el subjuntivo los dos sujetos siempre se refieren a distintas personas, nunca a la misma persona. ¿Cuáles son los dos sujetos y verbos en las actividades A y B? ¿Cuál de los dos verbos requiere el subjuntivo?

¿Sabías que...?

Algunos críticos dicen que Panamá solamente es famosa por tres razones: el canal, los sombreros de Panamá y el general Noriega. Los mismos inmediatamente añaden que el canal ha sido de EE.UU. hasta hace muy poco tiempo, los sombreros de Panamá no se hacen en Panamá sino en Ecuador y el ex presidente Noriega está en una prisión en EE.UU. Sin duda, Panamá es esto… pero es a la vez mucho más. Con una fascinante mezcla de indígenas, españoles, africanos, chinos, rusos, franceses y, claro, de mestizos y mulatos, este país es un centro de negocios y transportes internacionales. Tiene unas de las playas más hermosas del mundo, y en las islas San Blas viven los cunas, unos indígenas que después de quinientos años de intervención, todavía mantienen su cultura y su autonomía.

Ahora, ¡a hablar! ■ ▲ ●

EP 13.1, 13.2

A. ¡Estoy rendido! Adrián es estudiante de la Tecnológica. Ahora está cansado de tanto estudiar y trabajar. ¿Qué recomiendas para que se relaje? Haz por lo menos ocho recomendaciones originales.

Modelo	**Recomiendo que haga un viaje.**

	hacer un viaje
	olvidar el trabajo
aconsejar	descansar todo el domingo
insistir en	dar una fiesta
sugerir	salir más
recomendar	conocer a nuevos amigos
	no preocuparse tanto
	¿...?

EP 13.2

B. El primer semestre. El primer semestre en la universidad puede ser una experiencia algo traumática para algunas personas. ¿Qué consejos tienes para un(a) nuevo(a) estudiante que acaba de entrar a la universidad?

Modelo estudiar todos los días un poco
Recomiendo que estudie todos los días un poco.

1. no dejar las cosas para después
2. no perder la calma en los exámenes
3. siempre hacer la tarea a tiempo
4. estudiar con otras personas
5. hacer ejercicio con frecuencia
6. no faltar a clase
7. hablar con los consejeros
8. ¿...?

C. ¡El primer coche! Jaime, un joven panameño, acaba de recibir su licencia de manejar. Según él, ¿qué consejos recibe de su familia?

 EP 13.2

Modelo mamá insistir en / nunca / manejar borracho
Mi mamá insiste en que yo nunca maneje borracho.

1. padres / recomendar / siempre usar / cinturón de seguridad *(seatbelt)*
2. papá / insistir en / siempre observar los límites de velocidad
3. hermano mayor / recomendar / siempre poner / coche / garaje
4. hermana / insistir en / nunca / beber alcohol
5. papá / recomendar / lavar / coche / con frecuencia
6. padres / insistir en / siempre tener / llanta de repuesto *(spare tire)*
7. abuela / recomendar / ¿...?

D. El director. El señor López es el director de una escuela secundaria en Colón. Él es una persona que siempre tiene que estar en control de todo. ¿Cómo controla a los estudiantes?

 EP 13.2

Modelo no permitir: los estudiantes llevar ropa atrevida
El señor López no permite que los estudiantes lleven ropa atrevida.

1. insistir en: los estudiantes no usar drogas
2. no permitir: los estudiantes traer bebidas alcohólicas a la escuela
3. insistir en: los estudiantes no fumar en los baños
4. insistir en: los estudiantes mantener limpia la escuela
5. insistir en: los estudiantes no correr en los pasillos *(halls)*
6. no permitir: los estudiantes comer en los pasillos

Y ahora, ¡a conversar! ■ ▲ ●

A. Doctor Sabelotodo. Tú y tu compañero(a) trabajan para el doctor Sabelotodo, un señor que da consejos en un periódico de su comunidad. ¿Qué consejos puede darles a estas personas? Sugieran varios consejos para cada situación.

Vocabulario útil

aconsejar   permitir   recomendar
insistir   preferir   sugerir

1. Una pareja quiere saber cómo se puede tener un matrimonio feliz.
2. Una joven de dieciocho años necesita conseguir un buen trabajo inmediatamente.

3. Tres compañeros de cuarto quieren saber cómo sacar buenas notas. ¡Es urgente!
4. Dos amigos quieren vivir juntos; necesitan consejos para poder vivir sin problemas.
5. Un(a) joven acaba de divorciarse. Está muy deprimido(a).

B. ¿Nosotros? ¿Consejeros? Todos tenemos problemas: de salud, de dinero, de trabajo o de lo que sea. En grupos de tres, preparen una descripción por escrito de dos o tres problemas típicos de estudiantes universitarios y dénsela a su profesor(a). Él (Ella) va a redistribuir las listas para que cada grupo haga varias recomendaciones para solucionar los problemas de su nueva lista.

C. Sueños. Todos tenemos sueños que queremos realizar algún día. Con un(a) compañero(a) comparte tus sueños. Tu compañero(a) va a darte algunos consejos que te ayudarán a lograr *(attain)* lo que quieras.

Modelo

TÚ   **Yo quiero vivir en una mansión grande y elegante.**
COMPAÑERO(A)   **Sugiero que trabajes mucho y ahorres** *(save)* **mucho dinero o que te cases con un(a) millonario(a).**

¡Luz! ¡Cámara! ¡Acción!   ■ ▲ ●

A. ¿Qué me recomiendas? Es la última semana de exámenes y un(a) amigo(a) que está sufriendo de mucho estrés viene a hablar contigo y con tu mejor amigo(a). ¿Qué consejos le dan ustedes? Con dos compañeros(as), escriban su diálogo y dramatícenlo delante de la clase.

B. Consejos. Tú y tu compañero(a) de cuarto están hablando con un(a) amigo(a) que tiene problemas serios debido al exceso de alcohol (drogas o cigarrillos). ¿Qué consejos le dan? Dramatiza la situación con dos compañeros(as) de clase.

¿Comprendes lo que se dice?

Estrategias para escuchar: Interpretar las palabras clave

In **Capítulo 12** *you learned that understanding what you hear can involve more than just the words you hear; nonverbal cues are as essential as specific words. Often, little of the necessary meaning of a speech event is encoded in the words and grammar alone. Rather, the linking together of certain key words* (**palabras clave**) *with your prior knowledge and experience becomes essential to the process of understanding. This is especially important when you don't recognize every word you hear.*

The dialogue you will now hear portrays expectant parents returning from a prenatal parenting class in Panama City. This dialogue contains some vocabulary with which you will not be familiar. Use the various listening strategies you have learned: listen for cognates and let what you know about prenatal classes help you. Also, using these strategies, try to guess at the meaning of any words that you feel are important but do not understand.

¿Y después de traerlo a casa? Escucha este diálogo con un(a) compañero(a). Mientras escuchen, escriban en una hoja de papel todas las palabras clave que no entienden y que consideran necesarias para poder interpretar el diálogo. Luego escuchen el diálogo otra vez y traten de identificar el significado de esas palabras a base de cognados que reconocen y de lo que ya saben de clases para futuros padres. Finalmente, preparen un resumen de todo lo que los nuevos padres aprendieron en sus clases.

@ Viajemos por el ciberespacio a... PANAMÁ

Si eres aficionado a navegar por el ciberespacio, usa las siguientes palabras clave para llegar a estos fascinantes sitios de **Panamá:**

   Cybermundo Panamá   Todo sobre Panamá   Isla Barro Colorado

O mejor aún, simplemente ve hasta el sitio de la Red *¡Dímelo tú!* usando la siguiente dirección:

http://dimelotu.heinle.com

Haz un *click* en las direcciones correspondientes para que puedas...

- charlar con panameños en uno de los muchos sitios panameños del Internet.
- estudiar la historia contemporánea de Panamá, un país que, como dice su lema nacional: *Pro Mundi Beneficio,* ha transformado su economía en una que beneficia al mundo entero.
- gozar de Isla Barro Colorado, una reserva biológica en el mismo canal de Panamá.

Panamá

Colón
Cristóbal
David
Ciudad de
Panamá

NOTICIERO
CULTURAL

LUGAR... Panamá

Antes de empezar, dime...

1. ¿Cómo puede influir la situación geográfica de un país en su destino o en su futuro? ¿Puedes dar ejemplos de esto?
2. ¿Qué influencia ha tenido en EE.UU. el hecho de que México sea el vecino inmediato en la frontera del sur y Canadá en la frontera del norte? ¿Qué influencia ha tenido esta situación geográfica en México y Canadá?
3. ¿Dónde hay fortificaciones antiguas en EE.UU.? ¿Cuándo fueron construidas? ¿A quiénes protegían estas fortificaciones?

La ciudad de Panamá

Panamá, ¡puente del Atlántico al Pacífico!

Panamá es un istmo, o sea, tierra angosta que une dos continentes. Es un país pequeño; de este a oeste mide unas 480 millas y de sur a norte varía entre 28 y 120 millas. El futuro de Panamá se determinó en el año 1513 cuando Balboa vio por primera vez el Pacífico. Reconocido muy pronto como el cruce más importante del Atlántico al Pacífico, el destino de este país ha sido determinado en gran parte por su situación geográfica.

La población de Panamá es de aproximadamente 2.755.000 habitantes. Está compuesta por comunidades europeas, indígenas, negras y una minoría de origen asiático. La población de Panamá crece anualmente un 2,2 por ciento.

Su capital, la ciudad de Panamá, es una impresionante metrópoli de rascacielos modernos (grandes edificios) que actualmente tiene una población de 1.200.000 habitantes. Fundada en 1519, fue de gran importancia para los españoles, siendo el puerto principal de donde salían las expediciones de la Conquista. En el año 1673, esta ciudad tuvo que ser reconstruida después de ser saqueada por el pirata inglés Henry Morgan. Al ser reconstruida, fue fortificada tan efectivamente por los españoles que nunca más pudo ser atacada con éxito por el enemigo. Esta fortificación se conserva hasta hoy en la sección de la ciudad llamada «Casco Viejo», uno de los hermosos ejemplos de la arquitectura antigua del mundo hispano. Debido a su situación geográfica estratégica, en la ciudad se encuentran todos los bancos internacionales principales del mundo y miles de compañías internacionales.

Y ahora, dime... ■ ▲ ●

Explica con un(a) compañero(a) cómo influyó la situación geográfica de la ciudad de Panamá en su pasado y cómo sigue influyendo en su presente.

**INFLUENCIA DE
SITUACIÓN GEOGRÁFICA**

Pasado	Presente
1.	1.
2.	2.
3.	3.
4.	4.
…	…

Tarea

Antes de empezar este *Paso*, estudia *En preparación*

☐ 13.3 *Usted* and *ustedes* commands

☐ 13.4 *Ojalá* and present subjunctive of irregular verbs

☐ Haz por escrito los ejercicios de *¡A practicar!*

☐ Escucha la sección *¿Qué se dice...?* del Capítulo 13, Paso 2 en el CD.

¿Eres buen observador?

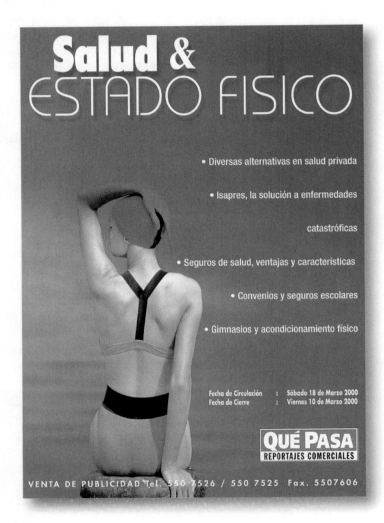

Salud &
ESTADO FISICO

• Diversas alternativas en salud privada

• Isapres, la solución a enfermedades

catastróficas

• Seguros de salud, ventajas y características

• Convenios y seguros escolares

• Gimnasios y acondicionamiento físico

Fecha de Circulación : Sábado 18 de Marzo 2000
Fecha de Cierre   : Viernes 10 de Marzo 2000

QUÉ PASA
REPORTAJES COMERCIALES

VENTA DE PUBLICIDAD Tel. 550 7526 / 550 7525 Fax. 5507606

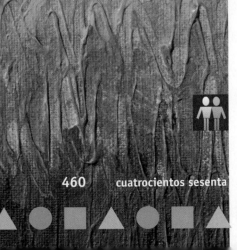

Ahora, ¡a analizar! ■ ▲ ●

1. ¿Cuál es el propósito de esta propaganda? ¿Qué producto se vende?
2. ¿A quiénes se dirige este anuncio?
3. ¿Cuáles de los temas te interesan a ti? ¿Por qué?
4. ¿Qué significa «fecha de cierre»? ¿«fecha de circulación»? Explica.

¿Qué se dice...?

Al hablar de tonificar el cuerpo

Doblen — en un pie.
No respiren — vuelta a las manos.
Estiren — el ritmo.
Den — por la boca.
Salten — los brazos.
Sigan — las rodillas.

LETICIA	¡Huy! Estoy muerta. Ojalá que sea más fácil mañana.
NARCISO	Estoy molido *(exhausted)*.
DAVID	Yo también.
IRENE	¡Ay, qué flojos están todos! Les digo que tienen que sufrir un poco si quieren tonificar el cuerpo. Ojalá pongan más esfuerzo mañana.
TODOS	¡Bu! ¡Vaya! ¡A otro perro con ese hueso! ¡Cállate!

A propósito...

Stem-changing **-ar** and **-er** verbs in the present indicative have the same stem change in all persons except **nosotros** and **vosotros** in the present subjunctive. The verbs **contar** and **perder** are as follows:

contar: cuente, cuentes, cuente, contemos, contéis, cuenten

perder: pierda, pierdas, pierda, perdamos, perdáis, pierdan

Stem-changing **-ir** verbs in the present indicative have the same stem change in all persons except **nosotros** and **vosotros**, which undergo a one-vowel change (**e > i** and **o > u**) in the present subjunctive. The verbs **preferir** and **dormir** are as follows:

preferir: prefiera, prefieras, prefiera, prefiramos, prefiráis, prefieran

dormir: duerma, duermas, duerma, durmamos, durmáis, duerman

Other stem-changing **-ir** verbs like **pedir, decir, seguir,** have only a one vowel change (**e > i**) throughout their conjugation.

pedir: pida, pidas, pida, pidamos, pidáis, pidan

¿Sabías que...?

La expresión **ojalá** viene de una expresión árabe que invocaba a su dios Alá. La influencia árabe en la lengua y cultura española abunda porque los musulmanes *(Moslems)* controlaron grand parte de España por casi ochocientos años (711–1492). Siempre cuando dos lenguas conviven por un extenso período de tiempo, la una acaba por influir a la otra y viceversa. Por ejemplo, un gran número de sustantivos que empiezan con **al-** en español vienen directamente del árabe: **alfombra, almohada** *(pillow)*, **algodón** *(cotton)*, **alfalfa, álgebra, al-muerzo...** ¿Puedes pensar en palabras en inglés que vienen directamente del español debido a la convivencia de estas dos lenguas en EE.UU., en particular en el suroeste del país?

Ahora, ¡a hablar! ■ ▲ ●

A. Anatomía. En una escuela primaria en la Zona del Canal de Panamá, los niños están completando una lección de anatomía. ¿Cómo crees que contestan cuando la profesora les pide que, en parejas, digan para qué sirven las siguientes partes del cuerpo?

| | **Modelo** | **La boca sirve para comer y para hablar.** |

1. las manos
2. la nariz
3. los oídos
4. los dedos
5. los pies

6. los brazos
7. los ojos
8. la boca
9. las piernas
10. ¿...?

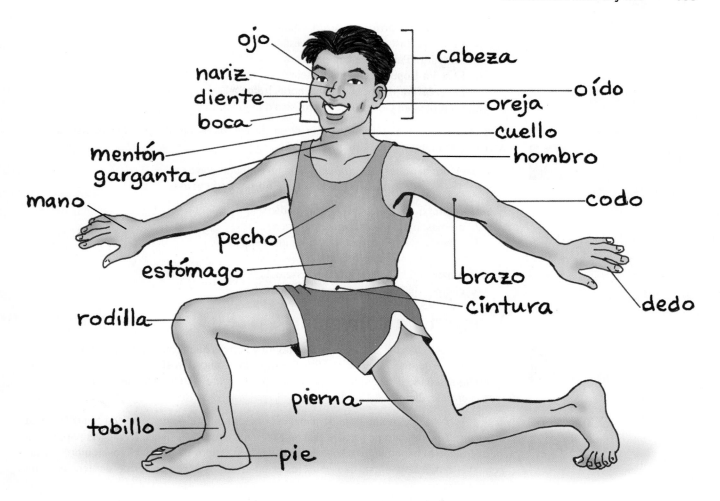

B. Instructora de aeróbicos. Maité es instructora de ejercicios aeróbicos en el Club Deportivo Azuero. ¿Qué les dice a sus alumnos al empezar?    **EP 13.3**

> **Modelo**   relajarse / respirar profundamente
> **Relájense y respiren profundamente.**

1. con el ritmo de la música / levantar los brazos / bajarlos
2. estirar los brazos / doblarlos contra el pecho
3. todos juntos / doblar la cintura lentamente a la izquierda / derecha
4. subir la pierna izquierda / bajarla
5. levantar los brazos / dar vuelta a las manos
6. no perder el ritmo de la música / subir los hombros / bajarlos

C. ¡Excesos! Los excesos son malos para la salud. ¿Qué daño *(damage)* causan estos malos hábitos? ¿Qué les aconsejas a estas personas?   **EP 13.3**

> **Modelo**   El señor Vidal fuma dos paquetes de cigarrillos al día.
> **Fumar es malo para la garganta y los pulmones.**
> **No fume tanto.** [¡O simplemente¡] **No fume.**

1. La señorita Ortiz toma mucho café.
2. El profesor Durán grita *(scream)* mucho.

3. La señorita Carrillo corre sin zapatos.
4. El doctor Pasos levanta cosas pesadas.
5. La señora Padilla lee con poca luz.
6. El señor López bebe mucho licor.
7. El señor Trujillo pasa muchas horas frente a la computadora.
8. La profesora Gertel escucha música a todo volumen.

 EP 13.4

D. ¡Ya no aguanto! Después de la clase de aeróbicos en el Club Deportivo Azuero, Martín está molido. ¿Qué está pensando?

> **Modelo**   espalda *(back):* ojalá no ser nada grave
> **¡Ay la espalda! Ojalá no sea nada grave.**

1. cuello: ojalá no tener que ir al médico
2. piernas: ojalá poder caminar al coche
3. cabeza: ojalá / instructora darme una aspirina
4. pies: ojalá no estar hinchados *(swollen)*
5. brazos: ojalá poder abrir la puerta del coche
6. cuerpo: ojalá no tener que ver a un médico

Y ahora, ¡a conversar! ■ ▲ ●

A. «¿Aeroteleadicto?» Hay personas no muy activas que prefieren mirar televisión todo el día en vez de hacer ejercicio. ¿Pueden tú y dos compañeros(as) crear un programa de ejercicio diseñado especialmente para ese tipo de gente? Sean creativos al diseñar ejercicios «aeroteleadictos».

B. Cuerpo ideal. En una hoja de papel escribe el nombre de una persona famosa que tú crees que tiene un cuerpo ideal y está en excelente condición física. Denle sus papelitos a su instructor(a) para que los redistribuya. Luego en grupos de tres, lean los nombres de las personas famosas y digan qué consejos pueden darles a personas que deseen tener un cuerpo similar.

> **Modelo**   Arnold Schwarzenegger
> **Para tener un cuerpo como el de Arnold, levanten pesas todos los días, corran de una a tres millas cada dos días y...**

C. La salud y el ambiente. El ambiente en el que vives y trabajas afecta mucho la salud. Entrevista a un(a) compañero(a) sobre el ambiente en el que vive y trabaja. Usa este cuestionario y anota sus respuestas. Luego aconséjalo(la) acerca de lo que debe hacer o no hacer para mantenerse en forma.

1. ¿Cuáles son los problemas ambientales del lugar donde vives?
   ❏ pesticidas
   ☑ polen
   ❏ asbestos
   ❏ carcinógenos
   ❏ gases
   ❏ humo diesel

2. Lugar de residencia:
   ❏ campo
   ☑ suburbio
   ❏ ciudad

3. Calidad del agua de tu área:
   ❏ potable
   ❏ contaminada
   ❏ muy contaminada
   ☑ no sé

4. Nivel de ruido *(noise):*
   ❏ muy bajo
   ☑ un poco bajo
   ❏ muy alto

5. Tipo de ruido:
   - ☑ niños
   - ☑ perros
   - ☑ tráfico
   - ☑ música
   - ☐ trenes
   - ☑ aviones

6. ¿Trabajas? Si dices que sí, ¿qué tipo de trabajo haces?
   - ☐ oficina
   - ☐ intelectual
   - ☑ profesional
   - ☐ casa
   - ☐ manual
   - ☐ no trabajo

7. Nivel de crimen:
   - ☐ no existente
   - ☑ muy poco
   - ☐ mucho

8. Lugar de trabajo:
   - ☐ casa
   - ☐ fábrica
   - ☐ oficina
   - ☐ hospital
   - ☑ otro _restaurante_

9. Área donde trabajas:
   - ☑ fumadores
   - ☐ no fumadores

10. Nivel de estrés:
   - ☑ regular
   - ☐ alto
   - ☐ altísimo

11. Horas frente a la computadora:
   - ☑ 1–3 horas al día
   - ☐ 4–6 horas al día
   - ☐ 7 o más

¡Luz! ¡Cámara! ¡Acción!

A. ¡Ohm, ohm! Tú eres dicípulo(a) de medicina natural y de meditación. Uno(a) de tus estudiantes tiene problemas con la salud mental y física. Le explicas qué ejercicios debe hacer para tonificar el cuerpo y para encontrar la paz interior. Con un(a) compañero(a), escriban su diálogo y dramatícenlo delante de la clase. Tu profesor(a) va a insistir en que el (la) estudiante haga todos los ejercicios para confirmar que los entiende.

B. ¡Estoy hecho pedazos! Tú y un(a) amigo(a) acaban de terminar su primera clase de ejercicios aeróbicos y los dos están hechos pedazos. Están tan cansados que ahora debaten si deben continuar o no con la clase. Dramatiza la situación con un(a) compañero(a). Hablen de cómo se sienten y de si deben continuar o no.

¿Comprendes lo que se dice?

Estrategias para ver y escuchar: Interpretar las palabras clave

*In the previous **Paso** you learned that linking together certain key words (**palabras clave**) with your prior knowledge and experience can be essential to the understanding process when listening to unfamiliar language. The same is true when listening to unfamiliar language as you view a video. Draw on knowledge you already have about Panama to help you understand the video narrative.*

Interpretar las palabras clave. Di la palabra o frase que mejor explique el significado de las palabras en negrilla *(bold)*. Usa toda la información sobre Panamá que has aprendido en esta clase o en otros lugares al interpretar estas palabras.

1. La república de Panamá **une** Norteamérica con Sudamérica.
2. El Canal de Panamá es una de las **vías marítimas** más importantes del mundo.
3. Miles de **embarcaciones** pasan de un océano a otro por el Canal de Panamá.
4. En la ciudad de Panamá hay mucha actividad económica de día y **palpitante** actividad musical de noche.

Panamá, ¡moderno país que no olvida sus tradiciones!

Después de ver el video. Ahora vuelve a mirar la selección del video sobre Panamá y anota tres cosas que aprendiste que no sabías antes y tres que ya sabías.

PANAMÁ

Lo que no sabía	Lo que ya sabía
1.	1.
2.	2.
3.	3.

Viajemos por el ciberespacio a... PANAMÁ

Si eres aficionado a navegar por el ciberespacio, usa las siguientes palabras clave para llegar a estos fascinantes sitios de **Panamá:**

    Archipiélago de San Blas   Prensa panameña   Canal de Panamá

O mejor aún, simplemente ve hasta el sitio de la Red *¡Dímelo tú!* usando la siguiente dirección:

http://dimelotu.heinle.com

Haz un *click* en las direcciones correspondientes para que puedas...

- visitar el archipiélago de San Blas, lugar de origen de los indígenas cunas y de las fascinantes molas.
- leer los titulares de hoy día en la sección financiera internacional en uno de varios prestigiosos periódicos panameños.
- viajar en barco por el canal de Panamá y admirar la impresionante mano de obra en la ingeniería de principios del siglo XX.

Panamá

NOTICIERO

CULTURAL

GENTE... Rubén Blades

Antes de empezar, dime... ■ ▲ ●

Artistas multitalentosos. Piensa en los grandes artistas de cine, teatro, arte, música o baile que tú conoces al contestar estas preguntas.

1. ¿Te gustaría seguir la carrera de artista? ¿Por qué? Explica tu respuesta.
2. ¿Por qué será que muchas veces cuando los jóvenes deciden seguir la carrera de artista, ya sea como músico, actor o actriz, pintor o bailarín, sus padres se oponen a que sigan esa carrera?
3. ¿Cuántos artistas puedes nombrar que fueron no sólo artistas sino también grandes políticos? ¿Por qué crees que se interesan los artistas en seguir carreras políticas? ¿Resultan ser buenos políticos los artistas, en tu opinión? Explica tu respuesta.

Rubén Blades: Salsero, político y panameño «de corazón»

Rubén Blades, abogado, músico, actor y político, nació en Panamá en 1948. Sus padres también se dedicaban a la música pero no deseaban ese futuro, a veces difícil, para su hijo. Así que lo animaron para que se licenciara en leyes por la Universidad de Panamá y después para que se especializara en derecho internacional en la universidad de Harvard en EE.UU., pero sin dejar de lado su otra pasión, la música. Cuando Blades decidió salir de Panamá e irse a Nueva York en plan de desarrollar esa pasión musical, además de abogado ya era un «salsero» reconocido en su propio país.

En Nueva York, como les ocurre a tantos que vienen del extranjero a esta gran ciudad, la vida no le fue fácil desde el principio, pero con el tiempo fue haciendo buenos contactos hasta llegar a trabajar «mano a mano» con uno de los grandes: Willie Colón y su orquesta. Fue así, trabajando con Colón, que de veras llegó a ser bien conocido no sólo en EE.UU. sino en la comunidad hispana del mundo entero.

Entre sus numerosos éxitos, se destaca uno en especial, «Pedro Navaja», apellido que alude al compositor y cantante mismo. Esta canción se encuentra en su disco de salsa *Siembra,* y presenta un tema de crítica social, un tema ampliamente conocido en los barrios latinoamericanos y que ha servido de inspiración a otras canciones, películas y obras de teatro.

Esta preocupación por lo social, junto a su formación en derecho, lo llevaron a participar en la política de su país en 1993, cuando fue candidato a la presidencia. Aunque no ganó las elecciones, el fervor con el cual sigue sus metas nos da una visión del sentido de la vida de este salsero, político y panameño «de corazón», como él dice.

Como si su fama de salsero y político no fuera suficiente, Blades también es conocido como excelente actor de cine. Entre sus muchas películas están *The Super* con Joe Pesci, *Fatal Beauty* con Whoopi Goldberg, *The Two Jakes* con Jack Nicholson, *The Milagro Beanfield War* con Freddie Fender, *Cradle Will Rock* con John Cusack, y la película que lanzó a Rubén en el cine, *Crossover Dreams,* el drama de las experiencias de un salsero neoyorquino.

Y ahora, dime... ■ ▲ ●

Con un(a) compañero(a) de clase indica los hechos más importantes en la vida de Rubén Blades antes y después de mudarse a Nueva York.

RUBÉN BLADES

Antes de Nueva York	Después de Nueva York
1.	1.
2.	2.
3.	3.
4.	4.
...	...

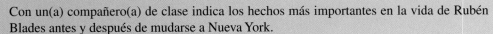

¿Te gusta escribir?

Estrategias para escribir: Persuadir

A. Persuadir. Muchas veces necesitamos escribir un artículo o un pequeño ensayo para dar información sobre un tema, y al mismo tiempo para persuadir a los lectores sobre el aspecto positivo o negativo de nuestras ideas. Al escribir este tipo de ensayo necesitamos presentar ambos argumentos, el positivo y el negativo, y después indicar por qué uno tiene más valor *(validity)* que el otro. Normalmente los temas más controvertidos son los que inspiran este tipo de escritura.

Con dos compañeros, haz una lista de temas de actualidad que sean interesantes en el momento de escribir este tipo de composición. Algunas sugerencias son: los efectos de fumar, de beber bebidas alcohólicas, la controversia sobre la eutanasia, etc.

B. Las dos caras de la moneda. Ahora en los mismos grupos, decidan y escriban algunas razones a favor y en contra sobre dos de los temas en la lista que acaban de hacer.

Ahora, ¡a escribir! ■ ▲ ●

A. En preparación. De los dos temas seleccionados en el ejercicio anterior decide cuál te interesa más defender o atacar. Basándote en las respuestas dadas a favor o en contra, organiza la explicación de cada argumento. Cuando termines tendrás cuatro listas: una que da razones a favor y una que explica el por qué, y otra que da razones en contra y una cuarta que también explica el por qué. Por ejemplo:

Fumar

A favor	¿Por qué?	En contra	¿Por qué?
1. Bueno para la imagen.	1. Es algo más adulto. Muestra independencia.	1. Malo para la salud.	1. Causa cáncer. Puedes morir.
2. Conformidad con el grupo.	2. Todos los amigos fuman.	2. Molesta a muchas personas.	2. No se permite en muchos lugares. Afecta dónde puedes sentarte.
3. ...	3. ...	3. ...	3. ...

B. El primer borrador. Basándote en la lista que tienes del ejercicio anterior decide cuál es tu opinión personal sobre el tema. Ahora organiza la información que tienes en párrafos, enfatizando la parte que tú crees que tiene más valor. Agrega una oración como conclusión al final de la composición para cerrar lo que has escrito y convencer una vez más al lector de tu posición. Puedes usar frases como las siguientes:

- Para terminar yo creo que...
- Antes de terminar quiero repetir que...
- Personalmente no me cabe la menor duda de que...
- Tenemos que tener conciencia sobre...
- Lo más importante es aceptar que...

C. Ahora, a compartir. Intercambia tu composición con dos compañeros(as) para saber su reacción. Cuando leas las de tus compañeros(as) dales sugerencias sobre posibles cambios para mejorar sus argumentos. Si encuentras errores, menciónalos.

D. Ahora, a revisar. Agrega la información que consideres necesaria para tu composición. No te olvides de revisar los errores que mencionaron tus compañeros(as).

E. La versión final. Ahora que tienes todas las ideas revisadas y las correcciones hechas, saca una copia en limpio en la computadora y entrégasela a tu profesor(a).

F. Mesa redonda. Formen grupos de cinco o seis estudiantes y lean en voz alta las redacciones. Seleccionen la composición que, en su opinión, mejor logró la meta de persuadir.

Tarea

Antes de empezar este *Paso*, estudia *En preparación*

☐ **13.5 Subjunctive with expressions of emotion**

☐ **13.6 Subjunctive with impersonal expressions**

☐ Haz por escrito los ejercicios de *¡A practicar!*

☐ Escucha la sección *¿Qué se dice...?* del Capítulo 13, Paso 3 en el CD.

¿Eres buen observador?

usted

es un PACIENTE, que ya no tiene miedo de mirarse al espejo.

es un VOLUNTARIO, que dona su tiempo para que otros puedan ganar tiempo.

es un SOBREVIVIENTE, que tiene algo que decir para que se encuentre una cura.

AMERICAN CANCER SOCIETY

Esperanza. Progreso. Respuestas.

Quienquiera que usted sea, podemos ayudarle.

1-800-ACS-2345 | www.cancer.org

Ahora, ¡a analizar! ■ ▲ ●

1. ¿A quiénes se dirige este anuncio?
2. ¿Qué servicio se ofrece? ¿Quién lo ofrece?
3. Explica el lema: «Esperanza. Progreso. Respuestas.»
4. Explica la expresión: «Quienquiera que usted sea, podemos ayudarle.»
5. ¿Usarías este producto? ¿Por qué?

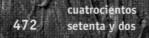

¿Qué se dice...?

Al sugerir y recomendar

Narciso necesita ___comer algo___.

El médico de David quiere ___estar una dieta___.

Leticia recomienda ___ir a un restaurante con todas comidas___

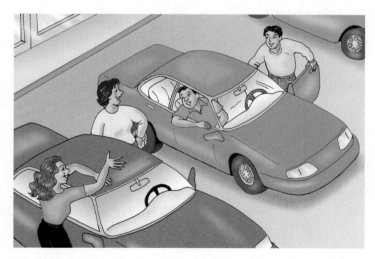

DAVID　　Temo que Narciso no pueda aguantar *(stand)* un día más sin un sándwich de hamburguesa o unas papas fritas...

IRENE　　¡Ay! Es imposible que yo no piense en comer si ustedes no hablan de nada más.

LETICIA　　Es obvio que todos estamos pensando en la misma cosa. Sugiero que olvidemos la dieta y que vayamos a almorzar juntos. Podemos ir al Pollo Tropical.

DAVID　　¡Ay, vamos! ¡Ya estoy harto de verduras! Me muero por algo frito, hasta pollo.

NARCISO　　Ay, sí. Y unas Balboas bien frías.

IRENE　　Bueno, ni modo. Adiós dieta.

A propósito...

As in the preterite, verbs that end in **-car, -gar,** and **-zar** undergo a spelling change in the present subjunctive in order to maintain the consonant sound of the infinitive. For example, note the spelling change in **buscar, almorzar,** and **jugar.**

buscar (**c > qu** *in front of* **e**): bus**que**, bus**que**s, bus**que**, bus**que**mos, bus**qué**is, bus**que**n

almorzar (**z > c** *in front of* **e**): almuer**ce**, almuer**ce**s, almuer**ce**, almor**ce**mos, almor**cé**is, almuer**ce**n

jugar (**g > gu** *in front of* **e**): jue**gue**, jue**gue**s, jue**gue**, ju**gue**mos, ju**gué**is, jue**gue**n

¿Sabías que...?

El distrito bancario de la ciudad de Panamá es uno de los más modernos de toda Latinoamérica. Allí se encuentran unos 110 bancos internacionales que sirven de base para unas 100 mil compañías y un 10 por ciento de la flota mercante marítima del mundo entero. En esta zona de grandes rascacielos, se encuentran tiendas con las últimas modas europeas, cines con las más recientes películas de Hollywood y restaurantes que ofrecen comida de todas partes del mundo.

Ahora, ¡a hablar! ■ ▲ ●

 EP 13.5

A. Emociones. Tus padres son muy emotivos. ¿Qué emoción sienten cuando saben esto de ti?

> **Modelo**   haces ejercicios todos los días: mis padres alegrarse
> **Mis padres se alegran de que haga ejercicios todos los días.**

1. sales a correr todos los días: mi padre estar contento
2. vas al médico: mi madre sorprenderse
3. no comes carne: mi padre sorprenderse
4. tomas vitaminas: mis padres estar contentos
5. no dejas de fumar: mi padre estar furioso
6. bajas de peso: mi madre temer

EP 13.5

B. ¡Lo sentimos! Alfonso acaba de empezar sus estudios en la Universidad de Panamá. Ahora que vive lejos de su familia y de sus amigos, todos reaccionan de manera diferente a su ausencia. Según Alfonso, ¿cuál es la preocupación y la reacción de cada uno?

> **Modelo**   mi papá / tener miedo / no dedicarme bastante a los estudios
> **Mi papá tiene miedo de que no me dedique bastante a los estudios.**

1. mis padres / temer / salir de noche demasiado
2. mi novia / esperar / escribirle todos los días

3. mi mamá / tener miedo / enfermarme
4. mi hermano / alegrarse / yo ya no estar en casa
5. mi hermanita / sentir / yo no poder jugar con ella
6. mi mejor amigo / temer / yo cambiar demasiado

C. Recomendaciones. Marcos Betancourt trabaja en el Centro Médico Paitilla, conside- EP 13.6
rado como uno de los mejores de todo Centroamérica. ¿Qué les aconseja a sus pacientes
cuando se presentan con estos problemas? Selecciona la recomendación más apropiada
para cada problema indicado aquí.

Problemas	**Recomendaciones**
1. estrés	a. No es bueno que coma mucha carne.
2. cáncer	b. Es necesario que coma más verduras.
3. alta presión	c. Es importante que tome ocho vasos de agua al día.
4. ataque al corazón	d. Es malo que trabaje demasiado.
5. necesitar bajar de peso	e. Es bueno que corra o camine al menos una hora al día.
6. problemas respiratorios	f. Es peligroso que fume.
	g. Es urgente que deje de tomar bebidas alcohólicas.

D. ¡Necesitas un cambio! ¿Qué le sugieres a un(a) amigo(a) que está deprimido(a) y que EP 13.6
sufre mucho de estrés?

> **Modelo**   ser necesario: buscar un nuevo trabajo
> **Es necesario que busques un nuevo trabajo.**

1. ser bueno: no pensar tanto en las responsabilidades
2. ser obvio: deber pedir unas vacaciones
3. ser importante: empezar un programa de ejercicio
4. ser evidente: no dormir lo suficiente
5. ser urgente: hacer meditación
6. ser cierto: necesitar divertirse más
7. ser increíble: no salir más los fines de semana

E. ¡No puedo hacerlo! No estamos siempre dispuestos a hacer sacrificios, ni siquiera  EP 13.6
cuando se trata de mejorar nuestra salud. Con un(a) compañero(a), decidan qué les pueden
aconsejar a estas personas que dicen que no pueden cambiar.

> **Modelo**   No puedo tomar ocho vasos de agua cada día. ¡No me gusta el agua!
> **Es necesario que tomes ocho vasos de agua al día. También**
> **sugerimos que le pongas un poco de limón al agua.**

1. No me gusta hacer ejercicio. Prefiero ver la televisión.
2. No puedo comer verduras. ¡Las detesto!
3. No puedo seguir una dieta rígida. ¡Me encanta comer!
4. No puedo correr. Hace demasiado calor en el verano y demasiado frío en el invierno.
5. No puedo hacer ejercicio regularmente. Estoy muy ocupado. Simplemente no tengo tiempo.
6. No puedo dormir ocho horas al día. Tengo muchas obligaciones sociales.

Y ahora, ¡a conversar! ■ ▲ ●

A. Buena salud. ¿Cómo están de salud tú y tus amigos? Para saberlo, primero completa la columna bajo **Yo** en este cuestionario. Luego entrevista a dos amigos(as) y comparen todos los resultados.

Modelo

> TÚ   **¿Cuánto mides?**
> AMIGO (A)   **Mido un metro y ochenta y cinco centímetros.**

Medidas aproximadas: 1 centímetro = 0,4 pulgadas
1 metro = 3,3 pies
1 kilo = 2,2 libras

Yo	Amigo(a) #1	Amigo(a) #2
65 pulgadas / 5'5	*pulgadas*	*65 pulgadas*
Altura	**Altura**	**Altura**
_____ metro _____ cm.	*163* metro _____ cm.	_____ metro _____ cm.
Peso _____ kilos *115*	Peso _____ kilos	Peso _____ kilos
Ejercicio *levanto*	**Ejercicio**	**Ejercicio**
Tipo *corro y pesas*	Tipo " "	Tipo *corra y camina*
Nivel de dificultad	Nivel de dificultad	Nivel de dificultad
❏ bajo	❏ bajo	❏ bajo
☑ medio	❏ medio	☑ medio
❏ alto	☑ alto	❏ alto
Frecuencia *3-4 días*	Frecuencia *todos los días*	Frecuencia *3 días*
Duración *30 - 1 hr.*	Duración *dos horas*	Duración *1 hr.*
Fumar	**Fumar**	**Fumar**
Frecuencia *0 nunca*	Frecuencia *nunca*	Frecuencia *nunca*
Cantidad *0 nunca*	Cantidad _____	Cantidad _____
Alcohol	**Alcohol**	**Alcohol**
Frecuencia *los fines de semana*	Frecuencia *los fines de semana*	Frecuencia *los fines de semana*
Estrés	**Estrés**	**Estrés**
En casa	En casa	En casa
☑ bajo	❏ bajo	❏ bajo
❏ medio	❏ medio	❏ medio
☑ alto	☑ alto	☑ alto
En el trabajo	En el trabajo	En el trabajo
❏ bajo	❏ bajo	❏ bajo
☑ medio	☑ medio	☑ medio
❏ alto	❏ alto	❏ alto
En la universidad	En la universidad	En la universidad
❏ bajo	❏ bajo	❏ bajo
❏ medio	❏ medio	❏ medio
☑ alto	☑ alto	☑ alto
Estado mental	**Estado mental**	**Estado mental**
☑ positivo	☑ positivo	☑ positivo
❏ indiferente	❏ indiferente	❏ indiferente
❏ negativo	❏ negativo	❏ negativo

B. Para mejorar. Ahora, en los mismos grupos de tres, denle consejos a cada persona en su grupo según los problemas indicados en la entrevista del ejercicio anterior. Hagan varias recomendaciones sobre lo que pueden hacer para mejorar su condición física.

C. Problemas sociales. Somos animales sociales y como tales a veces tenemos problemas con la gente que nos rodea *(surrounds us)*. ¿Qué problemas tienes con las siguientes personas? Comparte tus problemas con dos compañeros(as). Tus compañeros(as) van a analizar la situación y te van a dar consejos.

> **Modelo** jefe
>
> TÚ **Mi jefe es una persona muy difícil. Es imposible satisfacerle.**
> AMIGO(A) **Es obvio que tu jefe es un dictador. Tememos que un día explotes en la oficina. Es mejor que cambies de trabajo o que pidas cambiar de oficina.**

1. compañeros de trabajo   3. esposo(a) o novio(a)   5. ¿...?
2. padres   4. profesores

¡Luz! ¡Cámara! ¡Acción! ■ ▲ ●

A. ¡Ayúdenme! Estás aburrido(a) de todo: tus clases, tu trabajo, tus amistades, la vida familiar y universitaria... Les pides consejos a tus amigos. Con dos compañeros(as), escriban su diálogo y dramatícenlo delante de la clase.

B. Problemas matrimoniales. Dos amigos que sólo llevan tres meses de casados te confiesan que ya están cansados de la rutina del matrimonio. Escucha sus problemas y aconséjalos.

¿Te gusta leer?

Estrategias para leer: Esquemas

A. Sumarios. Generalmente cuando leemos información histórica, tratamos de recordar lo que leímos. Los esquemas nos ayudan a entender y recordar lo que leemos.

La forma más fácil de hacer un esquema de información histórica es sacar una lista de los acontecimientos más importantes y debajo de cada acontecimiento anotar los hechos más importantes relacionados con el acontecimiento. Por ejemplo, un esquema de la información en los dos primeros párrafos de esta lectura podría ser el siguiente:

I. Historia de Panamá
  A. Colonización española
    1. Vasco Núñez de Balboa (1510–1514)
    2. Pedro Arias Dávila (Pedrarias)
      a. fundó la ciudad de Panamá
      b. transformó la región en zona de transporte de mercaderías
      c. mucha actividad de piratas británicos
    3. 1751 Panamá depende de Bogotá, Colombia
  B. Independencia de España
    1. 1821 como parte de la Nueva Granada (Ecuador, Colombia, Panamá y Venezuela)
    2. 1830 Panamá hace tres intentos sin éxito de independizarse de Colombia

B. Esquema de la lectura. Prepara ahora un esquema del resto de la lectura. Luego compara tu esquema con el de dos compañeros(as) y según lo que ellos tienen en su esquema, haz cualquier cambio que te parezca necesario en el tuyo.

Lectura

Panamá: Historia de un canal y una nación

La primera colonización española del istmo de Panamá tuvo éxito con Vasco Núñez de Balboa (1510–1514), siendo reemplazado por Pedro Arias Dávila (Pedrarias) en 1514. Pedrarias fundó la ciudad de Panamá, transformando el istmo en una zona de transporte de mercaderías, tanto desde España como desde las colonias. Esto atrajo la atención de los piratas británicos, quienes devastaron la costa panameña hasta alrededor de 1688. En 1751, Panamá pasó a depender de Santa Fe de Bogotá, Colombia.

Panamá proclamó su independencia de España en 1821, cuando Simón Bolívar liberó la llamada Nueva Granada (en la actualidad Ecuador, Colombia, Panamá y Venezuela). Durante 1830 Panamá hizo tres intentos de separación de Colombia, sin mayor éxito.

La fiebre del oro de California, en 1849, le trajo gran prosperidad a Panamá, ya que muchos preferían la ruta panameña en vez de la ardua ruta americana por ferrocarril. Así, el Sistema de Ferrocarriles de Panamá fue inaugurado en 1855, con financiamiento de los Estados Unidos, lo que llevó también a la creación de la ciudad de Colón. Al mismo tiempo, una compañía francesa, con Ferdinand de Lesseps a la cabeza, ganó en 1879 la concesión para la construcción de un canal a través del istmo, construcción que quedó paralizada más tarde, en 1889.

Los intereses estadounidenses aumentaron con el comienzo del nuevo siglo. Cuando el Senado de Colombia no respaldó la ratificación del tratado del canal, los Estados Unidos dieron su apoyo al Movimiento Separatista Panameño, reconociendo la insurrección panameña del 3 de noviembre de 1903. Pocos días más tarde se confirmó el tratado Hay-Bunau Varilla del canal, concediéndole a los Estados Unidos el control de la Zona del Canal a perpetuidad.

El canal de Panamá fue inaugurado, consecuentemente, en 1914. En todas estas negociaciones, el presidente de los Estados Unidos, Theodore Roosevelt, tuvo una gran participación y así, citando un proverbio árabe al hablar de política internacional, dijo que había que: «... hablar suavemente llevando un grueso bastón». El norteamericano P. J. O'Rourke en una ocasión dijo que Panamá era *«a put-up job, sleazed into existence by Teddy Roosevelt so he'd have somewhere to put the Big Ditch»*.

Años más tarde, la situación posterior a la Segunda Guerra Mundial se tornó bastante difícil en Panamá. Las manifestaciones y revueltas anti-norteamericanas fueron en aumento. En 1968, la Guardia Nacional, bajo el mando del Coronel Omar Torrijos Herrera, llevó a cabo un exitoso golpe de estado. Torrijos renegoció en 1977 el Tratado del Canal de Panamá, bajo el cual Panamá asumía la jurisdicción de la antigua zona norteamericana del canal, pero con el cual la responsabilidad de las operaciones del canal mismo quedaban bajo el control de los Estados Unidos, hasta el año 1999.

Este último acuerdo del Tratado del Canal de Panamá, se llevó a efecto en diciembre de 1999, con la presencia y firmas de los mandatarios de ambos países, paso que concluye tal vez, la historia del siglo pasado, de un canal y una nación.

A ver si comprendiste ■ ▲ ●

Contesta las siguientes preguntas.

1. ¿Cuáles son los acontecimientos más importantes en la historia de Panamá? Tal vez quieras usar tu esquema al contestar.
2. ¿Qué papel tuvo el canal en la historia de Panamá?
3. ¿Cuál es el significado del lema «... hablar suavemente llevando un grueso bastón»? ¿Cómo se aplica a Panamá?
4. ¿Estás de acuerdo con el comentario de P. J. O'Rourke? ¿Por qué sí o por qué no?
5. En tu opinión, ¿qué opinan los panameños de EE.UU.? Explica tu respuesta.

@ Viajemos por el ciberespacio a... PANAMÁ

Si eres aficionado a navegar por el ciberespacio, usa las siguientes palabras clave para llegar a estos fascinantes sitios de **Panamá:**

Radio Panamá   Organizaciones no gubernamentales   Canal de Panamá

O mejor aún, simplemente ve hasta el sitio de la Red *¡Dímelo tú!* usando la siguiente dirección:

http://dimelotu.heinle.com

Haz un *click* en las direcciones correspondientes para que puedas...

- escuchar la Radio de Panamá para mantenerte al día de toda la actualidad panameña a través del Internet.
- conocer una organización indígena no gubernamental, sin fines de lucro, que trabaja por el desarrollo indígena y la conservación del medio ambiente.
- adquirir todo tipo de información sobre Panamá, para preparar tu próximo viaje al Canal.

Vocabulario ■▲●■▲●■▲

Salud

ataque al	
corazón (m.)	*heart attack*
bajar de peso	*to lose weight*
cáncer (m.)	*cancer*
enfermedad (f.)	*illness*
estrés (m.)	*stress*
fiebre (f.)	*fever*
presión (f.)	*pressure*
resfriado	*cold*
salud (f.)	*health*
sangre (f.)	*blood*
SIDA (m.)	*AIDS*
úlcera	*ulcer*
vitamina	*vitamin*

Ejercicio

adentro	*in, inside*
afuera	*out, outside*
aguantar	*to endure, stand*
bajar	*to go down;*
	to lower
competitivo(a)	*competitive*
dar vuelta	*to turn*
doblar	*to bend*
durar	*to last*
esfuerzo	*effort*
estar molido(a)	*to be exhausted*
estar muerto(a)	*to be dead*
estirar	*to stretch*
flojo(a)	*lazy*
gimnasia	*gymnastics,*
	calisthenics
levantar	*to raise; to lift*

pesar	*to weigh*
pesas	*weights*
relajarse	*to relax*
rendido(a)	*exhausted,*
	worn-out
teleadicto(a)	*couch potato*
tonificar	*to tone;*
	to strengthen

El cuerpo

boca	*mouth*
brazo	*arm*
cabeza	*head*
cintura	*waist*
codo	*elbow*
cuello	*neck*
cuerpo	*body*
dedo	*finger*
diente (m.)	*tooth*
espalda	*back*
estómago	*stomach*
garganta	*throat*
hombro	*shoulder*
mentón (m.)	*chin*
mano (f.)	*hand*
nariz (f.)	*nose*
oído	*inner ear*
ojo	*eye*
oreja	*outer ear*
pecho	*chest*
pie (m.)	*foot*
pierna	*leg*
pulmones (m. pl.)	*lungs*
rodilla	*knee*
tobillo	*ankle*

Consejos

aconsejar	*to advise*
consejo	*advice*
cuidar	*to take care of*
deprimido(a)	*depressed*
deprimirse	*to be depressed*
preocupar	*to worry*

Verbos

alegrarse	*to be happy*
cambiar	*to change*
dudar	*to doubt*
insistir (en)	*to insist (on)*
medir (i, i)	*to measure*
recetar	*to prescribe*
sentir (ie, i)	*to feel*
temer	*to fear*

Adjetivos

atrevido(a)	*daring, outrageous*
cierto(a)	*certain, true*
envidioso(a)	*envious*
evidente	*evident*
increíble	*incredible,*
	unbelievable
obvio(a)	*obvious*

Palabras y expresiones útiles

caballo	*horse*
de vez en cuando	*once in a while*
embarazada	*pregnant*
ojalá	*would that, I hope*
profundamente	*profoundly, deeply*
ritmo	*rhythm*

13.1 Present subjunctive: Theory and forms ⊖⊖

Giving advice and making recommendations

A. The tenses you have learned up to now—present, present progressive, present perfect, preterite, imperfect, future, and conditional—are all part of the indicative mood. The indicative mood is used in statements or questions that reflect factual knowledge or certainty.

B. A second system of tenses, the subjunctive mood, is used for statements or questions that reflect doubt, desire, emotion, or uncertainty. The subjunctive is so named because it is usually *subjoined* or *subservient* to another dominating idea. Because of their subservient nature, the subjunctive tenses normally occur in a secondary or dependent clause (a group of words with a subject and a verb) of a sentence, and are often introduced by **que.** The verb in the main clause is usually in the indicative.

> main clause (indicative) + **que** + dependent clause (subjunctive)

Mamá quiere   **que**   ustedes **coman** con nosotros esta noche.

C. To form the present subjunctive, personal endings are added to the stem of the **yo** form of the present indicative. The present subjunctive of **-ar** verbs take endings with **-e**, while **-er** and **-ir** verbs take endings with **-a**.

-ar	preparar	-er, -ir	correr	asistir
-e	prepare	-a	corra	asista
-es	prepares	-as	corras	asistas
-e	prepare	-a	corra	asista
-emos	preparemos	-amos	corramos	asistamos
-éis	preparéis	-áis	corráis	asistáis
-en	preparen	-an	corran	asistan

D. Since the personal endings of the present subjunctive are always added to the stem of the **yo** form of the present indicative, verbs that have an irregular stem in the first person (e.g., **conozco, digo, hago, oigo, pongo, salgo, tengo, traigo, vengo, veo**) maintain that irregularity in all forms of the subjunctive.

tener	venir	conocer	ver
tenga	venga	conozca	vea
tengas	vengas	conozcas	veas
tenga	venga	conozca	vea
tengamos	vengamos	conozcamos	veamos
tengáis	vengáis	conozcáis	veáis
tengan	vengan	conozcan	vean

13.2 Subjunctive with expressions of persuasion

Persuading

Whenever the verb in the main clause expresses a request, a suggestion, a command, or a judgment, the verb in the dependent clause is expressed in the subjunctive, provided there is a subject change. This is because the action in the dependent clause is nonfactual and yet to occur.

main clause (indicative) + **que** + dependent clause (subjunctive)

El médico recomienda	que yo **corra** todos los días.
The doctor recommends	*that I run every day.*
También aconseja	que **comamos** menos carne.
He also advises	*that we eat less meat.*
Insiste en	que yo **deje** de fumar.
He insists	*that I stop smoking.*

The following are some frequently used verbs of persuasion.

aconsejar	*to advise*	preferir	*to prefer*
insistir (en)	*to insist*	recomendar	*to recommend*
permitir	*to permit*	sugerir	*to suggest*

¡A practicar! ■ ▲ ●

A. ¡Problemas en el paraíso! Paco y Lupita, una pareja de recién casados, acaban de mudarse a Ancón, Panamá. Desgraciadamente, ya tienen algunos problemas en su matrimonio. ¿Qué les sugiere el consejero matrimonial?

> **Modelo**   recomendar / cambiar la rutina
> **Él recomienda que cambien la rutina.**

1. sugerir / salir más
2. aconsejar / no quedarse / casa / fines de semana

3. recomendar / tener / más paciencia
4. sugerir / no mirar / tanto / televisión
5. recomendar / hacer / viajes juntos
6. aconsejar / regresar / hablar con él una vez / semana

B. ¡El primer baile! Ángela va a asistir a su primer baile en la Universidad de Santa María la Antigua. ¿Qué le dicen sus padres?

1. tu madre y yo insistir / tú regresar / antes de la medianoche
2. yo recomendar / tú no beber / alcohol / fiesta
3. mamá y yo / insistir / ustedes / decir no a las drogas
4. tu madre preferir / tu amigo conducir / el coche al baile
5. yo insistir / tú no fumar
6. nosotros querer / ustedes llamarnos / en caso de emergencia

13.3 *Usted* and *ustedes* commands

Paso 2

Telling people what to do or not to do

The present subjunctive is used to form both affirmative and negative **usted** and **ustedes** commands.

Respiren profundamente.	*Breathe deeply.*
Eva, no **baje** los brazos.	*Eva, don't lower your arms.*
Levanten las piernas.	*Raise your legs.*
Levántenlas.	*Raise them.*
Eva, no las **doble.**	*Eva, don't bend them.*

Remember that object pronouns always precede negative commands but are attached to the end of affirmative commands.

¡A practicar! ■ ▲ ●

A. ¡Con el médico! El médico de Matilde trabaja en el Laboratorio de Medicina Tropical y Preventiva Gorgas Memorial en Panamá. Es un experto en nutrición e insiste en que ella coma mejor. ¿Qué le aconseja?

> **Modelo**   dejar inmediatamente el café
>   **Deje inmediatamente el café.**

1. comer muchas verduras
2. tomar ocho vasos de agua todos los días
3. hacer algún deporte
4. no consumir ni sal ni azúcar
5. no ponerle aceite a las ensaladas
6. no comer nada frito
7. venir a verme en dos semanas

B. ¡Levanten los brazos! Los instructores de ballet del Instituto Nacional de Cultura en la ciudad de Panamá hacen ejercicios que practican siempre. Cambia los verbos a mandatos para aprender una de estas rutinas.

> **Modelo**   levantar la pierna izquierda
> **Levanten la pierna izquierda.**

1. levantar los brazos
2. respirar profundamente
3. doblar las rodillas
4. estirar las piernas
5. hacerlo otra vez

6. estirar los brazos al frente
7. abrir los brazos
8. escuchar el ritmo
9. correr con el ritmo de la música
10. tomar un descanso

13.4 *Ojalá* and present subjunctive of irregular verbs

Expressing hope

A. The following six verbs have irregular subjunctive forms.

dar	estar	haber	ir	saber	ser
dé	esté	haya	vaya	sepa	sea
des	estés	hayas	vayas	sepas	seas
dé	esté	haya	vaya	sepa	sea
demos	estemos	hayamos	vayamos	sepamos	seamos
deis	estéis	hayáis	vayáis	sepáis	seáis
den	estén	hayan	vayan	sepan	sean

The accents on the first- and third-person singular forms of **dar** are necessary in order to distinguish them from the preposition **de**.

B. **Ojalá** *(I hope, God grant)* is always followed by the subjunctive and expresses hope. **Tal vez** *(perhaps)* and **quizá(s)** *(maybe)* are followed by the subjunctive when the speaker wishes to express doubt about something.

> Ojalá (que) me **llame** esta noche.
> Quizá **vayamos** al centro mañana.

> *I hope he calls me tonight.*
> *Maybe we'll go downtown tomorrow.*

Note that **que** does not usually follow the expressions **tal vez** or **quizá(s)**; however, the use of **ojalá** versus **ojalá que** varies from one region to another and is a matter of personal choice.

¡A practicar! ■ ▲ ●

A. ¡Gimnasia! Hoy Martina asiste a su primera clase de gimnasia en la escuela de verano de la Universidad de Panamá. ¿Qué está pensando?

> **Modelo**   no ser muy difícil
> **Ojalá no sea muy difícil.**

1. no cansarme mucho
2. saber hacer todos los movimientos

   3. haber buena música

   4. no estar molida después de la clase

   5. la instructora darnos instrucciones claras

   6. no tener que correr

B. ¡Ya no aguanto! ¿Qué dudas expresa Martina en la clase de ejercicio?

> **Modelo**   tal vez los ejercicios no ser / muy difíciles hoy
> **Tal vez los ejercicios no sean muy difíciles hoy.**

   1. tal vez nosotros poder / usar el jacuzzi hoy

   2. quizá Sergio y Elena no estar / aquí todavía

   3. ojalá nosotros ser / más consistentes en el futuro

   4. tal vez yo no saber / los movimientos

   5. tal vez la profesora traer / agua fresca a la clase hoy

   6. ojalá todos los estudiantes llegar / a tiempo hoy

Paso 3

13.5 Subjunctive with expressions of emotion

Expressing emotion

Whenever an emotion such as fear, joy, sadness, pity, or surprise is expressed in the main clause of a sentence, the subordinate clause will be expressed in the subjunctive mood.

Main Clause	Subjunctive Clause
Tememos	que Ricardo Javier no **venga** hoy.
Me alegro (de)	que **estemos** aquí.
Siento mucho	que ella **esté** enferma.
Les **sorprende**	que el instructor **sea** tan joven.

A. If the subject of both clauses is the same, an infinitive is used instead of a subjunctive clause.

¿Esperas **ganar** el premio?	*Do you hope to win the award?*
Me alegro de **poder** estar aquí.	*I am glad to be able to be here.*

B. Here are some frequently used expressions of emotion.

alegrarse (de)	*to be glad*
esperar	*to hope*
estar contento(a) (de)	*to be happy (about)*
estar furioso(a)	*to be furious*
sentir (ie, i)	*to regret, feel sorry*
sorprenderse (de)	*to be surprised (at, about)*
temer	*to fear*
tener miedo (de)	*to be afraid (of)*

¡A practicar! ■ ▲ ●

A. ¡Deprimida! La pobre Anita, una chica de Tocumen, Panamá, está últimamente muy deprimida. ¿Qué le dice su mejor amiga?

1. Espero que tú _____ (confiar = *to trust*) en mí.
2. Temo que tú no _____ (decirme) todo.
3. Me sorprende que tu familia no _____ (escucharte).
4. Estoy contenta de que nosotras _____ (ser) amigas.
5. Me alegro de que tú _____ (ir) a consultar con una consejera.
6. Espero que ella _____ (ayudarte) mucho también.

B. ¡Me siento muy cansado! Fernando viaja mucho entre la ciudad de Panamá y Balboa, debido a su trabajo. Ya casi no tiene energía para continuar. ¿Qué piensan sus amigos Martín y Marcela?

1. Martín estar contento / Fernando / sentirse bien
2. Marcela / temer / Fernando / enfermarse más
3. Ellos / tener miedo / Fernando / no ir al médico
4. Marcela / esperar / Fernando / seguir los consejos del médico
5. Martín / sorprenderse / Fernando / continuar viajando
6. Ellos / alegrarse / Fernando / pensar buscar un nuevo trabajo

13.6 Subjunctive with impersonal expressions ⊐⊏⊐

Expressing opinions

Most impersonal expressions are formed with the third-person singular of the verb **ser** followed by an adjective; for example, **es importante, es triste,** and **es bueno.** Note that in impersonal expressions, the subject *it* is understood.

A. If an impersonal expression in the main clause expresses a certainty, such as **es cierto, es seguro, es verdad, es obvio,** then the indicative is used in the following clause.

Es obvio que **vas** a mejorarte.	*It's obvious that you are going to get better.*
Es verdad que el consejero **está** de vacaciones.	*It's true that the counselor is on vacation.*

The following are some frequently used impersonal expressions of certainty:

Es cierto...	Es obvio...
Es evidente...	Es seguro...
Es indudable...	Es verdad...

B. All other impersonal expressions are followed by the subjunctive when there is a change of subject in the subordinate clause. If no change of subject occurs, then the infinitive is used.

Es increíble que **tengan** tantas clases.	*It's incredible that they have so many classes.*
Es mejor que yo no **vaya** a clase hoy.	*It's better that I not go to class today.*
Es imposible llegar a tiempo.	*It's impossible to arrive on time.*

Note that in the first two examples, the focus of the dependent clause is on different subjects; in the third example, the focus is on an event or a statement.

Some frequently used impersonal expressions often followed by the subjunctive include the following:

Es importante...	Es natural...
Es imposible...	Es necesario...
Es increíble...	Es posible...
Es lógico...	Es probable...
Es mejor...	Es una pena...

¡A practicar!

A. ¿Y en un año? El médico del Centro Paitilla nos dice que estamos en buena forma. ¿Pero qué nos dice en el siguiente examen anual?

1. Es imposible que Uds. _____ (tener) buena salud si continúan fumando.
2. Es obvio que tú _____ (estar) siguiendo mis consejos.
3. Es mejor que Uds. _____ (buscar) un lugar para correr.
4. Es evidente que Uds. _____ (necesitar) salir de la rutina diaria.
5. Es indudable que tú _____ (hacer) un buen ejercicio si caminas todos los días.
6. Es cierto que Uds. _____ (ir) a sentirse bien si toman bastante agua.

B. ¿Qué me dices? Tu compañero(a) de la clase de arte del Instituto Nacional está muy aburrido(a) con su rutina diaria. ¿Qué le dices?

1. No ser bueno / tú quedarte en casa todos los días
2. Ser increíble / también tú ser un(a) fanático(a) del cine
3. Ser necesario / nosotros comprar los boletos ahora
4. Ser ridículo / los boletos ser tan caros
5. Ser obvio / ser una buena película
6. Ser cierto / trabajar muy buenos actores

¡Qué partido!

Cultural Topics

- **¿Sabías que...?**
  La perla de las Antillas y el dólar
  El béisbol en el Caribe
  La música cubana
- **Noticiero cultural**
  Lugar: *Cuba, nuestro vecino cercano más alejado*
  Gente: *¡Lo mejor venido de Cuba!*
- **Lectura:** *La tradición oral: Los refranes*

 Video: *Miami, ¡donde la cultura cubana se ve, se oye y se siente!*

 Viajemos por el ciberespacio a...
Cuba

Listening Strategies

- Decoding simultaneous conversations
- Listening "from the top down"

Reading Strategies

- Interpreting **refranes**

Writing Strategies

- Narrating chronologically

En preparación

- 14.1 Subjunctive with expressions of doubt, denial, and uncertainty
- 14.2 Subjunctive in adjective clauses
- 14.3 Subjunctive in adverb clauses

 CD-ROM:
Capítulo 14 actividades

1

2

Cuba

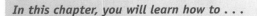

In this chapter, you will learn how to . . .

- express fears, hopes, and opinions.
- report what others say.
- describe people.
- refer to unknown entities.

---

1 El equipo cubano en las Olimpiadas de 1996

2 El boxeo sigue siendo muy popular en todo el mundo hispanohablante.

3 El segundo deporte más popular de Cuba

Lo que ya sabes... ■ ▲ ●

1. El béisbol es el deporte más popular de Cuba. ¿Por qué crees que es tan popular?

2. En las Olimpiadas de 1996 en Atlanta, Cuba jugó contra EE.UU. en el campeonato de béisbol. ¿Sabes quién ganó la medalla de oro?

3. El fútbol es el deporte más popular en todo el mundo hispanohablante. ¿Es popular en EE.UU.? ¿Tiene tu universidad un equipo de fútbol? ¿Con qué frecuencia asistes tú a partidos de fútbol?

4. En los países latinos y europeos el fútbol tiene fama de provocar violencia entre los espectadores. En tu opinión, ¿qué causa esta violencia?

5. ¿Qué opinas del boxeo? ¿Crees que debería prohibirse? ¿Por qué?

Tarea

Antes de empezar este *Paso*, estudia *En preparación*

☐ **14.1** Subjunctive with expressions of doubt, denial, and uncertainty

☐ Haz por escrito los ejercicios de *¡A practicar!*

☐ Escucha la sección *¿Qué se dice...?* del Capítulo 14, Paso 1 en el CD.

¿Eres buen observador?

Ahora, ¡a analizar!

1. ¿Para qué es esta propaganda?
2. ¿Qué significa «destino» en los dos lemas: El mejor destino... Un destino exclusivo?
3. ¿Por qué se distinguen las playas cubanas?
4. ¿Cuáles deportes se practican en el Caribe, según este anuncio?
5. ¿Por qué crees que Cuba se autonombra «la isla grande»?

¿Qué se dice...?

Al expresar opiniones

Indica quién expresaría estas opiniones, Melisa (**M**) o Dino (**D**).

1. ____ No puedo creer que te guste el boxeo.
2. ____ No niego que el boxeo sea violento.
3. ____ No me gusta el boxeo para nada.
4. ____ Yo creo que el boxeo es un deporte como todos.
5. ____ No me gusta tu peinado.

EDUARDO   Hola, Melisa. Hola, Dino. ¡Pero qué hermosa estás, mi amor!
MELISA   ¿De veras? A ver, ¿qué te parece mi peinado? Te gusta, ¿verdad?

EDUARDO	Bueno,... *(sin ánimo)* sí... es muy ah... es... ah... muy interesante. *(cambiando rápidamente el tema)* Oye, Dino. ¿Quién va ganando la pelea?
DINO	Bueno, por el momento Ruiz de Oriente. Pero dudo que gane.
EDUARDO	Yo tampoco creo que pueda ganar. Martí es el mejor boxeador.
DINO	¿Y quién crees que va a ganar el partido de pelota el sábado? ¿Seguramente no crees que ganen los Agropecuarios contra tus compatriotas de Pinar del Río?
MELISA	Basta ya de deportes. Vámonos, Eduardo, ya es tarde. ¿Adónde me llevas?
EDUARDO	Vamos a una paladar *(restaurant)* en el Vedado. Hasta pronto, chico.
DINO	Buenas. Diviértanse. *(a Melisa aparte)* ¿No te lo dije? ¡Piensa que tu peinado está fatal!

A propósito...

Recuerden que expresiones de seguridad, como **sin duda alguna**, son seguidas del indicativo, no del subjuntivo. ¿Cuántas de estas expresiones ocurren en el diálogo que escucharon?

¿Sabías que...?

Cuba, la más grande de las islas de las Antillas y frecuentemente llamada «la perla de las Antillas», está a menos de 100 millas de EE.UU. A pesar de esta corta distancia, es el país de toda Latinoamérica más alejado o distanciado de EE.UU. Desde 1958, cuando el movimiento revolucionario de Fidel Castro tomó control, estableció el comunismo y nacionalizó propiedades e inversiones privadas en la isla, EE.UU. rompió relaciones diplomáticas con el gobierno cubano y estableció el bloqueo comercial que, hasta ahora, se mantiene. La escasez de dólares sigue causando serios problemas. Sin embargo, el número de dólares que llega a la isla es tal que el gobierno ha permitido el establecimiento de unos pequeños negocios privados que se basan en dólares y no en la moneda nacional. Por ejemplo, en el Vedado, una de las zonas más elegantes de la Habana, los restaurantes llamados paladares sólo aceptan dólares.

Ahora, ¡a hablar! ■ ▲ ●

A. ¡Viva el deporte! Escucha a tu compañero(a) leer los siguientes grupos de palabras. Usando el vocabulario del dibujo en la página 493, identifica la palabra que no pertenece al grupo y el deporte que se asocia con las otras tres palabras.

Modelo

COMPAÑERO(A)   pelota, bate, salvavidas, lanzador

TÚ   **Salvavidas no pertenece; béisbol es el deporte.**

1. bate, pelota, lanzador, patear
2. nieve, esquí, boxeador, invierno
3. boxeo, cesto, jugador, pelota
4. cancha, bate, red, tenis
5. arquero, cesto, patear, arco
6. piscina, lanzador, zambullirse, salvavidas

B. Boxeo. Dino y su amiga Lourdes, dos jóvenes cubanos, están viendo una pelea de boxeo en la televisión. A Lourdes no le gusta mucho el boxeo. ¿Qué le dice a su amigo Dino?

          EP 14.1

> **Modelo**   ser increíble / gustarte / tanto el boxeo
>   **Es increíble que te guste tanto el boxeo.**

1. yo / creer / boxeo / ser inhumano
2. ser probable / los golpes / dañar / la cabeza
3. yo / no pensar / ser / un deporte justo
4. yo no dudar / las peleas / estar / arregladas (*fixed*)
5. ser imposible / un boxeador / no terminar / medio loco
6. yo no creer / los boxeadores / recibir / todo el dinero
7. yo / estar seguro de / los organizadores / ganar / la parte mayor del dinero

EP 14.1

C. ¿Y tú? ¿Qué opinas del boxeo? Expresa tu opinión sobre lo siguiente.

> **Modelo**   Las peleas están arregladas.
> **Yo pienso que las peleas están arregladas.** [o]
> **Dudo que las peleas estén arregladas.**

Vocabulario útil

estar seguro(a)   (no) dudar   ser cierto   ser posible
(no) creer   (no) pensar   ser imposible   ser probable

1. El boxeo es malo para la salud.
2. Los golpes dañan el cerebro *(brain)*.
3. Las peleas de boxeo siempre están arregladas.
4. Todos los deportistas son materialistas.
5. El boxeo es el deporte más cruel de todos.
6. El boxeo es más cruel que el toreo *(bullfighting)*.
7. ¿...?

EP 14.1

D. El futuro. El futuro está lleno de dudas, incertidumbres y esperanzas. ¿Cuáles son algunas de las preocupaciones que tienes para tu futuro? Escríbelas en una hoja de papel y luego compara tu lista con la de dos compañeros(as).

> **Modelo**   (no) dudo que...
> **Dudo que llegue a ser millonario algún día.**

1. (no) pienso que...   5. (no) estoy seguro(a) que...
2. (no) creo que...   6. es increíble que...
3. (no) dudo que...   7. es posible que...
4. es probable que...   8. ¿...?

Y ahora, ¡a conversar! ■ ▲ ●

A. ¡Debate! ¿Es la competencia buena o mala para los niños? En grupos de tres, preparen una lista de argumentos o a favor o en contra. Luego, en grupos de seis, lleven a cabo su debate. Informen a la clase quién ganó y cuáles fueron los argumentos más válidos.

B. ¡Más debate! Trabajen en grupos de cuatro. Dos de cada grupo deben defender las opiniones que aparecen a continuación y los otros dos deben oponerse. Al terminar, cada grupo debe decidir quién ganó el debate o si empataron.

1. El fútbol *(soccer)* es el deporte más interesante de todos.
2. La corrida de toros combina atletismo y arte.
3. El fútbol americano *(football)* es demasiado violento.
4. El tenis es un deporte sólo para los ricos.
5. El golf es aburrido y absurdo.

C. Mis deportes favoritos. Entrevista a un(a) compañero(a) acerca de sus gustos y sus opiniones sobre el mundo del deporte. Luego dale la misma información sobre lo que opinas tú. Infórmenle a la clase sobre los gustos y opiniones que tienen en común.

¡Luz! ¡Cámara! ¡Acción! ■ ▲ ●

A. Entrenador(a). Tú eres el (la) entrenador(a) de un equipo de tu universidad. (Tú decides qué deporte.) Esta noche tu equipo va a participar en el primer partido del campeonato estatal. Ahora un(a) reportero(a) te entrevista y te pregunta acerca de las dudas, incertidumbres y esperanzas que tienes en cuanto a tu equipo. Con un(a) compañero(a), escriban el diálogo que tienen y preséntenselo a la clase.

B. Decisiones, decisiones. Eres un jugador de béisbol en Cuba y acabas de ser invitado a jugar con una liga de Venezuela. Hoy un(a) reportero(a) cubano(a) te entrevista para saber si vas a ir a Venezuela o no. Dramatiza la situación con un(a) compañero(a).

¿Comprendes lo que se dice?

Estrategias para escuchar: Descifrar conversaciones simultáneas

When listening to three or more people speak, there usually is more than one conversation taking place at the same time. The listener has to sort out the various comments based on what he or she knows about the people speaking and about the topics being addressed. In the conversation that you will now hear, Dino and Lourdes are playing dominoes with Eduardo and Melisa. While Dino and Eduardo concentrate on their game, Lourdes and Melisa converse about other things as they play along. Listen to them talk now, keeping all of this in mind, and try to piece the various conversations together.

¡Dominó! Escucha la conversación entre Dino, Lourdes, Eduardo y Melisa mientras juegan dominó. Luego escribe un breve resumen de las conversaciones que ocurren entre Lourdes y Melisa y entre Dino y Eduardo. Indica también quién, en tu opinión, va ganando el juego de dominó y explica cómo llegaste a esa conclusión.

1. Conversación de Lourdes y Melisa: _____
2. Conversación de Dino y Eduardo: _____
3. Campeón de dominó: _____

la lotería

@ Viajemos por el ciberespacio a... CUBA

Si eres aficionado a navegar por el ciberespacio, usa las siguientes palabras clave para llegar a estos fascinantes sitios de **Cuba:**

　　La Habana　　　Ciudades coloniales de Cuba　　　Música cubana

O mejor aún, simplemente ve hasta el sitio de la Red *¡Dímelo tú!* usando la siguiente dirección:

http://dimelotu.heinle.com

Haz un *click* en las direcciones correspondientes para que puedas...

ella

- pasear por las calles de la Habana, la exuberante capital de Cuba.
- conocer las muchas hermosas ciudades coloniales de Cuba y gozar de millas y millas de playas tropicales de arena blanca.
- escuchar la música favorita de toda Latinoamérica.

Cuba

NOTICIERO
CULTURAL

LUGAR... Cuba

Antes de empezar, dime... ■ ▲ ●

1. En superficie, ¿con qué estado se compara Cuba: con Texas, con Ohio o con Maine?
2. ¿Qué países fueron los participantes principales en la guerra de 1898 y cuál fue el resultado de esta guerra?
3. ¿Qué tipo de gobierno tiene Cuba ahora: democrático, socialista o comunista? Explica por qué tiene Cuba esta forma de gobierno.

La Habana, Cuba

Cuba, nuestro vecino cercano más alejado

La república de Cuba tiene una superficie total de 42.804 millas cuadradas y una población de 11.064.000 habitantes. Existe una gran diversidad étnica y cultural entre su gente, mayormente de origen español y africano pero que también incluye gente de origen chino, judío, europeo y libanés, entre otros.

Cuba y Puerto Rico fueron las últimas colonias de España en América. Ambos fueron cedidos a EE.UU. como resultado de la guerra de 1898. La primera mitad del siglo XX significó un período de mucha inestabilidad política y social para Cuba. Durante la segunda mitad del siglo XX Cuba llegó a ser conocida como «la madre del extranjero y la madrastra del cubano» debido al favoritismo que el gobierno cubano, bajo el poder del dictador militar Fulgencio Batista, dio a los intereses extranjeros, en particular a EE.UU. Fue en oposición a Batista que se estableció el movimiento guerrillero dirigido por el joven abogado Fidel Castro, quien tomó control del gobierno el 31 de diciembre de 1958. Dos años más tarde, proclamó a Cuba como una república socialista.

Desde entonces, cerca de un 10 por ciento de la población ha dejado el país, concentrándose la mayoría en Miami, Florida. Entre los emigrantes, abandonaron el país una mayoría de profesionales: abogados, médicos, arquitectos, ingenieros, etc. Esto, junto con el embargo impuesto por EE.UU. y la caída de los gobiernos comunistas de la Unión Soviética, ha dejado el futuro del país muy nebuloso. Últimamente el gobierno de Castro parece contar sólo con el apoyo de los países latinoamericanos y el de algunos países europeos que favorecen la autonomía de los países en cuestiones gubernamentales.

Mientras tanto, es irónico que La Habana, la ciudad capital latinoamericana más cercana geográficamente de EE.UU., es la que al mismo tiempo se encuentra más alejada políticamente.

Y ahora, dime... ■ ▲ ●

Contesten estas preguntas en parejas.

1. ¿Por qué crees que hay tanta gente de origen africano en Cuba?
2. ¿Ha sido Cuba siempre un estado socialista? Explica tu respuesta.
3. ¿Por qué es significativo que casi un 10 por ciento de la población ha salido de Cuba?
4. ¿Por qué es irónico que Cuba y EE.UU. estén tan alejados políticamente?

Tarea

Antes de empezar este *Paso,* estudia *En preparación*

☐ 14.2 Subjunctive in adjective clauses

☐ Haz por escrito los ejercicios de *¡A practicar!*

☐ Escucha la sección *¿Qué se dice...?* del Capítulo 14, Paso 2 en el CD.

¿Eres buen observador?

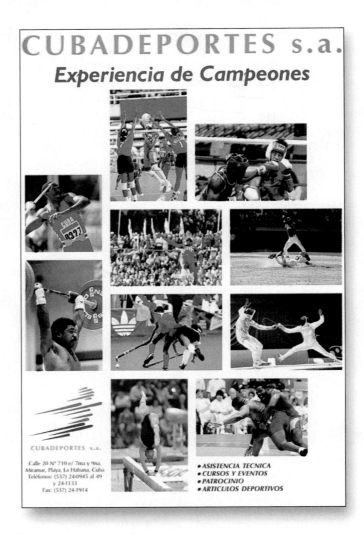

Ahora, ¡a analizar! ■ ▲ ●

1. ¿Cuál es el propósito de este anuncio?
2. ¿Qué producto o servicio se recomienda?
3. ¿Quiénes han usado este producto o servicio en el pasado, según el anuncio?
4. Según el anuncio, ¿qué deportes se practican en Cuba?
5. ¿Cómo puedes ponerte en contacto con las compañías que producen este producto o servicio si deseas usarlo?

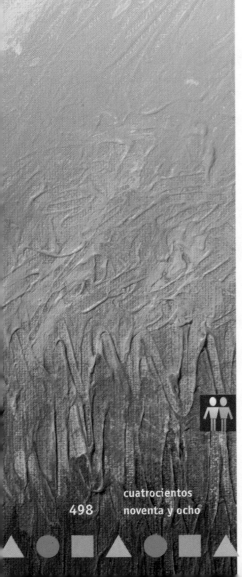

¿Qué se dice...?

Al referirse a alguien o algo desconocido

¿Quién es el mejor bateador en la serie nacional este año? _____
¿Qué necesita hacer Pinar del Río para ganar el campeonato este año? _____

EDUARDO	¡Ciego!
LOURDES	Lo que necesitamos es un árbitro que sea imparcial.
MELISA	¡Claro! ¡Que sea imparcial y que sepa algo de pelota!
EDUARDO	Dino, ¿crees que el año que viene encontrarán un entrenador que tenga tanta experiencia como Germán?
DINO	La experiencia no es la única cosa necesaria. Buscan a alguien que sepa ser buen líder también.
EDUARDO	Yo no creo que tengan dificultad en encontrar a alguien. El puesto está muy bien pagado.

A propósito...

Recuerda que el verbo de una cláusula que modifica un antecedente indefinido como **alguien, algo** o negativo como **nadie, nada** siempre está en subjuntivo. ¿Cuántos antecedentes indefinidos o negativos puedes encontrar en la sección **¿Qué se dice...?** ¿en la actividad **A** de **Ahora, ¡a hablar!**?

¿Sabías que...?

En algunos países de Hispanoamérica, el béisbol es un deporte muy popular, en particular por todo el Caribe: Cuba, la República Dominicana, Puerto Rico, México, Venezuela y toda la América Central. En efecto, todos los equipos de las grandes ligas estadounidenses mandan a sus reclutadores *(recruiters)* a estos países latinos en busca de nuevos jugadores. En Cuba el béisbol es tan popular que, con frecuencia, hasta Fidel Castro deja la política al lado para tomar el bate.

Ahora, ¡a hablar! ■ ▲ ●

 EP 14.2

A. ¡Qué desastre! Hoy el equipo cubano de Camagüey está jugando muy mal y está perdiendo. ¿Qué dice el público?

> **Modelo**   no hay nadie / estar en forma
> **No hay nadie que esté en forma hoy.**

1. no hay nadie / jugar bien
2. necesitamos un lanzador / saber / tirar *(pitch)* la pelota
3. no hay ningún jugador / poder / correr rápido
4. el equipo necesita un entrenador / ser cubano
5. no hay nadie / manejar / bien / el bate
6. necesitan buscar un entrenador / tener / más experiencia

 EP 14.2

B. ¡Victoria! Los aficionados *(fans)* del equipo olímpico cubano están muy orgullosos de la actuación de sus beisbolistas. ¿Cuáles son sus comentarios?

> **Modelo**   tenemos un equipo / ser verdaderamente superior
> **Tenemos un equipo que es verdaderamente superior.**

1. tenemos un lanzador / no le permitir batear a nadie
2. hay muchos jugadores / poder batear muy bien
3. tenemos un capitán / dirigir muy bien
4. el equipo tiene un entrenador / preparar bien a los jugadores
5. tenemos muchos individuos / jugar a nivel profesional
6. tenemos un equipo / poder ganar la medalla de oro *(gold)*

 EP 14.2

C. Se solicita... El director del departamento de educación física de la Universidad de Oriente necesita nuevos empleados para el nuevo curso escolar. ¿Qué tipo de experiencia requieren para cada puesto?

> **Modelo**   profesor(a) de golf: tener diez años de experiencia
> **Buscan un(a) profesor(a) de golf que tenga diez años de experiencia.**

Vocabulario útil

buscan   necesitan   se solicita

      haya

1. entrenador(a) para el equipo de fútbol: haber jugado en ligas profesionales
2. profesor(a) de tenis: ~~tener~~ *tenga* experiencia en otras universidades
3. profesor(a) de educación física: interesarse en entrenar a los incapacitados *(handicapped)*
4. entrenador(a) para el equipo de béisbol: estar dispuesto(a) a viajar mucho
5. médico(a): tener cinco o más años de experiencia con atletas
6. dos secretarios(as): poder trabajar noches, sábados y domingos

D. Atletas. Tú quieres saber si tu compañero(a) conoce personalmente a atletas de talento. Hazle las siguientes preguntas.

 **EP 14.2**

> **Modelo**   ser campeón mundial de tenis
>
> TÚ   **¿Conoces a alguien que sea campeón mundial de tenis?**
> COMPAÑERO(A)   **Sí, conozco a alguien que es campeón mundial de tenis. [o]**
>   **No, no conozco a nadie que sea campeón mundial de tenis, pero conozco a un campeón de fútbol.**

1. practicar alpinismo
2. participar en maratones
3. ser entrenador(a) profesional
4. jugar al fútbol profesionalmente
5. haber ganado una medalla olímpica
6. ser boxeador profesional
7. practicar el judo
8. ¿...?

Y ahora, ¡a conversar! ■ ▲ ●

A. Gimnasio. Tú y unos(as) amigos(as) deciden abrir un nuevo gimnasio y necesitan emplear a mucha gente. En grupos de tres o cuatro, decidan qué tipo de empleados necesitan y qué experiencia debe tener cada uno.

> **Modelo**   **Necesitamos algunos instructores de ejercicios aeróbicos que sepan animar a la gente.**

B. ¡Revolución! Imagínate que tú y tus compañeros(as) tienen el poder de cambiar todo lo que no les gusta de su universidad. En grupos de tres o cuatro decidan qué tipo de personas van a formar parte de su nueva universidad.

1. Queremos un rector que...
2. Buscamos profesores que...
3. Ofrecemos becas *(scholarships)* a estudiantes que...
4. Necesitamos atletas que...
5. No queremos a nadie que...

C. En el futuro. Piensa en quién serás en unos quince años: ¿Dónde trabajarás? ¿Con quién vivirás? ¿Qué harás?... Luego hazle preguntas a tu compañero(a) para ver qué tipo de persona será y contesta las preguntas que él (ella) te haga a ti.

> **Modelo**
> TÚ   **¿Serás una persona que trabaje día y noche?**
> COMPAÑERO(A)   **Es probable que trabaje día y noche.**

¡Luz! ¡Cámara! ¡Acción! ■ ▲ ●

A. Necesito más ayuda. Eres el (la) director(a) de una escuela secundaria y te reúnes con los jefes de los departamentos de música, historia, matemáticas y lenguas extranjeras. Cada jefe explicará sus necesidades para el próximo año y tú decidirás cuántos nuevos puestos habrá. En grupos de cinco, escriban el guión y dramaticen esta situación delante de la clase.

B. Hospital. Eres el (la) administrador(a) de un hospital. Te reúnes con las personas encargadas de la cafetería, de la lavandería, de los conserjes y de la farmacia. Cada persona va a explicar sus necesidades de personal para el próximo año. Tendrás que decidir qué se puede hacer y qué no se puede hacer.

¿Comprendes lo que se dice?

Estrategias para ver y escuchar: Ver y escuchar «de arriba hacia abajo»

In **Capítulo 9, Paso 2** *you learned that when "listening from the top down" to a video you are viewing, you can listen casually to the general flow, picking out the occasional specific words that convey the gist of what is being said and letting your knowledge of the topic fill in the blanks on everything else.*

Even if you've never been to Miami, you probably know quite a bit about it. Use the knowledge you already have as you view the first part of the video, **Miami, ¡donde la cultura cubana se ve, se oye y se siente!** *Then, in your own words tell what the underlined words in the following sentences probably mean.*

1. Turistas de todas partes del mundo vienen al gran Miami para <u>gozar</u> de la belleza del trópico y del ambiente cosmopolita.
2. La ciudad de Miami está situada en el extremo <u>sureste</u> de la península de la Florida.
3. Por estar cerca del Golfo de México, goza de un clima <u>templado</u>.
4. Miami es un verdadero <u>puente</u> entre los dos continentes.

Miami, ¡donde la cultura cubana se ve, se oye y se siente!

Después de ver el video. Ahora mira el resto del video sobre Miami y anota tres cosas que aprendiste que no sabías antes y tres que ya sabías de la Pequeña Habana, South Beach y Coconut Grove.

LA PEQUEÑA HABANA

Lo que no sabía	Lo que ya sabía
1.	1.
2.	2.
3.	3.

SOUTH BEACH (LA PARTE SUR DE MIAMI)

Lo que no sabía	Lo que ya sabía
1.	1.
2.	2.
3.	3.

COCONUT GROVE

Lo que no sabía	Lo que ya sabía
1.	1.
2.	2.
3.	3.

Cuba

Miami
FLORIDA
Pinar del Río
La Habana
Cienfuegos
Santa Clara
Camagüey
Matanzas
Holguín
Santiago de Cuba

NOTICIERO

CULTURAL

GENTE… ¡Lo mejor venido de Cuba!

Antes de empezar, dime… ■ ▲ ●

1. ¿Qué influencia han tenido los afroamericanos en la música de EE.UU.? ¿Hay algún músico afroamericano que sea tu favorito? ¿Por qué te gusta su música?
2. ¿Qué influencia han tenido los afroamericanos en los ritmos bailables de EE.UU.? ¿Cuáles son algunos bailes que tú consideras exclusivamente afroamericanos?
3. ¿Cómo son la música y los ritmos afroamericanos diferentes del resto de la música estadounidense?

 ¡Lo mejor venido de Cuba!

¡Lo mejor venido de Cuba!

BUENA VISTA SOCIAL CLUB. El inquieto guitarrista Ry Cooder y su hijo percusionista se reunieron en Cuba en 1996 con figuras soneras legendarias como Compay Segundo, Ibrahím Ferrer y Elíades Ochoa, para crear este magistral álbum acústico que nos devuelve magias de épocas pasadas.

IBRAHIM FERRER. El primer disco como solista de Ibrahím Ferrer ha sido producido en La Habana por Ry Cooder. Se trata de una colección de doce canciones, todas ellas cantadas por esta voz de oro de la música cubana que tiene en la actualidad setenta y dos años. Este trabajo, en el que participa la sección rítmica de Buena Vista Social Club, incluyendo el piano de Rubén González, transporta a quien lo escucha a un viaje muy diferente del que pueda brindarnos cualquier otro disco cubano.

 RUBÉN GONZÁLEZ. Introducing... Después de toda una vida tocando con los mejores músicos de Cuba y ya hasta sin piano en casa, en 1986 tuvo por fin la posibilidad de grabar este merecido álbum como solista. Impetuosas versiones instrumentales de temas soneros con toques jazzísticos.

 ESTRELLAS DE AREÍTO. Los héroes. Una espontánea e histórica sesión de descarga en La Habana a finales de los años setenta. Legendarias y hasta ahora inencontrables grabaciones de Rubén González, Pío Leyva, Tito Gómez, Richard Eg, Niño Rivera, Paquito D'Rivera, y otras muchas figuras.

 AFRO CUBAN ALL STAR. A toda Cuba le gusta. 4 generaciones de brillantes músicos cubanos reunidas en un estudio de La Habana para interpretar temas clásicos. Cantan algunos de los mejores soneros de los 50, con un sexteto de metales de la orquesta Tropicana y una soberbia sección rítmica.

 LOS ZAFIROS. Bossa cubana. Temas de 1963-66 de un grupo que a la estridencia del pop guitarrero, el virtuosismo vocal del duduá y el rhytm and blues aportó una extraordinaria e imaginativa interpretación del bolero, el calipso, la bossa nova y la herencia rítmica cubana

 JUAN DE MARCOS. AFRO CUBAN ALL STARS. Distinto, diferente. Este ambicioso nuevo álbum señala un cambio estilístico. Dando un paso adelante con respecto a *A toda Cuba le gusta*, que era, en esencia, un homenaje a los años 50. Juan de Marcos González se centra ahora en sonidos más actuales, incorporando muchos de los estilos más recientes de la música cubana.

  RESISTENCIA
San Isidro Labrador, 19 • 28005 Madrid
Tel.: 91 366 67 23 • Fax: 91 364 21 10 • e-mail: resistencia@interbook.net

Y ahora, dime...

Contesten estas preguntas en parejas.

1. ¿Qué tipo de música se describe aquí? ¿Son ritmos que tú conoces? Explica.
2. ¿Quiénes son los artistas que tocan y cantan esta música? Nómbralos.
3. ¿Son todos cubanos? ¿De qué edad son? ¿Cómo lo sabes?
4. Fuera de ser de música cubana, ¿qué tienen en común estos discos? ¿Cómo están relacionados el uno con el otro?
5. ¿Cuál álbum de estos te gustaría comprar? ¿Por qué?

Viajemos por el ciberespacio a... CUBA

Si eres aficionado a navegar por el ciberespacio, usa las siguientes palabras clave para llegar a estos fascinantes sitios de **Cuba:**

Medicina en Cuba   Instituto Cubano de Amistad   Derechos humanos en Cuba

O mejor aún, simplemente ve hasta el sitio de la Red de *¡Dímelo tú!* usando la siguiente dirección:

http://dimelotu.heinle.com

Haz un *click* en las direcciones correspondientes para que puedas...

- admirar el sistema de la salud pública en Cuba, uno de los países más desarrollados del mundo en el área de la medicina.
- informarte sobre el Instituto Cubano de Amistad, que sirve de enlace entre las asociaciones, clubes, círculos y grupos de amigos de Cuba existentes en todo el mundo.
- visitar el Comité Cubano Pro Derechos Humanos, dedicado a la difusión de escritos originales de los activistas del movimiento de derechos humanos y disidentes que viven en Cuba.

¿Te gusta escribir?

Estrategias para escribir: Orden cronológico

A. La cronología. Cuando escribimos ensayos históricos, como la breve historia de Cuba en el **Noticiero cultural** del **Paso 1,** usualmente seguimos un orden cronológico. Es decir, empezamos con el primer incidente que ocurrió, luego mencionamos el segundo, el tercero, etc., hasta el final. Después del final, expresamos alguna opinión personal y global sobre el tema.

¿Es éste el proceso que usó el autor del **Noticiero cultural** del **Paso 1**? Para decidir si lo es, contesten las preguntas que siguen en grupos de tres o cuatro.

1. ¿Empieza la lectura con el primer incidente que ocurrió? Si es así, ¿cuál es?
2. ¿Continúa con el segundo, el tercero, el cuarto, etc.? Prepara una lista de todos los incidentes en el mismo orden que se mencionan. ¿Es un orden cronológico?
3. En tu opinión, ¿incluye todos los incidentes importantes en la historia de Cuba? ¿Por qué crees eso?
4. ¿Qué criterio crees que usó el autor para decidir qué partes de la cronología iba a incluir y qué partes tendría que excluir?

B. Lista de ideas. Ahora en los mismos grupos, preparen una lista de temas apropiados para ensayos históricos. Mencionen por lo menos diez temas. Luego cada persona debe seleccionar uno de los temas para desarrollar en las siguientes secciones.

Ahora, ¡a escribir! ■ ▲ ●

A. En preparación. Decide cuál de los temas vas a desarrollar y prepara una lista de todos los incidentes importantes relacionados con tu tema. Pon la lista en orden cronológico.

B. El primer borrador. Basándote en la lista que tienes del ejercicio anterior, decide cuál es la información más importante y desarróllala en varios párrafos, dando detalles donde te parezca apropiado. Agrega algunas oraciones para expresar tus opiniones como conclusión de lo que has escrito.

C. Ahora, a compartir. Intercambia tu ensayo con el de otros dos compañeros(as) para saber su reacción. Cuando leas los de tus compañeros(as), dales sugerencias sobre posibles cambios para mejorar su desarrollo cronológico. Si encuentras errores, menciónalos.

D. Ahora, a revisar. Agrega la información que consideres necesaria para tu ensayo. No te olvides de revisar los errores que mencionaron tus compañeros(as).

E. La versión final. Ahora que tienes todas las ideas revisadas y las correcciones hechas, saca una copia en limpio en la computadora y entrégale la composición a tu profesor(a).

F. Mesa redonda. Sepárense en grupos de cinco o seis estudiantes y lean en voz alta las redacciones. Decidan cuál ensayo histórico les pareció más interesante y explíquenle a la clase por qué lo seleccionaron.

Paso 3 — Cuando tenga dinero...

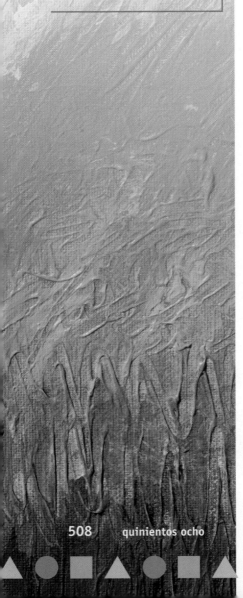

Tarea

Antes de empezar este *Paso,* estudia *En preparación*

- ☐ 14.3 Subjunctive in adverb clauses
- ☐ Haz por escrito los ejercicios de ¡*A practicar!*
- ☐ Escucha la sección *¿Qué se dice...?* del Capítulo 14, Paso 3 en el CD.

¿Eres buen observador?

En dos años:
- Distribuida en más de 50 países y 200 puntos de venta en Cuba.
- Primera revista latinoamericana del deporte.

No sólo un buen promedio, mejor aún ...

Un **Récord**
revista cubana del deporte

Cuba: CUBADEPORTES S.A.
Calle 20 No. 710 e/ 7ma. y 9na. Miramar, Playa, La Habana, Cuba. Tlfs.: (53 7) 24-1133 y 24-0945 al 49. Fax: (53 7) 24-1914

España: MEDIMASS 2000
Calle Olasope 18, bajo, 20870 Elgoibar (Gipuzkoa)
Tlfs.: (34 43) 7-42050 y 7-42654 Fax: 7-41408

Suscripción Internacional: 30.00 U.S.D
Suscripción en Cuba: 50.00 (M.N)

Ahora, ¡a analizar! ■ ▲ ●

1. ¿Cuál es el propósito de este anuncio? ¿Qué producto representa?
2. ¿En cuántos países se puede comprar este producto?
3. ¿Qué significa «200 puntos de venta en Cuba»?
4. ¿Cuánto cuesta este producto en Cuba? ¿fuera de Cuba?
5. ¿A qué se refiere «U.S.D.» y «M.N.» al dar el costo? Explica.

¿Qué se dice...?

Al hablar de hechos ciertos o inciertos

Lourdes aprenderá a bucear cuando... _____

Lourdes conseguirá un buen puesto tan pronto como... _____

Eduardo tendrá que entrenar mucho antes de que... _____

DINO   Bueno, hablando de buceo, ¿todavía da clases tu amigo Gerardo?

EDUARDO   ¿No sabías? Lo transfirieron de playa Guanabo a Cayo Largo donde es guía ahora. Lleva a grupos de turistas a bucear cerca de los arrecifes. Dicen que es hermoso allá y que el agua es clarísima.

DINO   Qué mala noticia para ti, Lourdes. Has perdido la oportunidad de tomar clases con Gerardo. Pero con tal de que ahorremos nuestros pesos, tal vez lo podamos visitar en Cayo Largo uno de estos días.

MELISA   ¿Tú, ahorrar dinero, Dino? ¡Qué va!

DINO   Qué bien me conoces, Melisa. Pero bueno,... ¿por qué no vamos a tomar un helado en Copelia?

LOURDES   ¡Ay, sí! Me encantan los batidos de mamey allí.

A propósito...

Recuerden que las cláusulas adverbiales siempre empiezan con una conjunción adverbial que con frecuencia consta de una preposición más la conjunción **que.** El uso del subjuntivo en la cláusula adverbial siempre depende de si lo dicho en la cláusula es un hecho verdadero o si es algo hipotético que todavía no ha ocurrido. ¿Cuáles son algunos ejemplos de esto en la sección **¿Qué se dice...?**

¿Sabías que...?

No cabe duda que la música cubana es una de las más apreciadas en el mundo entero. Muchos de los ritmos latinos bailables más populares tienen su origen en la fascinante mezcla africana latina que es parte de toda música cubana. La rumba, el mambo, la conga, el bolero, la guaracha, la habanera, la danza, el danzón, el son, la nueva trova... todos son ritmos de origen cubano.

Ahora, ¡a hablar! ■ ▲ ●

EP 14.3   **A. Decisiones.** Dino se va a graduar este verano y quiere viajar durante unos seis meses antes de empezar su vida profesional. Ahora está pensando en las ventajas y desventajas de viajar por un período tan largo. ¿Qué piensa?

> **Modelo**   viajar a menos que: ofrecerme un buen puesto
> **Viajaré a menos que me ofrezcan un buen puesto.**

1. salir antes de que: mi novia y yo decidir casarnos
2. poder ir con tal de que: mi padre prestarme dinero
3. no ir solo a menos de que: mi amigo Jorge no poder viajar
4. visitar a mis parientes para que: mis padres estar contentos conmigo
5. no hacer planes antes de que: todos mis papeles estar en orden
6. no confirmar mis reservaciones sin que: mi amigo y yo estar seguros de ir

EP 14.3   **B. ¿Me aceptarán?** Eduardo todavía no sabe si lo van a aceptar para el equipo cubano. A pesar de todo, como es tan optimista, ya está haciendo planes. ¿En qué está pensando?

> **Modelo**   Celebraré con mis amigos en cuanto _____ (recibir) las noticias.
> **Celebraré con mis amigos en cuanto reciba las noticias.**

1. Empezaré a entrenar siete días por semana tan pronto como _____ (tener) las noticias.
2. Nosotros recibiremos nuevos uniformes en cuanto _____ (llegar) a las Olimpiadas.

3. El entrenador dijo que haremos un viaje por Europa cuando _____ (terminar) las Olimpiadas.

4. Yo me sentiré muy orgulloso *(proud)* aunque nuestro equipo no _____ (ganar).

5. Tendré que comprarles recuerdos a todos mis parientes tan pronto como _____ (llegar) a la ciudad olímpica.

6. Pero seguiré con mi vida diaria hasta que _____ (saber) que me han aceptado.

C. ¡Felicitaciones! Eduardo, por fin, recibe las noticias. ¡Va a ir a las Olimpiadas con el equipo cubano! ¿Qué les dice a sus amigos?

> **Modelo**   aunque mis padres no poder / ir, se sentirán muy orgullosos
> **Aunque mis padres no pueden ir, se sentirán muy orgullosos.**

1. tan pronto como ustedes llegar / tienen que llamarme   *lleguen*
2. cuando el equipo llegar / los aficionados cubanos siempre hacen una recepción   *llega*
3. en cuanto el equipo pasar / unos días allá, todo será fácil   *pase*
4. aunque el número de participantes latinos ser / grande, todo el mundo se conoce   *es*
5. aunque uno siempre estar / ocupado, el ambiente en las Olimpiadas siempre es agradable   *está*
6. cuando yo tener / problemas, alguien siempre me ayuda   *tengo*

D. ¿Para qué? Los seres humanos tenemos la capacidad de complicarnos la vida por diferentes razones. Dile a tu compañero(a) para qué haces lo siguiente y escucha mientras te dice para qué lo hace él (ella).

> **Modelo**   trabajar
>
>   TÚ   **Yo trabajo para que mis hijos coman bien.**
>   COMPAÑERO(A)   **Pues yo trabajo para comprarme un coche nuevo.**

1. hacer ejercicio   5. (no) estar a dieta
2. trabajar   6. tener tarjetas de crédito
3. estudiar   7. participar en deportes
4. peinarme   8. ¿...?

Y ahora, ¡a conversar! ■ ▲ ●

A. Cuestiones sociales. Nuestro bienestar en el futuro depende de nuestra sociedad. En grupos de cuatro, debatan estas importantes cuestiones sociales que afectarán la calidad de nuestra vida futura. Dos de cada grupo deben defender las opiniones y los otros dos deben oponerse.

1. Se deben legalizar las drogas.
2. El gobierno debe controlar el precio de la gasolina.
3. La medicina debe ser socializada.
4. Se debe incluir la educación sexual en las escuelas secundarias.

B. ¡Por fin! Tú y tus amigos(as) van a graduarse en menos de un mes. En grupos de tres o cuatro, discutan todo lo que piensan hacer.

> **Modelo**   **Tan pronto como me gradúe, viajaré a Sudamérica.**
> **Viajaré por tres meses a menos que...**

EP 14.3

EP 14.3

C. Pasos importantes. La graduación no es el único paso importante en la vida. Hay otras decisiones que nos esperan a lo largo de la vida. ¿Qué piensan hacer tú y tu compañero(a) en las siguientes situaciones?

> **Modelo**   Cuando consigamos trabajo...
> **Cuando consigamos trabajo podremos comprarnos carro nuevo.**

1. Tan pronto como nos graduemos...
2. Cuando tengamos bastante dinero...
3. En cuanto consigamos un buen puesto de trabajo...
4. En cuanto nos casemos...
5. Cuando tengamos hijos...
6. Después de que nos jubilemos *(retire)*...

¡Luz! ¡Cámara! ¡Acción! ■ ▲ ●

A. Negociaciones. Acabas de recibir una oferta de trabajo en una buena compañía pero hay algunos inconvenientes: está lejos de donde vives, el horario es pésimo, el sueldo no te convence y no ofrecen un buen plan de seguro médico. Ahora estás hablando con el (la) gerente de la compañía, y tratas de conseguir mejores condiciones. Con un(a) compañero(a) que hace el papel del (de la) gerente, escriban el diálogo que tienen y preséntenselo a la clase.

B. ¡Ay, los padres! Tus padres quieren que tú consigas trabajo después de graduarte, pero tú quieres continuar con los estudios de posgrado. Ellos tienen sus razones y tú tienes las tuyas. Dramatiza esta situación con dos compañeros(as) de clase.

¿Te gusta leer?

Estrategias para leer: Interpretación de refranes

Interpretación de refranes. Los refranes dan excelentes consejos, pero los dan con muy pocas palabras y, con frecuencia, con humor. Por eso, al interpretar un refrán, es muy importante entender cada palabra y, a la vez, pensar más ampliamente en el significado del refrán. No basta sólo con saber el significado literal de las palabras. Siempre hay que pensar en cómo ese significado se aplica a una variedad de situaciones. En el **¿Qué se dice...?** de este **Paso,** Melisa dice «Poderoso caballero es don Dinero». Piensa simplemente en el significado literal de este refrán y luego en el significado que Melisa intenta comunicar al decirlo.

Lectura

La tradición oral: Los refranes

Los refranes, o proverbios, forman una parte muy importante de la tradición oral española. Estos dichos, que representan la sabiduría colectiva del pueblo español, en muy pocas palabras ofrecen consejos relacionados con todos los aspectos de la vida. Rara vez con tan pocas palabras se ha podido dar mejores consejos.

Dentro de la cultura hispana, las personas mayores, en particular los ancianos, parecen tener a mano un refrán apropiado para cualquier situación que se presente. Y de los ancianos, lo aprenden los jóvenes. Lo vimos y oímos en el diálogo de esta lección cuando

Lourdes habla de todo lo que podrá hacer cuando tenga dinero y Melisa comenta con el refrán: «Poderoso caballero es don Dinero».

Es así como se mantiene viva la rica tradición oral hispana. De boca en boca, pasan los refranes de una generación a otra. Y a lo largo del camino, se van añadiendo más y más, siempre anónimamente y siempre contándolos oralmente. Lo más bonito de los refranes es el saber cuándo usarlos, para que se ajusten a la situación de una manera muy natural.

A ver si comprendiste ■ ▲ ●

A. Refranes populares. A continuación aparecen seis refranes muy populares. Trata de relacionar cada refrán de la columna de la izquierda con su significado de la columna de la derecha. Luego, piensa en una situación en que podrías usar cada refrán.

1. A buen hambre, no hay pan duro. e
2. Por la boca muere el pez. ✗ C
3. No hay mal que por bien no venga. a
4. Dime con quién andas y te diré quién eres. ✗ F
5. Lo barato sale caro, y lo caro sale barato. D
6. Quien mucho duerme, poco aprende. B

a. Algo bueno siempre resulta de una situación mala.
b. Las personas perezosas no avanzan en la vida.
c. Las personas que hablan demasiado, van a cometer más errores.
d. Si pagas poco debes esperar menos calidad.
e. Toda la comida es deliciosa para una persona que no ha comido en mucho tiempo.
f. Todos seleccionamos amigos que son como nosotros.

B. Más refranes. Ahora, con un(a) compañero(a), escriban el significado de cada uno de estos refranes. Luego piensen en situaciones donde podrían usarlos. ¿Pueden pensar en un refrán en inglés que tenga el mismo significado?

1. Saber es poder.

2. Quien más tiene, más quiere.

3. El tiempo es oro.

4. Más vale poco que nada.

5. Las noticias malas tienen alas.

6. No hay enemigo chico.

7. Cada uno es rey en su casa.

Viajemos por el ciberespacio a... CUBA

Si eres aficionado a navegar por el ciberespacio, usa las siguientes palabras clave para llegar a estos fascinantes sitios de **Cuba:**

Música cubana   Fidel Castro   Genealogía cubana

O mejor aún, simplemente ve hasta el sitio de la Red *¡Dímelo tú!* usando la siguiente dirección:

http://dimelotu.heinle.com

Haz un *click* en las direcciones correspondientes para que puedas...

- disfrutar de la salsa cubana y otros ritmos caribeños.
- conocer aún más a Fidel Castro, a través de su biografía, de imágenes, de algunos momentos importantes de su vida y de sus discursos.
- saber quiénes tienen sangre cubana en su genealogía, visitando un centro de datos con recursos para los que buscan sus raíces cubanas.

Vocabulario ■▲●■▲●■▲

Deportes

arrecife (m.)	*reef*
boxeo	*boxing*
buceo	*scuba diving*
bucear	*to scuba dive*
ciclismo	*cycling*
esquí (m.)	*skiing*
fútbol (m.)	*soccer*
fútbol americano (m.)	*football*
natación (f.)	*swimming*

Jugadores y oficiales

árbitro(a)	*umpire, referee*
arquero(a)	*goalie, goalkeeper*
bateador(a)	*batter (baseball)*
capitán (capitana)	*captain*
defensor(a)	*guard*
delantero(a)	*forward*
entrenador(a)	*coach*
lanzador(a)	*pitcher*

Fútbol

arco	*goal*
estadio	*stadium*
gol (m.)	*goal*
golpe de cabeza (m.)	*hitting (the ball) with one's head*
patear	*to kick*
pelota	*ball*

Béisbol

bate (m.)	*bat*
jonrón (m.)	*home run*
liga	*league*

Baloncesto

cancha	*court*
cesto	*basket*
red (f.)	*net*

Deportes (misceláneo)

campeón (campeona)	*champion*
competencia	*competition*
derrotar	*to defeat, beat*
estar en forma	*to be in shape*
juego	*game*
lastimarse	*to hurt oneself*
lesionarse	*to get hurt, get injured*
maratón (m.)	*marathon*
partido	*game (competitive)*
pelea	*fight*
pista	*lane; (ski) trail; track*
salvavidas (m./f.)	*lifeguard, lifesaver*
tener cuidado	*to be careful*

Verbos

apoyar	*to aid, support*
concentrarse	*to concentrate (on a task)*
dañar	*to damage, hurt*
dejar	*to allow, permit*
enumerar	*to enumerate*
exigir	*to demand*
felicitar	*to congratulate*
manejar	*to manage; to control; to drive*
prohibir	*to prohibit, forbid*
provocar	*to provoke*
sorprender	*to surprise*

temer	*to fear*
transferir (ie)	*to transfer*
unir	*to unite*
zambullirse	*to dive, jump in (the water)*

Adjetivos

absurdo(a)	*absurd*
agresivo(a)	*aggressive*
contrario(a)	*opposite, opposing*
imparcial	*impartial*
justo(a)	*just, fair*
obvio(a)	*obvious*
político(a)	*political*

Palabras y expresiones útiles

calma	*calm*
de todos modos	*anyway*
estar dispuesto(a)	*to be inclined to*
lástima	*pity, shame*
líder (m./f.)	*leader*
mantener la calma	*to stay calm*
nivel (m.)	*level*
paz (f.)	*peace*
público	*public*
ser capaz de	*to be capable of*
tomar el pelo	*to pull one's leg, tease*

14.1 Subjunctive with expressions of doubt, denial, and uncertainty ⊂⊃⊂⊃

Expressing doubt, denial, and uncertainty

A. When the main clause of a sentence expresses doubt, denial, or uncertainty, the subjunctive must be used in the subordinate clause whenever there is a change of subject.

Main clause	Subjunctive clause
Dudo	que **podamos** ir con ustedes.
No creo	que ellos **tengan** las entradas.
Es probable	que yo no **vaya.**

In spoken Spanish it is becoming acceptable to use the subjunctive even when there is no change of subject.

Dudo que (yo) **pueda** hacerlo esta tarde.   *I doubt that I can do it this afternoon.*

B. Remember that expressions of certainty, including those denying doubt, are followed by the indicative mood.

Estoy seguro de que **llegan** hoy.   *I'm sure they arrive today.*
No dudamos que **tienes** el dinero.   *We don't doubt that you have the money.*
BUT:
Es probable que **vengan** solos.   *It is probable that they will come alone.*

C. The verbs **creer** and **pensar** are usually followed by the subjunctive when they are negative or in a question. They are followed by the indicative when used in the affirmative form.

No creo que **estén** bien entrenados.   *I don't believe they are well trained. (They don't appear to be and probably aren't.)*

¿Crees que lo **acepten** los aficionados?   *Do you believe that the fans will accept him? (They may not.)*
Pienso que **están** en el partido.   *I think (believe) they are at the game.*

¡A practicar! ■ ▲ ●

A. Domingo deportivo. Celia está mirando su programa deportivo favorito en la tele, *Domingo deportivo,* en su casa en Bahía Girón. Ella es fanática de los deportes. ¿Qué dice cuando mira los diferentes eventos?

> **Modelo**   no creer / su entrenador / ser tan bueno como el nuestro
> **No creo que su entrenador sea tan bueno como el nuestro.**

Béisbol
1. ser lógico / el equipo cubano / tener tanto éxito
2. ser probable / nuestro equipo / ganarle a EE.UU. en las Olimpiadas

Boxeo
3. ser cierto / Cuba tener / excelentes boxeadores
4. yo no dudar / esta pelea / terminar en un empate *(tie)*

Voleibol
5. yo no creer / ese equipo / ganar hoy
6. ser increíble / ellos / jugar tan mal

Fútbol
7. yo dudar / nuestro equipo / estar en forma para este partido
8. ser increíble / los árbitros / ser tan injustos

B. ¡Cálmate! Tu amigo Raúl está muy nervioso por el partido de béisbol de esta noche, en La Habana. ¿Qué dice momentos antes del partido?

1. ser obvio / ese bateador / no saber nada
2. ser probable / nuestro lanzador favorito / no poder jugar esta noche
3. ser posible / nuestro equipo / ya estar cansado
4. ¿creer tú / ellos / tener mejores jugadores?
5. nosotros no dudar / ese jugador ser excelente

Paso 2   14.2 Subjunctive in adjective clauses

Referring to unfamiliar persons, places, and things

Sometimes a clause is used as an adjective to describe a person, place, or thing. For example, in the following sentence the adjective clause describes **mujer.**

Adjective clause	
Conozco a una **mujer**	que ganó cinco medallas de oro.

The verb of the adjective clause may be in the subjunctive or in the indicative.

A. If the antecedent—the person, place, or thing being described—is indefinite (either nonexistent or not definitely known to exist), the verb in the adjective clause must be in the subjunctive.

Busco un entrenador que **hable** ruso.	*I am looking for a coach who speaks Russian. (I'm not sure the person exists.)*
Necesitamos una secretaria que **sepa** taquigrafía.	*We need a secretary who knows shorthand.*
Voy a solicitar un puesto que **ofrezca** más dinero.	*I'm going to apply for a job that offers more money.*

B. If, on the other hand, the antecedent is known to exist, then the verb in the adjective clause must be in the indicative.

Busco al entrenador que **habla** ruso.	*I am looking for the coach who speaks Russian. (I know the person.)*
Contratamos a un secretario que **sabe** taquigrafía y contabilidad.	*We hired a secretary who knows shorthand and bookkeeping.*
Voy a solicitar el puesto que **ofrece** el mejor salario.	*I'm going to apply for the job that offers the highest salary.*

Note that the mood (indicative or subjunctive) used in adjective clauses indicates whether the speaker is talking about a fact or something hypothetical or abstract.

C. Negative antecedents always refer to the nonexistent. Therefore, the verb in an adjective clause modifying a negative antecedent must be in the subjunctive.

No hay nadie que **esté** dispuesto a trabajar los fines de semana.	*There isn't anyone who is willing to work on weekends.*
No encuentro **a** nadie que **sepa** hablar japonés.	*I can't find anyone who knows how to speak Japanese.*

The personal **a** is not usually used before an indefinite direct object. **Nadie** and **alguien,** however, always take the personal **a** when used as direct objects.

¡A practicar! ■ ▲ ●

A. Nuevo personal. El Comité Cubano de las Olimpiadas está discutiendo lo que el equipo cubano va a necesitar para las siguientes Olimpiadas. ¿Qué dicen ellos?

1. necesitamos / entrenador / ser muy enérgico
2. necesitamos / entrenador / dirigir a los Atléticos
3. buscamos / lanzador / tener experiencia
4. buscamos / lanzador / jugar ahora con los Gigantes
5. necesitamos / bateadores / venir de las ligas juveniles
6. buscamos / bateadores / ya tener fama

B. Club deportivo. Eduardo está hablando con su jefe porque él y algunos colegas han decidido crear el Club Deportivo Guantánamo. Según él, ¿qué tipo de personas necesitan para administrar el club?

1. necesitar un presidente que / poder trabajar bien con la directiva y los jugadores
2. tener que encontrar un vicepresidente que / ser responsable y / trabajar bien con el presidente
3. para tesorero *(treasurer),* necesitar a alguien que / saber contabilidad *(bookkeeping)*
4. para secretario necesitar una persona que / saber bastante de informática
5. también querer nombrar a alguien que / representarnos ante el Comité Deportivo Nacional

C. Los jefes nos apoyan. Ahora Eduardo le está contándo a su amigo Rafael lo que les dijo su jefe a él y a sus compañeros. ¿Qué les dijo?

Mi jefe nos dijo que los administradores del hotel estarán a favor de que ___organizamos___ (nosotros / organizar) un club que ___nos preocupa___ (preocuparse) por los intereses deportivos de los trabajadores. Cree que debemos nombrar a una persona que _hable_ (hablar) con los administradores en seguida. Dijo que hay una persona en la administración que _tenga_ (tener) mucha experiencia en esos asuntos (*matters*). Y como yo soy una persona que _se interesa_ (interesarse) mucho en los deportes y en el bienestar de todos, yo puedo ser el representante. ¡Ah! También dijo que el representante debe ser una persona que _sea_ (ser) muy activa y que siempre le _informe_ (informar) a la mesa directiva sobre las actividades del grupo.

Paso 3

14.3 Subjunctive in adverb clauses

Stating conditions

A. In Spanish, certain conjunctions are *always* followed by the subjunctive. Note that they are used to relate events that may or may not happen. Thus, a doubt is implied, requiring the subjunctive.

Conjunctions that always require subjunctive			
a menos que	*unless*	en caso (de) que	*in case*
antes (de) que	*before*	para que	*so that*
con tal (de) que	*provided (that)*	sin que	*without, unless*

Nosotros ganaremos **a menos que se lastime** José Antonio.

We'll win unless José Antonio gets injured.

Yo iré con ustedes **con tal que** Melisa no **conduzca.**

I'll go with you provided Melisa doesn't drive.

B. Certain adverbial conjunctions may be followed by either the subjunctive or the indicative. The subjunctive follows these expressions when describing a future or hypothetical action or something that has not yet occurred. The indicative is used to describe habitual or known facts.

Conjunctions that may require subjunctive			
aunque	*although*	en cuanto	*as soon as*
cuando	*when*	hasta que	*until*
después (de) que	*after*	tan pronto como	*as soon as*

Habitual

Siempre lo hace cuando **llega.**
He always does it when he arrives.

Future action

Lo hará **cuando llegue.**
He will do it when he arrives.

Factual	Hypothetical
Lo aceptará aunque **tendrá** que jugar con otro equipo.	Lo aceptará aunque **tenga** que jugar con otro equipo.
He will accept it although he will have to play with another team.	*He will accept it although he may have to play with another team.*

C. When the focus is on an event rather than on a participant, a preposition and an infinitive are used rather than a conjunction and the subjunctive.

Llámame **antes de venir.**	*Call me before coming.*
Lo haré **sin decirle.**	*I'll do it without telling him.*

¡A practicar! ■ ▲ ●

A. Dilema. A veces cambiar o no cambiar de trabajo se transforma en un verdadero dilema. Nina acaba de recibir una nueva oferta y está tratando de decidir si debe permanecer *(remain)* en Bahía Girón o trasladarse a Santiago de Cuba. ¿Qué dice?

1. Tendré que decidir pronto para que mi jefe / buscar a una nueva persona.
2. Se lo comunicaré a mi novio a menos que él ya lo / saber.
3. Voy a empezar a regalar varios muebles en caso de que yo / decidir aceptar.
4. No haré ninguna decisión sin que ellos / explicarme bien la escala de pagos.
5. Se lo contaré a mis padres en cuanto yo / hacer una decisión.
6. Pero no firmaré hasta que mi novio y mis padres / me decir que es una buena decisión.

B. El regreso. Mario ha estado viviendo en La Habana, debido a una práctica profesional de seis meses. Ha llegado ahora el momento de regresar a Bahía Girón y se le está transformando en un gran dilema. Veamos qué decide finalmente.

1. No decidiré hasta que _____ (hablar) con mi novia.
2. Será más fácil tan pronto como _____ (saber) si me van a dar trabajo en Bahía Girón.
3. Lo hablaré con mi familia después de que la decisión _____ (estar) hecha.
4. Tendré más posibilidades cuando _____ (graduarme) y ya tenga el título en mano.
5. Alquilaré el nuevo apartamento aunque todavía no _____ (haberme) decidido.
6. Creo que me quedaré en La Habana a menos que mi novia _____ (insistir) en que regrese.

C. Vacaciones. Ahora Antonio y Raúl están planeando salir de vacaciones a Guantánamo. Antonio, como siempre, es muy organizado. ¿Qué le dice a Raúl?

ANTONIO	Saldremos en cuanto _____ (regresar / tú) del banco.
RAÚL	Bien. Pero no regresaré hasta que _____ (poder) cerrar mi cuenta de ahorros.
ANTONIO	No importa con tal que tú _____ (estar) aquí antes de las tres y media.
RAÚL	No te preocupes. La guagua no sale hasta las cuatro y media, a menos que _____ (haber) cambiado el horario.
ANTONIO	Tienes razón. Pero yo prefiero estar en la estación temprano para que _____ (poder) conseguir buenos asientos *(seats)*.

Y ahora, ¡a conversar!
Noticiero cultural

Para empezar
Noticiero cultural: Costumbres

Lee el número que corresponde a la respuesta que seleccionaste.

1. Rick greeted the president of the university using the **tú** form, which was inappropriate. The **usted** form should always be used with persons with titles such as president, professor, doctor, reverend, and so on. This is the correct answer.
2. Most certainly, the president of the university is a very important person and probably does not have time to stop and talk to Rick and Julio. However, the president would not be discourteous. He would always have time to respond **"Muy bien, gracias."** This is not the correct answer. Read the dialogue once more.
3. It is true that Rick is a first-year student and does not speak Spanish fluently. But the president of the university is a teacher himself and probably has a lot of patience with first-year students. Try another response.

Capítulo 1, Paso 1
Y ahora, ¡a conversar!

C. ¿Son los mismos? Alicia, Carmen, José y Daniel son estudiantes de la clase de español de tu compañero(a) de cuarto. Tú tienes unos amigos que se llaman Alicia, Carmen, José y Daniel. La descripción de tus amigos aparece *(appears)* aquí. La descripción de los amigos de tu compañero(a) aparece en la página 25. ¿Son los mismos? *(To decide if they are the same, ask your partner questions. Do not look at each other's descriptions until you have finished this activity.)*

Modelo	¿Es Alicia de Venezuela?
JOSÉ	Es de Ecuador. No es muy serio. Es chistoso y muy simpático. Es muy activo y sociable.
DANIEL	Es de Quito. Es serio y estudioso. Es muy activo y atlético. También es algo tímido.
ALICIA	Es una amiga venezolana. Es de Caracas. Es inteligente, cómica y muy popular. También es muy atlética.
CARMEN	Es muy seria. Es inteligente, tímida y muy estudiosa. Es de Venezuela, de la capital. Es sociable pero algo conservadora.

Capítulo 1, Paso 2
Noticiero cultural: Costumbres

Lee el número que corresponde a la respuesta que seleccionaste.

1. Although English is widely spoken in the Spanish-speaking world, the majority of the people still do not speak English. It is not possible to spend the summer in three Spanish-speaking countries and speak only English. Try another response.
2. It is true that Castillian is the Spanish spoken in Castille, a region of Spain. However, Castillian is more like the Spanish spoken in Latin America than British English is like American English. A Spaniard would not have any difficulty understanding the Spanish spoken in Latin America and vice versa. Look for another response.
3. Some people believe that the Spanish spoken in Spain is very different from the Spanish spoken in the Americas. The truth of the matter is that all Spanish-speaking countries, including Spain, speak the same Spanish. There are, as you travel from country to country, or even from region to region within a country, variations in vocabulary, intonation, and even pronunciation. However, none of these variations keep persons from different countries from understanding each other. Spanish speakers from all over the Spanish-speaking world have less difficulty understanding each other than English speakers from the United States have understanding British English. This is the correct answer.

Capítulo 1, Paso 3
Y ahora, ¡a conversar!

C. ¿Son diferentes? Este dibujo y el dibujo de la página 43 son muy similares, pero hay cinco diferencias. Descríbele este dibujo a tu compañero(a) y él (ella) va a describirte el otro dibujo hasta encontrar las diferencias. No debes mirar el dibujo de tu compañero(a) hasta terminar esta actividad.

Capítulo 2, Paso 2
Noticiero cultural: Costumbres

Lee el número que corresponde a la respuesta que seleccionaste.

1. Teresa is from Spain; she speaks and understands Spanish perfectly. Look for another possibility.
2. This is not so. Spaniards understand Puerto Ricans perfectly. Try another response.
3. There are certain vocabulary differences in certain regions of the Spanish-speaking world. This is the case here. This is the correct response. Can you guess the meaning of the words Teresa didn't understand?

Capítulo 3, Paso 2
Y ahora, ¡a conversar!

C. ¿Qué están haciendo? ¿Cuántas diferencias hay entre este dibujo y el de tu compañero(a), en la página 111? Háganse preguntas para determinar cuáles son las diferencias. Recuerda que no debes mirar el dibujo de tu compañero(a) hasta terminar esta actividad.

Modelo   **¿Cuántas personas están bailando?**

Capítulo 3, Paso 3
Y ahora, ¡a conversar!

B. ¡Qué cambiados están! Éstos son Daniel y Gloria después de estudiar un año en la Universidad de Salamanca. Tu compañero(a) tiene un dibujo, en la página 121, de Daniel y Gloria antes de ir a estudiar en España. Describan a las personas en sus dibujos para saber cómo han cambiado. No debes mirar el dibujo de tu compañero(a) hasta terminar esta actividad.

Capítulo 4, Paso 1
Y ahora, ¡a conversar!

C. ¡Robo! *(There was a theft in the* Palacio de Bellas Artes *in Mexico City and you were the only witness.)* Usa este dibujo *(drawing)* para describir a los ladrones *(thieves).* Tu compañero(a), un(a) artista que trabaja para la policía, va a dibujar a las personas que tú describes.

Capítulo 4, Paso 2
Y ahora, ¡a conversar!

C. En el escaparate. Tú estás de compras en la Ciudad de México y quieres comprar todas las prendas de esta lista. Desafortunadamente, muchas prendas no tienen etiqueta *(price tag)*. Pregúntale a tu compañero(a) los precios que quieres saber y dale los precios que él o ella necesita, basándote en el dibujo. El escaparate *(store window)* de tu compañero(a) está en la página 151. No debes mirar el escaparate de tu compañero(a) hasta terminar esta actividad.

Tú quieres comprar:

1. pijamas para tu hermana
2. un traje para ti
3. botas para tu papá
4. pantalones para tu hermano
5. un vestido para tu mamá

Capítulo 7, Paso 1
Y ahora, ¡a conversar!

D. ¿Cuáles son las diferencias? Tú debes usar este dibujo y tu compañero(a) el dibujo de la página 247. Ambos son similares, pero no son idénticos. Describan sus dibujos para descubrir las diferencias. No mires el dibujo de tu compañero(a) hasta descubrir todas las diferencias.

Capítulo 10, Paso 2
Y ahora, ¡a conversar!

B. Mecánicos. ¿Es tu compañero(a) buen(a) mecánico(a)? Escucha las definiciones que tu compañero(a) te va a leer, e identifica cada parte que define. Dale el nombre de la parte para que la escriba al lado de la definición. No debes leer las definiciones, sólo escucharlas.

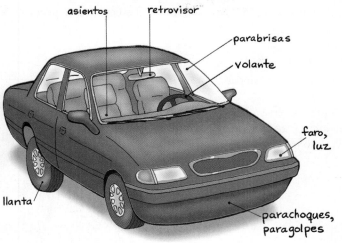

Capítulo 11, Paso 2
Y ahora, ¡a conversar!

C. *La Cenicienta.* Los siguientes dibujos narran parte del famoso cuento de hadas *(fairytale): La Cenicienta.* Narra el cuento completo con la ayuda de tu compañero(a) que tiene, en las páginas 397–98, los dibujos que faltan.

Vocabulario útil

la calabaza	*pumpkin*	la hermanastra	*stepsister*
la carroza	*carriage*	la madrastra	*stepmother*
la chimenea	*fireplace*	el paje	*valet*
el cristal	*crystal*	el príncipe	*prince*
de rodillas	*kneeling*	probar	*to try on*
el hada madrina	*fairy godmother*	los ratoncitos	*little mice*
la escalera	*stairway*	la zapatilla	*slipper*

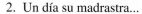

2. Un día su madrastra...

4. La pobre muchacha...

6. En el baile...   8. El príncipe...

Capítulo 11, Paso 2
Noticiero cultural: Costumbres

Lee la respuesta con el mismo número que la que tú seleccionaste.

1. Aunque en todos los países hispanos, al igual que en el resto del mundo, la gente joven usa palabras «nuevas» o «diferentes» en su vocabulario diario normal, en Costa Rica tanto los jóvenes como los adultos y los niños usan el «-tico». Esta respuesta no es la mejor.
2. El español de Costa Rica es muy similar al español del resto del mundo hispanohablante. Hay variantes, pero nunca son tan drásticas como para impedir la comunicación. Busca otra respuesta.
3. El dialecto costarricense cambia la terminación de los diminutivos por «-tico» en vez de «-ito». Por eso Rosalía en vez de decir **poquito** dice **poquitico** y **chiquitico** en vez de **chiquito.** Esta es la respuesta correcta.

Capítulo 12, Paso 3
Y ahora, ¡a conversar!

B. Viaje a Machu Picchu. Tú y un(a) compañero(a) están viajando por Sudamérica, visitando y explorando diferentes lugares. Ahora están en las famosas cataratas de Iguazú y quieren viajar por Uruguay, Argentina, Chile y Bolivia para llegar al famoso Machu Picchu. Piensan hacer ocho escalas *(stopovers)* en su viaje. ¿Quién va a llegar primero? Para avanzar una escala, tienes que contestar la pregunta de tu compañero(a) correctamente. Tus preguntas están aquí, las de tu compañero(a) están en la página 439.

1. ¿Cuál es la capital de Paraguay?
2. ¿Cuál es la capital de Perú?
3. Nombra la isla que es un estado libre asociado.
4. Nombra dos de los vecinos de Perú.
5. ¿De qué país es Diego Rivera?
6. ¿Quién escribió *Cien años de soledad*?
7. ¿Cuántos países de habla española hay en Sudamérica?
8. ¿Cómo se llama la moneda de Paraguay?
9. ¿Cuál es el país más grande de Sudamérica?
10. ¿Cuáles son las dos capitales de Bolivia?
11. ¿En qué país comen **porotos** y **ají**?
12. Nombra cinco países de la América Central y sus capitales.

Accentuation

In Spanish as in English, all words of two or more syllables have one syllable that is stressed more forcibly than the others. The following rules govern where a word is stressed and when words require written accents.

A. Words that end in a vowel **(a, e, i, o, u)** or the consonants **n** or **s** are stressed on the next to the last syllable.

    tardes   capi**ta**les   **gran**de   es**tu**dia   **no**ches   **co**men

B. Words that end in a consonant other than **n** or **s** are stressed on the last syllable.

    bus**car**   ac**triz**   espa**ñol**   liber**tad**   ani**mal**   come**dor**

C. Words that do not follow the two preceding rules require a written accent to indicate where the stress is placed.

    ca**fé**   sim**pá**tico   fran**cés**   na**ción**   Jo**sé Pé**rez

D. Diphthongs, the combination of a weak vowel **(i, u)** and a strong vowel **(e, o, a)** next to each other, form a single syllable. A written accent is required to separate diphthongs into two syllables. Note that the written accent is placed on the weak vowel.

    s**ei**s   estu**dia**   inter**ior**   **ai**re   **au**to   c**uo**ta
    re**ír**   **dí**a   **rí**o   ma**íz**   ba**úl**   contin**úo**

Regular Verbs

Infinitive	hablar	aprender	vivir
	to speak	*to learn*	*to live*
Present participle	hablando	aprendiendo	viviendo
	speaking	*learning*	*living*
Past participle	hablado	aprendido	vivido
	spoken	*learned*	*lived*

Simple tenses

Present indicative	hablo	aprendo	vivo
I speak, am	hablas	aprendes	vives
speaking, do speak	habla	aprende	vive
	hablamos	aprendemos	vivimos
	habláis	aprendéis	vivís
	hablan	aprenden	viven
Imperfect indicative	hablaba	aprendía	vivía
I was speaking,	hablabas	aprendías	vivías
used to speak, spoke	hablaba	aprendía	vivía
	hablábamos	aprendíamos	vivíamos
	hablabais	aprendíais	vivíais
	hablaban	aprendían	vivían
Preterite	hablé	aprendí	viví
I spoke, did speak	hablaste	aprendiste	viviste
	habló	aprendió	vivió
	hablamos	aprendimos	vivimos
	hablasteis	aprendisteis	vivisteis
	hablaron	aprendieron	vivieron
Future	hablaré	aprenderé	viviré
I will speak,	hablarás	aprenderás	vivirás
shall speak	hablará	aprenderá	vivirá
	hablaremos	aprenderemos	viviremos
	hablaréis	aprenderéis	viviréis
	hablarán	aprenderán	vivirán
Conditional	hablaría	aprendería	viviría
I would speak	hablarías	aprenderías	vivirías
	hablaría	aprendería	viviría
	hablaríamos	aprenderíamos	viviríamos
	hablaríais	aprenderíais	viviríais
	hablarían	aprenderían	vivirían

Present subjunctive		hable	aprenda	viva
(that) I speak,		hables	aprendas	vivas
may speak		hable	aprenda	viva
		hablemos	aprendamos	vivamos
		habléis	aprendáis	viváis
		hablen	aprendan	vivan
Past subjunctive		hablara	aprendiera	viviera
(that) I speak,		hablaras	aprendieras	vivieras
might speak		hablara	aprendiera	viviera
		habláramos	aprendiéramos	viviéramos
		hablarais	aprendierais	vivierais
		hablaran	aprendieran	vivieran
Commands	*informal*	habla	aprende	vive
speak, don't speak		(no hables)	(no aprendas)	(no vivas)
	formal	hable	aprenda	viva
		hablen	aprendan	vivan

Compound tenses

Present perfect indicative	he	hemos			
I have spoken	has	habéis	hablado	aprendido	vivido
	ha	han			
Past perfect indicative	había	habíamos			
I had spoken	habías	habíais	hablado	aprendido	vivido
	había	habían			
Present progressive	estoy	estamos			
I am speaking	estás	estáis	hablando	aprendiendo	viviendo
	está	están			
Past progressive	estaba	estábamos			
I was speaking	estabas	estabais	hablando	aprendiendo	viviendo
	estaba	estaban			

Stem-Changing Verbs

	1. e → ie		2. o → ue	
	pensar	**perder**	**contar**	**volver**
Present indicative	pienso	pierdo	cuento	vuelvo
	piensas	pierdes	cuentas	vuelves
	piensa	pierde	cuenta	vuelve
	pensamos	perdemos	contamos	volvemos
	pensáis	perdéis	contáis	volvéis
	piensan	pierden	cuentan	vuelven
Present subjunctive	piense	pierda	cuente	vuelva
	pienses	pierdas	cuentes	vuelvas
	piense	pierda	cuente	vuelva
	pensemos	perdamos	contemos	volvamos
	penséis	perdáis	contéis	volváis
	piensen	pierdan	cuenten	vuelvan

	3. e → ie, i	4. e → i, i	5. o → ue, u
	sentir	**pedir**	**dormir**
Present indicative	siento	pido	duermo
	sientes	pides	duermes
	siente	pide	duerme
	sentimos	pedimos	dormimos
	sentís	pedís	dormís
	sienten	piden	duermen
Present subjunctive	sienta	pida	duerma
	sientas	pidas	duermas
	sienta	pida	duerma
	sintamos	pidamos	durmamos
	sintáis	pidáis	durmáis
	sientan	pidan	duerman
Preterite	sentí	pedí	dormí
	sentiste	pediste	dormiste
	sintió	pidió	durmió
	sentimos	pedimos	dormimos
	sentisteis	pedisteis	dormisteis
	sintieron	pidieron	durmieron

	3. e → ie, i	4. e → i, i	5. o → ue, u
Past subjunctive	sintiera	pidiera	durmiera
	sintieras	pidieras	durmieras
	sintiera	pidiera	durmiera
	sintiéramos	pidiéramos	durmiéramos
	sintierais	pidierais	durmierais
	sintieran	pidieran	durmieran
Present participle	sintiendo	pidiendo	durmiendo

Note: the verb **jugar** changes **u → ue.**

Irregular Verbs

Infinitive	Participles	Present indicative	Imperfect	Preterite
1. andar _to walk_	andando andado	ando andas anda	andaba andabas andaba	anduve anduviste anduvo
		andamos andáis andan	andábamos andabais andaban	anduvimos anduvisteis anduvieron
2. buscar _to look for_ **c ➤ qu** before **e**	buscando buscado	busco buscas busca buscamos buscáis buscan	buscaba buscabas buscaba buscábamos buscabais buscaban	busqué buscaste buscó buscamos buscasteis buscaron
3. caer _to fall_	cayendo caído	caigo caes cae caemos caéis caen	caía caías caía caíamos caíais caían	caí caíste cayó caímos caísteis cayeron
4. conducir _to drive_ **c ➤ zc** before **a, o**	conduciendo conducido	conduzco conduces conduce conducimos conducís conducen	conducía conducías conducía conducíamos conducíais conducían	conduje condujiste condujo condujimos condujisteis condujeron
5. conocer _to know_ **c ➤ zc** before **a, o**	conociendo conocido	conozco conoces conoce conocemos conocéis conocen	conocía conocías conocía conocíamos conocíais conocían	conocí conociste conoció conocimos conocisteis conocieron

Future	Conditional	Present subjunctive	Past subjunctive	Informal/Formal commands
andaré	andaría	ande	anduviera	—
andarás	andarías	andes	anduvieras	anda (no andes)
andará	andaría	ande	anduviera	ande
andaremos	andaríamos	andemos	anduviéramos	—
andaréis	andaríais	andéis	anduvierais	—
andarán	andarían	anden	anduvieran	anden
buscaré	buscaría	busque	buscara	—
buscarás	buscarías	busques	buscaras	busca (no busques)
buscará	buscaría	busque	buscara	busque
buscaremos	buscaríamos	busquemos	buscáramos	—
buscaréis	buscaríais	busquéis	buscarais	—
buscarán	buscarían	busquen	buscaran	busquen
caeré	caería	caiga	cayera	—
caerás	caerías	caigas	cayeras	cae (no caigas)
caerá	caería	caiga	cayera	caiga
caeremos	caeríamos	caigamos	cayéramos	—
caeréis	caeríais	caigáis	cayerais	—
caerán	caerían	caigan	cayeran	caigan
conduciré	conduciría	conduzca	condujera	—
conducirás	conducirías	conduzcas	condujeras	conduce (no conduzcas)
conducirá	conduciría	conduzca	condujera	conduzca
conduciremos	conduciríamos	conduzcamos	condujéramos	—
conduciréis	conduciríais	conduzcáis	condujerais	—
conducirán	conducirían	conduzcan	condujeran	conduzcan
conoceré	conocería	conozca	conociera	—
conocerás	conocerías	conozcas	conocieras	conoce (no conozcas)
conocerá	conocería	conozca	conociera	conozca
conoceremos	conoceríamos	conozcamos	conociéramos	—
conoceréis	conoceríais	conozcáis	conocierais	—
conocerán	conocerían	conozcan	conocieran	conozcan

Infinitive	Participles	Present indicative	Imperfect	Preterite
6. construir	construyendo	construyo	construía	construí
to build	construido	construyes	construías	construiste
		construye	construía	construyó
i → y,				
y inserted		construimos	construíamos	construimos
before **a, e, o**		construís	construíais	construisteis
		construyen	construían	construyeron
7. continuar	continuando	continúo	continuaba	continué
to continue	continuado	continúas	continuabas	continuaste
		continúa	continuaba	continuó
		continuamos	continuábamos	continuamos
		continuáis	continuabais	continuasteis
		continúan	continuaban	continuaron
8. creer	creyendo	creo	creía	creí
to believe	creído	crees	creías	creíste
		cree	creía	creyó
		creemos	creíamos	creímos
		creéis	creíais	creísteis
		creen	creían	creyeron
9. dar	dando	doy	daba	di
to give	dado	das	dabas	diste
		da	daba	dio
		damos	dábamos	dimos
		dais	dabais	disteis
		dan	daban	dieron
10. decir	diciendo	digo	decía	dije
to say, tell	dicho	dices	decías	dijiste
		dice	decía	dijo
		decimos	decíamos	dijimos
		decís	decíais	dijisteis
		dicen	decían	dijeron
11. empezar	empezando	empiezo	empezaba	empecé
to begin	empezado	empiezas	empezabas	empezaste
		empieza	empezaba	empezó
e → ie;				
z → c		empezamos	empezábamos	empezamos
before **e**		empezáis	empezabais	empezasteis
		empiezan	empezaban	empezaron

Future	Conditional	Present subjunctive	Past subjunctive	Informal/Formal commands
construiré	construiría	construya	construyera	—
construirás	construirías	construyas	construyeras	construye (no construyas)
construirá	construiría	construya	construyera	construya
construiremos	construiríamos	construyamos	construyéramos	—
construiréis	construiríais	construyáis	construyerais	—
construirán	construirían	construyan	construyeran	construyan
continuaré	continuaría	continúe	continuara	—
continuarás	continuarías	continúes	continuaras	continúa (no continúes)
continuará	continuaría	continúe	continuara	continúe
continuaremos	continuaríamos	continuemos	continuáramos	—
continuaréis	continuarías	continuéis	continuarais	—
continuarán	continuarían	continúen	continuaran	continúen
creeré	creería	crea	creyera	—
creerás	creerías	creas	creyeras	cree (no creas)
creerá	creería	crea	creyera	crea
creeremos	creeríamos	creamos	creyéramos	—
creeréis	creeríais	creáis	creyerais	—
creerán	creerían	crean	creyeran	crean
daré	daría	dé	diera	—
darás	darías	des	dieras	da (no des)
dará	daría	dé	diera	dé
daremos	daríamos	demos	diéramos	—
daréis	daríais	deis	dierais	—
darán	darían	den	dieran	den
diré	diría	diga	dijera	—
dirás	dirías	digas	dijeras	di (no digas)
dirá	diría	diga	dijera	diga
diremos	diríamos	digamos	dijéramos	—
diréis	diríais	digáis	dijerais	—
dirán	dirían	digan	dijeran	digan
empezaré	empezaría	empiece	empezara	—
empezarás	empezarías	empieces	empezaras	empieza (no empieces)
empezará	empezaría	empiece	empezara	empiece
empezaremos	empezaríamos	empecemos	empezáramos	—
empezaréis	empezaríais	empecéis	empezarais	—
empezarán	empezarían	empiecen	empezaran	empiecen

Infinitive	Participles	Present indicative	Imperfect	Preterite
12. esquiar *to ski*	esquiando esquiado	esquío esquías esquía	esquiaba esquiabas esquiaba	esquié esquiaste esquió
		esquiamos esquiáis esquían	esquiábamos esquiabais esquiaban	esquiamos esquiasteis esquiaron
13. estar *to be*	estando estado	estoy estás está	estaba estabas estaba	estuve estuviste estuvo
		estamos estáis están	estábamos estabais estaban	estuvimos estuvisteis estuvieron
14. haber *to have*	habiendo habido	he has ha [hay]	había habías había	hube hubiste hubo
		hemos habéis han	habíamos habíais habían	hubimos hubisteis hubieron
15. hacer *to make, do*	haciendo hecho	hago haces hace	hacía hacías hacía	hice hiciste hizo
		hacemos hacéis hacen	hacíamos hacíais hacían	hicimos hicisteis hicieron
16. ir *to go*	yendo ido	voy vas va	iba ibas iba	fui fuiste fue
		vamos vais van	íbamos ibais iban	fuimos fuisteis fueron
17. leer *to read* **i ➤ y;** stressed **i ➤ í**	leyendo leído	leo lees lee	leía leías leía	leí leíste leyó
		leemos leéis leen	leíamos leíais leían	leímos leísteis leyeron

Future	Conditional	Present subjunctive	Past subjunctive	Informal/Formal commands
esquiaré	esquiaría	esquíe	esquiara	—
esquiarás	esquiarías	esquíes	esquiaras	esquía (no esquíes)
esquiará	esquiaría	esquíe	esquiara	esquíe
esquiaremos	esquiaríamos	esquiemos	esquiáramos	—
esquiaréis	esquiaríais	esquiéis	esquiarais	—
esquiarán	esquiarían	esquíen	esquiaran	esquíen
estaré	estaría	esté	estuviera	—
estarás	estarías	estés	estuvieras	está (no estés)
estará	estaría	esté	estuviera	esté
estaremos	estaríamos	estemos	estuviéramos	—
estaréis	estaríais	estéis	estuvierais	—
estarán	estarían	estén	estuvieran	estén
habré	habría	haya	hubiera	—
habrás	habrías	hayas	hubieras	—
habrá	habría	haya	hubiera	—
habremos	habríamos	hayamos	hubiéramos	—
habréis	habríais	hayáis	hubierais	—
habrán	habrían	hayan	hubieran	—
haré	haría	haga	hiciera	—
harás	harías	hagas	hicieras	haz (no hagas)
hará	haría	haga	hiciera	haga
haremos	haríamos	hagamos	hiciéramos	—
haréis	haríais	hagáis	hicierais	—
harán	harían	hagan	hicieran	hagan
iré	iría	vaya	fuera	—
irás	irías	vayas	fueras	ve (no vayas)
irá	iría	vaya	fuera	vaya
iremos	iríamos	vayamos	fuéramos	—
iréis	iríais	vayáis	fuerais	—
irán	irían	vayan	fueran	vayan
leeré	leería	lea	leyera	—
leerás	leerías	leas	leyeras	lee (no leas)
leerá	leería	lea	leyera	lea
leeremos	leeríamos	leamos	leyéramos	—
leeréis	leeríais	leáis	leyerais	—
leerán	leerían	lean	leyeran	lean

Infinitive	Participles	Present indicative	Imperfect	Preterite
18. oír *to hear*	oyendo oído	oigo oyes oye	oía oías oía	oí oíste oyó
		oímos oís oyen	oíamos oíais oían	oímos oísteis oyeron
19. pagar *to pay* **g ➤ gu** before **e**	pagando pagado	pago pagas paga pagamos pagáis pagan	pagaba pagabas pagaba pagábamos pagabais pagaban	pagué pagaste pagó pagamos pagasteis pagaron
20. poder *can, to be* *able*	pudiendo podido	puedo puedes puede podemos podéis pueden	podía podías podía podíamos podíais podían	pude pudiste pudo pudimos pudisteis pudieron
21. poner *to place, put*	poniendo puesto	pongo pones pone ponemos ponéis ponen	ponía ponías ponía poníamos poníais ponían	puse pusiste puso pusimos pusisteis pusieron
22. querer *to like*	queriendo querido	quiero quieres quiere queremos queréis quieren	quería querías quería queríamos queríais querían	quise quisiste quiso quisimos quisisteis quisieron
23. reír *to laugh*	riendo reído	río ríes ríe reímos reís ríen	reía reías reía reíamos reíais reían	reí reíste rio reímos reísteis rieron

Future	Conditional	Present subjunctive	Past subjunctive	Informal/Formal commands
oiré	oiría	oiga	oyera	—
oirás	oirías	oigas	oyeras	oye (no oigas)
oirá	oiría	oiga	oyera	oiga
oiremos	oiríamos	oigamos	oyéramos	—
oiréis	oiríais	oigáis	oyerais	—
oirán	oirían	oigan	oyeran	oigan
pagaré	pagaría	pague	pagara	—
pagarás	pagarías	pagues	pagaras	paga (no pagues)
pagará	pagaría	pague	pagara	pague
pagaremos	pagaríamos	paguemos	pagáramos	—
pagaréis	pagaríais	paguéis	pagarais	—
pagarán	pagarían	paguen	pagaran	paguen
podré	podría	pueda	pudiera	—
podrás	podrías	puedas	pudieras	—
podrá	podría	pueda	pudiera	—
podremos	podríamos	podamos	pudiéramos	—
podréis	podríais	podáis	pudierais	—
podrán	podrían	puedan	pudieran	—
pondré	pondría	ponga	pusiera	—
pondrás	pondrías	pongas	pusieras	pon (no pongas)
pondrá	pondría	ponga	pusiera	ponga
pondremos	pondríamos	pongamos	pusiéramos	—
pondréis	pondríais	pongáis	pusierais	—
pondrán	pondrían	pongan	pusieran	pongan
querré	querría	quiera	quisiera	—
querrás	querrías	quieras	quisieras	quiere (no quieras)
querrá	querría	quiera	quisiera	quiera
querremos	querríamos	queramos	quisiéramos	—
querréis	querríais	queráis	quisierais	—
querrán	querrían	quieran	quisieran	quieran
reiré	reiría	ría	riera	—
reirás	reirías	rías	rieras	ríe (no rías)
reirá	reiría	ría	riera	ría
reiremos	reiríamos	riamos	riéramos	—
reiréis	reiríais	riáis	rierais	—
reirán	reirían	rían	rieran	rían

Infinitive	Participles	Present indicative	Imperfect	Preterite
24. saber *to know*	sabiendo sabido	sé sabes sabe	sabía sabías sabía	supe supiste supo
		sabemos sabéis saben	sabíamos sabíais sabían	supimos supisteis supieron
25. salir *to leave*	saliendo salido	salgo sales sale	salía salías salía	salí saliste salió
		salimos salís salen	salíamos salíais salían	salimos salisteis salieron
26. seguir *to follow* **e → i, i; gu → g** before **a, o**	siguiendo seguido	sigo sigues sigue seguimos seguís siguen	seguía seguías seguía seguíamos seguíais seguían	seguí seguiste siguió seguimos seguisteis siguieron
27. ser *to be*	siendo sido	soy eres es	era eras era	fui fuiste fue
		somos sois son	éramos erais eran	fuimos fuisteis fueron
28. tener *to have*	teniendo tenido	tengo tienes tiene	tenía tenías tenía	tuve tuviste tuvo
		tenemos tenéis tienen	teníamos teníais tenían	tuvimos tuvisteis tuvieron
29. traer *to bring*	trayendo traído	traigo traes trae	traía traías traía	traje trajiste trajo
		traemos traéis traen	traíamos traíais traían	trajimos trajisteis trajeron

Future	Conditional	Present subjunctive	Past subjunctive	Informal/Formal commands
sabré	sabría	sepa	supiera	—
sabrás	sabrías	sepas	supieras	sabe (no sepas)
sabrá	sabría	sepa	supiera	sepa
sabremos	sabríamos	sepamos	supiéramos	—
sabréis	sabríais	sepáis	supierais	—
sabrán	sabrían	sepan	supieran	sepan
saldré	saldría	salga	saliera	—
saldrás	saldrías	salgas	salieras	sal (no salgas)
saldrá	saldría	salga	saliera	salga
saldremos	saldríamos	salgamos	saliéramos	—
saldréis	saldríais	salgáis	salierais	—
saldrán	saldrían	salgan	salieran	salgan
seguiré	seguiría	siga	siguiera	—
seguirás	seguirías	sigas	siguieras	sigue (no sigas)
seguirá	seguiría	siga	siguiera	siga
seguiremos	seguiríamos	sigamos	siguiéramos	—
seguiréis	seguiríais	sigáis	siguierais	—
seguirán	seguirían	sigan	siguieran	sigan
seré	sería	sea	fuera	—
serás	serías	seas	fueras	sé (no seas)
será	sería	sea	fuera	sea
seremos	seríamos	seamos	fuéramos	—
seréis	seríais	seáis	fuerais	—
serán	serían	sean	fueran	sean
tendré	tendría	tenga	tuviera	—
tendrás	tendrías	tengas	tuvieras	ten (no tengas)
tendrá	tendría	tenga	tuviera	tenga
tendremos	tendríamos	tengamos	tuviéramos	—
tendréis	tendríais	tengáis	tuvierais	—
tendrán	tendrían	tengan	tuvieran	tengan
traeré	traería	traiga	trajera	—
traerás	traerías	traigas	trajeras	trae (no traigas)
traerá	traería	traiga	trajera	traiga
traeremos	traeríamos	traigamos	trajéramos	—
traeréis	traeríais	traigáis	trajerais	—
traerán	traerían	traigan	trajeran	traigan

Infinitive	Participles	Present indicative	Imperfect	Preterite
30. valer	valiendo	valgo	valía	valí
to be worth	valido	vales	valías	valiste
		vale	valía	valió
		valemos	valíamos	valimos
		valéis	valíais	valisteis
		valen	valían	valieron
31. venir	viniendo	vengo	venía	vine
to come	venido	vienes	venías	viniste
		viene	venía	vino
		venimos	veníamos	vinimos
		venís	veníais	vinisteis
		vienen	venían	vinieron
32. ver	viendo	veo	veía	vi
to see	visto	ves	veías	viste
		ve	veía	vio
		vemos	veíamos	vimos
		veis	veíais	visteis
		ven	veían	vieron
33. volver	volviendo	vuelvo	volvía	volví
to return	vuelto	vuelves	volvías	volviste
		vuelve	volvía	volvió
o ➤ ue				
		volvemos	volvíamos	volvimos
		volvéis	volvíais	volvisteis
		vuelven	volvían	volvieron

Future	Conditional	Present subjunctive	Past subjunctive	Informal/Formal commands
valdré	valdría	valga	valiera	—
valdrás	valdrías	valgas	valieras	val (no valgas)
valdrá	valdría	valga	valiera	valga
valdremos	valdríamos	valgamos	valiéramos	—
valdréis	valdríais	valgáis	valierais	—
valdrán	valdrían	valgan	valieran	valgan
vendré	vendría	venga	viniera	—
vendrás	vendrías	vengas	vinieras	ven (no vengas)
vendrá	vendría	venga	viniera	venga
vendremos	vendríamos	vengamos	viniéramos	—
vendréis	vendríais	vengáis	vinierais	—
vendrán	vendrían	vengan	vinieran	vengan
veré	vería	vea	viera	—
verás	verías	veas	vieras	ve (no veas)
verá	vería	vea	viera	vea
veremos	veríamos	veamos	viéramos	—
veréis	veríais	veáis	vierais	—
verán	verían	vean	vieran	vean
volveré	volvería	vuelva	volviera	—
volverás	volverías	vuelvas	volvieras	vuelve (no vuelvas)
volverá	volvería	vuelva	volviera	vuelva
volveremos	volveríamos	volvamos	volviéramos	—
volveréis	volveríais	volváis	volvierais	—
volverán	volverían	vuelvan	volvieran	vuelvan

Supplemental Structures

The following structures are not actively taught in *¡Dímelo tú!* They are presented here for reference.

1. Perfect tenses

In **Capítulo 11** you learned that the present perfect tense is formed by combining the present indicative of the verb **haber** with the past participle. Similarly, the past perfect, future perfect, and conditional perfect tenses are formed by combining the imperfect, future, and conditional of **haber** with the past participle.

Past perfect		Future perfect		Conditional perfect	
había		**habré**		**habría**	
habías		**habrás**		**habrías**	
había	+ past	**habrá**	+ past	**habría**	+ past
habíamos	participle	**habremos**	participle	**habríamos**	participle
habíais		**habréis**		**habríais**	
habían		**habrán**		**habrían**	

In general, the use of these perfect tenses parallels their use in English.

Dijo que **había vivido** allí seis años.   *He said he had lived there six years.*
Para el año 2003, **habremos**   *By the year 2003, we will have finished our*
    terminado nuestros estudios aquí.   *studies here.*
Yo lo **habría hecho** por ti.   *I would have done it for you.*

The present perfect subjunctive and past perfect subjunctive are likewise formed by combining the present subjunctive and past subjunctive of **haber** with the past participle.

Present perfect subjunctive		Past perfect subjunctive	
haya		**hubiera**	
hayas		**hubieras**	
haya	+ past	**hubiera**	+ past
hayamos	participle	**hubiéramos**	participle
hayáis		**hubierais**	
hayan		**hubieran**	

These tenses are used whenever the independent clause in a sentence requires the subjunctive and the verb in the dependent clause represents an action completed prior to the time indicated by the verb in the independent clause. If the time of the verb in the independent clause is present or future, the present perfect subjunctive is used; if the time is past or conditional, the past perfect subjunctive is used.

Dudo que lo **hayan leído.**	*I doubt that they have read it.*
Si **hubieras llamado,** no tendríamos este problema ahora.	*If you had called, we would not have this problem now.*

2. Past progressive tense

In **Capítulo 3** you learned that the present progressive tense is formed with the present indicative of **estar** and a present participle. The past progressive tense is formed with the imperfect of **estar** and a present participle.

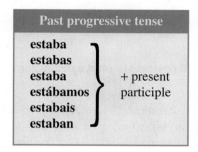

The past progressive tense is used to express or describe an action that was in progress at a particular moment in the past.

Estábamos comiendo cuando llamaste.	*We were eating when you called.*
¿Quién **estaba hablando** por teléfono?	*Who was talking on the phone?*

Another past progressive tense can also be formed with the preterite of **estar** and the present participle. However, its use is of much lower frequency in Spanish.

3. Probability in the past and in the future

Spanish uses both the future and conditional tenses to express probability or conjecture about present or past events or states of being.

¿Qué hora es?	*What time is it?*
No sé; **serán** las ocho.	*I don't know; it's probably 8:00.*
¿Qué **estarían** haciendo?	*I wonder what they were doing.*
Estarían divirtiéndose.	*They were probably having a good time.*

Note that the words *probably* and *I wonder* are not expressed in Spanish, as the verb tenses convey this idea.

4. Stressed possessive adjectives and pronouns

In **Capítulo 2** you learned to express possession using **de** or the possessive adjectives **mi(s), tu(s), su(s), nuestro(a, os, as), vuestro(a, os, as).** Possession may also be expressed using the stressed possessive adjectives equivalent to the English *of mine, of yours, of ours, of theirs.*

Stressed possessive adjectives and pronouns			
mío **mía** **míos** **mías** } *my, (of) mine*		**nuestro** **nuestra** **nuestros** **nuestras** } *our, (of) ours*	
tuyo **tuya** **tuyos** **tuyas** } *your, (of) yours*		**vuestro** **vuestra** **vuestros** **vuestras** } *your, (of) yours*	
suyo **suya** **suyos** **suyas** } *its, his, (of) his* *hers, (of) hers* *your, (of) yours*		**suyo** **suya** **suyos** **suyas** } *their, (of) theirs* *your, (of) yours*	

A. As adjectives, the stressed possessives must agree in number and gender with the thing possessed.

Una amiga **mía** viene a visitarme hoy.	*A friend of mine is coming to visit me today.*
¿Qué hay en las maletas **suyas**, señor?	*What do you have in your suitcases, sir?*
El coche **nuestro** nunca funciona.	*Our car never works.*

Note that stressed possessive adjectives *always* follow the noun they modify. Also note that the noun must be preceded by an article.

B. Stressed possessive adjectives can be used as possessive pronouns by eliminating the noun.

¿Dónde está **la suya,** señor?	*Where is yours, sir?*
El nuestro nunca funciona.	*Ours never works.*

Note that both the article and possessive adjective must agree in number and gender with the noun that has been eliminated.

C. A stressed possessive pronoun may be used without the article after the verb **ser.**

Esta maleta no es **mía,** señor.	*This suitcase is not mine, sir.*
¿Es **suya,** señora?	*Is it yours, ma'am?*

5. Prepositional pronouns

Pronouns used as objects of a preposition are identical to the subject pronouns with the exception of **mí** and **ti.**

Prepositional pronouns			
mí	*me*	**nosotros(as)**	*us*
ti	*you* (fam.)	**vosotros(as)**	*you* (fam.)
usted	*you*	**ustedes**	*you*
él	*him*	**ellos**	*them*
ella	*her*	**ellas**	*them*

Esta carta no es **para ella**, es **para ti**.	*This letter is not for her, it's for you.*
Habló **después de mí**.	*She spoke after me.*
¿Es posible que terminen **antes de nosotros?**	*Is it possible they will finish before us?*

Note that **mí** has a written accent to distinguish it from the possessive adjective **mi**.

A. The prepositional pronouns **mí** and **ti** combine with the preposition **con** to form **conmigo** *(with me)* and **contigo** *(with you)*.

Si tú estudias **conmigo** esta noche, yo iré **contigo** al médico.	*If you study with me tonight, I'll go with you to the doctor.*

B. The subject pronouns **yo** and **tú** follow the prepositions **como, entre, excepto,** and **según** instead of **mí** and **ti**.

Según tú, yo no sé nada.	*According to you, I don't know anything.*
Entre tú y **yo,** tienes razón.	*Between you and me, you are right.*

6. Demonstrative pronouns

Demonstrative adjectives may be used as pronouns. In written Spanish, an accent mark distinguishes a demonstrative pronoun from its demonstrative adjective counterpart.

Esta novela es excelente; **ésa** es aburridísima.	*This novel is excellent; that one is extremely boring.*
Ese señor es el jefe, y **aquéllos** son sus empleados.	*That gentleman is the boss, and those are his employees.*

The neuter demonstratives **esto, eso,** and **aquello** are used to refer to a concept, an idea, a situation, a statement, or an unknown object. The neuters do not require written accents.

¡**Esto** es imposible!	*This is impossible!*
¿Qué es **eso**?	*What is that?*

7. Past participles used as adjectives

The past participle may be used as an adjective, and like all adjectives in Spanish, it must agree in number and gender with the noun it modifies.

Los coches **hechos** en Hungría y en Corea son más baratos.	*Cars made in Hungary and Korea are cheaper.*
Sí, pero yo prefiero uno **hecho** y **comprado** en EE.UU.	*Yes, but I prefer one made and bought in the United States.*

Frequently the past participle is used as an adjective with the verb **estar.**

Mira, tus lentes **están rotos.**   *Look, your glasses are broken.*
El despertador **estaba puesto.**   *The alarm was turned on.*

8. Present subjunctive of stem-changing verbs

A. Stem-changing **-ar** and **-er** verbs follow the same stem changes in the present subjunctive as in the present indicative. Note that the stems of the **nosotros** and **vosotros** forms do not change.

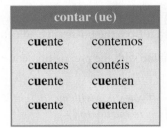

contar (ue)		perder (ie)	
cuente	contemos	pierda	perdamos
cuentes	contéis	pierdas	perdáis
cuente	cuenten	pierda	pierdan
cuente	cuenten	pierda	pierdan

B. Stem-changing **-ir** verbs follow the same pattern in the present subjunctive, except for the **nosotros** and **vosotros** forms. These change **e > i** or **o > u.**

morir (ue)		preferir (ie)		pedir (i)	
muera	muramos	prefiera	prefiramos	pida	pidamos
mueras	muráis	prefieras	prefiráis	pidas	pidáis
muera	mueran	prefiera	prefieran	pida	pidan
muera	mueran	prefiera	prefieran	pida	pidan

9. Present subjunctive of verbs with spelling changes

As in the preterite, verbs that end in **-car, -gar,** and **-zar** undergo a spelling change in the present subjunctive in order to maintain the consonant sound of the infinitive.

A.   -car: **c** changes to **qu** in front of **e**

   buscar: bus**que,** bus**ques,** bus**que...**

B.   -zar: **z** changes to **c** in front of **e**

   almorzar: almuer**ce,** almuer**ces,** almuer**ce...**

C.   -gar: **g** changes to **gu** in front of **e**

   jugar: jue**gue,** jue**gues,** jue**gue...**

10. Past subjunctive: Conditional sentences with *si* clauses

The past subjunctive of *all* verbs is formed by removing the **-ron** ending from the **ustedes** form of the preterite and adding the past subjunctive verb endings: **-ra, -ras, -ra, -´ramos, -rais, -ran.**[*] Thus, any irregularities in the **ustedes** form of the preterite will be reflected in all forms of the past subjunctive. Note that the **nosotros** form requires a written accent.

comprarr		tener		ser	
compraron		tuvieron		fueron	
comprara	compráramos	tuviera	tuviéramos	fuera	fuéramos
compraras	comprarais	tuvieras	tuvierais	fueras	fuerais
comprara	compraran	tuviera	tuvieran	fuera	fueran
comprara	compraran	tuviera	tuvieran	fuera	fueran

A. The past subjunctive has the same uses as the present subjunctive, except that it generally applies to past events or actions.

Insistieron en que **fuéramos.**   *They insisted that we go.*
Era imposible que lo   *It was impossible for them to finish it on*
   terminaran a tiempo.   *time.*

B. In Spanish, as in English, conditional sentences express hypothetical conditions usually with an *if*-clause: *I would go if I had the money.* Since the actions are hypothetical and one does not know if they will actually occur, the past subjunctive is used in the *if*-clause.

Iría a Perú si **tuviera** el dinero.   *I would go to Peru if I had the money.*
Si **fuera** necesario, pediría un préstamo. *If it were necessary, I would ask for a*
                                          loan.

C. Conditional sentences in the present use either the present indicative or the future tense. The present subjunctive is never used in *if*-clauses.

Si me **invitas,** iré contigo.   *If you invite me, I'll go with you.*

[*] An alternate form of the past subjunctive uses the verb endings **-se, -ses, -se, -´semos, -seis, -sen.** This form is used primarily in Spain and in literary writing. It is not practiced in this text.

Spanish-English Vocabulary

This vocabulary includes all the words and expressions listed as active vocabulary in *¡Dímelo tú!* The number following the English definition refers to the chapter and **paso** in which the word or phrase was first used actively. For example, an entry followed by **13.2** is first used actively in **Capítulo 13, Paso 2,** and an entry followed by the letter **P** is first used actively in the preliminary chapter, **Para empezar.**

All words are alphabetized according to the 1994 changes made by the **Real Academia: ch** and **ll** are no longer considered separate letters of the alphabet.

Stem-changing verbs appear with the vowel change in parentheses after the infinitive: **(ie), (ue), (i), (ie, i), (e, i), (ue, u),** or **(i, i).** Most cognates, conjugated verb forms, and proper nouns used as passive vocabulary in the text are not included in this glossary.

The following abbreviations are used:

adj.	adjective	*n.*	noun
adv.	adverb	*pl.*	plural
art.	article	*pp.*	past participle
conj.	conjunction	*poss.*	possessive
dem.	demonstrative	*prep.*	preposition
dir. obj.	direct object	*pron.*	pronoun
f.	feminine	*refl.*	reflexive
fam.	familiar	*rel.*	relative
form.	formal	*s.*	singular
indir. obj.	indirect object	*subj.*	subject
interj.	interjection	*v.*	verb
m.	masculine		

A

a to **5.1**; **a fondo** in depth; **a la(s)** + *time* at (time) o'clock **2.3**; **a la derecha** to the right **5.1**; **a la izquierda** to the left **5.1**; **a la parrilla** grilled **8.2**; **a menos que** unless **14.3**; **a partir de** starting in; **a pesar de** in spite of **12.3**; **a pie** on foot, walking **9.3**; **a perpetuidad** forever; **a propósito** by the way **12.1**; **a través de** throughout; **a veces** sometimes, at times **1.3**

abandonar to abandon **11.3**

abarcar to embrace; to cover

abierto(a) open **10.2**

abogado(a) lawyer **11.3**

aborto *(m.)* abortion

abrazo *(m.)* embrace

abrigo *(m.)* coat **13.2**

abril *(m.)* April **2.3**

abrir to open **2.1**

absurdo(a) absurd **14.2**

abuelo(a) grandfather/grandmother **5.1**

abuelos grandparents **5.1**

aburrido(a) boring **1.2**

acá here, over here

acabar de to have just

académico(a) academic

acampar to camp, go camping

accidente *(m.)* accident **10.1**

acción *(f.)* action

aceite *(m.)* oil

aceptar to accept **7.1**

acera *(f.)* sidewalk

acerca de about, concerning

aclamar to acclaim **6.1**

acompañar to accompany **7.1**

aconsejar to advise **13.1**

acordarse (ue) to remember; to recall

acordonar to cordon off

acostarse (ue) to go to bed **9.2**

actitud *(f.)* attitude

actividad *(f.)* activity

activo(a) active **1.1**

actor *(m.)* actor **9.3**

actriz *(f.)* actress **9.3**

actuación *(f.)* behavior, performance

actualmente currently

actuar to act, to behave

acudir to go to the aid of

acuerdo *(m.)* accord, agreement

acusar to accuse **10.3**

adelantarse to get ahead, to go forward **15.2**

además besides **12.3**

adentro in, inside **13.2**

adiós *(m.)* good-bye **P**

adivinanza *(f.)* riddle

adivinar to guess
administrador(a) administrator **2.1**
admirar to admire **7.3**
adolescencia (f.) adolescence
¿Adónde? To where? **3.1**
adorar to adore **7.3**
adquirir (ie) to acquire
aereolínea (f.) airline **6.2**
aeropuerto (m.) airport
afeitarse to shave **9.2**
afición (f.) liking, fondness
aficionado(a) fan (of sporting events) **7.1**
afortunadamente fortunately
afuera out, outside **13.2**; abroad
agosto (m.) August **2.3**
agresivo(a) aggressive **14.1**
agua (f.) water **4.3**
aguantar to endure, to stand **13.3**
ahogarse to drown **10.1**
ahora now **5.1**
ahorrar to save **12.2**
aire (m.) air
aislado(a) isolated
al (a + el) to the + (n. m. s.) **1.3**; **al ajillo** sauteed in garlic **8.2**; **al alcance** within reach; **al fondo** in the back **8.1**; **al lado** beside **5.1**; **al rato** in a short while **9.2**
ala (f.) wing
alargado(a) elongated
alcalde (m.), **alcaldesa** (f.) mayor
alcanzar to reach, attain
alcoba (f.) bedroom **3.1**
alcohólico(a) alcoholic
alegrarse to be happy **13.3**
alejado(a) distant, remote
alemán, alemana German **4.1**
alérgico(a) allergic
alfombra (f.) carpet **5.2**
algo somewhat **1.1**; something, anything **10.2**
algodón (m.) cotton **4.2**
alguien someone, anyone **10.2**
algún (alguno, alguna) some, any **10.2**
alguna vez sometime **10.2**
allí there
alma (f.) soul
almacén de embalaje (m.) packing room

almohadilla (f.) mouse pad **2.1**
almorzar (ue) to have lunch **4.1**
almuerzo (m.) lunch **8.1**
alojamiento (m.) lodging **12.2**
alojarse to lodge oneself; to stay overnight **12.1**
alpinismo (m.) mountain climbing **12.2**
alpinista (m./f.) mountaineer
alquiler (m.) rent **2.2**
alrededor around
alternativa (f.) alternative
altiplano (m.) highlands
alto(a) tall **3.2**
ama (f.) female owner, propietor
amable nice, amiable
amar to love **7.3**
amarillo(a) yellow **4.1**
ambicioso(a) ambitious
ambiente (m.) surroundings, ambiance
ambos both
ambulancia (f.) ambulance **10.1**
amenaza (f.) threat
amenazar to threaten
amigo(a) friend **P**
amistad (f.) friendship
amoroso(a) loving, affectionate
ampliamente widely
amueblado(a) furnished **5.1**
añadir to add, to increase
análisis (m.) analysis
anaranjado(a) orange **4.1**
anatomía (f.) anatomy
anciano(a) old, elderly
andar to go around with; to walk
andino(a) Andean
angosto(a) narrow
animal de peluche (m.) stuffed animal (toy) **11.1**
animar to encourage
año (m.) year **2.3**
anoche last night **6.1**
anotar to jot down
anterior previous
antes de (prep.) before **11.1**; **antes (de) que** (conj.) before **14.3**
anticipar to anticipate
anticuado(a) very old, antiquated **11.1**
antiguo(a) antiquated, old-fashioned

antipático(a) disagreeable **3.3**
antropólogo(a) anthropologist
anuncio (m.) announcement
apagar to turn off
aparato (m.) apparatus, device
aparecer to appear
aparentar to pretend, feign
apartamento (m.) apartment **2.1**
aparte apart
apellido (m.) last name **5.1**
apenas barely
apetito (m.) appetite
apio (m.) celery **8.1**
apoyar to aid; to support **14.1**
apoyo (m.) support
apreciado(a) appreciated **11.1**
apreciar to appreciate
aprender to learn **2.2**
apresurarse to hurry
apretar (ie) to tighten; to squeeze
aprobar (ue) to pass (a class)
apropiado(a) appropriate
aproximadamente approximately **9.1**
apúrese hurry up **4.3**
aquí here **3.2**
árbitro(a) umpire, referee **14.1**
árbol (m.) tree
arco (m.) goal **14.1**
arco iris (m.) rainbow
arena (f.) sand
arqueólogo(a) archaeologist
arquero(a) goalie, goalkeeper **14.1**
arquitecto(a) architect
arquitectura (f.) architecture
arrasar to level, smooth
arrecife (m.) reef **14.3**
arreglar to fix **11.2**
arrestar to arrest
arrogante arrogant
arroz (m.) rice **8.3**
arte (m.) art **1.2**
artesanías (f. pl.) handicrafts, crafts **12.2**
artista (m./f.) artist **3.1**
asado(a) roasted **8.2**
asaltar to assault **10.3**
asegurado(a) insured
asegurar to insure, to assure
asesinar to assassinate **6.2**
asiento (m.) seat **10.2**

asistir   to attend **4.3**
asociación *(f.)*   association
asociar   to associate
aspiradora *(f.)*   vacuum cleaner
aspirina *(f.)*   aspirin **4.3**
asumir el poder   to take power
atado(a)   tied up
ataque cardíaco *(m.)*   heart attack **10.1**
atender (ie)   to take care of; to pay attention to
atleta *(m./f.)*   athlete **6.1**
atlético(a)   athletic **1.1**
atraer   attract
audífonos *(m. pl.)*   headphones **4.1**
aumentar   to augment; to increase
aun   even, even though
aunque   although **15.1**
autobús *(m.)*   bus **2.1**
automóvil *(m.)*   automobile **10.2**
autor(a)   author
auxilio *(m.)*   assistance, aid; **¡Auxilio!** Help! **10.1**
avanzar   to advance
ave *(f.)*   bird
avenida *(f.)*   avenue **5.3**
avión *(m.)*   airplane **6.1**
aviso *(m.)*   advertisement, classified ad **6.2**
¡Ay! *(interj.)*   Oh! **5.2**
ayer   yesterday **6.1**
ayuda *(f.)*   help, assistance **10.1**
ayudar   to help **2.2**
azúcar *(m.)*   sugar **8.2**
azul   blue **4.1**

B

bailar   to dance **1.2**
baile *(m.)*   dance **7.1**
bajar   to go down; to lower **9.3**; **bajar de peso**   to lose weight **12.3**
bajarse   to get off; to get down **9.3**
bajo(a)   short **3.3**
ballenero(a)   whaler
baloncesto *(m.)*   basketball **1.1**
banco *(m.)*   bank; bench
banda *(f.)*   band
bañarse   to bathe **9.2**
baño *(m.)*   bathroom **2.2**
barato(a)   inexpensive **2.2**

barco *(m.)*   boat **9.3**
barranca *(f.)*   ravine, gorge
barril *(m.)*   barrel
barrio *(m.)*   neighborhood
bastante   enough **5.3**; **Bastante bien.** Well enough. **P**
bastón *(m.)*   (walking) stick
bate *(m.)*   bat **14.1**
bateador(a)   batter *(baseball)* **14.1**
batear   to bat
batería *(f.)*   battery **10.2**; drums, percussion **11.1**
batido *(m.)*   milk shake
batir el récord   to break or set a record
baúl *(m.)*   trunk, chest
bautizo *(m.)*   baptism
beber   to drink **4.3**
bebida *(f.)*   drink **7.2**
beisbolista *(m./f.)*   baseball player
belleza *(f.)*   beauty
bendición *(f.)*   blessing
berro *(m.)*   watercress
beso *(m.)*   kiss **7.1**
betabel *(m.)*   beet
biblioteca *(f.)*   library **1.3**
bicicleta *(f.)*   bicycle
bien   fine, well; **bien parecido(a)** good-looking; **Bien, gracias.** Fine, thank you. **P**
bienvenido(a)   welcome
bigote *(m.)*   mustache **10.3**
billete *(m.)*   ticket, bill
billetera *(f.)*   wallet
biología *(f.)*   biology
bistec *(m.)*   steak **8.1**
blanco(a)   white **4.1**
blusa *(f.)*   blouse **4.1**
boca *(f.)*   mouth **13.2**
bocadillo *(m.)*   snack **8.1**
boleto *(m.)*   ticket **7.1**
bolígrafo *(m.)*   ballpoint pen **1.1**
bolsa *(f.)*   stock market
bolsillo *(m.)*   pocket
bolso *(m.)*   purse, pocketbook
bomba *(f.)*   bomb, pump
bombero(a)   firefighter **10.1**
borracho(a)   drunk **3.1**
borrador *(m.)*   eraser
bosque *(m.)*   forest
botas *(f. pl.)*   boots **4.2**; **botas de goma** *(f. pl.)*   galoshes **9.1**

bote *(m.)*   boat
botella *(f.)*   bottle **4.3**
botín *(m.)*   booty, spoils
botón *(m.)*   button
boxeo *(m.)*   boxing **14.1**
brazo *(m.)*   arm **10.1**
breve   brief
brisa *(f.)*   breeze
bucear   to scuba dive **14.3**
buceo *(m.)*   scuba diving, underwater swimming **14.3**
bueno(a)   good **1.2**; **buena suerte** *(f.)* good luck **9.3**; **Buenas noches.** Good evening. **P**; **Buenas tardes.** Good afternoon. **P**; **Buenos días.** Good morning. **P**
bufanda *(f.)*   scarf **9.1**
buque *(m.)*   boat
bus *(m.)*   bus
buscar   to look for **1.3**
butaca *(f.)*   armchair, easy chair

C

caballero *(m.)*   gentleman
caballo *(m.)*   horse **13.1**
cabeza *(f.)*   head
cabezal *(m.)*   pillow, headrest
cacique *(m.)*   Indian chief
cada   every, each **2.3**
caer   to fall; **caerse**   to fall down **10.1**
café *(m.)*   coffee **1.3**; café **2.1**
cafetería *(f.)*   cafeteria
caído(a)   fallen
caja *(f.)*   cashier's office **6.3**
cajero(a)   cashier **2.1**
calamar *(m.)*   squid **8.1**
calculadora *(f.)*   calculator **1.1**
calendario *(m.)*   calendar
calidad *(f.)*   quality
cálido(a)   warm, hot
caliente   hot **12.1**
calle *(f.)*   street **5.1**; **calle principal** *(f.)*   main street **9.3**
callejón *(m.)*   alley
calma *(f.)*   calm
calmarse   to calm oneself
caloría *(f.)*   calorie
cama *(f.)*   bed **5.1**
cámara *(f.)*   camera **4.1**; **Cámara de Diputados**   House of Parliament

camarero(a) waiter/waitress **8.3**

camarón *(m.)* shrimp **8.2**

cambiar to change; to alter **13.3**; **cambiar los pañales** to change diapers; **cambiar una llanta** to change a tire **10.2**

cambio *(m.)* change

caminar to walk **2.3**

camión *(m.)* bus

camisa *(f.)* shirt **4.1**

camiseta *(f.)* tee shirt **4.1**

campeón, campeona champion **14.3**

campeonato *(m.)* championship **6.1**; **campeonato mundial** world championship **6.1**

campesino(a) peasant, farmer

campo *(m.)* camp; campus; country

canal *(m.)* canal, channel

cancelar to cancel

cáncer *(m.)* cancer **13.1**

cancha *(f.)* court **14.1**

canción *(f.)* song **3.1**

cangrejo *(m.)* crab **8.3**

cansado(a) tired **12.3**

cantante *(m./f.)* singer **9.3**

cantar to sing **3.1**

cantidad *(f.)* quantity

capacidad *(f.)* capacity

capitán (capitana) captain **14.3**

caprichoso(a) capricious, whimsical

capturar to capture

cara *(f.)* face

característica *(f.)* characteristic

¡Caramba! Goodness! Good heavens! **11.3**

cargar to load, to carry **12.1**

Caribe *(m.)* Caribbean

carne *(f.)* meat **8.1**; **carne de puerco** pork **8.1**; **carne de res** beef **8.1**

carnicería *(f.)* butcher shop **9.3**

caro(a) expensive **2.2**

carpeta *(f.)* folder

carrera *(f.)* race

carretera *(f.)* highway **10.1**

carro *(m.)* car **5.2**

carta *(f.)* letter **2.2**; menu

cartera *(f.)* purse

casa *(f.)* house **2.2**

casamiento *(m.)* marriage

casarse to get married; to marry

cascada *(f.)* cascade, waterfall

casco *(m.)* helmet

casete *(m.)* cassette **3.1**

casi almost **4.2**

castellano *(m.)* Castilian, Spanish language

catarata *(f.)* waterfall

categoría *(f.)* category

cedido(a) ceded, handed over

celebración *(f.)* celebration

celebrar to celebrate **6.3**

celoso(a) jealous

cementerio *(m.)* cemetery

cena *(f.)* dinner **1.3**

cenar to eat dinner **7.1**

centígrado(a) centigrade **9.1**

centro *(m.)* center, downtown **5.1**; **centro comercial** shopping center, mall **5.3**

cepillo de dientes *(m.)* toothbrush

cerca de near **5.1**

cercano(a) near, close

cercar to fence in

cero *(m.)* zero

cerrar (ie) to close **4.1**

certeza *(f.)* certainty

cerveza *(f.)* beer **3.1**

cesto *(m.)* basket **14.1**

chaleco *(m.)* vest

champiñón *(m.)* mushroom

champú *(m.)* shampoo

chaqueta *(f.)* jacket **4.1**

cheque *(m.)* check

chico(a) boy (girl) **2.3**

chimenea *(f.)* chimney **5.1**

chiquitito(a) tiny

chistoso(a) witty, funny

chocar to collide **10.1**

chocolate *(m.)* chocolate

chófer *(m./f.)* chauffeur, driver **2.1**

choque eléctrico *(m.)* electric shock

chuletas *(f. pl.)* chops; **chuletas de cordero** lamb chops; **chuletas de puerco** pork chops

chuño *(m.)* Peruvian freeze-dried potatoes

chupar to suck

ciclismo *(m.)* cycling **14.1**

cielo *(m.)* sky **9.1**

ciencias políticas *(f. pl.)* political science **1.2**

cierto(a) true, certain **13.3**

cigarro *(m.)* cigar

címbalo *(m.)* cymbal **11.1**

cinco *(m.)* five

cine *(m.)* movie theater **3.2**

círculo *(m.)* circle

cita *(f.)* date **7.1**

citar to quote

ciudad *(f.)* city

ciudadano(a) citizen **11.1**

civilización *(f.)* civilization

clarinete *(m.)* clarinet **11.1**

¡Claro que sí! Of course! **7.1**

clase *(f.)* class **P**

clásico(a) classical **6.1**

clausurar to close, bring to a close

clave *(f.)* code, key

cliente *(m./f.)* client

clima *(m.)* climate **9.1**

clínica *(f.)* clinic **10.1**

cobre *(m.)* copper

coche *(m.)* car **3.2**

cocina *(f.)* kitchen **3.1**

cocinar to cook **2.1**

cocinero(a) cook **2.1**

coctel *(m.)* cocktail

codo *(m.)* elbow **13.2**

col *(f.)* cabbage **8.1**

colección *(f.)* collection

colgar (ue) to hang; to hang up

collar *(m.)* necklace

colocar to place

columna *(f.)* column

comedor *(m.)* dining room **5.1**

comentario *(m.)* commentary

comenzar (ie) to begin **6.2**

comer to eat **1.2**

cómico(a) comical, funny **1.2**

comida *(f.)* food **2.1**

comité *(m.)* committee

¿Cómo? How? What? **3.1**; **¿Cómo estás?** How are you? **P**; **¡Cómo no!** Why not! **7.1**; **¿Cómo se llama usted? / ¿Cómo te llamas?** What's your name? **P**

cómodo(a) comfortable **5.2**

compañero(a) partner; **compañero(a) de cuarto** roommate **P**

comparar to compare

compartir to share **2.2**

competencia *(f.)* competition **14.2**

competir (i, i) to compete

completar   to complete
componer   to fix; to compose
comportarse   to behave
comprar   to buy **1.3**
computadora *(f.)*   computer **2.1**
común   common
comuna *(f.)*   commune
comunidad *(f.)*   community
con   with **1.3**; **con calma**   calmly;
   con frecuencia   frequently **5.1**;
   con precisión   precisely **10.1**;
   ¡Con razón!   No wonder! **4.2**;
   con relación a   in relation to; **con
   tal (de) que**   provided (that) **14.3**
concentrarse   to concentrate **14.1**
conciencia *(f.)*   conscience
concierto *(m.)*   concert **7.2**
conclusión *(f.)*   conclusion
concurso *(m.)*   contest
condición *(f.)*   condition **5.2**
conducir   to drive **7.1**
conexión *(f.)*   connection
confesar (ie)   to confess
confianza *(f.)*   confidence
conflicto *(m.)*   conflict
confundir   to confuse
congelado(a)   frozen **9.1**
conjunto *(m.)*   ensemble
conmigo   with me
cono *(m.)*   cone
conocer   to know **3.3**
conquista *(f.)*   conquest
conquistar   to conquer
consecuencia *(f.)*   consequence
conseguir (i)   to get, obtain **7.2**
consejero(a)   advisor
consejo *(m.)*   advice **13.1**
conserje *(m.)*   janitor
conservador(a)   conservative **1.1**
conservar   to conserve
considerar   to consider
constar de   to consist of
constitución *(f.)*   constitution
construir   to construct **12.2**
contagioso(a)   contagious
contaminación *(f.)*   contamination,
   pollution
contaminado(a)   contaminated
contar (ue)   to count; to tell **8.3**
contenido *(m.)*   content
contento(a)   happy **3.1**

contestar   to answer **9.3**
contigo   with you
contiguo(a)   adjacent
continente *(m.)*   continent
continuamente   continuously **9.1**
contrario(a)   opposite, adverse **14.1**
contraste *(m.)*   contrast
contratar   to contract
contrato *(m.)*   contract
controlar   to control **2.2**
controvertido(a)   controversial
convencer   to convince
convencido(a)   convinced
convento *(m.)*   convent
conversación *(f.)*   conversation **P**
conversar   to converse
coordinador(a)   coordinator
copa *(f.)*   goblet; **copa de vino**   glass
   of wine **8.2**
copia *(f.)*   copy
corazón *(m.)*   heart **7.3**
corbata *(f.)*   necktie **4.2**
cordillera *(f.)*   chain of mountains
correcto(a)   correct, proper
corregir (i, i)   to correct
correr   to run **2.1**
corrida *(f.)*   bullfight
corriente *(f.)*   electrical current
corriente *(adj.)*   common, current, up
   to date
cortar   to cut; **cortar el césped**   to
   mow the lawn
cortarse   to cut oneself **9.2**
corte *(f.)*   court
cortés   courteous, polite
cortésmente   courteously, politely
   10.1
corto(a)   short (in length) **4.1**
cosa *(f.)*   thing **5.1**
cosecha *(f.)*   harvest
costa *(f.)*   coast
costar (ue)   to cost **4.2**
costo *(m.)*   cost
costumbre *(f.)*   custom
crear   to create
creativo(a)   creative
crédito *(m.)*   credit
creer   to believe; to think
crítica *(f.)*   criticism
crítico(a)   critical
cronología *(f.)*   chronology

cruce *(m.)*   crossing
crudo(a)   raw
cruel   cruel
cruz *(f.)*   cross
cruzar   to cross
cuaderno *(m.)*   notebook **1.1**
cuadra *(f.)*   city block **5.1**
cuadrado *(m.)*   square
cuadro *(m.)*   painting **4.3**
¿Cuál(es)?   Which one(s)? What? **3.1**
cualidad *(f.)*   quality, characteristic
cualificado(a)   qualified
¿Cuándo?   When? **3.1**
¿Cuánto(a)?   How much? **3.1**
¿Cuántos(as)?   How many? **2.2**
cuaresma *(f.)*   Lent (religious)
cuarto *(m.)*   room **1.2**; fourth; **cuarto
   de baño**   bathroom **5.1**
cubierta *(f.)*   cover
cubrir   to cover
cuchara *(f.)*   spoon **8.2**
cuchillo *(m.)*   knife **8.2**
cuatro *(m.)*   four
cuello *(m.)*   collar
cuenta *(f.)*   bill, account
cuentista *(m./f.)*   short-story writer
cuento de hadas *(m.)*   fairy tale
cuero *(m.)*   leather
cuerpo *(m.)*   body **13.2**
cuestión *(f.)*   question, issue
cuestionario *(m.)*   questionnaire
cuidadoso(a)   careful
cuidar   to take care of **13.3**; **cuidar a
   los niños**   to baby-sit; to care for
   the children
¡Cuídate!   Take care!
culpa *(f.)*   fault **11.2**
culpable   guilty, culpable
cultivar   to cultivate **12.2**
cultivo *(m.)*   cultivation, crop
cumbre *(f.)*   mountain top
cumpleaños *(m. s. and pl.)*   birthday
   3.2
cumplir   to carry out; to realize **11.3**
cuñado(a)   brother-in-law/sister-in-law
curioso(a)   curious

D

dama *(f.)*   lady **4.2**
dañar   to damage; to hurt **14.2**

dar   to give **8.3**; **dar vuelta**   to turn **13.2**

dato *(m.)*   fact

de   from, about; **de hecho**   in every respect; **de repente**   suddenly **10.2**; **de todos modos**   anyway **14.1**; **de veras**   really; **de vez en cuando**   once in a while **13.3**

debajo de   under **5.1**

debate *(m.)*   debate

deber   to be obliged, must, ought to

deberes *(m. pl.)*   responsibilities **11.3**

decano(a)   dean

decidir   to decide **2.1**

decir (i)   to say **7.2**

decisión *(f.)*   decision

decorar   to decorate **3.2**

dedicación *(f.)*   dedication

dedicar   to dedicate

dedo *(m.)*   finger **13.2**

defender (ie)   to defend

defensor(a)   guard **14.3**

dejar   to leave behind **7.1**; to allow, permit **14.2**; **dejar de**   to stop doing something **11.3**

delante de   in front of **5.1**

delantero(a)   forward **14.3**

delgado(a)   thin **3.3**

delicioso(a)   delicious **8.3**

demasiado(a)   too much **7.1**

democracia *(f.)*   democracy **11.1**

dentista *(m./f.)*   dentist

denunciar   to denounce **10.1**

dependiente(a)   store clerk, salesperson **2.1**

deporte *(m.)*   sport **1.1**

deportista *(m./f.)*   sportsman, sportswoman **9.3**

deprimido(a)   depressed **13.1**

deprimirse   to become depressed **13.1**

derecho   straight (ahead) **9.1**; *(m.)* law (profession) **11.3**; **derechos de la mujer** *(m. pl.)*   women's rights

derecho(a)   right **9.3**

derrotar   to defeat, to beat **14.1**

desafortunadamente   unfortunately **10.1**

desaparecer   to disappear **6.2**

desarrollar   to develop

desarrollo *(m.)*   development

desastre *(m.)*   disaster

desayunar   to eat breakfast **8.1**

desayuno *(m.)*   breakfast **8.1**

descansar   to rest **3.2**

descendiente *(m./f.)*   descendant

desconocido(a)   unknown

descortés   discourteous

describir   to describe **10.1**

descripción *(f.)*   description

descubrimiento *(m.)*   discovery

descubrir   to discover **6.3**

desde   since

deseado(a)   desired

desear   to desire **4.3**

desempleo *(m.)*   unemployment

desenchufar   to unplug *(electricity)* **11.1**

deseo *(m.)*   desire, wish

desesperado(a)   desperate

desierto *(m.)*   desert

desocupado(a)   unoccupied **5.1**

desorganizado(a)   disorganized **1.3**

despedida *(f.)*   leave-taking, farewell

despedir (i, i)   to dismiss; to fire (from a job)

despedirse (i, i)   to take leave

desperdiciar   to waste, squander

despertador *(m.)*   alarm clock **9.2**

despertarse (ie)   to wake up **9.2**

después de   after **5.1**

destacarse   to stand out

destino *(m.)*   destiny, fate

destruir   to destroy

desventaja *(f.)*   disadvantage

detalle *(m.)*   detail

determinar   to determine

detestar   to detest **7.3**

detrás de   behind **5.1**

deuda *(f.)*   debt

devolver (ue)   to return (something) **10.3**

día *(m.)*   day **2.3**; **de día**   during the day **2.3**; **día de Acción de Gracias** Thanksgiving Day; **día de la semana**   weekday **2.3**; **día de la Madre**   Mother's Day; **día del Padre**   Father's Day **9.1**; **día de San Valentín**   Valentine's Day

diálogo *(m.)*   dialogue

diario(a)   daily

dibujo *(m.)*   drawing

diccionario *(m.)*   dictionary **1.2**

dicho *(m.)*   saying

diciembre *(m.)*   December **2.3**

dictadura *(f.)*   dictatorship

diente *(m.)*   tooth **13.2**

dieta *(f.)*   diet

diez *(m.)*   ten

diferencia *(f.)*   difference

difícil   difficult **1.2**

dinámico(a)   dynamic

dinastía *(f.)*   dynasty

dinero *(m.)*   money

dios *(m.)*   god

dirección *(f.)*   address **1.2**

directamente   directly

dirigir   to direct **11.1**

disciplina *(f.)*   discipline

disco *(m.)*   record **3.1**; **disco compacto**   compact disc **3.1**

discoteca *(f.)*   discotheque

discriminación *(f.)*   discrimination

diseñar   to design

diseño *(m.)*   design

disfrutar   to enjoy

disponible   available **5.1**

distinto(a)   different

diversidad *(f.)*   diversity

diverso(a)   diverse

divertido(a)   amusing, funny **1.2**

divertir (ie, i)   to entertain, to show a good time

divertirse (ie, i)   to have a good time, to enjoy oneself **9.2**

dividir   to divide **2.1**

doblar   to turn **9.3**; to bend **13.2**; **a la derecha**   to the right **9.3**; **a la izquierda**   to the left **9.3**

doble   double **14.2**

docena *(f.)*   dozen

dólar *(m.)*   dollar **5.1**

dolencia *(f.)*   illness

doler (ue)   to hurt **12.2**

dolor *(m.)*   pain, ache; **dolor de cabeza** *(m.)*   headache

dominación *(f.)*   domination

domingo *(m.)*   Sunday **2.3**

don *(m.)*   title of respect used with gentlemen

donar   to donate

¿Dónde?   Where? **3.1**

dorado(a)   golden

dormir (ue, u) to sleep **1.2**
dormirse (ue, u) to fall asleep **9.2**
dormitorio *(m.)* bedroom **5.1**
dos *(m.)* two
dramatizar to role-play
dramaturgo(a) playwright
ducharse to shower; to take a shower **9.2**
duda *(f.)* doubt
dudar to doubt **13.3**
dueño(a) owner **5.1**
dulce *(m.)* candy, sweet
durante during **6.1**
durar to last **13.1**
durazno *(m.)* peach **8.1**
duro(a) hard

E

echar de menos to miss **11.1**
ecológico(a) ecological
economía *(f.)* economics **1.2**
edad *(f.)* age **1.2**
edificio *(m.)* building **2.2**
educación física *(f.)* physical education **1.2**
educado(a) educated
efecto *(m.)* effect
eficaz efficient
ejemplo *(m.)* example
ejército *(m.)* army **11.1**
elección *(f.)* election
elegante elegant **1.1**
elegir (i, i) to choose; to elect; to select
eliminar to eliminate
embarazada pregnant **13.1**
embarazo *(m.)* pregnancy **13.1**
emborracharse to get drunk **11.2**
emergencia *(f.)* emergency **10.1**
emigrar emigrate
emocionante touching, moving
empacar to pack a suitcase
empanada *(f.)* turnover **8.3**
empapado(a) soaking wet **9.1**
empatar to tie (in games and elections) **6.1**
empezar (ie) to begin **6.2**
empleado(a) employee **2.1**
empleo *(m.)* employment, work, job **6.3**
empresa *(f.)* company

en on **5.1**; **en caso (de) que** in case **14.3**; **en cuanto** as soon as **14.3**; **en efecto** in fact **11.2**; **en la actualidad** at the present time; **en oferta** on special **4.2**; **en rebaja** reduced **4.2**; **en seguida** immediately, at once **8.2**
enamorado(a) in love **3.3**
enamorarse to fall in love
Encantado(a). Delighted. **P**
encargado(a) in charge
encerrar (ie) to enclose; to contain
enchufar to plug in **10.1**
encima de on top of **5.1**
encoger to contract, to shrink
encontrar (ue) to find **4.1**
encuesta *(f.)* survey
energía *(f.)* energy
enero *(m.)* January **2.3**
enfermarse to get sick **12.3**
enfermedad *(f.)* illness **13.3**
enfermo(a) sick **3.1**
enfrente de facing **5.1**
engañar to deceive; to trick
enojarse to get angry **11.2**
enorme enormous
ensalada *(f.)* salad **8.2**
enseñar to teach
entender (ie) to understand **4.1**
entonces then **5.1**
entrada *(f.)* entrance **5.1**
entrar to enter **6.3**
entre between **5.1**
entregar to deliver; to hand over
entremés *(m.)* appetizer **8.3**
entrenador(a) coach **14.3**
entrevista *(f.)* interview **6.3**
entrevistar to interview **2.1**
enumerar to enumerate **14.2**
enviar to send **12.3**
envidiar to envy
envidioso(a) envious, jealous
episodio *(m.)* episode **11.1**
equipaje *(m.)* luggage, baggage
equipo *(m.)* team **6.1**
escala *(f.)* stopover
escapar to escape **6.3**
escaparate *(m.)* store window, display window
escaso(a) scarce
escena *(f.)* scene

escenario *(m.)* stage **6.1**
escoger to choose; to select
escondido(a) hidden
escribir to write **2.1**; **escribir cartas** to write letters **1.2**
escritor(a) writer **6.2**
escritorio *(m.)* desk *(teacher's)* **1.2**
¡Escúchame! Listen to me! **6.3**
escuchar música to listen to music **1.2**
escuela *(f.)* school **9.3**; **escuela primaria** elementary school **6.2**; **escuela secundaria** high school **6.2**
escultura *(f.)* sculpture
ese(a) that **4.1**
esencial essential
esfuerzo *(m.)* effort
esmeralda *(f.)* emerald
eso *(neuter pron.)* that **4.1**
esos(as) those **4.1**
espalda *(f.)* back **13.2**
especial special **1.3**
especialización *(f.)* specialization, major **3.3**
especializarse to specialize, to major
específico(a) specific
espectacular spectacular **6.3**
espejo *(m.)* mirror
esperar to wait for, to expect **3.2**
esposo(a) husband/wife **4.1**
esquema *(m.)* outline
esquí *(m.)* skiing **14.1**
esquiar to ski
esquina *(f.)* corner **9.3**
esta mañana/tarde/noche this morning/afternoon/evening **6.1**
establecer to establish
estación *(f.)* season **2.3**
estacionar to park **10.2**
estadio *(m.)* stadium **14.1**
estado *(m.)* state **3.3**
estar to be **3.1**; **estar despejado** to have clear skies **9.1**; **estar dispuesto(a) a** to be inclined to ... **14.3**; **estar en forma** to be in shape **14.3**; **estar enamorado(a) de** to be in love with **6.3**; **estar harto(a) de** to be fed up with **12.2**; **estar loco(a) por** to be crazy about **7.3**; **estar molido(a)** to be exhausted **13.2**; **estar muerto(a)** to be dead **13.2**;

estar nublado   to be cloudy **9.1**;
estar seguro(a) de   to be sure,
certain of **12.2**
estatura *(f.)*   height **5.3**
este *(m.)*   east **9.1**
este(a)   this **4.1**
estilo *(m.)*   style
estirar   to stretch **13.2**
esto *(neuter pron.)*   this **4.1**
estómago *(m.)*   stomach **13.2**
estos(as)   these **4.1**
estratégico(a)   strategic
estrecho(a)   narrow
estrella *(f.)*   star
estrés *(m.)*   stress **13.1**
estudiante *(m./f.)*   student **P**
estudiar   to study **1.3**
estudio *(m.)*   studio
estudioso(a)   studious **1.1**
estufa *(f.)*   stove **10.1**
estupendo(a)   stupendous **1.2**
eterno(a)   eternal
étnico(a)   ethnic
evento *(m.)*   event **7.1**
evidente   evident **13.3**
evitar   to avoid **10.3**
evolución *(f.)*   evolution
exacto(a)   exact
exagerar   to exaggerate
examen *(m.)*   exam **2.1**
excelente   excellent **P**
excepción *(f.)*   exception
excepcional   exceptional
exceso *(m.)*   excess
excursión *(f.)*   tour **4.1**
excusa *(f.)*   excuse
exhibición *(f.)*   exhibition **7.1**
exigente   demanding
exigir   to demand **14.2**
existir   to exist
éxito *(m.)*   success
experiencia *(f.)*   experience **6.3**
explicar   to explain **7.1**
explotar   to explode **6.2**
exportación *(f.)*   export
expresar   to express **7.3**
expresión *(f.)*   expression
exquisito(a)   exquisite **8.3**
extranjero *(m.)*   abroad, foreign
countries
extrañar   to miss

extraño(a)   strange
extremo(a)   extreme

F

fábrica *(f.)*   factory
fabricar   to produce
fabuloso(a)   fabulous
fácil   easy **1.2**
falda *(f.)*   skirt **4.1**
fallecido(a)   deceased
falso(a)   false
faltar   to lack; to need; to be missing
10.3; **faltar a clase**   to miss class
11.2
fama *(f.)*   fame
familia *(f.)*   family **2.2**
familiares *(m. pl.)*   extended family
members **2.3**
famoso(a)   famous **1.1**
fanático(a)   fanatic **2.3**
fantástico(a)   fantastic **6.2**
farmacia *(f.)*   pharmacy **9.3**
faro *(m.)*   headlight **10.2**
fascinante   fascinating
fascinar   to fascinate **7.3**
favorito(a)   favorite **1.2**
febrero *(m.)*   February **2.3**
fecha *(f.)*   date **5.3**
felicidad *(f.)*   happiness
felicitar   to congratulate **14.1**
feliz   happy **2.3**; **¡Feliz cumpleaños!**
Happy birthday! **3.2**
fenomenal   phenomenal **3.3**
feo(a)   ugly **2.3**
feroz   ferocious
ferrocarril *(m.)*   railroad
fiebre *(f.)*   fever **13.2**
fiel   faithful
fiesta *(f.)*   party **3.2**
fijarse   to notice; to pay attention
filmar   to film **11.1**
filtro *(m.)*   filter
fin *(m.)*   end
fin de semana *(m.)*   weekend **2.1**
financiar   to finance
firma *(f.)*   firm; signature
firmar   to sign **7.1**
física *(f.)*   physics **1.2**
flan *(m.)*   caramel custard **8.2**
flojo(a)   lazy **13.2**

flor *(f.)*   flower **2.3**
flotar   to float
forma *(f.)*   form
formal   formal
fortaleza *(f.)*   fortress **12.2**
fortuna *(f.)*   fortune
foto *(f.)*   photo **3.3**
fotografía *(f.)*   photograph **4.1**
fracasar   to fail
francés, francesa   French **4.1**
frase *(f.)*   phrase; sentence
frenar   to apply the brakes (of a car)
10.2
freno *(m.)*   brake (of a car) **10.2**
fresa *(f.)*   strawberry **8.1**; dentist's
drill
fresco(a)   fresh **8.3**
frijol *(m.)*   bean
frito(a)   fried **8.2**
frontera *(f.)*   border **9.1**
frustrado(a)   frustrated **3.3**
fruta *(f.)*   fruit **8.1**
fuego *(m.)*   fire
fuente *(f.)*   fountain; source
fuerte   strong; loud **5.1**
fuerza *(f.)*   strength, force; **fuerzas
armadas**   armed forces **11.1**
fumador(a)   smoker **10.2**
fumar   to smoke **6.3**
funcionar   to function; to run (a motor)
fundado(a)   founded
furioso(a)   furious **3.1**
fútbol *(m.)*   soccer; **fútbol americano** *(m.)*   football **14.1**
futbolista *(m./f.)*   soccer player **11.2**
futuro *(m.)*   future

G

gafas de sol *(f. pl.)*   sunglasses
ganar   to win **6.1**; to earn
ganga *(f.)*   bargain **4.2**
garaje *(m.)*   garage **5.1**
garantizar   to guarantee
gaseosa *(f.)*   carbonated drink **4.3**
gasolina *(f.)*   gasoline
gasolinera *(f.)*   gas or filling station
11.1
gastar   to spend **12.3**
gasto *(m.)*   expense **7.1**
gatito(a)   small cat **5.1**

gato(a) cat **5.1**
genealógico(a) genealogical
generación *(f.)* generation
género *(m.)* gender
generoso(a) generous
genio *(m.)* genius
gente *(f.)* people **3.2**
gerente *(m./f.)* manager **2.1**
gigantesco(a) gigantic
gimnasia *(f.)* gymnastics, calisthenics **13.1**
gira *(f.)* day trip, tour
gobernador(a) governor **6.2**
gobernar to govern
gobierno *(m.)* government **6.1**
gol *(m.)* goal **14.3**
golpe *(m.)* hit, blow; **golpe de cabeza** *(m.)* hit ball with one's head **14.1**; **golpe militar / golpe de estado** military coup, coup d'etat
golpear to hit, to beat up **6.2**
goma *(f.)* pencil eraser **1.1**
gordo(a) fat **3.3**
grabar to record
grado *(m.)* degree, temperature **9.1**
graduarse to graduate
grande big, large **1.2**
gratis *(adj.)* free **11.1**
gris grey **4.1**
gritar to cry out; to shout **6.1**
grito *(m.)* shout, scream
grueso(a) thick
grupo *(m.)* group
guante *(m.)* glove **9.1**
guapo(a) good-looking **3.2**
guardar to keep
guardia *(m./f.)* guard
guerra *(f.)* war
guía *(m./f.)* guide **4.1**
guía telefónica *(f.)* telephone book
guitarra *(f.)* guitar **3.2**
guitarrista *(m./f.)* guitar player **3.2**
gustar to like **3.3**

H

habitación *(f.)* dwelling; room **2.2**
habitante *(m./f.)* inhabitant
hábito *(m.)* habit
hablar por teléfono to speak on the phone **1.3**

hacer to make, to do **2.3**; **hacer buen tiempo** to have good weather **9.1**; **hacer calor** to be hot **9.1**; **hacer la cama** to make the bed **12.3**; **hacer daño** to hurt; to damage; **hacer ejercicio** to exercise; **hacer frío** to be cold **9.1**; **hacer el papel** to play the role; **hacer la siesta** to take a nap, rest **12.2**; **hacer trampas** to cheat **10.3**; **hacer viento** to be windy **9.1**
hacia toward
hambre *(f.)* hunger
hamburguesa *(f.)* hamburger
hasta until **2.1**; **Hasta la vista.** Goody-bye. See you. **P**; **Hasta luego.** See you later. **P**; **Hasta mañana.** See you tomorrow. **P**; **Hasta pronto.** See you soon. **P**
hay there is, there are **1.1**; **hay sol** it is sunny **9.1**
hecho(a) *(adj.)* done; *(n. m.)* fact
helado *(m.)* ice cream
herido(a) wounded, injured **10.1**
herir to injure **10.3**
hermanastro(a) stepson/ stepdaughter **5.1**
hermano(a) brother/sister **5.1**
hermanos *(m. pl.)* siblings **5.1**
hermoso(a) beautiful **3.2**
herramienta *(f.)* tool(s)
hielo *(m.)* ice
hijo(a) son/daughter **5.1**
hijos *(m. pl.)* children **5.1**
hispano(a) Hispanic
historia *(f.)* history
hogar *(m.)* home
hoja de papel *(f.)* sheet of paper
¡Hola! Hello! **P**
hombre *(m.)* man **3.3**
hombro *(m.)* shoulder **13.2**
honesto(a) honest **10.3**
hora *(f.)* hour, time **2.3**
horno *(m.)* oven
hospital *(m.)* hospital **10.1**
hotel *(m.)* hotel **2.1**
hoy today **5.2**
huelga *(f.)* strike
huella *(f.)* footprint
huevo *(m.)* egg **8.1**

huipil *(m.)* colorful, hand-woven, sleeveless shirt worn by Mayan women
huir to run away; to escape
humano(a) human
húmedo(a) humid
humo *(m.)* smoke **10.1**
hundido(a) sunken
huracán *(m.)* hurricane
¡Huy! *(interj.)* Oh!; Ouch!

I

ideal ideal
idéntico(a) identical
identificar to identify **10.3**
idioma *(m.)* language **3.3**
iglesia *(f.)* church **5.1**
ignorar to ignore
igual alike, same
igualmente likewise **P**
ilustrar to illustrate
imagen *(f.)* image
imaginación *(f.)* imagination
imaginar, imaginarse to imagine **6.3**
impaciente impatient **1.1**
imparcial impartial **14.3**
impedir (i, i) to prevent; to obstruct
imperio *(m.)* empire
impermeable *(m.)* raincoat **4.2**
importante important **3.2**
imposible impossible
impresión *(f.)* impression
impresionante impressive
impresionar to impress **6.1**
impresora *(f.)* printer **2.1**
improbable improbable
impuestos *(m. pl.)* taxes
incaico(a) Inca, Incan
incendio *(m.)* fire **10.1**
incidente *(m.)* incident
incierto(a) uncertain, doubtful
incluir to include
inconsciente unconscious
inconveniente inconvenient
increíble incredible, unbelievable **13.3**
indicar to indicate
índice *(m.)* index
indígena indigenous, native
indio(a) Indian

indiscutible indisputable, unquestionable
indispensable indispensable
individuo *(m.)* individual
industria *(f.)* industry
inestabilidad *(f.)* instability
infancia *(f.)* infancy
influencia *(f.)* influence
información *(f.)* information
informal informal
informar to inform
informativo(a) informative
informe *(m.)* report
ingeniería *(f.)* engineering **1.2**
inglés *(m.)* English (language) **1.2**
ingresos *(m. pl.)* income, revenue
inhumano(a) inhumane
iniciar to initiate; to begin
inmediatamente immediately **2.3**
inmenso(a) immense
innovador(a) innovator
inocente innocent
inolvidable unforgettable
insinuar to insinuate **11.1**
insistir (en) to insist **13.1**
inspirar to inspire
instrumento *(m.)* instrument **11.1**
integrar to integrate
inteligente intelligent
intercambio *(m.)* exchange
interés *(m.)* interest **6.2**
interesante interesting **1.1**
internacional international **6.2**
interpretar to interpret
interrumpir to interrupt
íntimo(a) intimate, private
inútil useless
inventar to invent
invertir (ie, i) to invest
investigador(a) investigator, researcher
invierno *(m.)* winter **2.3**
invitación *(f.)* invitation
invitado(a) guest **2.2**
invitar to invite **2.3**
invocar to invoke
inyección *(f.)* injection, shot **13.3**
ir to go **1.3**; **ir de compras** to go shopping **4.2**; **irse** to go away; to leave
ironía *(f.)* irony

irónico(a) ironic
irrigación *(f.)* irrigation
isla *(f.)* island
itinerario *(m.)* itinerary
izquierdo(a) left **9.3**

J

jabón *(m.)* soap
jamás never **10.2**
jamón *(m.)* ham **8.2**
japonés, japonesa Japanese **4.1**
jardín *(m.)* garden
jefe(a) boss, chief
jonrón *(m.)* home run **14.1**
jornada *(f.)* work day
joven *(m./f.)* young man/woman **4.1**
joya *(f.)* jewel **11.1**
jubilarse to retire
juego *(m.)* game **14.2**
jueves *(m.)* Thursday **2.3**
jugador(a) player
jugar (ue) to play **6.2**
jugo *(m.)* juice **8.3**
jugo de naranja *(m.)* orange juice **8.3**
jugoso(a) juicy
julio *(m.)* July **2.3**
junio *(m.)* June **2.3**
juntarse to get together
junto next to, by **5.3**
justo(a) just, fair **14.1**
juventud *(f.)* youth

L

labor *(m.)* work
laboratorio *(m.)* laboratory **1.3**
ladrón, ladrona thief
lago *(m.)* lake **6.1**
lámpara *(f.)* lamp **5.1**
lana *(f.)* wool **4.2**
lancha *(f.)* boat
langosta *(f.)* lobster **8.3**
lanzador(a) pitcher **14.1**
lanzar una mirada to cast a look
lápiz *(m.)* pencil **1.1**
largo(a) long **2.3**
lástima *(f.)* pity, shame **14.1**
lastimar to injure **10.3**
lastimarse to hurt oneself **14.1**

lavandería *(f.)* laundry
lavaplatos *(m. s.)* dishwasher **2.1**
lavar to wash **2.2**
le *(indir. obj. pron. s.)* (to, for) him, her, you **8.1**
Le presento a… I'd like you to meet . . . **P**
leche *(f.)* milk **4.3**
lechuga *(f.)* lettuce **8.1**
lector(a) reader
lectura *(f.)* reading
leer to read **1.2**
legalmente legally
lejos de far from **5.1**
lengua *(f.)* tongue
lentamente slowly **9.2**
lente *(m.)* contact lens
lento(a) slow **10.2**
les *(indir. obj. pron. p.)* (to, for) them, you **8.1**
lesión *(f.)* lesion, injury
lesionarse to get hurt, injured **14.1**
levantar to raise; to lift **13.2**
levantarse to get up **9.2**
ley *(f.)* law
leyenda *(f.)* legend
liberal liberal **1.1**
librar to free; to liberate **11.1**
libre free **7.1**
librería *(f.)* bookstore **1.3**
libro *(m.)* book **1.2**
licencia *(f.)* license **10.2**
licenciatura *(f.)* degree *(school)*
líder *(m./f.)* leader **14.3**
liderato *(m.)* leadership
liga *(f.)* league **14.3**
límite *(m.)* limit; **límite de velocidad** *(m.)* speed limit
limón *(m.)* lemon **7.1**
limonada *(f.)* lemonade **4.3**
limpiar to clean **2.3**
limpio(a) clean
lindo(a) pretty **4.2**
liquidación *(f.)* sale **4.2**
lista *(f.)* list
literatura *(f.)* literature **1.2**
llamada *(f.)* phone call **3.2**
llamar to call **1.3**; **llamar la atención** to call attention to **9.3**
llanta *(f.)* tire **10.2**; **llanta desinflada** flat tire

llave *(f.)* key **12.1**
llegar to arrive **6.1**
lleno de full of
llevar to take; **4.1**; to wear **4.3**; **llevar a cabo** to carry out
llevarse bien to get along well **13.3**
llorar to cry **11.2**
llover (ue) to rain **9.1**; **llover a cántaros** to rain cats and dogs **9.1**
lloviznar to drizzle; to rain lightly **9.1**
lluvia *(f.)* rain **9.1**
lluvioso(a) rainy **9.2**
¡Lo juro! I swear!
Lo siento. I'm sorry **3.2**
local local **6.2**
loco(a) crazy **3.3**
locutor(a) radio announcer
lograr to get; to achieve
lotería *(f.)* lottery
lucha *(f.)* struggle, conflict
luchar to fight; to struggle
luego then
lugar *(m.)* place
lujoso(a) luxurious
luna *(f.)* moon
lunes *(m.)* Monday **2.3**
luz *(f.)* light **10.2**

M

machista male chauvinist
madera *(f.)* lumber; **de madera** wooden
madrastra *(f.)* stepmother **5.1**
madre *(f.)* mother **5.1**; **madre naturaleza** Mother Nature
maíz *(m.)* corn **8.1**
malagradecido(a) ungrateful, unappreciative
maleta *(f.)* suitcase
malo(a) bad **5.2**
mamá *(f.)* mother
mamey *(m.)* mamey *(tropical fruit)*
manada *(f.)* herd, flock
mandar to send **6.3**
mandato *(m.)* command
mandatorio(a) commander
manejar to drive **6.3**; to manage; to control **14.3**
manera *(f.)* manner
manga *(f.)* sleeve

manifestación *(f.)* demonstration
mano *(f.)* hand **13.2**
mantener to maintain; **mantener la calma** to keep calm, stay calm **14.1**
mantequilla *(f.)* butter **8.2**
manzana *(f.)* apple **8.1**
mañana *(n.)* morning *(f.)*; *adv.* tomorrow
máquina *(f.)* machine; **máquina de afeitar** electric shaver; **máquina de escribir** typewriter
mar *(m./f.)* sea
maratón *(m.)* marathon **14.3**
maravilla *(f.)* wonder, marvel
marcar to mark
marcha *(f.)* march
marchar to march
marisco *(m.)* seafood, shellfish **8.1**
martes *(m.)* Tuesday **2.3**
marzo *(m.)* March **2.3**
más more; **más vale que…** you (one) had better . . .
máscara *(f.)* mask
matar to kill
mate *(m.)* Argentine/Uruguayan herb tea
matemáticas *(f. pl.)* mathematics **1.2**
materiales *(m. pl.)* supplies
matrícula *(f.)* registration
matrimonio *(m.)* couple
máximo(a) maximum, greatest
mayo *(m.)* May **2.3**
mayonesa *(f.)* mayonnaise **8.2**
mayor older **5.3**
mayoría *(f.)* majority
me *(dir. obj. pron.)* me **7.1**; *(indir. obj. pron.)* (to, for) me **8.1**; *(refl. pron.)* myself **9.2**; **Me encantaría.** I would love to. **7.1**; **Me llamo…** My name is . . . **P**
mecánico(a) mechanic **10.2**
medalla *(f.)* medal
medias *(f. pl.)* stockings **4.2**
médico(a) doctor
medio ambiente *(m.)* environment
medir (i, i) to measure **13.1**
mejilla *(f.)* cheek
mejor better **5.2**
mejorarse to get better; to improve
melón *(m.)* melon **8.1**
memoria *(f.)* memory, remembrance

mencionar to mention
menor younger **5.3**
menos less **6.2**
mensaje *(m.)* message
mensual monthly **5.1**
mente *(f.)* mind
mentir (ie, i) to tell a lie
mentira *(f.)* lie **6.3**
menú *(m.)* menu; **menú del día** *(m.)* daily special
mercadería *(f.)* merchandise
merecer to deserve; to be worthy of
mermelada *(f.)* marmalade
mes *(m.)* month **2.3**
mesa *(f.)* table **7.1**
mesero(a) waiter/waitress **2.1**
mi *(poss. adj.)* my **P**; **Mi nombre es…** My name is . . . **P**
miembro *(m./f.)* member
mientras while
miércoles *(m.)* Wednesday **2.3**
militar *(m.)* military
mirada *(f.)* a look
mirar to look at; to watch **1.3**
misa *(f.)* Mass *(religious)*
miserable miserable
miseria *(f.)* misery
mismo(a) same
misterioso(a) mysterious
mitad *(f.)* half
mito *(m.)* myth
mochila *(f.)* backpack **1.1**
moda *(f.)* fashion
modelo *(m./f.)* model
modesto(a) modest **3.3**
modo *(m.)* manner, way
molestar to bother **12.3**
momento *(m.)* moment **7.1**
moneda *(f.)* coin
mono(a) monkey **5.3**
monólogo *(m.)* monologue
montaña *(f.)* mountain **2.3**
montar to get on; to ride **11.3**
monte *(m.)* mountain
montón *(m.)* a bunch, lots **12.2**
moreno(a) dark (complexion and hair) **3.3**
morir (ue, u), morirse (ue, u) to die
mostaza *(f.)* mustard **8.2**
mostrador *(m.)* counter
mostrar (ue) to show; to demonstrate

motivo *(m.)*   motive
moto *(f.)*   motorcycle **9.3**
motor *(m.)*   motor **10.2**
muchacho(a)   boy (girl) **3.2**
mucho(a)   much, a lot **1.3**; **Mucho gusto.**   Pleased to meet you. **P**
mudarse   to move
mueble *(m.)*   piece of furniture **5.1**
muela *(f.)*   molar
muerte *(f.)*   death
mujer *(f.)*   woman **3.3**
multa *(f.)*   fine, ticket, parking ticket **10.2**
mundo *(m.)*   world
muralla *(f.)*   wall
museo *(m.)*   museum
música *(f.)*   music **3.1**
músico *(m./f.)*   musician **9.3**
muy   very **1.2**; **Muy bien, gracias.**   Fine, thank you. **P**

N

nacer   to be born **6.2**
nacional   national **6.2**
nada   nothing **10.2**
nadar   to swim **1.2**
nadie   no one, nobody **3.3**
naranja *(f.)*   orange **8.3**
nariz *(f.)*   nose **13.2**
narrar   to narrate
natación *(f.)*   swimming **14.1**
naturaleza *(f.)*   nature
naturalmente   naturally **3.2**
navegar   to navigate **12.2**
Navidad *(f.)*   Christmas
navío *(m.)*   ship, vessel
neblina *(f.)*   fog **9.1**
necesitar   to need **1.3**
negación *(f.)*   negation
negativo(a)   negative
negocios *(m. pl.)*   business **6.2**
negro(a)   black **4.1**
nervioso(a)   nervous **3.1**
nevar (ie)   to snow **9.1**
nevera *(f.)*   refrigerator **5.1**
ni… ni   neither . . . nor **10.2**
ni siquiera   not even **12.3**
nieve *(f.)*   snow **9.1**
ninguno(a)   none, not any **10.2**
niñez *(f.)*   childhood

niño(a)   child **4.1**
nivel *(m.)*   level **14.3**
no   no **P**; **No muy bien.**   Not very well. **P**; **No te preocupes.**   Don't worry.
noche *(f.)*   night; **de noche**   at night **2.3**
nocturno(a)   nightly, nocturnal
nombrar   to name
nombre *(m.)*   name
norma *(f.)*   norm
norte *(m.)*   north **9.1**
nota *(f.)*   grade, note
notar   to notice, to take note **10.1**
noticias *(f. pl.)*   news **6.2**
noticiero *(m.)*   news, newscaster
novedades *(f. pl.)*   latest fashions
novela *(f.)*   novel **3.2**
novelista *(m./f.)*   novelist **9.3**
noveno(a)   ninth
noviembre *(m.)*   November **2.3**
novio(a)   boyfriend/girlfriend **1.2**
nueve *(m.)*   nine
nuevo(a)   new **2.1**
número *(m.)*   number
nunca   never **1.3**
nutritivo(a)   nutritious, nutritive

O

o… o   either . . . or **10.2**
obediente   obedient
objetivo(a)   objective
objeto *(m.)*   object, thing
obligación *(f.)*   obligation
obligado(a)   obligated
obligar   to oblige
obligatorio(a)   obligatory, compulsory
obra *(f.)*   work; **obra de teatro** *(f.)*   play *(as in theater)* **7.1**
obrero(a)   laborer, worker
observar   to observe
obstáculo *(m.)*   obstacle
obtener (ie)   to obtain **10.2**
obviamente   obviously
obvio(a)   obvious **13.3**
ocasión *(f.)*   occasion **7.1**
ocho *(m.)*   eight
octavo(a)   eighth
octubre *(m.)*   October **2.3**

ocupado(a)   occupied
ocupar   to occupy
ocurrir   to occur **6.2**
odiar   to hate **7.3**
oeste *(m.)*   west **9.1**
oferta *(f.)*   offer
oficina *(f.)*   office **2.1**
ofrecer   to offer **6.3**
oído *(m.)*   inner ear **13.2**
oír   to hear **7.1**
ojalá   I hope, God grant **13.2**
ojo *(m.)*   eye **5.3**; **¡Ojo!**   Pay attention!
olvidar   to forget **12.1**
opción *(f.)*   option
operador(a)   operator **10.1**
opinar   to express an opinion **8.3**
oponerse   to oppose; to object to
oportunidad *(f.)*   opportunity
oposición *(f.)*   opposition
optimista *(m./f.)*   optimist
opuesto(a)   opposite
orden *(m.)*   order
ordenar   to organize, put in order; **ordenar el cuarto**   to put one's room in order **1.3**
oreja *(f.)*   outer ear **13.2**
organización *(f.)*   organization
organizar   to organize **2.2**
orgullo *(m.)*   pride
origen *(m.)*   origin
orilla *(f.)*   border, edge
oro *(m.)*   gold
ortografía *(f.)*   spelling
os *(dir. obj. pron. fam. pl.)*   you **7.1**; *(indir. obj. pron. fam. pl.)*   (to, for) you **8.1**; *(refl. pron. fam. pl.)*   yourselves
oscuro(a)   dark **5.2**
otoño *(m.)*   autumn **2.3**
otro(a)   other, another **2.1**
¡Oye!   Listen! **7.1**

P

paciencia *(f.)*   patience **5.3**
paciente *(m./f.)*   patient **1.1**
padecer   to suffer; to endure
padrastro *(m.)*   stepfather **5.1**
padre *(m.)*   father **5.1**
padres *(m. pl.)*   parents **5.1**

pagar to pay **2.2**; **pagar la matrícula** to pay registration fees
pagaría I would pay **4.2**
página *(f.)* page
país *(m.)* country
paisaje *(m.)* landscape, countryside
palabra *(f.)* word; **palabras afines** cognates
pan *(m.)* bread **8.1**
panadería *(f.)* bakery **9.3**
pantalla *(f.)* computer screen **2.1**
pantalones *(m. pl.)* pants, trousers **4.1**
pañal *(m.)* diaper
pañuelo *(m.)* handkerchief
papa *(f.)* potato **8.1**
papá *(m.)* papa, daddy
papel *(m.)* paper **1.1**; role
papelería *(f.)* stationery store **9.3**
par *(m.)* pair **4.2**
para for, in comparison with, in relation to, in order to **5.3**; intended for, to be given to, toward, by a specified time, in one's opinion **9.3**; **para chuparse los dedos** finger-licking good **8.3**; **para que** so that **14.3**; **para servirle** at your service
parabrisas *(m. s.)* windshield **10.2**
parachoques *(m. s.)* bumper **10.2**
parada de autobús *(f.)* bus stop **5.1**
paraguas *(m. s.)* umbrella **9.1**
parar to stop **6.3**
parcialmente partially
parecer to seem; to appear like **7.1**
parecido(a) similar, alike
pared *(f.)* wall
pareja *(f.)* pair, couple **3.3**
pariente *(m.)* relative **5.1**
parlantes *(m. pl.)* speakers **2.1**
parque *(m.)* park **5.3**
parrilla *(f.)* grill
participar to participate **11.1**
particular private
partido *(m.)* game *(competitive)* **4.1**; political party
pasado(a) past
pasaporte *(m.)* passport
pasar to pass; to spend time **2.3**; to hand over; **pasar el trapo** to dust; **pasar la aspiradora** to vacuum
pasatiempo *(m.)* pastime
Pascua Florida *(f.)* Easter

pasear to walk; to go for a ride
pasillo *(m.)* corridor, passage
pasión *(f.)* passion
paso *(m.)* step, pace
pasta dental *(f.)* toothpaste
pastel *(m.)* cake **3.2**
pastilla *(f.)* pill **4.3**
pastoril pastoral
patear to kick **14.1**
patio *(m.)* patio **3.1**
patrulla *(f.)* patrol car
pavo *(m.)* turkey **8.1**
paz *(f.)* peace **14.2**
peatonal *(adj.)* pedestrian (path)
pecho *(m.)* chest **13.2**
pedalear to pedal
pedir (i, i) to ask for **7.2**; **pedir la mano** to ask for one's hand in marriage
pegar to hit **10.2**; **pegar un tiro** to shoot
peinarse to comb **9.2**
pelea *(f.)* fight **14.2**
película *(f.)* film **4.1**; **películas policíacas** detective movies
peligroso(a) dangerous **9.3**
pelo *(m.)* hair **5.3**
pelota *(f.)* ball **14.1**
peluquero(a) barber, hairdresser
pensamiento *(m.)* thought
pensar (ie) to plan; to think **4.1**
pequeño(a) small, little **3.3**
perceptible perceptible, noticeable
perder (ie) to lose **6.1**
perdido(a) lost
perezoso(a) lazy **1.2**
perfecto(a) perfect
periódico *(m.)* newspaper **2.1**
periodista *(m./f.)* newspaper reporter **2.1**
permanecer to stay; to remain
permitir to permit **5.1**
pero but **7.1**
perro(a) dog **1,1**
perseguir (i, i) to follow **10.3**
persona *(f.)* person
personalidad *(f.)* personality
persuadir to persuade
pertenecer to belong
pesar to weigh **13.1**
pesas *(f. pl.)* weights **13.2**

pescado *(m.)* fish **8.2**
pésimo(a) very bad **8.3**
peso *(m.)* weight **5.3**
petróleo *(m.)* petroleum, oil
pez *(m.)* fish
piano *(m.)* piano **3.2**
pico *(m.)* beak, sharp point
pie *(m.)* foot **13.2**
piedra *(f.)* rock
piel *(f.)* skin; hide
pierna *(f.)* leg
pieza *(f.)* piece
pijamas *(m. pl.)* pajamas **4.2**
pimienta *(f.)* pepper **8.2**
pinchar to get a flat tire; to puncture
pingüino *(m.)* penguin
pintor(a) painter
piña *(f.)* pineapple **8.1**
pirata *(m.)* pirate
piscina *(f.)* swimming pool **5.3**
piso *(m.)* floor
pista *(f.)* lane, (ski) trail, track **14.1**; clue
pistola *(f.)* gun **6.3**
pizarra *(f.)* chalkboard **1.2**
plan *(m.)* plan **7.1**
planchar to iron
planear to plan
plástico *(m.)* plastic **5.2**
plátano *(m.)* banana **8.1**
plato *(m.)* plate, dish **7.1**
playa *(f.)* beach **2.3**
población *(f.)* population **9.3**
poblado(a) populated
pobreza *(f.)* poverty
poco(a) little *(quantity)* **9.1**
poder (ue, u) to be able, can **4.1**
poderoso(a) powerful
policía *(f)* police force, policewoman; *(m.)* policeman
política *(f.)* politics
político *(m./f.)* politician **9.3**
político(a) political **14.2**
pollo *(m.)* chicken **8.1**
polución *(f.)* pollution
polvo *(m.)* dust
poner to put **5.1**; **poner la mesa** to set the table **7.1**
ponerse to become **7.3**
popular popular **1.1**
popularidad *(f.)* popularity

por   by, by means of, through, along, on **5.3**, because of, during, in for, for a period of time, in, in exchange for, in place of **9.3**; **por ciento**   percent; **por escrito**   in writing, written; **¡Por fin!**   At last!; **por medio de**   by means of; **¿Por qué?**   Why? **3.1**; **por suerte**   fortunately, luckily **11.2**; **por supuesto**   of course **5.1**
porcentaje *(m.)*   percentage **9.3**
porque   because
portada *(f.)*   facade, front
portarse bien   to behave
poseer   to possess
posibilidad *(f.)*   possibility
positivamente   positively
positivo(a)   positive
posteriormente   subsequently, later
postre *(m.)*   dessert **8.1**
practicar   to practice **3.2**; **practicar un deporte**   to play a sport
precaución *(f.)*   precaution
precio *(m.)*   price **11.2**
precioso(a)   precious
preciso(a)   precise **10.2**
precolombino(a)   pre-Columbian
predecir (i)   to predict
preferencia *(f.)*   preference
preferir (ie, i)   to prefer **4.1**
pregunta *(f.)*   question **3.1**
preguntar   to ask **9.3**
premio *(m.)*   prize; **Premio Nóbel**   Nobel Prize **11.1**
prenda *(f.)*   garment, article of clothing
prensa *(f.)*   press
preocupado(a)   preoccupied, worried **3.1**
preocuparse   to worry **13.1**
preparación *(f.)*   preparation
preparar   to prepare; **preparar la cena**   to prepare dinner **1.3**
presentación *(f.)*   introduction, presentation
presión *(f.)*   pressure **13.1**
prestar   to lend; **prestar auxilio**   to give assistance; to aid **10.1**
presupuesto *(m.)*   budget
primavera *(f.)*   spring **2.3**
primer   first
primero(a)   first **7.1**; **primeros auxilios**   first aid **10.1**

primo(a)   cousin **5.1**
prisionero(a)   prisoner
privado(a)   private
privilegio *(m.)*   privilege
probar (ue)   to try; to taste
problemático(a)   problematic
proceso *(m.)*   process
proclamar   to proclaim
producto *(m.)*   product
pródigo(a)   prodigal
profesión *(f.)*   profession **6.1**
profesional   professional **P**
profesor(a)   professor **P**
profundamente   profoundly **13.2**
profundo(a)   profound
programa *(m.)*   program **7.1**
programador(a)   programmer
progresista *(adj. m./f.)*   progressive
prohibir   to prohibit; to forbid **14.2**
promesa *(f.)*   promise **10.3**
prometer   to promise **5.1**
pronóstico *(m.)*   (weather) forecast **9.1**
pronto   quick, rapid, fast **10.1**
propina *(f.)*   tip **8.3**
propio(a)   own, one's own **6.2**
proponer   to propose
proteger   to protect
protestar   to protest
proveer   to provide; to furnish
provocar   to provoke **14.2**
próximo(a)   next **2.3**
proyectar   to project
proyecto *(m.)*   project
psiquiatra *(m./f.)*   psychiatrist
publicación *(f.)*   publication
publicar   to publish
público *(m.)*   public **14.1**; audience
puerta *(f.)*   door **2.1**
puesta del sol *(f.)*   sunset
puesto *(m.)*   job, position **6.3**
pulir   to polish
punto *(m.)*   point
puntuación *(f.)*   punctuation
pupitre *(m.)*   desk *(pupil's)*
puro(a)   pure

Q

¿Qué?   What? Which? **3.1**; **¡Qué desastre!**   What a mess! **5.2**; **¿Qué tal?**   How are you? **P**; **¿Qué**

te parece…?   What do you think of . . . ?
quedarse   to remain; to stay; to fit **9.3**
quejarse   to complain **12.1**
quemarse   to burn (up) **10.1**
querer (ie)   to want **4.1**; to love **7.3**
queso *(m.)*   cheese **8.1**
quiché *(m.)*   a Mayan dialect spoken in Guatemala; name of a Guatemalan indigenous group
¿Quién(es)?   Who? **3.1**
química *(f.)*   chemistry **1.2**
quinto(a)   fifth
quiosco *(m.)*   kiosk **12.3**
quisiera   I (he, she, it) would like **8.2**
quitar   to take away
quitarse   to take off **9.2**

R

rábano *(m.)*   radish **8.1**
racista *(adj. m./f.)*   racist
radiador *(m.)*   radiator
radio *(f.)*   radio **1.3**
ramo de flores *(m.)*   bouquet
rapero(a)   rapper
rápidamente   rapidly, fast **10.1**
rápido(a)   rapid, fast **10.2**
raro(a)   rare, uncommon
rascacielos *(m. s.)*   skyscraper
ratón *(m.)*   mouse **2.1**
raza *(f.)*   race
reaccionar   to react **6.2**
realidad *(f.)*   reality
realizar   to carry out; to accomplish
rebaja *(f.)*   reduction
recámara *(f.)*   bedroom **5.1**
recepcionista *(m./f.)*   receptionist
recetar   to prescribe **13.2**
rechazar   to turn down; to reject **7.1**
rechazo *(m.)*   rejection
recibir   to receive **6.1**
reciente   recent
recientemente   recently **6.1**
recinto *(m.)*   campus
reclamado(a)   reclaimed
recoger   to gather; to pick up
recomendación *(f.)*   recommendation
recomendar (ie)   to recommend **4.3**
reconocer   to recognize
reconstruir   to reconstruct

recordar (ue)   to remember **5.3**
rector(a)   president (of a university) **P**
recuerdo *(m.)*   souvenir **4.1**
recuperarse   to get better; to recuperate
recurso *(m.)*   resource
red *(f.)*   net **14.1**
redondo(a)   round
reemplazar   to replace
reflejar   to reflect
refresco *(m.)*   soft drink **1.3**
refugio *(m.)*   refuge
regalar   to give a gift **8.1**
regalo *(m.)*   gift **12.3**
región *(f.)*   region
regla *(f.)*   rule
regresar   to return **2.3**
reina *(f.)*   queen
reírse (i, i)   to laugh **10.3**
relación *(f.)*   relation
relacionar   to relate
relajarse   to relax **13.2**
religioso(a)   religious
renacer   to be reborn
repetir (i, i)   to repeat **9.3**
reportar   to report
representante *(m./f.)*   representative
representar   to represent
reservación *(f.)*   reservation **8.1**
reservado(a)   reserved
resfriado *(m.)*   cold
residencia *(f.)*   residence, dorm **2.2**
resolución *(f.)*   resolution
resolver (ue)   to resolve **10.1**
respaldar   to back up; to support
respetar   to respect **7.3**
respeto *(m.)*   respect
respirar   to breathe **10.1**
responder   to respond; to answer
responsabilidad *(f.)*   responsibility **11.1**
respuesta *(f.)*   response **P**
restaurante *(m.)*   restaurant **2.1**
restaurar   to restore
resto *(m.)*   rest
resumen *(m.)*   summary
retirar   to withdraw
retorno *(m.)*   return
retrovisor *(m.)*   rearview mirror **10.2**
reunido(a)   reunited, gathered

reunión *(f.)*   meeting, gathering
reunirse   to reunite, get together
revelar   to reveal; to develop (film)
reventarse (ie)   to burst **10.2**; **reventarse una llanta**   to have a blowout **10.2**
revisar   to revise; to review; **revisar el motor**   to check the motor **10.2**
revista *(f.)*   magazine **6.1**
revolución *(f.)*   revolution
revuelto   scrambled (egg) **8.2**
rey *(m.)*   king
rico(a)   rich, delicious **3.2**
riguroso(a)   rigorous
rincón *(m.)*   corner
rin-rin   ring-ring
ritmo *(m.)*   rhythm **6.1**
robar   to rob; to steal
robo *(m.)*   robbery, theft
robusto(a)   robust
rodear   to surround
rodilla *(f.)*   knee **13.2**
rojo(a)   red **4.1**
rollo *(m.)*   roll (of film) **12.2**
romántico(a)   romantic **1.1**
romperse   to break; to shatter **10.1**
ropa *(f.)*   clothes
rosa *(f.)*   rose
rubio(a)   blond **3.3**
ruinas *(f. pl.)*   ruins
ruta *(f.)*   route
rutina *(f.)*   routine, habit **12.1**

S

sábado *(m.)*   Saturday **2.3**
saber   to know facts **7.3**
sabiduría *(f.)*   knowledge
sabor *(m.)*   flavor, taste
sabroso(a)   tasty, delicious **8.3**
sacar   to take out; **sacar la basura**   to take out the trash; **sacar buenas notas**   to get good grades **11.3**; **sacar fotografías**   to take pictures **4.1**
sacudida *(f.)*   jolt **10.2**; **sacudida eléctrica**   electric shock
sagrado(a)   sacred, holy
sal *(f.)*   salt **8.2**
sala *(f.)*   living room **3.1**; **sala de espera**   waiting room; **sala de urgencia**   emergency room

salado(a)   salty
salario *(m.)*   salary
salchicha *(f.)*   sausage **8.1**
salir   to leave; to go out **2.2**; **salir juntos**   to date; to go out together **11.1**
salsa *(f.)*   sauce **8.2**; type of Puerto Rican dance and music **3.3**; **salsa de tomate**   ketchup; **salsa picante**   hot sauce
saltar   to jump **6.1**
salto *(m.)*   jump, leap **6.1**
salud *(f.)*   health **13.1**
saludo *(m.)*   greeting
salvavidas *(m./f.)*   lifeguard, lifesaver **14.1**
sándwich *(m.)*   sandwich **4.3**
sangre *(f.)*   blood **13.2**
sangría *(f.)*   a Spanish drink made of water, red wine, sugar, and fresh fruit **3.3**
sano(a)   healthy, fit
santuario *(m.)*   sanctuary
sapo *(m.)*   toad
satisfecho(a)   satisfied, full
saxofón *(m.)*   saxophone **11.1**
se *(indir. obj. pron.)*   to it, to him, to her, to you, to them **8.2**; *(refl. pron.)* himself, herself, itself, themselves **9.2**
secador *(m.)*   hair dryer
secretario(a)   secretary **2.1**
secreto *(m.)*   secret
seda *(f.)*   silk **4.2**
seguidor *(m./f.)*   follower
seguir (i, i)   to continue, to follow **9.3**; **seguir derecho**   to continue straight ahead **9.3**; **seguir un curso**   to take a class **10.1**
segundo(a)   second
seguridad *(f.)*   security, safety
seguro *(m.)*   insurance
seis *(m.)*   six
seleccionar   to select
sello *(m.)*   postage stamp
selva *(f.)*   tropical forest, woods
semáforo *(m.)*   traffic light **10.2**
semana *(f.)*   week **1.3**
semestre *(m.)*   semester
sensato(a)   sensible, prudent
sensible   sentimental, sensitive

sentarse (ie) to sit down **9.2**

sentido *(m.)* sense; **sentido común** common sense; **sentido contrario** opposite direction

sentimientos *(m. pl.)* feelings, sentiments **7.3**

sentir (ie, i) to feel **13.3**

sentirse bien (ie, i) to feel fine **11.2**

señalar to signal; to indicate

señor *(m.)* mister (Mr.)

señora *(f.)* lady, Mrs. **4.1**

señorita *(f.)* miss

separar to separate

septiembre *(m.)* September **2.3**

séptimo(a) seventh

ser to be **1.1**; **ser capaz de** to be capable of **14.3**

serie *(f.)* series

serio(a) serious **1.1**

servicios *(m. pl.)* bathroom **4.1**

servilleta *(f.)* napkin **8.2**

servir (i, i) to serve **7.2**

sexto(a) sixth

shorts short pants **4.1**

SIDA *(m.)* AIDS **13.1**

siempre always **1.3**

siete *(m.)* seven

siglo *(m.)* century **6.1**

significado *(m.)* meaning

siguiente following, next **9.3**

sílaba *(f.)* syllable

silla *(f.)* chair **1.2**

sillón *(m.)* easy chair

simpático(a) pleasant, likeable **1.1**

sin without **5.1**; **sin embargo** nevertheless; **sin igual** without equal; **sin que** unless **14.3**

sincero(a) sincere

sirviente(a) servant

sistema *(m.)* system

sitio *(m.)* site

situación *(f.)* situation

situado(a) situated

sobre over, on top of **5.1**; *(n. m.)* envelope

sobrepasa exceeds, surpasses

sobresaliente outstanding

sobresalir to excel; to be outstanding

sobretodo *(m.)* overcoat **9.1**

sobrevivir to survive

sociable sociable

sociedad *(f.)* society

¡Socorro! Help! **10.1**

sofá *(m.)* sofa **5.1**

sol *(m.)* sun

solicitar to apply for; to ask for **6.3**

solicitud *(f.)* application form **6.3**

sólo *(adv.)* only **5.1**

soltero(a) single, unmarried

someterse to yield, to surrender

sonar (ue) to ring **11.1**

sonreír (i, i) to smile

soñar (ue) to dream **11.3**

sopa *(f.)* soup **8.2**

soportar to support

soroche *(m.)* altitude sickness **12.1**

sorprendente surprising

sorprender to surprise **14.1**

sospechar to suspect

sospechoso(a) suspicious **10.3**

soy I am **P**

suave smooth, soft

subdesarrollado(a) underdeveloped

subir to go up, to get on **9.3**; **subir de peso** to gain weight

subterráneo(a) subterranean

suciedad *(f.)* dirt, filth

sucio(a) dirty **5.2**

sudar to perspire, sweat **9.1**

sudoeste *(m.)* southwest

sudor *(m.)* sweat, perspiration

Suecia Sweden

sueco(a) Swedish

sueldo *(m.)* salary, pay

suelto(a) loose

sueño *(m.)* dream

suéter *(m.)* sweater **4.2**

suficiente sufficient, enough **11.1**

sufrir to suffer **10.1**; **sufrir estrés** to be under stress **11.1**; **sufrir lesiones** to be injured, wounded

sugerir (ie, i) to suggest **8.2**

sumario *(m.)* summary

superficie *(f.)* surface

supermercado *(m.)* supermarket **5.1**

superpotencia *(f.)* superpower

suponer to suppose; to assume

suposición *(f.)* supposition, assumption

sur *(m.)* south **9.1**

suspender to suspend

sustancia *(f.)* substance

sustantivo *(m.)* noun

T

tacaño(a) stingy, cheapskate **12.3**

talento *(m.)* talent

taller *(m.)* workshop

tamaño *(m.)* size

también also **1.1**

tambor *(m.)* drum **11.1**

tampoco neither **10.2**

tan so **5.3**; **tan… como** as . . . as **4.2**; **tan pronto como** as soon as **14.3**

tanque *(m.)* tank **10.2**

tanto(a) so much, so many **2.3**; **tanto como** as much as **4.2**; **tantos como** as many as **4.2**

tapar to cover

tapas *(f. pl.)* hors d'oeuvres, appetizers **3.3**

tarde late **5.1**; *(n. f.)* afternoon

tarea *(f.)* homework **4.3**

tarjeta *(f.)* card **8.1**; **tarjeta postal** *(f.)* post card **12.3**

te *(dir. obj. pron.)* you **7.1**; *(indir. obj. pron.)* (to, for) you **8.1**; *(refl. pron.)* yourself *(fam. s.)*; **Te presento a…** I'd like you to meet . . . **P**

té *(m.)* tea **4.3**

teatro *(m.)* theater **1.3**

techo *(m.)* roof

teclado *(m.)* key board **2.1**

teleadicto(a) couch potato **13.2**

teléfono *(m.)* phone **1.3**

telenovela *(f.)* TV soap opera **11.1**

televisor *(m.)* TV set **5.1**

temer to fear **13.3**

temor *(m.)* fear

temperatura *(f.)* temperature **9.1**

temporada *(f.)* season

temprano early **5.1**

tendría I would have **4.2**

tenedor *(m.)* fork **8.2**

tener (ie) to have **2.2**; **tener… años** to be . . . years old **4.3**; **tener calor** to be hot **4.3**; **tener confianza** to trust; **tener la culpa** to be at fault **10.2**; **tener éxito** to succeed **4.3**; **tener frío** to be cold **4.3**; **tener**

ganas de   to feel like **4.3**; **tener hambre**   to be hungry **4.3**; **tener miedo de**   to be afraid of **4.3**; **tener prisa**   to be in a hurry **4.3**; **tener que**   to have to **4.3**; **tener razón**   to be right **4.3**; **tener sed**   to be thirsty **4.3**; **tener sueño**   to be sleepy **4.3**; **tener suerte**   to be lucky **4.3**

teniente *(m./f.)*   lieutenant

teoría *(f.)*   theory

tercero(a)   third

terminar   to finish, to end **6.1**

terraza *(f.)*   terrace **12.1**

terremoto *(m.)*   earthquake **10.1**

terreno *(m.)*   terrain, ground, land

terrestre   terrestrial, earthly

¡Terrible!   Terrible! **P**

territorio *(m.)*   territory

terrorista *(m./f.)*   terrorist

tesoro *(m.)*   treasure

testamento *(m.)*   testament

testigo *(m./f.)*   witness **10.1**

testimonio *(m.)*   testimony

tiempo *(m.)*   weather **9.1**; time; **tiempo completo**   full-time

tienda *(f.)*   store **2.1**

tierra *(f.)*   earth, land **12.2**

tigre *(m.)*   tiger

tímido(a)   timid **1.1**

tío(a)   uncle/aunt **5.1**

tipo *(m.)*   type

titular *(m.)*   headline, heading

título *(m.)*   title, caption, heading

tiza *(f.)*   chalk **1.2**

toalla *(f.)*   towel **10.1**

tobillo *(m.)*   ankle **13.3**

tocar   to touch; to play an instrument **3.2**; **tocar el timbre**   to ring the doorbell

todavía   still **12.3**

todo(a)   all **7.3**; **todo derecho**   straight ahead; **todo el día**   all day **2.1**; **todos los días**   every day **1.3**; **todo el mundo**   everyone, everybody **3.2**

tomar   to drink, to take **1.3**; **tomar decisiones**   to make decisions; **tomar el pelo**   to pull one's leg **14.1**

tomate *(m.)*   tomato **8.1**

tonelada *(f.)*   ton

tonificar   to tone; to strengthen **13.2**

tono *(m.)*   tone

tonto(a)   foolish, dumb **1.1**

toque *(m.)*   touch

torero(a)   bullfighter

tormenta *(f.)*   storm **9.1**

tortuga *(f.)*   turtle

tostado(a)   toasted

trabajador(a) *(adj.)*   hard-working **1.2**

trabajar   to work **2.1**

trabajo *(m.)*   work **2.1**

tradición *(f.)*   tradition

traer   to bring **7.1**

tráfico *(m.)*   traffic **5.3**

traje *(m.)*   suit **4.1**; **traje de baño**   swim suit **9.1**

tranquilizante *(m.)*   tranquilizer **10.1**

tranquilo(a)   tranquil, peaceful **3.3**

transferir (ie, i)   to transfer **14.3**

transformar   to transform

transporte *(m.)*   transport, transportation

tras   after, behind

trasladarse   to move, change residence

trastes *(m. pl.)*   dishes

tratado *(m.)*   treaty

tratamiento *(m.)*   treatment

tratar   to treat; to handle; **tratar de**   to try, attempt **10.3**; to deal with; to be about

tremendo(a)   tremendous

tren *(m.)*   train **9.3**

tres *(m.)*   three

trigal *(m.)*   wheat field

triste   sad **3.1**

triunfar   to triumph

triunfo *(m.)*   triumph, victory

trompeta *(f.)*   trumpet **11.1**

tropas *(f. pl.)*   troops

tu *(fam. poss. adj.)*   your **2.2**

tú *(subj. pron.)*   you *(fam.)* **P**

tumba *(f.)*   tomb

turista *(m./f.)*   tourist

tuyo(a) *(poss. adj.)*   your

U

ubicación *(f.)*   position, location

úlcera *(f.)*   ulcer

último(a)   last, ultimate **2.3**; latest **11.3**

un(a)   a, an **1.1**; **un mal rato**   a bad time; **un poco**   a little **1.3**

único(a)   only, sole, unique, extra-ordinary

unidad *(f.)*   unit, unity

unir   to unite **14.2**

universidad *(f.)*   university **P**

universitario(a)   pertaining to a university **1.1**

uno *(m.)*   one

urgente   urgent **10.1**

usar   to use **4.1**

uso *(m.)*   use **12.3**

útil   useful

utilizar   to utilize; to use

V

vacaciones *(f. pl.)*   vacation **2.3**

vacío(a)   empty

válido(a)   valid

valle *(m.)*   valley

vaqueros *(m. pl.)*   blue jeans **9.2**

variedad *(f.)*   variety

varón *(m.)*   male, man **4.2**

vaso *(m.)*   glass **8.1**

vecino(a)   neighbor

vegetal *(m.)*   vegetable **8.1**

vegetariano(a)   vegetarian

vejez *(f.)*   old age

vencedor(a)   conqueror, victor

vencer   to conquer **6.1**

vendedor(a)   seller, salesclerk **2.1**

vender   to sell **2.1**

veneno *(m.)*   poison **10.1**

venir (ie, i)   to come **2.2**

ventaja *(f.)*   advantage

ventana *(f.)*   window **5.1**

ver   to see **4.1**

verano *(m.)*   summer **2.3**

verdad *(f.)*   truth **6.3**

verdadero(a)   true

verde   green **4.1**

verduras *(f. pl.)*   greens, vegetables **8.1**

verificar   to verify

versión *(f.)*   version

vestido *(m.)*   dress **4.1**

vestimenta *(f.)*   dress

vestirse (i, i)   to dress; to get dressed **9.2**

vez *(f.)*   time **6.2**
viajar   to travel **12.1**
viaje *(m.)*   trip **6.1**
vibrar   to vibrate
víctima *(m./f.)*   victim **10.1**
victoria *(f.)*   victory
vida *(f.)*   life **6.1**
viejo(a)   old **5.1**
viento *(m.)*   wind
viernes *(m.)*   Friday **2.3**
vigilar   to watch over; guard
vino *(m.)*   wine **4.3**; **vino blanco**
    white wine **8.2**; **vino tinto**   red
    wine **8.2**
violencia *(f.)*   violence
violento(a)   violent
visitante *(m./f.)*   visitor

visitar   to visit **2.3**
visitas *(f. pl.)*   tours **4.1**
vistazo *(m.)*   glance
vitamina *(f.)*   vitamin **13.3**
vivienda *(f.)*   dwelling, housing
vivir   to live **2.2**
vivo(a)   bright **6.3**
vocabulario *(m.)*   vocabulary
volante *(m.)*   steering wheel **10.2**
volar (ue)   to fly **4.3**
volcán *(m.)*   volcano
voluntario(a)   volunteer **11.2**
volver (ue)   to return **4.1**
voto *(m.)*   vote
voz *(f.)*   voice; **en voz alta**   aloud;
    en voz baja   quietly
vuelo *(m.)*   flight **6.1**

Y

¿Y tú?   And you? **P**
ya   already **11.3**
yarda *(f.)*   yard
yerba *(f.)*   herb
¿Yo?   Me? **P**

Z

zanahoria *(f.)*   carrot **8.1**
zapatería *(f.)*   shoe store **9.3**
zapatos *(m. pl.)*   shoes **4.2**
zarpazo *(m.)*   lash of a claw or paw
zoología *(f.)*   zoology
zoológico *(m.)*   zoo

English-Spanish Vocabulary

This vocabulary includes all the words listed as active vocabulary in *¡Dímelo tú!*

Stem-changing verbs appear with the change in parentheses after the infinitive: **(ie)**, **(ue)**, **(i)**, **(e, i)**, **(ie, i)**, **(ue, u)**, or **(i, i)**. Most cognates, conjugated verb forms, and proper nouns used as passive vocabulary in the text are not included in this glossary.

The following abbreviations are used:

adj.	adjective	*n.*	noun
adv.	adverb	*pl.*	plural
conj.	conjunction	*pp.*	past participle
dem.	demonstrative	*poss.*	possessive
dir. obj.	direct object	*prep.*	preposition
f.	feminine	*pron.*	pronoun
fam.	familiar	*refl.*	reflexive
form.	formal	*rel.*	relative
indir. obj.	indirect object	*s.*	singular
interj.	interjection	*subj.*	subject
m.	masculine	*v.*	verb

A

a un(a); **a bad time** un mal rato; **a little** un poco; **a lot** mucho(a)
abandon abandonar
able capaz; **to be able** poder **(ue)**
abortion aborto *(m.)*
about de, acerca de; **to be about** tratar de
abroad extranjero *(m.)*
absurd absurdo(a)
academic académico(a)
accept aceptar
accident accidente *(m.)*
acclaim aclamar
accompany acompañar
accomplish realizar
account cuenta *(f.)*
accuse acusar
ache dolor *(m.)*
acquire adquirir **(ie)**
act actuar
action acción *(f.)*
active activo(a)
activity actividad *(f.)*
actor actor *(m.)*
actress actriz *(f.)*

add añadir
address dirección *(f.)*
administrator administrador(a)
admire admirar
adolescence adolescencia *(f.)*
adore adorar
advance adelantar, avanzar
advantage ventaja *(f.)*
adverse contrario(a)
advertisement anuncio *(m.)*, aviso *(m.)*; **classified ad** anuncio *(m.)*, aviso clasificado *(m.)*
advice consejo *(m.)*
advise aconsejar
advisor consejero(a)
affectionate amoroso(a)
afraid of (to be) tener miedo de **(ie)**
after después de
afternoon tarde *(f.)*
age edad *(f.)*
aggressive agresivo(a)
aid *n.* auxilio *(m.)*; *v.* apoyar, prestar auxilio
AIDS SIDA *(m.)*
air aire *(m.)*
airline aereolínea *(f.)*

airplane avión *(m.)*
airport aeropuerto *(m.)*
alarm clock despertador *(m.)*
alcoholic alcohólico(a)
alike igual, parecido(a)
all todo(a); **all day** todo el día
allergic alérgico(a)
alley callejón *(m.)*
allow dejar
almost casi
along por
aloud en voz alta
already ya
also también
alternative alternativa *(f.)*
although aunque
altitude sickness soroche *(m.)*
always siempre
ambiance ambiente *(m.)*
ambitious ambicioso(a)
ambulance ambulancia *(f.)*
amiable amable
amusing divertido(a)
an un(a)
analysis análisis *(m.)*
anatomy anatomía *(f.)*

and y; **And you?** ¿Y tú?
Andean andino(a)
angry (to get) enojarse
animal animal *(m.)*; **stuffed animal (toy)** animal de peluche *(m.)*
ankle tobillo *(m.)*
announcement anuncio *(m.)*
another otro(a)
answer responder, contestar
anthropologist antropólogo(a)
anticipate anticipar
antiquated antiguo(a), anticuado(a)
any algún (alguno, alguna)
anyone alguien
anyway de todos modos
apart aparte
apartment apartamento *(m.)*
appear aparecer; **appear like** parecer
appetite apetito *(m.)*
appetizer entremés *(m.)*, tapas *(f. pl.)*
apple manzana *(f.)*
application form solicitud *(f.)*
apply for solicitar
appreciate apreciar
appreciated apreciado(a)
appropriate apropiado(a)
approximately aproximadamente
April abril *(m.)*
archaeologist arqueólogo(a)
architect arquitecto(a)
architecture arquitectura *(f.)*
arm brazo *(m.)*
armed forces fuerzas armadas *(f. pl.)*
army ejército *(m.)*
around alrededor
arrest arrestar
arrive llegar
arrogant arrogante
art arte *(m.)*
article of clothing prenda *(f.)*
artificial respiration respiración artificial *(f.)*
artist artista *(m./f.)*
as . . . as tan... como; **as many as** tantos como; **as much as** tanto como; **as soon as** en cuanto, tan pronto como
ask preguntar; **ask for** pedir **(i, i)**, solicitar
aspirin aspirina *(f.)*

assassinate asesinar
assault asaltar
assistance ayuda *(f.)*
associate asociar
association asociación *(f.)*
assume suponer
assumption suposición *(f.)*
assure asegurar
at en; **At last!** ¡Por fin!; **at** (time) **o'clock** a la(s) + *time*; **at night** de noche; **at once** en seguida; **at times** a veces; **at your service** para servirle
athlete atleta *(m./f.)*
athletic atlético(a)
attack atacar
attain alcanzar
attempt tratar de
attend asistir a
attitude actitud *(f.)*
attract atraer
audience público *(m.)*
augment aumentar
August agosto *(m.)*
aunt tía *(f.)*
author autor(a)
automobile automóvil *(m.)*
autumn otoño *(m.)*
available disponible
avenue avenida *(f.)*
avoid evitar

B

baby-sit cuidar a los niños
back espalda *(f.)*
backpack mochila *(f.)*
bad malo(a)
bakery panadería *(f.)*
ball pelota *(f.)*
banana plátano *(m.)*
band banda *(f.)*
bank banco *(m.)*
baptism bautizo *(m.)*
barber peluquero(a)
bargain ganga *(f.)*
baseball player beisbolista *(m./f.)*
basket cesto *(m.)*
basketball baloncesto *(m.)*
bat *n.* bate *(m.)*; *v.* batear
bathe bañarse

bathroom baño *(m.)*, cuarto de baño *(m.)*, servicios *(m. pl.)*
batter (baseball) bateador(a)
battery batería *(f.)*
be estar; **Be quiet!** ¡Cállate!
beach playa *(f.)*
beak pico *(m.)*
beat derrotar
beat up golpear
beautiful hermoso(a)
beauty belleza *(f.)*
because porque; **because of** por
become ponerse
bed cama *(f.)*
bedroom alcoba *(f.)*, dormitorio *(f.)*, recámara *(f.)*
beef carne de res *(f.)*
beer cerveza *(f.)*
beet betabel *(m.)*
before *prep.* antes de; *conj.* antes (de) que
begin comenzar **(ie)**, empezar **(ie)**
behave actuar, portarse bien
behavior actuación *(f.)*
behind detrás de
belong pertenecer
bench banco *(m.)*
bend doblar
beside al lado
besides además
better mejor
between entre
bicycle bicicleta *(f.)*
big grande
bill cuenta *(f.)*
biology biología *(f.)*
bird ave *(f.)*, pájaro *(m.)*
birthday cumpleaños *(m. s.)*
black negro(a)
blessing bendición *(f.)*
block cuadro *(m.)*, cuadrado *(m.)*; **city block** cuadra *(f.)*
blond rubio(a)
blood sangre *(f.)*
blouse blusa *(f.)*
blow golpe *(m.)*
blue azul
boat bote *(m.)*, buque *(m.)*, barco *(m.)*
body cuerpo *(m.)*
bomb bomba *(f.)*

book libro *(m.)*
bookstore librería *(f.)*
boots botas *(f. pl.)*
border frontera *(f.)*
boring aburrido(a)
born (to be) nacer
boss jefe(a)
both ambos
bother molestar
bottle botella *(f.)*
bouquet ramo de flores *(m.)*
boxing boxeo *(m.)*
boy chico *(m.)*, muchacho *(m.)*
boyfriend novio *(m.)*
brake (apply the brakes of a car)
  frenar
brake (of a car) freno *(m.)*
bravery valor *(m.)*
bread pan *(m.)*
break romperse
breakfast desayuno *(m.)*
breath respirar
bright vivo(a)
bring traer
brother hermano *(m.)*
brother-in-law cuñado *(m.)*
budget presupuesto *(m.)*
building edificio *(m.)*
bullfight corrida *(f.)*
bullfighter torero(a)
bumper parachoques *(m. s.)*
bunch montón *(m.)*
burn (up) quemarse
burst reventar **(ie)**
bus autobús *(m.)*, bus *(m.)*; **bus stop**
  parada de autobús *(f.)*
business negocios *(m. pl.)*
but pero
butcher shop carnicería *(f.)*
butter mantequilla *(f.)*
button botón *(m.)*
buy comprar
by junto, por; **by a specified time**
  para; **by means of** por medio de;
  by the way a propósito

C

cabbage col *(f.)*
café café *(m.)*
cafeteria cafetería *(f.)*

cake pastel *(m.)*
calculator calculadora *(f.)*
calendar calendario *(m.)*
calisthenics gimnasia *(f.)*
call llamar; **call attention to** llamar
  la atención a
calm calma *(f.)*
calm oneself calmarse
calmly con calma
calorie caloría *(f.)*
camera cámara *(f.)*
camp acampar
campus campo *(m.)*
can poder **(ue)**
cancel cancelar
cancer cáncer *(m.)*
candy dulce *(m.)*
capable of (to be) ser capaz de
capacity capacidad *(f.)*
captain capitán, capitana
caption título *(m.)*
capture capturar
car coche *(m.)*, carro *(m.)*
caramel caramelo *(m.) (candy)*;
  caramel custard flan *(m.)*
carbonated drink gaseosa *(f.)*
card tarjeta *(f.)*
careful cuidadoso(a)
Caribbean Caribe *(m.)*
carpet alfombra *(f.)*
carrot zanahoria *(f.)*
carry cargar
carry out realizar
cashier cajero(a)
cassette casete *(m.)*
cat gato(a); **small cat** gatito(a)
category categoría *(f.)*
celebrate celebrar
celebration celebración *(f.)*
celery apio *(m.)*
cemetery cementerio *(m.)*
center centro *(m.)*
centigrade centígrado(a)
century siglo *(m.)*
certain cierto(a); **to be certain of**
  estar seguro(a) de
chair silla *(f.)*
chalk tiza *(f.)*
chalkboard pizarra *(f.)*
champion campeón, campeona
championship campeonato *(m.)*

change *n.* cambio *(m.)*; *v.* cambiar;
  change diapers cambiar los
  pañales; **change a tire** cambiar
  una llanta
channel canal *(m.)*
characteristic característica *(f.)*,
  cualidad *(f.)*
cheapskate tacaño(a)
cheat hacer trampas
check cheque *(m.)*; **check the motor**
  revisar el motor
cheese queso *(m.)*
chemistry química *(f.)*
chest baúl *(m.) (for storage)*,
  pecho *(m.) (body part)*
chicken pollo *(m.)*
child niño(a)
childhood niñez *(f.)*
children hijos *(m. pl.)*
chimney chimenea *(f.)*
chocolate chocolate *(m.)*
choose elegir **(i, i)**, escoger
chops chuletas *(f. pl.)*; **lamb chops**
  chuletas de cordero; **pork chops**
  chuletas de puerco
Christmas Navidad *(f.)*
church iglesia *(f.)*
circle círculo *(m.)*
citizen ciudadano(a)
city ciudad *(f.)*
civilization civilización *(f.)*
clarinet clarinete *(m.)*
class clase *(f.)*
classical clásico(a)
clean *adj.* limpio(a); *v.* limpiar
client cliente *(m./f.)*
climate clima *(m.)*
clinic clínica *(f.)*
close cerrar **(ie)**
clothes ropa *(f.)*
cloudy (to be) estar nublado
clue pista *(f.)*
coach entrenador(a)
coast costa *(f.)*
coat abrigo *(m.)*
cocktail coctel *(m.)*
coffee café *(m.)*
coin moneda *(f.)*
cold frío *(m.)*; resfriado *(m.)*
  (illness); **to be cold** *v.* hacer frío
  (weather), tener frío **(ie)** *(person)*

collar   cuello *(m.)*
collection   colección *(f.)*
collide   chocar
column   columna *(f.)*
comb   peinarse
come   venir **(ie, i)**
comfortable   cómodo(a)
comical   cómico(a)
committee   comité *(m.)*
common   común; **common sense** sentido común *(m.)*
community   comunidad *(f.)*
compact disc   disco compacto *(m.)*
company   empresa *(f.)*
compare   comparar
compete   competir **(i, i)**
competition   competición *(f.)*, competencia *(f.)*
complain   quejarse
complete   completar
computer   computadora *(f.)*; **computer screen**   pantalla *(f.)*
concentrate   concentrarse
concerning   acerca de
concert   concierto *(m.)*
condition   condición *(f.)*
confess   confesar **(ie)**
confidence   confianza *(f.)*
conflict   conflicto *(m.)*
confuse   confundir
congratulate   felicitar
connection   conexión *(f.)*
conquer   conquistar, vencer
conqueror   vencedor(a)
conquest   conquista *(f.)*
conscience   conciencia *(f.)*
consequence   consecuencia *(f.)*
conservative   conservador(a)
conserve   conservar
consider   considerar
constitution   constitución *(f.)*
construct   construir
contact lens   lente *(m.)*
contagious   contagioso(a)
contamination   contaminación *(f.)*
content   contenido *(m.)*
contest   concurso *(m.)*
continue   seguir **(i, i)**
continuously   continuamente
contract   *n.* contrato *(m.)*; *v.* contratar
contrast   contraste *(m.)*
control   controlar, manejar

controversial   controvertido(a)
conversation   conversación *(f.)*
converse   conversar
convince   convencer
convinced   convencido(a)
cook   *v.* cocinar; *n.* cocinero(a)
copy   copia *(f.)*
cordon off   acordonar
corn   maíz *(m.)*
corner   esquina *(f.)*, rincón *(m.)*
correct   *adj.* correcto(a); *v.* corregir **(i, i)**
corridor   pasillo *(m.)*
cost   costar **(ue)**
cotton   algodón *(m.)*
couch potato   teleadicto(a)
count   contar **(ue)**
country   campo *(m.)* *(countryside)*, país *(m.)* *(nation)*
couple   pareja *(f.)*
court   corte *(f.)* *(legal)*, cancha *(f.)* *(sports)*
courteous   cortés
courteously   cortésmente
cousin   primo(a)
cover   *n.* cubierta *(f.)*; *v.* abarcar, cubrir, tapar
crab   cangrejo *(m.)*
crafts   artesanías *(f. pl.)*
crazy   loco(a); **to be crazy about** estar loco(a) por
create   crear
creative   creativo(a)
credit   crédito *(m.)*
criticism   crítica *(f.)*
cruel   cruel
cry   llorar; **cry out**   gritar
cultivate   cultivar
curious   curioso(a)
currently   actualmente
custom   costumbre *(f.)*
cut   cortar; **cut oneself**   cortarse
cycling   ciclismo *(m.)*
cymbal   címbalo *(m.)*

D

daddy   papá *(m.)*
daily   diario(a)
damage   dañar, hacer daño
dance   *n.* baile *(m.)*; *v.* bailar
dangerous   peligroso(a)

dark   moreno(a) *(complexion and hair)*, oscuro(a)
date   cita *(f.)*, fecha *(f.)*; *v.* salir juntos
daughter   hija *(f.)*
day   día *(m.)*
dead (to be)   estar muerto(a)
deal with   tratar de
dean   decano(a)
death   muerte *(f.)*
debate   debate *(m.)*
debt   deuda *(f.)*
deceive   engañar
December   diciembre *(m.)*
decide   decidir
decision   decisión *(f.)*
decorate   decorar
dedicate   dedicar
defeat   derrotar
defend   defender **(ie)**
degree   grado *(m.)*, licenciatura *(f.)* *(school)*
delicious   delicioso(a), rico(a), sabroso(a)
Delighted.   Encantado(a).
deliver   entregar
demand   exigir
demanding   exigente
democracy   democracia *(f.)*
demonstration   manifestación *(f.)*
denounce   denunciar
dentist   dentista *(m./f.)*
depressed   deprimido(a); **to become depressed**   deprimirse
descendant   descendiente *(m./f.)*
describe   describir
description   descripción *(f.)*
desert   desierto *(m.)*
deserve   merecer
design   diseñar
desire   *n.* deseo *(m.)*; *v.* desear
desired   deseado(a)
desk (pupil's)   pupitre *(m.)*; **teacher's desk**   escritorio *(m.)*
dessert   postre *(m.)*
destroy   destruir
detail   detalle *(m.)*
detailed   detallado(a)
determine   determinar
detest   detestar
develop   desarrollar, revelar *(film)*
dialogue   diálogo *(m.)*
diaper   pañal *(m.)*

dictatorship dictadura *(f.)*
dictionary diccionario *(m.)*
die morir, morirse
diet dieta *(f.)*
difference diferencia *(f.)*
different distinto(a)
difficult difícil, duro(a)
dining room comedor *(m.)*
dinner cena *(f.)*; **eat dinner** cenar
direct dirigir
directly directamente
dirt suciedad *(f.)*
dirty sucio(a)
disadvantage desventaja *(f.)*
disagreeable antipático(a)
disappear desaparecer
disaster desastre *(m.)*
discipline disciplina *(f.)*
discotheque discoteca *(f.)*
discourteous descortés
discover descubrir
discovery descubrimiento *(m.)*
discrimination discriminación *(f.)*
dish plato *(m.)*; **dishes** trastes
   (m. pl.)
dishwasher lavaplatos *(m. s.)*
dismiss despedir **(i, i)**
disorganized desorganizado(a)
distant alejado(a)
diversity diversidad *(f.)*
divide dividir
do hacer
doctor médico(a)
dog perro(a)
dollar dólar *(m.)*
domination dominación *(f.)*
donate donar
Don't worry. No te preocupes.
door puerta *(f.)*
dorm residencia *(f.)*
double doble
doubt *n.* duda *(f.)*; *v.* dudar
doubtful incierto(a)
downtown centro *(m.)*
dozen docena *(f.)*
drawing dibujo *(m.)*
dream *n.* sueño *(m.)*; *v.* soñar **(ue)**
dress *n.* vestido *(m.)*; *v.* vestir **(i, i)**;
   to get dressed vestirse **(i, i)**
drink *n.* bebida *(f.)*; *v.* beber, tomar
drive conducir, manejar
driver chófer *(m./f.)*

drizzle lloviznar
drown ahogarse
drum tambor *(m.)*; *(pl.)* batería *(m.)*
drunk borracho(a); **get drunk**
   emborracharse
dumb tonto(a)
during durante, por; **during the day**
   de día
dust *n.* polvo *(m.)*; *v.* pasar el trapo
dwelling vivienda *(f.)*

E

each cada
ear (outer ear) oreja *(f.)*; **ear (inner
   ear)** oído *(m.)*
early temprano
earn ganar
earthly terrestre
earthquake terremoto *(m.)*
east este *(m.)*
Easter Pascua Florida *(f.)*
easy fácil
eat comer; **eat breakfast** desayunar; **eat lunch** almorzar **(ue)**; **eat
   dinner** cenar
economics economía *(f.)*
educated educado(a)
effect efecto *(m.)*
efficient eficaz
effort esfuerzo *(m.)*
egg huevo *(m.)*
eight ocho *(m.)*
eighth octavo(a)
either . . . or o... o
elbow codo *(m.)*
elect elegir **(i, i)**
election elección *(f.)*
electric shaver máquina de afeitar *(f.)*
electric shock choque eléctrico *(m.)*,
   sacudida eléctrica *(f.)*
electrical current corriente *(f.)*
elegant elegante
eliminate eliminar
elongated alargado(a)
embrace abarcar
emerald esmeralda *(f.)*
emergency emergencia *(f.)*
emergency room sala de
   urgencias *(f.)*
emigrate emigrar
empire imperio *(m.)*

employee empleado(a)
employment empleo *(m.)*
empty vacío(a)
encourage animar
end *n.* fin *(m.)*; *v.* terminar
endure aguantar
energy energía *(f.)*
engineering ingeniería *(f.)*
English *n.* inglés *(m.)*; *adj.* inglés,
   inglesa
enjoy disfrutar; **enjoy oneself**
   divertirse **(ie, i)**
enormous enorme
enough bastante, suficiente
enter entrar
entertain divertir **(ie, i)**
entrance entrada *(f.)*
enumerate enumerar
envelope sobre *(m.)*
environment medio ambiente *(m.)*
episode episodio *(m.)*
eraser borrador *(m.)*
escape escapar
essential esencial
establish establecer
ethnic étnico(a)
even aun; **even though** aun
event evento *(m.)*
every cada; **every day** todos los días
everybody todo el mundo
everyone todo el mundo
evident evidente
evolution evolución *(f.)*
exact exacto(a)
exaggerate exagerar
exam examen *(m.)*
example ejemplo *(m.)*
exceed sobrepasar
excel sobresalir
excellent excelente
exception excepción *(f.)*
exceptional excepcional
exchange intercambio *(m.)*
excuse excusa *(f.)*
exercise hacer ejercicio
exhausted (to be) estar molido(a)
exhibition exhibición *(f.)*
expect esperar
expense gasto *(m.)*
expensive caro(a)
experience experiencia *(f.)*
explain explicar

explode explotar
express expresar; **express an opinion** opinar
expression expresión (f.)
exquisite exquisito(a)
extended family members familiares (m. pl.)
extraordinary único(a)
extreme extremo(a)
eye ojo (m.)

F

fabulous fabuloso(a)
facade portada (f.)
face cara (f.)
fact dato (m.), hecho (m.)
factory fábrica (f.)
fail fracasar
fair justo(a)
fairy tale cuento de hadas (m.)
fall caer; **fall asleep** dormirse (ue, u); **fall down** caerse; **fall in love** enamorarse
fallen caído(a)
false falso(a)
family familia (f.)
famous famoso(a)
fan (of sporting events) aficionado(a)
fanatic fanático(a)
fantastic fantástico(a)
far from lejos de
farmer campesino(a)
fascinate fascinar
fascinating fascinante
fast pronto, rápidamente, rápido(a)
fat gordo(a)
father padre (m.)
Father's Day día del Padre (m.)
fault n. culpa (f.); **be at fault** tener la culpa (ie)
favorite favorito(a)
fear temer
February febrero (m.)
fed up (to be) estar harto(a) de
feel sentir (ie, i), sentirse (ie, i); **feel fine** sentirse bien (ie, i); **feel like** tener ganas de (ie)
feelings sentimientos (m. pl.)
fever fiebre (f.)
fifth quinto(a)

fight pelea (f.)
filling station gasolinera (f.)
film n. película (f.); v. filmar
filth suciedad (f.)
finance financiar
find encontrar (ue)
fine adv. bien; n. multa (f.)
Fine, thank you. Bien, gracias. Muy bien, gracias.
finger dedo (m.); **finger-licking good** para chuparse los dedos
finish terminar
fire n. incendio (m.); v. disparar (a gun), despedir (i, i) (from a job)
firefighter bombero(a)
firm firma (f.)
first primer, primero(a)
first aid primeros auxilios (m. pl.)
fish pescado (m.)
fit sano(a)
five cinco (m.)
fix arreglar
flat tire llanta desinflada (f.)
flavor sabor (m.)
flight vuelo (m.)
floor piso (m.)
flower flor (f.)
fly volar (ue)
fog neblina (f.)
folder carpeta (f.)
follow perseguir (i, i), seguir (i, i)
follower seguidor(a) (m./f.)
following siguiente
fondness afición (f.)
food comida (f.)
foolish tonto(a)
foot pie (m.)
football fútbol americano (m.)
for para, por
forbid prohibir
force fuerza (f.)
forecast (weather) pronóstico (m.)
foreign extranjero(a)
forest bosque (m.), selva (f.)
forget olvidar
fork tenedor (m.)
form forma (f.)
formal formal
fortunately por suerte
fortune fortuna (f.)
forward delantero(a)

founded fundado(a)
fountain fuente (f.)
four cuatro (m.)
free adj. gratis, libre; v. librar
French francés, francesa
frequently con frecuencia
fresh fresco(a)
Friday viernes (m.)
fried frito(a)
friend amigo(a)
friendship amistad (f.)
from de
front portada (f.)
frozen congelado(a)
fruit fruta (f.)
frustrated frustrado(a)
fryer (chicken) pollo
full satisfecho(a); **full of** lleno de
full-time tiempo completo (m.)
function funcionar
funny chistoso(a), cómico(a), divertido(a)
furious furioso(a)
furnish proveer
furnished amueblado(a)
furniture mueble (m.)
future futuro (m.)

G

gain weight subir de peso
galoshes botas de goma (f. pl.)
game (competitive) partido (m.), juego (m.)
garage garaje (m.)
garden jardín (m.)
garment prenda (f.)
gas station gasolinera (f.)
gasoline gasolina (f.)
gather recoger
gathered reunido(a)
gathering reunión (f.)
gender género (m.)
generation generación (f.)
generous generoso(a)
genius genio (m./f.)
German n. alemán; adj. alemán, alemana
get conseguir (i, i); **get ahead** adelantarse; **get along well** llevarse bien; **get down** bajarse; **get hurt**

lesionarse; **get off** bajarse; **get on** subir, montar; **get together** juntarse, reunirse; **get up** levantarse

gift regalo *(m.)*; **give a gift** regalar

gigantic gigantesco(a)

girl chica *(f.)*, muchacha *(f.)*

girlfriend novia *(f.)*

give dar; **give a gift** regalar; **give assistance** prestar auxilio

glance vistazo *(m.)*

glass vaso *(m.)*; **glass of wine** copa de vino *(f.)*

glove guante *(m.)*

go ir; **go away** irse; **go camping** acampar; **go down** bajar; **go for a ride** pasear; **go forward** adelantarse; **go out** salir; **go shopping** ir de compras; **go to bed** acostarse **(ue)**; **go up** subir

goal arco *(m.)*, gol *(m.)*

goalie arquero(a)

goalkeeper arquero(a)

goblet copa *(f.)*

god dios(a)

gold oro *(m.)*

good bueno(a); **good-bye** adiós; Hasta la vista.; **good-looking** bien parecido(a), guapo(a); **good luck** buena suerte *(f.)*

Good afternoon. Buenas tardes. *(f. pl.)*

Good evening. Buenas noches. *(f. pl.)*

Good heavens! ¡Caramba!

Good morning. Buenos días. *(m. pl.)*

Goodness! ¡Caramba!

gorge barranca *(f.)*

govern gobernar

governor gobernador(a)

government gobierno *(m.)*

grade nota *(f.)*; **get good grades** sacar buenas notas

graduate graduarse

grandfather abuelo *(m.)*

grandmother abuela *(f.)*

grandparents abuelos *(m. pl.)*

green verde

greens verduras *(f. pl.)*

greeting saludo *(m.)*

grey gris

grill parrilla *(f.)*

grilled a la parrilla

ground terreno *(m.)*

group grupo *(m.)*

guarantee garantizar

guard *n.* guardia *(m./f.)*, defensor(a); *v.* vigilar

guess adivinar

guest invitado(a)

guide guía *(m./f.)*

guilty culpable

guitar guitarra *(f.)*

guitar player guitarrista *(m./f.)*

gun pistola *(f.)*

gymnastics gimnasia *(f.)*

H

habit hábito *(m.)*, rutina *(f.)*

hair pelo *(m.)*; **hair dryer** secador *(m.)*

hairdresser peluquero(a)

half mitad *(f.)*

ham jamón *(m.)*

hamburger hamburguesa *(f.)*

hand mano *(f.)*; **hand in** entregar

handicrafts artesanías *(f. pl.)*

handkerchief pañuelo *(m.)*

handle tratar

hang colgar **(ue)**; **hang up** colgar **(ue)**

happiness felicidad *(f.)*

happy *adj.* feliz, contento(a); **to be happy** *v.* alegrarse; **Happy birthday!** ¡Feliz cumpleaños!

hard duro(a); **hard-working** *adj.* trabajador(a)

hate odiar

have tener **(ie)**; **have to** tener que; **have a blowout** reventar una llanta **(ue)**; **have a good time** divertirse **(ie, i)**; **have clear skies** estar despejado; **have good weather** hacer buen tiempo; **would have** tendría

head cabeza *(f.)*

headache dolor de cabeza *(m.)*

heading titular *(m.)*, título *(m.)*

headlight luz *(f.)*, faro *(m.)*

headline titular *(m.)*

headphones audífonos *(m. pl.)*

health salud *(f.)*

healthy sano(a)

hear oír

heart corazón *(m.)*; **heart attack** ataque cardíaco *(m.)*

height estatura *(f.)*

Hello! ¡Hola!

helmet casco *(m.)*

help *n.* ayuda *(f.)*; *v.* ayudar; **Help!** ¡Auxilio! ¡Socorro!

her *dir. obj. pron. s.* la; *indir. obj. pron. s.* le

here acá, aquí

highlands altiplano *(m.)*

highway carretera *(f.)*

him *dir. obj. pron. s.* lo; *indir. obj. pron. s.* le

Hispanic hispano(a)

history historia *(f.)*

hit *n.* golpe *(m.)*; *v.* golpear, pegar

holy sagrado(a)

home hogar *(m.)*; **home run** jonrón *(m.)*

homework tarea *(f.)*

honest honesto(a)

hope esperanza *(f.)*

hors d'oeuvres tapas *(f. pl.)*

horse caballo *(m.)*

hospital hospital *(m.)*

hot *adj.* caliente; **to be hot** *v.* hacer calor *(weather)*, tener calor **(ie)** *(person)*; **hot sauce** salsa picante *(f.)*

hotel hotel *(m.)*

hour hora *(f.)*

house casa *(f.)*

housing vivienda *(f.)*

How? ¿Cómo?; **How are you?** ¿Cómo estás?, ¿Qué tal?; **How many?** ¿Cuántos(as)?; **How much?** ¿Cuánto(a)?

human humano(a)

humid húmedo(a)

hungry (to be) tener hambre **(ie)**

hurry up apúrese; **to be in a hurry** tener prisa **(ie)**

hurt dañar, lastimar, doler **(ue)**, hacer daño; **hurt oneself** lastimarse

husband esposo *(m.)*

I

I yo; **I am** soy; **I hope** ojalá; **I'd like you to meet . . .** Te presento a...

ice hielo *(m.)*

ice cream helado *(m.)*
ideal ideal
identical idéntico(a)
identify identificar
ignore ignorar
illness enfermedad *(f.)*
illustrate ilustrar
image imagen *(f.)*
imagination imaginación *(f.)*
imagine imaginar, imaginarse
immediately en seguida, inmediatamente
immense inmenso(a)
impartial imparcial
impatient impaciente
important importante
impossible imposible
impress impresionar
impression impresión *(f.)*
impressive impresionante
improbable improbable
in *prep.* en, por; *adv.* adentro; **in a short while** al rato; **in case** en caso (de) que; **in charge** encargado(a); **in exchange for** por; **in fact** en efecto; **in front of** delante de, enfrente de; **in love** enamorado(a); **in order to** para; **in place of** por; **in relation to** con respecto a; **in spite of** a pesar de; **in the back** al fondo
Incan incaico(a)
incident incidente *(m.)*
inclined to estar dispuesto(a) a...
include incluir
income ingresos *(m. pl.)*
inconvenient inconveniente
increase añadir, aumentar
incredible increíble
index índice *(m.)*
Indian indígena, indio(a)
indicate indicar, señalar
individual *n.* individuo *(m.)*; *adj.* individuo(a)
industry industria *(f.)*
inexpensive barato(a)
infancy infancia *(f.)*
influence influencia *(f.)*
inform informar
information información *(f.)*
inhabitant habitante *(m./f.)*

inhumane inhumano(a)
initiate iniciar
injection (shot) inyección *(f.)*
injure lastimar; herir **(ie, i)**
injured *adj.* herido(a), lesionado(a)
inner ear oído *(m.)*
innocent inocente
innovator innovador(a)
inside adentro
insinuate insinuar
insist insistir (en)
inspire inspirar
instability inestabilidad *(f.)*
instrument instrumento *(m.)*
insurance seguro *(m.)*
insure asegurar
insured asegurado(a)
integrate integrar
intelligent inteligente
intended for para
interest interés *(m.)*
interesting interesante
international internacional
interpret interpretar
interview *n.* entrevista *(f.)*; *v.* entrevistar
intimate íntimo(a)
introduction presentación *(f.)*
invent inventar
invest invertir **(ie, i)**
invitation invitación *(f.)*
invite invitar
iron planchar
ironic irónico(a)
irony ironía *(f.)*
irrigation irrigación *(f.)*
island isla *(f.)*
isolated aislado(a)
it *dir. obj. pron.* lo, la; *indir. obj. pron.* le; *sub pron.* él, ella; **it is sunny** hay sol
itinerary itinerario *(m.)*

J

jacket chaqueta *(f.)*
janitor conserje *(m.)*
January enero *(m.)*
Japanese japonés, japonesa
jealous envidioso(a)
jeans jeans *(m. pl.)*; **blue jeans** vaqueros *(m. pl.)*

jewel joya *(f.)*
job puesto *(m.)*
jolt sacudida *(f.)*
jot down anotar
juice jugo *(m.)*
juicy jugoso(a)
July julio *(m.)*
jump *n.* salto *(m.)*; *v.* saltar
June junio *(m.)*
just justo(a)

K

keep guardar; **keep calm** mantener la calma **(ie)**
ketchup salsa de tomate *(f.)*
key llave *(f.)*
keyboard teclado *(m.)*
kick patear
kill matar
kiosk kiosko *(m.)*
king rey *(m.)*
kiss beso *(m.)*
kitchen cocina *(f.)*
knee rodilla *(f.)*
knife cuchillo *(m.)*
know conocer; **know facts** saber; **know how to** saber

L

laboratory laboratorio *(m.)*
laborer obrero(a)
lack faltar
lady dama *(f.)*, señora *(f.)*
lake lago *(m.)*
lamp lámpara *(f.)*
land terreno *(m.)*, tierra *(f.)*
lane pista *(f.)*
language lengua *(f.)*, idioma *(m.)*
large grande
last *adj.* último(a); *v.* durar; **last name** apellido *(m.)*; **last night** anoche
late tarde
later posteriormente
latest último(a)
laugh reírse **(i, i)**
laundry lavandería *(f.)*
law derecho *(m.)*, ley *(f.)*
lawyer abogado(a)

lazy flojo(a), perezoso(a)
leader líder *(m./f.)*
league liga *(f.)*
learn aprender
leave salir
leave behind dejar
left izquierdo(a)
leg pierna *(f.)*
legally legalmente
lemon limón *(m.)*
lemonade limonada *(f.)*
lend prestar
less menos
letter carta *(f.)*
lettuce lechuga *(f.)*
level nivel *(m.)*
liberal liberal
liberate librar
library biblioteca *(f.)*
license licencia *(f.)*
lie *n.* mentira *(f.)*; *v.* mentir **(ie, i)**
lieutenant teniente *(m./f.)*
life vida *(f.)*
lifeguard salvavidas *(m./f.)*
lifesaver salvavidas *(m./f.)*
lift levantar
light luz *(f.)*
like gustar; **I (he, she, it) would like** quisiera
likeable simpático(a)
likewise igualmente
liking afición *(f.)*
limit límite *(m.)*
list lista *(f.)*
Listen! ¡Oye!; **Listen to me!** ¡Escúchame!
literature literatura *(f.)*
little pequeño(a), poco(a)
live vivir
living room sala *(f.)*
load cargar
lobster langosta *(f.)*
local local
location ubicación *(f.)*
lodging alojamiento *(m.)*
long largo(a)
look at mirar; **look for** buscar
loose suelto(a)
lose perder **(ie)**; **lose weight** bajar de peso
lost perdido(a)

lots montón *(m.)*
lottery lotería *(f.)*
loud fuerte
love amar, querer **(ie)**; **to be in love with** estar enamorado(a) de; **I would love to.** Me encantaría.
loving amoroso(a)
lower bajar
luckily por suerte
lucky (to be) tener suerte **(ie)**
luggage equipaje *(m.)*
lumber madera *(f.)*
lunch almuerzo *(m.)*; **have lunch** almorzar **(ue)**

M

machine máquina *(f.)*
macho *n.* macho *(m.)*; *adj.* machista
magazine revista *(f.)*
maintain mantener **(ie)**
major *n.* especialización *(f.)*; *v.* especializarse
majority mayoría *(f.)*
make hacer; **make the bed** hacer la cama; **make decisions** tomar decisiones
male varón *(m.)*
mall centro comercial *(m.)*
man hombre *(m.)*, varón *(m.)*; **young man** joven *(m.)*
manage manejar
manager gerente *(m./f.)*
manner manera *(f.)*, modo *(m.)*
marathon maratón *(m.)*
March marzo *(m.)*
march marchar
mark marcar
marmalade mermelada *(f.)*
marriage casamiento *(m.)*
marry casar; **get married** casarse
mathematics matemáticas *(f. pl.)*
May mayo *(m.)*
mayonnaise mayonesa *(f.)*
mayor alcalde *(m.)*, alcaldesa *(f.)*
me *dir. obj. pron.* me; *indir. obj. pron.* me; *refl. pron.* me
Me? ¿Yo?
meaning significado *(m.)*
measure medir **(i, i)**
meat carne *(f.)*

mechanic mecánico(a)
medal medalla *(f.)*
meeting reunión *(f.)*
melon melón *(m.)*
member miembro *(m./f.)*
memory memoria *(f.)*
mention mencionar
menu menú *(m.)*
message mensaje *(m.)*
military militar *(m.)*
milk leche *(f.)*
mirror espejo *(m.)*
Miss señorita *(f.)*
miss extrañar, echar de menos; **miss class** faltar a clase
missing (to be) faltar
modest modesto(a)
moment momento *(m.)*
Monday lunes *(m.)*
money dinero *(m.)*
monkey mono(a)
monologue monólogo *(m.)*
month mes *(m.)*
monthly mensual
moon luna *(f.)*
more más
morning mañana *(f.)*
mother mamá *(f.)*, madre *(f.)*; **Mother Nature** madre naturaleza; **Mother's Day** día de la Madre *(m.)*
motor motor *(m.)*
motorcycle moto *(f.)*
mountain montaña *(f.)*, monte *(m.)*
mountain climbing alpinismo *(m.)*, andinismo *(m.)*
mouse ratón *(m.)*; **mouse pad** almohadilla *(f.)*
mouth boca *(f.)*
move mudarse
movie theater cine *(m.)*; **movie/theater section of newspaper** espectáculos *(m. pl.)*
mow the lawn cortar el césped
Mr. señor *(m.)*
Mrs. señora *(f.)*
much mucho(a)
museum museo *(m.)*
mushroom champiñón *(m.)*
music música *(f.)*
musician músico *(m./f.)*
mustache bigote *(m.)*

mustard mostaza *(f.)*
my *poss. adj.* mi; **My name is . . .** Me llamo..., Mi nombre es...
mysterious misterioso(a)

N

name *n.* nombre *(m.)*; *v.* nombrar
napkin servilleta *(f.)*
narrate narrar
narrow angosto(a), estrecho(a)
national nacional
native indígena *(m./f.)*
naturally naturalmente
nature naturaleza *(f.)*
navigate navegar
near cerca de
necklace collar *(m.)*
necktie corbata *(f.)*
need necesitar
negation negación *(f.)*
negative negativo(a)
neighbor vecino(a)
neighborhood barrio *(m.)*
neither tampoco; **neither . . . nor** ni... ni
nervous nervioso(a)
net red *(f.)*
never jamás, nunca
nevertheless sin embargo
new nuevo(a)
news noticias *(f. pl.)*
newscaster noticiero(a)
newspaper periódico *(m.)*; **newspaper reporter** periodista *(m./f.)*
next próximo(a), siguiente; **next to** junto(a)
nice amable
night noche *(f.)*
nightly de noche
nine nueve *(m.)*
ninth noveno(a)
no no; **no one** nadie; **No wonder!** ¡Con razón!
Nobel Prize Premio Nóbel *(m.)*
nobody nadie
nocturnal nocturno(a)
none ningún (ninguno, ninguna)
north norte *(m.)*
nose nariz *(f.)*

not any ninguno(a); **not even** ni siquiera; **Not very well.** No muy bien.
note nota *(f.)*
notebook cuaderno *(m.)*
nothing nada
notice fijarse, notar
noun sustantivo *(m.)*
novel novela *(f.)*
novelist novelista *(m./f.)*
November noviembre *(m.)*
now ahora
number número *(m.)*

O

object to oponerse
obligated obligado(a)
obligation obligación *(f.)*
oblige obligar
observe observar
obstruct impedir **(i, i)**
obtain conseguir **(i)**, obtener **(ie)**
obvious obvio(a)
obviously obviamente
occasion ocasión *(f.)*
occupied ocupado(a)
occupy ocupar
occur ocurrir
October octubre *(m.)*
of de; **of course** por supuesto, ¡Claro que sí!
offer *n.* oferta *(f.)*; *v.* ofrecer
office oficina *(f.)*; **cashier's office** caja *(f.)*
Oh! ¡Ay!; **Oh!, Ouch!** *interj.* ¡Huy!
oil aceite *(m.)*, petróleo *(m.)*
old viejo(a); **be . . . years old** tener... años **(ie)**; **old age** vejez *(f.)*; **old-fashioned** anticuado(a); **very old** antiguo(a)
older mayor
on en, por; **on foot** a pie; **on special** en oferta; **on top of** encima de, sobre
once in a while de vez en cuando
one uno *(m.)*
only *adv.* sólo; *adj.* único(a)
open *v.* abrir; *p.p.* abierto(a)

operator operador(a)
opportunity oportunidad *(f.)*
oppose oponerse
opposite opuesto(a), contrario(a); **opposite direction** sentido contrario *(m.)*
opposition oposición *(f.)*
optimist optimista *(m./f.)*
orange *adj.* anaranjado(a) *(color)*; *n.* naranja *(f.)* *(fruit)*; **orange juice** jugo de naranja *(m.)*
order orden *(m.)*
organization organización *(f.)*
organize ordenar, organizar
origin origen *(m.)*
other otro(a)
out afuera
outer ear oreja *(f.)*
outside afuera
outstanding sobresaliente; **be outstanding** sobresalir
oven horno *(m.)*
over sobre; **over here** acá
overcoat sobretodo *(m.)*
own propio(a)
owner amo(a), dueño(a)

P

pace paso *(m.)*
pack a suitcase empacar
page página *(f.)*
pain dolor *(m.)*
painting cuadro *(m.)*
pair par *(m.)* *(things)*, pareja *(f.)* *(people)*
pajamas pijamas *(m. pl.)*
pants pantalones *(m. pl.)*
papa papá *(m.)*
paper papel *(m.)*
parents padres *(m. pl.)*
park *n.* parque *(m.)*; *v.* aparcar, estacionar
parking ticket multa *(f.)*
participate participar
partner compañero(a)
party fiesta *(f.)*
pass pasar; **pass a class** aprobar **(ue)**
passage pasillo *(m.)*

passport pasaporte *(m.)*
past pasado(a)
pastime pasatiempo *(m.)*
pastoral pastoril
patience paciencia *(f.)*
patient *n.* paciente *(m./f.)*; *adj.* paciiente
patio patio *(m.)*
pay *n.* sueldo *(m.)*; *v.* pagar; **I would pay** pagaría; **pay attention to** atender **(ie)**
peace paz *(f.)*
peaceful tranquilo(a)
peach durazno *(m.)*
pen (ballpoint) bolígrafo *(m.)*
pencil lápiz *(m.)*; **pencil eraser** goma *(f.)*
people gente *(f.)*
pepper pimienta *(f.)*
percent por ciento
percentage porcentaje *(m.)*
percussion batería *(f.)*
perfect perfecto(a)
performance actuación *(f.)*
permit dejar, permitir
person persona *(f.)*
personality personalidad *(f.)*
perspiration sudor *(m.)*
perspire sudar
persuade persuadir
petroleum petróleo *(m.)*
pharmacy farmacia *(f.)*
phenomenal fenomenal
phone teléfono *(m.)*; **phone call** llamada *(f.)*
photo foto *(f.)*
photograph fotografía *(f.)*
physical education educación física *(f.)*
physics física *(f.)*
piano piano *(m.)*
pick up recoger
piece pieza *(f.)*
pill pastilla *(f.)*
pineapple piña *(f.)*
pirate pirata *(m.)*
pitcher lanzador(a)
pity lástima *(f.)*
place lugar *(m.)*
plan *v.* pensar **(ie)**, planear

plans planes *(m. pl.)*
plastic plástico *(m.)*
plate plato *(m.)*
play *n.* obra de teatro *(f.) (as in theater)*; *v.* jugar **(ue)**; **play a sport** practicar un deporte; **play an instrument** tocar; **play the role** hacer el papel
player jugador(a)
pleasant simpático(a)
Pleased to meet you. Mucho gusto.
plug in enchufar
pocket bolsillo *(m.)*
point punto *(m.)*
poison veneno *(m.)*
police force policía *(f.)*; **police officer** policía *(m./f.)*
polite cortés
politely cortésmente
political party partido *(m.)*
political político(a)
political science ciencias políticas *(f. pl.)*
politician político *(m./f.)*
politics política *(f.)*
pollution contaminación *(f.)*
popular popular
popularity popularidad *(f.)*
populated poblado(a)
population población *(f.)*
pork carne de puerco *(f.)*
position puesto *(m.)*
positive positivo(a)
positively positivamente
possess poseer
possibility posibilidad *(f.)*
post card tarjeta postal *(f.)*
potato papa *(f.)*, patata *(f.)*
poverty pobreza *(f.)*
powerful poderoso(a)
practice practicar
precaution precaución *(f.)*
precious precioso(a)
precise preciso(a)
precisely con precisión
pre-Columbian precolombino(a)
predict predecir **(i)**
prefer preferir **(ie, i)**
preference preferencia *(f.)*
pregnancy embarazo *(m.)*

pregnant embarazada
preoccupied preocupado(a)
preparation preparación *(f.)*
prepare preparar; **prepare dinner** preparar la cena
prescribe recetar
presentation presentación *(f.)*
president (of a university) rector(a)
press prensa *(f.)*
pressure presión *(f.)*
pretend aparentar
pretty lindo(a)
previous anterior
price precio *(m.)*
pride orgullo *(m.)*
printer impresora *(f.)*
prisoner prisionero(a)
private privado(a)
privilege privilegio *(m.)*
prize premio *(m.)*
problematic problemático(a)
process proceso *(m.)*
proclaim proclamar
product producto *(m.)*
profession profesión *(f.)*
professional profesional
professor profesor(a)
profound profundo(a)
profoundly profundamente
program programa *(m.)*
programmer programador(a)
progressive progresista *(m./f.)*
prohibit prohibir
project *n.* proyecto *(m.)*; *v.* proyectar
promise *n.* promesa *(f.)*; *v.* prometer
propose proponer
proprietor amo(a); dueño(a)
protect proteger
protest protestar
provide proveer
provided (that) con tal (de) que
provoke provocar
prudent sensato(a)
psychiatrist psiquiatra *(m./f.)*
public *n.* público *(m.)*; *adj.* público(a)
publication publicación *(f.)*
publish publicar
pull one's leg tomar el pelo

punctual puntual
punctuation puntuación *(f.)*
pure puro(a)
purse bolso *(m.)*, cartera *(f.)*
put poner; **put in order** ordenar; **put one's room in order** ordenar el cuarto

Q

quality calidad *(f.) (nature, grade)*, cualidad *(f.) (attribute, characteristic)*
quantity cantidad *(f.)*
queen reina *(f.)*
question pregunta *(f.)*
quick pronto
quietly en voz baja

R

race carrera *(f.) (car)*, raza *(f.) (ethnic)*
racist racista *(m./f.)*
radiator radiador *(m.)*
radio radio *(f.)*; **radio announcer** locutor(a)
radish rábano *(m.)*
railroad ferrocarril *(m.)*
rain *n.* lluvia *(f.)*; *v.* llover **(ue)**; **rain cats and dogs** llover a cántaros **(ue)**; **rain lightly** lloviznar
rainbow arco iris *(m.)*
raincoat impermeable *(m.)*
rainy lluvioso(a)
raise levantar
rapid pronto(a), rápido(a)
rapidly rápidamente
rapper rapero(a)
rare raro(a)
ravine barranca *(f.)*
raw crudo(a)
reach alcanzar
react reaccionar
read leer
reading selection lectura *(f.)*
ready disponible; **to be ready** estar listo(a)
reality realidad *(f.)*
realize cumplir
really de veras
rearview mirror retrovisor *(m.)*
reborn (to be) renacer
recall acordarse **(ue)**

receive recibir
recent reciente
recently recientemente
receptionist recepcionista *(m./f.)*
reclaimed reclamado(a)
recognize reconocer
recommend recomendar **(ie)**
recommendation recomendación *(f.)*
reconstruct reconstruir
record *n.* disco *(m.)*; *v.* grabar
red rojo(a)
red wine vino tinto *(m.)*
reduced en rebaja
reduction rebaja *(f.)*
reef arrecife *(m.)*
referee árbitro(a)
reflect reflejar
refrigerator nevera *(f.)*
refuge refugio *(m.)*
region región *(f.)*
registration matrícula *(f.)*
reject rechazar
rejection rechazo *(m.)*
relate relacionar
relation relación *(f.)*
relative pariente *(m./f.)*
relax relajarse
religious religioso(a)
remain permanecer, quedarse
remember acordarse **(ue)**, recordar **(ue)**
remembrance memoria *(f.)*
remote alejado(a)
rent *n.* alquiler *(m.)*; *v.* alquilar
repeat repetir **(i, i)**
replace reemplazar
report *n.* informe *(m.)*; *v.* reportar
represent representar
representative representante *(m./f.)*
researcher investigador(a)
reservation reservación *(f.)*
reserved reservado(a)
residence residencia *(f.)*
resolution resolución *(f.)*
resolve resolver **(ue)**
resource recurso *(m.)*
respect *n.* respeto *(m.)*; *v.* respetar
respond responder
response respuesta *(f.)*
responsibility responsabilidad *(f.)*; **responsibilities** deberes *(m. pl.)*

rest *n.* resto *(m.)*; *v.* descansar, hacer la siesta
restaurant restaurante *(m.)*
restore restaurar
retire jubilarse
return *n.* retorno *(m.)*; *v.* regresar, volver **(ue)**, devolver **(ue)** *(something)*
reunite reunirse
reunited reunido(a)
reveal revelar
revenue ingresos *(m. pl.)*
review revisar
revise revisar
revolution revolución *(f.)*
rhythm ritmo *(m.)*
rice arroz *(m.)*
rich rico(a)
riddle adivinanza *(f.)*
ride montar
right derecho(a); **to be right** tener razón **(ie)**
rigorous riguroso(a)
ring sonar **(ue)**; **ring the doorbell** tocar el timbre
ring-ring rin-rin
roasted asado(a)
rob robar
robbery robo *(m.)*
robust robusto(a)
rock piedra *(f.)*
role papel *(m.)*
role-play dramatizar
roll (of film) rollo *(m.)*
romantic romántico(a)
roof techo *(m.)*
room cuarto *(m.)*, habitación *(f.)*
roommate compañero(a) de cuarto
rose rosa *(f.)*
round redondo(a)
route ruta *(f.)*
routine rutina *(f.)*
ruins ruinas *(f. pl.)*
rule regla *(f.)*
run *n.* pista *(f.) (ski)*; *v.* correr, funcionar *(a motor)*; **run away** huir

S

sacred sagrado(a)
sacrifice oneself sacrificarse

sad triste
safety seguridad *(f.)*
salad ensalada *(f.)*
salary salario *(m.)*, sueldo *(m.)*
sale liquidación *(f.)*
salesclerk dependiente(a), vendedor(a)
salt sal *(f.)*
salty salado(a)
same igual, mismo(a)
sand arena *(f.)*
sandwich sándwich *(m.)*
satisfied satisfecho(a)
Saturday sábado *(m.)*
sauce salsa *(f.)*
sausage salchicha *(f.)*
sauteed in garlic al ajillo
save ahorrar
saxophone saxofón *(m.)*
say decir **(i)**
scarce escaso(a)
scarf bufanda *(f.)*
scene escena *(f.)*
school escuela *(f.)*, colegio *(m.)*; **elementary school** escuela primaria; **high school** escuela secundaria
scrambled (egg) revuelto
scream *n.* grito *(m.)*; *v.* gritar
scuba dive bucear
sculpture escultura *(f.)*
sea mar *(m./f.)*
seafood marisco *(m.)*
season estación *(f.)*, temporada *(f.)*
seat asiento *(m.)*
second segundo(a)
secret secreto *(m.)*
secretary secretario(a)
security seguridad *(f.)*
see ver; **See you later.** Hasta luego.; **See you soon.** Hasta pronto.; **See you tomorrow.** Hasta mañana.
seem parecer
select elegir **(i, i)**, escoger, seleccionar
sell vender
seller vendedor(a)
semester semestre *(m.)*
send enviar, mandar
sense sentido *(m.)*

sensible sensato(a)
sensitive sensible
sentiments sentimientos *(m. pl.)*
separate separar
September septiembre *(m.)*
series serie *(f.)*
serious serio(a)
servant sirviente(a)
serve servir **(i, i)**
set the table poner la mesa
seven siete *(m.)*
seventh séptimo(a)
shame lástima *(f.)*
shampoo champú *(m.)*
share compartir
sharp point pico *(m.)*
shatter romperse
shave afeitarse
sheet of paper hoja de papel *(f.)*
shellfish marisco *(m.)*
ship navío *(m.)*
shirt camisa *(f.)*; **tee shirt** camiseta *(f.)*
shoes zapatos *(m. pl.)*; **shoe store** zapatería *(f.)*
shopping center centro comercial *(m.)*
short bajo(a) *(in height)*, corto(a) *(in length)*
shorts shorts *(m. pl.)*
shoulder hombro *(m.)*
shout *n.* grito *(m.)*; *v.* gritar
show *n.* espectáculo *(m.)*; **show a good time** divertir **(ie, i)**
shower (take a shower) ducharse
shrimp camarón *(m.)*
siblings hermanos *(m. pl.)*
sick enfermo(a); **get sick** enfermarse
sidewalk acera *(f.)*
sign firmar
signal *n.* señal *(f.)*; *v.* señalar
silk seda *(f.)*
similar parecido(a)
sincere sincero(a)
sing cantar
singer cantante *(m./f.)*
sister hermana *(f.)*
sister-in-law cuñada *(f.)*
sit down sentarse **(ie)**
site sitio *(m.)*

situated situado(a)
situation situación *(f.)*
six seis *(m.)*
sixth sexto(a)
size tamaño *(m.)*
ski esquiar
skiing esquí *(m.)*
skin piel *(f.)*
skirt falda *(f.)*
sky cielo *(m.)*
skyscraper rascacielos *(m. s./pl.)*
sleep dormir **(ue, u)**
sleepy (to be) tener sueño **(ie)**
sleeve manga *(f.)*
slow lento(a)
slowly lentamente
small pequeño(a)
smile sonreír **(i, i)**
smoke *n.* humo *(m.)*; *v.* fumar
snack bocadillo *(m.)*
snow *n.* nieve *(f.)*; *v.* nevar **(ie)**
so tan; **so many** tanto(a); **so much** tanto(a); **so that** para que
soap jabón *(m.)*
soccer fútbol *(m.)*; **soccer player** futbolista *(m./f.)*
sociable sociable
society sociedad *(f.)*
sofa sofá *(m.)*
soft drink refresco *(m.)*
sole único(a)
some algún, alguno(a)
someone alguien
something algo
sometime alguna vez
sometimes a veces
son hijo *(m.)*
song canción *(f.)*
sorry *adj.* triste; **I'm sorry.** Lo siento.
soup sopa *(f.)*
source fuente *(f.)*
south sur *(m.)*
southwest sudoeste *(m.)*
souvenir recuerdo *(m.)*
speak hablar; **speak on the phone** hablar por teléfono
speakers parlantes *(m. pl.)*
special especial
special event espectáculo *(m.)*
specific específico(a)

spectacular   espectacular
speed limit   límite de velocidad (m.)
spend   gastar; **spend time**   pasar
spoon   cuchara (f.)
sport   deporte (m.)
sportsperson   deportista (m./f.)
spring   primavera (f.)
square   cuadrado (m.)
squeeze   apretar (ie)
squid   calamares (m. pl.)
stadium   estadio (m.)
stage   escenario (m.)
stamp (for mail)   sello (m.)
stand (to tolerate)   aguantar
star   estrella (f.)
state   estado (m.)
stationery store   papelería (f.)
stay   permanecer, quedarse; **stay calm**   mantener la calma (ie); **stay overnight**   alojarse
steak   bistec (m.)
steal   robar
steering wheel   volante (m.)
step   paso (m.)
stepbrother   hermanastro (m.)
stepfather   padrastro (m.)
stepmother   madrastra (f.)
stepsister   hermanastra (f.)
still   todavía
stingy   tacaño(a)
stock market   bolsa (f.)
stockings   medias (f. pl.)
stomach   estómago (m.)
stone   piedra (f.)
stop   parar; **to stop (doing something)**   dejar de
store   tienda (f.); **store clerk**   dependiente(a); **store window**   escaparate (m.)
storm   tormenta (f.)
stove   estufa (f.)
straight (ahead)   derecho
strange   extraño(a)
strawberry   fresa (f.)
street   calle (f.); **main street**   calle principal (f.)
strength   fuerza (f.)
strengthen   tonificar
stress   estrés (m.); **be under stress**   sufrir estrés
stretch   estirar

strike   huelga (f.)
strong   fuerte
student   estudiante (m./f.)
studio   estudio (m.)
studious   estudioso(a)
study   estudiar
stupendous   estupendo(a)
style   estilo (m.)
subsequently   posteriormente
substance   sustancia (f.)
subterranean   subterráneo(a)
succeed   tener éxito (ie)
success   éxito (m.)
suddenly   de repente
suffer   sufrir
sufficient   suficiente
sugar   azúcar (m.)
suggest   sugerir (ie, i)
suit   traje (m.)
suitcase   maleta (f.)
summary   resumen (m.), sumario (m.)
summer   verano (m.)
sun   sol (m.)
Sunday   domingo (m.)
sunglasses   gafas de sol (f. pl.)
sunken   hundido(a)
supermarket   supermercado (m.)
superpower   superpotencia (f.)
supplies   materiales (m. pl.)
support   apoyar, soportar
suppose   suponer
supposition   suposición (f.)
sure (to be)   estar seguro(a) de
surface   superficie (f.)
surprise   sorprender
surprising   sorprendente
surrender   someterse
surround   rodear
surroundings   ambiente (m.)
survey   encuesta (f.)
survive   sobrevivir
suspect   sospechar
suspend   suspender
suspicious   sospechoso(a)
sweat   n. sudor (m.); v. sudar
sweater   suéter (m.)
sweet   n. dulce (m.); adj. dulce
swim   nadar; **swim suit**   traje de baño (m.)
swimming   natación (f.); **swimming pool**   piscina (f.)

syllable   sílaba (f.)
system   sistema (m.)

T

table   mesa (f.)
take   tomar, llevar; **Take care!**   ¡Cuídate!; **take a class**   seguir un curso (i, i); **take a nap**   hacer la siesta; **take away**   quitar; **take care of**   atender (ie), cuidar; **take leave**   despedirse (i, i); **take note**   notar; **take off**   quitarse; **take out the trash**   sacar la basura; **take pictures**   sacar fotografías
talent   talento (m.)
tall   alto(a)
tank   tanque (m.)
taste   n. sabor (m.); v. probar (ue)
tasty   sabroso(a)
tax   impuesto (m.)
tea   té (m.)
teach   enseñar
team   equipo (m.)
telephone book   guía telefónica (f.)
tell   contar (ue); **tell a lie**   mentir (ie, i)
temperature   temperatura (f.)
terrace   terraza (f.)
terrain   terreno (m.)
terrestral   terrestre
Terrible!   ¡Terrible!
territory   territorio (m.)
terrorist   terrorista (m./f.)
testament   testamento (m.)
testimony   testimonio (m.)
Thanksgiving Day   día de Acción de Gracias (m.)
that   dem. pron. ese(a); neuter pron. eso; rel. pron. que
theater   teatro (m.)
theft   robo (m.)
them   dir. obj. pron. pl. los (m.), las (f.); indir. obj. pron. pl. les
then   entonces, luego
theory   teoría (f.)
there   allí
these   estos(as)
thief   ladrón, ladrona
thin   delgado(a)
thing   cosa (f.)

think pensar **(ie)**
third tercero(a)
thirsty (to be) tener sed **(ie)**
this *dem. pron.* este(a); *neuter pron.*
    esto; **this morning/afternoon/**
    evening esta mañana/tarde/noche
those esos(as)
thought pensamiento *(m.)*
threat amenaza *(f.)*
three tres *(m.)*
through por
throughout a través de
Thursday jueves *(m.)*
ticket billete *(m.)*, boleto *(m.)*, multa
    (f.) (traffic)
tie empatar *(in games and elections)*
tighten apretar **(ie)**
time hora *(f.)*, tiempo *(m.)*, vez *(f.)*
timid tímido(a)
tip propina *(f.)*
tire llanta *(f.)*
tired cansado(a)
title título *(m.)*
to a; **to the +** *(m. s. n.)* al (a + el);
    to the left a la izquierda; **to the**
    right a la derecha
toasted tostado(a)
today hoy
tomato tomate *(m.)*
tomb tumba *(f.)*
tomorrow mañana
ton tonelada *(f.)*
tone *n.* tono *(m.)*; *v.* tonificar
tongue lengua *(f.)*
too much demasiado(a)
tooth diente *(m.)*; **toothbrush**
    cepillo de dientes *(m.)*; **toothpaste**
    pasta dental *(f.)*
touch toque *(m.)*
tour excursión *(f.)*, gira *(f.)*
tourist turista *(m./f.)*
tours visitas *(f. pl.)*
toward hacia, para
towel toalla *(f.)*
tradition tradición *(f.)*
traffic tráfico *(m.)*; **traffic light**
    semáforo *(m.)*
train tren *(m.)*
tranquil tranquilo(a)
tranquilizer tranquilizante *(m.)*
transfer transferir **(ie, i)**

transform transformar
transport transporte *(m.)*
transportation transporte *(m.)*
travel viajar
treasure tesoro *(m.)*
treat tratar
treatment tratamiento *(m.)*
treaty tratado *(m.)*
tree árbol *(m.)*
tremendous tremendo(a)
trick engañar
trip viaje *(m.)*
triumph *n.* triunfo *(m.)*; *v.* triunfar
troops tropas *(f. pl.)*
trousers pantalones *(m. pl.)*
true cierto(a), verdadero(a)
trumpet trompeta *(f.)*
trunk baúl *(m.)*
trust tener confianza **(ie)**
truth verdad *(f.)*
try probar **(ue)**, tratar de
Tuesday martes *(m.)*
turkey pavo *(m.)*
turn dar vuelta, doblar; **turn down**
    rechazar; **turn off** apagar
turnover empanada *(f.)*
turtle tortuga *(f.)*
TV televisión *(f.)*; **TV set** televisor
    (m.); **TV soap opera** telenovela *(f.)*
two dos *(m.)*
type tipo *(m.)*
typewriter máquina de escribir *(f.)*

U

ugly feo(a)
ulcer úlcera *(f.)*
ultimate último(a)
umbrella paraguas *(m. s./pl.)*
umpire árbitro(a)
unappreciative malagradecido(a)
unbelievable increíble
uncertain incierto(a)
uncle tío *(m.)*
uncommon raro(a)
unconscious inconsciente
under debajo de
underdeveloped subdesarrollado(a)
understand entender **(ie)**
underwater swimming buceo *(m.)*
unemployment desempleo *(m.)*

unforgettable inolvidable
unfortunately desafortunadamente
ungrateful malagradecido(a)
unique único(a)
unit unidad *(f.)*
unite unir
unity unidad *(f.)*
university universidad *(f.)*
unless a menos que, sin que
unoccupied desocupado(a)
unplug (electricity) desenchufar
unquestionable indiscutible
until hasta
urgent urgente
us *dir. and indir. obj. pron.* nos; *prep.*
    pron. nosotros(as)
use *n.* uso *(m.)*; *v.* usar, utilizar
useful útil
useless inútil
utilize utilizar

V

vacation vacaciones *(f. pl.)*
vacuum pasar la aspiradora; **vacuum**
    cleaner aspiradora *(f.)*
Valentine's Day día de San Valentín
    (m.)
valid válido(a)
valley valle *(m.)*
valor valor *(m.)*
value valor *(m.)*
variety variedad *(f.)*
vegetable vegetal *(m.)*; **vegetables**
    verduras *(f. pl.)*
vegetarian vegetariano(a)
verify verificar
version versión *(f.)*
very muy; **very bad** pésimo(a)
vest chaleco *(m.)*
vibrate vibrar
victim víctima *(m./f.)*
victor vencedor(a)
victory triunfo *(m.)*, victoria *(f.)*
violence violencia *(f.)*
violent violento(a)
visit visitar
visitor visitante *(m./f.)*
vitamin vitamina *(f.)*
vocabulary vocabulario *(m.)*
voice voz *(f.)*

volcano   volcán *(m.)*
volunteer   voluntario(a)
vote   voto *(m.)*

W

wait   esperar
waiter   camarero *(m.)*, mesero *(m.)*
waitress   camarera *(f.)*, mesera *(f.)*
wake up   despertarse **(ie)**
walk   caminar, pasear
walking   a pie
wall   pared *(f.)*, muralla *(f.)*
wallet   billetera *(f.)*, cartera *(f.)*
want   querer **(ie)**
war   guerra *(f.)*
warm   cálido(a)
wash   lavar
watch   *n.* reloj *(m.)*; *v.* mirar; **watch over**   vigilar
water   agua *(f.,* el*)*
waterfall   cascada *(f.)*, catarata *(f.)*
way   modo *(m.)*
wear   llevar
weather   tiempo *(m.)*
Wednesday   miércoles *(m.)*
week   semana *(f.)*; **weekday**   día de la semana *(m.)*; **weekend**   fin de semana *(m.)*
weigh   pesar
weight   peso *(m.)*
weights   pesas *(f. pl.)*
welcome   bienvenido(a)
well   bien
Well enough.   Bastante bien.
west   oeste *(m.)*
wet (soaking)   empapado(a)
whaler   ballenero(a)

What?   ¿Qué? ¿Cómo? ¿Cuál(es)?; **What a mess!**   ¡Qué desastre!; **What do you think of . . . ?**   ¿Qué te parece...?; **What's your name?**   ¿Cómo se llama usted? ¿Cómo te llamas?
When?   ¿Cuándo?
Where?   ¿Dónde?; **To where?**   ¿Adónde?
Which?   ¿Qué?; **Which one(s)?**   ¿Cuál(es)?
while   mientras
white   blanco(a)
Who?   ¿Quién(es)?
Why?   ¿Por qué?; **Why not!**   ¡Cómo no!
widely   ampliamente
wife   esposa *(f.)*
win   ganar
wind   viento *(m.)*
window   ventana *(f.)*
windshield   parabrisas *(m. s./pl.)*
windy (to be)   hacer viento
wine   vino *(m.)*; **white wine**   vino blanco
winter   invierno *(m.)*
wish   deseo *(m.)*
with   con; **with me**   conmigo; **with you**   contigo
without   sin; **without equal**   sin igual
witness   testigo *(m./f.)*
woman   mujer *(f.)*; **young woman**   joven *(f.)*
wooden   de madera
woods   selva *(f.)*
wool   lana *(f.)*
word   palabra *(f.)*

work   *n.* trabajo *(m.)*, empleo *(m.)*, obra *(f.)* *(of art)*; *v.* trabajar
worker   obrero(a)
workshop   taller *(m.)*
world   mundo *(m.)*
worried   preocupado(a)
worry   preocupar
worthy of (to be)   merecer
wounded   *adj.* herido(a), lesionado(a)
write   escribir; **in writing**   por escrito; **write letters**   escribir cartas
writer   escritor(a)
written   por escrito

Y

year   año *(m.)*
yell   gritar
yellow   amarillo(a)
yesterday   ayer
yield   someterse
you   *dir. obj. pron.* te, os, lo, la, los, las; *indir. obj. pron.* te, os, le, les, se; *prep. pron.* ti, usted, ustedes, vosotros(a); *subj. pron.* tú, usted, ustedes, vosotros(as)
younger   menor
your   *fam. poss. adj* tu; *form. poss. adj* su
youth   juventud *(f.)*

Z

zero   cero *(m.)*
zoo   zoológico *(m.)*
zoology   zoología *(f.)*

Index of Grammar

A

a
+ **el** (contraction), 59
personal, 269, 519
telling time with, 94
absolute superlative, 131–32
accentuation, 214, A-9
with interrogative words, 128
actions
beginning/end *vs.* habitual/customary, 413
completed *vs.* continuous past, 411–12
future/hypothetical, subjunctive with, 520–21
habitual
imperfect with, 410, 413
subjunctive with, 520
imperfect with, 410
adjective clauses, subjunctive in, 518–19
adjectives
absolute superlative of, 131–32
adverbs derived from, 377
agreement with noun, 52, 55–56
in comparisons, 169–70, 207
demonstrative, 165–66
gender and number of, 55–56
mucho and **poco** as, 344
ordinal numbers as, 354
past participles used as, A-30
plural forms, 54
position of, 52
possessive, 91–92
stressed, A-28
ser and **estar** with, 133
singular, 52
¿adónde?, 128
adverbial clauses, subjunctive in, 510, 520–21
adverbs
derived from adjectives, 377
mucho and **poco** as, 344
placement, 377
of time, 204
al
contraction (**a** + **el**), 59
plus infinitive, 64
almorzar, present subjunctive form, 474
alphabet, 7–8, 17–18
andar, preterite of, 378
antecedents
indefinite and definite, 500, 518
negative, 519
articles. *See also* definite articles; indefinite articles
with days of the week, 96
gender and number of, 50–51
-ar verbs. *See also* verbs
forming conditional from, 446
forming formal commands from, 481, 483
forming future from, 444
forming imperfect from, 409
forming informal commands from, 348, 448–49
forming negative **tú** commands from, 448
forming past perfect from, A-26
forming past subjunctive from, A-26
forming present participles from, 129–30
forming present perfect from, 414
forming present subjunctive from, 481
present tense of, 57–58
regular preterite forms, 236

B

background action, imperfect with, 410
body, parts of, 463
buscar, present subjunctive form, 474

C

certainty, expressions of
impersonal, 486
indicative with, 492
clauses
adjective, subjunctive in, 518–19
adverbial, subjunctive in, 510, 520–21
si, conditional sentences with, A-31
subjunctive and, 454
cognates, 13–14, 35
false, 44, 262
collective nouns, 102
commands
formal, 483
informal (**tú**)
affirmative, 348–49, 438, 448
negative, 438, 448–49
irregular verbs, A-14–A-25
position of pronouns with, 349, 449
¿cómo?, 128
vs. **¿qué?,** 129
comparisons
of equality, 169–70
of inequality, 207
con, + noun, 377
conditional perfect tense, A-26
conditional tense, 446–47
irregular verbs, A-14–A-25
regular verbs, A-10
conducir, preterite of, 379
conjunctions
forming adverbial with **que,** 510
requiring subjunctive, 520
conmigo/contigo, 221
conocer
present indicative tense, 120
present subjunctive form, 482
vs. **saber,** 274
contractions, 59
¿cuál(es), 128
vs. **¿qué?,** 129
¿cuándo?, 128
¿cuánto(a)?, 128
¿cuántos(as)?, 128

D

dar, 313
present subjunctive form, 482
days of the week, 95–96
de
in dates, 96
+ **el** (contraction), 59
indicating possession, 92
with **millon(es),** 169
telling time with, 94
deber, 230
decir
as irregular **-go** verb, 271
preterite of, 238–39, 379
definite articles, 50
with days of the week, 96
used with nouns modifying nouns, 32
del, contraction (**de** + **el**), 59
demonstrative adjectives, 165–66
demonstrative pronouns, A-29
denial, subjunctive and, 517
diphthongs, pronouncing, 18–19
direct-object nouns, 269–70, 273
direct-object pronouns, 269–70, 273
with affirmative commands, 349
¿dónde?, 128
dormir, preterite of, 381
double-object pronouns, 309–10
doubt, subjunctive and, 517

E

emotions, imperfect with, 410
en
with months/seasons, 96
telling time with, 94
encantar, 135
enfermarme, 158
equality, comparisons of, 169–70
-er verbs. *See also* verbs
forming conditional from, 446
forming formal commands from, 481, 483
forming future from, 444
forming imperfect from, 409
forming informal commands from, 348, 448–49
forming negative **tú** commands from, 448
forming past perfect from, A-26
forming past subjunctive from, A-26
forming present participles from, 129–30
forming present perfect from, 414
forming present subjunctive from, 481
present tense, 89
regular preterite forms, 236
estar
with adjectives, 133
forming past progressive tense, A-27
with present progressive tense, 130
present subjunctive form, 482
present tense, 127
preterite of, 238–39, 378

vs. **ser,** 206, 311–12
  with weather expressions, 343

F

false cognates, 44, 262
future, probability in, A-27
future perfect tense, A-26
future tense
  irregular verbs, A-14–A-25
  regular verbs, A-10
  of regular verbs, 444
  verbs with irregular stems, 445

G

gender, 14
  of adjectives, 52
  adjectives and, 55–56
  of articles and nouns, 50–51
  forming superlatives and, 131
  ordinal numbers and, 354
  possessive adjectives and, 91–92
  radio and, 40
-go verbs, irregular, 271
gustar, 134–35, 309

H

haber
  forming perfect tenses, A-26
  with present perfect, 414–15
  present subjunctive form, 482
  preterite of, 378
habitual action
  imperfect with, 410, 413
  subjunctive with, 520
hacer
  as irregular **-go** verb, 271
  preterite of, 238–39, 378
  in time expressions, 382–83
  with weather expressions, 343
hay
  imperfect of, 409
  preterite of, 379
  vs. **ser,** 24
  with weather expressions, 343

I

idioms, with **tener,** 170–71
if clauses, A-31
imperative. *See* commands
imperfect tense
  English equivalent of, 388
  of **ir, ser, ver,** 410
  irregular verbs, A-14–A-25
  regular verbs, A-10
  of regular verbs, 409
  uses of, 409–10
  vs. preterite, 395, 411–14
impersonal expressions, with subjunctive, 486
indefinite antecedents, subjunctive and, 500, 518
indefinite articles, 50
  with **mil,** 169
indefinite expressions, 380
indicative, *vs.* subjunctive, 481
indirect-object nouns, 307–08
indirect-object pronouns, 307–08

with affirmative commands, 349
  with **gustar/encantar,** 134–35
  with **se,** 310
inequality, comparisons of, 207
infinitives, 53
  ir a +, 59
interrogative words, 128–29
ir, 58
  + a + infinitive, 59, 83, 444
  imperfect of, 410
  present subjunctive form, 482
  preterite tense, 172
irregular verbs. *See* verbs, irregular
-ir verbs. *See also* verbs
  forming conditional from, 446
  forming formal commands from, 481, 483
  forming future from, 444
  forming imperfect from, 409
  forming informal commands from, 348, 448–49
  forming negative **tú** commands from, 448
  forming past perfect from, A-26
  forming past subjunctive from, A-26
  forming present participles from, 129–30
  forming present perfect from, 414
  forming present subjunctive from, 481
  present tense, 89
  regular preterite forms, 236
  stem-changing, preterite of, 381

J

jugar, present subjunctive form, 474

L

lluvia, 318
lo, + adjective + thing, 72

M

mental states, imperfect with, 410
-mente, adding to adverbs, 377
months of the year, 95–96
mucho, 344

N

negative antecedents, subjunctive and, 519
negative expressions, 380
nieve, 318
nouns
  collective, 102
  direct-object, 269–70, 273
  gender and number of, 50–51
  indirect-object, 307–08
  modifying nouns, definite articles and, 32
number
  adjectives and, 55–56
  articles and, 50–51
  forming superlatives and, 131
  ordinal numbers and, 354
  possessive adjectives and, 91–92
numbers
  cardinal 0–199, 90
  cardinal above 200, 168–69
  cardinal more than 1,000, 148
  ordinal, 354
  punctuation with, 148

O

object pronouns. *See* pronouns
obligation, **tener** indicating, 415
oír, as irregular **-go** verb, 271
ojalá, 462
  with subjunctive, 484
origin, expressing, 49

P

para, *vs.* **por,** 208, 347
participles. *See* past participles; present participles
past, probability in, A-27
past participles
  forming, 414
  irregular, 414–15
  irregular verbs, A-14–A-25
  used as adjectives, A-30
past perfect subjunctive, A-26
past perfect tense, A-26
  regular verbs, A-11
past progressive tense, A-27
  regular verbs, A-11
past subjunctive. *See* subjunctive, past
perfect tenses, A-26–A-27. *See also* specific
      perfect tenses
personal **a,** 269, 519
personal pronouns, prepositions and, 262
physical states, imperfect with, 410
plural
  of adjectives, 55–56
  of nouns, 50–51
poco, 344
poder
  preterite of, 378
  preterite tense, 172
poner
  as irregular **-go** verb, 271
  preterite of, 378
por, *vs.* **para,** 208, 347
¿por qué?, 128
possession, **tener** indicating, 415
possessive adjectives, 91–92
  stressed, A-28
possessive pronouns, stressed, A-28
prepositional pronouns, A-29
prepositions, 205
  personal pronouns and, 262
present indicative tense
  -ar verbs, 57–58
  e > i stem-changing verbs, 272
  -er verbs, 89
  estar, 127
  expressions of certainty and, 492
  irregular verbs, A-14–A-25
  -ir verbs, 89
  regular verbs, A-10
  salir, 93
  ser
    plural forms, 54
    singular forms, 49
  stem changing verbs, 166–67
  stem-changing verbs, A-12–A-13
  tener, 93
  venir, 93
present participles
  forming, 129–30
  irregular verbs, A-14–A-25

stem-changing verbs, A-12
present perfect subjunctive, A-26
present perfect tense, 414–15
   regular verbs, A-11
present progressive tense, 129–30
   regular verbs, A-11
present subjunctive. *See* subjunctive, present
preterite tense
   of **hacer, decir, estar,** 238–39
   irregular verbs, 172, 378–79, A-14–A-25
   regular verbs, 236, A-10
   of stem-changing **-ir** verbs, 381
   stem-changing verbs, A-12
   verbs with spelling changes, 237
   vs. imperfect, 395, 411–14
probability, in past/future, A-27
producir, preterite of, 379
progressive
   past tense, A-27
   present tense, 129–30
pronouns
   with affirmative commands, 349
   demonstrative, A-29
   direct-object, 269–70, 273
      with affirmative commands, 349
   double object, 309–10
   indirect-object, 307–08
      with affirmative commands, 349
      with **gustar/encantar,** 134–35
   personal, prepositions and, 262
   possessive, stressed, A-28
   prepositional, A-29
   with present perfect, 415
   reflexive, 345–46
   subject, 48, 54
   tú commands and, 449
pronunciation, 17–18
punctuation, 12

Q

que
   forming adverbial conjunctions with, 510
   with subjunctive, 481
¿qué?, 128
   vs. **¿cómo?,** 129
   vs. **¿cuál(es),** 129
querer, preterite of, 378
¿quién(es)?, 128

R

radio, gender issues of, 40
reflexive pronouns, 345–46
reflexive verbs, 345–46
   forming **tú** commands and, 449

S

saber
   present subjunctive form, 482
   preterite of, 378
   vs. **conocer,** 274
salir, present tense, 93
se
   passive voice (special use), 239
   reciprocal, 244
   for reciprocity, 428
seasons, 95–96

seguir, preterite of, 381
ser
   with adjectives, 133
   imperfect of, 410
   present indicative
      plural forms, 54
      singular forms, 49
   present subjunctive form, 482
   preterite tense, 172
   vs. **estar,** 206, 311–12
   vs. **hay,** 24
si clauses, conditional sentences with, A-31
singular
   of adjectives, 52
   of nouns, 50–51
sos, 178
stem-changing verbs
   e > i, 272
   e > ie, o > ue, 166–67
subject pronouns
   plural forms, 54
   singular forms, 48
subjunctive
   in adjective clauses, 518–19
   in adverbial clauses, 510, 520–21
   expressions of certainty and, 492
   indefinite antecedents and, 500
   indicative *vs.*, 481
   past, 428
      conditional sentences with **si** clauses, A-31
      irregular verbs, A-14–A-25
      regular verbs, A-11
      stem-changing verbs, A-12–A-13
   present
      with expressions of doubt, denial, uncertainty, 517
      with expressions of emotion, 485
      with expressions of persuasion, 482
      giving advice/recommendations, 481–82
      with impersonal expressions, 486–87
      irregular verb forms, 484
      irregular verbs, A-14–A-25
      regular verbs, A-10
      stem-changing verbs, A-12, A-30
      verbs with spelling changes, A-30
      verbs with spelling changes in, 474
   requiring two clauses, 454
superlatives, 131–32

T

tan, + (*adjective* or *adverb*), 110
tan... como, 169
tanto, 110
tanto(a, os, as)... como, 169
tener
   with expressions of feeling, 343
   idioms with, 170–71
   indicating possession/obligation, 415
   present subjunctive form, 482
   present tense, 93
   preterite of, 378
   preterite tense, 172
time
   adverbs of, 204
   telling, 94
time expressions, 382–83
titles, 48

traducir, preterite of, 379
traer
   as irregular **-go** verb, 271
   preterite of, 379
tú, *vs.* **usted,** 5–6, 16

U

uncertainty, subjunctive and, 517
usted, *vs.* **tú,** 5–6, 16

V

vacaciones, 83
venir
   present subjunctive form, 482
   present tense, 93
   preterite of, 378
ver
   imperfect of, 410
   present subjunctive form, 482
verbs. *See also* **-ar** verbs; **-er** verbs; **-ir** verbs;
     specific verbs
   expressing emotions, 485
   forming present subjunctive, 481
   infinitives, 53
   irregular, 93
      conditional tense, 447
      future tense, 445
      -go, 271
      imperfect of, 410
      past participles, 414–15
      present subjunctive forms, 484
      preterite of, 378–79
      simple tenses, A-14–A-25
   of motion, 96–97
   reflexive, 345–46
   regular
      compound tenses, A-11
      conditional tense, 446
      future tense, 444
      imperfect of, 409
      preterite forms, 236
      simple tenses, A-10–A-11
   with spelling changes
      present subjunctive, 474, A-30
      preterite forms, 237
   stem-changing
      e > i, 272
      e > ie, o > ue, 166–67
      present subjunctive, A-30
      preterite of, 381
      simple tenses, A-12–A-13
vos, 178
vosotros, 54
vowels, pronouncing, 18

W

weather expressions, 343
   nieve and **lluvia,** 318
word order
   of adjectives, 52
   of adverbs, 377
   of object pronouns, 307–08, 309–10

Index of Culture and Functions

A

accepting and refusing, 269–70
accidents, automobile, 361
activities
  daily life, 39–40
  daily routine, 325–26
  describing, 158–59, 160
  describing dormitory, 39–40
  of famous people, 215
  fiestas, 101–02, 103, 109
  frequency of, 179–80, 204
  leisure, 22, 31, 34
  talking about past, 222–23, 231, 236, 378–79, 381–82, 387–88, 394–95, 409–14
  talking about those not done in past, 403–05, 414–15
  vacation, 82
  weekend, 65
actors
  Blades, Rubén, 468–69
  Madonna, 193
advertisements
  authentic
    American Cancer Society **(Usted),** 472
    amusement park **(Parque de la costa),** 186
    anti-drug **(¿Sus hijos saben más sobre la marijuana que usted?),** 452
    closet efficiency **(Mobileffe),** 176
    clothing (Guess), 146
    conservation (WWF), 402
    cooking oil **(Puro de Girasol),** 298
    customs **(Aduanas en Internet),** 436
    employment (Guatemala), 228
    employment (Puerto Rico), 62
    health **(Salud & Estado Físico),** 460
    hotel accommodations (Costa Rica), 386
    juice, fruit **(Jumex),** 156
    magazines *(People en español),* 242
    milk containers **(Tetra Pak),** 287
    newspaper *(El Comercio),* 426
    razors **(Philishave),** 324
    sports club **(Cubadeportes s.a.),** 498
    sports magazine **(Récord),** 508
    travel (Costa Rica), 393
    travel (Cuba), 490
    university
      Universidad Autónoma de Colombia, 38
      Universidad de Palermo, 30
      Universidad Tecnológica de México (UNITEC), 45
    wine courses **(Cata & Vino),** 278
  classified, 10
    making announcements in, 239
    reading and analyzing, 62, 228
    writing strategies for, 195–96
addressing people, 16
advice, giving, 437–38, 473, 481–82
  about health, 453–54

aerobic exercise, 461
age, expressing, 170–71
agreeing and disagreeing, 269–70
Alarcón, Francisco Xavier, 339–40
Allende, Isabel, 294–95
Allende, Salvador, 286
Americas. *See also* specific countries
  contrasts within, 27–28
  Internet travel to, 29, 37, 46
announcements, making, 239
apartments
  living, 71
  renting, 177–78
  ways of saying, 188
appearance
  describing, 198
  describing changes in, 197
Argentina, 184–85
  cattle industry in, 188
  colloquialisms in, 178
  indigenous languages in, 198
  Internet travel to, 183, 194, 202
  slang in, 198
  video, 191
artists
  Botero, Fernando, 257–58
  Gaudí, Antonio, 106–07
  Kahlo, Frida, 140
  Miró, Joan, 114–15
  Rivera, Diego, 140, 153–54
asking
  for a date, 243–45
  for directions, 335–36
  for a drink in a café, 157–58
  for help in an emergency, 353
  questions, 128–29
automobile accidents, 361
Aylwin, Patricio, 286
aymará, 420
Aztec calendar, 138–39

B

Barcelona (Spain), 107
baseball, 500
bathroom, names for, 140
Batista, Fulgencio, 497
beef production, in Argentina, 188
biodiversity, 402, 408
Blades, Rubén, 468–69
body, parts of, 463
Bogotá (Colombia), 244, 250
Botero, Fernando, 257–58
Buenos Aires (Argentina), 191

C

cafes. *See* restaurants/cafes
calendar, Aztec, 138–39

capitalization, in advertisements, 62
Castro, Fidel, 497
cattle industry, in Argentina, 188
celebrations. *See also* **fiestas**
  la semana universitaria, 40
celebrities. *See also* specific names
  discussing, 215, 231
Chamorroa, Violeta, 366–67
Chile, 285–86
  fruits and vegetables from, 280
  Internet travel to, 284, 293, 305
  pisco, 280
  video, 291–93
Cisneros, Sandra, 332
cities. *See* specific cities
classified ads. *See* advertisements, classified
classroom expressions, 13–14
clothing
  articles of, 164
  describing, 141–42
  expressing prices of, 148–49
  huilpil (Mayan), 230
  shopping for, 147, 150–51
  weather and, 320
coffee (Colombian), 253
  tinto, 253
cognates, 30
  false, 262
  recognizing suffixes and, 182
colors, 164
Colombia, 249–50
  Internet travel to, 248, 256, 266
  street names in, 262
  video, 256
commands. *See* orders
comparing, 169–70, 207
  prices, 148–50
contrasting, 23–26, 207
conversations, initiating, 119
Córdoba (Argentina), 198
cost. *See* prices
Costa Rica
  democracy in, 391–92
  Internet travel to, 390, 399, 407
  orchid production in, 388
  slang in, 400
  video, 399
  wildlife and plant life in, 404
counting, 90, 168
countries. *See* specific countries
creation mythology (Mayan), 221
crime, reporting and describing, 370
cross-cultural comparisons
  baseball, 500
  bathroom, names for, 140
  expressing large numbers, 148
  food item names, 280
  greetings, 4–6
  shaking hands, 4, 6

Spanish *vs.* English punctuation, 12
surnames, 178
tap water, 158
university staff, 32
Cuadra, Pablo Antonio, 374–75
Cuba, 492, 496–97
    Internet travel to, 495, 506, 515
    music in, 504–05
    video, 502–03
currencies, 148
Cuzco (Peru), 420, 424–25

D

daily routines, 325–26
dances
    flamenco, 120
    folk, 99
Darío, Rubén, 371
dating
    deciding what to do, 252–53
    expressing emotions while, 261–62
    invitations and responses, 243–44, 245–46
    terms of endearment and, 253
descriptions
    activities, 158–59, 160
    apartments, 71, 187–90
    appearance, 198
    car accidents, 361–62
    changes in appearance/personality, 197
    classes, 31–33
    clothing, 141–42
    dormitory rooms, 187–90
    emergencies, 353
    events, 296
    everyday activities, 39–40
    family, 179
    fiestas, 101–02, 109
    fires, 353
    foods, 299. *See also* food
    furniture, 180–81
    of future plans, 41, 58–59, 444–46
    houses, 71
    jobs, 63–64
    paintings, 140
    in past time, 237
        habitual and actions in progress, 409–10
    people, 22–26, 31–34, 110–11, 120–21, 141
    robbery, 370, 373
    sports, 492–94, 499–501, 516
    vacations, 419–20
    weather, 316–18
¡Dímelo tú!, working with, 13
"día de estos, Un," 266
directions, requesting and understanding, 205, 335–36
disagreeing and agreeing, 269–70
discussing
    news, 213–14
    weather, 316–18
    your youth, 387–88, 410–11
dormitory
    describing rooms in, 187–88
    life in, 39–40
drinks. *See also* food
    Colombian, 253
    ordering in cafes, 157

pisco, 280
water, in restaurants, 158

E

ecology, 402, 408
El Yunque (Puerto Rico), 72
emergencies
    automobile accidents, 361
    first aid, 352
    reporting, 353
    robbery, 370
emotions. *See* feelings
emphasizing, ideas, 404
English language
    influence on Spanish, 326
    regional differences, 77
    Spanish influence on, 326
Esquivel, Laura, 161–62
Estefan, Emilio, 331
Estefan, Gloria, 331
events. *See* situations/events
excuses, giving, 397
exercise, aerobic, 461
expressions
    of age, 170–71
    of cost, 147–50
    of denial, 491, 517
    of doubt, 491, 517
    of emotion, 485
    of feeling, 158, 170–71
    of fear, 485
    of frequency, 41
    of joy, 485
    of likes and dislikes, 309
    of obligation, 159, 170–71
    of preferences, 139, 141–42
    Puerto Rican, 78
    of sadness, 485
    of surprise, 485
    of uncertainty, 517
    useful classroom, 13–14

F

false cognates, 262
family members, 179
feelings, expressing, 170–71, 261–62, 485–86
    about sporting events, 509–10
    after exercise, 461
    hope, 484
fiestas. *See also* celebrations
    describing, 101–02, 109
first aid, 352
folklore, **"Leyenda de Iztarú, La,"** 406–07
food, 158. *See also* drinks
    ajiaco, 253
    anticuchos, 428
    Argentine beef, 188
    bandeja paisa, 253
    cazuela de pollo o de carne,
        289
    from Chile, 280, 300
    choclo, 420
    chuño, 428
    Colombian, 253
    cui, 428

discussing, 299–300
items, names of, 280
ordering in cafes, 157
ordering in restaurants, 288–89
papa, 428
ropa vieja, 253
tapas, 110
foreign languages. *See also specific languages*
    importance of studying, 10–12
    influence on Spanish, 462
furnishings, 180–81
future
    describing plans for, 427
    talking about, 444
    talking about vacation plans in, 419–20

G

García Márquez, Gabriel, 266
gestures, of greeting, 4, 6
giving
    advice and instructions, 437–38, 473, 481–82
    directions, 205, 335–36
    excuses, 397
    orders, 437–38, 483
good-byes, 4, 6
greetings, 4–6, 24
Guatemala
    Internet travel to, 217, 224, 234
    Mayan culture in, 218–19
    video, 224

H

health
    aerobic exercise, 461
    giving advice about, 453–54
help
    calling for, 362
    requesting emergency, 353
Hispanics
    reasons for immigrating to United States, 326
    in United States, 318, 322–23
house, rooms of, 181
hugs, greeting with, 6

I

ideas, reaffirming/emphasizing, 404
illiteracy, in Nicaragua, 354
impersonal expressions, 486–87
indigenous cultures
    in Argentina, 198
    Incas, 418, 438
        papa and, 428
    Maya, 218–19
        Popol Vuh and, 218–19
    in Peru, languages of, 420
industrialization, in Puerto Rico, 64
information, personal, 263
Internet travel
    to the Americas, 29, 37, 46
    to Argentina, 183, 194, 202
    to Chile, 284, 293, 305
    to Colombia, 248, 256, 266
    to Costa Rica, 390, 399, 407
    to Cuba, 495, 506, 515

to Guatemala, 217, 224, 234
to Mexico, 143, 152, 163
to Nicaragua, 357, 365, 375
to Panama, 457, 467, 479
to Peru, 423, 431, 442
to Puerto Rico, 67, 79, 87
to Spain, 105, 113, 125
to United States, 321, 330, 341
Introductions, 5–6
Invitations, dating, 243–44

J

jobs
  descriptions, 63–64
  finding, 62
  knowing Spanish and, 12

K

kisses, greeting with, 6

L

languages. *See also* English language; foreign
  languages; Spanish language
  aymará, 420
  indigenous
    in Argentina, 198
    in Mexico, 158
    in Peru, 420
    names of, 140
  quechua, 420
letters, writing, 80
"leyenda de Iztarú, La," 406–07
likes and dislikes, 309
linguistic variances, 36
  apartments, ways of saying, 188
  in Argentina, 178
  classroom expressions, 13–14
  in Costa Rica, 400
  food items, names of, 280
  house, rooms of, 181
  ojalá, 462
  in Puerto Rico, 78
  terms of endearment, 253
listening strategies
  anticipating, 75, 398
  anticipating specific information, 190–91,
    291–92
  anticipating using titles, photos, artwork, 223–24
  from the bottom up, 357, 364
  deciphering simultaneous conversations, 495
  distinguishing between intonation patterns,
    247–48
  identifying breath groups, 216–17
  identifying cognates, 143
  interpreting key words, 456–57, 465–66
  interpreting nonverbal cues, 422
  linking sounds, 283–84
  listening for specific information, 104
  recognizing cognates, 151
  recognizing specific information, 112
  recognizing suffixes, 182
  recognizing verb endings, 390
  from the top down, 321, 329, 430, 502
  understanding gist of conversations, 8, 26
  using visual images to interpret content, 255–56

literature
  Argentine, 201
  Colombian, 266
  Mexican, 162
location, giving, 205, 311–12, 335–36

M

**"Machu Picchu: La cuidad escondida de los
    incas,"** 441–42
magazines
  business, (*Hispanic* Business), 323
  entertainment
    TV y novelas, 260
    People en español, 242
    Vea, 70
  ethnic
    Hispanic, 323
    Latina, 323
  music, **Notitas Musicales,** 100
  sports, Cuba (*Récord*), 508
  ¿Te conviene el @mor por internet? article,
    251
manners of address, 9
maps
  street, 334
  weather, 316
Martin, Ricky, 332
math expressions, 90–91
Menchú Tum, Rigoberta, 225–26
Mexico, 144–45
  indigenous languages in, 158
  Internet travel to, 152, 163
  video, 151–52
Mexico City, 137, 140
Miami, Cuban culture in, 502–03
monetary units, of Spanish-speaking countries, 148
Moslems, influence on Spanish language, 462
Museo Arqueológico (Colombia), 244
Museo del Barrio (United States), 321
Museo del Oro, 244
Museo Nacional (Colombia), 244
Museo Nacional de Antropología (Mexico), 143
music. *See also* singers
  Cuban, 504–05
    African influence on, 510
  flamenco, 120
  magazine, 100
  from Puerto Rico, 85–86
  recording (**Tierras**), 108
  salsa, 85–86

N

names
  affectionate, 253
  of food items, 280
  Hispanic surnames, 178
  streets, in Colombia, 262
narrating
  past experiences, 409–10
  in past time, 237
national parks, **El Yunque,** 72
nationality, expressing, 49
Neruda, Pablo, 303–04
New York City, Puerto Ricans in, 83
news, discussing, 213–14
newspapers

discussing, 221
  La Nación (Argentina), 196
  Prensa Libre (Guatemala), 220
Nicaragua
  illiteracy in, 354
  Internet travel to, 357, 365, 375
  lago Nicaragua, 362
  Managua, 358–59
  poetry in, 371
  video, 365
Noriega, Manuel, 454
novels, selections from
  Como agua para chocolate, 162
  *Me llamo Rigoberta Menchú y así me nació
    la conciencia,* 233
numbers, 90, 168

O

obligations, expressing, 159, 170–71, 230
"Oda al tomate," 304
ojalá, 462
opinions, expressing, 486–87, 491–92
  about a meal, 299–301
  about a party, 119
  about sporting events, 509–10
oral tradition
  proverbs, 512–14
  tongue twisters, 122–25
ordering items at a restaurant, 157, 288–89
orders, giving, 437–38, 483
origin, indicating place of, 24, 49
ownership, expressing, 72

P

paladares, 492
Panama, 458–59
  attractions of, 454
  ciudad de Panama, distrito bancario en, 474
  Internet travel to, 457, 467, 479
  video, 466
"Panamá: Historia de un canal y una nación,"
    478
parades, Puerto Rican, 83
parties. *See* **fiestas**
past
  talking about, 222–23, 231, 236, 378–79,
    381–82, 387–88, 394–95, 409–14
  talking about things not done in, 403–05,
    414–15
people
  denying information about/referring to non-
    specific, 380
  describing, 22–26, 31–34, 110–11, 120–21,
    141–42
  indicating specific and nonspecific, 50–51
  pointing out specific, 165–66
  referring to unknown, 499
Perón, Eva, 192–93
"pequeña gran victoria, Una," 340
personality
  describing changes in, 197
  test, 264
persuasion, 482
  as writing strategy, 470
Peru
  Cuzco, 420, 424–25

food in, 428
Incas in, 438
Internet travel to, 423, 431, 442
languages in, 420
Machu Picchu, 441–42
video, 430–31
Pinochet, General Augusto, 286
places, pointing out specific, 165–66
poetry
    interpreting using punctuation, 303
    "Oda al tomate," 304
    "Una pequeña gran victoria," 340
    "Urna con perfil político," 375
    "Voy a dormir," 201
police, describing robbery to, 370
political figures
    Allende, Salvador, 286
    Arias Sánchez, Oscar, 392
    Aylwin, Patricio, 286
    Batista, Fulgencio, 497
    Blades, Rubén, 468–69
    Castro, Fidel, 497
    Chamorroa, Violeta, 366–67
    Menchú Tum, Rigoberta, 225–26
    Noriega, General Manuel Antonio, 454
    Ortega, Daniel, 366–67
    Perón, Eva, 192–93
    Pinochet, General Augusto, 286
Popol Vuh, 221
preferences, expressing, 139, 141–42
prices
    asking for, 150
    comparing, 149
    expressing, 72
        for clothing, 148–49
proverbs, 512–14
public services, referring to, 140
Puerto Rico, 68–69
    economy of, 64
    Internet travel to, 67, 79, 87
    music from, 85–86
    sights in, 72
    video, 75

Q

Quechua, 420. *See also* indigenous cultures, Incas

R

reading strategies
    finding main ideas, 406
    identifying dialogue, 161
    interpreting poetry using punctuation, 303
    interpreting proverbs, 512
    interpreting punctuation in poetry, 200–01
    outlines, 477–78
    predicting content with titles, 85
    predicting content with visual images, 85, 122–25
    providing missing punctuation in poetry, 339
    recognizing cognates, 44
    recognizing context clues, 265–66
    recognizing **versos** and **estrofas,** 374
    using context clues, 232–33, 440–41
readings. *See also* novels, selections from; poetry; short stories, selections from
    "leyenda de Iztarú, La," 406–07

"Panamá: Historia de un canal y una nación," 478
reaffirming, ideas, 404
reciprocity, 244
recommendations. *See* advice
refusing and accepting, 269–70
requesting, directions, 335–36
requests, making, 289
responsibilities, expressing, 159
restaurants, Cuban dollars-only, **paladares,** 492
restaurants/cafes
    discussing experiences at, 300
    getting waiters' attention, 300
    ordering food in, 288–89
    ordering in, 157
    requesting checks, 299
    requesting tables in, 279
    water served in, 158
road signs, 360
robbery, reporting and describing, 370

S

salsa, 85–86
San Diego, CA, 329
San Felipe del Morro (Puerto Rico), 72
San Francisco, CA, 321
Sánchez, Oscar Arias, 392
Santa Fe, New Mexico, 337
    map, 334
school supplies, 24
seasons, equator and, 84
seating, requesting, in restaurants, 279
shopping, for clothing, 147, 150–51
short stories, selections from, **"Un día de estos,"** 266
signs, traffic, 360
singers. *See also* music
    Blades, Rubén, 468–69
    Estefan, Gloria and Emilio, 331
    Iglesias, Enrique, 112
    Iglesias, Julio, 118
    Madonna, 193
    Martin, Ricky, 332
situations/events. *See also* past; *specific events*
    describing, 102–03, 296, 377
    talking about past, 222–23, 231, 236, 378–79, 381–82, 387–88, 394–95, 409–14
slang
    in Argentina, 198
    in Costa Rica, 400
socializing. *See* dating; **fiestas**
Spain
    Barcelona, 107
    Internet travel to, 105, 113, 125
    video, 113
Spanish, Moslem influence on, 462
Spanish culture, fallacy of one, 11
    in United States, 318
Spanish language
    Arabic influence on, 462
    English influence on, 326
    formal *vs.* informal usage, 16, 48
    global role of, 10
    influence on English, 326
    regional differences, 36
        in Argentina, 178

in Costa Rica, 400
in Puerto Rico, 78
U.S. role of, 10–11
value of learning, 12
sports
    baseball, 500
    discussing, 215, 499, 509–10
street names in Colombia, 262
suggestions. *See* advice
surnames, 178

T

television
    cable programming, 212
    describing favorite shows, 229–30
terms of endearment, 253
things
    denying information/referring to nonspecific, 380
    indicating specific and nonspecific, 50–51
    pointing out specific, 165–66
    referring to unknown, 499
Tikal (Guatemala), 214
time
    of events, 83
    expressing, 204
tips, discussing restaurant, 300
titles of address, 16, 48
traffic signs, 360

U

Un día de estos, 266
"Una pequeña gran victoria," 340
United States
    Cuban culture in Miami, 502–03
    groups of hispanics in, 318
    hispanics in, 322–23
    Internet travel to, 321, 330, 341
    reasons hispanics immigrated to, 326
    video, 329–30
Universidad Autónoma de Colombia, 38
Universidad de Palermo, 30
Universidad de San Marcos, 21
Universidad de Santo Domingo, 21
Universidad Nacional Autónoma de México (UNAM), 21
Universidad Tecnológica de México (UNITEC), 45
universities. *See also specific universities*
    celebrations in, 40
    dormitory life, 39–40
    everyday activities in, 39–40
    faculty of, 32
    first in New World, 21
    living accommodations, 71
"Urna con perfil político," 375

V

vacation
    planning, 82
    talking about future plans of, 419–20
Vargas Llosa, Mario, 432–33
video
    Andalucia, Spain, 113
    Argentina, 191

Chile, 291–93
Colombia, 256
Costa Rica, 399
Cuban culture, 502–03
Guatemala, 224
Mexico, 151–52
Nicaragua, 365
Panama, 466
Peru, 430–31
Puerto Rico, 75
Texas, 329–30
Viejo San Juan (Puerto Rico), 72
volcanoes
  in Costa Rica, 406–07
  in Nicaragua, 359

W

waiters, dealing with, 300
weather

clothing and, 320
  discussing, 316–18
weather map, 316
women, in Argentina, 185
writers
  Alarcón, Francisco Xavier, 339–40
  Allende, Isabel, 294–95
  Cisneros, Sandra, 332
  Cuadra, Pablo Antonio, 374–75
  Darío, Rubén, 371
  Esquivel, Laura, 161–62
  García Márquez, Gabriel, 266
  Neruda, Pablo, 303–04
  Storni, Alfonsina, 200–01
  Vargas Llogas, Mario, 432–33
writing strategies
  being precise, 195–96
  brainstorming, 80
  chronological order, 506
  describing events, 296

  establishing chronological order, 227
  gathering information, 368
  giving written advice, 259
  grouping ideas, 116–17, 155
  key words and phrases, 155
  knowing your audience, 79
  persuasion, 470
  point of view, 434
  preparing lists, 37
  Spanish *vs.* English punctuation, 12
  stating facts, 401
writings strategies, organizing biographies, 333

Y

Yunque, El (Puerto Rico), 72

Z

Zócalo (Mexico City), 144–45

Credits and Acknowledgments

Literary/Realia Credits

The authors wish to thank publishers and organizations for the use of their material.

Más, Magazine, Univisión Publications
Clara, Publicaciones Sayrols, S.A. de C.V., Mexico, D.F.
Fonogramas & Video, 20th Century Fox
Vuelo, Secretaria de Turismo, México
El Mueble, RBA Revistas Príncipe, Barcelona, Spain
United Airlines Corporation
Sojourn International Magazine, Manzi Editores, Buenos Aires, Argentina
La nación, Buenos Aires, Argentina
Reforma, Asalto y Captura por Arturo Sanchez, 3 de agosto, México, D.F.
Departamento de Agricultura, San Juan, Puerto Rico
Pronatura, A.C., México, D.F.
Dónde Ir, Editorial Ciudad de México, México, D.F.
Super Pop, Barcelona, Spain
Cachoros y Mascotas, Madrid, Spain
Eres, Centro Cultural Universitario, México, D.F.
Eres, Universidad Anahuac, México, D.F.
Eres, Universidad Tecnológica de México, México, D.F.
Revista Ecología Internacional, "Amazona Metro a Metro," MAJ Comunicación Ediciones, S.L., Madrid, Spain
TV Notas, México, D.F.
Casera, S.A., México, D.F.
Tele*Guía, México, D.F.
Micolor, S.A., Madrid, Spain

Frugosa, S.A. de C.V., Jumex, México, D.F.
Heredez, S.A. de C.V., México, D.F.
Philips Mexicana, S.A. de C.V.
Oxígeno Urban Spa, Buenos Aires, Argentina
El Universal, Compañia Periodística Nacional, S.A. de C.V., México, D.F.
Oficina Central para Asuntos del Sida
Liga de Fútbol, Juegos Olímpicos
Leche Desnatada Pascua
Hispanic Business magazine, Santa Barbara, CA
"Una pequeña gran victoria" from *Body in Flames/Cuerpo en llamas* by Francisco Alarcon © 1990, published by Chronicle Books
Crem Helado, Santafé de Bogotá, Colombia
Leyendas Costarricenses publicada por la Editorial de la Universidad Nacional Globus Comunicación © 1997 *Hispanic Business* magazine
Manzi Publicidad, S.A., Buenos Aires, Argentina
OKY Agencia de Viajes Dos Mil, S.L., Costa Rica
Editorial Costa Rica for "Urna con perfíl político" © Editorial Costa Rica, <www. editorialcostarica. com>
The Kobal Collection España, Barcelona, Spain
WWF, Madrid, Spain
Prensa Libre, Ciudad de Guatemala, Guatemala
American Cancer Society, Atlanta, GA

Hispanic Publishing Corporation, Coral Gables, Florida
Siglo XXI Editores, S.A. de C.V., México, D.F., for the selection from *Me llamo Rigoberta Menchú y así me nació la conciencia* by Elizabeth Burgos
H. Bauer Ediciones, Madrid, Spain, for material from *Super 1 Clack* © BRAVO ¡Por ti!
Federación de Organismos de Radio y Televisión Autonómicos, Madrid, Spain
The Doubleday Broadway Publishing Group for jacket cover from *Como agua para chocolate* by Laura Esquivel. Used by permission of Doubleday, a division of Random House, Inc.
People en español magazine for advertisement, reprinted with *People en español's* permission © 2001 Time, Inc.
Revista *Vea* (Puerto Rico), San Juan, Puerto Rico
Editorial Losada, Buenos Aires, Argentina
Editorial Televisa, Miami, FL, for "¿Te conviene el @mor por internet?" by Pilar Obón, "Contenido" page of *Eres* magazine, and "Sé especial: Tú puedes esperar"
Agencia Literaria Carmen Balcells, S.A., Barcelona, Spain
Latina magazine, New York, NY
NotMusa, México, D.F.
Cubadeportes, Ciudad de Habana, Cuba
Resistencia, Madrid, Spain
El Comercio, Lima, Perú
Editorial Lincro, Madrid, Spain

Photo Credits

Frerck / Odyssey / Chicago, xix top
Frerck / Odyssey / Chicago, xix bottom
Pablo Corral / Corbis, xx left
Vittoriano Rastelli / Corbis, xx right
Frerck / Odyssey / Chicago, xxi left
Frerck / Odyssey / Chicago, xxi right
Beryl Goldberg, xxii right

Ulrike Welsch, xxiii left
James Prigoff, xxiii right
Paolo Bosio / The Liaison Agency, xxiv left
Kent Gilbert / AP / Wide World Photos, xxiv right
Francis E. Caldwell / DDB Stock Photo, xxv left

Sondra Dawes / The Image Works, xxv right
Al Behrman / AP / Wide World Photos, xxvi
Frerck / Odyssey / Chicago, 2 top
Mark Antman / The Image Works, 2 middle
Francois Gohier / Photo Researchers Inc., 2 bottom

John Warden / Stone, 3 top

Frerck / Odyssey / Chicago, 3 middle

Frerck / Odyssey / Chicago, 3 bottom

Frerck / Odyssey / Chicago, 4 top

Peter Menzel / Stock Boston, 4 bottom

M. Barlow / TRIP Photo Library, 20 top

Beryl Goldberg, 20 bottom

Frerck / Odyssey / Chicago, 21

Renate Hiller / Monkmeyer Press Photo, 22 top

Frerck / Odyssey / Chicago, 22 middle

Frerck / Odyssey / Chicago, 22 bottom

Frerck / Odyssey /Chicago, 27 top

Tom McHugh / Photo Researchers Inc., 27 bottom left

Jackie Forysth / Bruce Coleman Inc., 27 bottom right

Chris Cheadle / Stone, 28 top left

Robert Fried / DDB Stock, 28 top right

Frerck / Odyssey / Chicago, 28 bottom left

Frerck / Odyssey / Chicago, 28 bottom middle

Richard Bickel / Corbis, 28 middle right

Chip and Rosa Maria de la cueva Peterson, 28 bottom right

Beryl Goldberg, 36

Pablo Corral / Corbis, 60 top

Frerck / Odyssey / Chicago, 60 bottom

Chip and Rosa Maria de la cueva Peterson, 61

Frerck / Odyssey / Chicago, 73

Lisa K. Berton / Online USA Inc. / The Liaison Agency, 69

Stacy Pick / Stock Boston, 77

The Purcell Team / Corbis, 78 left

Frerck / Odyssey / Chicago, 78 middle

Peter Turnley / Corbis, 78 right

Frank Ross / Corbis Sygma, 85

Courtesy of the author, 86 top

Courtesy of the author, 86 bottom

Beryl Goldberg, 98 top

Frerck / Odyssey / Chicago, 98 bottom

Vittoriano Rastelli / Corbis, 99

Patrick Ward / Corbis, 106

Peter Menzel / Stock Boston, 107

Art Resource, 114

Barry King / The Liaison Agency, 118

Peter Menzel / Stock Boston, 136 top

Frerck / Odyssey / Chicago, 136 bottom

Ulrike Welsch, 137

Gianni Dagli Orti / Corbis, 138

Albert M. Bender Collection / Gift of Albert M. Bender, 140 left

Gift of Albert M. Bender, 140 right

Frerck / Odyssey / Chicago, 144

Frerck / Odyssey / Chicago, 145

Frerck / Odyssey / Chicago, 153

Frerck / Odyssey / Chicago, 174 top

Beryl Goldberg, 174 bottom

Frerck / Odyssey / Chicago, 175

Peter Menzel / Stock Boston, 184

Michael Dwyer / Stock Boston, 185

Konstantine Molchanov / The Liaison Agency, 192

Mark J. Terril / AP Wide World Photos, 193

Courtesy of Argentina Ministry of Culture, 200

Frerck / Odyssey / Chicago, 218

Frerck / Odyssey / Chicago, 219

Paul S. Howell / The Liaison Agency, 225

Roger Sandler / The Liaison Agency, 231a

Steve Azzara / The Liaison Agency, 231b

Chris Weeks / The Liaison Agency, 231c

Reuters NewMedia Inc. / Corbis, 231d

Rob Crandall / Stock Boston, 231e

Raphael Wollman / The Liaison Agency, 231f

Craig Lovell / Corbis, 233

Beryl Goldberg, 240 top

Frerck / Odyssey / Chicago, 240 bottom

Bob Daemmrich / The Image Works, 241

Harold and Erica Van Pelt, 249

Frerck / Odyssey / Chicago, 250

Zoe Selsky / AP / Wide World Photos, 257

Courtesy of Marlborough Gallery, 258

Susan Meiselas / MAGNUM, 266

Ulrike Welsch, 276 top

Ulrike Welsch, 276 bottom

Pablo Corral / Corbis, 277

Hubert Stadler / Corbis, 285

Rob Crandall / Stock Boston, 286

Jason Szenes / Corbis Sygma, 294

Alain Dejean / Corbis Sygma, 303

James Prigoff, 314 top

James Prigoff, 314 bottom

Tony Arruza / Corbis, 315

AFP / Corbis, 322

Reuters NewMedia Inc. / Corbis, 331 top

M. Toussaint / The Liaison Agency, 331 bottom

Reuters NewMedia Inc. / Corbis, 332

Courtesy of Francisco Alarcon, 339

Larry Luxner / DDB Stock, 350 top

Dr. A. C. Twomey / Photo Researchers Inc., 350 bottom

Paolo Bosio / The Liaison Agency, 351

Tony Alfaro / DDB Stock, 358

Dr. A. C. Twomey / Photo Researchers Inc., 359

Brad Markel / The Liaison Agency, 366

Chip and Rosa Maria de la Cueva Peterson, 384 top

Ulrike Welsch, 384 bottom

Kent Gilbert / AP / Wide World Photos, 385

Milton C. Toby / DDB Stock Photo, 391

E. Pablo Kosmicki / AP / Wide World Photos, 392

Frerck / Odyssey / Chicago, 400

Buddy Mays / Corbis, 406

Courtesy of Susan Einstein, 416 top

Francis E. Caldwell / DDB Stock Photo, 416 bottom

Frerck / Odyssey / Chicago, 417

Alison Wright / Corbis, 418

Roman Soumar / Corbis, 424

Wolfgang Kaehler / Corbis, 425

Anibal Solimano / Reuters / Archive Photos, 432

Frerck / Odyssey / Chicago, 441

Sondra Dawes / The Image Works, 450 top

P. Gontier / The Image Works, 450 bottom

Richard Bickel / Corbis, 451

Will and Deni McIntyre / Photo Researchers Inc., 458

Hazel Hankin / Impact Visuals / Picture Quest, 468

Al Behrman / AP / Wide World Photos, 488 top

AFP / Corbis Bettmann, 488 bottom

Alan Cave / DDB Stock Photo, 489

Ulrike Welsch, 496